अज्ञेय : एक अध्ययन

वाणी प्रकाशन
नयी दिल्ली-110002
फोन : 3273167, 3275710 • फैक्स : 3275710
e-mail : vani_prakashan@yahoo.com
vani_prakashan@mantraonline.com

अज्ञेय : एक अध्ययन

(आधुनिकता और पाश्चात्य प्रभावों के सन्दर्भ सहित)

भोलाभाई पटेल

वाणी प्रकाशन

वाणी प्रकाशन
4695, 21-ए, दरियागंज, नयी दिल्ली 110 002
शाखा
अशोक राजपथ, पटना 800 004
फ़ोन: +91 11 23273167 फ़ैक्स: +91 11 23275710
www.vaniprakashan.in
vaniprakashan@gmail.com

AJNEYA : EK ADHYAYAN
by Bholabhai Patel

ISBN : 81-7055-181-1
Criticism

संस्करण 1983, 2002, 2009

आवृत्ति 2012
मूल्य: ₹ 600

न्यू कृष्णा ऑफ़सेट, दिल्ली-110093 में मुद्रित

वाणी प्रकाशन का लोगो मक़बूल फ़िदा हुसेन की कूची से

आचार्य हजारीप्रसाद द्विवेदी जी
को समर्पित

प्रास्ताविक

'अज्ञेय : एक अध्ययन' गुजरात युनिवर्सिटी की पी-एच.डी. उपाधि हेतु (1977) स्वीकृत शोध प्रबंध है।

इस समीक्षाग्रंथ में मेरा प्रयास आधुनिकता एवं पाश्चात्य प्रभावों के संदर्भ में अज्ञेय के सर्जनात्मक साहित्य–कविता, उपन्यास तथा कहानी का अध्ययन प्रस्तुत करना है। हिंदी साहित्य में आधुनिकता का प्रथम सार्थक उन्मेष हमें अज्ञेय के कृतित्व में मिलता है। इस आधुनिकता का एक प्रधान उत्स पश्चिम का साहित्य एवं दर्शन है। अतः आधुनिकता एवं पाश्चात्य प्रभावों के संश्लिष्ट अन्वेषण के परिप्रेक्ष्य में अज्ञेय-साहित्य की आलोचना के इस प्रयास की अपनी एक सार्थकता है।

यह शोध प्रबंध का प्रथम संस्करण गुजरात युनिवर्सिटी द्वारा सन् 1983 में प्रकाशित किया गया था। अनेक वर्षों से यह अनुपलब्ध था और लगातार इसकी माँग आ रही थी। अब यह वाणी प्रकाशन द्वारा नई साज-सज्जा के साथ प्रकट हो रहा है। इसके लिए मैं श्री अरुण माहेश्वरी का हृदय से आभारी हूँ।

इस शोध प्रबंध के मार्ग दर्शन के लिए डॉ. अम्बाशंकर नागर का कृतज्ञ हूँ।

आशा है कि यह प्रकाशन अज्ञेय-साहित्य के पाठकों के लिए उपादेय सिद्ध होगा।

अहमदाबाद

भोलाभाई पटेल

अनुक्रम

कवि अज्ञेय

अज्ञेय की कविता का आलोचनात्मक विश्लेषण

1. प्रास्ताविक 15
2. काव्ययात्रा का प्रथम सोपान 16
3. काव्ययात्रा का द्वितीय सोपान 26
4. काव्ययात्रा का तृतीय सोपान 34
5. काव्ययात्रा का चतुर्थ सोपान 44

अज्ञेय की कविता : आधुनिकता और पाश्चात्य प्रभाव

1. आधुनिकता : संज्ञा 71
2. आधुनिकतावाद : वादों का वाद 73
3. आधुनिकता : विभिन्न दृष्टिकोण 75
4. साहित्य में प्रभावान्वेषण 80
5. साहित्य में अपहरण 83
6. साहित्य में अनुकरण 84
7. साहित्य में सर्जनात्मक प्रभाव 85
8. साहित्य में प्रभावान्वेषण : अध्ययन की एक दिशा 87

अज्ञेय की कविता में आधुनिकता

1. आधुनिकता का कलाशास्त्र 90
2. 'तार सप्तक' : आधुनिकताबोध का प्रस्फुटन 91
3. आधुनिकता की सम्यक् अभिव्यक्ति 97

अज्ञेय की कविता : पाश्चात्य प्रभाव

1. आरंभिक प्रभाव 110

2. अज्ञेय और फ्रायड का मनोविश्लेषणात्मक मनोविज्ञान 112
3. अज्ञेय और बॉदलेर 114
4. अज्ञेय और टी.एस. इलियट 115
5. अज्ञेय और अन्य पाश्चात्य कवि 124
6. अज्ञेय और पाश्चात्य काव्य-आंदोलन 128
7. अज्ञेय : जापानी प्रभाव 128

उपन्यासकार अज्ञेय

शेखर : एक जीवनी
1. वस्तुविन्यास 135
2. शेखर : एक जीवनी—दृष्टिकोण 140
(अ) उपन्यास में दृष्टिकोण का प्रश्न 141
(आ) शेखर : एक जीवनी में दृष्टिकोण 145
3. शेखर : एक जीवनी—समय-स्थल 149
(अ) उपन्यास में समय-स्थल योजना 149
(आ) शेखर : एक जीवनीं : समय-स्थल योजना 150
4. शेखर-आधुनिकता का प्रतिभू 152
5. शेखर : एक जीवनी—पाश्चात्य प्रभाव 167
(अ) 'फादर्स एण्ड चिल्ड्रन' और शेखर : एक जीवनी 167
(आ) 'ज्यों क्रिस्तोफ' और शेखर : एक जीवनी 168
(इ) 'रिमेम्ब्रंस ऑव द थिंग्ज़ पास्ट' और शेखर : एक जीवनी 171
(ई) 'पोर्ट्रेट ऑव द आर्टिस्ट एज ए यंगमैन' और शेखर : एक जीवनी 173
(उ) 'सन्स एंड लवर्स' और शेखर : एक जीवनी 177

नदी के द्वीप
1. वस्तुविन्यास 180
2. दृष्टिकोण 185
3. समय-स्थल 189
4. आधुनिक संवेदनाओं का अध्ययन 195
5. चरित्रों की सामाजिकता का प्रश्न 213
6. नदी के द्वीप : पाश्चात्य प्रभाव 215
(अ) 'फाउंटेन' और नदी के द्वीप 216

(आ) 'स्ट्रेट इज़ द गेट' और नदी के द्वीप 219
(इ) डी.एच. लारेंस की कविता और नदी के द्वीप 222
(ई) 'लेडी चैटरलीज़ लवर' और नदी के द्वीप 228

अपने अपने अजनबी

1. वस्तुविन्यास 233
2. अपने अपने अजनबी : रचना प्रेरणा 237
3. अपने अपने अजनबी : दृष्टिकोण 239
4. अपने अपने अजनबी : समयस्थल 241
5. अपने अपने अजनबी :
अस्तित्ववाद के प्रत्याख्यान का उपन्यास 245
6. अपने अपने अजनबी : मूल्यांकन के निकष 264
(1) अपने अपने अजनबी : बौद्धिकता का संदर्भ 268
(2) अपने अपने अजनबी : अ-भारतीयता का प्रश्न 270
(3) अपने अपने अजनबी : भाषा 272

कहानीकार अज्ञेय

1. अज्ञेय के कहानीसंग्रह 279
2. अज्ञेय की कहानियों का रचनाकाल 279
3. अज्ञेय की कहानियाँ : वर्गीकरण की समस्या 280
4. अज्ञेय की कहानियाँ : आलोचनात्मक विश्लेषण 282
(अ) प्रथम खेप की कहानियाँ 282
(आ) दूसरे खेप की कहानियाँ 286
(इ) तीसरे खेप की कहानियाँ 294
(ई) चौथे खेप की कहानियाँ 298
5. अज्ञेय की कहानियाँ : मूल्यांकन के निकष 300
(अ) अज्ञेय की कहानियाँ और मनोविज्ञान 301
(आ) अज्ञेय की कहानियाँ और शिल्पविधान :
'दृष्टिकोण' का प्रश्न 306
(इ) अज्ञेय की कहानियाँ और काव्यधर्मिता 312
6. अज्ञेय की कहानियाँ : आधुनिकता के संदर्भ में 314
7. अत्रलुप्ता...अज्ञेय के कहानीलेखन की समाप्ति :
रचनाकार की एक समस्या 323

उपसंहार 329

परिशिष्ट-1 339

1. 'असाध्य वीणा' : प्रभावग्रहण का पृथक्करण 339
2. 'असाध्य वीणा' : कविता का उत्स 340

परिशिष्ट-2

1. अज्ञेय कृत 'साँप' कहानी : प्रभावग्रहण का पृथक्करण 347

ग्रंथसूची 352
संदर्भ ग्रंथ 355

कवि अज्ञेय

अज्ञेय की कविता का आलोचनात्मक विश्लेषण

1. प्रास्ताविक

अज्ञेय की पहली कविता सन् 1927 में छपी थी। तब से एक अर्धशती से अधिक बीत गई है और फिर भी इस कवि की काव्ययात्रा अविराम गति से चल रही है। आज तक उनके बारह काव्यसंग्रह प्रकाशित हुए हैं। अर्धशती कोई कम समय नहीं। इतनी दीर्घ समयावधि तक काव्यसृजनरत रहना और इयत्ता के साथ गुणात्मकता को भी बनाए रखना किसी भी कवि के लिए कम उपलब्धि की बात तो नहीं है।

यह अवश्य है कि कवि अज्ञेय की कविता आरंभ से ही तीव्र विवाद का विषय बनती रही है। यह तो जानी हुई बात है कि जब भी कोई कवि कुछ नई भावभूमि और काव्यरीति लेकर आता है तब उसका एकदम स्वागत नहीं होता क्योंकि वह उस समय की प्रचलित काव्यरुचि को आघात पहुँचाता है। लेकिन ऐसा कवि ही परंपरित काव्यप्रवाह को नया मोड़ देता है।

अज्ञेय ने हिंदी कविता को नया मोड़ दिया। यद्यपि उनकी आरंभिक रचनाएँ परंपरा से अनुप्राणित थीं। 'तारसप्तक' से उन्होंने हिंदी कविता को नया संस्कार देने का आरंभ किया। काव्यमर्मज्ञों के एक वर्ग ने इस नवीन काव्यधारा का घोर विरोध किया, जिसमें नन्ददुलारे वाजपेयी जैसे छायावाद के पुरस्कर्ता आचार्य थे। उनको लगा कि इस प्रकार की रचनाएँ पश्चिम से हिंदी में आ रही हैं...। ऐसी कविताएँ हिंदी में किसी नैसर्गिक प्रतिक्रिया का परिणाम नहीं कही जा सकतीं।[1] ये रचनाएँ दुरूह लगने पर काव्यपाठकों का एक वर्ग झुंझलाहट का अनुभव करके इनसे विमुख रहने लगा। लेकिन एक छोटे वर्ग ने इस प्रकार की कविता का स्वागत भी किया।

न केवल एक कवि के रूप में अपितु एक काव्याचार्य के रूप में अज्ञेय ने प्रयोगवाद व नई कविता के आंदोलन को दृढ़ किया। 'प्रतीक' आदि के प्रकाशन से नई कविता के लिए लोगों की रुचि को परिष्कृत किया। मतभेद के बावजूद भी आज इस बात को कोई अस्वीकार नहीं कर सकता कि अज्ञेय एक सिद्ध कवि ही नहीं, बल्कि नई कविता के पुरोधा भी हैं।

आलोचना की सुविधा की दृष्टि से कवि अज्ञेय की दीर्घ काव्ययात्रा को हम चार[2] सोपानों में विभक्त कर सकते हैं।

अ : 'प्रथम सोपान' के अंतर्गत 'भग्नदूत', 'चिंता' और 'इत्यलम्' की कविताओं को ले सकते हैं। इन संग्रहों की रचनाओं में छायावादी भावप्रवणता अधिक है। लेकिन 'इत्यलम्' की कुछ रचनाओं में (जो 'तारसप्तक' में प्रकाशित हुई थीं) आधुनिकता का संस्पर्श दिखाई देता है, इतना ही नहीं काव्यरीति में भी नवीनता है।

आ : 'द्वितीय सोपान' के अंतर्गत 'हरी घास पर क्षण भर', 'बावरा अहेरी' और 'इंद्रधनु रौंदे हुए ये' इन तीन संग्रहों को ले सकते हैं। इन संग्रहों में आधुनिकता का बोध प्रबल है और ये संग्रह कवि अज्ञेय को हिंदी के एक प्रौढ़ (Major) कवि के रूप में स्थापित करते हैं।

इ : 'तृतीय सोपान' के अंतर्गत 'अरी ओ करुणा प्रभामय' और 'आँगन के पार द्वार' इन दो संग्रहों को ले सकते हैं। जापान यात्रा का प्रभाव इन संग्रहों की भावभूमि पर और काव्यरीति पर है। 'नव्य रहस्यवाद' की दिशा में कवि की यहाँ गति है।

ई : काव्ययात्रा के **'चतुर्थ सोपान'** में अज्ञेय की उत्तर कविता आती है, जो चार संग्रहों में प्रकट है : 'कितनी नावों में कितनी बार', 'क्योंकि मैं उसे जानता हूँ', 'सागरमुद्रा' और 'पहले मैं सन्नाटा बुनता हूँ'। अपनी उत्तर कविता में अज्ञेय एक सजग आत्मान्वेषी कवि के रूप में हमारे सामने आते हैं। सामाजिक प्रबोध के बावजूद कवि का शांत समाहित स्वर इन रचनाओं में है, जो कवि की आध्यात्मिक उदीषा का संकेत देता है।

2. काव्ययात्रा का प्रथम सोपान (1929-1946)

'भग्नदूत'
'चिंता'
'इत्यलम्'

अज्ञेय का प्रथम काव्यसंग्रह **'भग्नदूत'** 1933 में छपा था, जिसमें 1929 से 1932 के समयांतराल की रचनाएँ थीं। बाद में इस संग्रह की कुछ चुनी हुई रचनाएँ 1946 में प्रकाशित 'इत्यलम्' संग्रह में समाविष्ट की गईं और उसकी भूमिका में कवि ने अपनी ओर से अनुरोध किया कि 'जो रचनाएँ इस चुनाव में नहीं आयीं, उनका अस्तित्व नहीं है, ऐसा मान लिया जाए।'[3]

'भग्नदूत' की चुनी हुई रचनाओं की संख्या 22 है। ऐतिहासिक दृष्टि से सभी छायावाद काल के अंतर्गत लिखी गई हैं, अतः उनका छायावादी भावप्रवणता से अनुप्राणित होना स्वाभाविक है। इन रचनाओं पर मैथिलीशरण गुप्त की पदावली का एक ओर प्रभाव है तो दूसरी ओर पंत, निराला और महादेवी जैसे पूर्वसूरियों की

छायावादी भावसृष्टि का। लेकिन सबसे अधिक प्रभाव रवींद्र-काव्य का है।

प्रथम कविता 'दृष्टिपथ से तुम जाते हो जब' में कवींद्र की प्रत्यक्ष उपस्थिति है, यद्यपि रचयिता ने स्वयं तो कहा है कि 'उसकी वस्तु पर रवींद्रनाथ ठाकुर की छाप कुछ पड़ी थी या नहीं यह भी नहीं कह सकता।'[4] लेकिन रवींद्रनाथ के 'तुम' की तरह कवि अज्ञेय ने भी एक 'तुम' का निर्माण किया है, वही है कवि का जीवनदेवता। अन्य लोग जब दृष्टिपथ से जाने वाले इस 'देवता' की अलकों को, आँचल को या चरणकमल को छूकर अपना धन्य भाग मानते हैं तब कवि–

मैं तो केवल तेरे पथ से
उड़ती रज की ढेरी भर के,
चूम चूम कर संचय कर के
रस भर लेता हूँ मरकत-सा मैं अंतर के कोषों में तब।[5]

'असीम प्रणय की तृष्णा' में यही 'जीवनदेवता' विश्वदेव हैं, जिनकी 'विपुला विभूता' के आगे अपनी 'क्षुद्रता' की बात कर कवि अपनी सीमित रचनाशक्ति का निर्देश करता है। कविता, चित्र या संगीत जैसी कलाओं के द्वारा इस विश्वदेव की आराधना करने की,–उनका प्रेम पाने की संभावना न देख कर कह उठता है :

मैं ही विकलित कंपित होकर–
नश्वरता की संज्ञा खोकर–
हँस कर गा फिर, चुप हो, रोकर–
क्षण भर झंकृत हो–विलीन हो–होता तुम से एकाकार।
बस एक बार।[6]

कवि जानता है कि इस असीम प्रियतम की प्राप्ति दुर्लभ है, फिर भी उसके प्रेम को बद्ध करने की, उसके मिलन को अपने उर में बसा लेने की और उसकी करुणादृष्टि को युग-युग तक पाने की आकांक्षा रखता है।[7]

वास्तव में स-सीम असीम के प्रणय संबंधों की ये कविताएँ एकाधिक अर्थ से युक्त (ambiguous) हैं। वैष्णव कवियों के पदों की तरह या रवींद्रनाथ की गीतांजलि के गीतों की तरह इन रचनाओं में मानवीय प्रणय का संकेत पढ़ा जा सकता है।

'भग्नदूत' में इस मानवीय प्रणय की सीधी अभिव्यक्ति भी अनेक कविताओं में है। अवश्य इसमें संवेदन की उतनी गहराई नहीं, जितनी मुग्ध भावुकता है। 'घट' कविता में घट की उक्ति है, जिसमें अपने को पीड़ित करनेवाली नारी को भिगोकर उसका मधुर प्रतिशोध लेने की भावना व्यक्त हुई है। 'पूर्वस्मृति' विगत प्रेम की सविषाद स्मृति है।

शीर्षक से जैसे सूचित होता है, इन रचनाओं में विफलता का–पराभव का बोध मुखरित है। उसमें तरुण वय के अनुरूप एक सुखद आत्मपीड़न की वृत्ति भी है। 'प्रस्थान', 'पराजय गान', 'शिशिर के प्रति' आदि रचनाएँ इसकी द्योतक हैं।

'चिंता' की रचनाएँ भी एक तरह से 'भग्नदूत' के समानांतर हैं। फिर भी 'चिंता' को एक समग्र रचना के रूप में देखना चाहिए। 'चिंता' का प्रकाशन हुआ था 1941 में, लेकिन रचनाकाल है–1932-1936। 'चिंता' के पहले संस्करण की भूमिका में कवि ने लिखा था–'चिंता अगर एक प्रयोग है तो टेकनीक का प्रयोग नहीं है। मानव के प्रेम के आंतरिक इतिहास की इस अनगढ़ कहानी की रचना में टेकनीक की दिशा में कोई असाधारण कृतित्व कभी भी मेरा लक्ष्य नहीं रहा है... मेरा उद्दिष्ट यही रहा है कि क्षेत्रविशेष में मानव के अंतर्भावों का यथासंभव स्वाभाविक और निराडंबर प्रतिचित्रण कर दिया जाय...'[8]

अर्थात् इस संग्रह में 'प्रेम का आंतरिक इतिहास' है, जिसका 'यथासंभव स्वाभाविक और निराडंबर प्रतिचित्रण' यहाँ है। इस संग्रह की रचनाओं के समय में भी लेखक के मन में आदर्श है टी.एस. इलियट के 'निर्व्यक्तिकरण' के सिद्धांत का; अर्थात् काव्यसर्जन में अपने को अपनी अनुभूति से पृथक् करने का।[9]

'चिंता' के दो खंड हैं–'विश्वप्रिया' और 'एकायन'। प्रथम खंड में पुरुष का दृष्टिकोण है, दूसरे खंड में स्त्री का। इस प्रकार चिंता में 'मानवीय प्रेम के उद्भव, उत्थान, विकास, अंतर्द्वंद्व, ह्रास, अंतर्मंथन, पुनरुथान और चरम संतुलन' प्रस्तुत करने का प्रयत्न है।

कवि अज्ञेय ने इसमें पद्य और गद्य दोनों काव्य रीतियों का उपयोग किया है। यह स्पष्ट है कि गद्य-काव्य रवींद्रनाथ की गीतांजलि के अंग्रेजी अनुवाद का परिणाम है। संभव है कि इस प्रकार का 'प्रयोग' किसी को खटके। लेखक ने इसको न्याय्य इस प्रकार ठहराया है कि 'जैसे प्रेमजीवन में प्रसंग गद्यपद्यमय होते हैं वैसे ही यह कहानी भी गद्यपद्यमय है।'[10]

'विश्वप्रिया' की निष्पत्ति सहित 101 रचनाओं में 57 गद्य कविताएँ हैं और 'एकायन' की 84 रचनाओं में 25 गद्य कविताएँ हैं। कविताओं में विशेषरूप से गीत रचनाएँ हैं, जो छायावादी गीत रचनाओं के अनुबंध में हैं। लेकिन गद्यकाव्य एक विशिष्ट विधा है। अज्ञेय में जो प्रयोगमुखी वृत्ति है, उसके द्योतक ये गद्यकाव्य हैं। इन गद्यकाव्यों का और गीतों और कविताओं का जो संगुंफन है, वह भी विशेष ध्यानार्ह है। दूसरे संस्करण की भूमिका में अज्ञेय लिखते हैं, 'अब दोबारा पढ़ने में ऐसा लगा कि तीस बरस पहले भी मेरा सोचने का ढंग और भावों के गुंफन की पद्धति अपने समकालीनों से अलग थी; यानी कविता की संरचना के बारे में मेरी धारणा औरों से भिन्न रही।'[11]

'विश्वप्रिया' में पुरुष की दृष्टि से प्रेम का आंतरिक निवेदन है। अज्ञेय की प्रणयभावना आरंभ से उन्मुक्त रही है। इस संग्रह में भी डी.एच.लारेंस की एक कविता का (क्रमांक 68 में 'तुम्हारी समाधि पर प्रज्वलित एकमात्र दीप हूँ') रूपांतर इस बात का द्योतक है कि लारेंस की प्रणयभावना की ओर अज्ञेय का झुकाव है। संग्रह की

रचनाएँ प्रणय के मुग्ध संसार की-सी हैं, लेकिन यहाँ केवल छायावादी प्रेम या प्लेटोनिक प्रेम ही नहीं है, यहाँ कहीं-कहीं 'रक्त' की भी गंध है। छाया-कथा में कहा गया है कि 'वैपरीत्य में भी आनंद है।' यहाँ इस प्रकार का वैपरीत्य है।

पुरुष की प्रणयोक्ति में अपनी प्रेमकहानी का 'अंकुर', 'आरंभ', 'गति' और 'अंत' इस प्रकार का विकासक्रम है। कभी-कभी ऐसा लगता है कि कवि प्रिया की एक भावनागत मूर्ति का निर्माण करता है, वह कहीं अशरीरी तो नहीं—ऐसा संदेह भी होने लगता है, लेकिन कुल मिलाकर अपनी मुग्ध-भावनासृष्टि के बावजूद वह शरीरी ही है। प्रथम रचना में प्रथम वाक्य है :

छाया, छाया तुम कौन हो?

लेकिन फिर तुरंत दूसरी रचना में—

छाया! मैं तुम में किस वस्तु का अभिलाषी हूँ?
मुक्त कुंतलों की एक लट, ग्रीवा की एक बंकिम मुद्रा और
बेधक मुस्कान, और बस?[12]

प्रणय का यह अंकुर धीरे-धीरे विकसित होता जाता है। प्रिय पात्र को मिलने की आकांक्षा, प्रिय पात्र के प्रति अपने को उत्सर्गित कर देने की इच्छा प्रबल होती जाती है। कई बार उसे लगता है कि उसकी 'कविप्रतिभा अभिशप्त'[13] है क्योंकि अपने हृदय की बात वह नहीं कह सकता। प्रियतमा के प्रतिभावों को देखकर उसे लगता है कि :

मेरे उर ने शिशिर हृदय से सीखा करना प्यार—
इसी व्यथा से रोता रहता अंतर बारंबार[14]

धीरे-धीरे कवि अनुभव करता है :

यही हमारे प्रेम का छोटा-सा किन्तु सर्वतः संपूर्ण संसार है।[15]

इस प्रेम के संसार में दोनों एक-दूसरे के निकट आने का अनुभव करते हैं। कवि इच्छा करता है कि वह 'आदिम पुरुष' और उसकी प्रिया पहली 'मानववधूका' बनकर दोनों 'आदिम प्रेमांजलि'[16] दे लें। दोनों का मिलन होता है। कवि ने मिलनरात्रि की अनुभूति को यों प्रकट किया है :

वधूके, उठो!
रात्रि के अवसान की घनघोर तमिस्रता में, अनागता उषा की
प्रतीक्षा की अवसादपूर्ण थकान में हम जाग रहे हैं, मैं और तुम।

यह मधुरजनी उत्तप्त वासना की ज्वाला में डूब गई थी, अब वह रात्रि समाप्त होने की है और युगल को अब यात्रा के लिए प्रस्तुत होना है :

क्योंकि हमारे उस आग्नेय रात्रि के स्मारक इन चिह्नों को,
अपने मंगल वस्त्र पर पड़े हुए इन धब्बों को, देखकर खिन्न
होने का समय कहाँ है?—और प्रयोजन क्या?

वधूके, उठो![17]

यहाँ इन पंक्तियों में संभोग की स्थूलता अरुचिकर है। हालाँकि कवि ने ऐसी पंक्तियों के लिए बचाव कर ही लिया है।

कभी यह पुरुष प्रेमी ईर्ष्याहत होकर नारी पर अपवाद भी लगाता है। उसे 'तितली' कहकर उसको चंचल और अस्थिरमति कहता है।[18] कभी उसे 'छलना' कहकर कहता है कि तुम्हारी मुद्रा खोटी है।[19] कभी कहता है 'कठिन, पाषाणी।'[20] वह सोचने लगता है कि यदि प्रेम को अमर कहते हैं तो प्रेमभाव में यह उत्थान-पतन क्यों है?[21]

प्रणयनैराश्य का बोध अनेक गीतों में प्रकट होता है। प्रेमी-पुरुष अकेला ही अपने मार्ग पर चलने को अपने से कहता है :

'आज चल रे तू अकेला'[22]

उसे लगता है कि उसकी और उसकी प्रियतमा—दोनों के बीच अब पीड़ा के अतिरिक्त किसी बात का सान्निध्य नहीं है।[23] निराश प्रकृति अब बिहाग गाती है[24] और दिन उखड़ा-सा लगता है।[25]

लेकिन यह अनुभव कवि को पुनः संसार का निर्माण करने की साध देता है।[26] वह अब समझ गया है कि प्रियतमा प्रेमरूपी प्रज्वलित रूप की शिखा और वह छाया[27] प्रियतमा क्षितिज की संधिरेखा का आकाश है, और वह वहाँ पृथ्वी।[28] अर्थात् वह प्रियतमा को पाकर भी नहीं पा सकता। वह कहता है :

'तुम चैत्र के वसंत की तरह हो, प्राप्ति से शून्य किंतु आशा से परिपूरित।'

'विश्वप्रिया' की तरह 'एकायन' में स्त्री के दृष्टिकोण से 'मानवीय प्रेम के उद्भव, उत्थान, विकास, अंतर्द्वंद्व, ह्रास, अंतर्मंथन, पुनरुत्थान और चरम संतुलन की कहानी' प्रस्तुत करने का कवि का प्रयत्न है। 'एकायन' शीर्षक से सूचित होता है कि नारी के लिए एक ही अयन—मार्ग है। शीर्षक के साथ सूत्र भी रखा है—'नान्यः पन्थाः विद्यतेअयनाय', जिसका अर्थ है इसके सिवा अन्य मार्ग नहीं है। 'विश्वप्रिया' के आरंभ में जैसे 'छायाकथा' है, 'एकायन' के आरंभ में भी छायाकथा है। नारी पुरुष को अपना बंदी बनाकर रखना चाहती है और द्वार बंद करने जाती है, लेकिन प्रिय पुरुष को बंदी बनाना तो दूर रहा, द्वार ही बंद हो जाते हैं। अपनी गलती महसूस होने पर अनुताप के अश्रु विगलित होते हैं और तभी द्वार खुलते हैं।

प्रथम गीत में 'नीम की बौर' आने की बात है, तो फिर—

'प्रिय के आगम की कब तक है बाट जोहनी और?'[29]

नारी को अपनी प्रणयानुभूति की विभिन्न रूप में झाँकी मिलती है। उसे शायद वह 'नाम' नहीं दे पाती; लेकिन उसे लगता है कि 'मेरा हृदय अब मेरा नहीं रहा है।'[30] इस प्रकार मुग्धा के आरंभिक प्रणय के भावोच्छ्वास जैसे एकायन के गीतों में फूट पड़े हैं। यहाँ हास, उल्लास है तो अश्रु, रुदन भी है। प्रेमिका की विभिन्न भावमुद्राएँ यहाँ अंकित हैं। कभी वह कहती है :

मैं गाती हूँ, पर गीतों के
भाव जगाने वाला तू,
मैं गाती हूँ पर मेरी गति में
जीवन लाने वाला तू।[31]

कभी नदी और समुद्र[32] के द्वारा अपनी और अपने प्रिय के संबंधों की बात का वह संकेत करती है। कभी वह गा उठती है :

मैं तुम क्या? बस सखी-सखा!
तुम हो ओ जीवन के स्वामी, मुझसे पूजा पाओ—
या मैं ही होऊँ देवी जिस पर तुम अर्घ्य चढ़ाओ...[33]

कभी यह प्रणय की पीड़ा की निष्ठुरता का बोध अनुभव करती है, कभी लेन-देन से परे संबंधों की एक भूमिका की रचना करना चाहती है।[34] कभी सौभाग्यगर्विता नायिका की तरह कहती है :

प्रियतम मेरे मैं प्रियतम की।[35]

'विश्वप्रिया' में प्रिय नारी हृदय की कठोरता की, नारी छायारूप—छलनारूप होने की बात कही थी, उसका जैसे वहाँ उत्तर है :

'पुरुष! जो मैं दीखती हूँ, वह मैं नहीं, किंतु जो मैं हूँ, उसे मत ललकारो!'

तुम्हें क्या यह विश्वास हो गया है कि मुझमें अनुभूति क्षमता नहीं है? मुझमें उत्ताप है, मुझमें दीप्ति है, मैं भी एक प्रखर ज्वाला हूँ। परंतु मैं स्त्री भी हूँ, इसलिए नियमित हूँ, तुम्हारी सहचरी हूँ, इसलिए तुम्हारी मुखापेक्षी हूँ, तुम्हारी प्रणयिनी हूँ इसलिए तुम्हारे स्पर्श के आगे विनम्र और कायल हूँ।[36]

'एकायन' में प्रणय की वेदना के बावजूद अंत में 'आशा'[37] का स्वर है, जो शायद 'प्लेटोनिक' प्रेम का संकेत देता है।

'भग्नदूत' की तरह 'चिंता' की रचनाओं में मुग्धता का भावलोक चित्रित है। अवश्य यह मुग्धता उसके सर्जक की वयानुरूप है, अतः सहज स्वाभाविक भी। इसमें सच्चाई का संस्पर्श है लेकिन अभिव्यक्ति की रीति छायावादी है और परंपरित है। इसके अतिरिक्त भाव के स्थान पर भावाकुलता (sentimentalism) अधिक है। भाषा की तुतलाहट प्रकट हो जाती है। कभी-कभी अलंकारप्राचुर्य और शब्दों की अत्यधिक 'काव्यात्मकता' प्रभाव को निस्तेज कर देती है। 'क्लिशे' (cliche) भी बहुत है, फिर भी एक होनहार कवि का संकेत इन रचनाओं में अवश्य मिलता है।

'इत्यलम्' का प्रकाशन 1946 में हुआ। अन्य संग्रहों की अपेक्षा इस संग्रह की रचनाओं का समयांतराल ज्यादा है। संग्रह की रचनाएँ 1933 से 1946 के बीच लिखी गयी हैं। करीब इसी समयांतराल (1932-36) में 'चिंता' की रचना हुई है और 'तारसप्तक' का प्रकाशन (1943) भी हुआ है। अतः एक ओर से 'इत्यलम्', 'भग्नदूत' और 'चिंता' की रचनाओं के अनुसरण में है तो दूसरी ओर प्रयोगवादी रचनाओं के

अग्रसरण में। अज्ञेय की कविता की विकासयात्रा के प्रथम स्तबक का यह अंतिम सोपान है। स्वयं लेखक ने इस संग्रह की भूमिका में संग्रह के नामकरण का निर्देश करते हुए कहा था—'शीर्षक इस बात का द्योतक है कि लेखक आत्माभिव्यंजना के दूसरे माध्यम या साधनों के साथ जूझ रहा है।'[38] एक तरह से कवि का यह टेक ऑफ (take off) का समय है।

'इत्यलम्' की 90 कविताएँ चार खंडों में विभाजित हैं। विभाजन का आधार शायद इनका रचनाकाल है। ये चार खंड और इनका रचनाकाल इस प्रकार है :

1. बंदी-स्वप्न (1933-1936)
2. हिय-हारिल (1937-1940)
3. वंचना के दुर्ग (1941-1943)
4. मिट्टी की ईहा (1944-1946)

'बंदी-स्वप्न' में अधिकतर रचनाएँ बंदी जीवन की और जिन आदर्शों के लिए बंदी जीवन व्यतीत करना पड़ा उन आदर्शों की—क्रांति की और राष्ट्रीय भावों की भावभित्ति पर आधारित हैं। इसके अतिरिक्त प्रणय-वैफल्य की भी रचनाएँ हैं। खंड की प्रथम कविता है 'बद्ध'। जिसकी आरंभ की पंक्तियाँ हैं :

बद्ध!
हत वह शक्ति, किए थी जो लड़ मरने को सन्नद्ध।[39]

लौह शृंखलाओं में घिरकर बंदी यह महसूस करता है कि लड़ मरने को तैयार उसकी शक्ति उससे ले ली गई है, आगे बढ़ने को तत्पर पैरों की गति हत हुई है। कारा की प्राचीरों की जड़ता के आगे मृतकों को भी जगा देनेवाली आँखों की दृप्त पुकारें निष्फल हैं। वह अनुभव करता है कि वह 'बंदी' है, 'बंदी' है।

'घृणा का गान' में भावुक प्रागतिक घोषणा है, जो जातिभेद में मानने वालों के प्रति, धनिकों के प्रति, सत्ताधीशों के प्रति ललकार के रूप में आती है। 'वीर की पुकार' में बंदी अपने जीवन की विवशता का बोध अनुभव करता है।

रुबाइयत के रूप में रचित 'रक्तस्नात वह मेरा साकी' में दुःखिनी भारतमाता के प्रति कवि की करुणा बहती नजर आती है, हालाँकि भारतमाता को 'रक्तस्नात साकी' के रूप में देखना अरुचिकर लगता है। 'अकाल धन', 'दूरवासी मीत मेरे' आदि प्रणय-वैफल्य की कविताएँ भी हैं। कवि का 'विद्रोही' रूप यहाँ कुछ अन्य कविताओं में प्रकट होता है। वह कहता है :

मैं वह धनु हूँ, जिसे साधने
में प्रत्यंचा टूट गयी है
स्खलित हुआ है बाण, यद्यपि ध्वनि
दिग्दिगंत में फूट गयी है—[40]

'हिय-हारिल' खंड की प्रथम रचना का शीर्षक 'रहस्यवाद' है, लेकिन यह

परंपरागत ईश्वरोन्मुख रहस्यवाद नहीं है :

मैं भी एक प्रवाह में हूँ।
लेकिन मेरा रहस्य ईश्वर की ओर उन्मुख नहीं है,
मैं उस असीम शक्ति से
संबंध जोड़ना चाहता हूँ
जो मेरे भीतर है।[41]

इस नव्य रहस्यवाद के पुनः अनुसंधान के लिए अज्ञेय की कविता में 'आँगन के पार द्वार' (1963) तक प्रतीक्षा बनी रहती है।

वैसे 'हिय-हारिल' की अधिकांश कविताएँ प्रणय संबंधी हैं। 'स्मृति' कविता में नये बादल देखकर 'आदिम' प्रेयसी की याद आती है तो 'नयी बुंदों' में उसका प्यार अनुभूत होता है। 'अतीत की पुकार' में एक कीर-युगल को देखकर अपनी संगिनी की याद तीव्रतर हो जाती है, लेकिन अंत में वह समाधान करता है :

यही है मिलनमार्ग का हेतु
हृदय की यह स्मृति-प्यार-पुकार—
इसी में, रह कर भी विच्छिन्न
हमारा है अनंत अभिसार।[42]

संग्रह की 'मैं तुम्हारे ध्यान में हूँ', 'नाम तेरा', 'ताजमहल की छाया में', 'चिंतामय', 'द्वितीया' आदि रचनाएँ प्रणय की व्यथा-वेदना को उभारती हैं।

कवि ने हृदय को हारिल पंछी की उपमा देकर अपने लिए 'हारिल' को आदर्श के रूप में लिया है, जो प्रिया की स्मृति का तिनका कैसी भी विषम अवस्था में पकड़े हुए है :

उड़ चल हारिल लिए हाथ में
यही अकेला ओछा तिनका।
उषा जाग उठी प्राची में—
कैसी बाट, भरोसा किनका?[43]

कुल मिलाकर इस खंड में कवि का क्रांतिकारी और प्रणयी रूप अधिक प्रकट हुआ है।

'वंचना के दुर्ग' में कवि का यह रूप अवश्य विद्यमान है, लेकिन कवि अब पुरानी भावुकता के स्थान पर व्यंग्य और बौद्धिकता का आधार लेता है। वह अब प्रयोग की दिशा में अग्रसर होता है। वास्तव में प्रयोगवादी कविता का यह प्रस्थान बिंदु है। इस खंड की अधिकांश रचनाएँ 'तारसप्तक' में प्रकाशित हुई थीं। यह इतिहास ही इन रचनाओं के पार्थक्य को घोषित करता है।

पार्थक्य का कारण तो है मार्क्सवाद का और फ्रायड की मनोविश्लेषण पद्धति का प्रभाव। मार्क्सवाद से सामाजिक चेतना का उद्‌बोधन हुआ लेकिन फ्रायड से यह

ज्ञान कि किस प्रकार यौन कुंठाएँ व्यक्ति मानस में घर करके उसके सर्जनात्मक विकसन को अवरुद्ध करती हैं। इस 'जानने' ने अज्ञेय को छायावादी संवेदना से पूर्णतः पृथक् कर दिया। छायावाद के अमूर्त मानववाद में मनोवैज्ञानिक विश्लेषण और यौनवर्जनाओं को लेकर स्पष्ट एवं प्रखर सामाजिक विद्रोह की संभावना नहीं थी। अज्ञेय का संपर्क अमूर्त भावना से अधिक मूर्त मानव से था अतः उन्होंने प्रयत्नपूर्वक उसकी स्थिति को समझा और उसे अपने काव्य में अभिव्यक्ति दी।[44]

स्वयं अज्ञेय ने भी 'तारसप्तक' के अपने वक्तव्य में कहा था कि 'आधुनिक युग का साधारण व्यक्ति यौन-वर्जनाओं का पुंज है', आदि।[45] अतः अज्ञेय ने यौन प्रतीकों के द्वारा सामाजिक वर्ग चेतना पर व्यंग किया है :

(1) घिर गया नभ, उमड़ आए मेघ काले
भूमि के कंपित उरोजों पर झुका-सा
विशद, श्वासाहत, चिरातुर
छा गया इंद्र का नील वक्ष
वज्र सा, यदि तडित् से झुलसा हुआ सा।

आह मेरा श्वास है उत्तप्त–
धमनियों में उमड़ आई है लहू की धार
प्यार है अभिशप्त–
तुम कहाँ हो, नारि![46]

(2) हम लोगों का एक मात्र श्रम है–सुरति-श्रम,
उस अंत्यज का एक मात्र सुख है–मैथुन-सुख!

(वर्गभावना सटीक)[47]

कवि हमारे परंपरागत सौंदर्य-बोध को आघात देने वाले बिंबों की रचना करते हैं। कविता का शीर्षक है, 'शिशिर की राकानिशा'–और यह बिंब देखिए :

निकटतर–धंरूनी हुई छत, आड़ में निर्वेद
मूत्र सिंचित मृत्तिका के वृत्त में
तीन टाँगों पर खड़ा, नतग्रीव
धैर्यधन गदहा
निकटतम
रीढ़ बंकिम किए, निश्चल किंतु लोलुप
    खड़ा बंद बिलार–
पीछे गोयठों के गंधमय अम्बार![48]

कवि जैसे 'निर्भ्रांति' की स्थिति में है, अतः वे 'वंचना के दुर्ग के रुद्ध सिंहद्वार'

खोलना चाहते हैं। कवि की आधुनिकताबोध की दृष्टि का उन्मेष इन रचनाओं में हम देखते हैं।

'मिट्टी की ईहा' खंड की रचनाएँ 'वंचना के दुर्ग' की रचनाओं की अनुवर्तिनी हैं। 'तारसप्तक' के प्रकाशन के साथ 'प्रयोगवाद' का विरुद लटक ही गया था। 'मिट्टी की ईहा' खंड की इस शीर्षक की कविता प्रतीकात्मक है। मिट्टी को निरीह मानकर उसको रौंदकर चले जाते हैं, किंतु,

वसंत के उस अल्हड़ दिन में
एक भिदे हुए, फटे हुए लोंदे के बीच से बढ़कर
अंकुर ने
तुनुक कर कहा—
'मिट्टी ही ईहा है।'[49]

यह मिट्टी है साधारण जन। इनको हम निरीह मानकर रौंदकर चले जाते हैं, लेकिन वे ही 'ईहा' हैं। यहाँ 'ऋतुराज', 'शाली', 'पानी बरसा', 'माघ फागुन चैत्र', 'आषाढस्य प्रथम दिवस' आदि ऋतुविषयक प्राकृतिक कविताएँ हैं, लेकिन इनमें छायावादी मानवीय आरोप नहीं। प्रकृति की तद्वत् सत्ता का, उसकी यथार्थ श्री का निरूपण है। इस खंड की 'जन्मदिवस' कविता विशिष्ट है। अज्ञेय की परवर्ती अनेक कविताओं की पैटर्न-बिंब श्रेणी यहाँ मिलती है। कवि जन्म देनेवाले पिता के आभारी नहीं हैं, वे आभारी तो उनके हैं, जिन्होंने बहुत कुछ दिया है, फिर भी अपने को दाता नहीं मानते :

अमुखर नारियाँ,
धूल-भरे शिशु,
        खग,
ओस-नमे फूल,
        गंध,
मिट्टी पर पहले असाढ़ के अयाने वारि-बिंदु की,
कोटरों से झाँकती गिलहरी,
स्तब्ध, लयबद्ध भौंरा
        टँका-सा अधर में
चाँदनी से बरसा हुआ कुहरा,
पीली धूप शारदीय प्रात की,
बाजरे के खेतों को फलाँगती
        डार हिरनों की बरसात में—
नत हूँ मैं
सबके समक्ष बार-बार मैं विनीत स्वर

ऋण-स्वीकारी हूँ–
विनत हूँ।[50]

बिंबावली की यह पैटर्न हम 'असाध्य वीणा' में बृहत् फलक पर देखते हैं। कहीं-कहीं यह पैटर्न कवि का शैलीदास्य (mannerism) बन जाता है। 'भग्नदूत', 'चिंता' और 'इत्यलम्' इन तीनों संग्रहों को अज्ञेय की कविता के प्रथम स्तबक के रूप में देख सकते हैं। छायावादी काव्यप्रभाव से आरंभित काव्य-यात्रा प्रयोगवाद के महत्त्वपूर्ण मोड़ पर आकर यहाँ अवस्थित होती है।

3. काव्ययात्रा का द्वितीय सोपान (1947-1957)

'हरी घास पर क्षण भर'
'बावरा अहेरी'
'इंद्रधनु रौंदे हुए ये'

'हरी घास पर क्षण भर' का प्रकाशन 1949 में हुआ था। संग्रह की 40 कविताओं का रचनाकाल 1947 से 1949 तक का है। कवि अज्ञेय की काव्यकीर्ति का यह प्रथम कलश है। 'तारसप्तक' की उनकी रचनाओं में जो एक नए कवि का रूप प्रस्फुटित होने लगा था, वह इन रचनाओं में एकदम निखर आया है। भावबोध ही नहीं, काव्यरीति और काव्यभाषा में भी एक परिपक्वता (maturity) दिखाई देती है। संक्षेप में, इस संग्रह के साथ कवि एक समर्थ कवि के रूप में हमारे सामने आते हैं।

यहाँ भी प्रकृति है, प्रणय है, सामाजिक दाय का बोध है लेकिन ये सब रोमांटिक भावावेग से संवृत न होकर बौद्धिकता का संस्पर्श लिए हुए हैं। इनकी परिणति यथार्थ के नए बोध में होती है, जैसे–

सवेरे-सवेरे
नहीं आती बुलबुल,
न श्यामा सुरीली
न फुदकी न दंहगल
सुनाती है बोली,
नहीं फूलसुँघनी,
पतेना-सहेली
लगाती है फेरे।
जैसे ही जागा
कहीं पर अभागा
अड़ड़ाता है कागा–
काँय! काँय! काँय![51]

जागा, अभागा, का प्रास 'कागा' से सिद्ध होता है, लेकिन कौआ के स्थान

पर प्राचीन कविता में प्रयुक्त 'कागा' (कागा चुन चुन खाइयो...) अर्थ बोध का नया आयाम सिद्ध करता है। इतना ही नहीं उसकी बोली को 'अड़ाना' कहकर कोंट्रास्ट में 'सर्वे सुखिन संतु' की मंगलवाणी प्रयुक्त करके कविता में एक तनाव (tension in poetry) रचा है—जो कविता के उत्तरार्द्ध में 'औंधी खोपड़ी' और 'धत्तेरे! नास जाय!' जैसे बोलचाल के भाषा प्रयोग से तीव्रता से उभरता है। कहाँ तो आरंभिक (early) अज्ञेय की तत्समप्रियता और कहाँ ऐसे अर्थसाधक देशज प्रयोग!

जैसा प्रकृति के प्रति, वैसा ही प्रेम के प्रति भी कवि का दृष्टिकोण बदला है, जो व्यंग्यवचन का सहारा लेता है। माहिवाल लोककथा का प्रसिद्ध प्रेमी है। 'सोहिणी-माहिवाल' की प्रेमकथा का संदर्भ, उसके साथ आदि कवि वाल्मीकि का संदर्भ आज के यथार्थ को तीव्र कोंट्रास्ट से व्यक्त करता है :

क्रौंच बैठा हो कभी वल्मीक पर
तो मत समझ
वह अनुष्टुप बाँचता है संगिनी के स्मरण के—
जान ले वह दीमकों की टोह में है।
कविजनोचित न हो चाहे, यही सच्चा साक्ष्य है।[52]

तथाकथित 'कविजनोचित साक्ष्य' से बचने में ही कवि की उपलब्धि है। क्रौंच, वल्मीक और अनुष्टुप एकदम आदि कवि वाल्मीकि की और उनकी काव्यसृष्टि की स्मृति जगाते हैं। इस स्मृतिसाहचर्य से 'दीमकों की टोह में है' उक्ति का आयाम बदल जाता है। कवि के यथार्थ बोध की रूमानियत पर विजय है।

सामाजिक दाय का वहन तो कवि अज्ञेय ने क्रांतिकारी के रूप में क्रियाशील ढंग से किया है। अज्ञेय देश के अर्थ में सामाजिक हैं, तथाकथित समाज के अर्थ में नहीं। सामाजिक रूढ़ियों के अर्थ में तो वे विद्रोही हैं अतः उनकी सामाजिकता का रूप अधिक व्यापक है, वह विशाल मानव-समाज तक पहुँचता है। 'नदी के द्वीप' कविता में व्यक्ति और समाज के संबंध की इस भूमिका पर स्वीकृति है। एक कविता 'कवि हुआ क्या फिर' में कवि भावनाओं का महत्त्व लोक-कल्याण के परिप्रेक्ष्य में ही करते हैं :

सुनो कवि! भावनाएँ नहीं हैं सोता,
भावनाएँ खाद हैं केवल!
जरा उनको दबा रखो
जरा सा और पकने दो
ताने और तचने दो
अँधेरी तहों की पुट में पिघलने और पचने दो;
रिसने और रचने दो—
कि उनका सार बनकर चेतना की धरा को कुछ उर्वरा कर दे;

भावनाएँ तभी फलती हैं कि उनसे लोक के
कल्याण का अंकुर कहीं फूटे।[53]

कवि ने 'वेदना के दर्शन' का स्वीकार किया है—दुःख के बोध का यह स्वीकार 'नदी के द्वीप' में व्याप्त है। 'पहला दौंगरा' कविता में गगन में मेघ के घिर आने के साथ प्रिया की याद घिर आने की बात है। कवि कहते हैं कि न तो मैंने तुम्हारी स्मृति को पींजड़े में बाँध कर रखा है, न तुम्हारे स्नेह को स्वत्व की पुरानी कुप्पियों में भर कर। क्योंकि—

दुःख सबको माँजता है
और—
चाहे स्वयं सबको मुक्ति देना वह न जाने, किन्तु—
जिनको माँजता है
उन्हें यह सीख देता है कि सबको मुक्त रखें।[54]

संग्रह की प्रसिद्ध रचनाएँ हैं 'कलगी बाजरे की' और शीर्षककविता 'हरी घास पर क्षण भर'। आधुनिकता की और इस आधुनिकता बोध की अभिव्यक्ति की दृष्टि से इनका ऐतिहासिक महत्त्व भी है, उसकी चर्चा हम आगे करेंगे।

'हरी घास पर क्षण भर' का परवर्ती संग्रह 'बावरा अहेरी' कवि की मँजी हुई काव्यसृष्टि लेकर आता है।

'बावरा अहेरी' का प्रकाशन वर्ष 1954 है, संग्रह की कविताओं का रचनाकाल 1950-1953 है। यही समय है 'नदी के द्वीप' उपन्यास के भी रचनाकाल का। 'बावरा अहेरी' अज्ञेय की काव्य-शृंखला में उचित रूप से ही एक 'सशक्त कड़ी' के रूप में देखा जाता है। बिंब, प्रतीक, अलंकार तथा भाषा की सर्जनात्मकता इस संग्रह को स्पृहणीय बना देते हैं। इस संग्रह में काव्यशिल्प के प्रति कवि की सजगता हमारा ध्यान आकृष्ट करती है।

वैसे संग्रह की प्रमुख अनुभूति प्रणय और प्रकृति से संबंधित है, फिर भी सामाजिक दाय के स्वीकृति की रचनाएँ भी हैं। इस अर्थ में यह संग्रह 'हरी घास पर क्षण भर' का सही अर्थ में अनुगामी है।

अज्ञेय ने व्यक्ति और उसमें बसे सर्जक के द्वंद्व को केंद्र में रखकर अनेक रचनाएँ की हैं। यहाँ भी ऐसी एक कविता संग्रह के आरंभ में ही है। 'आज तुम शब्द न दो' में 'तुम' है कवि की सर्जक सत्ता। कई बार भीतर का सर्जक भाव के अनुकूल शब्द देने से जैसे कतरा जाता है, तब भी कवि संकल्प करता है :

आज तुम शब्द न दो, न दो
कल भी मैं कहूँगा।[55]

तुम = सर्जक सत्ता

मैं =व्यक्ति सत्ता। कवि की व्यक्ति सत्ता नम्र होकर इस बात को स्वीकार

करती है कि उसकी सर्जक सत्ता ने ही उसे स्पंद दिया है, धमनी में लहू का वेग बाँधा है। यदि अपने भीतर की सर्जक सत्ता (भीतर का कवि) भाव को उचित शब्द न भी देना चाहे, तो भी कवि को तो कहना ही है। भीतर का कवि अर्थभेदी पहाड़ है, धृतिपारमिता है, लेकिन उसी पहाड़ को रस देता हुआ वह निर्झर बनकर बहेगा। (पहाड़ और निर्झर का प्रतीक कवि रवींद्रनाथ की 'निझरेर स्वप्नभंग' कविता का स्मरण कराता है। वहाँ भी निर्झर पहाड़ की कारा को तोड़कर फूट निकलता है। निर्झर है भीतर पड़ी हुई भावसृष्टि, जिसे एक-न-एक दिन बह निकलना है।)

एक ओर तो व्यक्ति सत्ता की सीमित शक्ति है, दूसरी ओर सर्जक सत्ता की अपरिमित दानवृत्ति। अतः वह कहता है :

आज नहीं
कल सही
चाहूँ भी तो कब तक छाती में दबाए
यह आग मैं रहूँगा![56]

काव्यरचना की प्रक्रिया की यह कविता है। किसी भी कृति कवि की ऐसे द्वंद्वों से गुजरने की नियति बनी रहती है। लेकिन कवि इस नियति को भी कविता का विषय बना लेता है।

छायावाद में भी प्रकृति और प्रणय की रचनाओं का बाहुल्य है, लेकिन अज्ञेय की प्रकृति और प्रणय विषयक रचनाओं में छायावाद के रोमांटिक तत्त्वों का प्राबल्य नहीं है। कवि का रुख अधिकाधिक गैर-रोमांटिक होते जाने का है। आधुनिक भावबोध का संस्पर्श इन रचनाओं में हम पाते हैं। काव्यशिल्प भी इसी भावबोध के अनुकूल होता है। भाषा छायावाद की मधुरंगिनी से मुक्त होने की दिशा में है।

भोर की
प्रथम किरण
फीकी :
× ×
धीरे-धीरे
उदित
रवि का
लाल-लाल
गोला।[57]

यहाँ 'फीकी' और 'गोला' ये दो शब्द गैर-रोमांटिक वृत्ति के द्योतक हैं। कवि ने जिस तरह से वाक्यरचना (syntax) की है, वह भी साभिप्राय है। किरण के धीरे-धीरे उदित होने की प्रक्रिया का बोध काव्य के संघटन से अनुभूत होता है।

'बावरा अहेरी' तो पूरा प्रतीक-काव्य है। यह 'अहेरी' है सूर्य।

भोर का बावरा अहेरी
पहले बिछाता है आलोक की
लाल लाल कनियाँ
पर जब खींचता है जाल को
बाँध लेता है सभी को साथ :
छोटी छोटी चिड़ियाँ
मँझोले परेवे
बड़े-बड़े पंखी
डैनों वाले डौल वाले
डौल के बेडौल
उड़ने जहाज...[58]

सूर्य की किरणों का पसरना और सिमटना यहाँ अभिप्रेत है, किंतु प्रतीक के कारण काव्याभिव्यक्ति सशक्त ढंग से हुई है। कवि कहता है कि इस अहेरी के लिए कुछ अवध्य नहीं है। सब आखेट है; तो फिर :

एक बस मेरे मन-विवर में दुबकी कलौंस को
दुबकी ही छोड़ कर क्या तू चला जाएगा।[59]

इस 'अहेरी' को कवि अपने मन-विवर में पड़ी मलिनता को दूर करने की विनय करता है। वैसे भी गायत्री-काल से वह 'सविता' हमारी बुद्धि को प्रेरणा देता आ रहा है। एक तरह से यह भी सूर्यस्तुति है, लेकिन कितना फर्क है—गायत्री की सूर्यस्तुति में और अज्ञेय की सूर्यस्तुति में? भाव विनम्रता यहाँ भी है, लेकिन उस भाव की अभिव्यक्ति कितनी भिन्न है?

'वसंत गीत', 'वसंत की बदली', 'हवाएँ चैत की', 'ये मेघ साहसिक सैलानी', 'शरद की साँझ के पंछी', आदि प्रकृति विषयक रचनाएँ हैं। कुछ प्रकृति विषयक रचनाएँ प्रणय भाव को उकेरने में पश्चात् भूमिका के रूप में हैं, जैसे 'वर्षांत', 'संध्या तारा', 'उगा तारा' आदि। 'तारों की बात' 'नदी के द्वीप' में आने वाले भुवन-रेखा के संवादों का स्मरण कराएगी। इन गीतों का रचनाकाल भी वही है।

'नख-शिख' जैसी कविता कवि की रोमांटिक भाव-मुद्रा की द्योतक है। उपमाओं में नावीन्य है, लेकिन पैटर्न है रीतिकालीन नख-शिख का। लेखक ने यहाँ अंगों के रूप में सिर्फ नैन और ओंठ का वर्णन किया है और देह का वर्णन है इस प्रकार :

तुम्हारी देह
मुझको कनक-चम्पे की कली है
दूर ही से
स्मरण में भी गंध देती है।[60]

शरीरबोध की ऐसी रचना है 'देहवल्ली'। देह को हमारे मध्यकालीन साहित्य

में सिर्फ पिंजरा कहकर उपेक्षित किया है। लेकिन कवि इस देहवल्ली को रूपाकारों का 'भव्यबीज' कहते हैं।

देह–
वल्ली
रूप को
एक बार बेझिझक देख लो।
पिंजरा है? पर मन इसी में से उपजा।
जिसकी उन्नीत शक्ति आत्मा है।[61]

प्रणय में वेदना की महत्ता अज्ञेय ने स्थापित की है। कवि की चेतना की नदी प्रिय की ओर बहती जाती है और वह उसके ध्यान में आत्मविभोर रहता है :

और मेरे प्यार में
ओ हृदय के आलोक मेरे
वेदना की कोर![62]

उस प्रियतमा का सवेरे-सवेरे नाम लेने से एक सिहरन जगती है, एक समर्पण का बोध पैदा होता है, अँधेरी रात जागते शिशु की तरह मुस्करा उठती है और दिन एक आलोकद्वार बन जाता है।

'बावरा अहेरी' में कवि की सामाजिक संचेतना ध्यानार्ह है। भारतीय सांस्कृतिक परंपरा से अनुस्यूत कविता है 'छब्बीस जनवरी'। वैसे सामयिक है लेकिन जैसा कि डॉ. देवराज कहते हैं वह 'कविता उनकी भारतीय सांस्कृतिक प्रतीकों में गहरी संपृक्ति की द्योतक है।'[63]

सामाजिक दायबोध की उनकी एक महत्त्वपूर्ण कविता 'बावरा अहेरी' में है। कविता है–'यह दीप अकेला'। समग्र कविता प्रतीकात्मक है। अज्ञेय के आलोचकों ने अज्ञेय पर व्यक्तिवादी होने का आरोप लगाया है। वे अज्ञेय को शायद गलत समझते हैं। व्यक्तित्व की सुरक्षा हर कोई चाहेगा, लेकिन इससे सामाजिक संपृक्ति में कैसे बाधा पड़ती है? हरेक को अपने व्यक्तित्व की रक्षा करते हुए सामाजिक दाय को निभाना है। 'दीप' और 'पंक्ति' ये दो शब्द व्यक्ति और समाज के प्रतीक हैं :

यह दीप अकेला स्नेह भरा
है गर्व भरा मदमाता, पर
इसको भी पंक्ति को दे दो।[64]

व्यक्ति चाहे कितना गर्वोन्नत, सक्षम क्यों न हो, उसे 'पंक्ति' में अर्थात् समाज के साथ संवादिता बनाकर रहना है :

यह अद्वितीय; यह मेरा; यह मैं स्वयं विसर्जित।

अन्यत्र जो बात कवि ने 'नदी' और 'द्वीप' के संदर्भ में उच्चरित की है, वह यहाँ 'दीप' और 'पंक्ति' के संदर्भ में प्रस्तुत की गई है।

'इंद्रधनु रौंदे हुए ये' (1957) की कविताएँ 1953-1957 के समयांतराल की हैं। संग्रह में से कुछ विशेष उभर कर आते हैं, जिनमें हैं प्रेम और प्रकृति के अतिरिक्त सत्य, इतिहास, क्षण, नगर-सभ्यता, सर्जन-प्रक्रिया आदि। यहाँ हम कवि का आत्मान्वेषी रूप देखते हैं। उपरोक्त विषय में से कोई भी विषय क्यों न हो, कवि की अन्वेषकवृत्ति के दर्शन होंगे। यद्यपि, कवि की यह अन्वेषणा मनुष्य को केंद्र में रखती है।

अज्ञेय की कविता के केंद्र में है अनुभूति की सच्चाई। कवि कुछ भी ऐसा नहीं कहता जो उसकी संवेदना से गुजरा न हो। एक कविता में कवि कहते हैं :

मौन भी अभिव्यंजना है :
जितना तुम्हारा सच है
उतना ही कहो।[65]

जो स्वयं अनुभूत किया वही 'तथ्य' कवि का सत्य बनकर आता है और वही कवि का 'सच' है, वरना कवि का चुप रहना श्रेयस्कर है।

कवि खोज में जब निकल पड़ते हैं तब उनको अनेक सत्य मिलते हैं, लेकिन जिस एक को वे पाते हैं, उसे कैसे पाया है? कहते हैं :

तुम किसी देवता से नहीं निकले :
तुम मेरे साथ मेरे ही आँसू में गले
मेरे ही रक्त पर पले
अनुभव के दाह पर क्षण-क्षण उकसती
मेरी अशमित चिता पर
तुम मेरे ही साथ जले
तुम
तुम्हें तो
भस्म हो
मैंने फिर अपनी भभूत में पाया।
अंग रमाया
तभी तो पाया।[66]

'मनुष्य' कवि अज्ञेय की महत् चिंता का विषय है। कवि ने अपने को एक कविता में मानव से मानव को मिलानेवाले सेतु के रूप में कल्पित किया है :

दूर दूर दूर...मैं सेतु हूँ
किंतु शून्य से शून्य तक का सतरंगी सेतु नहीं,
वह सेतु
जो मानव से मानव का हाथ मिलने से बनता है
जो हृदय से हृदय को
श्रम की शिखा से श्रम की शिखा को × × × मिलाता है,

जो मानव को एक करता है
समूह का अनुभव जिसकी मेहराबें हैं,
और जन जीवन की अजस्र प्रवाहमयी नदी जिसके नीचे बहती है।[67]

यह सेतु रूप बनने की भावना ही कवि को 'इतिहास की हवा' जैसी महत्त्वपूर्ण कविता लिखने के लिए बाध्य करती है। झलमलाते ताजमहल और बागड़ियों के झोंपड़ों के छप्पर की सहोपस्थिति में कवि एकलव्य के पुराणकल्प के द्वारा आधुनिक समाज की असमानता की बात बड़े प्रभावपूर्ण ढंग से कहते हैं। आज भी एकलव्य हैं, आज भी अभिनव द्रोण हैं, जो भाँग पिलाकर उन आदिवासियों को ज्यों-की-त्यों स्थिति में रखकर अपना उल्लू सीधा करना चाहते हैं। कवि इस स्थिति के लिए अपने को भी उत्तरदायी मानते हैं। कवि का मानव-प्रेम, सामाजिक दाय उसे व्यंग्य रचनाएँ करने के लिए प्रेरित करते हैं; 'रेंक' (रेंक, रे रेंक। गधे। रेंक रे रेंक) या 'नयी कविता : एक संभाव्य भूमिका', 'सागर और गिरगिट' आदि उसके उदाहरण हैं।

क्षण की 'अद्वितीयता' की बात भी इस संग्रह में आती है। लेकिन स्थायी प्रभाव छोड़नेवाली कविताएँ प्रेम की हैं। प्रेम में जैसे मिलन के क्षण होते हैं, वैसे ही विदा के क्षण भी। संग्रह में अधिकतर कविताएँ विदाई का दर्द लेकर आयी हैं।

(1) खुल गई नाव
घिर आयी संझा, सूरज
डूबा सागर तीरे।
× × ×
तब फिर मूर्छित
व्यथा विदा की
जागी धीरे-धीरे।[68]

(2) मंजरी की गंध भारी हो गयी है
अलस है गुंजार भौंरे की—
अलस और उदास। × ×
ओ विहँसते रूप!
तुम कदाचित न भी जानो—
यह विदा है।[69]

(3) हाँ, यह मोड़ आ गया।
जाओ पथ के साथी
और न बिलमो।[70]

प्रेम के साथ प्रकृति के कुछ सुंदर चित्र 'दूर्वाचल', 'सूर्यास्त' आदि रचनाओं में हैं, यहाँ भी विदाई का करुण संगीत है।

सर्जन-प्रक्रिया के बारे में जो कविताएँ हैं, उनमें 'मुझे तीन दो शब्द', 'कवि के प्रति कवि', 'सर्जना के क्षण' आदि हैं। सर्जना के क्षण, कवि कहते हैं, लम्बे नहीं होते :

एक क्षण-भर और :
लंबे सर्जना के क्षण कभी भी हो नहीं सकते।
बूँद स्वाती की भले हो
बेधती है मर्म सीपी का उसी निर्मम त्वरा से
वज्र जिस से फोड़ता चट्टान को
भले ही फिर व्यथा के तम में
बरस पर बरस बीतें
एक मुक्ता-रूप को पकते।[71]

संग्रह में आधुनिक नगर-जीवन की विभीषिका को व्यक्त करनेवाली 'महानगर : रात' या 'साँप' जैसी रचनाएँ भी हैं, जिनकी चर्चा हम आगे करेंगे।

यह संग्रह आनेवाले संग्रह 'अरी ओ करुणा प्रभामय' तथा 'आँगन के पार द्वार' का अग्रयायी है। यहाँ आत्मदान तथा स्वीकार का बोध लक्षित होता है। कवि की अन्वेषणा सौंदर्य के पार पहुँचना चाहती है। कवि का स्वर उदात्तता के साथ एक विनम्रता का संस्पर्श हमें कराता है। मंगलाचरण पढ़ते ही इसका प्रत्यय हो जाता है :

भावों का अनंत क्षीरोदधि
शब्द-शेष फैले सहस्र-फण
एक अर्थ से तुम हो अच्युत :
मुझ को भी दो दो करुणा-कण!

कवि की काव्ययात्रा में आनेवाले नए मोड़ का संकेत इन पंक्तियों में मिलता है।

4. काव्ययात्रा का तृतीय सोपान (1956-1961)

'अरी ओ करुणा प्रभामय'
'आँगन के पार द्वार'

'अरी ओ करुणा प्रभामय' का प्रकाशन 1959 में हुआ था। इस संग्रह में 1956-1958 के समयांतराल में रची गयी कविताएँ हैं। इस संग्रह के साथ अज्ञेय की काव्ययात्रा को हम एक नए मोड़ पर पाते हैं। शीर्षक का 'करुणा' शब्द भगवान बुद्ध की ओर इंगित करता है। बुद्ध का यह संस्पर्श उतना भारतीय नहीं, जितना जापानी है। संग्रह की रचनाएँ या तो जापान के प्रवास के दौरान लिखी गयी हैं, या प्रवासांतर जापानी साहित्य और संस्कृति के प्रभाव में लिखी गयी हैं। यह प्रभाव विशेषतः ज़ेन (zen)

बौद्धमत का है, जिसका निर्देश स्वयं लेखक ने इस संग्रह की प्रस्तावना में किया है।

संग्रह की इस प्रस्तावना का दूसरा भी महत्त्व है। अज्ञेय की कविता पर बार-बार परदेशी प्रभावों के होने की चर्चा होती रही है। यहाँ कवि स्वयं पूर्व के प्रभावों का स्वीकार करते हैं : 'प्रस्तुत संग्रह में अनेक कविताओं में भी पूर्व के (और पश्चिम के भी क्यों नहीं?) प्रभाव मिलेंगे।'[72] कवि का यह विधान इस संग्रह को समझने की भूमिका के साथ कवि की काव्ययात्रा के नए मोड़ की दिशा पकड़ने में भावक की सहायता करता है।

वास्तव में 'अरी ओ करुणा प्रभामय' तथा उसके परवर्ती काव्यसंग्रह 'आँगन के पार द्वार'; में हम अज्ञेय की कविताओं को रहस्योन्मुख देखते हैं; अवश्य यह रहस्यवाद कबीर, मीरा या महादेवी का नहीं है अर्थात् यह न तो धार्मिक है और न दैवी प्रकार का है, बल्कि जैसा कि रामस्वरूप चतुर्वेदी ने कहा—वह 'सर्जनात्मक शक्ति को समझने-समझाने का प्रयास है, और यह सर्जनात्मक शक्ति ही कवि के आस्तिक भाव के केंद्र में है।'[73] अर्थात् इन संकलनों में हम रहस्यवाद का एक नया रूप पाते हैं, जिसे हम नव्य-रहस्यवाद कहेंगे।

संग्रह की 111 रचनाएँ चार खंडों में विभाजित हैं—1. 'रोपयित्री', 2.'रूप-केकी', 3.'एक चीड़ का खाका', 4.'द्वारहीन द्वार'। इनमें तीसरा खंड 'एक चीड़ का खाका' जापानी हाइकुओं का अनुवाद-रूपांतर है। अनुवाद की यह वृत्ति इस प्रकार की रचनाओं के साथ कवि का 'तत्समता' बोध है। हाइकु रचनाओं की आलोकधर्मिता और तत्क्षणता कवि की इस समय की स्वरचित कृतियों में भी देखते हैं। यहाँ एक ऐतिहासिक तथ्य का निर्देश करना अनुचित नहीं होगा कि इस प्रकार की जापानी (तथा चीनी) कविताओं के अनुवाद की प्रवृत्ति ही फ्रांसीसी तथा अंग्रेजी कविता में एक ओर मुक्तछंद (Vers libre) और दूसरी ओर बिंबवाद (imagism) की जनक है।

अज्ञेय के कवि के लिए न तो मुक्तछंद अजनबी है, न बिंबवाद। लेकिन जापानी ज़ेन बौद्धमत का दर्शन उनकी सर्जनात्मक आवश्यकता की पूर्ति बनकर आता है। 'द्वारहीन द्वार' की रचनाओं में ज़ेन बौद्धमत की समांतरताओं का पाना किसी भी तरह से दुर्लभ नहीं। प्रत्युत 'द्वारहीन द्वार' शीर्षक चीनी गुरु मुमीन (1183-1260) की 'मुमीकान' जिसका अंग्रेजी होगा—'no gate barrier' या 'gateless gate' का ही हिंदी रूपांतर है।[74] एक तरह से ज़ेन बौद्धमत कोई विदेशी धारणा नहीं है, वह तो है भारतीय 'ध्यान' का ही पर्याय, जो ज़ेन के रूप में चीन होकर जापान पहुँचा है।

कई कविताओं की रचनापद्धति इस खंड में जापानी ज़ेन पंथ की शिक्षापद्धति से मिलती-जुलती है। कभी उलटबाँसी का ढंग है, कभी पैरेडॉक्स का :

स्वयं पथ-भटका हुआ
खोया हुआ शिशु

जुगनुओं को पकड़ने दौड़ता है
किलकता है :
'पा गया! मैं पा गया!'[75]

यहाँ 'पथ-भटका' और 'खोया' विशेषणों के विरोध में 'पा गया' का विरोधाभासी सत्य रखा गया है।

तत्क्षण का दर्शन और अभिव्यक्ति इन रचनाओं की विशेषता होती है। उदाहरण के रूप में एक कविता है 'मैंने देखा एक बूँद'—

मैंने देखा
एक बूँद सहसा
उछली सागर के झाग से :
रंगी गयी क्षणभर
ढलते सूरज की आग से।
मुझ को दीख गया :
सूने विराट् के सम्मुख
हर आलोकछुआ अपनापन
है उन्मोचन
नश्वरता के दाग से।[76]

जागरण के क्षण की यह खोज देखिए :

बरसों की मेरी नींद रही।
बह गया समय की धारा में जो
कौन मूर्ख उसको वापस माँगे?
मैं आज जाकर खोज रहा हूँ
वह क्षण जिसमें जागा हूँ।[77]

जागरण लाने वाली आलोक-किरण आती है तो कभी आती है, वरना नहीं भी आती, फिर साधक उसकी प्रतीक्षा क्यों न करता हो :

ओ तू पगली आलोककिरण,
सूअर की खोली के कर्दम पर बार बार चमकी,
पर साधक की कुटिया को व्रज-अछूता
अंधकार में छोड़ गयी?[78]

ज़ेन का यह मार्ग महायान है, उस मार्ग के दरवाजे नहीं होते, वहाँ तो हजारों पंथ आकर मिलते हैं, अतः उसे कहा गया है 'द्वारहीन द्वार' :

द्वार के आगे
और द्वार :
यह नहीं कि कुछ अवश्य

है उनके पार
किंतु हर बार
मिलेगा आलोक
झरेगी रस-धार।[79]

संग्रह के प्रथम खंड में, किंतु वर्तमान जीवन की ललकार तथा उसका स्वीकार है। वहाँ हमें एक आधुनिक कवि के भीतरी संघर्ष का दर्शन होता है। प्रथम कविता में ही कवि कहते हैं :

अच्छी कुंठा-रहित इकाई
साँचे ढले समाज से
अच्छा अपना ठाठ फकीरी
मँगनी के सुख-साज से।[80]

कवि यहाँ प्रामाणिक अनुभूति पर बल देते हैं। उनके लिए 'सुधर निरंध्र मृषा से खंडित सत्य' अच्छा है क्योंकि उसमें अनुभूति का खरापन है।

कवि के रूप में कवि अज्ञेय का प्रश्न रहा है 'शब्द' और 'सत्य' में सायुज्य सिद्ध करने का। कवि को सत्य भी मिलते हैं, शब्द भी; लेकिन ये दोनों अपने बीच एक दीवार बनाए रहते हैं, सदा एक-दूसरे से तन कर रहते हैं। कवि चाहते हैं :

कब, कैसे, किस आलोकस्फुरण में
इन्हें मिला दूँ–
दोनों जो हैं, बंधु, सखा, चिर सहचर मेरे।[81]

संग्रह की एक कविता 'नए कवि से' काफी वादविवाद की जनक रही है। नए कवि से कवि कहते हैं :

आ तू, आ,
हाँ, आ,
मेरे पैरों की छाप-छाप पर रखता पैर
मिटाता उसे
मुझे मुँह भर-भर गाली देता–
आ, तू आ।[82]

यह तो निर्विवाद है कि अज्ञेय नयी कविता के पुरोधा हैं, किंतु एक पीढ़ी का दूसरी पीढ़ी से संघर्ष होगा ही। नयी पीढ़ी जब पूर्वसूरियों के कृतित्व का स्वीकार नहीं करती, तब पूर्वसूरि के रूप में उत्तरसूरि पर कवि अज्ञेय का रोष एक विद्रूप के रूप में फूट निकलता है।[83]

कवि की सामाजिक चेतना 'बाँगर और खादर', 'औद्योगिक बस्ती' आदि कविताओं में देखने को मिलती है।

'रूप केकी' नामक संग्रह का दूसरा खंड जापानी हाइकु कविता से प्रभावित

बिंबप्रधान रचनाओं का है। प्रकृति को कवि ने पुनः एक बार नए रूप में देखा है। एक सुंदर कविता है : 'धूप'—

सूप-सूप भर
धूप-कनक
यह सूने नभ में गयी बिखर :
चौंधाया
बीन रहा है
उसे अकेला एक कुरर।[84]

यह कुरर ही सूर्य है। 'पहाड़ी यात्रा' का यह चित्र देखिए :

मेरे घोड़े की टाप
चौखटा जड़ती जाती है
आगे के नदी-व्योम, घाटी-पर्वत के आसपास :
मैं एक चित्र में
लिखा गया सा आगे बढ़ता जाता हूँ।[85]

प्रकृति का यह चित्रण कभी-कभी छायावादी कविता के निकट रहता है, कभी-कभी नयी कविता के। रामस्वरूप चतुर्वेदी ने 'रूप केकी' खंड की प्रकृति रचनाओं की आलोचना करते हुए लिखा है :

'प्रकृति का अंकन उक्त दोनों रूपों में अज्ञेय में मिलता है—कवि की रोमांटिक और गैर-रोमांटिक वृत्तियों के अनुकूल। बहुत जगह दोनों के बीच की मनःस्थिति दिखती है। 'अरी ओ करुणा प्रभामय' के 'रूप केकी' खंड की अधिकतर कविताएँ प्रकृतिपरक हैं, और इसी प्रकार की हैं। प्रकृति, प्रविधि और मानव का संपृक्त रूप—'हरी घास पर क्षण भर' भाव—अज्ञेय की कविताओं में बराबर मिलता है।'[86]

कुल मिलाकर इस संग्रह में कवि की सत्यान्वेषी दृष्टि आध्यात्मिकता की ओर उन्मुख दिखाई पड़ती हे। उसका परिणत स्वरूप हम 'आँगन के पार द्वार' संग्रह में पाते हैं।

'आँगन के पार द्वार' का प्रकाशन 1961 में हुआ था। इसमें 1959-1961 के समयांतराल की रचनाएँ हैं। इसी संग्रह के अंतर्गत अज्ञेय की दीर्घतम रचना 'असाध्य वीणा' है और इसी संग्रह पर कवि को साहित्य अकादेमी का पुरस्कार प्राप्त हुआ है।

'आँगन के पार द्वार' का अपने पूर्ववर्ती काव्यसंकलन 'अरी ओ करुणा प्रभामय' से एक तरह का अनुसंधान है। एक तरह से दोनों युग्मसंग्रह कहे जा सकते हैं, क्योंकि दोनों संग्रहों की रचनाएँ बौद्ध-दर्शन और बौद्ध-धार्मिक संवेदना से प्रभावित हैं। इसमें संदेह नहीं कि इस प्रभाव के कारण हिंदी कविता में एक नया आयाम पैदा हुआ है।

'आँगन के पार द्वार' में आध्यात्मिक संचेतना की कविताएँ हैं। अवश्य यह

अध्यात्म आंतरिक अध्यात्म है। जिस 'रहस्यवाद' का उल्लेख 'इत्यलम्' में हुआ है, वह इस संग्रह में नव्यरूप में उपस्थित है। रामस्वरूप चतुर्वेदी का विधान है कि 'आँगन के पार द्वार' में रचनाकार का सर्जनात्मक रहस्यवादी रूप अपनी निष्पत्ति तक पहुँचता है।[87]

'आँगन के पार द्वार' में कविताएँ तीन मुख्य शीर्षकों में विभाजित हैं : 1. 'अंतःसलिला' जिसके अंतर्गत 18 कविताएँ हैं, 2. 'चक्रांत शिला', जिसमें 27 खंड हैं, और 3. 'असाध्य वीणा' जो एक स्वतंत्र दीर्घ रचना है। 'अंतःसलिला' खंड की प्रथम कविता-'सरस्वती-पुत्र' में दो विरोधी चित्रों की सहोपस्थिति (Juxtaposition) से मौन में ही किसी भी चरम अनुभूति का पर्यवसान होता है, इस बात की ओर संकेत है। मंदिर के भीतर जो लोग 'खुले गले से, मुखर स्वरों में' रामनाम गाते हैं वे सब भीतर गूँगे और बहरे हैं। मंदिर के बाहर सरस्वती-पुत्र अर्थात् कवि खड़ा है। जैसे-जैसे उसकी प्रज्ञा विकसित होती जाती है, वैसे-वैसे वह मौन की दिशा में गति करता है। कविता उस प्रसिद्ध उक्ति का स्मरण कराती है, जिसमें कहा गया है कि "जो कहता है, वह नहीं जानता; जो जानता है वह नहीं कहता।"

'बना दे, चितेरे' में कवि मछली के प्रतीक से अपनी 'उदीषा' व्यक्त करते हैं। कवि चितेरे से सागर का ऊपर हलचल से भरा और नीचे से अगाध अथाह ऐसा रूप आँकने का कहकर उस सागर से ऊपर अधर में उछली हुई एक मछली को अंकित करने की बात कहता है। कवि की यह एषणा है :

बना दे, चितेरे
यह चित्र मेरे लिए आँक दे।
मिट्टी की बनी, पानी से सिंची, प्राणाकाश की प्यासी
उस अंतहीन उदीषा को
तू अंतहीन काल के लिए फलक पर टाँक दे—
क्योंकि यह माँग मेरी, मेरी, मेरी है कि प्राणों के
एक जिस बुलबुले की ओर मैं हुआ हूँ उदग्र, वह
अंतहीन काल तक मुझे खींचता रहे :
मैं उदग्र ही बना रहूँ कि
—जाने कब—
वह मुझे सोख ले।[88]

कवि की यह उदीषा—आध्यात्मिक दिशा की ओर है। इस आध्यात्मिकता में अनुभूति का खरापन है, जो दाता-ग्रहीता के भाव से सम्पन्न है। कवि समर्पणशील है, ग्रहणशील है।

'भीतर जागा दाता' कविता में यही भाव है। सागर को देखकर, हरी-भरी धरती को देखकर, आकाश को देखकर या कहो कि समग्र रूपाकार को देखकर उन सभी

को उस परम तत्त्व के प्रति वह समर्पित करता है :

लो, यह स्मृति, यह श्रद्धा, यह हँसी
यह आहूत, स्पर्शपूत भाव
यह मैं, यह तुम, यह खिलना
यह ज्वार, यह प्लवन
यह प्यार, यह अडूब उमड़ना–
सब तुम्हें दिया
सब
तुम्हें
दिया।[89]

स्वीकारी भाव 'चिड़िया ने ही कहा' कविता में है :

कहीं बड़े गहरे में
सभी स्वैर हैं नियम,
सभी सर्जन केवल
आँचल पसार कर लेना।[90]

यह कविता 'न केवल रचनाप्रक्रिया की अंतरंग वास्तविकता को एक नए धरातल पर परिभाषित करती है, अपितु कवि की आध्यात्मिक परिपक्वता (जो कि, मात्र अनुभव परिपक्वता नहीं है) को भी अनायास संकेतित कर देती है।'[91]

'चक्रांत शिला' में अनुभूति के प्रति संपूर्ण समर्पण का भाव लक्षित होता है। यह शीर्षक भी एक तरह से 'ध्यातव्य' है। उसका पूर्वापर संदर्भ हमें प्राप्त होता है, कवि अज्ञेय के यात्रावृत्त 'एक बूँद सहसा उछली' में। यूरोप यात्रा के दौरान अज्ञेय ईसाई बेनेडिक्ट सम्प्रदाय के मठ 'पिएर-क्वि-वीर' में कुछ दिन रहे थे। इसके संदर्भ में उन्होंने लिखा है :

' 'पिएर-क्वि-वीर' वह पत्थर जो घूमता है। चक्रमित शिला। चक्रांत शिला। चक्रांत : जो संक्रमण करके फिर लौट-लौट कर आता है, वह काल के अतिरिक्त क्या है? इसीलिए बुद्ध ने धर्म के शाश्वत भाव और चक्रमण के काल-सापेक्ष्य भाव को एक कर के धर्म-चक्र की उद्भावना की थी–जो घूमता भी है और स्थिर भी है...यहाँ घूमती हुई शिला पर सनातन श्रद्धा की प्रतिमा है–रूपक सांग है और प्रतीक अभिप्राय भरा...सिंहत्रयी के ऊपर धर्मचक्र की प्रतिष्ठा की गई, तो उसका प्रतीकत्व संपूर्ण सार्थक था–ऐहिक सत्ता को धर्म सिद्धांत के पदतल में ही आश्रय दिया गया था। इस प्रकार मठ का नाम, जो वास्तव में केवल एक स्थान का नाम है, एक प्रतीकार्थ ग्रहण करके मेरे सम्मुख आता है और प्रतीक की सत्ता निरंतर नए-नए बिंब मूर्त करती रहती है...कुछ लिखता हूँ तो उसमें उनका स्वर बोलने लगता है।'[92]

इस प्रकार अज्ञेय की रहस्यात्मक भावना में जिस तरह बौद्ध दर्शन का योग है, उसी तरह ईसाई दर्शन का भी। (इस समयांतराल की रचना है 'अपने अपने अजनबी', जिसमें ईसाई धर्म की पृष्ठभूमि है।) इन दोनों दर्शनों के अतिरिक्त हमारी औपनिषदिक विचारधारा तथा आधुनिक आस्तिक अस्तित्ववादी चिंतक यास्पर्स का भी प्रभाव लक्षित हो सकता है। नंदकिशोर आचार्य ने अतः ठीक ही कहा है कि 'अज्ञेय की ये कविताएँ हिंदी में एक नए प्रकार के अध्यात्मबोध को अभिव्यक्त करती हैं जिसे किसी विशिष्ट दार्शनिक पद्धति में बद्ध नहीं किया जा सकता, लेकिन जो अभारतीय भी नहीं है।'[93]

'चक्रांत शिला' की कविताओं में और 'असाध्य वीणा' में भी 'मौन' की अधिकाधिक महिमा हुई है। चक्रांत शिला की दूसरी रचना में कवि कहते हैं :

पर सब से अधिक मैं
वन के सन्नाटे के साथ मौन हूँ, मौन हूँ–
क्योंकि वही मुझे बतलाता है कि मैं कौन हूँ,
जोड़ता है मुझको विराट् से
जो मौन, अपरिवर्त्त है, अपौरुषेय है
जो सबको समोता है।
मौन का ही सूत्र
किसी अर्थ को मिटाए बिना
सारे शब्द क्रमागत
सुमिरनी में पिरोता है।[94]

विराट् के साथ कवि को जोड़ने वाला मौन ही है। कवि की रहःशीलता 'चक्रांत शिला' की 12वीं रचना में परंपरा प्राप्त प्रतीकों के द्वारा प्रकट हुई है :

अरी ओ आत्मा री,
कन्या भोली क्वाँरी
महा शून्य के साथ भाँवरें तेरी रची गयीं।
अब से तेरा कर एक वही गह पाएगा–
सम्भ्रम-अवगुंठित अंगों को
उसका ही मृदुतर कौतूहल
प्रकाश की किरण छुआएगा।
तुझसे रहस्य की बात निभृत में
एक वही कर पाएगा।
तू उतना, वैसा समझेगी वह जैसा जो समझाएगा।[95]

आत्मा की परमात्मा के साथ (यहाँ महाशून्य के साथ) भाँवरें रचने की बात कबीर की 'राम मोर पीव, मैं राम की बहुरिया' की ही परंपरा में है, लेकिन जैसा

कि रामस्वरूप चतुर्वेदी ने कहा है, 'रहस्यवाद की शताब्दियों पुरानी परंपरा का बोझ सँभाल कर अज्ञेय उसमें गुणात्मक रूप से कुछ नया जोड़ सके, यह उनके कवि व्यक्तित्व की सामर्थ्य का सूचक है।'[96]

आत्मा और परमात्मा के संबंध की इस भूमिका को एक कविता में वापिका और अंजलि के प्रतीकों से निरूपित किया गया है :

धुंध से ढँकी हुई
कितनी गहरी वापिका तुम्हारी
कितनी लघु अंजली हमारी।[97]

'धुंध ढँकी गहरी वापिका' से उस अगोचर, अतीन्द्रिय, अपौरुषेय, अनिर्वच का संकेत है, जबकि अंजलि से व्यक्तिसत्ता का ।

रावींद्रिक रहस्यवाद की झाँकी इस खंड की छठी कविता (रात में जागा) में मिलती है, जहाँ ईश्वर स्वयं भक्त के अभिसार के लिए निकलता है, लेकिन भक्त अपनी असावधानी और प्रमादवृत्ति के कारण उसका साक्षात् नहीं कर सकता। एक कविता में कवि अपनी व्यर्थता और सार्थता 'रेत' और 'खेत' के प्रतीकों के द्वारा इस प्रकार व्यक्त करते हैं :

जितनी स्फीति इयत्ता मेरी झलकाती है
उतना ही मैं प्रेत हूँ
जितना रूपाकार-सारमय दीख रहा हूँ
रेत हूँ।
फोड़-फोड़ कर जितने को तेरी प्रतिभा
मेरे अनजाने, अनपहचाने
अपने ही मनमाने
अंकुर उपजाती है–
बस, उतना मैं खेत हूँ।[98]

'असाध्य वीणा' अज्ञेय की अब तक की सबसे दीर्घ रचना है। इस कविता ने हिंदी आलोचना को अत्यधिक मथित किया है, इतना ही नहीं वह आलोचना परस्पर विरोधी निष्कर्षों तक पहुँचती है।[99]

'टेमिंग ऑव द हार्प' नामक एक 'ताओ कथा' में इस कविता का स्रोत है, जो जापान की एक संस्कृति विषयक पुस्तक 'दि बुक ऑव टी' में दी गयी है। ('असाध्य वीणा' कहाँ तक इस कथा से प्रभावित है, इसके लिए देखिए प्रस्तुत प्रबंध में– परिशिष्ट-1)

ताओ कथा में इस कविता का उत्स होते हुए भी कथ्य की अनन्यता की और भाषिक सर्जनात्मकता की दृष्टि से 'असाध्य वीणा' अद्वितीय है। ताओ कथा को तो कवि ने अपने कथ्य के अनुरूप गढ़ा है। अज्ञेय अपने सृजनकाल के आरंभ से

ही कलाकार के अहं के विलयन की बात कहते आए हैं। जब तक अहं विगलित नहीं होता तब तक 'रचना' का संभव नहीं। वीणा असाध्य इसलिए रही कि जितने भी वादक कलाकार आए, वीणा पर अपना राग बजाने के यत्न में रहे। लेकिन प्रियंवद वीणा के आगे अपने को समर्पित कर देता है और वीणा बज उठती है। अतः अंत में प्रियंवद कहता है :

'श्रेय नहीं कुछ मेरा :
मैं तो डूब गया था स्वयं शून्य में—
वीणा के माध्यम से अपने को मैंने
सब-कुछ को सौंप दिया था—
सुना आपने जो वह मेरा नहीं,
न वीणा का था :
वह तो सब कुछ की तथता थी—
महाशून्य
वह महामौन
अविभाज्य, अनाप्त, अद्रवित, अप्रमेय
जो शब्दहीन
सब में गाता है।'[100]

समर्पण की भावना के साथ अंत में मौन की साधना ही इष्ट रहती है रचनाकार को। इसलिए कवि कविता का समापन करते हैं :

प्रिय पाठक! यों मेरी वाणी भी
मौन हुई।[101]

संग्रह की प्रथम रचना 'सरस्वती-पुत्र' में मौन की दिशा में जाने का संकेत था, कवि स्वयं तो 'सरस्वती-पुत्र' है और अंत में वह 'मौन' में समाहित होता भी है। कवि के 'मौन' की बात भावनात्मक धरातल पर ही रह जाती, यदि ताओ कथा में कवि ने अपना वस्तुगत प्रतिरूप (Objective Correlative) न ढूँढ़ पाया होता। इस कथा के द्वारा कवि अपने कथ्य को काव्य में परिणत कर सका है।

कवि का भाषाकर्म भी नितांत सराहनीय है। तत्सम और ठेठ शब्दों का सायुज्य, टकराहट एक नयी ऊर्जा पैदा करते हैं। भाषा की लयात्मकता और संगीतात्मकता को उत्तम रूप से उभारा गया है। इन्द्रियग्राह्य अभिनव बिंबों की सृष्टि कवि की सर्जनात्मकता का उन्मेष रूप है, इतना ही नहीं कथ्य की प्रभावात्मकता को ये बिंब गहरा बनाते हैं।

मेरे विचार से 'असाध्य वीणा' अज्ञेय की ही नहीं, हिंदी कविता की भी एक 'सीमाचिह्न' रूप रचना सिद्ध होगी। ऐसी सक्षम रचनाएँ ही प्रतिवाद जगा सकती हैं।

'असाध्य वीणा' के अनेक अर्थघटन हुए हैं और होंगे और इसी में रचना की उर्वरता निहित है।

5. काव्ययात्रा का चतुर्थ सोपान (1962-1973)

'कितनी नावों में कितनी बार'
'क्योंकि मैं उसे जानता हूँ'
'सागरमुद्रा'
'पहले मैं सन्नाटा बुनता हूँ'

'कितनी नावों में कितनी बार' (1967) संग्रह की कविताओं का रचनाकाल 1962-1966 है। यह संग्रह अपने पूर्ववर्ती दो संग्रहों 'अरी ओ करुणा प्रभामय' तथा 'आँगन के पार द्वार' से नई दिशा में मोड़ लेती हुई काव्ययात्रा का संकेत देता है। पूर्ववर्ती दो संग्रहों में ज़ेन बौद्ध मत का प्रभाव और परिणामस्वरूप एक नव्य-रहस्यवाद की सृष्टि हम देखते हैं, जिसमें औपनिषदिक तथा ईसाई चिंताधारा का भी संस्पर्श है। 'कितनी नावों में कितनी बार' में मानव्यबोध अधिक मुखर है। नंदकिशोर आचार्य ने ठीक ही कहा कि वास्तव में 'अरी ओ करुणा प्रभामय' के कवि की आध्यात्मिक 'आँगन के पार द्वार' से होते हुए 'कितनी नावों में कितनी बार' की यात्रा उसकी मानववादी विचारधारा को परिष्कृत एवं परिपक्व ही करती है।[102]

इस संग्रह में भी एक 'निःसंग ममेतर' है, लेकिन वह आध्यात्मिक से अधिक मानव्य है। 'आँगन के पार द्वार' में जिस आत्मदान और आत्मग्रहण की बात बार-बार आती है, यहाँ भी है। अर्थात् मानवीय तथा सामाजिक संचेतना के साथ आत्मान्वेषी आध्यात्मिक जीवनदृष्टि भी है।

डॉ. इंद्रनाथ मदान इस संग्रह की कटु आलोचना करते हैं। उनके मतानुसार इस संग्रह की रचनाओं में 'इनकी कविता उतार पर है'।[103] हालाँकि इसके लिए उन्होंने जो तर्क किए हैं, वे निराधार हैं। वे लिखते हैं, 'उसका (कवि का) जीवन निचुड़ गया है, उसका अहं टूट गया है, उसे मृत्यु का बोध हो गया है...। कवि को 'हम नहीं रहेंगे' का खेद है, अंधकार में जागने पर अकेला अनुभव करने का डर है...अधिकांश रचनाएँ सृजन के स्तर पर न होकर उत्पादन के धरातल पर हैं।'[104]

वास्तव में तो डॉ. मदान की आलोचना स्वयं ही उत्पादन के धरातल पर लिखी गयी लगती है। यहाँ उतावले अभिप्राय उछाले जाते हैं, निराधार तर्क प्रस्तुत किए जाते हैं, लगता है कि इनकी आलोचना पूर्वग्रहदूषित है।

बात तो यह है कि इस संग्रह में कवि एक नए मोड़ पर खड़े हैं। डॉ. मदान कैसे कह सकते हैं कि उसका जीवन निचुड़ गया है? कवि की कविता के मूल्यांकन के उनके तर्क निराधार ही नहीं, एब्सर्ड भी हैं। मान भी लजिए कि 'जीवन निचुड़ गया' है तो भी एक संवेदनप्रवण कवि के लिए इस प्रकार का 'बोध' भी उत्तम कविता

की सामग्री हो सकता है। नैराश्य बोध की कविताएँ अतलान्त निराशा की जिंदगी जीने वाले कवियों ने लिखी हैं, जो कि संसार की उत्तम रचनाएँ हैं।

कवि अपने अहं के टूटने की बात लिखता है, या मृत्यु के बोध की बात लिखता है, तो इससे उसकी कविता में ओछापन कैसे आ जाता है? कवि की कुछ पंक्तियाँ लेकर ('हम नहीं रहेंगे'–'अंधकार में जागने पर') जिस निर्णय पर आलोचक पहुँचते हैं, हास्यास्पद है। वास्तव में 'अंधकार में जागने पर' अज्ञेय की उत्तम रचनाओं में से एक है।

कवि की निरंतर चलती काव्ययात्रा का, जैसा कि आरंभ में ही कहा गया है, वह नया सोपान है। 'यात्रा' से आस्था समन्वित दृष्टि का बोध भी होता है, अतः जब हम काव्य-यात्रा कहते हैं तब अज्ञेय की आस्थामूलक भावदृष्टि का भी संकेत देते हैं। कवि सत्य के अन्वेषण में हैं, चाहे वह सत्य अनबुझा ही क्यों न रह जाए। वे नंगे तथ्य नहीं चाहते। सत्य और तथ्य का यह द्वैत अज्ञेय के साहित्य का कई बार विषय बना है। सत्य की ओर जाने में कवि 'धीर, आश्वस्त और अक्लांत' बने रहते हैं :

> कितनी दूरियों से कितनी बार
> कितनी डगमग नावों में बैठकर
> मैं तुम्हारी ओर आया हूँ
> ओ मेरी छोटी-सी ज्योति!
> कभी कुहासे में तुम्हें न देखता भी
> पर कुहासे की ही छोटी-सी रुपहली झलमल में
> पहचानता हुआ तुम्हारा ही प्रभा-मंडल।
> कितनी बार मैं,
> धीर आश्वस्त, अक्लांत
> ओ मेरे अनबुझे सत्य! कितनी बार...[105]

जबकि दूसरी ओर 'जगमग जहाज' उनको उस ज्योति से दूर खींच ले जाते हैं जहाँ नंगा, निर्मम प्रकाश है और चौंधियाते 'तथ्य' हैं। ये तथ्य कवि को 'खिन्न, विकल, संत्रस्त' करते हैं। अर्थात् सत्यान्वेषण की दिशा कवि की दिशा है और यह सत्य रागात्मक तथ्य की अनुभूति है। आंतरिक अनुभूति ही कवि की आधारशिला है। सत्य की ओर जानेवाली नाव 'डगमग' हो सकती है, और तथ्य की ओर ले जानेवाले जहाज 'जगमग' हो सकते हैं, लेकिन कवि की यात्रा इन नावों से सत्य की ओर ही है।

सत्यान्वेषी यह कवि मनुष्य के प्रति समर्पित हैं। लिखते हैं :

> तुम्हें नहीं तो किसे और
> मैं दूँ

अपने को?
तुम जिसने तोड़ा है
मेरे हर झूठे सपने को–

× × ×

तुम ओ एक, निःसंग, अकेले
मानव,
तुमको–मेरे भाई को![106]

इस मानव्य सहानुभूति का व्यापक फलक 'अंधकार में जागने वाले' कविता में अभिव्यक्त हुआ है :

रात के घुप अँधेरे में जो एकाएक जागता है
और दूर सागर की घुरघुराहट जैसी चुप
सुनता है
वह निपट अकेला होता है।
अंधकार में जागने वाले सभी अकेले होते हैं।[107]

इस अकेलेपन के साथ 'मामूलियत' जुड़ी हुई है। कवि इस अकेले जागने वाले मनुष्यों में से एक के रूप में स्वयं अपने को भी देखते हैं। वह अपने भीतर उन अनेक मनुष्यों की जिंदगी जीते हैं, जो दुश्मनों के टैंक तोड़ते हैं, बममार, विमान गिराते हैं, जो गिरे और प्रतीक्षा में रहकर भी नहीं उठाए गए, जो पथरा गए हैं, खेत हो गए हैं :

और यों
इन नामहीनों की जिंदगी जीता हुआ मैं
वहीं लौट आता हूँ जहाँ मैं होता हूँ जब मैं जागता हूँ।[108]

यह 'मैं' कोई एक व्यक्ति नहीं, अपितु :

मैं जो हम सब हूँ।[109]

उन 'हम' में से एक सुबह जागकर साइकिल ले दिन भर कलम घिसने जाएगा, दूसरा झाबा लेकर तरकारी बेचने जाएगा, तीसरा झल्ली लेकर ढुलाई करने जाएगा...

कवि की इस आवृत्ति का फलक विस्तृत होता जाता है। सबके साथ वह अपने को बँधा हुआ पाता है, जहाँ अकेलेपन में भी एक व्याप्त मामूलीपन का स्पंदन है, 'मामूलीपन का डोर' है :

जिसमें हम सब
हर अकेली रात के अँधेरे में
एक समर्थ और सामर्थ्य और गौरव की लड़ी में बँधते हैं–
हम, हम, हम, हम भारतवासी?[110]

'भारतवासी' संज्ञा से भावना की कविता की यथार्थ की भूमि प्राप्त होती है, एक दृढ़, और स्थिर आधार प्राप्त होता है।

कवि घोषित रूप में 'जीवन' के पक्षधर बनते हैं, क्योंकि जन्म लेना ही पक्षधर होना है। सर्जक की 'प्रतिबद्धता' (कमिटमेंट) की बात करना आज जब एक 'फैशन' हो गया है, तब इस प्रकार की जीवन से गहरी प्रतिबद्धता की बात अज्ञेय की मनुष्य के प्रति आस्था-प्रवणता की द्योतक है :

पक्षधर
और चिरंतन
हमें लड़ना है
निरंतर
आमरण अविराम—
पर सर्वदा जीवन के लिए :
अपनी हर साँस के साथ
पनपते इस विश्वास के साथ
कि हर दूसरे की हर साँस को
हम दिला सकेंगे और अधिक सहजता
अनाकुल उन्मुक्ति, और गहरा उल्लास।[111]

हर दूसरे की हर साँस को कवि इस प्रकार अधिक सहजता, मुक्ति और उल्लास देना चाहते हैं। यही बात एक दार्शनिक स्तर पर 'ओ निस्संग ममेतर' नामक संग्रह की दीर्घतम कविता में कही गयी है।

'मम' के साथ 'ममेतर' की बात अज्ञेय ने 'नदी के द्वीप' में भी प्रकारांतर से कही है। कभी यह 'ममेतर' आध्यात्मिक संस्पर्श लेकर आता है, कभी मानवीय।

कवि की संवेदना का व्याप मानव मात्र की नियति तक पहुँचता है। 'युद्धविराम', 'स्मारक', 'महानगर', 'फोकिस में औदिपोस', 'कालेमेग्दान', 'यात्री' जैसी कविताएँ इसके निदर्शन हैं। यात्री कविता के अंत में कवि कहते हैं :

पग पग पर तीर्थ है,
मंदिर भी बहुतेरे हैं;
तू जितनी करे परिकम्मा, जितने लगा फेरे
मंदिर से, तीर्थ से, यात्रा से,
हर पग से, हर साँस से
कुछ मिलेगा, अवश्य मिलेगा,
पर उतनी ही जितने का तू है अपने भीतर से दानी।[112]

आत्मग्रहण और आत्मदान और परिणामस्वरूप आत्मबोध की बात 'कितनी

नावों में कितनी बार' में देखने को मिलती है।

'क्योंकि मैं उसे जानता हूँ' (1970) अज्ञेय का 10वाँ काव्यसंग्रह है, जिसमें 1965-1968 के समयांतराल की कविताएँ संगृहीत हैं। संग्रह में 54 कविताएँ हैं। आरंभिक 7 रचनाओं के बाद 8 से 24 संख्या की रचनाएँ 'गूँजेगी आवाज' शीर्षक खंड में और 25 से 54 संख्या की रचनाएँ 'प्रार्थना का एक प्रकार' शीर्षक खंड में विभाजित हैं।

कवि ने कविताओं के प्रारंभ में जर्मन कवि राइनेर मारिया रिल्के की काव्यपंक्तियाँ उद्धृत की हैं, जो इस संग्रह के संदर्भ में अर्थपूर्ण हैं।

'होते हैं क्षण' नामक संग्रह की प्रथम कविता में कवि देश-कालमुक्त क्षणों की बात करते हैं, लेकिन कवि कहते हैं कि ऐसे क्षणों को न तो हम दुहरा सकते हैं, —न तो अपनी इच्छा से ला सकते हैं :

उनका होना, जीना, भोगा जाना
है स्वैरसिद्ध, सब स्वतःपूर्त
—हम इसीलिए तो गाते हैं।[113]

'मोड़ पर का गीत' भी ऐसे क्षण की बात लेकर आता है, जो सर्जन-कर्म का क्षण है। ऐसे क्षण में किया गया सर्जन कभी मरता नहीं। यह क्षण—'जाना और जीना', 'जीना और जाना'—इन दोनों के बीच एक क्षण है, जहाँ एक मोड़ भी है, जोड़ भी है—

और वहीं,
उस पर ही गाना है
यह गीत जो मरेगा नहीं।[114]

'ध्रुपद : शं...' कविता कवि की रचनाप्रक्रिया का संकेत करती है। गायक जब गाता है, तब एक वादक तानपुरा बजाता है। वास्तव में तानपुरा बजाने वाले का कर्तव्य गायक की उपस्थिति में ही है, उसी के कारण है। लेकिन कवि यहाँ गायक के आगमन की प्रतीक्षा के समय में तानपुरा साधता बैठा है। गायक आया नहीं है, आएगा :

पर वह आएगा
यह सोच भी तो मेरे रोम उमगाती है :
यही आस्था मेरी कल्पना जगाती है,
मेरी उँगलियों को कँपाती है :
मैं नहीं गाता, गीत मुझ में गाया जाता है।
जिसके साथ
मैं नहीं साधता तानपुरा, मेरे हाथों
वह सधाया जाता है।[115]

कवि ने गायक के आने की उपमा समुद्र के ज्वार से दी है। ज्वार आया नहीं, लेकिन वह आएगा इस ख्याल से नट की हर सीपी ने उसका स्वर सुना है, हर शंख में उसका स्वर भरा होता है, उसी तरह आनेवाले गायक का तार कवि की हर शिरा बन जाती है, और कवि का प्रत्येक रोम वह तार सुनता है। आसन्न-कल्पना कवि का यह सर्जनक्षण है।

संग्रह की 'गूँजेगी आवाज' विभाग की कविताएँ कवि अज्ञेय की बहिर्मुखी या कहिए, सामाजिक चेतना की कविताएँ हैं। 'अरी ओ करुणा प्रभामय' और 'आँगन के पार द्वार' की रचनाओं में कवि की एक आभ्यंतरिक यात्रा हम देखते हैं। कवि एक यात्रिक हैं, जो आंतरिक गहराइयों में उतरते जा रहे हैं। इस विभाग की रचनाओं को देखकर लगता है कि 'एक पड़ाव' आ गया है, जहाँ फिर वे अपना संबंध अपने देशकाल से जोड़ते हैं।

इन रचनाओं में स्वातंत्र्योत्तर देशकाल के प्रति कवि की तीखी प्रतिक्रिया व्यंजित है। परिवर्तित मूल्यबोध, या मूल्यह्रास की वेदना ने मुखर व्यंग का सहारा लिया है। व्यंग–आयरनी (Irony) वह शस्त्र है, जो ऐसे मौकों पर कवि व्यवहृत करता है।

इस व्यंग की तीव्रता मिलती है कवि की भाषा में। कवि की भाषिक सर्जनात्मकता का यह एक नया दौर है। भाषा में तथाकथित कवितात्मक (poetic) संस्पर्श वाले शब्दों का त्याग है। एकदम 'खड़ी बोली' का बोध यहाँ होता है। संस्कृत तत्समता के स्थान पर साधारण बोली की तद्भव शब्दावली सप्राणता लाती है। कभी-कभी तत्सम शब्द के साथ ठेठ बोली का शब्द भी आता है लेकिन वहाँ भी 'गुरु-चांडाली' योग से काव्यदोष नहीं, बल्कि भाषा की एक नई ऊर्जा पैदा होती है।

भाषिक सर्जनात्मकता आविष्कृत होती है कवि के लय संघटन में। अंग्रेजी में जिसे 'स्पीच रिधम' कहते हैं, उस प्रकार के रिधम का विनियोग अज्ञेय की पूर्ववर्ती रचनाओं में भी देखने में आता है। यहाँ फिर वह देखने को मिलता है। मुक्त छंद के कारण कविता जो कुछ गँवाती है, उसकी 'स्पीच रिधम' से पूर्ति होती है। साथ कवि प्रास योजना भी निभाते हैं। कभी-कभी यह प्रास पूरी कविता में दो स्थलों पर ही होता है, लेकिन उससे समग्र रचना को एक इकाई प्राप्त होती है। 'पत्थर का घोड़ा' कविता में पूर्वार्ध का अंतिम शब्द घोड़ा का प्रास उत्तरार्ध के अंतिम शब्द रोड़ा के साथ बैठता है और यह निरी तुकबंदी नहीं, यहाँ प्रास कार्य साधक बनकर आया है।

'आजादी के बीस बरस' कविता में एक कटु व्यंग अनुरूप शब्दावली में व्यक्त होता है। कवि प्रश्न करते हैं कि संभव है आजादी के बीस बरस से तुम्हें कुछ नहीं मिला होगा, लेकिन तुम्हारे बीस बरस से आजादी को क्या मिला?

—उन्नीस नंगे शब्द
अठारह लचर आंदोलन?

सत्रह फटीचर कवि?
सोलह लुंजी—हाँ कह लो, कलाएँ—[116]

फिर संख्यांक कम करते-करते कहते हैं—

पंद्रह...बारह...दस...यों पाँच, चार और तीन
और दो और एक
और फिर इनकलाबी सुन्न
जिसकी गिड्डुली में बँधे तुम
अपने को सिद्ध, पीर, औलिया जान बैठे हो।[117]

'सुन्न'—शून्य तक आने की इस प्रक्रिया में 'तुम' का जो हिस्सा है, वही कवि के लिए 'वेध्य' है। इस 'तुम' ने कुछ नहीं किया, सिर्फ फायदा उठाया आजादी का। अतः अंत में कवि कहते हैं :

आजादी के बीस बरस से
बीस बरस की आजादी से
तुम्हें कुछ नहीं मिला :
मिली सिर्फ आजादी।[118]

इस कविता में कवि की समयचेतना फिर उभरी है, जो समाजचेतना से आबद्ध है। कविता में भाषा की जो वक्रता है, उसी से अभिव्यक्ति की तीव्रता सधती है। कविता में जो 'तुम' है, वह कभी-कभी स्वयं कवि का 'प्रोटोटाइप' है, जिसके माध्यम से और सभी की जिम्मेवारी कवि जैसे अपने पर लेता है।

'दिया हुआ; न पाया हुआ' में इंसान की एक नई परिभाषा आज के आम मनुष्य की अवस्था की ही द्योतक है। यहाँ जो 'मैं' है, वही आप मनुष्य है—जिसे 'और नामों की कमी में इंसान कहते हैं' :

इंसान
नाक, मुँह, आँख, कान,
कलेजा,
और सबसे अजब बात यह कि खोपड़ी के भीतर
भेजा।[119]

यह मनुष्य ऐसा है कि जिससे हार नहीं मानी जाती और जिसे 'जीतपानी' नहीं आती, जब वह सोचता है, वह इस निर्णय पर आता है कि :

मैं जहाँ जो हूँ, उस स्थिति के लिए यह सब दिया हुआ है।[120]

उसे ऐसा लगता है कि अपने पैरों के नीचे कोई 'पक्की भीत' का वह अनुभव नहीं करता, न अपने साथ किसी 'पक्की भीत' का संग पाता है।

मनुष्य की इस स्थिति के लिए कवि ने दो संज्ञाओं का व्यवहार किया है—'ईश्वरपुत्र' और 'मानवपुत्र'। लेकिन दोनों संज्ञाओं का अर्थ अब ऐसा बदल गया

है कि मनुष्य दोनों में से किसी एक के रूप में अपना परिचय देने से हिचकता है, क्योंकि—

मैं वध्य हूँ, अकेला हूँ, बे-सहारा हूँ
इंसान हूँ।

यह इंसान तो 'मैं' 'तुम' 'यह' 'वह' 'हम' सब हैं—हर इंसान है।

'अहं राष्ट्री संगमनी जनानाम्' ऋग्वेद के इस सूक्त का नया अर्थ इस कविता के संदर्भ में उभरता है। ऋग्वेद की 'संगम' की भावना आजकल जिस रूप में पलट गई है, उसका सव्यंग्य आलेखन यहाँ है। कवि ने व्यंग्य की तीव्रता दी है बोलचाल की भाषा के प्रयोग से। बोलचाल की लय का यहाँ सफल प्रयोग है। ब्राह्मण, जाट, कायस्थ, बनिए, अहीर, मौलाना, सरदारजी मसीही—

यों सब आ गए, मेला जुट गया
यह मैं नहीं जान पाया कि इस पचमेल भीड़ में
वह एक समाज कहाँ छुट गया?
और जिसमें पहचानता था देश का चेहरा
वह आईना कहाँ लुट गया?

कवि 'देस' से पूछते हैं अंत में, कि जब ऐसी स्थिति है, तब वह 'राष्ट्र' कब बनेगा?

'दास-व्यापारी' में दासों के व्यापारी की उक्ति है। उक्ति में करारा व्यंग्य है। व्यापारी जो माल बेचने के लिए लाए हैं वह 'जीवित' है क्योंकि उसमें किन्हीं की माताएँ, बहुएँ, बेटियाँ और बहनें हैं। दास-व्यापारी तो व्यापारी है। वह तो अपना माल बेच रहा है :

हमारा तो व्यापार है
घर हमारा सागर पार है
आपका माल : हमारा मोल :
फिर आपका संसार है
हमारा तो बेड़ा तैयार है।[121]

कविता की विशेषता इसमें है कि कवि ने सौदासुलुफ की—बाजार के लेनदेन की भाषा का विनियोग किया है :

बोली लगाइए—
माल ले जाइए
दाम चुकाइए
हमें चलता कीजिए...[122]

मनुष्य की मनुष्य के प्रति जो 'निर्ममता' है उसका कैसा निरावरण चित्रण है। 'मनुष्य' के प्रति मनुष्य की ममता की बात भी जिस कविता के आधार पर शीर्षक का नामकरण किया गया है, उस कविता 'क्योंकि मैं...' में व्यक्त हुई है। कवि ने

अपने को 'involve' पाया है, एक ऐसे इंसान को देखकर :

जिसकी आँखों के आगे
उसकी लंबी भूख से बढ़ी हुई तिल्ली
एक गहरी मटमैली पीली झिल्ली-सी छा गयी है

कवि कहते हैं :

क्योंकि मैं,
उसे जानता हूँ
जिसने पेड़ के पत्ते खाए हैं;
और जो उसकी जड़ की लकड़ी भी खा सकता है
क्योंकि उसे जीवन की प्यास है।

ऐसा इंसान जिसने कोड़ा खाया है, कवि कहते हैं कि वह 'मेरा भाई' है। कवि उस कोड़े को छीनकर तोड़ने की प्रतिज्ञा करते हैं क्योंकि–

मैं इंसान हूँ और इंसान वह अपमान नहीं सहता।

इतना ही नहीं, कवि तो यहाँ तक अपना उत्तरदायित्व समझते हैं, जिसमें कोड़ा मारनेवाले को (जो कवि की निगाह में रोगी और आत्मघाती है) भी राह पर लाने की बात है।

'केले का पेड़' में सेठ और संन्यासी 'मानुष' को किस रूप में देखना चाहते हैं, उसका चित्रण है। मनुष्य का फायदा कैसे उठाया जा सकता है। यही उनके 'ज्ञान' का विषय है। जिस तरह से केले के पेड़ का सब कुछ काम में आता है, उसी तरह मनुष्य का 'उपयोग' होना चाहिए। यह मनुष्य है, 'भारतवासी'। कवि कहते हैं कि यदि इस केले के पेड़ को रीढ़ मिलती तो संभव है कि वह अन्यों के उपयोग में कम आता, लेकिन वह 'कभी अपने तो काम आता!'

इस संग्रह में प्रणय का एक अभिनव राग भी हम देखते हैं। कवींद्र रवींद्र ने भी अपनी उत्तरवय में प्रणय की रचनाएँ की थीं, अवश्य इसमें आषाढ़ की वन्या का दुर्वार आवेग नहीं होगा, लेकिन एक स्वस्थ-स्वच्छ शारदीय जलप्रवाह तो अवश्य होगा। अज्ञेय की उन रचनाओं से हम परिचित हैं, जिनमें मुग्ध प्रेमियों की चटुल जल्पना है (चिंता), उन रचनाओं से भी हम परिचित हैं, जिनमें विदग्ध प्रेमियों की सचेत साहजिकता और साहस है ('हरी घास पर क्षण भर')। यहाँ हम एक नया उजाला पाते हैं, जो 'प्रार्थना का एक प्रकार' है, और जिसमें प्रेम के गहन प्रत्यय बोध की आश्वस्ति है।

'दिति-कन्या को' में अपनी संगी नारी के प्रति उक्ति है। आँखों के मिलने पर, नर और नारी की पारस्परिक पहचान उन दोनों को सदियों के और संस्कारों के पार कहीं आदिम जिजीविषा में ले जाती है। नर पहचानता है अपने भीतर के 'असुर' को। और पूछता है :

क्या ठीक उसी क्षण
तुमने भी
ओ दिति-कन्या
अपने मन की
धधकती गुहा का
द्वार खोला?
अपने को माना?[123]

दिति असुरों की माँ थी। यहाँ नारी को दिति-कन्या कहने का आशय उसके मन में भी जगे जैविक संवेग की ओर संकेत है। वह भी संस्कार से परे एक 'आदिम' नारी बन जाती है। यहाँ 'असुर' और 'असुर-कन्या' दोनों संज्ञाओं का प्रयोग प्रशस्ति के अर्थ में है। प्रेम उनको असुर और 'असुर-कन्या' बना देता है। आसुरी आकर्षण ही वह नर और नारी का अनाबिल आकर्षण है, जो बद्ध संस्कारों से ऊपर ले जाता है।

लेकिन जब कभी वह अनुभव करता है कि नारी के जिस 'प्यार' में वह खोया हुआ है, उसकी भीत्ति रति न होकर पुरुष के प्रति नारी की करुणा है, तब उस प्रेम का वह स्वागत नहीं कर सकता वह चाहता है कि उससे तो अच्छा हो–

आग की एक ही धधक में
जल कर मरना![124]

कवि करुणा नहीं, रति का आवेग चाहते हैं। 'चितवन' कविता में कवि प्रश्न करते हैं :

क्या दिया था तुम्हारी एक चितवन ने उस एक रात
जो फिर इतनी रातों ने मुझे सही-सही समझाया नहीं?
क्या कह गयी थी बहकी अलक की ओट तुम्हारी मुस्कान एक बात
जिसका अर्थ फिर किसी प्रात की किसी भी खुली हँसी ने बताया नहीं?[125]

कवि उस चितवन का अर्थ समझना चाहते हैं। यह तो प्रेम के क्षण की अनन्यता होती है। कवि कहते हैं–'दुहरा दो, दुहरा दो' लेकिन क्या ऐसे क्षण दुहराए भी जाते हैं?

'आश्वस्ति' में प्रेम की एक नयी परिभाषा है। दो व्यक्ति एक-दूसरे के परिचय में आते हैं, लेकिन जीवनयात्रा के दौरान एक-दूसरे से अलग हो जाने की बारी भी आती है। परिणामस्वरूप 'आकृतियाँ धुँधली होकर समान' हो जाती हैं, 'रेखाएँ' मिल जाती हैं। दिन बीतने पर बिलगाने का दुःख धरती में रमकर फिर अनपहचानी औषधि बनकर अँखुआएगा, एक मीठा सपना बनेगा जिसमें दर्दों की यादें भी सुख देंगी और दुःख-सुख का एक ऐसा रस बनेगा जिसमें 'हम फिर अपने होंगे।' कवि कहते हैं :

ओ प्यार! कहो, है इतना धीरज,

चलो साथ
यों : बिना आशा-आकांक्षा
गहे हाथ?[126]

'औपन्यासिक' रचना कभी-कभी 'नदी के द्वीप' में आनेवाले रेखा और भुवन के आरंभिक संवादों की याद दिलाती है। नर और नारी के बीच संवाद चलता है, जिसमें नर अपनी मनःस्थिति को रेखांकित करने की प्रयुक्ति के रूप में उपन्यास के ऐसे नायक की कल्पना करता है जो शराबखाने में अकेले बैठकर शराब पीता हो। उस पर नारी आपत्ति उठाती है और कहती है कि वह तो अपने उपन्यास के नायक को नदी के किनारे ले जाती। तब नर शराबखाना नदी के किनारे रखने की कल्पना करता है। नारी कहती है कि मैं नदी के किनारे तुमको अकेले बैठने नहीं दूँगी, नर कहता है :

नदी के किनारे तुम मुझे अकेला
नहीं होने दोगी, तो शराब पीना ही कोई
क्यों चाहेगा, यह भी कभी सोचा है?[127]

'रात में' कविता में प्रणयानुभूति का तिर्यक आलेखन है :

तुम्हारी आँखों से
सपना देखा। वहाँ।
अपनी आँखों से
जाग गए। यहाँ।[128]

प्रिय की आँखों से कवि सपना देखता है, जिसमें झील है, पहाड़ी, मंदिर है, लेकिन अपनी आँखों से जागने पर दर्द का अनुभव करता है। प्रिय की आँखों से सपना देखना—अर्थात् निगाहों की संक्रांति प्रणयानुभूति का ही रूपांतर है।

'वेध्य' कविता में कवि अपनी प्रिया को अपनी देह के प्रत्येक मर्मस्थल दिखाकर उस प्रत्येक मर्म को बेधने की कला भी सिखाता है क्योंकि—

नहीं तो और क्या है प्यार
सिवा यों
अपनी ही हार का अमोघ दाँव किसी को सिखाने के—
किसी के आगे
चरम रूप से वेध्य हो जाने के?[129]

फिर एक कविता में प्यार की जैसे परिभाषा देते हैं :

प्यार
एक यज्ञ का चरण
जिसमें मैं मेध्य हूँ।
प्यार

एक अचूक वरण
कि जिसके द्वारा
मैं मर्म में वेध्य हूँ।[130]

'यज्ञ का चरण' और 'अचूक वरण' तथा 'मेध्य' और 'वेध्य' शब्दों के द्वारा बहुत कुछ स्फुट होता है।

'एक दिन' कविता में कवि चुपचाप प्रणय की सन्निधि अनुभूत करना चाहता है और इसलिए अभी नहीं जाने की बात नहीं सोचता। प्रिया की स्निग्ध छाँह से अपने को हटाना नहीं चाहता, न तो प्रेम का गीत गाना गुनगुनाना भी चाहता है। इस समय वह अपने को 'मौन में निहाल' पाता है।

अज्ञेय की उत्तर कविता में 'क्योंकि मैं उसे जानता हूँ।' एक विशिष्ट संकलन है, क्योंकि यहाँ कवि की सामाजिक चेतना अधिक प्रबल है। और वह अति मुखर रूप में प्रकट हुई है। उघड़ी भाषा का प्रयोग (जो 'अपने अपने अजनबी' में भी देखने को मिलता है) अधिक सार्थक है, एक तरह से यह कवि की भाषिक सर्जनात्मकता का नया दौर है। संग्रह की प्रणय विषयक रचनाएँ भी अपना विशिष्ट स्थान रखती हैं। इस संग्रह में और इसके पूर्ववर्ती संग्रह में कवि फिर एक बार बहिर्मुख हुआ है, मनुष्योन्मुख हुआ है।

'सागरमुद्रा' की कविताओं का रचनाकाल 1967 से 1969 तक का है, निश्चय ही कुछ रचनाएँ 'क्योंकि मैं उसे जानता हूँ' की रचनाओं की समयवर्ती हैं। 'सागरमुद्रा' के इस पूर्ववर्ती संग्रह में जो एक बहिर्मुखी समाज चेतना है, लगता है 'सागरमुद्रा' तक आते-आते वह पर्याय (Phase) पूरा हो गया लगता है, क्योंकि इस बोध की रचनाएँ इस संग्रह में नहीं हैं। अपवाद के रूप में यदि कोई कविता है तो वह है 'जन्मशती' (पृष्ठ 84)।

लेकिन इस पूर्ववर्ती संग्रह के साथ एक विषय में उसका अनुसंधान बना रहा है और वह है–प्रेम।

कवि ने यहाँ एक नया 'प्रेमोपनिषद्' रचा है। उपनिषद् में 'द्वासुपर्णा' दो पंछियों की बात आती है, जिनमें से एक फल खाता नहीं, सिर्फ ताकता रहता है, और दूसरा फल खाता है। लेकिन 'प्रेमोपनिषद्' के कवि कहते हैं :

वह जो पंछी
खाता नहीं, ताकता है
पहरे पर एक टक जागता है–
होगा, होगा जब।
मैं वह पंछी हूँ
जो फल खाता है
क्योंकि फल, डाल, तरु, मूल,

तुम्ही हो सब।[131]

फिर कवि यह भी कहते हैं कि वे भी 'जागरूक पहरेदार बनकर' पक्षी, डाल, तरु, फूल सब देखता भी है अर्थात् वह 'भोक्ता' भी है और 'द्रष्टा' भी है और 'द्रष्टा' बनकर अपने प्रिय को मुक्त रखता है, प्रिय का होकर।

मुक्त करे तुम्हें, मौन
वही तो होगा
मेरा प्यार।[132]

'नदी के द्वीप' में भी कवि प्रेम की यही परिभाषा करते हैं। 'प्रेम' प्रियजन को बाँधता ही नहीं, मुक्त भी रखता है।

कवि ने प्रेम के 'अद्वैत' को एक नए बिंब से उकेरा है। बिंब है 'बेल' का। बेल अर्थात् लता का वृक्ष से संबंध पुराना है, लेकिन यहाँ–

बेल-सी वह मेरे भीतर उगी है, बढ़ती है।
उसकी कलियाँ हैं मेरी आँखें,
कोंपलें मेरी अँगुलियों में अंकुराती हैं;
फूल–अरे, यह दिल में क्या खिलता है!
साँस उसकी पंखुड़ियाँ सहलाती हैं।
बाँहें उसी के वलय में बँधी कसमसाती हैं!
बेल-सी वह मेरे भीतर उगी है, बढ़ती है,
जितना मैं चुकता जाता हूँ,
वह मुझे ऐश्वर्य से मढ़ती है![133]

प्रियतमा का प्रिय की समग्र सत्ता (being) में एकरूप होते जाने की यह विशिष्ट उपमा है। अंत में संकेत है कि वह ऐश्वर्य से प्रिय को 'मढ़ती' है। प्रियतमा से अपने व्यक्तित्व की वह समृद्धि प्राप्त करता है।

लारेंस की उन पंक्तियों का स्मरण होगा :

A women has given me strength and affluence.
Admitted.

लारेंस की पंक्तियों का स्मरण काव्यसामग्री के रूप में संग्रह की अन्य एक कविता 'छातियों के बीच' में किया गया है। नायक नायिका की छाती में अपनी नाक गड़ाते हुए हुमक कर कहता है :

हाँ, यहाँ तुम्हारी छातियों के बीच
मेरा घर है! यहाँ! यहाँ।[134]

लारेंस की पंक्तियाँ हैं :

Between her breasts is my home, between her breasts!

लेकिन अज्ञेय की इस कविता में नायिका की भी उक्ति है, जो कहती है :

'हाँ, आओ, मैं यहाँ तुम्हें छिपा लूँगी–
तुम सदा यों ही रहो।'

कवि ने इस प्रेम के संवेदन की एक तीव्र अभिव्यक्ति 'हाइकु' जैसे छोटे काव्यस्वरूप में इस प्रकार की है :

तुम क्या जानो
कितनी लंबी होती है रात
अकेली
सिसकी की।[135]

'सागरमुद्रा' की कुछ रचनाओं में resignation की एक मनःस्थिति है :

खोल दो नाव
चुपचाप
जिधर बहती है
बहने दो।[136]

लेकिन कवि की यह दृष्टि निराशावादी हरगिज नहीं है। फूल की तरह हम भले ही हर बार नहीं आते :

हम नहीं आएँगे
तो भी, जब हैं,
तब क्यों नहीं गाएँगे
या गाए हुए ही गीत की
कड़ी नहीं दोहराएँगे।[137]

विदा के समय भी कवि उदास-गीत गाने की मना करते हैं :

यह जाने का छिन आया
पर कोई उदास गीत
अभी गाना ना।
चाहना जो चाहना
पर उलाहना मन में ओ मीत!
कभी लाना ना।[138]

सागरमुद्रा की अनेक रचनाओं में इस प्रकार की एक सहज शांति (tranquility) का बोध होता ही रहता है, जैसे कहीं कोई उद्वेग नहीं, व्यग्रता नहीं, यहाँ तक कि वाणी की भी वक्रता नहीं है। काल विषयक रचनाओं (गजर, कालस्थिति, काल की गदा) में काल का स्वीकार है। यह स्वीकार कितना सहज है!

एक दिन यह राह पकड़ूँगा
सदा यह जानता था। पर
अभी कल भी मुझे सूझा नहीं था

कि वह दिन
आज होगा![139]

समग्र रचनाओं में एक प्रकार का खुलापन है, जो संग्रह की विशेषता है। यह खुलापन प्रेम के प्रति है, काल के प्रति है, कविता के प्रति है अर्थात् जीयी जा रही जिंदगी के प्रति है।

'सागरमुद्रा' में इसी शीर्षक के अंतर्गत 11 रचनाएँ हैं। इन रचनाओं के केंद्र में सागर है। सागरमुद्रा की इस श्रेणी में कुछ रचनाएँ परवर्तीसंग्रह 'पहले मैं सन्नाटा बुनता हूँ' में भी आती हैं। इन रचनाओं में कवि का केंद्रवर्ती संवेदन सागर के इर्दगिर्द बुना गया है। 'कवि का संवेदन' इसलिए कि यहाँ सागर एक निमित्त है। वैसे कवि अज्ञेय को सागर के प्रति सदैव आकर्षण रहा है। 'भवन्ती' में अपने सागरमोह की बात उन्होंने विस्तार से कही है :

समुद्र मुझे अच्छा लगता है—बहुत अच्छा लगता है। × × ×

सागर मुझे बहुत अच्छा लगता है। पहाड़ भी मुझे अच्छे लगते हैं।

कभी जब फुरसत में कहीं बसने के दिवा-स्वप्न देखता हूँ, तो सोचता हूँ कि कहीं सागर तट पर रहूँ जहाँ घंटों सागर की हलचल देखता रहूँ, फिर एकाएक सोचता हूँ कि तब क्या पहाड़ छोड़ दूँगा? नहीं पहाड़ तो कभी नहीं छोड़ सकता—पहाड़ ही पर रहूँगा, समुद्र पर जब-तब चला जाया करूँगा।[140]

इस गद्यखंड में लेखक ने आगे बताया है कि उनके मन में कभी-कभी सागर के पास रहने की भीतर से कहीं छटपटाहट हुई है। ऐसी स्थिति में वे उद्वेलित, कसमसाते, टकराते तूफानी समुद्र को देखना चाहते रहे हैं।

'सागरमुद्रा' कवितांतर्गत प्रथम रचना में आकाश-सागर और सूरज की बात है। कवि आकाश का, फिर सागर का चित्र अंकित करते हैं :

फिर सूरज निकला
रुपहली मेघजाली से छनती हुई
धूप किरनें
लहरियाँ पर मचलती हुई बिछलती हुई
इठलायीं।[141]

आकाश-सागर और सूरज की सन्निधि में उद्वेलित संवेदना की यह कविता है।

दूसरी रचना में, सागर की लहरों के बीच से उभरकर आनेवाली नारीमूर्ति के प्रश्न की बात प्रस्तुत है। नारीमूर्ति पूछती है—'तुम-तुम सागर क्यों नहीं हो?' फिर वह कहती है :

देखो न, सागर बड़ा है, चौड़ा है,
जहाँ तक दीठ जाती है फैला है,

मुझे घेरता है, धरता है, हँसता है, धारता है, भरता है,
लहरों से सहलाता है, दुलराता है, झुमाता-झुलाता है,
और फिर भी निर्बंध मुक्त रखता है, मुक्त करता है–
मुक्त, मुक्त, मुक्त करता है।[142]

इस रूप में सागर 'आदर्शप्रेमी' का प्रतीक है, क्योंकि सच्चा प्रेम मुक्त रखता है, मुक्त करता है।

एक रचना में समुद्र-तट का वर्णन है। वह समुद्र-तट किसी महानगर का है, जहाँ आने-जानेवालों ने सागर की रेत में कुछ न कुछ कूड़ा-कचरा पीछे छोड़ रखा है और जिसे सागर बार-बार धोता है, आँधी माँजती है, लहरें लीपती हैं, सूरज सुखाता है और समीरण सँवारता है।

कुछ रचनाओं में सागर की पश्चात् भू में कवि अपनी सद्योजात मनःस्थिति का आलेखन करते हैं, कहीं सागर को सीधा संबोधन है :

यों मत छोड़ दो मुझे, सागर,
कहीं मुझे तोड़ दो, सागर
कहीं मुझे तोड़ दो।[143]

यह तोड़ने की बात इसलिए है कि कवि अपने को जोड़ने की चाह रखता है। सागर यहाँ कवि का जीवनस्रष्टा बनकर आता है। कवि कभी-कभी सागर के क्रिया-कलापों में स्वप्रेक्षण (self-projection) करते हैं। 'भवन्ती' में इसके बारे में लिखा है :

'जो हो। सागर की हलचल देखकर कभी-कभी बड़ी सान्त्वना मिलती है। हो सकता कि उस हलचल से अपने भीतर के किसी दमित उद्वेग का तालमेल बैठाकर उसे शमित कर लेता होऊँ।'[144]

सागर के व्यापक विराटरूप की कल्पना हमें परवर्ती संग्रह की 'सागरमुद्रा' शीर्षक तीनों रचनाओं में मिलती है। इन तीनों रचनाओं में समुद्र से संबोधन है। सागर के सन्निकट जाकर कवि सागर के रूप को पहचानते हैं :

कि तुम प्राण हो
कि तुम अन्न हो
कि तुम मृत्यु हो
कि तुम होते हो तो खो जाते हो, क्योंकि हम खोते हैं तो होते हैं।[145]

सागर में प्राण, अन्न, मृत्यु देखना–सर्गस्थितिलय के आदिम त्रिरूप देवता को देखना है।

फिर कवि कहते हैं :

रात होगी
जब तूफान तुझे मथेगा

× × ×

तूफान ने मुझे भी मथा है...
छोटी ही है, पर सागर
मेरी भी एक कहानी है...[146]

कवि फिर सागर के आकर्षण की मनोवैज्ञानिक पृष्ठभूमि का आधार लेकर कहते हैं :

सागर को प्रेम करना
मरण की प्रच्छन्न कामना है
तो क्या?
मरण अनिवार्य है :
प्रेम
स्वच्छंद वरण है।

कवि प्रेम और मरण का साझा करने के लिए सागर को बुलाते हैं :

आ तू, दोनों का साझा कर :
लहर पर, लहर पर, लहर पर लहर...[147]

दूसरी एक रचना में कवि सागर को अपनी 'धमनियों' की आग और अपने 'लहू के स्पंदित राजरोग' शब्दों से पुकारते हैं।

फिर कहते हैं :

सागर
ओ महाकाल
ओ जीवन
दिग्विहीन आगम,
पत्यागम निरायाम,
द्वारहीन निर्गमन,
सागर, ओ जीवनलय, ओ स्पंद![148]

और कविता के अंत में सागर 'अहल्या का राम' तक बन जाता है।

सागर से जीवसृष्टि का आरंभ हुआ था। अतः तीसरी रचना में कवि सागर को 'आदिम रस' कहते हैं, जिसमें समस्त रूपाकार अपने को रचते हैं और जिसमें जीवन आकार लेता है, बढ़ता है और बदलता है। कवि कहते हैं :

ओ सागर, ओ अंकुर के स्फुरण, विकसने के उन्मेष
फलने के प्रतिफल,
ओ मरने के मरण, मृत्यु के काल,
बोज के बीज,
चयित विकिरण, आन्दोल अचंचल;

सागर,. ओ!
ओ सागर, आदिम रस...[149]

इन कविताओं की भाषिक सर्जनात्मकता अनन्य है। हम यह अनुभव करते हैं कि सागर की एक के बाद एक लहर आकर किनारे की चट्टानों से टकराती, विलीन होती जाती है। जैसे—

लहर पर लहर पर लहर पर लहर :
सागर, क्या तुम जानते हो कि तुम
क्या कहना चाहते हो?
टकराहट, टकहराट, टकराहट :[150]

'पहले मैं सन्नाटा बनुता हूँ' (1974) अज्ञेय का अब तक का अंतिम काव्यसंग्रह है, जिसमें 1970 से 1973 की समयावधि में लिखी गयी कविताएँ हैं। यह संग्रह 'सागरमुद्रा' का परवर्ती काव्य-संग्रह है और इसमें भी 'सागरमुद्रा' की मनःस्थिति वाली (ऊपर चर्चित) रचनाएँ हैं। संग्रह में तीन खंड हैं :

(1) 'वन-झरने की धार' — जिसमें पंद्रह रचनाएँ हैं
(2) 'खुले में खड़ा पेड़' — जिसमें अठारह रचनाएँ हैं और
(3) 'नंदा देवी' — जिसमें पंद्रह रचनाएँ हैं।

प्रथम खंड के अंतर्गत इसी शीर्षक की कविता एक प्रेम-कविता है। अज्ञेय की उत्तरकालीन प्रेम-कविताओं की तरह इसमें आकुलता है, लेकिन उद्वेग नहीं है। वन-झरने की धार कवि के रोम-रोम में एक याद जगाती है :

लोच-भरी एड़ियाँ—
लहरती
तुम्हारी चाल के संगसंग
मेरी चेतना
विहरती रही।[151]

ऐसी ही एक कविता है 'मेज के आरपार।' पुराने प्रेमी बरसों के बाद शायद मिले हैं, लेकिन अब इन दोनों के बीच एक औपचारिकता का नाता रहा है—और जब मिले हैं तब परस्पर आँखों में लिहाज है, एक-दूसरे को कष्ट न पहुँचाने की अकथित व्यग्रता है :

हमारे बीच और मेज के ऊपर
सब कुछ ठीक है, ठीक-ठाक है;
नहीं है तो एक
मेज के नीचे
एक के पैर पर दूसरे का निर्मम दबाव
एक की हथेली में दूसरे की निर्दयी चिकोटी।[152]

विगत प्यार (lost love) की यह मर्मविदारक अभिव्यक्ति है।

'शिशिर का भोर' शीर्षक कविता में विगत-विस्मृत प्यार, जो मन के अतलांत में कहीं-न-कहीं पड़ा है,—की यह अभिव्यक्ति देखिए :

उतना-सा प्रकाश
कि अँधेरा दीखने लगे,
उतनी-सी वर्षा
कि सन्नाटा सुनाई दे जाए;
उतना-सा दर्द कि याद आए
कि भूल गया हूँ,
भूल गया हूँ...[153]

विफल प्रणय की बात कवि 'समाधि-लेख' नामक छोटी-सी कविता में करते हैं। परिमित शब्दों की सन्निधि में एक व्याप्ति का अनुभव कवि कराते हैं :

एक समुद्र, एक हवा, एक नाव,
एक आकांक्षा, एक याद :
जो सब थे मुझे प्यारे :
इन्हीं के लाए मैं यहाँ आया।
यानी तुम्हारे।
पर तुम कहाँ हो? कौन-से किनारे?[154]

यह मृत्युलेख है, अर्थात् प्रणय की अंतिम परिणति। समुद्र, हवा और नाव का संदर्भ एक 'आकांक्षा' जगाता है सहयात्रा की, लेकिन साथी कहाँ?

इस खंड में कुछ बिंबप्रधान रचनाएँ हमारा मन मोह लेती हैं। 'नीमाड़-चैत' इसका एक उदाहरण है। जिस कविता के नाम पर पूरे संग्रह का नामकरण किया गया है, वह इस खंड की और इस संग्रह की प्रथम कविता है।

अज्ञेय की यह कविता सर्जनप्रक्रिया की कविता है। प्रत्येक उत्तम सर्जन में एक आकस्मिकता होती है, एक रहस्यात्मकता होती है, जिसे स्वयं सर्जक भी संपूर्ण रूप से नहीं समझ पाता। सर्जनप्रक्रिया की यही अनिर्वचनीयता भी अनेक कवियों की कविता का विषय बन जाती है। समग्र अज्ञेय-कविता में ऐसी अनेक रचनाएँ हैं।

साखी-सम्राट कबीर ने 'झीनी-झीनी चदरिया' बुनने की बात की थी; जिसमें—

'इंगला पिंगला ताना भरनी
सुषमन तार से बिनी चदरिया।'

यह चदरिया मुनष्य देह की है। गोचर है, गोरूप है। लेकिन कवि अज्ञेय जो कुछ बुनने जा रहे हैं, वह शायद अगोचर है क्योंकि वे 'सन्नाटा बुनते' हैं।

कबीर की चादर तैयार करनेवाले 'साँई' हैं, यहाँ भी कवि के स्वरतार के चुनाव को अतिक्रमित करने वाला 'कोई' है। सन्नाटा बुनने के लिए कवि प्रथम ताना चुनते

हैं, लेकिन 'कोई' है जो उसे बदल देता है, इतना ही नहीं उसे रसों में बोर कर रंजित भी करता है। व्यक्ति के रूप में कवि मरणधर्मा है, लेकिन वह 'कोई' जो है उसके तार के सहारे कवि कालातीत हो जाता है।

जैसे कवि का ताने का चुनाव कोई बदल देता है, वैसे 'बाने' का भी। यहाँ भी रंग कवि की पसंद के नहीं रहते, न अभिप्राय भी। कवि तो महसूस करते हैं कि उनका मन ही तो 'गिर्री है, डोरा है।' अर्थात् बुनाई का उपकरण मात्र। कवि बुनाई का कार्य करता है, लेकिन 'नकशा किसी और का उभरता है।'–और इस तरह सन्नाटे का जाल बुन जाता है।

यहाँ जो 'कोई' है, वह कोई परम सत्ता नहीं, लेकिन 'व्यक्ति' कवि के भीतर रहा हुआ 'सर्जक' है। इलियट की परिभाषा में कहें तो एक है व्यक्ति-मनुष्य (man) और दूसरा है उस व्यक्ति में रहने वाला सर्जक (artist in him who creates)। वही सब कुछ करता है, व्यक्ति के रूप में कवि तो उपकरण है, अर्थात् माध्यम medium है।

कविता समाप्त होने के बाद यदि कवि का यह व्यक्ति अपनी ओर से कुछ जोड़ने की सोचता है तो भीतर से वह कल्पक कहता भी है :

'तो तू क्या कवि है? क्यों और शब्द जोड़ना चाहता है? कविता तो यहीं रखी है।'[155]

संग्रह के दूसरे खंड 'खुले में खड़ा पेड़' में समाजबोध से संपृक्त रचनाएँ हैं। उसका अनुबंध 'क्योंकि मैं उसे जानता हूँ' की रचनाओं से अधिक है।

खंड की प्रथम रचना 'वह नकारता रहे' में दो प्रकार के लोगों की बात कवि करते हैं, एक, जो सभी बातों में 'हाँ हाँ' कहते हैं और सफलता का वरण करते हैं, जब कि दूसरे नकारते हैं और 'ना' कहने में टूटते जाते हैं। लेकिन अपनी इस नियति को वे स्वीकार कर लेते हैं अतः वे 'निर्द्वंद्व और निरनुताप' हैं। यहाँ एक तरह से अपने व्यक्तित्व को खोकर सफलता पानेवालों के प्रति प्रच्छन्न व्यंग्य है।

ऐसा ही एक राजकीय व्यंग्य (पालिटिकल सेटायर) 'कभी-अब' शीर्षक कविता में है। यहाँ दो सिचुएशंस हैं–एक है, स्वतंत्रता पूर्व की स्थिति, जब स्वतंत्रता के लिए लड़नेवाले ऊँचे खंभों पर अकेले थे, और भीड़ उनका जय-जयकार करती थी। दूसरा है, जिसमें स्वतंत्रता के बाद सत्ताप्राप्ति के लिए चबूतरे पर भीड़ और प्रजा अब अकेली है, क्योंकि नेता लोग आपसी स्पर्धा में संघर्षरत हैं।

कविता की भाषा भी 'सेटायर' के अनुरूप है–'जैकारे' में तीखा व्यंग्य है, जो अलक्षित नहीं रहता।

'उनके घुड़सवार' में भी ऐसा राजकीय व्यंग्य है। अंग्रेज लोग चले गए। अंग्रेज जब आए थे, 'घोड़ा' उनके यातायात का साधन था। हमने अंग्रेजों को घोड़ों पर से उतार दिया, उनकी सत्ता छीन ली, लेकिन अब नए सवार आ गए हैं, अलबत्ता

ये नए सवार अनुकूलित वायु में या विमानों में सफर करते हैं। अर्थात् सत्ता का परिवर्तन ही हुआ, हमारी सरकार ने आकर अंग्रेजी सरकार का स्थान लिया उतना ही, प्रजा ज्यों-की-त्यों है। 'सवार' वर्ग में आज के हमारे देश नेता हैं, प्रजा तो 'पैदलों' के वर्ग में जैसे अंग्रेजों के समय में थी, आज भी है।

कवि का यह समाजबोध 'जो पुल बनाएँगे' में अधिक उजागर है। कवि कहते हैं कि श्रमिक जो निर्माण करते हैं, पीछे रह जाते हैं; अपमानित होते हैं :

जो पुल बनाएँगे
वे अनिवार्यतः
पीछे रह जाएँगे।
सेनाएँ हो जाएँगी पार
मारे जाएँगे रावण
जयी होंगे राम;
जो निर्माता रहे
इतिहास में
बंदर कहलाएँगे।[156]

इस खंड की कुछ रचनाओं की प्रेरणा विदेशयात्रा में भी है, जैसे 'कई नगर जो हमें', 'विदेश में कमरे', 'प्राचीन ग्रंथागार में', 'घर की याद' आदि।

कई नगर थे जो कवि को देखते थे अपनी यात्रा के दौरान, किंतु जब रात की उड़ान में वे नगर अनदेखे ही पार हो गए तब कवि हवाई अड्डों पर यात्रियों के चेहरों में उन नगरों की छाया देखते हैं। एक-एक व्यक्ति जैसे एक-एक नगर का प्रतिनिधित्व करता है। एक की आँख में नगर की मुर्दा आबादी है। किसी एक की उँगलियों के गट्ठों में नगर के खंडहर हैं। अन्य किसी एक का चेहरा किसी नगर का पहरे-घिरा परकोटा है।

खंड की शीर्षकरचना 'खुले में खड़ा पेड़' में आज के मनुष्य की स्थिति स्थावर पेड़ से भी कितनी गयी बीती है, उसका संकेत है। व्यक्ति कहीं भी जा सकता है लेकिन पेड़ तो अपनी जगह पर ही रहता है, जमीन से बँधा हुआ है। आज का व्यक्ति, इतना बंधनों में पड़ा हुआ है कि जब वह खुले में खड़े ऐसे पेड़ को देखता है, तब उसे अपने आसपास खड़े परकोटे का एहसास होता है। खुले में खड़ा पेड़ निर्बंध और प्रकृत विकास का संकेत करता है। उस पेड़ को देखकर उसका आत्मबोध जगता है। आत्मबोध का जगना कितना ही अच्छा क्यों न हो, औसत आदमी को वह दुःखी करता है। वह अपनी परिस्थितियों का आदी है, बँधा हुआ है उसका भान होने पर ही वह अपनी स्थिति की कंगालियत पर कुढ़ता है। यह अच्छा है उसके लिए कि इस प्रकार का बोध ही न जगे–अतः वह कहता है :

क्यों मेरी अकल मारी गयी थी कि मैं

देहात में देखने गया
खुले में खड़ा पेड़?[157]

'सागरमुद्रा' की कविताओं की आलोचना के दौरान हम अज्ञेय की समुद्र प्रीति के साथ पर्वत-प्रीति की भी बात कर आए हैं। इस संग्रह में कविताओं का एक गुच्छ 'नंदा देवी' गिरिमाला को अनुलक्षित है। जिस तरह से सागर 'आदिम रस' के रूप में कवि की एक ध्यानमूर्ति बन जाता है, उसी तरह नंदा देवी भी। वैसे भी पर्वत का उन्नतगामी शिखर आध्यात्मिक आरोहण या उन्नयन का प्रतीकार्थ रखता है।

'नंदा देवी' शीर्षकांतर्गत 15 रचनाएँ हैं, जिसमें नंदा के विभिन्न रूपों की झाँकियों के साथ कवि की विशिष्ट मनःस्थिति भी जुड़ी हुई है।

वास्तव में जिस सहज शांति (tranquility) का दर्शन हम 'सागरमुद्रा' में कर आए हैं, वह यहाँ भी विद्यमान है, लेकिन उसके साथ यहाँ कवि की 'उदीषा' को भी लक्ष करते हैं।

नंदा देवी की प्रथम रचना की प्रथम पंक्ति है :

ऊपर तुम, नंदा।[158]

कवि जैसे नंदा के शिखरों का दर्शन करते हैं, कवि की निगाहें उन उन्नत शिखरों पर हैं। वह 'नंदा देवी' से अभिहित श्रृंगश्रेणियाँ हैं। नंदा ऊपर है, नीचे तरुरेखा से मिलती हरियाली पर गड़रिए की बांसुरी की तान है, जो बिखरे रेवड़ को मानो दुलार से टेरती है।

उसके नीचे खनियंत्र का धुआँ है और सिहरते-लहरते शिशुधान्य हैं। समग्र प्राकृतिक परिवेश में खनियंत्र की भट्ठी के धुएँ की उपस्थिति एक वि-संवाद पैदा करती है। निकलते धुएँ की उपस्थिति को 'फंदा' कहकर उसका प्रास कवि ने 'गोरख-धंधा' से जोड़कर संसार की इस बेमेल परिस्थिति का अंकन कुशलता से किया है, कविता की प्रथम पंक्ति अंत में पुनरावृत्त होती है, लेकिन थोड़े फेरफार के साथ–

दूर, ऊपर तुम, नंदा।[159]

'दूर' से जैसे सूचित होता है, नंदा देवी संसार के इस अंतहीन अन-सुलझ गोरख-धंधे के प्रति उदासीन है।

कवि ने दो चित्रों के बीच एक विरोध खींचा है। एक चित्र है गड़रिये की बाँसुरी की तान का, दूसरा है खनियंत्र की भट्ठी के धुएँ का। क्या संसार में सुंदर पर असुंदर का आक्रमण इस तरह चलता रहेगा? या सुंदर और असुंदर की सहोपस्थिति बनी रहेगी?

शायद असुंदर का आक्रमण सुंदर को लील जाएगा। नंदा की सन्निधि में कवि देख लेता है कि नगर में समृद्धि की योजना का कारोबार है, जब कि यहाँ इस पर्वती गाँव में भूख-बेबसी की मार है। एक-एक करके पेड़ कटते जाते हैं, तलहटियाँ नंगी होती जा रही हैं। आज तक की वनसंपदा को खो रहे हैं, उसकी याद सिर्फ लोक-गीतों

में अवशिष्ट रह जाएगी, और वह भी कब तक? श्रेणी की इस दूसरी रचना में कवि को सामाजिक चेतना के ताप की आँच का अनुभव हुए बिना नहीं रहता।

इसके साथ आधुनिक यंत्रसभ्यता ने किस तरह प्राकृतिक उत्स-स्रोतों का विध्वंस करना आरंभ किया है उसकी वेदनागर्भित वाणी भी है। नंदा को संबोधित कर कवि कहते हैं :

नंदा,
बीस तीस पचास वर्षों में
तुम्हारी वन-राजियों की लुगदी बनाकर
हम उस पार
अखबार छाप चुके होंगे :

कहाँ वनराजी? कहाँ अखबार? कवि की आँखों ने देख लिया है वह दृश्य जब यह हरियाली भूमि यंत्रसंस्कृति की विभीषिका के फलस्वरूप मरुभूमि बन जाएगी :

और तुम्हारे उस नदी-धौत सीढ़ी वाले मंदिर में
जला करेगा
एक मरु-दीप[160]

नंदा को देखते रहने में भी कवि को परम सुख प्राप्त होता है, कहते हैं :

यह भी तो एक सुख है
(अपने ढंग का क्रियाशील)
कि चुप निहारा करूँ
तुम्हें
धीरे-धीरे खुलते।

नंदा पर फिर मानवीय मूर्ति का आरोप करते हैं। इस प्रकार देखना निसर्ग का अगोचर प्रसाद पाना है, जिससे गहरा आनंद प्राप्त होता है, लेकिन—

सब कुछ को बाँहों में
समेटने के प्रयास में
स्वयं दे दिया जाता हूँ![161]

कवि का स्वीकारीभाव और उसके साथ स्वयं को दे देने का बोध एक आध्यात्मिक आरोहण की ही दिशा है। अन्य एक रचना में भी यही बात है :

एक सुख है सब बाँटने में
एक सुख सब जुगोने में
यहाँ दोनों एक हो जाएँ
एक सुख है वहाँ होने में।[162]

कभी-कभी नंदा का शिखर धुंध को भेदकर प्रकट होकर अल्पकाल में ही धुंध में अदृश्य हो जाता है। कवि-कल्पना इस प्रकार अनुभव करती है :

कितनी जल्दी
तुम उझकीं
झिझकीं
ओट हो गयीं नंदा![163]

कवि ने नंदा के परिपार्श्व के अनेक सुंदर चित्र अंकित किए हैं। कभी कवि एक 'शुद्ध कविता' (pure poetry) की सृष्टि करते हुए चित्र देकर हट जाते हैं, कभी अपनी आंतरिक अनुभूति को—साक्षात्कार (एपिफनी) को शब्दांकित करते हैं। 'नंदा देवी' की दसवीं रचना में पार्श्वस्थित सरोवर में कमल, कुमुद और हंस की हलचल का आलेखन 'शुद्ध कविता' का नमूना है। चौथी कविता में नंदा के शिखर को वहाँ दूर ऊपर देखकर कवि द्वैत का और अतः विरह का अनुभव करते हैं :

वह तुम/मैं
यह मैं/तुम

कवि का यह विरह-बोध निःसीप बनकर आता है, जो रवि ठाकुर की 'हेरि अहरह तोमारि विरह भुवने भुवने राजे हे' पंक्ति का स्मरण कराता है। गजराज का पर्वत चढ़ना मृत्यु की ओर बढ़ना है—फिर भी गजराज पर्वत की ओर बढ़ता है। इस प्रकार गजराज के पर्वतारोहण के रूपक द्वारा कवि ने मृत्यु के चिंतन के साथ शिखर के उस पार की—मृत्यु के उस पार की बात नचिकेता का संदर्भ उठाकर एक रचना में की है। लेकिन एक मनःस्थिति आती है, जब नंदा निराकार होकर अनुभूत होती है :

निचले
हर शिखर पर
देवल :
ऊपर
निराकार
तुम
केवल...[164]

नंदा-दर्शन से उद्बुद्ध बोध की यह चरम परिणति है। सागर और पर्वत (नंदा) कवि की उत्तरकालीन रचनाओं के दो प्रमुख बिंब ही नहीं, उनकी आध्यात्मिक चेतना को वहन करनेवाले प्रतीक भी हैं। 'नंदादेवी' श्रेणी की अंतिम रचना में सागर और पर्वत की सन्निधि है। रात में कवि अनुभव करते हैं कि उनके भीतर सागर उमड़ता है, जो कहता है कि तुम नहीं, बल्कि वह मैं ही हूँ। प्रभात में नंदा पर पहली किरण पड़ते ही नंदा कहती है—मैं हूँ। मैं तुम्हारे भीतर कभी सोयी नहीं हूँ। नंदा के होने पर कवि का मस्तक कहीं भी नीचा नहीं हो सकता।

तब किरण ने मुझे भी छुआ
मैं हुआ।[165]

अज्ञेय की उत्तरकालीन रचनाओं में आरंभ में एक बहिर्मुख सामाजिक चेतना तीखी प्रतिक्रिया के साथ प्रकट होती है, लेकिन अंतिम दो संग्रहों में वह उफान भी शांत समाहिति में परिणत होता है। सहज शांति की यह भावमुद्रा शुद्ध कविता में आकृत होती है। सागर और पर्वत (नंदादेवी) इन दो बृहत् बिंबों के माध्यम से कवि ने आध्यात्मिक उदीषा की बात की है, जो एक दीर्घ, काव्ययात्रा के अंत में किसी भी कवि की चरम उपलब्धि हो सकती है।

संदर्भ

1.'नई कविता और अज्ञेय', 'हिंदी साहित्य—बीसवीं शताब्दी', पृ. 248; 2. डॉ. विद्यानिवास मिश्र 'आँगन के पार द्वार' तक की रचनाओं को तीन चरण में विभाजित करते हैं। पहला है विद्रोह और हताशा का, दूसरा है अपने भीतर शक्तिसंचय का, तीसरा है बिना किसी आशा के आत्मदान में सार्थकता पाने का। पहले चरण में कविताएँ हैं, 'चिंता', 'एकायन' और 'इत्यलम्', दूसरे चरण में आती हैं 'हरी घास पर क्षण भर', 'बावरा अहेरी' और 'इंद्रधनु रौंदे हुए ये' की कविताएँ और तीसरे में 'अरी ओ करुणा प्रभामय' तथा 'आँगन के पार द्वार' की कविताएँ।—'आज के लोकप्रिय हिंदी कवि अज्ञेय', पृ. 33—डॉ. इंद्रनाथ मदान 'सागरमुद्रा' तक की अज्ञेय की कविताओं की विकासयात्रा इस प्रकार अंकित करते हैं। 'इनकी कविता पहले छायावाद के अवशेष और अवसान से जुड़ी रही है। इसके बाद इसे प्रयोगवाद से जोड़ा गया है। इस दौर की इनकी कविता को नयी का नाम भी दिया गया है। और हाल की रचनाओं को नव-रहस्यवाद की संज्ञा से पुकारा जाने लगा है। इस तरह इनकी कविता 'भग्नदूत' से लेकर 'कितनी नावों में कितनी बार' सवार होकर किनारे लगना चाहती है और लगने की गवाही भी दे रही है, वह मौन या रहस्य के अंक में विश्राम पाना चाहती है...' 'अज्ञेय की क़विता : कितनी नावों में कितनी बार' 'आलोचना और आलोचना', पृ. 84; 3. 'इत्यलम्', भूमिका; 4. 'आत्मनेपद', पृ. 26; 5. 'इत्यलम्', पृ. 17; 6. वही, पृ. 24; 7. कहाँ कैसे मन को समझा लूँ—'इत्यलम्', पृ. 27; 8. 'चिंता', पृ. 7; 9. 'चिंता', पृ. 8; 10. 'चिंता', पृ. 8; 11. 'चिंता', पृ. 6; 12. 'चिंता', पृ. 20; 13. 'चिंता', पृ. 26; 14. 'चिंता', पृ. 26; 15. 'चिंता', पृ. 33; 16. 'चिंता', पृ. 37; 17. 'चिंता', पृ. 38; 18. 'चिंता', पृ. 45; 19. 'चिंता', पृ. 53; 20. 'चिंता', पृ. 54; 21. 'चिंता', पृ. 58; 22. 'चिंता', पृ. 67; 23. 'चिंता', पृ. 74; 24. 'चिंता', पृ. 82; 25. 'चिंता', पृ. 84; 26. 'चिंता', पृ. 86; 27. 'चिंता', पृ. 88; 28. 'चिंता', पृ. 88; 29. 'चिंता', गीत—1, पृ. 87; 30. 'चिंता', गीत—2, पृ. 98; 31. 'चिंता', पृ. 107; 32. 'चिंता', पृ. 112; 33. 'चिंता', पृ. 115; 34. 'चिंता', पृ. 116; 35. 'चिंता', पृ. 119; 36. 'चिंता', पृ. 138; 37. 'चिंता', पृ. 146; 38. 'इत्यलम्', भूमिका; 39. 'इत्यलम्' पृ. 51; 40. 'इत्यलम्', पृ. 84; 41. 'पूर्वा', पृ. 93; 42. 'पूर्वा', पृ. 107; 43. 'इत्यलम्', पृ. 146 44. नंदकिशोर आचार्य : 'अज्ञेय की काव्यतितीर्षा', पृ. 43; 45. 'तारसप्तक', पृ. 78; 46. 'इत्यलम्', पृ. 154; 47. 'इत्यलम्', पृ. 168; 48. 'इत्यलम्', पृ. 166-67; 49. 'इत्यलम्', पृ. 195; 50. 'इत्यलम्' पृ. 226; 51. 'हरी घास पर क्षण भर', पृ. 39; 52. 'हरी घास पर क्षण भर', पृ. 45; 53. 'हरी घास पर क्षण भर', पृ. 43-44; 54. 'हरी घास पर क्षण भर', पृ. 55;

55. 'बावरा अहेरी', पृ. 3; 56. 'बावरा अहेरी', पृ. 4; 57. 'बावरा अहेरी', पृ. 6; 58. 'बावरा अहेरी', पृ. 8; 59. 'बावरा अहेरी', पृ. 9; 60. 'बावरा अहेरी', पृ. 27; 61. 'बावरा अहेरी', पृ. 28; 62. 'बावरा अहेरी', पृ. 30; 63. 'प्रतिक्रियाएँ', पृ. 159; 64. 'बावरा अहेरी', पृ. 54; 65. 'इंद्रधनु रौंदे हुए ये', पृ. 14; 66. 'इंद्रधनु रौंदे हुए ये', पृ. 18; 67. 'इंद्रधनु रौंदे हुए ये', पृ. 22; 68. 'इंद्रधनु रौंदे हुए ये', पृ. 68; 69. 'इंद्रधनु रौंदे हुए ये', पृ. 69; 70. 'इंद्रधनु रौंदे हुए ये', पृ. 70; 71. 'इंद्रधनु रौंदे हुए ये', पृ. 101; 72. 'अरी ओ करुणा प्रभामय', भूमिका, पृ. 10; 73. 'अज्ञेय और आधुनिक रचना की समस्या', पृ. 11; 74. देखिए Paul Reps द्वारा संपादित 'Zen Flesh, Zen Bonmes' (Pelican Book-1957, 1973) में 'The Gateless Gate' पृ. -89-131. डॉ. जगदीश कुमार के लेख 'अज्ञेय की जापानी ध्यानमुद्रा' में गवेषक का ध्यान इस ग्रंथ की ओर नहीं गया; 75. 'अरी ओ करुणा प्रभामय', पृ. 130; 76. 'अरी ओ करुणा प्रभामय', पृ. 140; 77. 'अरी ओ करुणा प्रभामय', पृ. 147; 78. 'अरी ओ करुणा प्रभामय', पृ. 158; 79. 'अरी ओ करुणा प्रभामय', पृ. 151; 80. 'अरी ओ करुणा प्रभामय', पृ. 16; 81. 'अरी ओ करुणा प्रभामय', पृ. 19; 82. 'अरी ओ करुणा प्रभामय', पृ. 25; 83. नए कवि की ओर से इसका प्रतिवाद भी हुआ। 'कल्पना' में प्रकाशित इस कविता पर कल्पना के परवर्ती अंक (93) में तीखी प्रतिक्रियाएँ प्रकट हुईं। विशेष के लिए देखिए : डॉ. जगदीश गुप्त का लेख 'नए कवि का व्यक्तित्व और अज्ञेय जी'—'नयी कविता : स्वरूप और समस्याएँ', पृ. 161-171; 84. 'अरी ओ करुणा प्रभामय', पृ. 62; 85. 'अरी ओ करुणा प्रभामय', पृ. 64; 86. 'अज्ञेय और आधुनिक रचना की समस्या', पृ. 15; 87. 'अज्ञेय और आधुनिक रचना की समस्या', पृ. 22; 88. 'आँगन के पार द्वार', पृ. 14; 89. 'आँगन के पार द्वार', पृ. 17; 90. 'आँगन के पार द्वार', पृ. 33; 91. रमेशचंद्र शाह—'आँगन के पार द्वार' और अज्ञेय : एक दृष्टि 'समानांतर', पृ. 56; 92. 'एक बूँद सहसा उछली', पृ. 107; 93. 'अज्ञेय की काव्यतितीर्षा', पृ. 59; 94. 'आँगन के पार द्वार', पृ. 40; 95. 'आँगन के पार द्वार', पृ. 52; 96. 'अज्ञेय और आधुनिक रचना की समस्या', पृ. 26; 97. 'आँगन के पार द्वार', पृ. 49; 98. 'आँगन के पार द्वार', पृ. 47; 99. देखिए : 1. रामस्वरूप चतुर्वेदी 'अज्ञेय और आधुनिक रचना की समस्या' विशेषतया, पृ. 29-31; 2. विद्यानिवास मिश्र 'रीतिविज्ञान' में 'असाध्य वीणा' की व्याख्या, पृ. 170-184; 3. डॉ. जगदीशकुमार 'नयी कविता—विलायती संदर्भ' में 'असाध्य वीणा अनवधान वादन', पृ. 92-109; 4. रमेशचंद्र शाह 'समानांतर' में 'आँगन के पार द्वार और अज्ञेय—एक दृष्टि' पृ. 53-67; 5. अजितकुमार 'कविता का जीवित संसार' में 'अज्ञेय : कुछ कविताएँ' लेख, पृ. 97-104; 6. डॉ. शिवप्रसाद सिंह 'आधुनिक परिवेश और नवलेखन', पृ. 260-264; 7. डॉ. रामदरश मिश्र 'हिंदी कविता : तीन दशक', पृ. 130-131। इसमें प्रथम दो आलोचकों ने अज्ञेय की इस कविता की काव्यात्मक और भाषिक उपलब्धि की ओर ध्यान खींचा है, जबकि जगदीश कुमार ने अज्ञेय की भाषिक सर्जनात्मकता को नकारात्मक दृष्टि से देखा है। रमेशचंद्र शाह का दृष्टिकोण भी कुछ-कुछ 'क्रिटिकल' है। अजितकुमार का दृष्टिकोण 'पाजिटिव' है। डॉ. शिवप्रसाद सिंह ने लिखा है—यह समाहार और विस्तार—संपुटन और बिखराव दोनों ही प्रकार के शिल्पों से निर्मित कसी हुई, 'फिनिश्ड पोएम' पूर्ण कविता है, इसमें संदेह नहीं। डॉ. रामदरश मिश्र के मतानुसार दार्शनिक गरिष्ठता के बावजूद यह कविता प्रभावहीन कृति बनकर रह जाती है।; 100. 'आँगन के पार द्वार', पृ. 87; 101. 'आँगन के पार द्वार',

पृ. 88; 102. 'अज्ञेय की काव्यतितीर्षा', पृ. 56; 103. 'आलोचना और आलोचना', पृ. 94; 104. 'आलोचना और आलोचना', पृ. 94; 105. 'कितनी नावों में कितनी बार', पृ. 8; 106. 'कितनी नावों में कितनी बार', पृ. 62; 107. 'कितनी नावों में कितनी बार', पृ. 39; 108. 'कितनी नावों में कितनी बार', पृ. 41; 109. 'कितनी नावों में कितनी बार', पृ. 42; 110. 'कितनी नावों में कितनी बार', पृ. 44; 111. 'कितनी नावों में कितनी बार', पृ. 31; 112. 'कितनी नावों में कितनी बार', पृ. 70; 113. 'क्योंकि मैं उसे जानता हूँ', पृ. 1; 114. 'क्योंकि मैं उसे जानता हूँ', पृ. 2; 115. 'क्योंकि मैं उसे जानता हूँ', पृ. 4; 116. 'क्योंकि मैं उसे जानता हूँ', पृ. 12; 117. 'क्योंकि मैं उसे जानता हूँ', पृ. 12; 118. 'क्योंकि मैं उसे जानता हूँ', पृ. 13; 119. 'क्योंकि मैं उसे जानता हूँ', पृ. 15; 120. 'क्योंकि मैं उसे जानता हूँ', पृ. 16; 121. 'क्योंकि मैं उसे जानता हूँ', पृ. 22; 122. 'क्योंकि मैं उसे जानता हूँ', पृ. 23; 123. 'क्योंकि मैं उसे जानता हूँ', पृ. 48; 124. 'क्योंकि मैं उसे जानता हूँ', पृ. 53; 125. 'क्योंकि मैं उसे जानता हूँ', पृ. 54; 126. 'क्योंकि मैं उसे जानता हूँ', पृ. 57; 127. 'क्योंकि मैं उसे जानता हूँ', पृ. 62; 128. 'क्योंकि मैं उसे जानता हूँ', पृ. 68; 129. 'क्योंकि मैं उसे जानता हूँ', पृ. 70; 130. 'क्योंकि मैं उसे जानता हूँ', पृ. 71; 131. 'सागरमुद्रा', पृ. 32; 132. 'सागरमुद्रा', पृ. 32; 133. 'सागरमुद्रा', पृ. 22; 134. 'सागरमुद्रा', पृ. 37; 135. 'सागरमुद्रा', पृ. 54; 136. 'सागरमुद्रा', पृ. 20; 137. 'सागरमुद्रा', पृ. 19; 138. 'सागरमुद्रा', पृ. 45; 139. 'सागरमुद्रा', पृ. 61; 140. 'भवंती', पृ. 109, 112; 141. 'सागरमुद्रा', पृ. 64; 142. 'सागरमुद्रा', पृ. 66; 143. 'सागरमुद्रा', पृ. 77; 144. 'भवंती', पृ. 112; 145. 'पहले मैं सन्नाटा बुनता हूँ', पृ. 26; 146. 'पहले मैं सन्नाटा बुनता हूँ', पृ. 27; 147. 'पहले मैं सन्नाटा बुनता हूँ', पृ. 28; 148. 'पहले मैं सन्नाटा बुनता हूँ', पृ. 29; 149. 'पहले मैं सन्नाटा बुनता हूँ', पृ. 30; 150. 'पहले मैं सन्नाटा बुनता हूँ', पृ. 25; 151. 'पहले मैं सन्नाटा बुनता हूँ', पृ. 21; 152. 'पहले मैं सन्नाटा बुनता हूँ', पृ. 18; 153. 'पहले मैं सन्नाटा बुनता हूँ', पृ. 19; 154. 'पहले मैं सन्नाटा बुनता हूँ', पृ. 20; 155. 'पहले मैं सन्नाटा बुनता हूँ', पृ. 12; 156. 'पहले मैं सन्नाटा बुनता हूँ', पृ. 39; 157. 'पहले मैं सन्नाटा बुनता हूँ', पृ. 56; 158. 'पहले मैं सन्नाटा बुनता हूँ', पृ. 59; 159. 'पहले मैं सन्नाटा बुनता हूँ', पृ. 59; 160. 'पहले मैं सन्नाटा बुनता हूँ', पृ. 65; 161. 'पहले मैं सन्नाटा बुनता हूँ', पृ. 67; 162. 'पहले मैं सन्नाटा बुनता हूँ', पृ. 66; 163. 'पहले मैं सन्नाटा बुनता हूँ', पृ. 68; 164. 'पहले मैं सन्नाटा बुनता हूँ', पृ. 75; 165. 'पहले मैं सन्नाटा बुनता हूँ', पृ. 76।

अज्ञेय की कविता : आधुनिकता और पाश्चात्य प्रभाव

1. आधुनिकता : संज्ञा

> आधुनिकता के लोगों ने अलग-अलग अनेक अर्थ किए हैं। मेरी दृष्टि में आधुनिकता एक अनगढ़ चीज है। वह एक सिद्ध स्थिति नहीं, एक प्रक्रिया है। संस्कारवान होने की क्रिया को ही मैं आधुनिकता मानता हूँ।
>
> **—अज्ञेय**

आधुनिकता क्या है? यदि ऐसा प्रश्न हम पूछें तो उसके अनेक उत्तर मिलेंगे। उसका कारण यह है कि आधुनिकता एक अर्थबहुल संज्ञा है। आधुनिक, आधुनिकता, आधुनिकतावाद, आधुनिकीकरण—ये सभी संज्ञाएँ संस्कृत शब्द 'अधुना' से बनी हैं। अधुना का मतलब है—अभी अभी। एक तरह से इसमें कालवाची अर्थ निहित है। वैसे ये सारी संज्ञाएँ अर्थ के संदर्भ में अंग्रेजी 'माडर्न' संज्ञा से एक-न-एक तरह से संबंधित हैं : आधुनिक—मॉडर्न, आधुनिकता—मॉडर्निटी, आधुनिकतावाद—मॉडर्निज्म, आधुनिकीकरण—मॉडर्नाइजेशन वगैरह। अतः जब हम आधुनिक या आधुनिकता आदि संज्ञाओं का व्यवहार करते हैं तब उसमें अंग्रेजी संज्ञा मॉडर्न का बोध अध्याहृत होता है।

इस मॉडर्न का भी व्यवहार में विभिन्न संदर्भों में विभिन्न अर्थ में उपयोग होता रहा है। हम कई बार सुनते हैं—'मॉडर्न फर्नीचर', 'मॉडर्न गर्ल', 'मॉडर्न फ्लेट' या 'मॉडर्न आर्ट', 'मॉडर्न थियेटर', 'मॉडर्न आउटलुक' या 'मॉडर्न सेन्सिबिलिटी', 'मॉडर्न एज', 'मॉडर्न ट्रेडिशन' आदि।

इस उपयोग से हम अनुमान लगा सकते हैं कि कभी-कभी मॉडर्न संज्ञा फैशनपरस्ती के अर्थ में प्रयुक्त होती है। जब मॉडर्न फर्नीचर या मॉडर्न गर्ल कहते हैं, तब इस प्रकार का अभिप्राय होता है। इसमें नयेपन का भी अर्थ संकेत है। जो पुराने ढंग का न होकर 'नया' है, इसके लिए भी मॉडर्न का व्यवहार होता है, उसमें समसामयिक रुचिबोध प्रकट होता है। इन सभी में एक सीधा अर्थ पुरानेपन के विरोध

का द्योतक है। समय से कुछ आगे होने का भी अर्थसंकेत है।

इस संदर्भ में आधुनिक का अर्थ समसामयिक भी है अर्थात् जिसमें तत्क्षण का बोध है, अपने समय का बोध है। कई बार हम कहते हैं कि कालिदास अपने समय में 'आधुनिक' थे, तब हम यही कहना चाहते हैं कि उस कवि को अपने समय की गहरी अभिज्ञता थी, और यह कि उसने अपने समय की उस अभिज्ञता को व्यक्त करने के लिए अभिव्यक्ति के माध्यमों का नए ढंग से उपयोग किया था।

लेकिन जब हम यह भी कहते हैं कि 'कालिदास आज भी आधुनिक है', या 'होमर आज भी आधुनिक है'—तब हम क्या समझते हैं? कालिदास के या होमर के सभी समकालीनों को उनके अनुगामियों को भी हम 'आधुनिक' नहीं कहेंगे। यहाँ शायद 'आधुनिक' संज्ञा का अर्थ साहित्य के उन चिरंतन अंशों से है, जो शताब्दियों को पार करके भी आज ज्यों-के-त्यों हमें अभिभूत करते हैं। स्थलकाल से परे ऐसा जो 'अ-मृत' तत्त्व इन महाकवियों की वाणी में है, उसके लिए हम कहते हैं—आज भी आधुनिक हैं, जो शेक्सपियर ने क्लिओपेट्रा के सौंदर्य के लिए कहा था :

Age cannot wither her
nor custom fade her infinite variety.

अपने समय के विद्रोही कवियों के लिए भी इस संज्ञा का व्यवहार कभी-कभी करेंगे। कबीर जैसे विद्रोही कवि के लिए हम 'आधुनिक' संज्ञा का व्यवहार करेंगे, मर्यादावान तुलसी के लिए नहीं।

मॉडर्न का एक बहुव्याप्त उपयोग इतिहासपरक अर्थ में होता है। जब हम प्राचीन, मध्यकालीन और आधुनिक काल ऐसा प्रयोग करते हैं, तब इतिहास के विशिष्ट कालखंडों का बोध होता है। किसी एक समयांतराल विशेष को हम प्राचीन कहते हैं, किसी को मध्यकालीन और किसी को आधुनिक। इतिहास में पूर्व पाषाणयुग से अद्यतन युग का विभाजन जिस दृष्टि से होता है, जिसमें 'आधुनिक' समयसापेक्ष संज्ञा है। राजकीय इतिहासों के अतिरिक्त साहित्य के इतिहासों में भी काल-विभाजन इस प्रकार होता है। कई बार ऐसा होता है कि किसी देश में आधुनिक-काल का आरंभ बहुत पहले हुआ होता है, किसी देश में बाद में। जैसे अंग्रेजी साहित्य का इतिहास पढ़ने वाले जानते हैं कि वहाँ आधुनिक-काल का प्रारंभ 1660 से होता है, जबकि हमारे यहाँ करीब 1850 से।

आधुनिक संज्ञा का यहाँ जो कालसापेक्ष अर्थबोध है, उससे ऐसा कह सकते हैं कि आधुनिकता की गति वर्षों की—समय की गति के साथ होती रहती है। अर्थात् आधुनिकता समय के साथ-साथ आगे-आगे बढ़ती जाएगी और हम कहेंगे कि आज की आधुनिकता कल की आधुनिकता से अधिक आधुनिक है या कल की आधुनिकता वह आज की आधुनिकता नहीं है।

लेकिन आधुनिकता का एक संबंध 'आधुनिकतावाद'-'मॉडर्निज़्म' से है।

.कला-साहित्य का यह आंदोलन यूरोप में उन्नीसवीं शताब्दी के अंत भाग में शुरू होकर बीसवीं शती के तीसरे दशक तक अपनी चरमावस्था में पहुँचा था। यह आधुनिकतावाद संज्ञा एक खास विशिष्ट दृष्टिभंगी की द्योतक है, एक 'खास' चेतना की द्योतक है, एक खास ताजा मनःस्थिति की द्योतक है, जिसको आधुनिक कला-साहित्य ने अभिव्यक्त किया है। अर्थात् लेविस के शब्दों में यों कहें कि आधुनिकतावादी कविता कोई 'नई कविता' से अधिक 'नई' ही नहीं, किंतु 'नए ढंग' से नई है, नए परिमाण में नई है। आधुनिकतावादी (इसे अब आगे हम 'आधुनिक' भी कहेंगे) कविता के पूर्व की कविता और बाद की कविता में एक गहरी विभाजक रेखा है, समयानुक्रम में नए समय के साथ स्वाभाविक ढंग से आनेवाला 'नयापन' यह सिर्फ नहीं है।

2. आधुनिकतावाद : वादों का वाद

आधुनिकतावाद इस युग की एक अनिवार्यता है। यूरोप उसका उद्‌भवस्थान है। 19वीं शताब्दी में औद्योगिक क्रांति, वैज्ञानिक आविष्कार और फलस्वरूप आविर्भूत नई क्रांतिकारी दार्शनिक विचारधाराओं के परिवेश में जैसे स्वयं 'मनुष्य का रूप' भी बदल रहा था।

औद्योगिक क्रांति के कारण नगर-सभ्यता का विकास होने लगा। बड़े-बड़े नगर व्यक्ति के 'व्यक्तित्व' को खत्म करके उसे एक समूहमानव बना रहे थे। नगर के ऊँचे भवन मनुष्य के गौरव को मानो परिहास करके उसे नगण्य जंतु के रूप में या यंत्र के एक पुर्जे के रूप में स्थापित कर रहे थे। फैक्टरी और ऑफिस के रुटिन कार्य ने मनुष्य की दैनंदिन जीवन-रीति को भी बदल दिया । नगर-जीवन की नारकीयता का प्रथम दर्शन फ्रेंच कवि बॉदलेर ने अपनी पेरिस नगरी विषयक कविताओं का गुच्छ 'Tableaux Paricians' (1857) 'पेरिस दृश्यावली' में व्यक्त किया।

वैज्ञानिक आविष्कारों ने आज तक चली आ रही मनुष्य की श्रद्धा-आस्था की नाव को जड़मूल से हिला दिया। उसके धार्मिक, नैतिक मूल्यों को आघात दिया। न्यूटन के गुरुत्वाकर्षण के सिद्धांत के बाद चार्ल्स डार्विन के 'The Descent of Man' ग्रंथ ने तो ईश्वर के अस्तित्व का ही जैसे निषेध किया। जीव विज्ञान के खोजों के अतिरिक्त भौतिक विज्ञान की खोजों ने विश्व की काया पलट दी। मानव-बुद्धि की वह परम विजय थी। उन्नीसवीं शती के अंत में 'क्ष' किरणों की खोज हुई, उसके बाद यूरेनियम और रेडियम की। 1897 में इलेक्ट्रोन की खोज हुई। एटम का पृथ्वी पर अवतार हुआ। 1905 में महान् विज्ञानी आइनस्टाइन ने Special Theory of Relativity प्रकाशित की, जो 1915 में General Principles of Relativity में परिवर्द्धित रूप में आयी। सापेक्षता के इस सिद्धांत का प्रभाव उस समय की कलाप्रवृत्तियों पर हो रहा था।

ऐसी दूसरी प्रतिभा आयी सामाजिक विज्ञान के क्षेत्र में। सिंगमंड फ्रायड ने Studies in Hysteria (1895), Paper on Infantile Sexuality (1898), The Interpretation of Dreams (1899), The Psychopathology of Everyday Life (1904) आदि मनोविज्ञान विषयक अपने आविष्कार प्रकट कर विश्व को प्रबल आघात दिया। 20वीं शताब्दी के साहित्य, कला और विचार-जगत पर फ्रायड के जैसा प्रभाव शायद ही किसी एक व्यक्ति का रहा होगा।

विज्ञान, मनोविज्ञान के साथ नया दर्शन भी आधुनिक संवेदना को झकझोरने लगा था। नए दार्शनिकों में सबसे अधिक प्रभाव जर्मन दार्शनिक नीत्शे का है। नीत्शे ने 'अतिमानव' (Superman) का विभावना दी। वास्तव में नीत्शे बड़ा व्यक्तिवादी था और बड़ा अराजकतावादी (anarchist) भी। नीत्शे का जो ग्रंथ अधिक प्रभावक है, वह है Also Sprach Jarthustra–जरथुष्ट्र उवाच (1883) । एक पैगंबर की शैली में लिखे गए इस ग्रंथ में अति प्रसिद्ध विधान है–'ईश्वर की मृत्यु हुई है।' नीत्शे की यह घोषणा सारे यूरोप में फैल गयी। ईश्वर नहीं है, इसलिए मनुष्य का उत्तरदायित्व बढ़ जाता है। ईश्वर का स्थान लेने के लिए 'अतिमानव' की सृष्टि आवश्यक है।

नीत्शे ने आनेवाले नए युग के पदचिह्न सुन लिए थे। 1888 में उसने कहा था कि आनेवाले दो वर्ष में ही सारी पृथ्वी पर उथलपुथल मच जाएगी।

ये जीवविज्ञान, भौतिकविज्ञान या मनोविज्ञान के आविष्कार या नीत्शे का 'अतिमानव', अवश्य, उस समय अधिक व्याप्त नहीं थे, लेकिन विश्व को आगे बढ़ानेवाले लोग तो अल्पसंख्यक ही होते हैं। नए-नए आविष्कार इन अल्पसंख्यक मनीषियों के लिए जो कला, दर्शन के क्षेत्र में थे, आश्चर्य और उत्तेजना और आघात के भी कारण थे। पुराने पैटर्न टूटते जा रहे थे।

विश्व के बारे में शताब्दियों से चला आ रहा परंपरागत खयाल विज्ञान ने बदला। इस ओर चित्रकारों ने शताब्दियों से चले आ रहे कला के अनुकरणात्मक (representational) खयाल को बदला। परंपरा से यह एक विच्छेद था। अमूर्त कला (abstract art) प्रवृत्ति का आरंभ हुआ। पिकासो उसका पुरोधा था। पेरिस उसका प्राण केंद्र था। विज्ञान ने सर्जनात्मक साहित्य को भी प्रभावित किया। विज्ञानी के एक हाथ में माइक्रोस्कोप था, जिससे वह सूक्ष्मातिसूक्ष्म का दर्शन करता था, दूसरे हाथ में टेलिस्कोप था, जिससे वह विराट अवकाश के दूरातिदूर का दर्शन करता था। फ्रायड के स्वप्नदर्शन के सिद्धांत ने मनुष्य चेतना का एक नया दर्शन कराया था। उसके मनोविश्लेषणात्मक मनोविज्ञान ने मनुष्यचित्त को अनंत गहराइयों का आकार बताया। उसके द्वैधीभाव (ambivalence) के सिद्धांत ने परस्पर विरोधी ऐसे प्रेम एवं घृणा की एक साथ उपस्थिति सिद्ध की। ईश्वर की विदा हो चुकी थी और 1900 के आसपास विश्व की आधुनिक तस्वीर रची जाने लगी थी। 20वीं शती के कवि-कलाकार उस तस्वीर का अमूर्त अंकन कर रहे थे। विभिन्न कला-आंदोलन चलने

लगे। आए दिन नई-नई पत्रिकाएँ और नए-नए घोषणापत्र निकलने लगे। 'आवां गार' (avant guard) का एक संप्रदाय बन गया। नए-नए कवि और कलाकार छोटे-छोटे दल बाँध कर एक-न-एक नया 'वाद' लेकर प्रसार प्रचार के नए माध्यमों का उपयोग कर कला-विश्व को नई प्रवृत्तियों से गतिवंत करने लगे। 'आवां गार' का यह संप्रदाय देश-देश की घटना हो गयी, विशेषकर पेरिस, रोम, बर्लिन, मोस्को, विएना, लंदन, ज्यूरिच, न्यूयार्क आदि महानगरों में कविता, संगीत, चित्रकला, शिल्प कला आदि कलाप्रवृत्तियों में उथलपुथल मच गई। प्रतीकवाद, बिंबवाद, प्रभाववाद, घनवाद, भविष्यवाद, अभिव्यक्तिवाद, दादावाद, अतियथार्थवाद, आदि नए-नए कला-आंदोलन कला के बदले हुए तेवर के निदर्शन हैं। इन आंदोलनों की वजह से आधुनिकतावाद का एक निर्णायक स्वरूप स्थिर होता है। आधुनिकतावाद, जैसे कि एक पाश्चात्य समीक्षक ने कहा है, एक तरह से इन आंदोलनों का आंदोलन है, वादों का 'वाद' है।

3. आधुनिकता : विभिन्न दृष्टिकोण

विभिन्न कला-आंदोलन और कविता, उपन्यास, नाटकादि साहित्य स्वरूपों के द्वारा आधुनिकता की सर्जनात्मक अभिव्यक्ति हुई और 'आधुनिकता' की एक वाद के रूप में प्रस्थापना हुई। विभिन्न आलोचकों और चिंतकों ने आधुनिकता की इस जटिल प्रक्रिया को समझने की और विश्लेषित करने की कोशिश की है।

आधुनिकीकरण की प्रक्रिया सिर्फ कलागत आंदोलनों तक सीमित नहीं रही है। आधुनिक समाजविज्ञानों ने विभिन्न राष्ट्रों और मानवसमाजों के संदर्भ में आधुनिकता की प्रक्रिया के बारे में अर्थात् आधुनिकीकरण (modernization) के संदर्भ में बहुत विचार किया है। धर्म, शिक्षा, समाज, संस्कृति, आज का नगर, यहाँ तक कि आज के 'मनुष्य' के आधुनिकीकरण का भी उसमें विचार किया गया है। उसके साथ ही आज की राजनीति, कानून, प्रबंध, राष्ट्रीयता और राजकीय चेतना आदि के क्षेत्र में तथा उद्योग, कृषि और आर्थिक प्रश्नों के क्षेत्र में भी इस आधुनिकीकरण की प्रक्रिया पर विचार किया गया है।

अर्थात् इसमें सामाजिक, सांस्कृतिक, राजनीतिक और आर्थिक आधुनिकता की बात है। आधुनिकीकरण की बात यहाँ प्रायः नए विकास की, प्रगति की प्रक्रिया की बात है। आधुनिकता की इसकी विभावना अवश्य कला की 'आधुनिकता' से भिन्न होगी ही। हालाँकि समाज, राजनीति और अर्थ के आज के प्रश्नों के साथ ही आज के 'मनुष्य' का, अतः आज की कला का—साहित्य का संबंध है ही। ये जलाचल (watertight) प्रभेद नहीं है। ये परस्पर को प्रभावित करते हैं, परस्पर से प्रभावित होते हैं। आधुनिकता का समग्र ethos तो इन सभी के संदर्भ में ही अनुभव में आ सकता है। ये सभी आज के यंत्रवैज्ञानिक युग का परिणाम है।[1]

हम यहाँ मुख्य रूप से साहित्य और कलाओं के संदर्भ में आधुनिकता के बारे में प्रस्तुत विभिन्न दृष्टिकोणों से अवगत होंगे।

स्पेनिश चिंतक ओर्तेगा ने आधुनिक कलाओं के बारे में उनकी पुस्तक 'कला में अमानवीयकरण'[2] में सूक्ष्मता से विचार किया है। आधुनिक चित्र, शिल्प और साहित्य में यथार्थ का जो नया बोध है, वह परंपरागत बोध से एकदम अलग है। पहले यथार्थ का ज्यों-का-त्यों चित्रण किया जाता था, विशेषकर 'प्राकृतवाद' (Naturalism) में। आधुनिक कला में यह बाह्य यथार्थ का स्वीकार नहीं था। भीतरी यथार्थ को पकड़ने के प्रयत्न में अमानवीयकरण की ओर आधुनिक कला प्रवृत्त हुई। पिकासो की चित्रकला उसका उत्तम निदर्शन है। उसमें मानवीय पहलू को छिन्न विच्छन्न करके (Shattering its human aspect), अमानवीयकरण (dehumanizing) करके, यथार्थ वि-रूप (deform) किया जाता है। पहले चित्रकार पदार्थों को चित्रित करता था, अब वह विचारों को चित्रित करने की दिशा में है। बाहरी विश्व की ओर आँख मूँद कर अपने चित्त में रहे निजी बिंबों पर अपना ध्यान केंद्रित करता है। आधुनिक कला में मूर्ति-भंजकता है। ओर्तेगा ने आधुनिक कला पर भूतकाल के ऋणात्मक प्रभाव का निर्देश किया है।

आधुनिक कला को ओर्तेगा ने 'कलात्मक कला' अर्थात् 'Artistic Art' कहा है। यह कला जितनी कलाकारों के लिए है, उतनी समूह के लिए नहीं है (An art for artists and not for the masses)।

पीटर फोकनेर ने आधुनिकता का एक लक्षण 'कला के प्रश्नों के प्रति तीव्र सजगता'[3] बताया है। आधुनिक कलाकारों को अपने कार्य की दुष्करता का बोध है, क्योंकि कला की संकुलता को उन्होंने जाना है। प्रसिद्ध आलोचक लायोनल ट्रिलिंग ने 'आधुनिक साहित्य में आधुनिकता का तत्त्व'[4] नामक निबंध में आधुनिकता की चर्चा करते हुए लिखा है : 'मेरे मतानुसार आधुनिक साहित्य का अथवा कम से कम एकदम अधिक उन्नत साहित्य का विशिष्ट लक्षण है—संस्कृति के प्रति तीखी विरोध रेखा।' उन्होंने आगे यह भी कहा है कि 'आज के हमारे साहित्य जैसा अप्रत्याशित रूप से निजी (personal) साहित्य कभी नहीं रहा था। एक सभ्य समाज में निषिद्ध ऐसा हरेक प्रश्न वह पूछता है।' और यह भी कि 'आधुनिक साहित्य अपनी संस्कृति के बारे में प्रश्न नहीं पूछता, अपने बारे में प्रश्न पूछता है।'

संस्कृति के प्रति विरोध या परंपरा के प्रति विद्रोह आधुनिकता का एक विशिष्ट लक्षण बताया गया है, लेकिन इससे एक विपरीत दृष्टिकोण टी.एस.इलियट ने रखा है। इलियट कोई आंदोलन के अगुआ नहीं थे, फिर भी आधुनिक कविता के अगुआ के रूप में मान्य हुए हैं। एक सर्जक के रूप में उन्होंने परंपरा के विरोध पर नहीं, परंपरा की अपरिहार्यता पर भार दिया है। उनके प्रसिद्ध निबंध 'परंपरा और वैयक्तिक प्रज्ञा'[5] (1917) में उन्होंने साहित्यिक परंपरा के अपने सिद्धांत को स्थापित किया

है। उनका कहना है कि प्रत्येक सर्जक में, जो 25 वर्ष की उम्र के बाद भी कविता करना चाहता है, एक इतिहास बोध होना ही चाहिए। इनके प्रसिद्ध शब्द हैं :

'...the historical sense compels a man to write with not merely his own generation in his bones, but with a feeling that the whole literature of Europe from Homer, and within it the whole literature of his country, has a simultaneous existance and compases a simultaneous order.'

अर्थात् इतिहासबोध कवि को सिर्फ अपनी पीढ़ी तक ही सीमित न रखकर पूर्व के सभी कवियों की और अपनी साहित्यिक परंपरा की अपने साथ युगपत् उपस्थिति के साथ लिखने के लिए बाध्य करता है। कवि की वैयक्तिक प्रज्ञा परंपरा बोध के बिना पनपती नहीं है, ऐसा इलियट का मत है। इस अर्थ में अन्य आधुनिकवादियों से इलियट का अभिप्राय अलग है। अवश्य, उन्होंने अपने को 'क्लासिकल' परंपरा का बतलाया है, फिर भी उनकी कविता आधुनिक कविता के प्रतिमान स्थिर करती है।

'द स्ट्रगल आव द मॉडर्न'[6] नामक अपने ग्रंथ में आधुनिक कवि-आलोचक स्टिफेन स्पेंडर ने आधुनिकता के बारे में विशेषकर 'आधुनिक' और 'समसामयिक' (Moderns and contemporaries)[7] के बारे में एक लेखक के दृष्टिकोण से विचार किया है। उनका कहना है कि वैज्ञानिक और औद्योगिक युग के प्रगतिशील समय में लिखने पर भी टेनिसन, रस्किन और कार्लाइल 'आधुनिक' नहीं हैं। वे विज्ञान के प्रभाव को नहीं जानते थे ऐसा नहीं था, लेकिन वे बौद्धिकता की एक परंपरा में रहे और लारेंस जिसे 'कान्श्यस इगो' कहता है, उसकी सत्ता और शक्ति में उनकी आस्था अडिग थी। वे अपने को लेखक पैगंबर (Writer prophet) मानते थे। उनका 'मैं' वाल्तेर का 'मैं' था जो आसपास के विश्व को प्रभावित करने में मानता है। आधुनिकों का 'मैं' स्वयं प्रभावित होता है। वह ऐसा नहीं मानता कि वह अपनी शक्ति से विश्व को बदल देगा। वह सहन करता है और अपने समय के प्रबोध को नई कला के माध्यम में प्रकट करता है। बर्नार्ड शा, एच.जी. वेल्स आदि का 'मैं' प्रथम प्रकार का है—जब कि रांबी, ज्वाइस, प्रूस्त और इलियट आदि का 'मैं' दूसरे प्रकार का है। प्रथम प्रकार के लेखक 'समसामयिक' हैं, दूसरे प्रकार के लेखक 'आधुनिक'।

समसामयिक अपने समय की समस्याओं से बँधा हुआ अवश्य है, लेकिन वह अपने समय के बलाबलों तथा मूल्यों का स्वीकार भी करता है, जबकि आधुनिक उन मूल्यों में विश्वास नहीं करता, वह भूतकाल से अपने को कटा हुआ पाता है, फिर भी अतीत का एक प्रबोध साम्प्रत के संदर्भ में उसके मन में एक तनाव पैदा करता है।

एक दूसरी बात[8] स्पेंडर ने आधुनिक और समसामयिक के संदर्भ में कही है।

वह कहता है कि 'समसामयिक' यथार्थवादी गद्य-शैली का व्यवहार करते हैं, जब कि 'आधुनिक' बिंब-प्रधान काव्यात्मक शैली का व्यवहार करते हैं। हेनरी जेम्स, वर्जीनिया वुल्फ, ज्वायस आदि ने काव्यात्मक शैली का अपने उपन्यासों में व्यवहार किया है, जबकि वेल्स, बेनेट, तथा आज के स्नो, एमिस आदि ने यथार्थवादी गद्य-शैली का। ये 'आधुनिक' नहीं, 'समसामयिक' हैं। यहाँ हमें प्रेमचंद और अज्ञेय के उपन्यासों की शैली का प्रभेद ध्यान में आएगा और स्पेंडर की परिभाषा में प्रेमचंद को हम 'समसामयिक' और 'अज्ञेय' को 'आधुनिक' कह सकेंगे।

'साहित्यिक आधुनिकतावाद' (Literary Modernism) के संपादक इरविंग हो (Irving Howe) ने 'आधुनिक'[9] (साहित्यकार) के बारे में विचार करते हुए लिखा है कि आधुनिकतावाद संज्ञा बहुत पिच्छिल और सदा बदलती रहती है और अतः इसकी परिभाषा एकदम जटिल है। एक साहित्यकार 'आधुनिक' है या 'अन् आधुनिक' है —यह कहना मुश्किल है।

उन्होंने आधुनिक साहित्य का एक लक्षण बताते हुए कहा है कि आधुनिक साहित्य दुर्बोध है, उसको समझना मुश्किल है और यह दुर्बोधता आधुनिकता का एक लक्षण है। हमारी संस्कृति के 'रक्षकों' को आधुनिक साहित्यकार जानबूझ कर अगम्य ही रहता है। वह अपरिचित स्वरूपों का विनियोग करता है, पाठकों को विचलित करनेवाले विषयों को पसंद करता है और उनकी परंपरागत आदरपात्र भावनाओं की खिल्ली उड़ाता है। अर्थात् आधुनिकों की आधुनिकता का एक लक्षण है पूर्व प्रचलित रीतियों के प्रति विद्रोह। लेकिन आधुनिकता स्वयं अपनी कोई 'रीति' निश्चित नहीं करती, क्योंकि ऐसा करना अपने आपका विरोध करना है।

आधुनिकता का एक और लक्षण है प्रयोगशीलता। आधुनिकता से अनुप्राणित लेखक प्रयोगधर्मा होगा ही।

परंपरागत साहित्य प्रश्न पूछता था, उसके उत्तर भी देता था। सर्जक एक मार्गदर्शक था, क्रांतद्रष्टा था। आधुनिक साहित्य सिर्फ प्रश्न करता है। इतना ही नहीं वह मानता है कि मानवनियित अनिवार्यतः समस्याकीर्ण है। और मनुष्य अपने घावों में ही आश्वास पाता है।

इरविंग हो ने आधुनिकता के कुछ गुणधर्म दिखाए हैं जो निम्न प्रकार हैं :

1. 'आवां गार' साहित्यिकों का एक नई जाति के रूप में उदय।
2. आस्था का प्रश्न यहाँ तक विक्षोभ पैदा करता है कि करीब-करीब उसका निषेध ही है।
3. आधुनिकतावादी साहित्य कला की स्वयं पर्याप्तता की दिशा में जाता है।
4. स्वरूप व्यवस्था का निषेध किया जाता है, या उसे मूलतः बदल दिया जाता है।

5. साहित्य के मुख्य विषय या परिवेश के रूप में प्रकृति को स्थान नहीं है।
6. वक्रता अर्थात् विस्मय, आघात, उत्तेजन, संत्रास अवमानना प्रधान 'मोटिफ़' रहते हैं।
7. आदिमतावाद आधुनिकतावादी लेखन का मुख्य अंतिम पड़ाव है।
8. उपन्यास के क्षेत्र में चरित्र, संगठन और कथानायक के बारे में एकदम नया प्रबोध है।
9. और अंत में, शून्यतावाद 'निहिलिज्म' आधुनिक साहित्य के हृदय में स्थान पाता है।

'आधुनिकतावाद संज्ञा और स्वरूप'[10] की चर्चा करते समय, माल्कम ब्रेडबरी और जेम्स मेक्फार्लेन ने अपने ग्रंथ 'आधुनिकतावाद' (Modernism) में कहा है कि इतिहास में कुछ परिवर्तन दशाब्दियों में आते हैं, कुछ शताब्दियों में। लेकिन एक परिवर्तन ऐसा आता है कि समग्र अतीत को एक भव्य खंडहर के रूप में रख देता है, वह अतीत से विच्छिन्न, एक नया आरंभ होता है। यह परिवर्तन कोई उत्क्रांति (revolution) नहीं, आक्रांति (devolution) है। 20वीं शताब्दी की कला के इतिहास में यह जो परिवर्तन है, वह तीसरे प्रकार का है। वही आधुनिकता है।

उनके मतानुसार आधुनिकता संज्ञा का एक विशिष्ट समसामयिक संवेदना के साथ साहचर्य सूचित होता है। एक ऐसी संवेदना :

–कि हम एकदम नए समय में जी रहे हैं,

–कि समसामयिक इतिहास हमारी सार्थकता का स्रोत है,

–कि हम अतीत से नहीं आसपास के परिवेश से व्युत्पन्न हैं,

–कि आधुनिकता एक नई चेतना है, मानव मस्तिष्क की एक टटकी (fresh) स्थिति है, जिसको आधुनिक कला ने अन्वेषित किया है, अनुभूत किया है और कभी-कभी उसके विरोध में प्रतिक्रिया भी जगाई है।

इनके अनुसार आधुनिकतावाद ही आज का एकमात्र 'वाद' है। आधुनिकता संज्ञा का साहचर्य उच्च सौंदर्यपरक आत्म-चेतना और अन-अनुकरणात्मकवाद (non-representationalism) का जो एक नया युग है, उसके साथ भी है। इसमें कला यथार्थ और मानवसमाज का बाह्य प्रस्तुतीकरण नहीं करती लेकिन जीवन में गहरे अनुप्रवेश के अन्वेषण में शैली, शिल्प और खुले स्वरूपों की ओर जाती है।

कला में यह एक क्रांति है, जिसमें कलाकार अपने को अधिक स्वतंत्र महसूस करता है। इस कला में एक सॉफिस्टिकेशन है, जो कला की उच्चता सिद्ध करने के साथ विजनता, अंधकार, विच्छिन्नता, निर्वासन का बोध भी सूचित करता है। लेकिन आधुनिकतावादी लेखक या कलाकार सिर्फ मुक्त ही नहीं, लेकिन एक ऐसा कलाकार है, जो एक विशिष्ट, ऐतिहासिक दबाव के नीचे भी दिखाई पड़ता है।

उसको लगता है कि आधुनिकतावाद हमारी कला है। यह एक ऐसी कला है, जो हमारी अतंत्रता के परिवेश का प्रत्युत्तर है। यह प्रथम विश्वयुद्ध के दौरान बौद्धिकता और संस्कृति के विनाश की कला है, यह डार्विन, मार्क्स और फ्रायड के द्वारा पुनः परिभाषित विश्व की कला है। पूँजीवाद और लगातार वृद्धिंगत औद्योगीकरण की कला है, यह अर्थहीनता या असंगति के प्रति अस्तित्ववादी उघाड़ की कला है। यह यंत्रवैज्ञानिक युग की कला है।

आधुनिकतावाद कला का स्वातंत्र्य नहीं, पर कला की आवश्यकता है। उन्नीसवीं शती की कला जिस यथार्थ और संस्कृति के विश्व पर अवलंबित थी, वह समय पूरा हो गया था। बीसवीं शती का समय एक 'विशिष्ट' कला की माँग करता था और आधुनिकतावाद वह कला है।

उन्होंने कहा है कि आधुनिकतावादी दृष्टि ने हमारे समय की कलाकीय और मानवीय परिस्थिति को गहराई से और सच्चाई से देखा है। आज के युग के महत्त्व के कलाकार इस दृष्टि से अनुप्राणित हैं। इस अर्थ में आधुनिकतावाद एक ऐसा आंदोलन कहा जा सकता है जिसने हमारी आधुनिक चेतना को प्रकट किया है, अपनी रचनाओं में आधुनिक अनुभव की प्रकृति को सृजित किया है। संभव है कि आधुनिकता ही आज का मुख्य आंदोलन न हो, लेकिन वह प्रधान आंदोलन तो है ही। यह एक ऐसा आंदोलन है जो अंतर्राष्ट्रीय है।[11]

निष्कर्षतः हम कह सकते हैं कि आधुनिकता एक अति संकुल घटना है। उसके अर्थसंकेतों में परिवर्तन आता रहा है। लेकिन कुल मिलाकर यह परंपरा से विच्छेद है। इसमें पुराने मूल्यों के प्रति विरोध है, विद्रोह है। कला की स्वयं पर्याप्तता में उसका विश्वास है और वह 'कलात्मक-कला' है। इसमें प्रयोगवृत्ति का प्राबल्य है और इसमें आघात देने की एक वृत्ति है। दुर्बोधता उसका एक लक्षण है। आज के युग का नैराश्यबोध, विजनताबोध, आस्थाहीनता, शून्यता, विच्छिन्नता, असंगति या अर्थहीनता का स्वर उसमें प्रधान है। आधुनिकतावाद इस समय की माँग है और आज की काल-चेतना उसमें विभिन्न रूप से मुखरित है। और यह आंदोलनों का आंदोलन राष्ट्रीय सीमाओं को अतिक्रमित कर यूरोप से विकसित अल्पविकसित सभी देशों में फैला है। लेकिन प्रत्येक राष्ट्र की अपनी सांस्कृतिक और प्रत्येक भाषा की अपनी साहित्यिक परंपरा के संदर्भ में उस साहित्य में इस आधुनिकता का स्वरूप निश्चित होता है।

4. साहित्य में प्रभावान्वेषण

> प्रभाव सीधे नहीं होते, न सीधे समीकरणों द्वारा निरूपित किए जा सकते हैं; वे अकल्पनीय और आश्चर्यजनक भी हो सकते हैं।...रचनात्मक प्रभाव की अपनी प्रक्रिया होती है, वह नकल या अनुवाद नहीं होता। 'लिखि कागद कोरे', पृ. 95
>
> **—अज्ञेय**

किसी भी सृजनात्मक कला में मौलिकता का सबसे प्रथम आग्रह रहता है। जितनी अधिक कलाकार की सृजनात्मक मौलिकता होगी उतनी ही अधिक उसकी महानता होगी। किंतु कलासर्जन एक जीवंत प्रक्रिया है और वह कभी किसी भी प्रकार की एकान्तिकता (isolation) में नहीं पनपती। पारस्परिक संपर्क कलासर्जन में प्रोत्साहक होता है। जब एक कलाकार दूसरे कलाकार के संपर्क में आएगा तब वह अन्य को प्रभावित करेगा, अन्य से प्रभावित भी होगा।

वास्तव में किसी भी 'संस्कृति' का बनना भी इस प्रकार की प्रभाव-प्रक्रिया का परिणाम है। संसार की विशिष्ट संस्कृतियाँ विभिन्न संस्कृतियों के पारस्परिक प्रभाव के प्रतिफलन के सिवा और क्या है? साहित्य आदि कलाएँ संस्कृति के ही उत्तम फल हैं। प्रभावों की प्रक्रिया इनमें भी परिलक्षित होगी, फिर चाहे कितनी भी मौलिकता का आग्रह इन कलाओं से क्यों न अपेक्षित हो। एक कवि दूसरे कवि से प्रभावित होता है और अन्य कवियों को भी प्रभावित करता है। एक प्रजा का साहित्य अन्य प्रजा के साहित्य से प्रभावित होता है और किसी अन्य प्रजाओं के साहित्य को प्रभावित भी करता है।

प्रभावों की प्रक्रिया अत्यंत जटिल (complex) होती है। कभी-कभी प्रभाव उस खाद पानी की तरह काम करते हैं, जो वनस्पति को जीवित रखते हैं, लेकिन वनस्पति की जड़ों में चलनेवाली इस प्रक्रिया का कुछ भी पता बाहर दिक्काल में फैले हुए वृक्षों को देखकर नहीं चलता। इस प्रकार का प्रभाव किसी भी लेखक के सृजन में उसकी साहित्यिक परंपरा का होता है।

साहित्यकार शब्द अर्थात् भाषा का व्यवहार करता है, जो कि एक सामाजिक माध्यम है और समाज की विरासत के रूप में उसे प्राप्त है। अतः जब कवि किसी 'नए' काव्य की रचना करता है तब भी उसमें समाज की 'दाय' से अपने को मुक्त नहीं कर पाता, क्योंकि उस रचना के एक-एक शब्द से एक लंबा इतिहास जुड़ा हुआ होता है, जो कभी तो शताब्दियों तक पीछे जाता है और किसी पूर्वसूरि से इस उत्तरसूरि का अनुबंध स्थापित करता है।

अर्थात् कवि पर एक प्रभाव तो अपने पूर्वसूरियों का होता है। कवि भवभूति ने इसीलिए तो 'उत्तररामचरित' में 'इदं कविभ्यो पूर्वेभ्यो नमोवाकं प्रशास्महे' कहकर पूर्व के कवियों की वंदना की है। हरेक कवि एक तरह से पूर्वकवियों का ऋणस्वीकारी होता है।

कभी-कभी तो पूर्वसूरि और उत्तरसूरि के बीच वर्षों का नहीं, शताब्दियों का व्यवधान होता है, लेकिन एक अखंड सांस्कृतिक परंपरा का अनुबंध उनमें पाते हैं। कवि कालिदास में आदि कवि वाल्मीकि का प्रभाव स्पष्ट दृष्टिगोचर है, और कवींद्र रवींद्र पर तो कालिदास का अत्यधिक प्रभाव है।[12] अतः हम यह कह सकते हैं कि किसी भी यथार्थनामा भारतीय कवि पर इन महान् पूर्ववर्ती कवियों का प्रत्यक्ष-परोक्ष

प्रभाव अवश्य है।

पूर्वसूरि और उत्तरसूरि का यह व्यवधान कभी कालगत न होकर देशगत होता है, और तब भी पारस्परिक प्रभावग्रहण की प्रक्रिया चलती रहती है। जैसे कि यहाँ ग्रीक आए, हूण आए, शक आए, अरब, अफगान और अंग्रेज आए। इनके साथ इनकी संस्कृति आयी। संस्कृतियों के इस पारस्परिक तनाव-टकराहट और अंत में सम्मिश्रण-समन्वय (assimilation) से भारतीय संस्कृति आज के अपने सांप्रतिक रूप में जो है, सो है। इन राजकीय चढ़ाइयों के अतिरिक्त भी इन प्रजाओं के बीच एक हार्दिक विनिमय चलता रहा है, जिसके प्रेरक बल धर्म, वाणिज्य आदि हैं।

भारत में गांधारकला का जन्म भारतीय व ग्रीक संस्कृति के संबंध का ही परिणाम है। भारतीय सभ्यता और संस्कृति ने सुदूर चीन, जापान, जावा, कम्बोडिया तक पहुँचकर वहाँ के साहित्य कला आदि पहलुओं को प्रभावित किया। पंचतंत्र और हितोपदेश तथा कथासरित्सागर सात समंदर पार करके कहाँ नहीं पहुँचे। और फिर हमारा पंचतंत्र ईसप की नीति कथाओं के रूप में फिर नए रूप में हमारे सामने आया तो उसका वह नया अवतार था। उसको हमने पश्चिम का मौलिक सृजन माना। ऐसे तो अनेकों उदाहरण हमें प्राप्त होंगे। कहने का तात्पर्य यह है कि प्रभावों की प्रक्रिया देशकाल की सीमाओं को अतिक्रमित कर जाती है क्योंकि मानवचित्त ने जहाँ कहीं किसी 'उत्तमोत्तम' का सर्जन किया है, वहाँ से उसे प्राप्त करना, अपनाना, मानव का स्वभाव रहा है—एक तरह से समग्र मानवसमाज एक विराट विशाल साझेदारी है। यह 'विदेशी' है, 'विलायती' है, ऐसा कहकर मुँह फेरने वाले 'कूपमण्डूक' ही होंगे।

मान लीजिए कि अपनी संस्कृति या साहित्य कला आदि की सुरक्षा के लिए हम बाहरी प्रभावों से अपने को बंद करते जाते तो हिंदी कविता का स्वर्णकाल—उसका भक्तिकाल कैसे आविर्भूत होता? एक ओर यदि वह रामायणकार, भागवत्कार का ऋणी है तो दूसरी ओर इस्लाम और सूफीवाद का। सारा हिंदी सूफी काव्य क्या है? भारतीय प्रेमकथाएँ सूफीवाद के तत्त्वों से अनुस्यूत होकर एक नए रूप में प्रकट हुई हैं।

मौलिकता के गलत खयाल के कारण प्रभावों की उपयोगिता-अनिवार्यता को हम समझ नहीं पाते। फलस्वरूप जब हम ऐसा विधान करते हैं कि 'अमुक कवि पर अमुक का प्रभाव है' तो जैसे उस प्रभावित कवि को निम्नस्तर पर उतार कर देखने लगते हैं। लेकिन प्रभावों की जटिल प्रक्रियाओं को समझें तो लगेगा कि मौलिक से मौलिक कहलाने वाला कवि भी कहीं न कहीं प्रभावित है। 'नास्त्यचौरः कविजनः' (अचोर हो ऐसा कोई कविजन नहीं) ऐसी संस्कृत उक्ति चरितार्थ है।

प्रभाव कभी-कभी व्यापक होते हैं, कभी-कभी सीमित। व्यापक इस अर्थ में कि ये प्रभाव किसी एक समय के समग्र साहित्य को प्रभावित करते हैं। 19वीं और 20वीं शताब्दी में भारत वर्ष के साहित्य पर पश्चिम के साहित्य का जो प्रभाव है,

वह व्यापक प्रभाव कहा जाएगा। पाश्चात्य साहित्य के समग्र ethos का यह प्रभाव है। रीतिकालीन साहित्य के बाद जब आधुनिक काल का आरंभ होता है तब हम पाते हैं कि बहुत कुछ बदल गया है। पश्चिम का, विशेषतः अंग्रेजी साहित्य का यह व्यापक प्रभाव था, जो तब से आज तक किसी-न-किसी रूप में जारी है।

इसी प्रकार जब किसी एक कवि का किसी अन्य कवि पर प्रभाव पड़ा हो, और उस कवि तक ही सीमित रहा हो तो उसे सीमित प्रभाव कहा जाएगा। विशाल साहित्य भंडार में से कभी किसी एक कवि को पढ़ते-पढ़ते उसके साथ अन्य किसी सर्जक को एक 'एफीनीटी' महसूस होती है और वह, वह अकेला उससे प्रभावित होता है। यह प्रभाव किसी एक रचना या कृति तक ही सीमित रह सकता है।

'प्रभाव' संज्ञा में एक दोष अतिव्याप्ति का है। कई बार हम अनुकरण को प्रभाव कहते हैं, कई बार साहित्यिक अपहरण (प्लेजिअरिज़्म) को प्रभाव कहते हैं, कई बार बोरोविंग (borrowing) को प्रभाव कहते हैं और 'प्रभाव' को तो प्रभाव कहते ही हैं।

5. साहित्य में अपहरण

साहित्यिक अपहरण के लिए अंग्रेजी संज्ञा है—प्लेजिअरिज़्म (Plagiarism) है, जो लेटिन संज्ञा 'Plagiarius' से बनी है जिसका मतलब होता है अपहरणकर्ता। जब किसी अन्य साहित्यिक के विचार, लेखन आदि को उठाकर कोई व्यक्ति अपने नाम से चलाने लगता है, तब उसे प्लेजिअरिज़्म कहते हैं।[13] साहित्यिक चोरी के लिए इस संज्ञा का व्यवहार होता है। संस्कृत में इस प्रकार साहित्यिक चौर्य की चर्चा आती है। व्यंग्य में ऐसे किसी चोर-शिरोमणि कवि को एक श्लोक में नमस्कार किया गया है :

कविरनुहरतिच्छायां पदमेकं पादमेकमर्धं वा।
सकलप्रबन्धहर्त्रे साहसकर्त्रे नमस्तस्मै।।

अर्थात् कवि कभी-कभी अन्य कवि की छाया ग्रहण करता है, कभी एकाध शब्द कभी एकाध पद! किंतु पूरे-के-पूरे प्रबंध का अपहरण करने वाले साहसिक को नमस्कार।

क्या पूर्व में क्या पश्चिम में साहित्यसर्जन के साथ साहित्यचौर्य का प्रश्न जुड़ा हुआ है। इस प्रकार के अपहरण में अपहरणकर्ता की नीयत बदइरादे से प्रेरित होती है। वह चोरी के माल पर अपने स्वामित्व की मुद्रा लगाने की चेष्टा करता है और कभी-कभी उसमें सफल भी हो जाता है। ऐसा कार्य अवश्य निंदनीय है और साहित्य के लिए मारात्मक भी।

हम जब प्रभाव ग्रहण की बात सोचते हैं, तब इस प्रकार के प्लेजिअरिज़्म से उसे अलग रखते हैं। मान लीजिए कि किसी कवि की रचना में अन्य कवि का कोई

‘पद’ या ‘पाद’ आ भी गया, तो इससे वह चोर नहीं हो जाता, क्योंकि इसका इरादा चोरी करने का है ही नहीं, यह तो सर्जन-प्रक्रिया का एक परिणाम ही है कि ऐसे शब्द या पद अनजाने में ही आ जाते हैं।

कई बार कवि के अपने अनजाने अन्य कवि के पूरे के पूरे काव्य की या रचना की छाया का भी आ जाना असंभवित नहीं है। महाकवियों की वाणी में भी अपने पूर्वसूरियों की अनुगूंज आ जाने का आगे हमने उल्लेख किया ही है। कलासर्जन की प्रक्रिया का यह एक स्वाभाविक अंश है। निस्संदेह यह भी प्रभाव ही है।

‘प्लेजिअरिज़्म’ के निकट की एक अन्य अंग्रेजी संज्ञा है—‘पास्टिचे’ 'Pastiche'।[14] संज्ञा में इधर-उधर से लेकर ‘चिपकाने’ का अर्थ निहित है। जब कोई साहित्यकार अन्य किसी की रचनाओं से शब्द समूह, मोटिफ, बिंब, प्रसंग आदि लेकर कोई रचना करता है, तब उसके लिए इस संज्ञा का व्यवहार करते हैं। ऐसी रचनाओं में प्रायः मौलिकता का अभाव होता है। लेकिन पास्टिचे का उपयोग विशिष्ट ध्येय से भी होता है। किसी बड़े और समर्थ लेखक की रचना को नए ढंग से प्रस्तुत करने की कभी इच्छा होती है उसमें मूल रचना की शैलीगत विशेषताओं को सुबोध और परिष्कृत रूप में प्रस्तुत किया जाता है। इसमें अनुकर्ता का आशय अपने नाम से माल खपाने का नहीं होता, जैसे प्लेजिअरिज़्म में होता है। यहाँ तो प्रामाणिक तौर पर वह ‘अनुसर्जन’ करता है। यह एक तरह से साहित्य से प्रेरित साहित्य है। हिंदी में बच्चन की ‘मधुशाला’ इसका उदाहरण है। ‘पास्टिचे’ की टेकनीक का उपयोग कई बार मूल रचना के प्रति अनुदार होकर उसकी अस्पष्टताओं अर्थात् कमजोरियों को उभारने के लिए भी होता है, जो निंदनीय है।

6. साहित्य में अनुकरण

प्रभाव ग्रहण का एक आविष्कार ‘अनुकरण’ में होता है। अनुकर्ता जिस कलाकार-साहित्यकार से प्रभावित होता है, उसका अनुकरण करता है। साहित्य में मौलिक प्रतिभासंपन्न कवि तो शताब्दियों में एक होता है। ऐसे कवि की प्रतिभा ऐसे विशाल वटवृक्ष की तरह होती है जो बहुत कुछ आवृत्त किए हुए है। ऐसे महा (major) कवियों का लघु (minor) कवियों पर प्रभाव पड़ता है।

कई बार ऐसा भी होता है कि अपनी आरंभिक काव्यदीक्षा के दिनों में तरुण कवि किसी पूर्वसूरि से प्रभावित होकर उसके अनुकरण में कविता लिखता है। और ऐसा कौन कवि होगा, जो इस प्रक्रिया से गुजरा न हो। लेकिन कुछ ही समय के बाद प्रतिभासंपन्न सर्जक अपना मार्ग बना लेता है और अनुकरण के मार्ग से हट जाता है। कम प्रतिभा वाले कवियों के ललाट पर तो अनुकरण के आधार पर ही अपना अस्तित्व बनाए रखने का लिखा होता है। ‘अनुकरण’ आरंभिक प्रयासों के आगे जाने में जब सहायक होता है, तभी उसका प्रभाव सर्जनात्मक होता है।

7. साहित्य में सर्जनात्मक प्रभाव

साहित्य में प्रायः प्रभावों को गर्ह्य रूप में देखा जाता है, क्योंकि ऐसा मान लिया जाता है कि प्रभाव मौलिकता के विघातक और अनिष्टकारी होते हैं। लेकिन यह एक भ्रम है। प्रभाव के स्वरूप को जो लोग नहीं समझते वे ही इस प्रकार की मान्यता को पकड़े हुए हैं। यह अवश्य होता है कि जैसे अच्छे प्रभाव होते हैं, वैसे बुरे प्रभाव भी होते हैं। लेकिन नितांत रूप में प्रभावों को अच्छा-बुरा कहना मुश्किल है।

फ्रांसीसी साहित्यसर्जक आंद्र जीद ने सभी प्रकार के प्रभावों के समर्थन में एक प्रवचन दिया था,[15] जिसका प्रथम वाक्य था 'मैं' सभी प्रकार के प्रभावों का बचाव करने आया हूँ।[16] जीद ने अपने व्याख्यान में प्रभावों की उपादेयता पर बल दिया है।

जीद का कहना है कि कई लोगों के लिए प्रभाव हानिप्रद भी हो सकते हैं, नकारात्मक हो सकते हैं लेकिन अनेकों के लिए प्रभाव विधेयात्मक खुराक बन सकते हैं। वे पत्थर को रोटी में बदल देते हैं। उन्होंने जर्मन महाकवि गेटे का उदाहरण देकर कहा है कि गेटे की जीवन यात्रा उस पर पड़नेवाले प्रभावों का इतिहास है।[17] गेटे पर समकालीन जर्मन साहित्य और लोकगाथाओं के अतिरिक्त मध्यकालीन साहित्य (जो उसके नाटक 'फाउस्ट' में प्रतिबिंबित है), ग्रीक साहित्य (जो उसके नाटक 'इफिजिनिया' में प्रतिबंबित है), इतालवी साहित्य का प्रभाव है। उसके उत्तर जीवन में फारसी कवि हाफिज का दीवान पढ़कर वह उतना प्रभावित हुआ कि सत्तर से अधिक वर्ष की वय के इस महाकवि ने फारसी सीखी और जर्मन भाषा में अपने 'दीवान' की रचना की।

गेटे ने कालिदास के 'शाकुन्तल' (अनुवाद) को पढ़कर अपने महान् 'फाउस्ट' नाटक का आरंभ कालिदास के ढंग पर किया। एक महाकवि ने दूसरे महाकवि से प्रेरणा ग्रहण की—देशकाल में इतना व्यवधान होते हुए भी।

हम ऐसा प्रश्न करें कि एक सर्जक पर अन्य किसी सर्जक का प्रभाव कब पड़ता है? प्रभाव तब होता है जब उसके भीतर इस सर्जक के साथ एक प्रकार के अनुबंध की भूमिका प्रस्तुत हो। अनेक लोग अनेक चीजें पढ़ते हैं, उनकी ज्ञानप्राप्ति उनको जलकमलवत् रखती है। प्रभाव तो तब होगा जब भीतर से एक अंतरंग पहचान खुल रही हो।

जो सच्चा साहित्यकार होता है, वह प्रभावों से डरता नहीं है। जो लोग प्रभावों से डरते हैं और प्रयत्नपूर्वक उनसे दूर रहने की कोशिश करते हैं वे एक तरह से अपनी कमजोरी ही प्रकट करते हैं। अपनी तथाकथित 'मौलिकता' बनाए रखने के लिए परभाषा की रचनाओं को नहीं पढ़ने का व्रत लेने वाले अनेक 'कवि' मिलेंगे।

उनको लगता है कि परदेशी साहित्य पढ़ने से अपनी विशुद्ध संवेदना 'वर्णसंकर' हो जाएगी। आंद्र जीद ने ऐसे एक तरुण कवि की बात कही है, जिसने परभाषा के कवि को न पढ़ने की कसम खाई थी। ऐसे भी लोग होते हैं?

नीत्शे ने तो कहा था कि एक महान् व्यक्ति के पास सिर्फ उसका ही नहीं, अपने साथियों का भी दिमाग होता है और निबंधकार मोन्तेन ने अपनी तुलना मधुमक्खी से की थी जो यहाँ वहाँ से फूलों का रस चूसती है, लेकिन बाद में उसको 'मधु' में बदल देती है।

वास्तव में 'मौलिकता' की बात बड़ी भ्रामक है। ईश्वर के सिवा (यदि वह है) कोई मौलिक नहीं है। इलियट ने ठीक ही कहा है कि नितांत मौलिक कवि नितांत निकृष्ट कोटि का होता है। स्वयं इलियट का काव्य-व्यक्तित्व कितने प्रभावों (विशेष कर फ्रेंच प्रतीकवादी कवि लाफार्ग आदि के) का परिणाम है—इसका जब विचार करते हैं, तो अचरज होता है और फिर भी एक ऐसे महान् सर्जक हैं इलियट, जिन्होंने 20वीं शताब्दी की विश्व-कविता को प्रभावित किया है।

शेक्सपियर के एक समकालीन नाटककार फिलिप मासिंजर पर पड़े प्रभावों की बात करते समय इलियट ने बताया कि विभिन्न कवि किस तरह से प्रभाव ग्रहण करते हैं :

One of the surest of tests is the way in which a poet borrows. Immature poets imitate; mature poets steal; bad poets deface what they take, and good poets make it into something better, or at least something different. The good poet welds his theft into a whole of feeling which is unique, utterly different from that from which it was torn; the bad poet throws it into something which has no cohesion. A good poet will usually borrow from authors remote in time, or alien in language, or diverse in interest.[18]

अर्थात् प्रभाव अपने आप में अच्छे-बुरे नहीं हैं, लेकिन महत्त्वपूर्ण बात यह है कि कवि प्रभावों को ग्रहण कर, उसके द्वारा कितना सर्जनात्मक उन्मेष दिखाता है। अच्छा कवि प्रभावों को ज्यों-के-ज्यों नहीं रखता, वह तो उनको एकदम नया रूप देता है। वह उसका अपना 'मधु' है। वह अनुकृति या अनुकरण मात्र नहीं है।

इस संदर्भ में अज्ञेय की उक्ति भी संगतिपूर्ण है। उन्होंने लिखा है :

'दूसरे साहित्यों से प्रभाव ग्रहण करने की एक क्षमता और तत्परता होनी चाहिए, जो हर साहित्य में हर समय वर्तमान नहीं होती बल्कि विकास अथवा परिपक्वता की विशिष्ट अवस्था में ही आती है। इसीलिए किसी प्रभाव से जो रचनात्मक प्रेरणा मिली है उसे अनुकृति कहना या हेय मानना अनुचित है और बहुधा ऐसी समालोचना करने वाले के आत्मावसाद अथवा हीनभावना का ही द्योतक होता है।'[19]

अज्ञेय ने जो बात साहित्य के संदर्भ में कही है, वही साहित्यकार के संदर्भ में भी कही जा सकती है। साहित्यकार में भी प्रभाव ग्रहण की 'क्षमता' और 'तत्परता' चाहिए। अज्ञेय में हमें इस क्षमता और तत्परता के दर्शन 'अरी ओ करुणा प्रभामय' जैसे संग्रह में विशेष रूप से होते हैं।

'अरी ओ करुणा प्रभामय' की भूमिका में उस संग्रह की रचनाओं पर अन्य देशीय प्रभावों की चर्चा करते हुए अज्ञेय लिखते हैं :

प्रस्तुत संग्रह में अनुवादों को छोड़कर अन्य अनेक कविताओं में भी पूर्व के (और पश्चिम के भी क्यों नहीं?) प्रभाव मिलेंगे; लेखक सभी का स्वीकारी है। इतने ही से वह अ-भारतीय या अ-हिंदी हो गया है, ऐसा न वह मानता है न पूर्व और पश्चिम के प्रभाव देने वाले (यदि वे इस संग्रह को पढ़ सकते!) मानते। हिंदी के प्राध्यापनरत आलोचक ऐसा कहते आते हैं और अब लेखक की स्वीकांरोक्ति का प्रमाण भी दे सकेंगे, इस संभावना से वह आशंकित नहीं है। बंद घर में प्रकाश पूर्व या पश्चिम या किसी भी दिशा से आता है–पर खुले आकाश में वह सभी ओर से समाया रहता है, इसी में उसका आकाशत्व है।'

8. साहित्य में प्रभावान्वेषण : अध्ययन की एक दिशा

साहित्य में, विशेषकर तुलनात्मक साहित्य (Comparative Literature) में इन प्रभावों के अन्वेषण का अध्ययन होता रहा है। इस प्रकार के अध्ययनों में कई बार शब्द साम्य, वाक्य या भाव साम्य को ढूँढ़ने पर बल दिया जाता है और अनुसंधानकर्ता इन बातों को ऐसे प्रस्तुत करता है कि जैसे कहता हो–'देखिए, इतने बड़े कवि ने भी उधार की सामग्री का विनियोग किया है!' वास्तव में वह कवि के साथ अन्याय है। अतः प्रभाव अध्ययनों में सावधानी की आवश्यकता है। फ्रेंच विदुषी इनीड स्टार्की ने अपने एक ग्रंथ 'From Gautier to Eliot' में अंग्रेजी साहित्य पर फ्रेंच साहित्य के प्रभाव का निरूपण किया है। उसमें उन्होंने बताया है कि किस तरह अंग्रेजी सर्जक स्वीनबर्न, पेटर, वाइल्ड, येट्स, ज्वाइस, एजरा पाउंड, इलियट, केथेरिन, मेंसफील्ड, वर्जीनिया वुल्फ आदि फ्रेंच साहित्य से प्रभावित हुए हैं।

प्रभावान्वेषण के भय स्थान की ओर निर्देश करते हुए उन्होंने लिखा है :

The theory of influence must not, however, be exaggerated. The establishment of influence is one of the most pernicious aspect of modern academic research, for with a little ingenuity, an influence can always be proved where there may have been no more than affinity. It should be remembered that no influence can take place unless the soil is prepared for the seed, unless there is affinity.[21]

अर्थात् प्रभाव के सिद्धांत का अतिरेक नहीं होना चाहिए। प्रभावों की स्थापना

आधुनिक एकेडेमिक संशोधन का एक अनिष्टकर पहलू है, क्योंकि थोड़ा-सा दिमाग लड़ाकर जहाँ साम्य से अधिक कुछ भी न हो वहाँ प्रभाव है ऐसा आसानी से सिद्ध किया जा सकता है। इस बात का स्मरण रहना चाहिए कि बीज के लिए जब तक जमीन तैयार नहीं होगी, जब तक किसी प्रकार की सगोत्रता नहीं होगी तब तक प्रभाव स्थान नहीं जमा सकता।

श्रीमती स्टार्की का कथन प्रभावान्वेषकों के लिए अत्यंत महत्त्वपूर्ण है। कई बार जहाँ पद साम्य या वाक्य साम्य से कुछ विशेष न होने पर भी प्रभाव स्थापित करने की कोशिश होती है। कई बार दो कवियों में एक प्रकार की सगोत्रता होती है। दोनों में कुछ-कुछ समांतरताएँ प्राप्त भी होंगी, लेकिन वहाँ प्रभाव ग्रहण न भी हो–ऐसा संभव है। कई बार दो कवियों में पायी जाने वाली समानता कोई तीसरे स्रोत में भी हो सकती है।

'एकेडेमिक' (विश्वविद्यालयीन) आलोचना कई बार 'स्रोतान्वेषण' (source hunting) में प्रवृत्त होती है, किस कवि ने कहाँ से कितना लिया ऐसी खाली खोज न तो साहित्यिक सर्जनात्मकता की प्रोत्साहक है, न तो बौद्धिक पर्येषणा को। कई बार इस प्रकार की वृत्ति मनोरुग्णता की सीमा तक पहुँचती दिखाई पड़ती है।

'प्लेजिअरिज़्म'–साहित्यिक अपहरण की बात तो छोड़िये, क्योंकि वह तो चोरी ही है और ऐसे लोगों की चोरी पकड़ना हितावह भी है; लेकिन प्रभावों की बात करते समय सावधानी बरतने की जरूरत है। समग्र कवि के 'बनने में' प्रभावों का जो सर्जनात्मक योग है उसका अध्ययन होना चाहिए। प्रभावों का कार्य कवि की सर्जनात्मकता को अधिक क्रियाशील बनाने का है। अतः जब हम प्रभावों के अन्वेषण की दिशा में प्रवृत्त होते हैं, तब हमारा आशय प्रभाव-परंपरा की इस पश्चात् भूमि में कवि की वैयक्तिक प्रज्ञा को उभारने का होना चाहिए।

हमारे देश पर पाश्चात्य सभ्यता और साहित्य का प्रभाव युगांतरकारी है। हमारी सभ्यता और साहित्य का परिदृश्य इससे अवश्य बदला है, आधुनिक हुआ है। लेकिन हम ऐसा नहीं कह सकते कि यह आधुनिकता एक शासक प्रजा के द्वारा हम पर थोपी गयी है, यह हमने किसी हीनताबोध से उधार ली है। हमारा देश भी यंत्रवैज्ञानिक इस युग में पाश्चात्य सभ्यता के नए मूल्यों का आरंभ में अहोभाव से, किंतु फिर सचेत भाव से सहभागी बना है। इसके लिए पारंपरिक मूल्यों से टकराहट भी हुई है, तनाव भी पैदा हुए हैं और फिर अंत में सामंजस्य भी स्थापित हुआ है। पाश्चात्य संपर्क और इसकी वजह से आधुनिकीकरण की प्रक्रिया हिंदी में भारतेंदु काल से शुरू होती है। अज्ञेय-साहित्य में उसका एक वृत्त पूरा होता है।

संदर्भ

1. उदाहरणस्वरूप एक ग्रंथ है–Modernization—The Dynamics of Growth (Voice of America Lectures, 1967); 2. The Dehumanization of Art—Jose Ortega Y Gassett (Princeton, 1984); 3. Modernism—Peter Falkner (The Critical Idiom Series-35) (London, 1977) p. 19; 4. 'On the Modern Element in Modern Literature'—Lionel Trilling in 'Literary Modernism', p.59-82; 5. The Tradition and Individual Talent—'Selected Essays'; 6. The Struggle of the Modern—Stephen Spender, London (1963); 7. 'Moderns and Contemporaries'—The Struggle of the Modern, p.71-78; 8. 'The Idea of the Modern'—Irving Howe; 9. 'Literary Modernism', p.11-40; 10. 'The Name and Nature of Modernism'—'Modernism' p. 19-55; 11. माइकेल हाम्बुर्ग ने आधुनिक कविता विश्लेषण के अपने ग्रंथ में भी यही बात कही है : Despite all the distinct traditions and national peculiarities that have contributed to effect the practice of poets, the 'modernity' of modern poetry is an international phenomenon. 'The Truth of Poetry'—(Tensions in Modern Poetry from Baudelair to the 1960s) Penguin 1972—Preface—VII; 12. बंगला विद्वान डॉ. शशिभूषण दासगुप्त ने 'त्रयी' नामक ग्रंथ की रचना की है, जिसमें वाल्मीकि, कालिदास और रवींद्रनाथ इन तीन कवियों का अनुबंध दिखाया है। उन्होंने कालिदास पर पड़े वाल्मीकि के प्रभाव को तथा रवींद्रनाथ पर पड़े कालिदास के प्रभाव को रेखांकित किया है।; 13. Current Literary Terms, A.f.Scott—Newyork (1965), p. 221; 14. A Dictionary of Modern Critical Terms, ed. Roger fowler London (1973), p. 138-139; 15. 'Concerning Influence in Literature'—Pretexts' London (1959), p. 22-31; 16. 'I come before you to defend influence'...p. 22; 17. The Life of Goethe seems to be the history of the influences that touched it. 'Pretexts' p.31; 18. 'Philip Massinger'—'Selected Essays', p. 206 7-10; 19. 'रूपांबरा' भूमिका, पृ. 8; 20. 'अरी ओ करुणा प्रभामय'–भूमिका, पृ. 10; 21. 'From Gautier to Eliot' Enid Starkie, London (1960) Preface. p. 12 ।

अज्ञेय की कविता में आधुनिकता

1. आधुनिकता का कलाशास्त्र

हम जानते हैं कि प्रयोगवाद और नई कविता की प्रवृत्ति आधुनिक भावबोध से अनुप्राणित है। वास्तव में आधुनिकतावाद का अपना एक अलग कलाशास्त्र (Aesthetics of Modernism) रचा जा सकता है। आधुनिकता का एक विशिष्ट बोध भी है और इस विशिष्ट बोध की विशिष्ट अभिव्यक्तिरीति भी है जो नए-नए प्रयोगों की दिशा में अग्रसर होती है। फलस्वरूप टेकनीक की प्रधानता देखने को मिलती है।

हिन्दी में यदि 'तारसप्तक' से प्रवृत्त काव्यधारा का विश्लेषण करें तो हम ऐसे विशिष्ट लक्षण पाते हैं, जिनको आधुनिक कह सकें। जहाँ तक आधुनिकता के बोध का सवाल है, वह विद्रोह और विक्षोभ के रूप में प्रकट होता है। उसमें छायावाद की प्रतिक्रिया के रूप में गैररोमांटिक होने की दिशा में गति है, जिसके परिणामस्वरूप इस काव्यधारा में बौद्धिकता और चिंतनप्रवणता अधिक है।

इसमें फ्रायड का मनोविश्लेषण और मार्क्स द्वंद्वात्मक भौतिकवाद दोनों की उपस्थिति है। इसके साथ प्रधानतया यंत्रवैज्ञानिक युग और नगर सभ्यता का प्रतिफलन है, साथ में वर्तमान जीवन की क्लांति और नैराश्य बोध की अभिव्यक्ति है। परंपरागत मूल्यबोध में परिवर्तन देखने में आता है। प्रेम, सौंदर्य, सत्य, शिव आदि मूल्यों में संशय बोध है, तो अन्य दिशा में प्रेम शरीरधर्मा बनकर आता है, अर्थात् उसमें देह की प्रधानता है।

अनुभूतियों की प्रामाणिकता अर्थात् 'भोगा हुआ यथार्थ' का आग्रह देखने में आता है। इसमें व्यक्तिचेतना का स्वर मुख्य है।

यह अवश्य है कि इस प्रकार का बोध प्रत्येक 'आधुनिक' कवि की प्रत्येक कविता में पाते हैं, ऐसा नहीं है। यह तो समग्र काव्य प्रवृत्ति के संदर्भ में प्रकट होनेवाले विशिष्ट लक्षण हैं। इनकी अभिव्यक्ति के लिए नई रीतियों की खोज भी आवश्यक हो जाती है। पहले ही कहा गया है कि आधुनिकतावादी कवि टेकनीक की दृष्टि

से अधिक प्रयोगशील हैं। वे कविकर्म पर अधिक बल देते हैं। परिणामस्वरूप परंपरागत काव्यशैलियों के स्थान पर नई काव्यशैलियों का आविष्कार हम पाते हैं। प्रयोगाधिक्य से कभी-कभी वैचित्र्य की सृष्टि भी होती है। बिम्बवाद तथा प्रतीकवाद जैसे काव्यांदोलनों के प्रभाव में बिंब और प्रतीकयोजना को प्रधानता मिली है। उसके साथ व्यंग, वक्रोक्ति, उक्तिवैचित्र्य को आक्रोश की अभिव्यक्ति के माध्यम के रूप में स्वीकार किया गया है। मुक्तछंद का, गद्यकाव्य का प्रयोग होता है।

कविकर्म में सबसे अधिक तो भाषाकर्म केंद्र में रहता है। तथाकथित 'कवितात्मक' भाषा का परिहार है और उसके स्थान पर गद्यगंधी, बोलचाल के मुहावरे की, फिर भी अभिव्यक्तिक्षम भाषा की खोज में कवि रहता है।

इस प्रकार बोध और उस बोध की अभिव्यक्ति उभय में परंपरागत कविता धारा से विच्छेद है। फिर भी परंपरा और प्रयोग की द्वंद्वात्मक स्थिति वर्तमान है। यह परंपरा और प्रयोगवृत्ति का टकराव जिस प्रकार के तनाव को जन्म देता है, उसके मूल में भी आधुनिकता का स्वर पहचाना जा सकता है।

आधुनिकता का यह स्वर 'तारसप्तक' के कवियों में कमोबेश मात्रा में सुनाई पड़ता है, लेकिन यहाँ हम उस सप्तक के 'एक' कवि के संदर्भ में इस पर विचार करेंगे।

2. 'तार सप्तक' : आधुनिकताबोध का प्रस्फुटन

'तार सप्तक' हिंदी काव्य में आधुनिकताबोध का प्रथम प्रस्फुटन है, जिसमें प्रथम बार हिंदी में आवाँ गार (avant garde) श्रेणी के सप्त कवियों की रचनाएँ संगृहीत हैं। हिंदी कविता में 'तार सप्तक' का प्रकाशन एक घटना है। इस प्रकार का, संपादक के शब्दों में 'राहों के अन्वेषी' कवियों की रचनाओं को एक संकलन में संपादित करके रखने का, हिंदी में यह प्रथम प्रयास है। संपादक ने स्पष्ट किया था कि ये कवि किसी एक 'स्कूल' के या किसी 'गुट' के नहीं हैं; फिर भी हुआ ऐसा कि यहाँ से 'प्रयोगवाद' नामक एक नई धारा ने जन्म ले लिया।

अंग्रेजी में इस प्रकार के संकलनों की रीति प्रचलित थी। विशेषकर जो कवि नए आंदोलन के साथ आते थे, उनके संकलन निकलते थे। बीसवीं शती के आरंभ में 'ज्यार्जियन पोएट्री' के ऐसे क्रमशः तीन संकलन निकले थे। फिर 'इमेजिस्ट' कवियों के संकलन निकले थे, और अब भी ऐसे बहुतेरे निकल रहे हैं। इस प्रकार का संकलन हिंदी में प्रकट करने का शुभाशय इस प्रकार के पाश्चात्य संकलनों से प्रेरित हो यह भी संभव है।

अज्ञेय 'तार सप्तक' के संपादक हैं इतना ही नहीं, वे सप्तक के एक कवि भी हैं। करीब 1927 से काव्य लिखने का आरंभ करनेवाले इस कवि को 1943 में हम 'तार सप्तक' की रचनाओं में परंपरा और प्रयोग के चौराहे पर खड़ा पाते हैं।

भाव, शिल्प व भाषा की दृष्टि से यहाँ उनकी कविता में स्थित्यंतर देखते हैं। निराला के साथ यदि इनकी तुलना करें तो रामस्वरूप चतुर्वेदी के शब्दों में कह सकते हैं–'निराला में जो विद्रोह था वह अज्ञेय में प्रयोग के रूप में दिखाई देता है। प्रयोग की पृष्ठभूमि विद्रोह हो, और विद्रोह की अगली कड़ी प्रयोग हो, यह उचित ही है।'[1]

अपने कविगत वक्तव्य में कवि अज्ञेय ने दो एक बातों की ओर निर्देश किया है, जिसमें संप्रेषण की समस्या के अतिरिक्त :

(1) 'भाषा की क्रमशः संकुचित होती हुई सार्थकता की केंचुल फाड़कर उसमें नया, अधिक व्यापक, अधिक सारगर्भित अर्थ, भरने की' कवि की चाह और

(2) 'आधुनिक युग का साधारण व्यक्ति यौन वर्जनाओं का पुंज है।'[2]–इस बात का निर्देश मुख्य है। अर्थात् एक भाषा संबंधी है, दूसरा भाव संबंधी।

आधुनिकता के संदर्भ में हम इन्हीं पिछले दो वक्तव्यों को लेकर उनकी कविता के आधार पर विचार करेंगे। आधुनिकता के साथ नई सर्जनात्मक भाषा की खोज का कवि का पुरुषार्थ रहा है। आधुनिक कविता में 'भाषाकर्म' का अधिकाधिक महत्त्व होता गया है। फ्रांसीसी कवि मालार्मे को उसके चित्रकार मित्र देगा ने जब कहा कि 'कविता लिख सकूँ ऐसे 'विचार' (ideas) मुझे भी आते हैं,' तब तपाक से कवि का उत्तर मिला था–'लेकिन प्यारे देगा, कविता 'विचारों' से नहीं, 'शब्दों' से बनती है।' (But my dear Degas, Poetry is made of words, not of ideas.)

मालार्मे और तत्पश्चात् वालेरी ने व्यंजनाप्रधान काव्यभाषा को महत्ता दी। कवि अज्ञेय ने अपने वक्तव्य में भाषा की 'बोधगम्यता' पर बल दिया है, फिर भी उन्होंने कहा है, 'जीवन की जटिलता को अभिव्यक्त करनेवाले कवि की भाषा का किस हद तक गूढ़, 'अलौकिक' अथवा दीक्षा द्वारा गम्य हो जाना अनिवार्य है, किंतु यह उसकी शक्ति नहीं, विवशता है; धर्म नहीं, आपद्धर्म है।'[3]

डॉ. रामस्वरूप चतुर्वेदी अज्ञेय की कविता में गैररोमांटिकता की संभावना कवि की 'भाषिक सर्जनात्मकता' के माध्यम में देखते हैं। वे कहते हैं, 'कविता का यह निखार इसलिए है कि अब संगीत या भावावेग के स्थान पर भाषिक सर्जनात्मकता को रचना में अधिक महत्त्व मिला है।'[4]

टी. एस. इलियट ने फ्रांसीसी कवि मालार्मे की राह पर कविकर्म का प्रधान उद्देश्य भाषा की परिशुद्धि करना–to purify the dilect of the tribe बताया है और इसके लिए कवि का काम है–

Trying to learn to use words, and every attempt is a wholly new start, and a different kind of failure because one has only learnt to get the better of words. For the thing one no longer has to say, or the way in which one is no longer disposed to say it.[5]

अज्ञेय इलियट के इसी आदर्श से जैसे अनुप्राणित हैं। भाषा के संबंध में वे अत्यधिक सजग हैं। वास्तव में छायावाद के बाद अज्ञेय द्वारा हिंदी काव्यभाषा का नया अवतार होता है।

अज्ञेय की दूसरी बात ('साधारण व्यक्ति यौनवर्जनाओं का पुंज है') में फ्रायडीय, मनोविश्लेषण की ओर संकेत है। इस समय वे 'शेखर' का निर्माण कर चुके थे। अज्ञेय अपने 'तारसप्तक' के वक्तव्य में डी.एच. लारेंस का भी जिक्र करते हैं, यह भी इस संदर्भ में ध्यातव्य है। इस प्रकार की रचनाओं का अनुमोदन विद्रोहवृत्ति का द्योतक है। प्रेम का यह नया दर्शन–नारी का नया रूप हिंदी कविता में अवतरित होता है, जैसे फ्रायड और डी.एच. लारेंस के मिले-जुले रूप का दर्शन 'सावनमेघ' कविता में होता है :

घिर गया नभ, उमड़ आए मेघ काले,
भूमि के कंपित उरोजों पर झुका-सा
विशद, श्वासाहत, चिरातुर
छा गया इंद्र का नील वक्ष–
वज्र सा, यदि तडित् से झुलसा हुआ-सा।
आह, मेरा श्वास है उत्तप्त–
धमनियों में उमड़ आई है लहू की धार–
प्यार है अभिशप्त–
तुम कहाँ हो, नारि?[6]

इस प्रकार की 'खुली' और प्रगल्भ अभिव्यक्ति छायावादी कवि की 'शालीनता' के घेरे में असंभव थी। यहाँ प्रेम का स्वरूप वायवी या भावनात्मक न होकर मांसल है। प्रेम के 'प्लेटोनिक' पहलू को आधुनिक कवि चिरविरहातुर रूप में अपनाना नहीं चाहेगा। वह चाहता है शरीर, उत्तप्त शरीर। प्रेम का यह शरीरबोध आधुनिकता की ही माँग है। 'सावनमेघ' ही कामव्यग्र पुरुष है, जबकि 'स्नेह से प्लावित' बीज के कवितव्य से उत्फुल्ल, सत्य-सी निर्लज्ज, नंगी ओ 'समर्पित' जो धरित्री है, वही नारी है। इस प्रकार का उघड़ा निरूपण परंपरागत रुचि को आघात अवश्य पहुँचाता है।

कवि ऐसा मानता है कि 'व्यक्तिगत चेतना के ऊपर एक वर्गगत चेतना भी लदी हुई है और उचितानुचित की भावनाओं का अनुशासन करती है, जिससे एक-दूसरे प्रकार की वर्जनाओं का पुंज खड़ा होता है, और उनके साथ ही उनके प्रति विद्रोह का स्वर जागता है।'[7]

'वर्गभावना-सटीक' में अभिजात वर्ग और 'अंत्यज' वर्ग के बीच की विभाजक रेखा देखते हैं :

हम लोगों का एक मात्र श्रम है–सुरति-श्रम,
उस अंत्यज का एक मात्र सुख है–मैथुन-सुख।[8]

श्रम और सुख का कैसा विभाजन है यह! कवि की प्रच्छन्न व्यंग्य विद्रूप की वृत्ति के पीछे विद्रोह का ही स्वर है।

'जनाह्वान' में विद्रोह का यह स्वर तीव्र रूप में उभरा है। प्रागतिक-चेतना भी आधुनिकता में अनुस्यूत है। फ्रायड और मार्क्स आधुनिक काल के महान् मिथ हैं।[9]

'जनाह्वान' में शोषित का आह्वान है, शोषकों के प्रति। भाषा में आह्वान की गूँज है :

ठहर, ठहर, आततायी! जरा सुन ले–
मेरे क्रुद्ध वीर्य की पुकार आज सुन जा!
रागातीत, दर्पस्फीत, अतल, अतुलनीय,
मेरी अवहेलना की टक्कर सहार ले–
क्षण भर स्थिर खड़ा रह ले–
मेरे दृढ़ पौरुष की एक चोट सह ले![10]

यह आह्वान है 'दीनदुःखी पददलित पराजित' का जो अब 'मैं' से 'हम' होकर वह अब शक्तिमान है। आह्वान की अंतिम पंक्तियों में 'लाल' रंग का संकेत मार्क्सवादी दर्शन के पथ पर उन्नतिगामी होने का संकेत है :

–और तेरे भूत काले पापों में प्रवहमान
लाल आग
मेरे भावी गौरव का रथ है![11]

छायावादी दृष्टि से प्रकृति भावनात्मक रूप में, मानवीय रूप में चित्रित होती थी, लेकिन कवि अब यथार्थ दर्शन करता है और कवि के शब्दों में–'यथार्थ-दर्शन केवल कुंठा उत्पन्न करता है। वास्तव की बीभत्सता की कसौटी पर चाँदनी खोटी दीखती है'[12]–

वंचना है चाँदनी सित,
झूठ वह आकाश का निरवधि गहन विस्तार–
शिशिर की राका-निशा की शांति है निस्सार!

दूर वह सब शांति, वह सित भव्यता, वह
शून्य के अवलेप का प्रस्तार–
इधर–केवल झलमलाते
चेतहर, दुर्धर कुहासे की हलाहल-स्निग्ध मुट्ठी में
सिहरते-से, पंगु, टुंडे
नग्न, बुच्चे दईमारे पेड़!
× × ×
निकटतर–धँसती हुई छत, आड़ में निर्वेद

मूत्रसिंचित मृत्तिका के वृत्त में
तीन टाँगों पर खड़ा, नतग्रीव,
धैर्यधन गदहा।
निकटतम–
रीढ़ बंकिम किए, निश्छल किंतु लोलुप
खड़ा वन्य बिलार–
पीछे गोयठों के गंधमय अंबार।[13]

(शिशिर की राकानिशा)

कवि अज्ञेय ने स्वयं इस बात का निरीक्षण किया है कि 'पश्चिमी साहित्य, अथवा उससे प्रभावित बंगला साहित्य के संपर्क' से जीर्ण परंपरा से विमुख होकर 'नए प्राण देने की प्रवृत्ति जगी'।[14]

प्रकृति के प्रति जो परंपरागत दृष्टिकोण था, वह अज्ञेय की इस रचना में भी नहीं है। आधुनिक कविता में प्रकृतिचित्रण के बदले हुए तेवर का जिक्र करते हुए उन्होंने कहा है कि 'कालिदास' 'प्रकृति के चौखटे में मानवी भावनाओं का चित्रण' करते थे; आज का कवि 'समकालीन मानवीय संवेदना के चौखटे में प्रकृति' को बैठाता है, और क्योंकि समकालीन मानवीय संवेदना बहुत दूर तक विज्ञान की आधुनिक प्रवृत्ति से मर्यादित हुई है, इसीलिए यह भी कहा जा सकता है कि आज का कवि प्रकृति को विज्ञान की अधुनातन अवस्था के चौखटे में भी बैठाता है...'प्रकृति का सान्निध्य' नए कवि को पहले का-सा आश्वस्त भाव नहीं देता, उसकी आस्थाओं को पुष्ट नहीं करता–'इसके लिए वह नए प्रतीकों की खोज करता है।'[15]

संस्कृत कविता में और बाद में बीसवीं शती की बात करें तो 'छायावाद' में चाँदनी के संबंध में जो कविताएँ हैं, उनसे कितनी भिन्न है यह कविता! कवि का प्रकृति-बोध ही बदल गया है। श्वेत चाँदनी 'वंचना' लगती है, आकाश का निरवधि गहन विस्तार 'झूठ' लगता है और पूर्णिमा की शांति 'निस्सार' लगती है। 'वंचना', 'झूठ', 'निस्सार' ये तीन शब्द आधुनिक संवेदना के ही संकेत हैं।

दूसरी बात इस प्रकृतिवर्णन के संदर्भ में यह भी है कि छायावादी कविता की तरह यहाँ प्रकृति पर मानवी भावों का आरोप न होकर उसकी 'तद्वत्ता' को ही निरूपित किया गया है। ('तद्वत्ता' संज्ञा अज्ञेय की ही है)[16] इस कविता में 'धैर्यधन गदहा' का जो चित्रण है वह अति-अवतरित निदर्शन है। इसके काव्यबोध को लेकर बहुत वादविवाद भी हुआ है। परंपरागत रुचि को आघात देने वाला यह वर्णन आधुनिकता का ही द्योतक है। यह बोध तीव्रतर तो इसलिए भी होता है कि यहाँ जो तत्समप्रधान भाषा है (निकटतर, निर्वेद, मूत्रसिंचित मृत्तिका, नतग्रीव, धैर्यधन) इससे छायावादी भाषा की विडंबना–पेरडी है। शिष्ट भाषा से शिष्ट मानी जाती दृष्टिभंगी की इतनी घोर विडंबना शायद ही कोई कवि कर सका है।

भाषा की केंचुल को फाड़कर उसमें नया सारगर्भित अर्थ भरने की बात अज्ञेय ने इसी संदर्भ में की थी। भाषा तो वही है जो है, लेकिन संदर्भ से उसको अर्थगर्भित बनाया जा सकता है। फिर इन तत्समों के साथ तद्भव शब्दों का योग भाषा में विसंवाद नहीं, नई ऊर्जा लाता है।

'तारसप्तक' में प्रकाशित कवितागुच्छ में से इन तीन-चार कविताओं के निदर्शन से कवि की रोमांटिकता से गैररोमांटिकता की ओर गति देखते हैं। प्रकृति और प्रणय कविता के इन दो मुख्य विषयों में हम एक दृष्टि बदल देखते हैं। छायावादी भावनासृष्टि के स्थान पर 'तद्वत्ता' की ओर कवि का झुकाव है। यथार्थ का यह एक नया बोध है। इस नए बोध की प्राप्ति में पश्चिम के साहित्य के अतिरिक्त ज्ञान-विज्ञान के नए आविष्कारों का भी संस्पर्श है।

अज्ञेय ने कविता रचना का आरंभ 1927 से किया था, लेकिन आधुनिकता की भाव-स्थिति तक पहुँचते-पहुँचते डेढ़ दशक तक प्रतीक्षा रहती है। कवि में मूल्यबोध का परिवर्तन क्रमशः होता गया है। परिणामस्वरूप 'परंपरा और प्रयोग का द्वंद्व' हर आधुनिकतावादी कवि की तरह 'तारसप्तक' के कवि अज्ञेय में भी हम पाते हैं।

आधुनिकताबोध के केंद्र में 'व्यक्ति चेतना' है। अज्ञेय की व्यक्ति-चेतना का स्वर आलोचकों को इतना मुखरित लगा है कि प्रायः उनको 'अहंवादी' कहा गया है। लेकिन हम देखते हैं कि अज्ञेय ने 'संप्रेषण' की बात पर जोर देकर कवि के सामाजिक दाय का भी स्वीकार किया है। अपनी व्यक्ति-चेतना को सामाजिक चेतना से संपृक्त करने का भाव अज्ञेय के परवर्ती काव्यों में भी मिलता है।

'तारसप्तक' की इन कविताओं में प्रयोगवैविध्य होगा ही। अपने कवि-वक्तव्य में उन्होंने कहा है कि कवि उन क्षेत्रों में प्रयोग करना चाहता है, 'जिनको अभी नहीं छुआ गया, या जिनको अभेद्य मान लिया गया है।' उन्होंने कहा है कि किस तरह प्रयोगशील कवि 'भाषा को अपर्याप्त पाकर विराम संकेतों से, अंकों और सीधी-तिरछी लकीरों से, छोटे-बड़े टाइप से, सीधे या उलटे अक्षरों से, लोगों और स्थानों के नामों से, अधूरे वाक्यों से—सभी प्रकार के इतर साधनों से, अपनी उलझी हुई संवेदना की सृष्टि को' पाठकों तक अक्षुण्ण पहुँचाना चाहता है।[17]

अंग्रेजी और यूरोप की कविता में इस प्रकार के प्रयोगों का प्रचलन हो चुका था, हिन्दी कवि अपने को कैसे अछूता रख सकता है? इन प्रयोगों के वैचित्र्य में ही 'आधुनिकता' समाविष्ट हो जाती है, यह मानना गलत होगा। ये चिह्न तो कवि की विद्रोही वृत्ति के, विक्षोभ के संकेत हैं। उसकी उलझी हुई संवेदना को अभिव्यक्त करने के प्रयत्न हैं, अर्थात्, वह अब अभिव्यक्ति के 'क्लासिकल' ढंग पर ही अवलंबित नहीं है।

हम देखते हैं कि 'तारसप्तक' में अज्ञेय का कवि इस दिशा में कोशिश कर रहा है। वह नए-नए बिंब और प्रतीक का उपयोग करने लगा है। वह व्यंग्य और

वक्रोक्ति का आश्रय लेता है। यहाँ 'सावनमेघ' प्रतीक बनकर आता है। 'गदहा' का 'नतग्रीव' और 'धैर्यधन' विशेषण यहाँ व्यंग्यात्मक, विद्रूपात्मक ही हैं। 'वर्गभावना' में यह व्यंग्य तीव्र रूप से व्यक्त हुआ है।

आरंभ में अज्ञेय की काव्य-भाषा 'तुतलाती' सी लगती है, उसमें कृत्रिमता है। यहाँ हम कवि की भाषासंचेतना को लक्ष्य किए बिना नहीं रह सकते। गद्यगंधी (prosaic) भाषा का व्यवहार वे करते हैं, जिसमें चलती भाषा के शब्द हैं। आधुनिकतासंपृक्त नई कविता के उन सभी बीजों का प्रस्फुटन यहाँ हम पाते हैं, जो आगे चलकर विकसित होते हैं। 'तारसप्तक' की रचनाएँ सिद्ध करती हैं कि अज्ञेय हिंदी कविता में आधुनिकतावाद के प्रथम 'शलाका पुरुष' हैं। हालाँकि कई आलोचक यह श्रेय 'कुकुरमुत्ता' के कवि निराला को देना चाहते हैं। या कोई किसी अन्य को।[18]

3. आधुनिकता की सम्यक् अभिव्यक्ति

प्रथम 'तारसप्तक' में अज्ञेय की जो रचनाएँ हैं, और जो बाद में उनके संग्रह 'इत्यलम्' में 'वंदना के दुर्ग' शीर्षक खंड के अंतर्गत संगृहीत हुई हैं, उनमें, जैसा कि हमने देखा, आधुनिकता के बोध का प्रथम प्रस्फुटन है। इसके बाद अज्ञेय की कविताओं में आधुनिकता की चरम अभिव्यक्ति 'हरी घास पर क्षण भर', 'बावरा अहेरी', और 'इंद्रधनु रौंदे हुए ये' इन परवर्ती तीन संग्रहों में देखने को मिलती है। इन तीनों संग्रहों का कुल रचनाकाल है, 1947-1957 का। अर्थात् स्वातंत्र्योत्तर प्रथम दशक में अज्ञेय की कविताओं में आधुनिकता का विकसित रूप एक सीमा तक पहुँचता है। इसके बाद कवि की काव्ययात्रा में एक ऐसा मोड़ आता है जो उनको अध्यात्म की ओर, नव्यरहस्यवाद की ओर ले जाता है।

आधुनिकता की दृष्टि से प्रथम महत्त्वपूर्ण संग्रह 'हरी घास पर क्षण भर' है। डॉ. रामस्वरूप चतुर्वेदी ने कहा है कि इस संग्रह में–'अज्ञेय का वास्तविक कविरूप उभरकर आता है। इस संकलन की कई महत्त्वपूर्ण कविताएँ प्रकृति की स्थिति को एक नए ढंग से स्वीकार करती हैं, और कवि के विकसित होनेवाले गैररोमांटिक भावबोध को स्पष्ट अभिव्यक्ति देती हैं।'[19]

अज्ञेय की काव्यरचना के आरंभ में जो रोमांटिक आवेग और सम्मोहन है, उससे मुक्त रहने का प्रयास यहाँ स्पष्ट है। कवि की भाषा और 'इमेजरी'–बिंबमाला का रूप भी आधुनिकता का संस्पर्श लिये हुए है। प्रचलित भावबोध को आघात देने की प्रवृत्ति का भी यहाँ अभाव नहीं है।

'चिंता' में प्रेम का जो छायावादी रूप है, उससे कितना भिन्न रूप झलकता है इन पंक्तियों में :

> भोरवेला–नदी तट की घंटियों की नाद।
> चोट खाकर जग उठा सोया हुआ अवसाद।

नहीं, मुझ को नहीं अपने दर्द का अभिमान—
मानता हूँ मैं पराजय है तुम्हारी याद।[20]

प्रेम सदैव स्मृतिभाराक्रांत (नोस्टाल्जिक) होता है। एक बार तो यहाँ भी कवि का अवसाद प्रभात में नदी तट की घंटियों के नाद से जग उठता है लेकिन प्रणय के इस दर्द का अभिमान लेना अब कवि नहीं चाहते, क्योंकि प्रिय की याद अपनी पराजय होगी।

प्रेम की अभिव्यक्ति का स्वरूप भी यहाँ बदला है। 'देखती है दीठ' में प्रणय उपादानों की समग्र उपस्थिति में भी—

देखती है दीठ—
लता टूटी, कुरमुराता मूल में है सूक्ष्म भय का कीट![21]

यह संदेह और उसको व्यक्त करने के लिए जिस प्रतीक का उपयोग किया है, प्रणयाभिव्यक्ति में एक नया स्वर लाता है।

प्रणय और प्रकृति का सायुज्य इस संग्रह में विभिन्न रूप से आता है। 'सागर के किनारे' में कवि दिन के प्रकाश में नहीं चाँद के उगने पर उसकी 'बुझी फीकी चाँदनी' में सागर के किनारे जाना चाहते हैं, जिससे बुरुँस के दहकते लाल गुच्छ न दिखे, क्योंकि बुरुँस के गुच्छ ही प्रियतमा के रूप में कल्पित है।

'दूर्वाचल' में प्रकृति का उपयोग प्रणय के भाव को उभारने वाले उपमानों के रूप में किया गया है :

पार्श्व गिरि का नम्र, चीड़ों में
डगर चढ़ती उमंगों-सी।
बिछी पैरों में नदी ज्यों दर्द की रेखा।
विहग-शिशु मौन नीड़ों में
मैंने आँख भर देखा।[22]

'माहीवाल से' कविता में कवि ने सोहनी-माहीवाल की प्रसिद्ध प्रेमकथा के नायक को संबोधन किया है। उस प्रेमकथा का उल्लेख कर कवि आधुनिक संदर्भ में जैसे विरोध का एक चित्र उकेरते हैं :

क्रौंच बैठा हो कभी वल्मीक पर
तो मत समझ
वह अनुष्टुप बाँचता है संगिनी से स्मरण के—
जान ले, वह दीमकों की टोह में है।[23]

यहाँ कवि के आधुनिक भावबोध का स्पष्ट प्रकटीकरण है। एक तो हैं कवि वाल्मीकि और दूसरा है आज का कवि। क्रौंचवध से विगलित कहाँ तो वाल्मीकि की काव्यकरुणाधारा और कहाँ आज के कवि का निर्भ्रांति दर्शन। कभी-कभी कविता में फ्रायडियन पद-सृष्टि झाँक जाती है :

सो रहा है झोंप अधियाला
नदी की जाँघ पर :
डाह से सिहरी हुई यह चाँदनी
चोर पैरों से उझक कर
झाँक जाती है।[24]

कवि अपनी प्रियतमा के लिए नए उपमान की खोज में है। पुराने उपमान अपनी अर्थवत्ता खो चुके हैं। अतः वे प्रियतमा के लिए—'हरी बिछली घास' और 'दोलती कलगी छरहरी बाजरे की' उपमानों का प्रयोग करते हैं। कहते हैं :

अगर मैं तुम को
ललाती साँझ के नभ की अकेली तारिका
अब नहीं कहता,
या शरद के भोर की नीहार-न्हायी कुँई,
टटकी कली चंपे की
वगैरह, तो
नहीं कारण कि मेरा हृदय उथला या कि सूना है
या कि मेरा प्यार मैला है।
बल्कि केवल यही :
ये उपमान मैले हो गए हैं।
देवता इन प्रतीकों के कर गए हैं कूच।
कभी बासन अधिक घिसने से मुलम्मा छूट जाता है।[25]

यहाँ हम देखते हैं छायावादी कविता से आधुनिकतावादी कविता का प्रस्थानबिंदु (point of departure)। सिक्के की तरह प्रतीक भी अतिव्यवहार से स्पष्ट मुद्रा लेकर नहीं आते। ऐसे प्रतीक मृत (dead symbols) होते हैं। कवि ने यहाँ इसी बात को प्रकट किया है—'अधिक घिसने से बासन के मुलम्मा छूटने की बात' कहकर। वह आज के नगर-जीवन का संदर्भ भी रचते हैं और कहते हैं :

आज हम शहरातियों को
पालतू मालंच पर सँवरी जुही के फूल से
सृष्टि के विस्तार का—ऐश्वर्य का—
औदार्य का—
कहीं सच्चा, कहीं प्यारा
एक प्रतीक
बिछली घास है,
या शरद की साँझ के सूने गगन की पीठिका पर—
दोलती कलगी अकेली

बाजरे की।[26]

नई कविता से तात्पर्य ही है नई उपमान सृष्टि, जो यहाँ देखी जा सकती है।

शीर्षक कविता 'हरी घास पर क्षण भर' संग्रह की महत्त्वपूर्ण रचना है। यहाँ आधुनिक सभ्यता के संदर्भ में नर-नारी के प्रणय संबंधों की व्याख्या की गई है। नायक की नायिका के प्रति उक्ति के रूप में कविता लिखी गई है :

आओ बैठें
इसी ढाल की
हरी घास पर।
माली चौकीदारों का यह समय नहीं है,
और घास तो
अधुनातन मानव-मन की भावना की तरह
सदा बिछी है—हरी, न्यौतती
कोई आकर रौंदे।[27]

यहाँ नगर-सभ्यता के प्रति, यंत्रवैज्ञानिक सभ्यता के प्रति कवि का व्यंग्य है। नगर-सभ्यता ने प्रेम-संबंधों को जैसे नए ढंग से देखने के लिए बाध्य किया है। यहाँ प्रेमी-प्रेमिका हैं, वे मिलते हैं लेकिन शहर के बगीचों में मिलते हैं। नायक की आकांक्षा नायिका को क्षण-भर 'निहारने की' है, उसके चेहरे की, आँखों की एक-एक रेखा पहचानने की है। लेकिन अंत में :

चलो, उठें अब;
अब तक हम थे बंधु
सैर को आए—
(देखे हैं क्या कभी घास पर लोट-पोट होते सतभैये शोर मचाते?)
और रहे बैठे तो
लोग कहेंगे
धुँधले में दुबके प्रेमी बैठे हैं
वह हम हो भी
तो यह हरी घास ही जाने :[28]

अज्ञेय पर अहंवादी, व्यक्तिवादी होने का लगातार आक्षेप होता रहा है, लेकिन अज्ञेय व्यक्तिवादी नहीं, 'व्यक्तित्ववादी' हैं। व्यक्ति की इयत्ता बनाए रखने पर भी, वे उसकी समाज से संपृक्ति चाहते हैं। ''यह दीप अकेला मदमाता, है गर्व-भरा पर उसको भी पंक्ति को दे दो।''—ऐसा एक कविता में उन्होंने कहा है। दीप वहाँ व्यक्ति है, पंक्ति है समाज। इस प्रकार का भाव प्रकट होता है 'नदी के द्वीप' शीर्षक कविता में भी :

हम नदी के द्वीप हैं।

हम नहीं कहते कि हमको छोड़कर स्रोतस्विनी बह जाय।
वह हमें आकार देती है।
हमारे कोण, गलियाँ, अंतरीप, उभार, सैकत कूल,
सब गोलाइयाँ उसकी गढ़ी हैं।
माँ है वह। है, इसी से हम बने हैं।[29]

नदी यहाँ समाज है, द्वीप है व्यक्ति। समाज से ही निर्मित है व्यक्ति। यह शाप नहीं, व्यक्ति की नियति है। यदि नदी द्वीप को बहाकर ले भी जाती है, तो उसका भी स्वीकार है, क्योंकि—

—उसी में रेत होकर
फिर छनेंगे हम। जमेंगे हम। कहीं फिर पैर टेकेंगे।
कहीं फिर भी खड़ा होगा नए व्यक्तित्व का आकार।[30]

'हरी घास पर क्षण भर' अज्ञेय का ही नहीं, हिंदी कविता का भी एक सीमास्तंभ है। अज्ञेय कविता के एक उत्तम समीक्षक नन्दकिशोर आचार्य ने ठीक ही कहा है :

'इस संग्रह में अज्ञेय की संवेदना ने एक निश्चित स्वरूप ही ग्रहण नहीं किया—हिंदी को भी नई काव्य-भूमि से परिचित करवाया। संवेदना व शिल्प व भाषा—सभी दृष्टियों से इस संग्रह का परवर्ती हिंदी-काव्य पर स्थायी प्रभाव पड़ा। यांत्रिक सभ्यता और नगर-बोध की जितनी अभिव्यक्ति परवर्ती हिंदी काव्य में हुई उसका प्रारंभ इस संग्रह में देखा जा सकता है।'[31]

'बावरा अहेरी' की रचनाएँ काव्य-कला की दृष्टि से अधिक परिष्कृत हैं। अभिव्यक्ति की परिपक्वता संग्रह की अनेक रचनाओं में देखने को मिलती है। बिंबप्रतीक की सृष्टि भी नवीन है। छंदोलय की योजना विशिष्ट है।

प्रतीक की दृष्टि से शीर्षक कविता 'बावरा अहेरी', तथा 'यह दीप अकेला,' अत्यंत प्रसिद्ध है। बिंबवाद में प्रतीक प्रयोगों का बाहुल्य रहा है। अज्ञेय की रचनाओं में प्रतीकधर्मिता बिंबवाद की परंपरा में है।

प्रथम कविता 'आज तुम शब्द न दो' में कवि सर्जक सत्ता 'तुम' को 'अभ्रभेदी शिला-खंडों का गरिष्ठ पुंज' और व्यक्ति सत्ता 'मैं' को 'निर्झर' कहकर काव्यत्व के संदर्भ में अभिनव अप्रस्तुतविधान प्रस्तुत करते हैं :

तुम पर्वत हो अभ्रभेदी शिलाखंडों के गरिष्ठ पुंज
चांपे इस निर्झर को रहो, रहो
तुम्हारे रंध्र रंध्र से
तुम्हीं को रस देता हुआ
फूट कर मैं बहूँगा।[32]

फिर आगे कवि अपने भावयंत्र को 'घासफूस की मचिया' कहता है। समग्र कविता के संदर्भ में इस उपमान की सार्थकता उसकी नवीनता के बावजूद सिद्ध होती है।

'बावरा अहेरी' प्रतीक कविता का उत्कृष्ट उदाहरण है। समग्र कविता में इंद्रियग्राह्य, बिंबों की सृष्टि के कारण कविता की आस्वाद्यता बढ़ गई है। यहाँ कवि ने तत्सम-तद्भव भाषा-प्रयोग करके तनाव का प्रबोध पैदा किया है 'पुष्पिताग्र कर्णिकार की आलोकखची तन्वि रूपरेखा' के साथ 'तारघर की नाटी मोटी, चिपटी गोल धुस्सोंवाली उपयोग सुंदरी की बेपनाह काया' को भी अंकित किया है। यहाँ धुआँ उगलने वाली नगर की उद्दंड चिमनियों का दर्शन भी है।

संग्रह में अधिकतर कविताएँ प्रकृति और प्रणय की हैं। इनका भावबोध रोमांटिक है, लेकिन अभिव्यक्तिरीति आधुनिक। 'वसंतगीत', उसका निदर्शन है। निराला की 'नव-वसंत आया' से उसका पार्थक्य :

'पीपल की सूखी खाल स्निग्ध हो चली
सिरिस ते रेशम से वेणी बाँध ली
नीम के भी बौर में मिठास देख
हँस उठी है कंचनार की कली
टेसुओं की आरती सजा के
बन गई वधू वनस्थली।'[33]

—जैसे सिर्फ नवीन अप्रस्तुत विधान में है।[34] यहाँ स्पर्श, स्वाद, दर्शन की बिंबसृष्टि है, अन्यथा भावबोध एकदम छायावादी है। वास्तव में, आधुनिक होते हुए भी कवि अज्ञेय का प्रकृति के प्रति छायावादी आकर्षण रहा ही है। आधुनिक कविता में प्रकृति केंद्र से हट गई है, लेकिन अज्ञेय की कविता में इसकी उपस्थिति है। यंत्रवैज्ञानिक सभ्यता ने उनका प्रकृतिबोध और गहरा किया है। फिर भी संग्रह में 'हवाई यात्रा' और 'दफ्तर : शाम' जैसे यांत्रिक सभ्यता के विषय की कविताएँ हैं। यंत्रसंस्कृति ने प्रकृति की उपस्थिति को नगण्य बना दिया है। दफ्तर से बाहर निकल कर देखते हैं :

वही तो तारे हैं, वही आकाश है।

किंतु यहाँ आसपास
घुमड़न है, त्रास है
मशीनों की गड़गड़ाहट में
भोली (कितनी भोली) आत्माओं की
अनुरणन की मोहमयी प्यास है।[35]

कवि की वाणी बाद में यद्यपि व्यंग्य का आश्रय लेती है, उसमें व्यथा का बोध है। यंत्र हमें अवकाश देता है, इसके लिए 'थोड़ा और खट लो, थोड़ा और पिस लो।'

'शोषक भैया' जैसी व्यंगप्रवण रचनाएँ हिंदी में कम हैं। ऐसे विषय कवि के आवेग या आक्रोश को जगाते हैं। यहाँ जिस ठंडी आवेगरहितता से भाव की अभिव्यक्ति

है, वह अपनी आवेगरहितता के कारण ही तीखी बन गई है। कविता में प्रागतिक चेतना है, लेकिन अभिव्यक्तिरीति में नारेबाजी का अभाव है :

डरो मत, शोषक भैया,
पी लो।
मेरा रक्त ताजा है
मीठा है
हृद्य है।
पी लो, शोषक भैया,
डरो मत।

इस नमोक्ति का अंत है :

पी लो, शोषक भैया,
डरो मत :
मुझसे क्या डरना?
वह मैं नहीं, वह तो तुम्हारा-मेरा संबंध है
जो तुम्हारा काल है!
शोषक भैया।[36]

'इंद्रधनु रौंदे हुए ये' शीर्षक यंत्रसभ्यता के आक्रमण का संकेत करता है। 'इंद्रधनु' सौंदर्य का प्रतीक है। यंत्र ने सौंदर्य-चेतना को जड़ बना दिया है। बंगला कवि जीवनानन्द दास ने आधुनिक युग को व्याघ्रयुग कहा है, जहाँ प्रतिपद हिरनों का शिकार होता है। यहाँ हिरन है—'सौंदर्य'।

इस संग्रह में 'महानगर : रात', 'हवाई यात्रा', 'ऊँची उड़ान', 'पश्चिम के समूह जन', 'साँप' जैसी रचनाएँ यंत्रवैज्ञानिक-युग का प्रतिफलन हैं। 'महानगर : रात' का आरंभ है :

धीरे धीरे धीरे चली जाएँगी
सभी मोटरें, बुझ जाएँगी
सभी बत्तियाँ, छा जाएगा
एक तनाव भरा सन्नाटा
जो उसको अपने भारी बूटों से रौंद रौंद चलने वाले
वर्दी धारी का
प्यारा नहीं, किंतु वांछित है।[37]

इस सन्नाटे में खंभे के अँधियारे में कोई स्त्री देह बेचने खड़ी है। इस नगर में खेलतमाशे, सिनेमाघर, थिएटर हैं। फिर कहते हैं :

यह गलियों की नुक्कड़-नुक्कड़ पर पक्के पेशाबघरों की सुविधा
ये कचरा-पेटियाँ सुघड़, रंगीन (आह,

कचरे के लिए यहाँ कितना आकर्षण!)

कवि ने आधुनिक सभ्यता के इन लक्षणों के प्रति अपनी नाराजगी प्रकट की है। आधुनिक होते हुए भी अज्ञेय में रवींद्रनाथ की तरह यंत्रसंस्कृति का, नगर सभ्यता का स्वीकार नहीं है।

नगर सभ्यता के प्रति व्यंग्य 'साँप' नामक उनकी प्रसिद्ध कविता में प्रतीकात्मक ढंग से व्यक्त हुआ है :

साँप!
तुम सभ्य तो हुए नहीं
नगर में बसना
भी तुम्हें नहीं आया।
एक बात पूछूँ—(उत्तर दोगे?)
तब कैसे सीखा डँसना—
विष कहाँ पाया?[38]

नगर सभ्यता ने व्यक्ति को अपरव्यक्ति के लिए सहानुभूतिहीन ही नहीं, विषैला बना दिया है। उसकी मानव्यता जैसे अंतर्हित हो गई है। कवि जैसे कह रहे हैं कि सभ्य होना ही 'साँप' होना है। वास्तव में यहाँ जो स्वभावविपर्यय बताया गया है उसमें ही तीखा व्यंग है। डँसना तो नगरवासी ही सिखा सकता है, विष भी उसके पास ही है! साँप तो आरण्यक है। उसके पास विष कैसे? प्रश्न में ही उत्तर है।

कवि ने यूरोप यात्रा के दौरान पश्चिमी सभ्यता का दर्शन किया है, जो 'पश्चिम के समूह जन' कविता में व्यक्त हुआ है। 'हवाई यात्रा' के बारे में एक कविता 'बावरा अहेरी', संग्रह में है; 'हवाई यात्रा : ऊँची उड़ान' शीर्षक से इस संग्रह में भी कविता है। दोनों कविताओं में एरोप्लेन की नीचे उतरने की (लेंडिंग की) क्रिया का वर्णन है। रवींद्रनाथ ने एरोप्लेन को यंत्रदानव कहा है। एक-दूसरे बंगला कवि बुद्धदेव बसु ने भी 'एरोप्लेन' पर कविता लिखी है, उसमें भी एरोप्लेन के उतरने की क्रिया का वर्णन है :

'प्रेमिक पाखिर मतो फिरे आसे घरे
छंदे छंदे हिंदोलित वायुमंडलेर
आलिंगन गाढ करे क्रमे
नामे एरोड्रोमे।'

यहाँ एरोप्लेन को 'प्रेमीपंखी' का उपमान दिया गया है। अंग्रेजी कवि स्टीफेन स्पेंडर ने 'एरोप्लेन' विषयक अपनी कविता में एरोप्लेन के उतरने का मनोहर वर्णन किया है :

More beautiful and soft than any moth
with burring furred antennae feeling its huge path

Through duks the airliner with shut of engines
Glides over suburbs and the sleeves set trailing tall
To point the wind, Gently, broadly, she falls
Scracely disturbing charted currents of air.

इन दोनों रचनाओं में यंत्रवैज्ञानिक युग के आविष्कार जैसे प्लेन की आकाश से नीचे उतरने की गति के सौंदर्य को पकड़ा है। (कवि कालिदास के दुष्यंत को इंद्र के रथ में स्वर्ग से पृथ्वी पर उतरते समय ऊपर से 'उदाररमणीया पृथ्वी' का दर्शन हुआ था!) कवि अज्ञेय न तो विमान की इस गति के सौंदर्य को निरूपित करते हैं, न तो उसे 'प्रेमीपंखी' या सुनहली 'तितली' की उपमा देते हैं। उनको तो नीचे उतरते-उतरते नीचे की नगरी की रासायनिक धुंध और उस धुंध के नीचे रहते मानव का समूह-जीवन ख्याल में आता है :

उतरो थोड़ा और :
साँस ले गहरी
अपने उड़नखटोले की खिड़की को खोलो
और पैर रखो मिट्टी पर :
खड़ा मिलेगा
वहाँ सामने तुम को
अनपेक्षित प्रतिरूप तुम्हारा
नर, जिसकी अनझिप आँखों में नारायण की व्यथा भरी है।[39]

ऊपर आकाश में सब 'स्वप्नवत्' था, ठोस धरती का स्पर्श होने पर सामने है 'मनुष्य', जो अज्ञेय की कविता के केंद्र में है। अज्ञेय की इस मानवतावादी दृष्टि ने कवि को वक्रदर्शी (cynic) नहीं बनाया। मनुष्य के प्रति कवि ने अपना उत्तरदायित्व सदा महसूस किया है। 'इतिहास की हवा' में अंत में कहते हैं :

इतिहास के प्रति
चेहरे के प्रति
परंपरा के प्रति
मुकुर के प्रति
बालकों के भवितव्य के भोले विश्वास के प्रति
क्या मैं उत्तरदायी नहीं हूँ?[40]

इलियट की तरह अज्ञेय भी परंपरा के प्रति विश्वासी हैं, लेकिन अधिक विश्वासी तो मनुष्य के प्रति हैं। इस आस्थाप्रवणता के लिए कोई उसे अनु आधुनिक भी कह सकता है। लेकिन जब भी कोई कवि काव्य सर्जन करता है, तो उसका 'सर्जन' करना ही एक 'आस्था' का द्योतक है। आस्थाशून्यता सर्जनप्रवृत्त कभी नहीं हो सकती। कवि में नैराश्यबोध अवश्य होगा, शंकाकुलता अवश्य होगी, लेकिन कहीं-न-कहीं गहरे

में आस्था होगी। कवि अज्ञेय की आधुनिकता आस्थाप्रवण है। यह आस्थाप्रवणता उनकी भारतीयता की द्योतक है।

प्रथम विश्वयुद्ध की विभीषिका के फलस्वरूप इलियट के 'द वेस्ट लैंड' का सृजन हुआ था, लेकिन वही कवि की काव्ययात्रा क्रमशः उसे 'फोर क्वार्टेट्स' की आस्थाप्रवण रचना तक ले जाती है। अंग्रेजी कविता में ऐसा दूसरा प्रसिद्ध उदाहरण कवि डब्ल्यू.एच. ऑडन (1907-1973) का है। विज्ञान और मनोविज्ञान के इस अध्येता कवि की उत्तर कविता भी धर्म की ओर–अध्यात्म की ओर गति करती है। इलियट और ऑडन की तरह अज्ञेय की उत्तर कविता भी नया मोड़ लेती है।

आधुनिकता बोध कवि अज्ञेय को 'अरी ओ करुणा प्रभामय' और 'आँगन के पार द्वार' की आध्यात्मिक अर्थात् नव्यरहस्यवादी कविता की ओर ले जाता है। हालाँकि इलियट और ऑडन जिस रूप में 'धर्म' को लेते हैं (चुस्त अर्थ में ईसाई कैथोलिक 'धर्म'), अज्ञेय उस रूप में किसी 'धर्म' को नहीं लेते। अधिक-से-अधिक उनकी धार्मिकता एक खुली आध्यात्मिक अन्वेषणावृत्ति में है, जो उनको ज़ेन बौद्धमत की दिशा में ले जाती है। ज़ेन पद्धति एक जीवनपद्धति है और अज्ञेय के लिए 'धर्म' विशिष्ट ढंग से जीने का ही पर्याय है।

अतः आध्यात्मिक ज्ञान के बावजूद एक सामाजिक संचेतना उनकी कविता में आज तक बनी रही है। परवर्ती कविता में एक विशिष्ट आधुनिकता बोध है, जो पाश्चात्य सभ्यता और साहित्य से उद्वेलित नहीं है। वह पर्याय परवर्ती कविता में पूरा हो जाता है। परवर्ती कविता का आधुनिकबोध कवि के अपने एक स्वस्थ-जीवनबोध का ही प्रतिफलन है। इसे एक बौद्धिक की आस्थासमन्वित जीवनदृष्टि ही कहिए। उसका संबंध जितना वैयक्तिक अनुभूति से है, उतना ही विशाल मानव-जाति से भी है। वैयक्तिक अनुभूति का धरातल अवश्य रहस्यात्मक है, लेकिन यह मध्यकालीन रहस्यवाद से अलग कोटि का है, इतना ही नहीं रवींद्रनाथ के रहस्यवाद से भी अलग है। समष्टि का बोध इस वैयक्तिक अनुभूति का क्षेत्रविस्तार ही है। कवि की अभिव्यक्ति रीति में अब भी व्यंगविद्रूप का परिहार नहीं है। कटाक्ष और आघात की प्रवृत्ति भी है, यद्यपि वह संयत अधिक है। आधुनिकता की एक वृत्ति–वैचारिकता इन कविताओं में है, और वह कम तीखापन लिए हुए नहीं।

> अच्छी कुंठारहित इकाई
> साँचे ढले समाज से,
> अच्छा
> अपना ठाठ फकीरी
> मँगनी के सुख साज से।[41]

इन पंक्तियों में आधुनिक की वही अक्खड़ता है। कवि का व्यंग तीखा हुआ है 'नए कवि' कविता में। समग्र कविता की भाषा, लहजा, कथ्य में एक डंक है,

जो कवि के आक्रोश को व्यक्त करता है। एक आधुनिक का तथाकथित आधुनिकों (जो उनका अनुसरण तो करते हैं, उनकी निन्दा भी) के प्रति यह प्रतिभाव है। व्यंग्य का इतना प्रभावोत्पादक (या विवादोत्पादक) उपयोग हिंदी कविता में बहुत कम हुआ है। 'अरी ओ करुणा प्रभामय' की रचनाओं में यह कविता एक विसंवादी स्वर बजाती है।

व्यंग्य कविता का एक और रूप देखते हैं 'बाँगर और खादर' में। यहाँ उसका रूप ठंडा है, अतः अधिक तीक्ष्ण। इसकी आवेगरहितता में कविता की सिद्धि है।

आधुनिक यंत्रविज्ञान की देन के कारण नई-नई औद्योगिक बस्तियाँ बन रही हैं। कवि यंत्रविज्ञानजनित इस संस्कृति से विरक्त हैं :

पहाड़ियों से घिरी हुई इस छोटी सी घाटी में
ये मुँहझौंसी चिमनियाँ बराबर
धुआँ उगलती जाती हैं।
× × ×
उद्यम की कड़ी-कड़ी में बँधते जाते मुक्तिकाम
मानव की आशाएँ ही पलपल
उस को छलती जाती हैं।[42]

कहाँ पहाड़ी का सौंदर्य और कहाँ मुँहझौंसी, धुँआँ उगलती चिमनियाँ! कवि ने इस विषमता को तो देखा, लेकिन उसके साथ मनुष्य की भ्रांत धारणा को भी। मानव चाहता तो है मुक्ति, लेकिन अपने को यंत्र का दास बनाकर अधिकाधिक बँधता जाता है।

'अरी ओ करुणा प्रभामय' बिंबवादी कविता का आकार ग्रंथ है। बिंबवाद के उत्सरूप जापानी हाइकु कविता के अनुवाद तो हैं ही, मौलिक हाइकुओं का भी सर्जन हैं। 'कितनी नावों में कितनी बार' में यूरोप यात्रा की पृष्ठभूमि है, जिसके फलस्वरूप 'काले मेग्दान', 'फोकिस में ओदिपौस', आदि रचनाएँ हैं। यूरोप की द्वितीय विश्वयुद्ध की विभीषिका का संकेत 'काले मेग्दान' या 'युद्ध-विराम' कविताओं में है।

'सागरमुद्रा' में शुद्ध कविता के अनेक उदाहरण मिल सकते हैं। यहाँ भी 'बड़े शहर का एक साक्षात्कार' है। 'गाँधीजी की जन्मशती' जैसा कटाक्षकाव्य है। अंतिम काव्यग्रंथ 'पहले मैं सन्नाटा बुनता हूँ' की कुछ रचनाओं में राजनीति की भूमिका में लिखी गई व्यंग्य कविताएँ हैं। कटाक्ष का सूत्र यहाँ भी है। लेकिन 'कई नगर थे जो हमें' कविता में नगर और व्यक्ति का समीकरण (equation) रच के कवि ने ध्वस्त मानवसभ्यता का संकेत किया है। यह आज के मनुष्य की नियति है अतः आज के नगर की भी। हवाई अड्डों से निकलते यात्रियों के चेहरों में कवि जो नगर देखते हैं, वह कैसे हैं?

यह : जिसके टोप और अखबार के बीच भवें दीखती हैं—

इसकी आँखों में एक नगर की मुर्दा आबादी है;
यह–जो अनिच्छुक धीरे हाथों से
अपना झोला
दिखाने के लिए खोल रहा है,
उसकी उँगलियों के गट्टों में
और एक नगर के खंडहर हैं।
और यह–जिसकी आँखें
सबकी आँखों से टकराती हैं, पर जिसकी दीठ
किसी से मिलती नहीं, उसका चेहरा
और एक किलेबंद शहर का पहरे-घिरा परकोटा है।[43]

इस संग्रह में नंदा के पावनकारी दर्शन की कविताएँ हैं, जिसमें व्यष्टिगत उदीषा है, लेकिन उसके साथ ही आधुनिक मानवसमाज की समष्टिगत नियति का भी व्यथागान है, जो कवि की 'करुणामय प्रभा' से आलोकित है। यहाँ व्यष्टिसमष्टि का द्वंद्व नहीं लेकिन समायोजन है, जो आधुनिकता का एक नया संदर्भ रचता है।

संदर्भ

1. 'अज्ञेय और आधुनिक रचना की समस्या', पृ. 2; 2. 'तारसप्तक' (द्वितीय संस्करण), पृ. 275-279; 3. 'तारसप्तक' (द्वितीय संस्करण), पृ. 277-278; 4. 'अज्ञेय और आधुनिक रचना की समस्या', पृ. 3; 5. Four Quartets, p. 30; 6. 'तारसप्तक' (दूसरा संस्करण), पृ. 282; 7. 'तारसप्तक', पृ. 278; 8. 'तारसप्तक', पृ. 296; 9. "From the standpoint of poetry the great "mythological system that are specifically of our own day—let us call them summarily the Freudian and Marxian—are only myths like and others "—Graham Hough—The Modernist Lyric—MODERNISM, p.316; 10. 'तारसप्तक', पृ. 280; 11. 'तारसप्तक', पृ. 281; 12. 'तारसप्तक', पृ. 278; 13. 'तारसप्तक', पृ. 286; 14. 'रूपांबरा', पृ. 7; 15. 'रूपांबरा', पृ. 13, 14; 16. रूपांबरा–उसका (छायावादी दृष्टि का) आग्रह रूपसौष्ठव पर था। नई कविता में रूप का आग्रह कम नहीं है, पर उसने सौष्ठव वाले पक्ष को छोड़ दिया है, तदवत्ता पर ही वह बल देती है। पृ. 13; 17. 'तारसप्तक', पृ. 276; 18. देखिए : –डॉ. इंद्रनाथ मदान : 'आधुनिकता और हिंदी साहित्य', पृ. 12-15; –डॉ. नामवर सिंह : 'कविता के नए प्रतिमान', पृ. 86-88;–गिरिजाकुमार माथुर : 'नई कविता : सीमाएँ और संभावनाएँ, पृ. 1-19; 19. 'अज्ञेय और आधुनिक रचना की समस्या', पृ. 7; 20. 'हरी घास पर क्षण भर', पृ. 17; 21. 'हरी घास पर क्षण भर', पृ. 18; 22. 'हरी घास पर क्षण भर', पृ. 29; 23. 'हरी घास पर क्षण भर', पृ. 45; 24. 'हरी घास पर क्षण भर', पृ. 48; 25. 'हरी घास पर क्षण भर', पृ. 57; 26. 'हरी घास पर क्षण भर', पृ. 58; 27. 'हरी घास पर क्षण भर', पृ. 59; 28. 'हरी घास पर क्षण भर', पृ. 63; 29. 'हरी घास पर क्षण भर',

पृ. 65; 30. 'हरी घास पर क्षण भर', पृ. 6; 31. 'अज्ञेय की काव्य-तितीर्षा', पृ. 47; 32. 'बावरा अहेरी', पृ. 3; 33. 'बावरा अहेरी', पृ. 10; 34. 'वधू वनस्थली' की अप्रस्तुत विधान-योजना नवीन लगती है, किंतु यह कवि कालिदास की विरासत है। शरत वधू का कालिदास ने जिस तरह से वर्णन किया है, उसी 'मॉडेल' पर यह वर्णन है। देखिए, ऋतुसंहार 3-11 इस प्रकार पुरानी काव्यरीति का व्यवहार भी 'आधुनिकता' का एक लक्षण ही है। 35. 'बावरा अहेरी', पृ. 40; 36. 'बावरा अहेरी', पृ. 34, 35; 37. 'इंद्रधनु रौंदे हुए ये', पृ. 58; 38. 'इंद्रधनु रौंदे हुए ये', पृ. 29; 39. 'इंद्रधनु रौंदे हुए ये', पृ. 62; 40. 'इंद्रधनु रौंदे हुए ये', पृ. 35; 41. 'अरी ओ करुणा प्रभामय', पृ. 16; 42. 'अरी ओ करुणा प्रभामय', पृ. 47' 43. 'पहले मैं सन्नाटा बुनता हूँ', पृ. 43।

अज्ञेय की कविता : पाश्चात्य प्रभाव

'मेरी कविता हिंदी में लिखी गई अंग्रेजी कविता है, ऐसा कहकर कुछ लोग समझते हैं कि उन्होंने प्रशंसा की है, कुछ समझते हैं कि महानिंदा है। मैं तो नहीं समझता कि मेरी कविता में ऐसा कुछ है जो कि भारत की ही काव्य-परंपरा द्वारा अनुमोदित न हो सकता है।' 'आत्मनेपद', पृ. 29 —**अज्ञेय**

1. आरंभिक प्रभाव

अपने काव्यसर्जन के आरंभिक काल में कवि कज्ञेय में रोमांटिक भावप्रवणता का आधिक्य था। उनकी रोमांटिकता एक तरह से छायावादी काल के अनुरूप ही थी। लेकिन छायावादी कविता के अतिरिक्त इस रोमांटिकता का अन्य उत्स है अंग्रेजी कवि टेनिसन की, ब्राउनिंग की और बंगला कवि रवींद्रनाथ की कविता। कवि अज्ञेय पर इन कवियों का प्रभाव ढूँढ़ने के लिए शब्दसाम्य या भावसाम्य का अन्वेषण करने की आवश्यकता नहीं है। कवि अज्ञेय की इस समय की कविता की समग्र भावभूमि के संदर्भ में ही इसका विचार किया जा सकता है। टेनिसन और ब्राउनिंग अंग्रेजी कविता के अंतिम रोमांटिकों (The Last Romantics) में से हैं, जिनका प्रभाव स्वयं रवींद्रनाथ की कविता पर भी पड़ा है।

कवि के रूप में अज्ञेय का प्रथम संपर्क हिंदी कविता से न होकर संस्कृत, फारसी कविता से हुआ और उसके बाद अंग्रेजी कविता से। उन्होंने लिखा है :

'और इसके बाद अंग्रेजी कविता की बारी आई। लोंगफेलो और टेनिसन से शुरू किया—पर प्रभाव टेनिसन का ही अधिक स्थायी हुआ। टेनिसन ऐसे कई बार पढ़ा; उसके प्रभाव में अंग्रेजी में लिखना भी शुरू किया।

अंग्रेजी में इसके बाद ही रवींद्रनाथ ठाकुर से परिचय हुआ (मूल बंगला में ठाकुर पढ़ना बहुत पीछे की बात है) : ब्राउनिंग के ओज भरे आशावाद और ठाकुर के आशाभरे रहस्यवाद के सम्मिश्रण ने मेरे नए विकसते मन पर क्या प्रभाव डाला, यह सोचा जा सकता है।'[1]

'भग्नदूत' और 'चिंता' के भावजगत पर इन कवियों का प्रभाव प्रत्यक्ष-परोक्ष

रूप में अनुभूत होता है। (रवींद्रनाथ का प्रभाव तो अधिक प्रत्यक्ष है, लेकिन उनके प्रभाव की चर्चा इस शोध-निबंध की सीमा के बाहर है, परंतु इतना अवश्य कहना चाहिए कि रवींद्रनाथ के द्वारा अंग्रेजी रोमांटिक कविता का परोक्ष प्रभाव अज्ञेय पर रहा है।) 'चिंता' काव्यग्रंथ के अंत में कवि ने 'विज्ञप्ति' में कहा है :

"एकायन में से सं. 35 के एक पद की दो पंक्तियाँ—

'ईश्वर बन कर मंत्रशक्ति से छू दे मेरा भाल—
मात्र पुरुष रह बाँध भुजों से मर्माहत कर डाल'

ब्राउनिंग के एक पद का रूपांतर है।"[2]

अज्ञेय ने कविता का नाम नहीं बताया, लेकिन ब्राउनिंग के पाठकों को पता चल जाता है कि ये पंक्तियाँ उनकी 'A Woman's Last word' कविता की हैं, जो निम्न प्रकार हैं :

Be a god and hold me
with a charm !
Be a man and fold me
withe thine arm ![3]

मूल पंक्तियों से तुलना करने से पता चलता है कि कवि ने मूलभाव में थोड़ा बहुत परिवर्तन किया है। समग्र 'एकायन' नारी की उक्ति के रूप में है, इस संदर्भ में ब्राउनिंग की 'A Woman's Last word' की संगति भी बैठ जाती है।

अज्ञेय की कवि संवेदना के साथ ब्राउनिंग की 'एफिनिटी' का अधिक पता तब चलता है, जब हम 'नदी के द्वीप' पढ़ते हैं। भुवन-रेखा के प्रणय-संवेगों की अभिव्यक्ति ब्राउनिंग की अनेक पंक्तियों के माध्यम से उपन्यासकार ने की है।

ब्राउनिंग के साथ अन्य एक कवि (और कथालेखक) डी.एच. लारेंस की कविता का सख्य आरंभ से ही कवि अज्ञेय को रहा है।[4] ब्राउनिंग तो खैर, हिंदी-विश्व को परिचित हो गया था लेकिन 1930 के आसपास लारेंस का नाम प्रायः अपरिचित था, उस समय 'चिंता' के 'विश्वप्रिया' खंड की कविता सं. 68 'मैं तुम्हारी समाधि पर प्रज्वलित एक मात्र दीप हूँ' के भाव डी.एच. लारेंस की कविता से लेने की बात स्वयं अज्ञेय ने संग्रह के अंत में दी हुई विज्ञप्ति में की है।

लारेंस को पुनः हम पाते हैं 'सागरमुद्रा' की एक कविता 'छातियों के बीच' में। आरंभ है :

उसने वहाँ अपनी नाक गड़ाते हुए
हुमक कर कहा
और दुहराता रहा—
'हाँ, यहाँ, तुम्हारी छातियों के बीच
मेरा घर है! यहाँ! यहाँ! यहाँ!'

और चेहरे से उन्हें धीरे धीरे सहलाता रहा।[5]

कवि ने स्वयं कहा है कि उक्ति की बात पढ़ी हुई थी। लारेंस के प्रसिद्ध काव्य Song of a Man Who is Loved की इन पंक्तियों का यहाँ उच्चारण है :

Between her breasts is my home, between her breasts
Three sides set on me chaos and baunce, but the fourth side rests
Sure on a heaven of peace, between the mounds of her breasts.

लारेंस का अत्यधिक स्मरण तो 'नदी के द्वीप' में होता है। क्रमशः ब्राउनिंग की तरह लारेंस की कविता से भी अज्ञेय की 'एफिनिटी' प्रगाढ़तर होती गई है। लारेंस की तरह अज्ञेय भी सामाजिक रूढ़ियों के विध्वंसक हैं। प्रेम और नारी के बारे में नया मूल्यबोध जगाने के लिए दोनों युयुत्सु रहे हैं।

लेकिन टेनिसन और ब्राउनिंग से लारेंस का पार्थक्य स्पष्ट है। प्रथम दो अधिकतर रोमानी रुझान के कवि हैं, लारेंस अधिक फ्रायडीयन है। उसकी प्रणयभावना संभोगचेतना से युक्त है। यद्यपि जो प्रभाव अज्ञेय का कवि इस समय ग्रहण करता है, वह उसकी रोमांटिक दृष्टिभंगी को पुष्ट करने वाला अधिक है।

'इत्यलम्' की रचनाओं के दौरान (1933-1946) कवि की काव्य-क्षितिजों के विस्तार के साथ प्रभावों का दायरा भी विस्तृत होता जाता है और विश्वकविता की परिधि को छू लेता है। अज्ञेय उन सजग कलाकारों में से हैं, जो अपने को सदैव शिक्षित करते रहते हैं। 'इत्यलम्' की रचनाओं में (जिसमें 'तारसप्तक' की रचनाएँ शामिल हैं) कवि को भावभूमि की नई दहलीज की ओर बढ़ते देखते हैं। यह यात्रा रोमांटिक दायरे से बाहर निकलकर गैररोमांटिकता की दिशा में अग्रसर होने की है। बौद्धिकता का एक परिस्फुट आयाम परिलक्षित होने लगता है।

2. अज्ञेय और फ्रायड का मनोविश्लेषणात्मक मनोविज्ञान

इन दिनों मार्क्स और फ्रायड की विचारधारा का प्रभाव भारतीय सर्जक चेतना को आंदोलित कर रहा था। 1935-40 का समयांतराल मार्क्सवाद अर्थात् प्रगतिशील आंदोलन का था। संसार के सर्जकों ने रूसी साम्यवाद में मनुष्य-समाज का एक नया भविष्य देखा और एक वैश्विक धरातल पर प्रागतिक चेतना का समर्थन होता रहा। भारत में भी उन दिनों प्रगतिशील लेखक-संघ की स्थापना हुई थी।

लेकिन कुछ वर्षों के बाद ही यूरोपीय सर्जकों का भ्रमनिरसन हो गया। 'Gods, That Failed' नामक एक ग्रंथ प्रकाशित हुआ जिसमें रूसी शासन-व्यवस्था से जिस नए भविष्य का इंगित मिला था, वह कितना भ्रमपूर्ण था, उसकी बात की गई है। दूसरा भी एक ग्रंथ प्रकाशित हुआ 'Not by bread Alone'। उसमें भी प्रागतिक विचारधारा की सीमाएँ दिखाई गईं।

1935 के आसपास की हिंदी कविता पर प्रगतिशील चेतना का प्रभाव पड़ा

है, लेकिन व्यक्ति-स्वातंत्र्य का समर्थन करनेवाले अज्ञेय प्रागतिक आंदोलन से दूर रहे हैं। यह तो सर्वविदित है कि अज्ञेय की कविता पर सबसे अधिक विध्वंसात्मक आलोचना प्रगतिवादियों की रही है।

अज्ञेय पर मार्क्स नहीं, फ्रायड की मनोविश्लेषणात्मक विचारधारा का प्रभाव है, जो उनकी कविता के अतिरिक्त अधिकतर तो उनके कथासाहित्य में दृष्टिगोचर होता है। अज्ञेय के कथासाहित्य के साथ 'मनोवैज्ञानिक' लेबल तबसे चिपक गया है सो चिपक गया है।

जहाँ तक साहित्य में मनोविज्ञान के प्रभाव का प्रश्न है, कविता से अधिक कथासाहित्य में वह अनेक ढंग से व्याप्त है। पात्रों के मनोविश्लेषण से लेकर 'स्ट्रीम ऑव कांस्यसनेस' टेकनीक के उपन्यासों तक मनोवैज्ञानिक प्रविधियाँ प्रयुक्त हुई हैं। हिंदी में अज्ञेय का कथासाहित्य इसका निदर्शन है।

लेकिन कविता का क्षेत्र भी फ्रायड के प्रभाव से अछूता नहीं है। 'तारसप्तक' के कविगत वक्तव्य में अज्ञेय ने कहा कि 'आधुनिक युग का साधारण व्यक्ति यौनवर्जनाओं का पुंज है। उसके जीवन का एक पक्ष है उसकी सामाजिक रूढ़ि की लंबी परंपरा, जो परिस्थितियों के परिवर्तन के साथ-साथ विकसित नहीं हुई; और दूसरा पक्ष है स्थिति-परिवर्तन की असाधारण तीव्र गति जिसके साथ रूढ़ि का विकास असंभव है। इस विपर्यास का परिणाम है कि आज के मानव का मन यौन परिकल्पनाओं से लदा हुआ है और वे कल्पनाएँ सब दमित और कुंठित हैं। उसकी सौंदर्यचेतना भी इससे आक्रांत है। उसके उपमान सब यौन प्रतीकार्थ रखते हैं।'[6]

यह कहने की आवश्यकता नहीं है कि अज्ञेय का 'यौन वर्जनाओं के पुंज' का दृष्टिकोण फ्रायड प्रभावित है।

'तारसप्तक' की 'जनाह्वान', 'सावनमेघ', 'शिशिर की राकानिशा', 'बाहु मेरे रुके रहे' आदि अज्ञेय की रचनाओं में सर्जनात्मक रूप से यह दृष्टिकोण प्रतिफलित होता है। यह नहीं कि संभोगशृंगारवशबलित रचनाओं का हिंदी कविता में (विशेषकर रीतिकालीन) अभाव है, लेकिन अज्ञेय की इन रचनाओं में जो संभोगचेतना है, वह हमारी शृंगार परंपरा में न होकर फ्रायड के मनोविज्ञान पर आधारित है। यह अवश्य है कि अज्ञेय की सर्जकचेतना इन कविताओं में कोरे फ्रायडीयन विचारों से प्रभावित नहीं, वह लारेंस की कविताओं से भी प्रभावित है। (जो भी फ्रायड से तो प्रभावित है ही, अर्थात् अंततोगत्वा फ्रायड का ही प्रभाव है।) कवि की सर्जकचेतना एक साथ अनेक द्रव्यों का रूपायन करती है।

फ्रायड के मनोविश्लेषण, विशेषतः स्वप्नविश्लेषण (Analysis of Dreams) से प्रभावित जो साहित्यिक आंदोलन दो विश्वयुद्धों के बीच में फ्रांस में पनपा, वह था सररियालिज़्म (Surrealism) अतियथार्थवाद। फ्रायड के उपचेतन मन के सिद्धांत की भूमिका पर यह अवस्थित है।[7]

स्वतःचालित (automatic) लेखन प्रक्रिया पर विश्वास करनेवाले सररियालिस्ट कवियों की कविता में एक विशिष्ट प्रकार की बिंबयोजना पाते हैं, जो अंततोगत्वा उपचेतन मन की अतल गहराइयों में यात्रा कराती है। ये बिंब कई बार स्मृतिसाहचर्य पर आधारित होते हैं, कई बार खंडित होते हैं। अज्ञेय की तारसप्तककालीन रचनाओं में ऐसी बिंबयोजना है। जैसे—'उषःकाल की भव्य शांति' कविता में—

निविडाऽन्धकार को
मूर्तरूप दे देनेवाली
एक अकिंचन निष्प्रभ अनाहूत,
अज्ञात द्युतिकिरण :
आसन्नपतन, बिन जमी ओस की अंतिम
इषत्करुण, स्निग्ध, कातर शीतलता
अस्पष्ट किंतु अनुभूत :

दूर किसी मिनारक्रोड़ से मुल्ला का
एकरूप पर अनेक भावोद्दीपक
गंभीऽर आह्वान—

असल्लाऽ तु खैरूम्मिनन्नाऽ :
निकट गली में
किसी निष्करुण जन से बिन-कारण पदाक्रांत
पिल्ले की करुण रिरियाहट...[8]

यहाँ द्युतिकिरण, आसन्नपतन ओस, मुल्ले का आह्वान, पिल्ले की रिरियाहट परस्पर से असंबंध, फिर भी प्रभातकाल से संबंधित होकर एकात्मकता सिद्ध करते बिंब हैं।

अज्ञेय की 'चार का गजर' कविता अपनी स्वतःचालित साहचर्यजड़ित बिंबयोजना के कारण अतियथार्थवादी आदर्श के निकट आती है। लेकिन ऐसा लगता है कि इस प्रकार की बिंबयोजना सीधी सररियालिस्ट कविता से उतनी नहीं, जितनी टी.एस. इलियट आदि की इस प्रकार की काव्यरीतियों से उत्पन्न है। इलियट (और जेम्स ज्वायस) ने मुक्त साहचर्य 'free association' की रीति का अपनी रचनाओं में उपयोग किया ही है।

अतियथार्थवाद की प्रवृत्ति यूरोप में, विशेषकर फ्रेंच कविता में और चित्रकला में अत्यंत प्रभावक रही है।

3. अज्ञेय और बॉदलेर

यह अवश्य है कि प्रतीकवाद के आदिसूरि में ही 'अतियथार्थवाद' के सबसे

प्रथम लक्षण पाए गए हैं। लेकिन अज्ञेय का कवि बॉदलेर से आधुनिक मध्यवित्तीय चेतना, नगरचेतना और प्रतीक व्यवहार के संदर्भ में अनुबंध है।

यूरोप की कविता में आधुनिकता का आरंभ भी बॉदलेर की कविता से अर्थात् प्रतीकवादी काव्यांदोलन से होता है। बॉदलेर के अनुगामी मालार्मे ने एक सूत्र दिया था—'to purify the language of the tribe' इस सूत्र से आधुनिकता के उन्नायक सभी कवि—इलियट, ज्वाइस, वालेरी, रिल्के आदि प्रभावित हुए।[9] यह बात हिंदी कविता में कवि अज्ञेय में प्रतिफलित होती है। 'तारसप्तक' के वक्तव्य में अज्ञेय ने भाषा की समस्या की बात कही है।

'इत्यलम्' के मुखपृष्ठ पर अज्ञेय ने बॉदलेर की 'इकेरस का विलाप' (Les plainte dun icare) काव्य की पंक्तियाँ और उसका हिंदी अनुवाद दिया है :

> 'भाग्यवान हैं वेश्याओं के प्रेमी
> भाग्यवान, प्रसन्न और तृप्त :
> किंतु मैं—मेरी भुजाएँ टूट गई हैं
> क्योंकि मैंने उनकी परिधि में मेघों को बाँध लेना चाहा था।'[10]

प्रश्न है, बॉदलेर का इकेरस 'इत्यलम्' के पृष्ठ पर क्यों? अज्ञेय की कविता में मध्यवर्गीय जीवन की जो चेतना है इसकी समांतरता बॉदलेर के इकेरस में है। बॉदलेर का इकेरस भी मध्यवर्गीय विवशता का प्रतीक है। बॉदलेर की ये पंक्तियाँ प्रयोगवादी कविता के भावबोध की जैसे सूत्रात्मक परिभाषा है।

4. अज्ञेय और टी.एस. इलियट

बॉदलेर के साथ, जिस दूसरे महाकवि का कवि अज्ञेय ने स्मरण किया है, वह है टी.एस. इलियट। 'इत्यलम्' संग्रह के 'मिट्टी की इहा' खंड के मुखपृष्ठ पर इलियट की निम्नलिखित पंक्तियाँ उद्धृत हैं :

> 'I said to my soul, be still, and wait without hope, for hope
> Would be hope of the wrong thing; wait without love for love
> Would be love of the wrong thing; there is yet faith
> But the faith and the hope and the love are all in the waiting.'

इलियट के 'फोर क्वार्टेट्स' के दूसरे खंड 'इस्ट कॉकर' में से ये पंक्तियाँ हैं।[11] यद्यपि अज्ञेय ने इन पंक्तियों का उपयोग अर्पण पंक्तियों के रूप में किया है, फिर भी ये पंक्तियाँ अज्ञेय की इलियट-प्रीति की द्योतक हैं।

वास्तव में टेनिसन और ब्राउनिंग से बॉदलेर, इलियट की ओर आना आधुनिकता की ओर आना है। इलियट की काव्यरीति और काव्यविचार अज्ञेय की काव्यरीति को प्रभावित करता है। इसके पहले कि इसकी हम चर्चा करें, एक ओर साम्य की ओर निर्देश करने का लोभ संवरण नहीं कर पाता।

बहुत कम कवि ऐसे होंगे, जो सर्जन के अतिरिक्त एक आंदोलन का संगठन भी कर सकें। अंग्रेजी साहित्य में इलियट ने यह किया, हिंदी में अज्ञेय ने किया। इलियट की कविता नई भावभंगी और रीति लेकर अवतरित हुई थी। इस प्रकार की कविता का पाठकवर्ग तैयार करने के लिए इलियट ने संगठित प्रयास किया। The Egoist पत्रिका के सहायक संपादक के रूप में, तत्पश्चात् जे. मिडल्टन मरी की The Athenaeum पत्रिका के एक लेखक के रूप में और फिर The Criterion पत्रिका के संपादक के रूप में इलियट ने नई कविता की नींव रखी और अंग्रेजी कविता के साथ दो विश्वयुद्धों के बीच की विश्वकविता को भी प्रभावित किया।

हिंदी में अज्ञेय के पास इस प्रकार की संगठनशक्ति भी है। उन्होंने 'तारसप्तक' के प्रकाशन द्वारा नई आवाजों को एक मंच पर उपस्थित कर एक रचनात्मक प्रभाव डाला। चाहे उनके अनचाहे ही, लेकिन 'प्रयोगवाद' नाम से यह नया आंदोलन चला, जो 'दूसरा सप्तक' का प्रकाशन होने के बाद 'नई कविता' नाम से अभिहित हुआ। 'तीसरा सप्तक' के प्रकाशन से नई कविता दृढ़ भीत्ति पर अवस्थित हुई है। नई कविता के आंदोलन को सुस्थित करने के लिए अज्ञेय ने 'प्रतीक' पत्रिका का प्रकाशन भी किया। नई कविता के आंदोलन में 'सप्तकों' के प्रकाशन का तथा 'प्रतीक' के प्रकाशन का जो योग है, उसे कोई भी इतिहासकार नजरअंदाज नहीं कर सकता। इलियट की तरह अज्ञेय ने न सिर्फ 'नई कविता' लिखी, बल्कि उसके लिए पाठकवर्ग भी तैयार किया।

इलियट के काव्यविचारों में प्रधान विचार है–परंपरा–Tradition का। उनका निबंध 'Tradition and the Individual Talent' 1919 में प्रकाशित हुआ था। इस निबंध का 20वीं शती के काव्यविचारों पर महत्त्वपूर्ण प्रभाव रहा है। परंपरा का एक सर्जक के लिए क्या महत्त्व है, उसकी स्थापना इस निबंध में इलियट करते हैं। उनका कहना है कि परंपरा है, ऐतिहासिक चेतना–historical sense का बोध। कवि सिर्फ अपनी समसामयिकता का निर्वाह करे, इतना पर्याप्त नहीं है, उसके सारे साहित्य की परंपरा का उसके सर्जन में सह-अस्तित्व भी बना रहना चाहिए।[12] दूसरी महत्त्वपूर्ण बात इलियट ने कवि के व्यक्तित्व के विलयन की कही है।[13] रोमांटिक विचारधारा के विरोध में यह बात इलियट ने कही है। तीसरी बात, कवि के जीवन के बजाय काव्य की महत्ता प्रतिस्थापित करने की है।[14]

इलियट की यह विचारधारा थोड़ी बहुत स्थानिक संदर्भों के परिवर्तन के साथ ज्यों-की-त्यों अज्ञेय के 'रूढ़ि और मौलिकता' नामक निबंध में प्रकट होती है। सारा-का-सारा निबंध एक तरह से इलियट के निबंध का रूपांतर है।

इलियट के निबंध का भावानुवाद करते हुए भी 'रूढ़ि और परंपरा' निबंध अज्ञेय ने अपने नाम से छापा है। इसका मतलब यह हुआ कि वे इलियट की 'ट्रेडिशन' संबंधी विचारधारा का समर्थन करते हैं। इलियट की बात अज्ञेय इस प्रकार रखते हैं :

1. ऐतिहासिक चेतना—historical sense 'आधुनिक हिंदी लेखक में यदि एक ऐतिहासिक चेतना होगी, तो उसकी रचना में न केवल अपने युग, अपनी पीढ़ी से उसका संबंध बोल रहा होगा; बल्कि उससे पहले की अनगिनत पीढ़ियों की, और उनके साथ अपनी पीढ़ी की संलग्नता और एकसूत्रता की भी तीव्र अनुभूति स्पंदित हो रही होगी।'[15]
2. व्यक्तित्व का विलयन—extinction of personality 'कलाकार निरंतर अपने व्यक्तिगत मन को, अपने तात्कालिक, अधिक क्षणिक अस्तित्व को, एक विशालतर मन में और एक-एक विशालतर अस्तित्व के ऊपर निछावर करता रहता है, और अपने निजी व्यक्तित्व को एक वृहत्तर व्यक्तित्व के निर्माण के लिए मिटाता रहता है।'[16]
3. कविता की महत्ता, कवि की नहीं...
   'काव्य का 'रस' कवि में, या कवि के जीवन में, या वर्ण्यविषय या अनुभूति में, या किसी शब्दविशेष में नहीं है, वह काव्यरचना की चमत्कारिक तीव्रता में है।'[17]

तो, अज्ञेय भी इलियट के 'निर्वैयक्तिकता' के सिद्धांत को स्वीकार करते हैं। (अज्ञेय ने 'निर्वैयक्तिक' संज्ञा का व्यवहार किया है।) एक सर्जक कलाकार के रूप में यह उनका आदर्श भी रहा है। 'शेखर : एक जीवनी' की भूमिका में इलियट के इस सूत्र का अवतरण दिया है, ये पंक्तियाँ इस प्रसिद्ध निबंध की ही हैं :

There is always a separation between the man who suffers and the artist who creates; and the greater the artist the greater the separation.

और यही बात अज्ञेय का शेखर भी अपनी 'आत्मजीवनी' कहते कहते उद्धृत करता है :

'भोगने वाले प्राणी में और रचना करने वाले कलाकार में सदा एक अलगाव बना रहता है। जितना ही बड़ा वह अलगाव है, उतना ही बड़ा कलाकार होगा।'[18]

यह अलग परीक्षण का विषय है कि अज्ञेय के सर्जन में इस सिद्धांत का कहाँ तक परिपालन हुआ है।

जैसे अंग्रेजी पाठकों को इलियट की कविता दुरूह लगी थी, वैसे ही अज्ञेय की कविता हिंदी पाठकों को। कुछ भी सार्थक नाम 'नया' आएगा, तो इस प्रकार की दुरूहता के अपवाद का निशाना वह कुछ समय के लिए बनेगा ही।

लारेंस और इलियट एकदम विभिन्न कोटि के कवि हैं, फिर भी अज्ञेय की काव्य-चेतना दोनों से एक साथ संदीप्त होती रहती है, यह काव्य-रसिकों के लिए अचरज की बात हो सकती है। लेकिन लारेंस की कविता का भावविश्व ही कवि अज्ञेय को प्रभावित करता है, उसकी काव्यरीति नहीं।

काव्यरीति की जहाँ तक बात है, लारेंस कोई उत्तम शिल्पी (craftsman) नहीं

है, जबकि अभिव्यक्ति रीति की सजगता इलियट में सविशेष है। उनकी काव्यरीति ने विश्व के अनेक कवियों को प्रभावित किया है। इस अर्थ में इलियट 'कविकुलगुरु' (Poets' poet) हैं।

लेकिन इलियट ने अपनी काव्यरीति यूरोप के पूर्वसूरियों के अनुशीलन से निर्मित की है। इलियट बहुश्रुत कवि हैं और प्रत्येक सर्जक के लिए बहुश्रुतता के आग्रही भी हैं। एक ओर तो इलियट की काव्यरीति सत्रहवीं शती के अंग्रेजी डन (Donne) आदि मेटाफिजिकल कवियों की काव्यरीति से तो दूसरी ओर प्रतीकवादी फ्रेंच कवि लाफोर्ग (Laforgue) तथा कोरबिएर (Corbiere) की रीति से प्रभावित है। मध्यकाल के इतालवी कवि दांटे का प्रभाव भी उल्लेखनीय है। परिणामस्वरूप विषयवस्तु की अभिनवता के साथ इलियट की काव्यरीति भी नए लक्षणों से युक्त है। जैसे इनकी कविता में–

- नाट्यात्मक संलाप की–बातचीत की भंगिमा का प्रयोग है।
- बोलचाल की भाषा के शब्दों के साथ अल्प व्यवहृत और विचित्र शब्दों का प्रयोग है। सामान्यतया गद्यगंधी शब्दों का व्यवहार है।
- विचारों का द्रुतगति साहचर्य होता है (जो पाठकों की व्युत्पन्न मति की अपेक्षा रखता है)।
- असंबद्धता अर्थात् अप्रत्याशित विरोधात्मक उक्तियों की सहोपस्थिति के द्वारा परस्पर विरोधी रस की अवतरणा होती है।
- अन्य भाषा के कवियों, चिंतकों की उक्तियों की चमकप्रद उद्धृति होती है।
- प्रसंगगर्भत्व (Allusiveness) होता है, जिसमें इतिहास, मिथकों के अनेक संदर्भ गूँथ लिये जाते हैं।
- विचार और संवेग की आवश्यकतानुसार अनियमित छंदगति और दुरूह वाक्यान्वय...

  आदि।[19]

इस काव्यरीति के साथ फ्रेंच प्रतीकवादियों से जो एक मुख्य बात इलियट ने ली है और जो अंग्रेजी मेटाफिजिकल कवियों में भी है, वह है–

'The same essential quality of transmuting ideas into sensations, of transforming an observation into a state of mind.'

अर्थात् दूसरे शब्दों में कहें तो–बिंब में विचार की उपस्थिति–'the presence of the idea in the image'। आधुनिक कविता में, नई कविता में, बौद्धिकता का जो प्राधान्य है, उसका मूल यहाँ है।

अज्ञेय की 'बंदी स्वप्न' और 'चिंता' तथा 'इत्यलम्' की कुछ रचनाएँ काव्यरीति की दृष्टि से द्विवेदीकालीन तथा छायावादी परंपरापन्न हैं, लेकिन 'तारसप्तक' की

रचनाओं की रीति में एकदम परिवर्तन (breakthrough) देखते हैं। भावुकता का स्थान बौद्धिकता लेती है, छंद अनियमित होते हैं, इंद्रियघन बिंबावली का व्यवहार होता है और भाषा बोलचाल की छटा से युक्त होती है। इस प्रकार की काव्यरीति उन रचनाओं को 'आधुनिक' (modernist) बनाती है। इस अर्थ में आधुनिकता और पाश्चात्य प्रभावों को अलग-अलग न देखकर एक अखंड प्रक्रिया के रूप में देखना चाहिए।

वास्तव में इलियट की काव्यरीति ने, जैसा आगे कहा है, विश्व-कविता को प्रभावित किया है। इस कथन में विशेष अत्युक्ति नहीं है कि इलियट ने न केवल अंग्रेजी कविता को नया मोड़ दिया, विश्व-कविता की भी दिशा बदल दी।[20]

अज्ञेय ने इलियट की काव्यरीतियों का सफलता से प्रयोग कर हिंदी कविता को सचमुच में 'नई' कविता सिद्ध किया। अप्रत्याशित बिंब की उपस्थिति से चमत्कृति पैदा करने की रीति इलियट की प्रसिद्ध कविता 'The Love Song of J. Alfred Prufrock' में है। आरंभ है :

Let us go then, you and I,
When the evening is spread out against the sky
Like a patient etherised upon a table;
Let us go, through certain half deserted streets,...

Streets that follow like a tadious argument
Of insidious intant
To lead you to an overwhelming Question...
Oh, do no asks, 'What is it ?'
Let us go and make our visit.
In the room the women come and go
Talking of Michelangelo.[21]

इस छोटे से काव्यखंड में भी इलियट की अनेक काव्यगत विशेषताओं को देखते हैं। प्रथम पंक्ति—'तो चलो, तुम और मैं'—से ही बातचीत का आरंभ है, जो कविता के अंत तक चलता है। दूसरी पंक्ति 'जब संध्या आकाश में फैली हुई है' एक रोमांटिक अपेक्षा पैदा करती है, लेकिन उसके बाद का संध्या का उपमान अप्रत्याशित है और आघात देता है। कैसी संध्या? तीसरी पंक्ति है—'इथर के असर तले (आपरेशन) टेबल पर पड़े कोई मरीज जैसी'। (कहाँ तो निराला की 'परी-सी संध्या सुंदरी' और कहाँ यह मरीज?) फिर रेस्तोराँ में जाने की बात है उन सड़कों पर से जो—पाँचवीं पंक्ति है—'विकारग्रस्त आशयों के निर्वेदमय विचार की तरह पीछा करती है।' यह अप्रस्तुत योजना भी अप्रत्याशित है, इतना ही नहीं 'विकारग्रस्त' जैसे

अल्प-प्रयुक्त शब्द भी यहाँ हैं। फिर यकायक बातचीत की गति वेगवंत होती है, जो निषेधपूर्ण आज्ञार्थ और प्रश्नार्थ वाक्य में व्यक्त होती है–"अरे, यह मत पूछो, वह क्या है?" काव्यखंड के अंत में स्त्रियों के खंड में आने-जाने की बात है, स्त्रियाँ जो 'माइकेलेन्जेलो की बातें करती हैं।' यह उक्ति भी अप्रत्याशित है, लेकिन जो एक विरोध के द्वारा व्यंग को उभारती है।

अर्थात् यहाँ बातचीत की लयात्मकता (speech rhythm), रोजमर्रा के शब्दों के साथ अल्प-प्रयुक्त शब्दों का व्यवहार, अप्रत्याशित अप्रस्तुत विधान और तीव्र विरोधात्मक उक्तियों की सहस्थिति और प्रसंगगर्भत्व पाते हैं। ऐसा लगता है कि कविता की सारी 'इबारत' बदल रही है। इतना ही नहीं हम महसूस करते हैं कि–हम 20वीं शती की कविता सुन रहे हैं, 'हमारी' कविता सुन रहे हैं।

अज्ञेय में हम इस प्रकार की काव्यरीति का प्रयोग देखते हैं। यह संभव है कि ये सभी प्रयुक्तियाँ एक कविता में एक साथ उपस्थित न भी हों। उदाहरणस्वरूप उनकी प्रसिद्ध कविता लें–'हरी घास पर क्षण भर' :

आओ बैठें
इसी ढाल की
हरी घास पर।
माली-चौकीदारों का समय नहीं है,
और घास तो
अधुनातन मानव-मन की भावना की तरह
सदा बिछी है–हरी, न्यौतती
कोई आकर रौंदे।[22]

इस कविता में बातचीत की लय है, जिसका पूरी कविता में अंत तक कुशलता से निर्वाह होता है। 'कलगी बाजरे की' कविता में भी इस प्रकार की बातचीत की लय है। इस कविता में मृत प्रतीकों की बात करते-करते जो उपमान आता है वह अप्रत्याशित है :

'कभी बासन अधिक घिसने से मुलम्मा छूट जाता है।'[23]

सारी पंक्ति रोजमर्रा के शब्दों की है। इसके अलावा–छरहरी, कुँई, टटकी, उथला, शहराती–जैसे ठेठ शब्दों के साथ गगन की पीठिका, वीरान संसृति, प्रतीकों के देवता, समर्पण जैसे अल्प-प्रयुक्त शब्द हैं।

'सवेरे-सवेरे' कविता में तीव्र वैसादृश्य है। बुलबुल, श्यामा, फूलसुंघनी जैसी चिड़ियाँ सुबह जागने पर नहीं आतीं :

जैसे ही जागा
कहीं पर अभागा
अड़ड़ाता है काग–

काँय! काँय! काँय![24]

इस कविता में फिर आगे संस्कृत उक्ति 'मुदन्तु सर्वे प्रसीदन्तु सर्वे' के पास ही 'औंधी खोपड़ी' जैसे शब्द आते हैं। 'शिशिर की राकानिशा' में पूर्णिमा की चाँदनी की सहोपस्थिति में 'नग्न, बुच्चे, दईमारे पेड़', 'भग्न गुम्मद', 'बाँस की टूटी हुई टट्टी' और–

निकटतर-धँसती हुई छत, आड़ में निर्वेद
मूत्रसिंचित मृत्तिका के वृत्त में
तीन टाँगों पर खड़ा नतग्रीव
धैर्यधन गदहा।[25]–

–का तीव्र 'कांट्रास्ट' है। भाषा भी दो स्तर की है। 'टुंडे, बुच्चे, दईमारे, गोयठों' आदि ठेठ शब्दों के साथ वंचना, निरवधि, गहन विस्तार, सित भव्यता, दुर्धर, निविड़ता आदि शुद्ध तत्सम शब्दों का योग हुआ है। लेकिन गदहे का वर्णन करने के लिए किए गए तत्सम शब्द 'निर्वेद', 'मूत्रसिंचित मृत्तिका का वृत्त', 'नतग्रीव', 'धैर्यधन'–कितने तो अर्थसाधक हैं! वर्ण्यविषय के संदर्भ में तीव्र विरोध रचकर सफल अभिव्यक्ति सिद्ध करते हैं। भाषा का यह 'नया' प्रयोग है।

अज्ञेय की अनेक कविताओं में, विशेषतया व्यंगप्रवण रचनाओं में 'mock serious' टोन हम देखते हैं। इलियट की कविता में भी ऐसा 'mock serious' टोन है। जिस कविता की हमने आगे चर्चा की है, उसमें 'Love Song' इसी टोन में है। यह क्या 'प्रेमगीत' है भला? अज्ञेय की 'शिशिर की राकानिशा' का शीर्षक भी ऐसा 'mock serious' है। चाँदनी और गदहा–इन दोनों का जो तीव्र वैसादृश्य है, व्रह हमें अतर्कित धक्का देता है। प्राचीन अलंकारशास्त्र के अनुसार शायद यहाँ रसाभास होगा, लेकिन रूप विरूप की युगपत् अनुभूति हमारे वास्तवबोध को नया आयाम देती है।

इलियट की कविता में मेटाफिज़िकल कवियों की तरह दो विभिन्नधर्मी बिंबों की जैसे सहोपस्थिति होती है, उसी तरह देश-विदेश की कविताओं की पंक्तियाँ या पुराकल्पन के संदर्भ व्यवहृत होते हैं। इस रीति को प्रायः प्रसंगगर्भत्व (allusiveness) कहते हैं। इलियट अपने प्रसिद्ध काव्य 'The Waste Land' में भारतीय उपनिषदों का संदर्भ ले आते हैं। 20वीं शती के इस महान् काव्य का अंत उपनिषद् के शांतिमंत्र से किया गया है : अंतिम पंक्तियाँ हैं :

Datta. Dayadhvam. Damyata.
Shantih shantih shantih[26]

अर्थात्

दत्त, दयध्वम, दम्यत.
शांतिः शांतिः शांतिः।

बृहदारण्यकोपनिषद् (5.1) की पंक्ति देकर, उपनिषद् पाठ की तरह काव्य का समापन है। पूरी कविता में बॉदलेर, दांते, वेब्स्टर, शेक्सपियर, मिल्टन, ओविड़, स्पेंसर, मारवेल, वर्लेन, सेफो, गोल्डस्मिथ, संत आंगस्टीन, गौतम बुद्ध, हर्मन हैसे आदि के शब्द, उक्तियाँ वगैरह गूँथ दिए गए हैं।[27] इस प्रकार के संदर्भ इनकी कविता को दुरूह बनाते हैं और पाठक से एक प्रकार की विदग्धता की, बहुश्रुत की अपेक्षा रखते हैं।

इलियट की इस काव्य-प्रयुक्ति का व्यवहार अनेक आधुनिक कवियों ने किया है। अज्ञेय ने इस काव्य-प्रयुक्ति का उपयोग कुछ कविताओं में किया है। इस प्रयुक्ति से कम-से-कम शब्दों के उपयोग से अधिक-से-अधिक अर्थ भरा जा सकता है। एक कविता है 'सपने मैंने भी देखे हैं', जिसका अंत है :

पिया-पिया की रटना।
पिया न जाने आज कहाँ हैं :
सूली पर जो सेज बिछी है वह—
वह मेरी है।[28]

पाठक को तुरंत स्मरण होगा ही मीरा की इन पंक्तियों का :

'सूली ऊपर सेज हमारी किस बिध सोणा होय
गगनमंडल पे सेज पिया की किस बिध मिलना होय।'

लेकिन मीरा की इन पंक्तियों का अर्थ यहाँ समग्र काव्य के संदर्भ में बदल जाता है, इतना ही नहीं ये पंक्तियाँ काव्य के भाव को अधिक गहराई से व्यक्त करती हैं। उसी कविता में आता है :

मेरी भी उमगी कांक्षाएँ
लीला कर से छू आती हैं रंगारंग फानुस
व्यूहरचित अंबरतलवासी द्यौस्पितर के![29]

यहाँ ग्रीक पुराकथा के झ्युस (Zeus) अर्थात् ज्युपीटर का उल्लेख संवेदना को विमिश्रित करता है।

'माहीवाल से'[30] कविता में प्रसिद्ध पंजाबी प्रेमकथा 'सोहनी-माहीवाल' का संदर्भ है। जो इस कथा को नहीं जानता, वह इस कविता के मर्म को नहीं जान सकता। इस प्रेमकथा के साथ वाल्मीकि, अनुष्टुप और क्रौंच का जिक्र आदि कवि वाल्मीकि की रामायण रचना से संबंधित है। कवि ने इसका यहाँ आधुनिक संदर्भ में उपयोग किया है। (इसकी चर्चा पहले की है।)

एक कविता का शीर्षक है 'नखशिख'।[31] इस शीर्षक से हमारी संस्कृत तथा मध्यकालीन कविता में नायिका वर्णन की स्मृति होगी, जो प्रस्तुत कविता में अर्थ को नया संदर्भ देगी। 'देहवल्ली'[32] कविता में संस्कृत सुभाषित की उक्ति 'निर्गंधा इव किंशुकाः' है, जिसका अर्थ यहाँ बदल जाता है।

अज्ञेय की एक महत्त्वाकांक्षी रचना 'इतिहास की हवा'[33] में एकलव्य, द्रोण,

ताजमहल के शिल्पी, जापानी युद्ध, अणुबंब की घटना आदि का संदर्भ आता है। 'आदम को एक पुराने ईश्वर का शाप' में[34] बाइबिल की उस प्रसिद्ध ईसाई गाथा को विषय बनाया है।

उपनिषदों का संदर्भ 'सागरमुद्रा' की 'प्रेमोपनिषद्'[35] कविता में तथा 'पहले मैं सन्नाटा बुनता हूँ' की 'नंदादेवी' खंड की तेरहवीं रचना में[36] हैं! प्रथम में 'द्वासुपर्णासयुजा' का संदर्भ–

वह जो पंछी
खाता नहीं ताकता है,
पहरे पर एकटक जागता है–
होगा, होगा जब
मैं वह पंछी हूँ
जो फल खाता है
क्योंकि फल, डाल, तरु, मूल
तुम्हीं हो सब।

–इस रूप में आता है, जो औपनिषदिक अर्थ का विस्तार करता है। दूसरी रचना में नचिकेता के प्रति यम की उक्ति–

त्वादृङ् नो भुयान्नचिकेता प्रष्टा...
तथा
'सा काष्टा सा परागति'

के द्वारा मृत्युमीमांसा का नया अर्थघटन है।

इलियट की कविता में सूक्ष्म व्यंग्योक्ति (Subtle irony) होती है, जो फ्रेंच कवि लाफोर्ग की देन है। अज्ञेय की कविता में इस प्रकार की व्यंग्योक्तियाँ अनेक हैं। वास्तव में आधुनिकबोध की अभिव्यक्ति की यह एक प्रयुक्ति है। इसके साथ कटाक्ष (Satire), विनोद (Wit) आदि का भी व्यवहार होता है। कहीं-कहीं उपहास और विडंबना भी होते हैं। व्यंगोक्ति का उदाहरण है :

अल्ला रे अल्ला
होता न मनुष्य मैं होता करमकल्ला।[37]

यहाँ अकर्मण्य व्यक्ति व्यंग्य का निशाना है। तो एक दूसरी कविता में अनापशनाप बकवास करता कोई नया कवि निशाना बनता है :

रेंक रे रेंक
    गधे
रेंक रे रेंक
कुतिया के पीछे का
आँगन डेढ़ बित्ते का

छेंक ले छेंक
गधे
रेंक रे रेंक[38]

'नए कवि से'[39] नामक अज्ञेय की रचना काफी विवादास्पद हुई है। उसमें नए कवि के प्रति तीव्र उपहास है!

'कटाक्ष' की अभिव्यक्ति तो कवि की उत्तरकविता में भी उपलब्ध है। अंतिम संग्रह 'पहले मैं सन्नाटा बुनता हूँ' में 'बाबू ने कहा', 'उनके घुड़सवार', 'कभी-अब', 'देखिए न मेरी कारगुजारी' आदि कटाक्ष-प्रधान रचनाएँ हैं।

प्रतीकवादियों के पथ पर अग्रसर होकर इलियट ने बार-बार कहा है कि कवि का कार्य भाषा को 'परिशुद्ध' करना है। अज्ञेय ने भी इलियट के इस काव्यादर्श का स्वीकार किया है। रामस्वरूप चतुर्वेदी ने अज्ञेय के भाषाकर्म की समीक्षा करते हुए लिखा है : 'परंपरागत साहित्यिक संवेदना को तोड़ने के लिए अज्ञेय ने प्रथमतः कविता के माध्यम को तोड़ा। छायावादी काव्य-भाषा का तोड़ा जाना इस दृष्टि से सबसे अधिक आवश्यक था किसी भी नए भावसंचरण के लिए। अज्ञेय ने इस स्थिति को समझा और भाषा को नया संस्कार दिया, ऐसा संस्कार जो बोलचाल की भाषा का था।...भाषा के इस क्रांतिकारी प्रयोग से उन्होंने कविता को एक नई अर्थवत्ता प्रदान की है।[40]

इलियट के प्रभाव से अज्ञेय की कविता निर्वैयक्तिकता की दिशा में अर्थात् रोमांटिकता से आधुनिकता की दिशा में गति करती है; इतना ही नहीं बदले हुए इस भावबोध की अभिव्यक्ति की रीति भी उसे उपलब्ध होती है। कुल मिलाकर कह सकते हैं कि इलियट के काव्यबोध और काव्यरीति ने अज्ञेय के भीतर के कवि को अपने रूप से प्रकट होने का मार्ग कुछ हद तक प्रशस्त किया है, क्योंकि आखिर कविता के मार्ग पर कवि को तो अकेले ही चलना होता है।

5. अज्ञेय और अन्य पाश्चात्य कवि

अज्ञेय की आरंभिक रचनाओं पर टेनिसन, ब्राउनिंग, लारेंस आदि कवियों की कविता का प्रभाव है, इलियट का सान्निध्य उनकी कविता में प्रौढ़ता (maturity) लाने में सहायक होता है। कुछ अन्य कवियों की शिल्पगत विशेषताओं का भी अज्ञेय (और उनके शमशेर जैसे समकालीन कवि) हिंदी में प्रयोग करते हैं। ऐसे कवियों में जीरार्ड मेन्ली हॉपकीन्स, वालेस स्टीवन्स, इ इ क्युमिंग्ज आदि हैं।

हॉपकीन्स अपने 'स्प्रंग रीधम' (Sprung Rhythm)[41] के लिए प्रसिद्ध हैं। यह संज्ञा उन्हीं की बनाई हुई है। इसमें मात्राओं पर या नियमित चरणों पर लय निर्धारित न होकर बलाघात (Stress) पर निर्धारित होती है। यह बलाघात किसी शब्द या मात्रा पर होता है। पंक्ति की लंबाई मात्राओं के आधार पर नहीं, किंतु बलाघात

से निश्चित होती है, अतः पंक्तियाँ असम होती हैं। वैसे अंग्रेजी छंद हमारे छंदों की तरह सांख्यिक (quantitative) न होकर गुणात्मक (Qualitative) हैं और बलाघात (Stress) से मात्राएँ नियंत्रित होती हैं; फिर भी इस प्रकार के 'प्रयोग' प्रयोगवादियों में मिलेंगे।

अज्ञेय की 'बावरा अहेरी' संग्रह की प्रथम रचना 'आज तुम शब्द न दो' में इस प्रकार की लय का अनुभव किया जा सकता है। हिंदी कवि अंग्रेजी कवि से अधिक बलाघात (Overstressing) की बात तक अपने को सीमित करता है, 'स्प्रंग रीधम' को पूरा-का-पूरा क्यों लेगा भला? इस प्रकार के लय द्वारा कवि अपने अंतरंग प्रवेग को सच्चाई से प्रकट करना चाहता है। अज्ञेय की पंक्तियाँ हैं :

आज तुम शब्द न दो, न दो
कल भी मैं कहूँगा।[42]

प्रथम 'न दो' पर बल नहीं है, द्वितीय 'न दो' पर बल है। इसी तरह से 'कहूँगा' पर बल देकर पढ़ना है, इससे कवि का वक्तव्य अधिक प्रभावक होता है। 'प्रथम किरण' कविता को भी इस प्रकार की लय में पढ़ा जा सकता है। 'देहवल्ली' कविता में शब्दविभाजन इस लय को सिद्ध करने के लिए जैसे है :

देह—
वल्ली।
रूप को
एक बार बेझिझक देख लो...[43]

देह और वल्ली दोनों पर बलाघात देकर पढ़ने के लिए वह विभाजन है, जिससे इसका प्रामुख्य नजरंदाज न हो। 'वह नाम'[44] कविता में इस प्रकार के बलाघात से पढ़ने में कविता उजागर होगी।

हॉपकीन्स के साथ इस प्रकार की शिल्पगत विलक्षणताओं के लिए इ इ क्युमिंग्ज का नाम लेना होगा। क्युमिंग्ज शब्दशिल्पी हैं। काव्यभावों के उत्कर्ष के लिए वे शब्दों को तोड़ते हैं, पूर्वग उपसर्ग को अलग करते हैं। विरामचिह्नों का शायद ही उपयोग करते हैं। केपिटल अक्षर को प्रयुक्त नहीं करते। पंक्तियों की लंबाई और आयोजन से काव्य के विविध आकार रचते हैं। (कविता को जैसे बनाते हैं)। उदाहरणरूप एक कविता[45] लेते हैं :

nor woman
          (just as it be
          gan to snow he dis
          a
          ppeare
                    d leavi

ng on its
elf pro
pped uprigh
t that in this o
ther w
ise how e
mpty park bundl
e of what man can
't hurt any more h
h
sh
nor child)

यह एक आत्यंतिक उदाहरण है। जिसमें शब्दों को तोड़ा गया है विरामचिह्नों का विनियोग नहीं। दो शब्द के सिवा सारी कविता कोष्ठक में है। ऐसा लगता है कि कविता कवि की नहीं मुद्रक की (कम्पोजीटर की) कला है। अज्ञेय के मन में क्युमिंग्ज की इस प्रकार की कविताएँ हैं, जब 'तारसप्तक' में उन्होंने कहा था : 'भाषा को अपर्याप्त पाकर विराम संकेतों से अंकों और सीधी-तिरछी लकीरों से, छोटे-बड़े टाइप से, सीधे या उलटे अक्षरों से, लोगों और स्थानों के नामों से, अधूरे वाक्यों से—सभी प्रकार के इतर साधनों से कवि उद्योग करने लगा कि अपनी उलझी हुई संवेदना की सृष्टि को पाठकों तक अक्षुण्ण पहुँचा सके।'[46]

ऐसे सभी प्रयोग क्युमिंग्ज ने किए हैं। अज्ञेय, शमशेर आदि इस प्रयोग की दिशा में कुछ सीमा तक जाते हैं। जैसे अज्ञेय 'उषःकाल की भव्य शांति' कविता में—

निबिडऽन्धकार
को मूर्तरूप दे देनेवाली...[47]

'को' प्रत्यय को अलग दूसरी पंक्ति में बैठाते हैं। इस प्रकार के प्रयोग की दिशा में जाता हुआ अच्छा उदाहरण है 'बावरा अहेरी' की 'प्रथम किरण' :[48]

भोर की
प्रथम किरण
फीकी :

अनजाने
जागी हो

याद
    किसी की—

अपनी
मीठी
    नीकी।

धीरे-धीरे
उदित
रवि का
लाल-लाल
    गोला
चौक कहीं पर
छिपा
मुदित
बन-पाखी
    बोला
    दिन है
    जय है
    यह बहुजन की :

ऐसे प्रयोगों के आगे आलोचक प्रश्नचिह्न लगाते आए हैं, लेकिन नए भावबोध की अभिव्यक्ति को नई तरकीबों से प्रकट करने के लिए चलने वाले कवि के अनथक पुरुषार्थों के द्योतक ऐसे प्रयोग होते हैं। 'प्रथम किरण' जिस रूप में मुद्रित है, उसकी प्रयोजनता का स्वीकार करके पढ़ने से धीरे-धीरे उदित होनेवाले सूर्य की गति का, उसके साथ जगने वाली किसी की मीठी याद का हलके-हलके बोध होता है। कविता की यह गति उसके 'नमस्कारी' भाव के अनुकूल है।

इसी संग्रह की 'चाँदनी जी लो।' में ऐसा प्रयोग है। हॉपकीन्स के 'स्प्रंग रीधम' और इ इ क्युमिंग्ज की रचना पद्धति का अधिक अनुसरण 'नकेन के प्रपद्य...' के तीन कवियों (नलिन विलोचन, केसरी नारायण, नरेश कुमार) ने किया है। ये सभी प्रयोग सफल रीति से ही होते हैं, ऐसा कहना मुश्किल है, लेकिन किसी भी सर्जक का प्रयोगधर्मा होना आवश्यक है और इस दृष्टि से इन प्रयोगों का अपने आप में मूल्य है।

6. अज्ञेय और पाश्चात्य काव्य-आंदोलन

अज्ञेय की कविता विशेषतया प्रतीकवादी तथा बिंबवादी काव्य-आंदोलनों से प्रभावित है। एक आंदोलन के रूप में प्रतीकवाद का जन्म फ्रांस में 19वीं शती के उत्तरार्ध में होता है और फिर जर्मनी, इंग्लैंड, रूस आदि देशों में प्रतीकवाद का प्रभाव विस्तरित होता है। वास्तव में प्रतीकवाद एक आधुनिक आंदोलन है। 1912 में एजरा पाउंड ने बिंबवाद (Imagism) का प्रवर्तन किया। एक व्यापक आंदोलन के रूप में अंग्रेजी तथा अमेरिकन आधुनिकता के संकेत बिंबवाद में प्राप्त होते हैं। वैसे बिंबवाद प्रतीकवाद की अनुवर्ती धारा है, लेकिन बिंबवाद से पुनः प्रतिष्ठित हुई है।

आधुनिकता के संदर्भ में आगे इन आंदोलनों की चर्चा की है। यहाँ अज्ञेय की कविता के संदर्भ में इतना कहना पर्याप्त होगा कि 'तारसप्तक' की अज्ञेय की रचनाएँ और तत्पश्चात् 'हरी घास पर क्षण भर' तथा 'बावरा अहेरी' की रचनाएँ इन दोनों आंदोलनों से प्रभावित हैं। इसके साथ इन आंदोलनों से जुड़े हुए कवियों की रचनाओं से भी प्रभावित हैं, विशेषकर अभिनव प्रतीकों की खोज के प्रयास में।

अतियथार्थवाद (surrealism) भी एक प्रभावक आंदोलन रहा है। आगे इसकी चर्चा की है। वास्तव में इन आंदोलनों की कार्रवाई अज्ञेय को 'तारसप्तक' के प्रकाशन की प्रेरणा में उत्स रूप है। अज्ञेय ने भी छायावादी रूमानियत और प्रगतिवादी नारेबाजी से बचाकर हिंदी कविता को नई दिशा में ले जाने का जो प्रयत्न किया, वह उनके बावजूद 'प्रयोगवाद' नाम से अभिहित हुआ। 1950 के आसपास वह 'नई कविता' के आंदोलन से पहचाना जाने लगा। प्रयोगवादी या 'नई कविता' के आंदोलन का एक प्रभावक व प्रेरकबल एजरा पाउंड आदि कवियों द्वारा प्रवर्तित 'बिंबवाद' है। 'प्रयोगवाद' अपनी सारी क्रियापद्धति में 'बिंबवाद' के समानांतर चलनेवाला आंदोलन है।

7. अज्ञेय : जापानी प्रभाव[49]

अज्ञेय की कविता पर पाश्चात्य प्रभावों के बाद सबसे अधिक प्रभाव जापानी कविता का है। जापानी चित्रकला और काव्यकला का प्रभाव आधुनिक कविता में पाश्चात्य कविता पर भी पड़ा है। 1912 से शुरू होने वाले बिंबवाद (imagism) के आंदोलन का एक प्रेरकबल जापानी और चीनी कविताओं के अनुवाद हैं। जापानी हाइकु तो 'बिंब' के उत्तम उदाहरण ही हैं। एजरा पाउंड ने हाइकु कविताओं का अनुवाद तो किया, खुद ने भी हाइकु लिखे। हाइकु के साथ ताँका की भी रचना की है।

कुछ विद्वान हाइकु के उद्भावक और विधायक परिबलों में बौद्ध साहित्य द्वारा प्राप्त भारतीय संस्कृत, प्राकृत मुक्तक कविता को मुख्य स्थान देते हैं।[50] तो हुआ

है ऐसा कि संस्कृत, प्राकृत सुभाषितों ने चीनी, जापानी हाइकु जैसे काव्यरूपों के उद्भावन में योग दिया। चीनी, जापानी कविताओं ने 'imagism' के उद्भावना में योग दिया और इस पाश्चात्य 'imagism' ने हमारी कविता को प्रभावित किया। प्रभाव का एक वृत्त फिर अपनी उत्सभूमि में आकर पूरा होता है।

अज्ञेय को जापानी संस्कृति के प्रति आकर्षण रहा है। अंग्रेजी में त्रैमासिक 'वाक्' पत्रिका निकालते थे, उसका प्रधान आशय 'साहित्य और ललित कलाओं के क्षेत्र में एशिया और विशेष रूप से दक्षिण-पूर्व एशिया के कृतित्व को प्रतिबिंबित' करना था। (अभी दो वर्ष पहले 'नया प्रतीक' का जापानी विशेषांक प्रकट किया है।)

अज्ञेय ने जापान की एकाधिक बार यात्रा की है और वहाँ की ज़ेन (Zen) साधना पद्धति तथा साहित्य के संपर्क में विशेषरूप से उनका आना हुआ है। कवि के भावजगत पर तथा काव्यरीति पर उसका गहरा प्रभाव पड़ा है। परिणामस्वरूप अज्ञेय की काव्य-यात्रा एक नया मोड़ लेती है। 'अरी ओ करुणा प्रभामय' (1959) तथा 'आँगन के पार द्वार' (1961) इन दो संग्रहों की रचनाएँ देखने से इसका पता चलता है। 'अरी ओ करुणा प्रभामय' में तो 'एक चीड़ का खाका' नामक खंड में जापानी हाइकु कविताओं के अनुवाद हैं। संग्रह में अज्ञेय के मौलिक हाइकु भी हैं, हालाँकि छंद की 5-7-5 मात्राओं का नियम उन्होंने नहीं पाला।

दोनों संग्रहों की रचनाओं में ज़ेन बौद्ध मत का प्रभाव है।[51] ज़ेन है तो भारतीय 'ध्यान' का रूपांतर। जापानी ज़ेन संपद्राय पश्चिम के द्वारा भारत में आता है, जो मूलतः भारतीय है। इतिहास बताता है कि बौद्ध ग्रंथों के अनुवाद चीनी और भारतीय अनुवादकों द्वारा चीनी भाषा में ईसा की पहली सदी से लेकर शताब्दियों तक होते रहे। लेकिन बौद्धधर्म का सारसत्त्व ('essense of Buddhism') लेकर आचार्य बोधिधर्म 520 ई.स. में भारत से चीन गए। बोधिधर्म सबसे प्रथम ज़ेन आचार्य माने जाते हैं। उन्होंने 'ध्यान' का प्रबोध दिया, उनके बाद उनके अनुयायी आचार्य ने उनकी परंपरा जारी रखी और फिर इस प्रकार ज़ेन का प्रसार चीन में व्यापक रूप से हुआ, इतना ही नहीं वहाँ से जापान तक पहुँचा।

भारतीय शब्द 'ध्यान' चीनी भाषा में 'च्यान' (Ch'an) में रूपांतरित हुआ, जिसका जापानी अवतार 'ज़ेन' (Zen) हुआ है।[52]

'अरी ओ करुणा प्रभामय' में 'द्वारहीन द्वार' एक खंड है। इस संग्रह का आलोचनात्मक विश्लेषण करते समय आगे कहा गया है कि खंड के शीर्षक की परिकल्पना चीनी ज़ेन गुरु मुमोन (1183-1260) के 'Gateless Gate' पर आधारित है।[53] मुमोन का असली नाम एकाई (EKAI) था, जिनके ग्रंथ का नाम मु-मों-कान (Mu-mon-kan) है। इसका अर्थ होता है 'नहीं कुछ द्वार अवरोधक' ('no gate barrier') । अपने ग्रंथ की प्रस्तावना में मुमोन ने लिखा है :

ज़ेन के कोई द्वार नहीं होते। बुद्ध के शब्दों का हेतु दूसरों को प्रबोधित

(enlighten) करने का है, अतः ज़ेन को द्वार नहीं होना चाहिए।

'आँगन के पार द्वार' शीर्षक के पीछे भी यही परिकल्पना है। 'आधुनिक होते हुए भी अज्ञेय में एक आंतरिक आध्यात्मिक रुझान उनको इन संग्रहों में 'नव्य-रहस्यवाद' की दिशा में ले जाती है। कवि की इस रहस्यभावना के पीछे ज़ेन बौद्धमत की संवेदना तो है, साथ हमारे उपनिषदों का दर्शन है और ईसाई नम्रता भी। रमेशचंद्र शाह ने ठीक ही कहा है कि 'यह मात्र बौद्धिक समन्वय नहीं, अपितु धार्मिक संवेदना का अनिवार्य रागात्मक विस्तार है।'[54]

इस संग्रह में जापानी साधनामार्ग का परिष्कृत रूप प्राप्त होता है। मौन का व्याख्यान कवि बहुत समय से करते आए हैं। 'असाध्य वीणा' में पुनः मौन की दिशा में जाने का ध्रुव मार्ग है। 'असाध्य वीणा' का उत्स एक जापानी ताओ कथा में है। (प्रभावग्रहण के पृथक्करण के लिए कृपया देखिए परिशिष्ट-1)

इन संग्रहों की रचनाओं को देखकर लगता है कि जापान के साथ कवि एक 'हार्दिकता' का अनुभव करता है। डॉ. रामस्वरूप चतुर्वेदी ने ठीक ही कहा है कि 'जापान कवि की मौलिक प्रकृति के अधिक निकट पड़ता है, शायद इसीलिए कि वहाँ पश्चिम और पूर्व अपने पूरे आत्मसम्मान के साथ मिलते हैं। अज्ञेय ऐसे ही सम्मिलन के पक्ष में हैं।'[55]

जापान का यह साक्षात्कार एक तरह से आंशिक है लेकिन रमेशचंद्र शाह के इस अभिप्राय के साथ सहमत होने की इच्छा होती है कि 'इस आंशिक साक्षात्कार से भी उन्होंने हमारी कविता को इस प्रकार समृद्ध किया है कि जिस प्रकार किसी भी भारतीय भाषा का कोई भी कवि शायद नहीं कर सकता था और इस अवदान के लिए हिंदी ही क्यों, समूचा भारतीय साहित्य उनका ऋणी रहेगा।'[56]

अज्ञेय की समग्र कविता का आलोचनात्मक विश्लेषण करने के बाद हम पाते हैं कि अज्ञेय की आरंभ की रचनाएँ रवींद्रनाथ के प्रभाव में छायावादी भावबोध और काव्यरीति का अनुसरण करती थीं, लेकिन क्रमशः उनकी कविताएँ नए भाव और अभिव्यक्तिरीति के अन्वेषण की दिशा में जाती हैं। 'तारसप्तक' की उनकी रचनाओं में नई क़ाव्यचेतना का संस्पर्श होता है। उनके काव्य में विद्रोह और विक्षोभ का स्वर उभरने लगता है और गैररोमांटिकता, बौद्धिकता और कवि की शिल्पसजगता का एहसास होने लगता है।

इस शती के साहित्य पर एक ओर यंत्रविज्ञान का तो दूसरी ओर मनोविज्ञान आदि का प्रभाव रहा है। इन सब परिबलों से आधुनिकता का एक नया बोध पैदा हुआ है। अनेक कला-आंदोलनों के द्वारा इस आधुनिकता बोध की अभिव्यक्ति हुई है। इसका धरातल अंतर्राष्ट्रीय है। भारतीय साहित्य पर भी इसका असर हुआ। प्रतीकवाद, बिंबवाद, अतियथार्थवाद आदि कविता-आंदोलनों के साथ बॉदलेर, इलियट, पाउंड जैसे कवियों के संपर्क ने भारतीय सर्जक-चेतना को उद्वेलित किया। बंगला

के बुद्धदेव बसु, सुधीन्द्रनाथ दत्त, जीवनानंद दास या विष्णु दे; मराठी के बा.सी. मर्ढेकर, गुजराती के उमाशंकर जोशी, सुरेश जोशी और निरंजन भगत और हिंदी में अज्ञेय आदि कवियों की कविता आधुनिक साहित्य के इस वैश्विक धरातल से अनुप्राणित है।

वास्तव में अज्ञेय और इन अन्य कवियों की आधुनिकता उस 'अवेयरनेस' का परिणाम है जो इस युग की भी है और अध्ययनशील व्यक्तित्व द्वारा आत्मसात् किए हुए सक्रिय स्रोतों की भी।

अज्ञेय प्रयोगवाद और नई कविता के प्रयोक्ता नहीं रहे, इस काव्य आंदोलन को पत्रिकाओं, संपादनों आदि के माध्यम से परिचालित कर इसके प्रथम पुरोधा भी बने। नई कविता के साथ नया काव्यादर्श भी सामने रखकर कवि आचार्य का ऐतिहासिक कार्य किया है। मतभेदों के बावजूद इस बात से शायद ही इनकार किया जा सकता है कि अज्ञेय ने हिंदी कविता को नया मोड़ दिया है। आधुनिकता की प्रस्थापना का श्रेय हिंदी कविता में अज्ञेय को है।

अज्ञेय आत्मान्वेषी कवि हैं। इनके व्यक्तित्व और कृतित्व में एक स्वीकारी भाव है, जो विभिन्न स्रोतों तक ले जाता है। जापान का ज़ेन दर्शन या पिएर-क्वि-वीर मठ की साधना पद्धति और ईसाई दर्शन से अनुप्राणित उनकी कविताएँ नव्यरहस्यवाद का संकेत देती हैं। ज़ेन प्रभावित ये रचनाएँ भारतीय परंपरा से अनुबंध रखती हैं, क्योंकि ज़ेन का एक स्रोत भारत भी है। ये कविताएँ हिंदी कविता की उपलब्धि हैं। अज्ञेय की उत्तरकालीन रचनाओं में आध्यात्मिक उदीषा के साथ एक बहिर्मुखी सामाजिक चेतना है। समय के पदचिह्न इन रचनाओं में देखे जा सकते हैं। उनकी इस सामाजिक चेतना में विद्रोह और विक्षोभ नहीं, एक शांत समाहिति है।

अपनी कविता और काव्यादर्श से हिंदी कविता के समसामयिक परिदृश्य को बदल कर अज्ञेय एक प्रौढ़ व परिपक्व कवि के रूप में हमारे सामने आते हैं।

सन्दर्भ

1. 'ऋण स्वीकारी हूँ'—'लिखि कागद कोरे', पृ. 16-17; 2. 'चिंता', पृ. 147; 3. Penguin Browning, पृ. 33; 4. 'त्रिशंकु' में संगृहीत एक निबंध 'संस्कृति और परिस्थिति' में लारेंस के लिए 'दिव्य कलाकार' शब्दों का प्रयोग किया है जो अज्ञेय की लारेंस-प्रीति का द्योतक है। देखिए : 'त्रिशंकु', पृ. 16; 5. 'सागरमुद्रा', पृ. 37; 6. 'तारसप्तक', पृ. 278; 7. विशेष के लिए देखिए : (1) The History of Surrealism—Maurice Nadeaw —Palican Book (1968); (2) An Introduction to Surrealism—J.H. Mathews (1969); 8. 'तारसप्तक', पृ. 278 9. विशेष के लिए देखिए : (1) The Heritage of Symbolism, C.M. Bowra (1943, 1954) (2) The Symbolist Movement in Literature, Arthur Symons (1899, 1958) (3) Axel's Castle, Edmund Wilson (1935, 1961); 10. 'इत्यलम्', मुख पृ. 11. Four Quartets (Faber Paperback), p. 28; 12. 'The historical sense compels a man to

write with not merely his own generation in his bones, but with a feeling that the whole literature of Europe from Homer and within if the whole literature of his own country, has a simultaneous existence and composes a simultaneous order.'; 13. 'The progress of an artist is a continual self-sacrifice, a continual extinction of personality.'; 14. 'To direct interest from the poet to the poetry...' Tradition and the Individual Talent, 'Selected Essays, p. 14, 17, 22.; 15. 'त्रिशंकु', पृ. 34; 16. 'त्रिशंकु', पृ. 39; 17. 'त्रिशंकु', पृ. 44; 18. 'शेखर : एक जीवनी', पृ. 108 इसी पृ. पर जेल से छूटा शेखर प्रोफेसर हिथ से मिलने के बाद सड़क पर घूमते-घूमते सोच रहा है पूर्व-पश्चिम की संस्कृति के बारे में व्यक्ति की और सामूहिक रुचि की दृष्टि से : " 'मैं' इलियट अथवा एज़रा पाउंड को पसंद कर सकता हूँ, जब कि 'हमारी' रुचि छायावाद की ओर है..."; 19. The Achievement of T.S. Eliot (F.O. Matthiessen), 1959, p. 3-33; 20. 'The greatest poetic influence in the world to-day'—Stephen Spender; 21. 'Collected Poems' (1909-1962), p. 13; 22. 'हरी घास पर क्षण भर', पृ. 59; 23. 'हरी घास पर क्षण भर', पृ. 57; 24. 'हरी घास पर क्षण भर', पृ. 39; 25. 'पूर्वा', पृ. 141; 26. 'The Waste Land' T.S. Eliot—'Collected Poems', p. 79; 27. देखिए, Notes on the Waste Land, p. 80-86; 28. 'हरी घास पर क्षण भर', पृ. 38; 29. 'हरी घास पर क्षण भर', पृ. 38; 30. 'हरी घास पर क्षण भर', पृ. 45; 31. 'हरी घास पर क्षण भर', पृ. 27; 32. 'हरी घास पर क्षण भर', पृ. 28; 33. 'इन्द्रधनु रौंदे हुए ये', पृ. 31-35; 34. 'इन्द्रधनु रौंदे हुए ये', पृ. 54; 35. 'सागरमुद्रा', पृ. 32; 36. 'पहले मैं सन्नाटा बुनता हूँ', पृ. 6-73-74; 37. 'इन्द्रधनु रौंदे हुए ये, पृ. 29; 38. 'इन्द्रधनु रौंदे हुए ये', पृ. 41; 39. 'अरी ओ करुणा प्रभामय', पृ. 25; 40. 'भाषा और संवेदना', पृ. 18; 41. विशेष के लिए देखिए : 'Sprung Rhythm' Princeton Encyclopeadia of Poetry and Poetics (1972), p. 808; 42. 'बावरा अहेरी', पृ. 3; 43. 'बावरा अहेरी', पृ. 28; 44. 'बावरा अहेरी', पृ. 25; 45. e e cumings—Poems (1923-1954). p. 339; 46. 'तारसप्तक', पृ. 276; 47. 'तारसप्तक', पृ. 284; 48. 'बावरा अहेरी', पृ. 8; 49. अपनी विषयसीमा के बाहर होने से यहाँ जापानी प्रभाव का सविस्तार ब्यौरा नहीं दिया। निरूपण का सिलसिला बनाए रखने के लिए सिर्फ आवश्यक बातें कही हैं।; 50. डॉ. हरिवल्लभ भायाणी–'बिंबवादी कविता अने संस्कृत मुक्तक' 'काव्यनुं संवेदन' (1976), पृ. 99; 51. डॉ. जगदीश कुमार ने 'अज्ञेय : जापानी ध्यानमुद्रा' लेख में इन प्रभावों का विवरण दिया है। देखिए : 'नई कविता की चेतना' (1972), पृ. 58-72; 52. ज़ेन इतिहास की सामग्री उद्धृत–'Zen Flesh, Zen Bones', p. 92; 53. विशेष के लिए देखिए : 'Gateless Gate'—'Zen Flesh, Zen Bones' Compiled by paul Reps-Penguin (1957, 1973), p. 91-131; 54. 'आँगन के पार द्वार और अज्ञेय : एक दृष्टि'–'समानांतर', पृ. 59; 55. 'अज्ञेय : अरी ओ करुणा प्रभामय'–'कविता यात्रा' (1976), पृ. 65; 56. 'आँगन के पार द्वार और अज्ञेय : एक दृष्टि' 'समानांतर' (1973), पृ. 66।

उपन्यासकार अज्ञेय

शेखर : एक जीवनी

1. वस्तुविन्यास

'शेखर : एक जीवनी' तीन भागों में परिकल्पित उपन्यास है, जिसके सिर्फ दो भाग प्रकाशित हुए हैं। लेकिन जैसा कि स्वयं लेखक ने कहा है, तीनों भाग एक ही कथासूत्र से गुँथे होकर भी प्रायः संपूर्ण हैं। कहा जा सकता है कि जीवनी वास्तव में तीन स्वतंत्र उपन्यासों का अनुक्रम है।[1] इस दृष्टि से इनको अलग-अलग उपन्यासों के रूप में पढ़ा जा सकता है; यद्यपि लेखक ने यह भी कहा है, 'तीनों भागों में एक एकांतता' है और उनमें 'उनके कथ्य का एक तंतु है, जो एक ओर अविभाज्य है।'

अतः जब 'शेखर' के दो ही भागों को समक्ष रखकर वस्तुविन्यास की आलोचना में जब प्रवृत्त होते हैं, तब इस प्रयत्न की सीमा नजरअंदाज नहीं होनी चाहिए। दूसरी भी एक बात है, जो लक्ष्य में रहनी चाहिए। 'शेखर' में समय रेखानुसार (लीनियर) नहीं है, चक्राकार (फ्युगल) है। शेखर के जीवन का अंतकाल निकट आया है, वहाँ से उपन्यास का आरंभ होता है। अर्थात् उपन्यास जब शुरू होता है, तब सब कुछ गुजर चुका है और शेखर को फाँसी की सजा हो गई है। वह कालकोठरी में बैठकर अपने जीवन का पर्यवलोकन कर रहा है। इस स्थिति में दूसरे भाग के अंत से आरंभ कर, फाँसी की सजा की स्थिति तक पहुँचती शेखर की जीवनयात्रा का वह पर्याय—जो तीसरे भाग का विषय होगा—हमारे अनुमान का विषय रहेगा। लेकिन चूँकि तीसरे भाग का अंत जिससे प्रथम भाग का आरंभ होता है, हमारे सामने एक तरह से प्रकट है, अतः जीवन के पूरे वृत्त की कल्पना की जा सकती है।

इस उपन्यास का वस्तुविन्यास सुयोजित है। उसकी वस्तुकला की-सी (आर्किटेक्चरल) डिजाइन उपन्यासकार की शिल्पसजगता की द्योतक है। हमारे अनेक बृहत् उपन्यासों का शिल्पगठन शिथिल होने का कारण उपन्यासकार की शिल्पसजगता का अभाव है। 'शेखर' एक बृहत् उपन्यास ही है, फिर भी उसका गठन अत्यंत चुस्त है।

प्रथम भाग 'उत्थान' में प्रवेश के अतिरिक्त चार खंड हैं :

(1) उषा और ईश्वर, (2) बीज और अंकुर, (3) प्रकृति और पुरुष, (4) पुरुष और परिस्थिति।

दूसरे भाग 'संघर्ष' के भी चार खंड हैं :

(1) पुरुष और परिस्थिति, (2) बंधन और जिज्ञासा, (3) शशि और शेखर, (4) धागे, रस्सियाँ, गुंझर।

'प्रवेश' खंड जैसे किसी विशाल भवन का प्रवेशद्वार है, जहाँ आसन्नमृत्यु शेखर से हमारी भेंट होती है और जैसे उसकी ही उँगली पकड़कर इस भवन के विभिन्न कक्षों में हम प्रवेश करते हैं। (इस तरह से इस उपन्यास की वस्तुसंरचना टोमर्स हार्डी के उपन्यास की सुगठित वस्तुसंरचना की याद दिलाती है) 'शेखर' के साथ शिल्पप्रधान उपन्यासों के युग में हम पदार्पण करते हैं।

कालकोठरी में बैठे हुए उपन्यास के नायक शेखर के फाँसी चिंतन से प्रवेशखंड का आरंभ होता है। मौत के एकदम करीब आकर वह अपनी मृत्यु के बारे में सोच रहा है, अपने जीवन की सिद्धि के बारे में सोच रहा है और मौत की छाया में वह अपने जीवन का पर्यवलोकन करता हुआ जैसे 'अतीत को दुबारा जीता' है।

'जीवन के अंतिम पड़ाव' पर पहुँचकर जब वह पीछे देखता है तब सबसे पहले शशि उसकी स्मृति में आती है क्योंकि उसका होना शशि के होने को लेकर है यद्यपि शीश अब सिर्फ स्मृतिशेष है।

यदि शशि की स्मृति के तंतु को ही आगे बढ़ाया जाता, तो यह उपन्यास महज 'फ्लेशबेक' की टेकनीक से आगे नहीं बढ़ता। यहाँ नायक मौत के सन्निकट वर्तमान के जिस बिंदु पर खड़ा है, वहाँ से वह विभिन्न दिशाओं में देखता है, फिर उसी बिंदु पर लौट आता है। अतीत की विशृंखल स्मृतियाँ की भी एक डिजाइन बनती जाती है, जो शेखर का चित्र उभारती है।

जब शशि की याद में डूब कर वह बाहर आता है, तब शैशव की स्मृति उभरती है। शेखर तब आठ वर्ष का था और श्रीनगर में था। श्रीनगर की एक झील में उनका बजरा जा रहा है और शेखर झील से फूल तोड़कर, उनकी माला बनाकर अपनी बहन सरस्वती के गले में डाल रहा था।

शशि, सरस्वती के बाद शारदा की स्मृति आती है। फिर माँ के प्रति धिक्कार की भावना जगानेवाली (माँ की शेखर के प्रति अविश्वास की बात वाली) घटना याद आती है और फिर स्मृतियों की इस जाल से साम्प्रत के बिंदु पर चला आता है और सोचने लगता है विद्रोहियों, क्रांतिकारियों और निहिलिस्टों के बारे में। सामने पड़े फूलों को देखकर उसे भेजनेवाली शीला का स्मरण हो आता है और क्रांतिकारी दिनों की एक घटना का। सोचते-सोचते इस बिंदु पर पहुँचता है कि उसके जीवन की सिद्धि संपूर्ति की बात झूठ है, शून्य है। अंत में वह अपनी ज्वालामयी कथा कहने को उद्यत होता है–'कह डालूँ अन्तःकथा को...' कहकर अपनी कहानी को 'मैं' के

रूप में न कहकर 'वह' के रूप में प्रस्तुत करने का सोचता है, जिससे एक ताटस्थ्य का भाव वह ला सके।

इस प्रवेशखंड के बाद प्रथम भाग के प्रथम खंड 'उषा और ईश्वर' में शेखर स्मृतियाँ, अर्ध-स्मृतियों के आधार पर शैशव के आरंभ का चित्रण करता है, जिसमें मानव-जीवन का अनुशासन करनेवाली तीन महत् प्रेरणाओं—अहंता, भय और सेक्स का उद्‌भावन है।

आशैशव शेखर में विद्रोही वृत्ति है। स्कूल में पढ़ने नहीं जाता, घर आनेवाले मास्टरों को परेशान करता है। उसे इस समय लगता है कि जहाँ-जहाँ वह सहजबुद्धि की प्रेरणा से चला है, वहाँ उसने उचित ही किया है। उस छोटी उम्र में वह 'अकेलेपन' का अनुभव करता है, उसे 'सोचने की' आदत है—'ईश्वर' जैसी भारी समस्या के बारे में भी वह सोचता है। पक्षियों को पालने की घटना से स्वतंत्रता की अंतःप्रेरणा पाता है। वह जीवन की पाठशाला से ही अधिक सीखता है। उसी शैशवकाल में लखनऊ में सौंदर्यबोध का तथा 'लय' का साक्षात्कार होता है जो आगे चलकर सर्जन की दिशा में जाने को प्रेरित करता रहता है। शेखर की विद्रोह की भावना सर्जक जीवन की आकांक्षा की पूर्व भूमिका है। वह 'पुस्तक' लिखने की कोशिश भी करता है।

उसी उम्र में 'शिशु सखी' शशि ने उसे सिखाया था कि बहिनापा क्या होता है, उसी उम्र में अपनी बहन सरस्वती के प्रति एक 'आकर्षण' का अनुभव करता है। खीर भवानी की यात्रा पर वह घोषणा करता है कि वह 'ईश्वर' को नहीं मानता, प्रार्थना में भी नहीं मानता। वह दिन भर घूमता रहता। उन दिनों श्रीनगर के एक पुराने खँडहर से डल झील के दर्शन से सम्मोहित होकर सब कपड़े उतार फेंककर कैवल्य का अनुभव करता है। यहाँ प्रथम खंड समाप्त होता है।

'बीज और अंकुर' नामक द्वितीय खंड में आरंभ में शेखर की निरुद्‌देश्य भटकन का आलेखन है। इन दिनों विदेशी के प्रति उनके मन में घृणा जगती है। गाँधी के प्रति अपनी श्रद्धा प्रकट करने के लिए 'राष्ट्रीय नाटक' लिखता है। माँ और पिता के बारे में सोचता शेखर फिर यकायक सांप्रत के क्षणों में आकर पुनः अतीत में डूब जाता है। उसके शैशव के यह वे दिन थे जब 'अछूती भूमि में नया बीज जड़ पकड़ रहा था।' उसकी वयःसंधि का काल था, जब अपनी बहन सरस्वती के प्रति आकर्षण अनुभव करता है।

उपन्यास के तीसरे खंड 'प्रकृति और पुरुष' में उसके किशोर विश्व में सिर्फ सरस्वती के प्रवेश होने की कथा है। नास्तिक शेखर सरस्वती का मूर्तिपूजक बनता है। सरस्वती की शादी की बात से वह सन्न रह जाता है। वह मन-ही-मन बहुत कष्ट पाता है। अपने शरीर में परिवर्तन का अनुभव करता है, लेकिन शरीर की माँग वह नहीं समझ पाता। अनेक अंग्रेजी कविताएँ पढ़ता है और अपनी दिनचर्या को

एक कठिन नियंत्रण में बाँधता है। इस अवस्था की यही तो छटपटाहट है।

दक्षिण निवास के समय शारदा का उसके जीवन में प्रवेश होता है। वयःसंधि की इस वेला में इस बालिका का परिचय शेखर में एक अपूर्व सम्मोहन जगाता है। एक दिन उसकी प्रतीक्षा करते-करते शेखर अनुभव करता है कि वह शारदा से 'प्यार' करता है। लेकिन तभी मेट्रिक की परीक्षा देने उसे लाहौर जाना पड़ता है जहाँ शारदा से आक्रांत शेखर के जीवन में शशि का प्रवेश होता है, जो उस समय तो प्रभावी नहीं होता। लाहौर से दक्षिण में लौट कर वह पाता है कि शारदा के घर में ताला लगा हुआ है, मकान खाली है। वयःसंधि का ज्वार वहाँ समाप्त होता है।

इन दिनों लग्न के बारे में एक किताब पढ़ने से स्त्री-पुरुष के संबंध में उसे 'ज्ञान' होता है। कॉलेज जाने की तैयारी होती है। रोमाँ रोलाँ का एक वाक्य पढ़ा था—'सत्य उनके लिए है, जिनमें उसे सह लेने की शक्ति है' उस दिन उसने अनुभव किया था कि 'वह सम्पूर्ण है, मुक्त है और पुरुष है।'[2]

चतुर्थ खंड 'पुरुष और परिस्थिति' में मद्रास में शेखर के कॉलेज जीवन के दिनों का वर्णन है। उसकी आयु अब पंद्रह वर्ष की है। मद्रास जैसे बड़े शहरों में आकर उसे लगता है कि वह बहुत अकेला है। अकेलेपन की इस अवस्था में कुमार नामक एक लड़के से परिचय होता है, जिसके प्रति समलैंगिक आकर्षण का अनुभव करता है। वह मैत्री भी टूट जाती है।

इन दिनों शेखर समाज सेवा के आदर्श से आक्रांत होता है। ब्राह्मणों का हास्टेल छोड़कर अछूतों के हास्टेल में जाता है, समाजपरिवर्तन की अनेक योजनाएँ बनाता है, धर्म, संस्कृति, समाज की उग्रता से चर्चा करता है, अछूतों के मुहल्ले में रात्रिपाठशाला शुरू करता है। अछूतोद्धार के साथ नारीगौरव की प्रस्थापना की समस्या भी शेखर के सामने आती है। 'एंटीगोनम क्लब' की स्थापना समाजसेवा के उद्देश्य से वह करता है।

परीक्षा के दिनों त्रिवेंद्रम जाने पर शारदा से भेंट होती है, लेकिन शारदा अंत में उसे कह देती है कि वह उसे नहीं चाहती। शेखर अनुभव करता है कि सब कुछ समाप्त हो गया है और परीक्षा के बाद 'शारदा के देश' से विदा लेता है।

परिस्थिति से उसका संग्राम किसी दूसरे 'युद्धफ्रण्ट' पर होगा।

'शेखर : एक जीवनी' के दूसरे भाग का नाम 'संघर्ष' है। प्रथम भाग 'उत्थान' में शेखर के जीवन के प्रथम सत्रह वर्षों की कथा चार खंडों में आ जाती है। 'उत्थान' काल के अंतिम पर्व में पुरुष का परिस्थितियों से मुकाबला शुरू हो गया है, जो दूसरे भाग 'संघर्ष' के प्रथम खंड में भी जारी है। शेखर का यह 'निर्माण' काल है। जर्मन उपन्यासकार गेटे के 'विल्हेम माईस्टर' के नायक विल्हेम की तरह ये शेखर की 'शिक्षा' के वर्ष (lehrejare) हैं। यह शिक्षा वर्ग की चार दीवारों में नहीं, खुले संसार में प्राप्त होती है। मद्रास के दिनों में पढ़ाई और समाजसेवा की प्रवृत्तियों में व्यस्त रहकर

भी वह शारदा को नहीं भूला था, लेकिन अंत में भ्रमनिरसन के बाद उसका 'शारदा के देश' से 'शशि के देश' लाहौर आना होता है।

यहाँ अकेलेपन का नहीं, 'एकात्म' होने का शेखर को बोध होता है। धीरे-धीरे यहाँ के समाज का परिचय वह पाता है। वह पुनः बाहर से अपने को खींचकर 'लिखने में' प्रवृत्त होता है। परीक्षा के बाद शशि के पिता के देहावसान का समाचार पाकर शशि के घर जाता है। एक गहरी संवेदना से शेखर उस घर का सदस्य बन जाता है। छुट्टियाँ समाप्त कर जब वह चलने को उद्यत होता है तब शेखर और शशि 'आप' से 'तुम' की निकटता तक आ गए थे।

उस समय राष्ट्रीय कांग्रेस के अधिवेशन में शेखर को स्वयंसेवक दल का मातहत अफसर बनाया जाता है। वहाँ भी वह बहुत कुछ देखता है, लेकिन एक सी.आई. डी. को पीटने के मामले में (जिसमें शेखर है ही नहीं) शेखर को पकड़कर हवालात में बंद किया जाता है।

'बंधन और जिज्ञासा' के दूसरे भाग के दूसरे खंड में शेखर का एक हवालाती कैदी के रूप में अपना आलेखन है। उसे वहाँ दस महीने रहना पड़ता है लेकिन जेल उसके लिए नया विश्वविद्यालय बन गया। वहाँ शुरू में ही उसे 'स्वाधीनता' का अर्थ समझ में आया। अब तक के उसके पैमाने निकम्मे हो गए। अब वह सत्य और मिथ्या के बारे में नए सिरे से सोचता है। उसके सामने 'प्रश्न, प्रश्न, प्रश्न' ही हैं। जिज्ञासा दुर्निवार बन जाती है। शशि जेल में उसे देखने आती है। जेल में वह अनुभव करता है कि जैसे दूर के भाई-बहन होकर भी एक ही धमनी का रक्त दोनों में प्रवाहित होता है।[3]

जेल में बाबा मदनसिंह और मुहम्मद मोहसिन का परिचय शेखर की जीवनदृष्टि को जैसे बदल देता है। शेखर जेल में है, तभी शशि का विवाह हो जाता है। जेल में धीरे-धीरे शेखर में उपराम की स्थिति आती जाती है। शेखर अंत में जेल से मुक्त होता है—एक बहुत बड़ी दीक्षा लेकर।

'शशि और शेखर' नामक खंड में शेखर और शशि के बढ़ते जाते स्नेह-संबंधों का आलेखन है। जेल से मुक्त होने के बाद शेखर एक कमरा किराए पर लेता है। वह क्रांति करना चाहता है और उसके लिए लिखने का मार्ग अपनाना चाहता है। शशि से वह बार-बार मिलता है, जिससे शशि के पति के मन में संदेह पैदा होने लगता है। उस समय वह 'हमारा समाज' पुस्तक लिखता है, लेकिन उसमें जो विचार रखे थे, उससे कोई भी प्रकाशक ज्यों-की-त्यों छापने के लिए तैयार नहीं। एक प्रकाशक उसमें काफी परिवर्तन करता है, जिसे वह वापस ले आता है। आत्महत्या की कोशिश में बाल-बाल बच जाता है। जब घर आता है तब शशि उसकी प्रतीक्षा करती होती है। शेखर कहता है—'जितने स्वप्न मैंने देखे हैं, सब तुममें आकर धुल जाते हैं।'[4] उसे बोध होता है, उसका कोई है।

उपन्यास का चतुर्थ खंड 'धागे, रस्सियाँ, गुंझर' तीसरे खंड का ही संधान है। शशि को उसका पति मारपीट कर घर से निकाल देता है और शशि-शेखर साथ रहने लगते हैं, क्योंकि शशि एकदम व्याधिग्रस्त है। शेखर उसकी सेवा में लग जाता है। शशि शेखर को लिखने में प्रवृत्त करना चाहती है। अनेक समस्याएँ दोनों के सामने हैं, उस समय आतंकवादी दल से शेखर का संपर्क होता है और वह उस संगठन का सक्रिय सदस्य हो जाता है। शशि भी धीरे-धीरे उस कार्य में योग देती है। शेखर अनुभव करता है कि वह एक नए जीवन में प्रवेश कर रहा है। विद्रोही विचारों के प्रचार के लिए शेखर ने एक 'गरम' उपन्यास लिखा था, अतः लाहौर में रहना सुरक्षित नहीं है, ऐसा सोचकर दिल्ली आना होता है, जहाँ यमुना के तीर एक मकान में शशि और शेखर की 'गृहस्थी' चल पड़ती है। दोनों में एक अंतरतम सख्य प्रकट होता है। लेकिन शशि की तबीयत गिरने लगती है और अंत में शेखर के सान्निध्य में ही उसकी मृत्यु हो जाती है।

शेखर को लगता है कि उसके 'जीवन ने अर्थ खो दिया है, यथार्थता, व्यवस्था, गति सब कुछ खो दिया है।'[5] फिर भी अंत में वह लाहौर जाने को तैयार होता है और शशि का स्मरण लेकर चल पड़ता है।

उपन्यास के प्रथम भाग के प्रवेश खंड में अपने क्रांतिकारी जीवन का प्रत्यावलोकन करते समय सबसे पहले शेखर ने दिवंगता शशि का स्मरण किया था। शशि की स्मृति से शेखर ने अपनी जीवनी का आरंभ किया था और शशि की आखिरी विदा के साथ (दूसरे भाग की) समाप्ति।

उपन्यास की सारी कथा शेखर का दीर्घ प्रत्यावलोकन है, लेकिन सांप्रत के साथ लगातार पाठक का संबंध बना रहता है, क्योंकि उसके सामने कालकोठरी में बैठे शेखर की उपस्थिति बनी रहती है। सांप्रत और अतीत के समायोजन से उपन्यास के कथानक में एक संश्लिष्टता और कलात्मकता आ गई है। हम ऐसा अनुमान कर सकते हैं कि तीसरा भाग शेखर के क्रांतिकारी जीवन से संबद्ध होगा, जहाँ उसकी समाप्ति शेखर को फाँसी की सजा के साथ होती होगी। उस 'फाँसी' शब्द से ही शेखर : एक जीवनी का आरंभ है। जिस प्रस्थान बिंदु से कथा का आरंभ होता है, उसी प्रस्थान बिंदु पर आकर कथा जैसे रुकती है। एक पूर्ण वृत्त की आकृति उभर आती है।

2. शेखर : एक जीवनी–दृष्टिकोण

'The whole intricate question of method, in the craft of fiction, I take to be governed by the question of the—point of view—the question of the relation in which the narrator stands to the story.'

—Percy Lubbock

(अ) उपन्यास में दृष्टिकोण का प्रश्न

नाटक और उपन्यास में एक बहुत बड़ा अंतर है। नाटक को हम 'दृश्यकाव्य' कहते हैं अर्थात् वह अपने आप खुलता है, प्रत्यक्ष है और परलक्षी भी। उसके पात्र, प्रसंग या स्थल आदि अपने आपको प्रकट करते हैं और दर्शकों के सामने अपने आपको प्रस्तुत करते हैं। इस अर्थ में उपन्यास परोक्ष और आत्मलक्षी है। उसके पात्र, प्रसंग या स्थल आदि पाठक के सामने सीधे प्रकट नहीं होते, किंतु किसी अन्य चेतना के माध्यम से प्रकट होते हैं अर्थात् एक खास और आत्मलक्षी दृष्टिकोण से प्रकट होते हैं; फिर चाहे वह दृष्टिकोण लेखक का हो, या किसी पात्र का या किसी काल्पनिक चरित्रलेखक का। अतः जब उपन्यास की कला की चर्चा करते हैं तब दृष्टिकोण का प्रश्न अवश्य उपस्थित होता है।

उपन्यास की आलोचना में 'दृष्टिकोण' के प्रश्न का एक छोटा सा इतिहास है। उपन्यास कविता, नाटक आदि की तुलना में नई विधा है। सही अर्थ में उपन्यास अठारहवीं शती से लिखे जाने शुरू हुए। लेकिन उपन्यास को करीब उन्नीसवीं शती के अंत तक गंभीर कलास्वरूप के रूप में नहीं गिना गया। उन्नतभ्रू आलोचक उपन्यास को 'अशुद्ध कलास्वरूप' मानते रहे। एक तरह से यह उपेक्षित साहित्यस्वरूप रहा। नाटक के स्वरूप को परिभाषित करनेवाले भरत या एरिस्टोटल जैसे आचार्य उपन्यास को नहीं मिले। वैसे उपन्यास अधिकाधिक जनप्रिय साहित्यस्वरूप होता जा रहा था और उत्तम प्रतिभावाले लेखक इस स्वरूप को आजमा रहे थे।

उस समय अमेरिकी उपन्यासकार हैनरी जेम्स ने आलोचकों की इस उपेक्षावृत्ति की ओर जेहादी की। उपन्यास को एक कलास्वरूप की प्रतिष्ठा देने का श्रेय उसके प्रयत्नों को मिलना चाहिए। हैनरी जेम्स की इस कलादृष्टि का समर्थन सबसे प्रथम पर्सी लबोक (Percy Lubbock) ने अपने ग्रंथ 'द क्राफ्ट ऑफ फिक्शन' (The Craft of Fiction) में किया। ग्रंथ 1921 में प्रकाशित हुआ था, जो उपन्यास की कला को लेकर प्रथम पूरा ग्रंथ है।

लबोक का प्रश्न रहा—उपन्यास का मूल्यांकन कैसे करना। उसके फॉर्म (Form) की सिद्धि का विश्लेषण कैसे करना? हैनरी जेम्स के इस प्रशंसक ने 'दृष्टिकोण' (The point of view) का निकष उपन्यास के विश्लेषण के लिए रखा। उपन्यास की पाश्चात्य समालोचना में इस संज्ञा को उपन्यास विवेचना के एक औजार (Critical tool) के रूप में बहुत महत्त्व दिया गया है। (हिंदी आलोचना में कई बार भ्रांति से जिसे शैली का एक पहलू ही मान लिया है।)

दृष्टिकोण किसी भी उपन्यास के 'फार्म' को निर्धारित करता है। या यों कहें कि उपन्यासकला में दृष्टिकोण ही उसकी रीति को निर्धारित करता है। उपन्यास में अनेक दृष्टिकोणों की संभावना होती है क्योंकि चरित्रों के पारस्परिक घात-प्रतिघात

की अनेक संभावनाएँ हैं। किसी एक परिस्थिति (situation) के उतने ही अर्थघटन हो सकते हैं, जितने उस घटना से संबंधित पात्र; क्योंकि प्रत्येक पात्र उसका अपना उस घटना में जो योग (role) होगा, उससे प्रभावित (coloured) और परिभाषित (defined) होगा।

कथा कहनेवाला कथक (narrator) कई बार बाहर से और दूरी से देखता है तो कई बार इतना निकट आता है कि उपन्यास के नायक के साथ अपने को जोड़ देता है। कई बार वह घटनाओं के प्रति ऐसे देखता है, जैसे वे अनेक वर्षों के पूर्व घटित हुई हों और कई बार ऐसा लगता है कि घटनाएँ जैसे-जैसे घटित होती जाती हैं, कथा कहनेवाला वैसे-वैसे उनका अनुभव करता जाता है। तात्पर्य यह है कि कथा कहनेवाले के और उसकी विषय-सामग्री के बीच स्थल और काल की जो दूरी रहेगी, उसी पर मुख्यतः परिप्रेक्ष्य का प्रकार निर्धारित होगा।

अनेक उपन्यासों में कथा कहनेवाला कोई अनामी कथक (anonymous narrator) होता है जो अन्य पुरुष में कथा की घटनाओं का और पात्रों का आलेखन करता है। ऐसा कथक अपने चरित्रों पर एक 'ईश्वर' की तरह अधिष्ठित होता है और जिस तरह ईश्वर अंतर्यामी है और सबके मन की जानता है, उसी तरह वह भी जानता है कि प्रत्येक चरित्र कब क्या सोचता है और कब क्या अनुभूत करता है। इसीलिए ऐसे कथक को सर्वदर्शी (Omniscient narrator) कहते हैं। ऐसा कथक बीच-बीच में चरित्रों के व्यवहार के बारे में, घटनाओं के बारे में अपनी इच्छानुसार टीका-टिप्पणी भी करता रहता है, पाठकों को अपने दार्शनिक विचारों से लाभान्वित (!) भी करता जाता है। ये विचार कथा के पात्रों के अनुभवविश्व से बाहर के भी हो सकते हैं अर्थात् कथा की दृष्टि से परिहार्य भी।

अधिकतर उपन्यासों में ऐसा सर्वदर्शी कथाकथक का दृष्टिकोण होता है। प्रेमचंद के उपन्यासों में सर्वदर्शी कथक का दृष्टिकोण है।

सर्वदर्शी कथक के दृष्टिकोण के स्थान पर कई बार लेखक सीमित दृष्टिकोण अपनाता है। यह सीमित दृष्टिकोण कभी उपन्यास के किसी एक पात्र का हो सकता है और यह पात्र नायक या नायिका भी हो सकता है और कई बार अत्यंत गौण पात्र भी। जब नेरेटर ऐसा कोई गौण पात्र होता है तब वह उपन्यास के घटनाविश्व की सीमा पर खड़ा होता है और उसका मुख्य कार्य निरीक्षक का होता है। उपन्यास का प्रत्येक प्रसंग उसकी चेतना से गुजरता हुआ पाठक तक पहुँचता है, फिर भी वह स्वयं पर्याप्त मात्रा में अलिप्त-सा रहता है।

सीमित दृष्टिकोण में नेरेटर सर्वदर्शी दृष्टिकोण के कथक की भाँति किसी घटना या प्रसंग पर टीका-टिप्पणी नहीं करता, उतना ही नहीं, प्रधानपात्र के अनुभवविश्व के जो बाहर है उसका भी वर्णन नहीं करेगा। अर्थात् अन्य पात्रों के मानसिक प्रतिभावों का आलेखन नहीं करेगा। इस प्रकार के आलेखन के लिए रोबर्ट हम्फ्री ने 'Indirect interior monologue'—'परोक्ष अंतर्विवाद' संज्ञा का प्रयोग किया है।

कई बार उपन्यास को अधिक नाट्यात्मक बनाने के लिए लेखक चरित्र का नाम और वह क्या करता है वह भी बाद रख के सिर्फ उस चरित्र के मन में क्या होता है उसे ही प्रस्तुत करने तक अपने को सीमित रखता है। रोबर्ट हम्फ्री ने उसके लिए संज्ञा दी है—Direct interior monologue—'प्रत्यक्ष अंतर्विवाद'। इस प्रकार के आलेखन में कथक अदृश्य होगा। इस रीति को 'Stream of Consciousness' भी कह सकते हैं।

नेरेटर का एक रूप हमें मिलता है 'मैं' के रूप में। सर्वदर्शी नेरेटर की तरह न तो वह अनामी होता है, न तो कथा के बाहर ही। वह तो जिसका वर्णन करता है उसका कर्ता-भोक्ता होता है। इस प्रकार के दृष्टिकोण को हम 'प्रथम पुरुष' का आत्मकथनात्मक दृष्टिकोण कहेंगे।

जहाँ दृष्टिकोण प्रथम पुरुष का अर्थात् आत्मकथनात्मक होता है वहाँ अपने आप कुछ सीमाएँ स्वीकार की जाती हैं। ऐसे उपन्यासों में जो कुछ घटता है, वह नेरेटर अर्थात् कथक की उपस्थिति में ही। वह इतना ही जानता है जो उसने देखा है, या अन्य द्वारा जानकारी के रूप में उसे दिया गया हो। अतः लेखक के लिए वह आवश्यक है कि इस प्रकार के चरित्र में 'मैं' के रूप में प्रस्तुत होनेवाला चरित्र ऐसा निर्मित करे कि वह अंत तक हमारी रुचि बनाए रखे; इतना ही नहीं सभी चरित्र उसके दृष्टिकोण से प्रस्तुत हों। इस प्रकार के उपन्यास में यथार्थ के प्रति ईमानदारी का अनुभव होता है। पाठक के रूप में हम उसमें विश्वास करते हैं और उसकी दृष्टि से देखते हैं, उसकी ही तरह दृष्टि और निर्णय की सीमितता का या अज्ञता का अनुभव करते हैं।

स्वयं अज्ञेय जी ने 'दृष्टिकोण' के प्रश्न को अपनी भाषा में इस प्रकार प्रस्तुत किया है :

' 'मैं' और 'वह' के उपन्यासों की सहज सीमाएँ हो जाती हैं। कथावस्तु से—घटना से, देशकाल से और, हाँ पाठक से—दूरी का प्रश्न उसका पहलू है। कहने को यह तकनीकी प्रश्न है पर संरचना की भित्ति तकनीक पर ही होती है। फिर 'मैं' की जानकारी की सीमा होती है : बल्कि कहानी के एक पात्र का दृष्टिकोण अपना लेने पर (फिर उस पात्र को चाहे 'वह' के रूप में प्रस्तुत किया जाए) भी जानकारी की ही नहीं दृष्टि की पूर्वग्रहों और रागबंधों की घटना के संघटन की सीमाएँ सामने आ जाती हैं।...उपन्यासकार सर्वज्ञ भी हो सकता है; उस दृष्टिबिंदु से आरंभ करने पर बहुत सी सुविधाएँ उपन्यासकार को प्राप्त हो जाती हैं, पर उसकी अपनी तर्कसंगति होती है—वह 'दूरी' और 'दृष्टि' और घटना-संघटन की अपनी बाध्यताएँ साथ लाता है।'[6]

20वीं शती के उपन्यासों में 'प्रथम पुरुष' दृष्टिकोण का प्राधान्य देखने में आता

है क्योंकि इस शती में सामाजिकता अधिकाधिक वैयक्तिकता में स्थिर होती जाती है। व्यक्ति की संवेदना कथासाहित्य का एक प्रधान विषय होता है और जब ऐसा विषय हो तब व्यकित की भीतरी तहों को उद्घाटित करने में प्रथम पुरुष का दृष्टिकोण अधिक विश्वसनीय प्रतीत होता है। उसके साथ पाठक एक अंतरंगता भी महसूस करता है। 'शेखर : एक जीवनी' पढ़ते समय क्या इस प्रकार का अनुभव नहीं होता?

इस प्रकार सीमित दृष्टिकोणवाले उपन्यासों में एक पात्र के दृष्टिकोण से आलेखन होता है। या जो 'वह' होता है या 'मैं'। लेकिन दोनों में अंतर है। जैसे, 'मैं' द्वारा आलेखित अर्थात् आत्मकथनात्मक दृष्टिकोण में नायक की मृत्यु का चित्रण नहीं हो सकता, जब कि 'वह' के दृष्टिकोण से प्रस्तुत परोक्ष अंतर्विवाद में परिप्रेक्ष्य में परिवर्तन लाए बिना मृत्यु का आलेखन हो सकता है। आत्मकथनात्मक रीति में सावधानी की अधिक आवश्यकता रहती है।

डायरी या पत्र के रूप में लिखे गए उपन्यास भी एक तरह से आत्मकथनात्मक दृष्टिकोण की श्रेणी में आते हैं। यहाँ भी सीमित दृष्टिकोण ही होगा।

इस सीमित दृष्टिकोण की मर्यादा को जानकर ई.एम. फार्स्टर ने 'बदलते दृष्टिकोण'—Shifting point of view की हिमायत की है। वह लिखते हैं :

'A novelist can shift his view point if it comes of...'

इस प्रकार के दृष्टिकोण को वह 'bouncing' कहते हैं। इसमें सीमित दृष्टिकोण की सीमा को उल्लंघित किया जाता है। रवींद्रनाथ ठाकुर का एक उपन्यास है 'घरे बाहिरे'। उसमें आत्मकथनात्मक दृष्टिकोण है, लेकिन प्रथम प्रकरण में वह दृष्टिकोण नायिका विमला का है; वह अपनी बात कहती है। फिर दूसरे प्रकरण में 'संदीप' का दृष्टिकोण है, वह अपनी बात कहता है। तीसरे प्रकरण में 'निखिल' का दृष्टिकोण है। फिर विमला का दृष्टिकोण आता है...इस तरह से दृष्टिकोण परिवर्तित होता रहता है और एक ही पात्र की चेतना के स्थान पर प्रत्येक पात्र की चेतना से किसी एक घटना को देखने का पाठक को लाभ मिलता है। एक ही घटना को विमला एक रूप में देखती है, संदीप दूसरे रूप में, निखिल तीसरे रूप में। और इस तरह से कथा आगे बढ़ती है। यहाँ दृष्टिकोण को बदलने में रवि ठाकुर का आशय सीमित दृष्टिकोण की सीमा को अतिक्रमिक करके भी, सीमित दृष्टिकोण की विश्वसनीयता और अंतरंगता को बनाए रखना है। उपन्यास का कथासंघटन इस परिवर्तित दृष्टिकोण से नियंत्रित है।

'नदी के द्वीप' में लेखक ने सीमित दृष्टिकोण अपनाया है, (कभी-कभार बीच में सर्वदर्शी दृष्टिकोण आ गया है।) यद्यपि आत्मकथनात्मक न होकर 'वह' के रूप में है। प्रथम प्रकरण में 'वह' द्वारा भुवन का दृष्टिकोण है, तो दूसरे में चंद्रमाधव का और तीसरे में गौरा का...।

'दृष्टिकोण' का निकष लेकर हिंदी में उपन्यासों की आलोचना प्रायः नहीं हुई

है, किंतु 'दृष्टिकोण' के दृष्टिकोण से भी उपन्यास की समीक्षा फलप्रद होगी, इस विचार से इतनी लंबी सैद्धांतिक भूमिका प्रस्तुत की है।

(आ) शेखर : एक जीवनी में दृष्टिकोण

'शेखर : एक जीवनी' में 'प्रथम पुरुष' दृष्टिकोण है। उपन्यास का 'मैं' प्रायः 'वह' (शेखर) हो जाता है, फिर भी उपन्यास का संघटन प्रथम पुरुष दृष्टिकोण से ही निर्मित है। 'शेखर : एक जीवनी' का 'मैं' 'वह' में क्यों परिणत होता है, उसका कारण देते हुए कथानायक 'मैं' कहता है :

'कैसे लिखूँ?

अपनी कहानी में अपने व्यक्तित्व की पूरी इच्छाशक्ति डालकर सब्जेक्टिव दृष्टि से विवेचना करते हुए, एक दर्द और आग की भरी ललकार दूँ, या अपने को अपनेपन के बाहर खींचकर एक बाह्य आब्जेक्टिव दृष्टि से अपने कर्मों की ओर उनके प्रेरणास्रोतों की परीक्षा लेते हुए, एक शांत अनासक्त, बौद्धिक संदेश सुनाऊँ, या

अपने जीवन को किसी नैसर्गिक शक्ति की दी हुई थाती समझकर एक ऋणी की भाँति, उसे लौटाते समय पूरा हिसाब चुकाते हुए, किसी भूलचूक के लिए सफाई देते हुए, एक ब्योरेवार क्षमाप्रार्थी बयान पेश करूँ?

अपने व्यक्तित्व को 'मैं' समझूँ या 'वह' या 'तू'?'[7]

कथानायक फिर कहता है कि वह एक कर्तव्य की भावना से आया है और एक दायित्व उसके ऊपर है। इस रूप में वह अपने को 'तू' के स्थान पर रखकर न्यायकर्ता की तरह आलोचना कर सकता है, या 'मैं' के रूप में अपनेपन का स्मारक छोड़ जा सकता है, या अपने व्यक्तित्व की छाप बिठा सकता है, लेकिन फिर वह स्वयं इन दोनों रूपों में से किसी एक में अपनी बात लिखने से विरत होता है। वह समझता है कि उसके पास जो संदेश है, वह उसका अपना नहीं, उसने वंशविकास के रूप में पाया है और उसे वह बाह्य प्रेरणा से बाध्य होकर कहना चाहता है। वह लिखता है :

'अतः जिसकी कहानी में निहित संदेश को मैं प्रकट करूँगा, वह 'वह' ही है। उसका नाम है शेखर। वह इस समय मृत्यु की प्रतीक्षा कर रहा है। उसी प्रतीक्षा में उसके जीवन के सत्यों को पढ़कर उनका निष्कर्ष निकालकर और शब्दबद्ध करके छोड़े जा रहा हूँ।'[8]

इस प्रकार 'शेखर : एक जीवनी' का आरंभ 'प्रथम पुरुष' में है, लेकिन प्रथम पुरुष कथानायक ने ही अन्य पुरुष में कहने का मार्ग अपनाया है। अतः यहाँ 'मैं' और 'वह' (शेखर) में दृष्टिकोण की दृष्टि से तत्त्वतः भेद नहीं है। 'मैं' आब्जेक्टिव बनने के लिए 'वह' में परिणत होता है। स्वयं से जरा अलग हटकर 'स्व' का ही निरूपण है। इतना ही नहीं, वह 'वह' अर्थात् शेखर बीच-बीच में 'मैं' के रूप में

झाँक जाता है। एक तरह से पूरा 'शेखर : एक जीवनी' शेखर का, उसके नायक का आशैशव प्रत्यावलोकन ही है। उपन्यास का आरंभ अंत से शुरू हुआ है। अर्थात् सब कुछ घटित हो चुका है। कथानायक को फाँसी की सजा हुई है, यह उसके अनथक 'विरामहीन जीवन का अंतिम विराम' है। उपन्यास का प्रथम शब्द ही 'फाँसी' है। फाँसी के बारे में कथानायक के प्रतिभाव से उपन्यास का आरंभ है। हम सब कुछ उसके दृष्टिकोण से देख रहे हैं। फाँसी की बात करते-करते जीवन की सिद्धि की बात आते वह कह उठता है :

'सिद्धि कैसी? काहे की? मेरी मृत्यु की क्या सिद्धि होगी? मेरे जीवन की क्या थी?'[9]

फिर वह कहता है :

'मैं अपने जीवन का पर्यवलोकन कर रहा हूँ; अपने अतीत जीवन को दुबारा जी रहा हूँ। मैं जो सदा आगे ही देखता रहा, अपनी जीवन यात्रा के अंतिम पड़ाव पर पहुँचकर पीछे देख रहा हूँ कि मैं कहाँ से चलकर किधर-किधर भूल-भटककर कैसे-कैसे विचित्र अनुभव प्राप्त करके यहाँ तक आया हूँ।'[10]

इस तरह 'पीछे देखने में' घटनाओं का पौर्वापर्य बदल सकता है। अतीत के चलचित्रों के बीच सांप्रत का निरीक्षण झाँक जाता है।

'वह'–'मैं' बन जाता है। वैसे पूरा प्रवेश खंड 'मैं' के दृष्टिकोण से है। प्रवेश खंड के अंत में 'मैं' निर्णय करता है कि वह 'वह' के रूप में अपनी बात प्रस्तुत करेगा और प्रथम खंड के आरंभ में 'उसके' जन्म की बात आती है।

लेकिन यह 'उसके'–'मेरे' से किसी प्रकार भिन्न नहीं है। 'वह' के रूप में जितनी भी टिप्पणियाँ आती हैं, सब कथानायक की 'मैं' की हैं।

कथांतराल में 'वह' कई बार 'मैं' हो जाता है। जहाँ-जहाँ 'वह' का 'मैं' में संक्रमण देखते हैं, वहाँ अतीत की घटनावलियाँ से यकायक सांप्रत के बिंदु पर हम अवस्थित होते हैं, जहाँ कथानायक कालकोठरी में बैठकर लिख रहा है। प्रथम खंड में पृष्ठ 52 पर शैशव की स्मृतियों की बात करते-करते तीसरी स्मृति के संदर्भ में, जो कि भद्दी है, बीभत्स है वह कह उठता है :

'उसका ठीक-ठीक रूप, उसका मूल कारण मुझे याद नहीं है, याद केवल उस समय की मनःस्थिति, वह भावना, जिसे लिये मैं खड़ा हूँ...मैं–वह शिशु–कोई दृश्य देख रहा हूँ।'[11]

पृष्ठ 53 पर भी आत्मकथन आ जाता है। पृष्ठ 64 पर पुनः–

'उसके बहुत दिन बाद की–बीस वर्ष बाद की–एक बात मुझे याद आती है, उन दिनों जब मैं भागा फिरता था आत्मरक्षा के लिए...'[12]

इसी प्रकार–

पृष्ठ 68 पर–'इसी तरह मैं जब विचार करता हूँ...'

पृष्ठ 72 पर—'मैं अपने आपको पाँच वर्ष के बालक के रूप में देख रहा हूँ...'

पृष्ठ 122 पर—'मैं अब भी कल्पना में देख सकता हूँ...।'

(यहाँ पर 'मैं' के रूप में अपने जीवन के बारे में, जीवन की कहानी कहने के बारे में आत्मविमर्श है, जो पृष्ठ 123 तक चलता है।)

पृष्ठ 128 पर—'मैं' घृणा के संसार से इतना कुचला गया हूँ कि प्यार मेरा अपरिचित हो गया है...'

पृष्ठ 129 पर—'लेकिन मुझे जीवन और प्रेम से क्या जिसका परिणाम मृत्यु की कठोर यथार्थता से होने वाला है?...'

'शेखर : एक जीवनी' के दूसरे भाग में निम्न स्थानों पर 'वह' 'मैं' के रूप में आता है :

पृष्ठ 103 पर—'क्या बाबा मदनसिंह का स्वर है यह, जिसकी गूँज मेरे कानों में है?...अतीत से मेरी दृढ़ता घटती नहीं, बढ़ती है, क्योंकि जितना ही 'मैं' उसे देखता हूँ, उतना ही मैं उसके भीतर की अनिवार्यता को पहचानता हूँ...' (पूरे एक पृष्ठ तक आत्मनिरीक्षण के बाद फिर दूसरे पृष्ठ पर 'वह' हो जाता है। सांप्रत से फिर अतीत की उस घटना की स्मृति में चला जाता है।)

पृष्ठ 108 पर—इलियट की 'भोगनेवाले प्राणी और रचनेवाले कलाकार' के अंतर की बात का उल्लेख कर 'मैं' कहता है : 'लेकिन क्या मैं कलाकार हूँ? क्या मुझे कलाकार होने की परवाह है, जबकि मैं उस जीवन को जी सकता हूँ जो कि तुम्हारे संसर्ग से बना है...'

पृष्ठ 114 पर—'मैं क्या निश्चय करूँ...'

पृष्ठ 168 पर—'सप्तपर्णी मैं कुछ नहीं जानता...'

पृष्ठ 184 पर—'मैं सचमुच बहुत सी बातें नहीं जानता...'

(यह चिंतन पृ. 185 पर भी चलता रहता है।)

पृष्ठ 205 पर—'किंतु क्या मैं ऐसे ही आत्मकथा लिख रहा हूँ...'

पृष्ठ 225 पर—'मैं' एक तरह से 'हम' में परिणत है।

पृष्ठ 245 पर—'पर क्या है कि जीवन के तीव्रतम दिनों की स्मृति में मैं बार-बार दुविधा में पड़ जाता हूँ...'

पृष्ठ 247 पर—'मैं शेखर की कहानी लिख रहा हूँ...क्योंकि मुझे उसमें से जीवन के अर्थ के सूत्र पाने हैं...'

पृष्ठ 252 पर—'शशि के विलोपन के बाद—किंतु इससे आगे कहानी नहीं है, अनुक्रम नहीं है, जीवन ने अर्थ खो दिया है, यथार्थता व्यवस्था गति, सब कुछ खो दिया है। निरा अस्तित्व—एक क्षण से दूसरे क्षण तक एक अणु पुंज का बने रहना—वह भी मिट गया है। मैं एक छाया हूँ, एक स्वप्न, एक निराकार आक्रोश, एक वियोग,

एक रहस्य...'

प्रायः देखा गया है कि जहाँ-जहाँ किसी मार्मिक घटना के बारे में कुछ कहने का अवसर उपस्थित होता है, या जीवन के बारे में कुछ टिप्पणी करना है, तब 'वह' 'मैं' में परिणत हो गया है। ऐसे समय हम भी कथानायक की विगत की सृष्टि में से यकायक कालकोठरी के आगे अपने को पाते हैं।

मूल 'मैं' का 'वह' के रूप में, और बीच-बीच में इस प्रकार 'वह' का 'मैं' के रूप में प्रकट होना उपन्यास के नेरेशन को स्वाभाविकता प्रदान करना है।

एक ऐसा प्रश्न कर सकते हैं कि पूरा उपन्यास 'मैं' के रूप में प्रस्तुत करने में क्या आपत्ति थी? एक तरह से यहाँ 'वह' 'मैं' का ही पर्याय है। लेकिन जैसे आरंभ में ही हम पाते हैं कि शायद 'मैं' को 'वह' के रूप में देखने से एक 'आब्जेक्टिव' दृष्टिकोण आ सकता है—ऐसा कथानायक का कहना है।

लेकिन इसके अलावा दो अन्य बातों का भी अनुमान हो सकता है :

1. टी.एस. इलियट का यह सूत्र—'There is always a separation between the man who suffers and the artist who creates; and the greater the artist the greater the separation' जो अज्ञेय ने भूमिका[13] में दिया है—सर्जक अज्ञेय को प्रभावित कर गया है। इस आदर्श को वह सर्जन का आदर्श मानने लगते हैं। 'मैं' की 'वह' में परिणति भी शायद इसी विचार से हो। इसका प्रमाण यह है कि लेखक अज्ञेय ही नहीं कथाकार शेखर भी इलियट की इस उक्ति का जिक्र करता है[14]—'भोगने वाले प्राणी में और रचना करनेवाले कलाकार में सदा एक अलगाव बना रहता है। जितना ही बड़ा वह अलगाव है, उतना ही बड़ा कलाकार होगा।' यह जरूर है कि शेखर शशि के संदर्भ में इस प्रकार के अलगाव का कायल नहीं है।

2. 'मैं' को 'वह' के रूप में प्रस्तुत करने में शेखर ही अज्ञेय है—इस प्रकार की लगातार पाठक के मन में जगनेवाली प्रतिक्रिया को दूर किया जा सकता है, क्योंकि 'मैं' को आसानी से लेखक के साथ जोड़ दिया जाता है।

अंत में इतना जरूर कहना चाहिए कि 'मैं' को 'वह' के रूप में प्रस्तुत करने पर भी उपन्यास में दृष्टिकोण आत्मकथनात्मक ही बना रहता है, 'वह' तो एक प्रयुक्ति मात्र है। इस प्रयुक्ति से उसकी कलात्मकता में वृद्धि ही हुई है।

आधुनिक उपन्यासों में इस प्रकार के आत्मकथनात्मक दृष्टिकोण का प्राधान्य है। प्रेमचंद के बाद, जैनेंद्र ने 'त्यागपत्र' आदि में इस दृष्टिकोण का सफल प्रयोग किया है। 20वीं शताब्दी में उपन्यास की सामाजिकता का केंद्र वैयक्तिकता में स्थिर होता है। व्यक्ति की संवेदना और बाहर के विश्व का संघर्ष इसीलिए बीसवीं शती के पश्चिम और पूर्व के उपन्यासों का प्रमुख विषय है। जब ऐसा विषय होता है तब व्यक्तित्व की भीतरी तहों तक पहुँचने के लिए आत्मकथनात्मक दृष्टिकोण अधिक उपयोगी सिद्ध होता है, अलबत्ता यह दृष्टिकोण होना चाहिए, एक संवेदनप्रवण, सहन

करनेवाले नायक का।

शेखर एक ऐसा ही नायक है। उसकी चिंता मानवीय व्यक्तित्व की है और उसकी अपनी कहानी 'व्यक्तित्व' की संपूर्ति की कहानी है। शेखर की सारी खोज व्यक्तित्व की खोज है, और आत्मकथनात्मक शैली इसके लिए अधिक उपयुक्त है। डॉ. रामस्वरूप चतुर्वेदी ने इस संबंध में लिखा है कि 'आत्मकथनात्मक शैली में लिखे जाने के कारण 'शेखर' में यह 'व्यक्तित्व की खोज' अधिक कुशल और प्रामाणिक ढंग से संपन्न हो सकी है।...'[15] इसके साथ यह भी जोड़ सकते हैं कि इस दृष्टिकोण से ही उपन्यास के संविधान की संश्लिष्टता और चारुता भी सिद्ध हुई है।

3. शेखर : एक जीवनी–समयस्थल

(अ) उपन्यास में समयस्थल योजना

कोई भी घटना समय और स्थल के परिमाण में ही घटित होती है। अतः ऐसी कोई कथा नहीं है, जिसमें लेखक ने किसी-न-किसी प्रकार की समययोजना न की हो। ई.एम. फॉर्स्टर को प्रत्येक उपन्यास में एक-न-एक घड़ी की टिक-टिक सुनाई पड़ी थी; किसी लेखक की घड़ी तेज चलती थी, किसी की मंद। किसी लेखक ने घड़ी की सुइयों को पीछे कर दिया था, किसी ने आगे, लेकिन कोई भी घड़ी से निस्तार नहीं पा सका था।

जोनाथन रबान ने यह भी कहा है कि उपन्यास के इस 'समय' का इतिहास से संबंध है। कोई भी समय का लघुखंड विशाल परिप्रेक्ष्य में इतिहास का ही कोई खंड होगा।

उपन्यास में समय परिमाण का बोध इस बात पर निर्भर करता है कि लेखक अपनी कथा (नेरेटिव) के प्रत्येक अंश को कितनी जगह देता है। उसमें दो बातें मुख्य हैं :

1. उपन्यास में वर्णित घटनाओं को बनने में जो 'समय' लगता है अर्थात् कथासमय (Narrative time)।

2. कथासमय के प्रत्येक अंश को लेखक कितना समय यानी जगह देता है–अर्थात् लेखक का समय (Author's time)।

इन दोनों का पारस्परिक संबंध उपन्यास के समयसंघटन (Time structure) को निर्धारित करता है। कई बार उपन्यास की एक महत्त्वपूर्ण घटना को घटने में जितना समय लग सकता है, उससे अधिक विस्तार पर उस घटना का निरूपण किया जाता है और कई बार वर्षों का अंतराल सिर्फ एक परिच्छेद में दिखाया जाता है।

जिस तरह से समय संघटन उपन्यास में वर्णित घटनाओं पर आधारित होता है, उसी तरह पात्रों पर भी। ऐसे उपन्यासों में समय नायक के समयबोध से नियंत्रित

होता है। इस समय को हम मनोवैज्ञानिक समय (Psychological time) कहते हैं। अर्थात् मनोवैज्ञानिक समय=पात्र का समयबोध (Character's sense of time)। चरित्रप्रधान उपन्यास में मनोवैज्ञानिक समय का विशेष महत्त्व रहता है।

घटनाओं की आनुपूर्वी के अनुसार का समय अर्थात् ऐतिहासिक समय (Historical time) और मनोवैज्ञानिक समय—ये दो उपन्यास के समय-संघटन के बुनियादी तत्त्व हैं और उपन्यास में समय निरूपण की ये दो मुख्य रीतियाँ हैं। समयनिरूपण की इन दो रीतियों के आधार पर उपन्यास के रेखानुसारी (linear) और चक्राकार (fugal) ऐसे भी भेद कर सकते हैं। रेखानुसारी उपन्यास में गति आगे की दिशा में होती है और लेखक का हेतु व्यवहार जगत में समय के पसार होने का जो बोध है, वैसा बोध शब्दों के माध्यम से अनुभूत कराने का है; जबकि चक्राकार (फ्युगल) प्रकार के उपन्यास में समय को लेखक अपने कथाविश्व को नियंत्रित करनेवाले साधन के रूप में प्रयुक्त करता है। यहाँ समय यथार्थ की संभावनाओं से थोड़ा परे होता है। ऐसे उपन्यास में लेखक का हेतु घटनाओं की आनुपूर्वी दिखाना उतना नहीं है, जितना वर्तमान और अतीत को एक साथ—'यहाँ' और 'वहाँ' को एक साथ—दिखाना है। यहाँ समय तथा स्थल की सीमा को अतिक्रमित करने का उद्देश्य रहता है। जोनाथन रबान ने कहा है :

"One of the functions of the story-teller is to be everywhere at the same time, mindful of past history, conscious of present and aware of the possibilities of future. In his narrative all known or expected time can be brought to focus on the immediate event, and in the process the 'novelist's clock' is made to tell different times simultaneously."[16]

ऐसा करने के लिए निरूपण में घटनाओं का विपर्यय किया जाता है। जो पहले गुजर चुका है, उसका वर्णन पीछे आता है। लेखक दिखाना चाहता है कि कैसे भूतकाल वर्तमान को प्रभावित करता है। कई बार लेखक किसी पात्र की स्मृति के रूप में भूतकाल में जाता है। मनोवैज्ञानिक समय का यह विशिष्ट प्रयोग है।

(आ) शेखर : एक जीवनी—समयस्थल योजना

'शेखर : एक जीवनी' मनोवैज्ञानिक समय का उत्तम उदाहरण है। पूरा-का-पूरा 'शेखर' पर्यवलोकन पर निर्भर है। उसका आरंभ अंत से होता है, क्योंकि नायक शेखर को फाँसी की सजा हुई है और वह कालकोठरी में बैठकर अपनी मृत्यु के आसन्न क्षणों में अपने को उकेर रहा है। यहाँ वर्तमान का एक बिंदु है—जहाँ शेखर इस समय उपस्थित है। इस बिंदु से वह निकट के भूतकाल में, दूर के भूतकाल में कभी निकट दूर के भूतकाल में एक साथ स्मृतियों के सहारे पहुँचता है और फिर वर्तमान बिंदु पर लौट आता है। इस तरह से उपन्यास के समय का संघटन चक्राकार है।

सबसे प्रथम यह उपन्यास बृहत् इतिहास के किस कालखंड को आवृत्त करता है, उस पर विचार करेंगे। 'शेखर' के प्रथम भाग का प्रकाशन 1940 में और दूसरे भाग का प्रकाशन 1944 में हुआ था। एक तरह से उसके उत्तर पक्ष की सीमा निर्धारित हो जाती है अर्थात् 1940 के पहले का समय है। 'शेखर' की रचना प्रक्रिया का इतिहास जब देखते हैं, तब पता चलता है कि...'शेखर' घनीभूत वेदना की केवल एक रात में देखे हुए 'विज़न' को शब्दबद्ध करने का प्रयत्न है।...[17] वह रात थी, जब पुलिस अज्ञेय को बंदी बना पकड़कर ले गई थी। उस रात को अपने जीवन के बारे में चिंतन करते-करते 'शेखर' का प्रारूप कल्पित हुआ था, जो अमृतसर जेल में प्रथम मसविदे के रूप में लिखा गया था। उसके बाद लगातार दस वर्ष उस पर काम करते रहे। अमृतसर जेल में अज्ञेय 1930 के दिसंबर में होंगे, क्योंकि 15 नवंबर, 1930 को अमृतसर में बम फैक्ट्री कायम करने के सिलसिले में उनकी गिरफ्तारी हुई थी (शायद उसी दिन की 'वह रात' होगी!) और एक महीने लाहौर जेल में रहने के बाद अमृतसर हवालात में भेज दिया गया था, जहाँ फ़िर उस रात के 'विज़न' को शब्दबद्ध किया गया।

अर्थात् कह सकते हैं कि प्रायः 1930 तक के इतिहास की पृष्ठभूमि है।

उपन्यास का नायक शेखर जेल में जब अपने जीवन का प्रत्यावलोकन कर रहा है, तब एक स्थल पर कहता है :

'बहुत दिनों की बात याद आती है, कोई दस-एक-बरस पूर्व की। तब मेरी आयु कोई चौदह वर्ष की थी, शायद पन्द्रह की।...'[18]

अर्थात् शेखर इस समय करीब 25 वर्ष का है। शेखर जब अपनी बात करता है तो अपने जन्म समय आदि का भी जिक्र करता है। 1930 में शेखर 25 वर्ष का है ऐसा अनुमान करने में कोई असुविधा नहीं है, तो हम कह सकने की स्थिति में हैं कि उपन्यास 1905 से 1930 तक के समयांतराल की भूमिका में रचित है। कम-से-कम प्रथम मसविदे में। उसके बाद पाँच-सात वर्ष इधर-उधर खिंच सकते हैं, क्योंकि फाइनल ड्राफ्ट करने में 10 साल लग गए थे।

समय निर्धारण की यह बात एकदम आसान हो जाती है, जब हम उपन्यास के नायक शेखर और उपन्यास के रचयिता अज्ञेय की जीवनी को समानांतर रूप में देखें। तब तो 1911 से 1935 तक का समय निश्चित कर सकते हैं। भारतवर्ष के इतिहास में वह समय कितनी उथल-पुथल का है, यह कहने की आवश्यकता भी नहीं है। इतिहास की प्रमुख घटनाओं को देखें तो—1914 से 1918 का प्रथम विश्वयुद्ध, भारत में स्वातंत्र्य आंदोलन और गोखले तथा तिलक की विभिन्न विचारसरणियाँ—1915 में गाँधीजी का दक्षिण अफ्रीका के सत्याग्रह में सफल होकर भारत आना, 1919 में रोलेट एक्ट का विरोध और जलियाँवाला बाग का हत्याकांड और भारतीय राष्ट्रीय कांग्रेस का अमृतसर में अधिवेशन, 1920 से 1922 में गाँधीजी का असहयोग आंदोलन,

इस समय सशस्त्त क्रांतिकारियों और आतंकवादियों की प्रवृत्ति, 1928 में साइमन कमीशन और उसका विरोध, 1929 में लाहौर के कांग्रेस अधिवेशन में नेहरू के सभापतित्व में 'पूर्ण स्वराज' की माँग, 1930 में महान् दांडी-यात्रा और गोलमेज परिषद्, भगतसिंह को फाँसी, 1937 प्रांतिक सरकारें, 1939 द्वितीय विश्वयुद्ध आदि...।

इतिहास का यह कालंखड 'शेखर' का सामयिक परिवेश है। इसका प्रभाव शेखर के बनने में अवश्य है। 'शेखर' के दूसरे भाग में जिस कांग्रेस अधिवेशन में शेखर के स्वयंसवेक होने की और फिर बंदी होने की बात आती है, वह 1929 का लाहौर कांग्रेस अधिवेशन होना चाहिए। लेकिन शेखर का क्रांतिकारी जीवनवृत्त अब तक हमारे सामने नहीं आया, शायद तीसरे भाग का यही विषय होगा। हमारे सामने तो उस क्रांतिकारी जीवन के फलस्वरूप फाँसी की सजा प्राप्त शेखर आता है, जहाँ से उपन्यास का आरंभ होता है।

आरंभ में ही कहा गया है कि इस उपन्यास का संघटन चक्राकार है क्योंकि यहाँ समय की ऐतिहासिक (क्रोनोलोजिकल) अर्थात् रेखानुसारी (लीनियर) गति नहीं है, चक्राकार (फ्युगल) गति है। इस उपन्यास में समय का जो बोध है, वह उसके नायक का समयबोध है। सारे उपन्यास का समय नायक के इस समयबोध से नियंत्रित है, वह मनोवैज्ञानिक समय है। यहाँ लेखक वर्तमान और अतीत को एक साथ दिखाता है, 'यहाँ' और 'वहाँ' को युगपत् उपस्थित करता है। समय-स्थल की सीमाएँ अतिक्रमित होती हैं। समय की यह योजना 'शेखर : एक जीवनी' को अपने पूर्ववर्ती हिंदी उपन्यासों से अलग कर देती है। उपन्यास का बोध ही आधुनिक नहीं, उस आधुनिकबोध को अभिव्यक्त करने की टेकनीक भी आधुनिक है।

स्थल के संदर्भ में भी कह सकते हैं कि यहाँ जो भूगोल है, वह चैतसिक (साईकिक) भूगोल है। यहाँ कितने प्रदेश हैं, कितने गाँव हैं, नगर हैं, डगर हैं, सागर-सरिताएँ हैं—लेकिन ये सब शेखर के चित्त में हैं, क्योंकि यहाँ स्थल तो एक ही है—जेल की कालकोठरी। फिर भी वहाँ से कभी हम शशि के घर लाहौर पहुँचते हैं, कभी कश्मीर, कभी रम्य तट रावी, कभी लखनऊ, फिर कभी जेहलम, फिर सुदूर दक्षिण में नीलगिरी, फिर कभी लाहौर, कभी मद्रास, त्रावणकोर, मालाबार और महाबलिपुरम्, फिर लाहौर, फिर दिल्ली—एक कालकोठरी के बिंदु से व्याप्त होकर देश के चारों कोनों में घूमते हैं। लेकिन वाकई सारी यात्रा शेखर के चित्त में ही है। समयस्थल की एकान्विति और संश्लिष्टता में 'शेखर : एक जीवनी' हिंदी का एक अ-पूर्व उपन्यास है।

4. शेखर : आधुनिकता का प्रतिभू

''शेखर कोई बड़ा आदमी नहीं है, वह अच्छा भी नहीं है। लेकिन वह मानवता के संचित अनुभव के प्रकाश में ईमानदारी से अपने को पहचानने की कोशिश

कर रहा है। वह अच्छा संगी नहीं भी हो सकता है, लेकिन उसके अंत तक उसके साथ चलकर आपके उसके प्रति भाव कठोर नहीं होंगे, ऐसा मुझे विश्वास है। और, कौन जाने, आज के युग के जब हम, आप सभी संश्लिष्ट चरित्र हैं, तब आप पाएँ कि आपके भीतर भी कहीं पर एक शेखर है, जो बड़ा नहीं, अच्छा भी नहीं, लेकिन जागरूक और स्वतंत्र और ईमानदार है, घोर ईमानदार।
'शेखर एक जीवनी'—भूमिका **—अज्ञेय**

'शेखर : एक जीवनी' हिन्दी का प्रथम 'आधुनिक' उपन्यास है और उसका नायक शेखर हिंदी उपन्यासों के नायकों की श्रेणी में आधुनिकता का प्रथम प्रतिभू। प्रेमचंद का 'गोदान' हिंदी उपन्यास साहित्य के प्रथम पर्याय की चरम उपलब्धि है। इसके 'अंत को खुला छोड़ दिया' है और इसमें 'लेखक ने अपनी परंपरा को तोड़ा है' इसलिए डा. इंद्रनाथ मदान ने हिंदी में 'गोदान' से आधुनिकता बोध की शुरुआत मानी है। वैसे 'गोदान' हिंदी के श्रेष्ठ उपन्यासों में से एक है और उसकी महत्ता निर्विवाद है फिर भी 'गोदान' का सारा परिवेश और उसमें सन्निहित भावबोध समग्रतया जितना पारंपरिक है, उतना आधुनिक नहीं। यथार्थ की भूमिका के बावजूद होरी परंपराप्रिय एक आदर्श नायक ही है। यहाँ नगर के पात्र या नगर का परिवेश नहीं है, ऐसा नहीं है किंतु इसके द्वारा आधुनिक संवेदना का बोध उजागर होता नहीं दीखता। इस बोध का प्रथम संस्पर्श 'शेखर : एक जीवनी' में उपलब्ध होता है शेखर के चरित्र के द्वारा।

शेखर का निर्माण सिर्फ एक राजकीय संक्रांतिकाल (transition period) में नहीं, अपितु सामाजिक-सांस्कृतिक संक्रांतिकाल में हुआ है। इस समय पश्चिम का संपर्क अधिक गहरा हुआ, तो दूसरी ओर मुक्ति के लिए राजकीय आंदोलन पश्चिम के प्रति, विशेषतः अंग्रेजी शासन और अंग्रेज़ियत के प्रति विराग जगा रहा था। पश्चिम के संपर्क से पुरानी सामाजिक रूढ़ियाँ टूट रही थीं और एक नयी सामाजिकता उभर रही थी, खास करके पढ़े-लिखे वर्ग में। रहन-सहन में पश्चिम के कुछ आदर्शों के स्वीकार के बावजूद राष्ट्रवाद की भावना चरम-सीमा पर थी और कॉलेजों में पढ़ने वाले अनेक तरुणों के चित्त में सम्मोहक उद्वेलन जगाती थी। विद्रोही मानस लेकर युवा-पीढ़ी आ रही थी। शेखर ऐसी युवा-पीढ़ी का प्रतिनिधित्व करता है। शेखर की विद्रोह भावना घर से शुरू होकर समाज-राष्ट्र तक फैलती है और वह क्रांतिकारी बनता है।[19] क्रांतिकारी का जीवन उसे फाँसी की सजा तक ले आता है, लेकिन उसे फाँसी से डर नहीं है। 'मुझे तो फाँसी की कल्पना सदा मुग्ध करती रही है—उसमें साँप की आँखों-सा एक अत्यंत तुषारमय, किंतु अमोघ सम्मोहन होता है...।'[20]

1930 का समय था, तब क्रांतिकारी दल का कोई भी तरुण मृत्यु से इस प्रकार का ही मुकाबला करता। ऐसे ही एक तरुण थे इस उपन्यास के लेखक। वास्तव में शेखर एक आत्मकथनात्मक उपन्यास है। और उसके लेखक की

जीवम-घटनाओं से परिचित पाठक उपन्यास की अनेक घटनाओं में उसके लेखक की झाँकी पाएगा। उपन्यास में एक या अन्य रूप से उनकी उपस्थिति बनी रहती है।

आगे 'शेखर' की कुछ पाश्चात्य उपन्यासों से तुलना करते समय हम देखेंगे कि अनेक आधुनिकतावादी उपन्यासों में नायक होते हैं–उन उपन्यासों के सर्जक, जैसे जेम्स ज्वाइस के उपन्यास 'पोर्ट्रेट आव एन आर्टिस्ट' का नायक स्टीफन स्वयं जेम्स है और मार्सेल प्रूस्त के उपन्यास में नायक स्वयं प्रूस्त है। डी.एच. लारेंस के प्रायः सभी उपन्यास आत्मकथनात्मक हैं।

'शेखर' की आत्मकथनात्मकता ही मनोवैज्ञानिक यथार्थ के निरूपण में सिद्धिदा है। अज्ञेय जब शेखर का निर्माण कर रहे हैं, तो एक तरह से उनकी अपनी तसवीर का अंकन करते हैं, जो तसवीर एक युवा कलाकार की है, प्रणयी की है, क्रांतिकारी की है। इस तसवीर का आलेखन करते समय उनके सामने संगीतकार ज्याँ क्रिस्तोफ की तसवीर है, युवा कलाकार स्टीफन की तसवीर है, या मार्सेल की तसवीर है। इतना ही नहीं तसवीर का अंकन करने की प्रक्रिया भी है। 'शेखर' के समग्र निर्माण में इनका योग रहा है।[21]

अतः शेखर की संवेदना भारतीय होते हुए भी, भारतीयता की सीमा को कई बार अतिक्रमित करती है। उनकी कविता की तरह अज्ञेय के उपन्यासों में भी एक भारत-यूरोपीय संवेदना है। आधुनिकता का उन्मेष जिस रूप में 1930 के भारत में हो सकता है, उसका हिंदी में प्रथम निदर्शन है 'शेखर'। अतः इन उपन्यासों के अतिरिक्त उसमें मनोविज्ञान का योग रहा है। लेकिन 'शेखर' इससे मनोविज्ञान का अध्ययनग्रंथ (Psychological treatise) नहीं है, जैसा अक्सर कहा जाता है। मनोविज्ञान का यहाँ उतना ही और वैसा ही प्रयोग है, जितना और जिस रूप में वह इस उपन्यास को एक कला पदार्थ (artefact) में परिणत कर सके।

आत्मान्वेषण की यात्रा में, समय के प्रवाह में अलग गहराई में देखे क्षणों का आख्यान यदि इस प्रकार के उपन्यास हैं, तो वे अपना 'स्वरूप' (form) स्वयं लेकर आते हैं। 'शेखर' इस प्रकार का उपन्यास है, वह इस प्रकार के स्वरूप में ही सही अभिव्यक्ति पा सकता है, इसका स्वरूप अन्यथा हो ही नहीं सकता।[22] 'शेखर : एक जीवनी' उपन्यास में चरित्र-निरूपण में या शिल्प संयोजना में जो मनोवैज्ञानिकता है, वह कथा के अंतर्गत है अर्थात् कथा में बुनी हुई है। इसकी धारणा ही मूल में मनोवैज्ञानिक है, जो एक आधुनिक दृष्टि विशेष का परिणाम है।

वर्ज़ीनिया वुल्फ ने यूरोप के संदर्भ में परिवर्तित मानवीय संबंधों की जो बात कही थी,[23] भारतीय सन्निवेश में भी वह बात कही जा सकती है। यहाँ भी सब कुछ टूट रहा था, हमारी संयुक्त परिवार व्यवस्था, हमारी जाति संस्था, हमारी धार्मिक परंपरा–सब कुछ बदल रहा था, कहीं टूट रहा था। 'गोदान' में इसका संकेत है,

लेकिन 'गोदान' के स्रष्टा इस परिवर्तन के कायल नहीं थे। जैनेंद्र के उपन्यासों में इस परिवर्तन की प्रक्रिया के उन्मेष हैं, 'त्यागपत्र' में 'मृणाल' के द्वारा और 'सुनीता' में सुनीता के द्वारा। किंतु जैनेंद्र भी जैसे एक सीमा तक आकर झिझकने लगते हैं।

इस टूटन की अभिव्यक्ति 'शेखर : एक जीवनी' में मिलती है। शेखर का अहं अत्यंत प्रबल है। उसके चरित्र का आशैशव निरूपण उसके इस अहं की स्वाभाविक प्रतिपत्ति का निर्देशन करने के लिए है। इस दृष्टि से यह उपन्यास चरित्र गठन के उपन्यास (Bildungs roman) की श्रेणी में आता है। (आगे यथावसर इसकी चर्चा करेंगे)। 'जीवनी' अभिधान इस एक अर्थ में सार्थक है। शेखर एक आत्मान्वेषी है, वह सिर्फ क्रांतिकारी ही नहीं, उसके भीतर एक कलाकार की सर्जनात्मकता है। उपन्यास में दो एक बार उसे 'एपिफनी' होती है, जिससे उसे सौंदर्य-बोध (aesthetic sensibility) होता है। लेकिन वह एक सामाजिक दाय से ग्रस्त है। वह समाज परिवर्तन करना चाहता है, और इसी में वह अपनी सिसृक्षा की अभिव्यक्ति ढूँढ़ता है। अपनी लेखन-कला का उपयोग इस दाय को निभाने में करता है।

इस तरह से देखने में शेखर के जीवन में एक 'पैरेडोक्स' दिखाई पड़ेगा। शेखर व्यक्तिवादी है, शेखर में आत्मरति (narcicism) का प्राबल्य है, दूसरी ओर उसमें समाज और राष्ट्र के सुधार की आकांक्षा है। उसका व्यक्तित्व एक साथ केंद्रोपगामी और केंद्रोपसारी लगता है। लेकिन कुल मिलाकर वह अहंकेंद्रित व्यक्तित्व है। सामाजिक दाय या राष्ट्रीय कर्तव्य-बोध भी इस अहंबोध का ही विस्फोट है।

समाज के प्रति अपनी दाय को शेखर स्वीकार करता है, लेकिन समाज की तथाकथित 'सामाजिकता' को वह ओढ़ना नहीं चाहता। यह भी एक 'पैरेडोक्स' है। उसकी आदर्श-प्रियता उसे अछूतोद्धार से लेकर अन्य ऐसे सभी कार्यों में प्रेरित करती है, तो उसकी विभंजन वृत्ति खोखले सामाजिक मानों को तोड़ना चाहती है। शेखर का यह आदर्श-बोध भाव-प्रेरित अधिक है, अतः रोमांटिक प्रकृति का है, रागाविष्ट है, उसमें क्रांतिकारी के लिए आवश्यक 'शीतल, बौद्धिक घृणा' का आविर्भाव उपन्यास के उत्तरार्ध में संकेतित होता है। विद्रोह का यह ठंडा रूप आधुनिकता का ही परिचायक है।

आज के शेखर का निर्माण कैसे हुआ? शेखर उसके जन्म से अपनी 'जीवनी' का आरंभ करता है। अपने जन्म समय की बातें वह कैसे जानता है इसका जैसे उत्तर देते हुए वह कहता है, 'असंख्य विभिन्न मौकों पर विभिन्न असंबद्ध वाक्यों को सुनकर टूटी-टूटी मुद्राओं को देखकर, टूटे-टूटे अव्यक्त विचारों को किसी प्रगूढ़ अंतःशक्ति से भाँप कर, एकत्रित किए हुए मनश्चित्रों का पुंज है...'[24]

वास्तव में 'शेखर' स्मृतियों, अर्द्धस्मृतियों का उपाख्यान है। ये स्मृतियाँ भी किसी अनुक्रम में आई हों, ऐसा नहीं है। अतीत और सांप्रत की सहोपस्थिति यहाँ है। स्थल-काल के एक बिंदु पर खड़े रहकर शेखर विगत वर्षों को पुनः जीता है

और इस प्रक्रिया में स्थल-काल को अतिक्रमित कर जाता है।

रागाविष्ट होते हुए भी शेखर में आत्मविश्लेषण की दृष्टि है। वह सुदूर अपने शैशव में इसलिए जाता है कि वह स्वयं अपने को समझना चाहता है। मौत के निकट खड़े रहकर वह यह जानना चाहता है कि उसकी 'मृत्यु की क्या सिद्धि होगी, उसके जीवन की क्या थी?'[25]

अपने व्यक्तित्व के विश्लेषण में वह मनोविज्ञान का सहारा लेता है। फ्रायड का मनोविश्लेषण उन दिनों हवा में गूँजता था, जैसे गूँजता था मार्क्स का द्वंद्वात्मक भौतिकवाद। मार्क्स का सामाजिक यथार्थ और फ्रायड का मनोवैज्ञानिक यथार्थ उन दिनों बौद्धिकों के प्रेरक मंत्र थे। व्यक्ति-स्वातंत्र्य के आराधक अज्ञेय मार्क्स के दर्शन को स्वीकार नहीं करते हैं।

मनोविज्ञान की परिभाषा का सहारा लेकर उनका शेखर अपना विश्लेषण करता है। प्रत्येक मानव के जीवन का अनुशासन करनेवाली तीन महती प्रेरणाओं की वह भी बात करता है। ये तीन प्रेरणाएँ हैं—अहंता, भय और सेक्स। शेखर अपने बाल्यकाल की स्मृतियों में से उन स्मृतियों को पकड़ता है, जिसमें ये प्रेरणाएँ प्रतिफलित हुई थीं। तीन वर्ष की अवस्था में लेटरबक्स पर सवारी करने में और फिर डाकिये के पैर कुचलने के प्रयत्न में उसका अहंता-बोध है, अजायबघर में नकली बाघ को देखकर डर जाने में भय का बोध है, (बाद में ऐसे नकली बाघ की चीरफाड़ करके वह 'अभय' का गुण प्राप्त करता है, और यह बात उसे उद्धत, विध्वंसक बनाती है।) सेक्स के संदर्भ में जो स्मृति है, उसे शेखर 'भद्दी बीभत्स' कहता है, क्योंकि उस दृश्य को देखकर उसके शिशुमन को भी यह बोध हुआ था कि 'उसमें कुछ अनुचित, कुछ वर्जित, कुछ घृणास्पद, कुछ जुगुप्साजनक है।'[26] लेकिन वह दृश्य देखकर उसके अनुकूल भावना (सेक्स की) उसके मन में—एक शिशु के मन में उठती है। इस बात का यहाँ निर्देश है कि कामवृत्ति आशैशव व्यक्ति में होती है। शिशु की निर्दोषता की हमारी भावना को यह बात आघात पहुँचाती है। हिंदी में इस प्रकार का शिशु-चित्त का यह प्रथम चित्रण है।

ऐसा चित्रण है शेखर का अपनी माँ के प्रति घृणा-बोध का। माँ-बेटे के प्रेम की दुहाई सदियों से हम देते आ रहे हैं, लेकिन यहाँ परंपरागत मान्यताओं को आघात पहुँचाने वाली बात है। शेखर को इस बात का जबसे पता चला कि माँ उस पर 'अविश्वास' करती है, तबसे उसके मन में माँ के प्रति घृणा-बोध जगता है। यह भावना उसकी विद्रोह भावना को तीखी करती है। विद्रोह का यह वृत्त परिवार, समाज और शासन तक फैलता है। शेखर अपने पिता का 'उपासक' है। वह इस बात से मनोविज्ञान का सहारा लेकर सोचता है कि 'शेखर साधारण नहीं है।'[27] इस प्रकार का बोध भी उसके 'इगो' का ही प्रतिफलन है। शेखर में असाधारणता, विद्रोह-वृत्ति, क्रांतिकारी भावना, आत्मनिर्भरता या औद्धत्य जैसे गुणों-अवगुणों की संगति अनमेल

स्वभाव के माता-पिता का व्यवहार तथा पारिवारिक परिवेश के संदर्भ में है।

शेखर अपने परिचय में आनेवाली सभी लड़कियों के प्रति प्रायः आकर्षण का अनुभव करता है। उनमें उसकी सगी बहन सरस्वती भी है। असंप्रज्ञात रूप में वह गोत्रगमन (incest) का आकर्षण है। बहन के प्रति अपने आकर्षण की बात कहने में एक प्रकार की ईमानदारी है। परंपरागत मानस शायद इसके लिए तैयार नहीं था, और इसलिए इस उपन्यास पर 'अनैतिकता' का बार-बार आरोप लगाया जाता रहा है। लेकिन सरस्वती के प्रति शेखर के आकर्षण की प्रक्रिया का निरूपण एकदम स्वाभाविक है। शेखर की प्रबल कामवृत्ति, जो उसके अहं का ही एक रूप है, इसमें प्रतिफलित है।

शेखर के जीवन में सरस्वती के अलावा शीला, शारदा, शांति और शशि इतनी नारियाँ आती हैं। इसमें शारदा और शशि का अधिक महत्त्व है। शारदा का प्रवेश शेखर की वयःसंधिकाल की अवस्था में होता है। एक किशोर के मन में नारी के प्रति जो सहजात आकर्षण होता है, उसका उदय कैसे होता है, वह शारदा के संदर्भ में स्फुट किया गया है। सरस्वती के जाने के बाद शेखर एक रिक्तता का अनुभव करता है, इतना ही नहीं, जन्म, मृत्यु, ईश्वर आदि को लेकर अनेक प्रश्नों का अंधकार उसे घेरे रहता है, तभी 'इस अंधकार पट पर बिजली की तरह थिरकती हुई आई एक रेखा—शारदा'।[28]

वयःसंधिकाल 'व्यक्ति मात्र के प्रति घृणा और विरोध का काल' है, लेकिन उस समय का प्रेम जो होता है उसमें अंध आवेग भी होता है। शारदा के प्रति ऐसा ही आवेग अनुभूत करता है शेखर। वह अपने और शारदा के एकत्व के चिह्न 'S' को सर्वत्र देखा करता है।[29] (वैसे शेखर के जीवन में आनेवाली नारियों के नाम का आद्याक्षर 'S' ही है।) शेखर की इस उन्माद अवस्था में, शशि का प्रवेश प्रभावक नहीं होता।

लेकिन लाहौर से लौटकर जब शारदा के घर 'गुरुडनीड' में ताला देखता है, तब वह सीढ़ियों पर बैठ जाता है, जब वहाँ से उठता है, तब वयःसंधि का ज्वार समाप्त होने का अनुभव करता है।[30]

हिंदी उपन्यास साहित्य में नायक के समलैंगिक आकर्षण की कथा 'शेखर' में शायद प्रथम बार कही गई है। नायक का हमारा परंपरागत आदर्श इस प्रकार की चित्रणा से टूटता है।

शेखर के जीवन में शशि का प्रवेश बहुत बचपन में हुआ था, जब उसने शशि के सिर पर लोटा दे मारा था, बाद में जब वह 'शारदा-ज्वर' से तप्त था तब मिला था। किंतु जब वह लाहौर पढ़ने के लिए जाता है तब शशि का परिचय गहरा होता है और शशि उसका 'द्वितीय जीवित' बन जाती है। वैसे शशि शरत्चंद्र के उपन्यास की त्यागमयी, अनुरागमयी, ममतामयी नारी का निदर्शन है। शेखर के निर्माण में शशि

का अनन्य योग है, ऐसा कहना कुछ 'ओछा' लगता है। उपन्यास के दूसरे भाग में हम देखते हैं कि शेखर-शशि अभिन्नतम हैं। शेखर यदि अपने जीवन में कोई अर्थ या संगति पाता है, तो एक शशि से, और अन्य बाबा मदनसिंह से। बाबा मदनसिंह ने शेखर को जेल-जीवन में एक सूत्र दिया था 'अभिमान से भी बड़ा दर्द होता है, पर दर्द से भी बड़ा एक विश्वास है...'[31] इस सूत्र को शशि यूँ परिवर्तित करती है 'दर्द से बड़ी एक लाचारी होती है—जितना बड़ा दर्द उतनी ही बड़ी—नहीं तो दर्द के सामने जीवन हार जाए।'[32] उपन्यास में दर्द की जो व्याख्या है, इससे लगता है कि शशि का चरित्र शेखर पर अधिक प्रभाव छोड़ जाता है। इसीलिए तो मौत के सन्निकट आकर अपने जीवन का प्रत्यावलोकन करते हुए अपने अतीत को शेखर दुबारा जीता है तब, वह—'सबसे पहले तुम, शशि' कह कर उसे याद करता है। 'इसलिए नहीं कि तुम जीवन में सबसे पहले आई या तुम सबसे ताजी स्मृति हो। इसलिए कि मेरा होना अनिवार्य रूप से तुम्हारे होने को लेकर है—ठीक वैसे ही जैसे तलवार में धार का होना सान की पूर्वकल्पना करता है। तुम वह सान रही हो, जिस पर मेरा जीवन बराबर चढ़ाया जाकर तेज़ होता रहा है—जिस पर मँज-मँज कर मैं कुछ बना हूँ, जो संसार के आगे खड़ा होने में लज्जित नहीं है—लज्जित होने का कोई कारण नहीं जानता।'[33]

आगे निर्देश किया है कि 'शेखर' एक चरित्र गठन का उपन्यास (Bildungsroman) है। वह बचपन से अपने को गढ़ रहा है। प्रत्येक अनुभव के प्रति वह खुला रहता है। उसमें अनंत जिज्ञासाएँ हैं, और है एक प्रबल सिसृक्षा। सिसृक्षा—नया समाज रचने की, नया साहित्य रचने की।

अकेला रहने की और विचार करने की आदत शेखर में बचपन से है। शेखर की पढ़ाई के आरंभिक प्रयत्न विफल रहते हैं—स्कूल में और घर पर भी। उस समय वह अकेला था ऐसा उसे बोध होता है, इतना ही नहीं 'सबसे भुलाये होने का बोध'[34] भी उसे होता है। अकेले-अकेले में उसे सोचने की आदत हो जाती है और इसमें से उसका प्रबल जिज्ञासाबोध जाग्रत होता है, जो 'जन्म' से लेकर 'मौत' तक—सभी विषयों के बारे में उसे प्रश्नाकुल बना देता है। ये सभी बातें आज के शेखर के निर्माण में प्रभावक रही हैं।

क्रांतिकारी शेखर की छाया में कलाकार शेखर बहुत कुछ हिंदी आलोचना में उपेक्षित-सा रहा है। शेखर में एक मूलवृत्ति है सिसृक्षा की—सर्जनेच्छा की। यों अपनी 'जीवनी' कह कर मार्सेल प्रूस्त के 'मार्सेल' की तरह वह एक 'औपन्यासिक कलाकृति' का निर्माण कर ही रहा है, जो उसकी सबसे बड़ी सिद्धि है। इस मुद्दे की ओर बहुतों का ध्यान नहीं गया। इसका कारण यह है कि स्वयं शेखर ने अपने को 'क्रांतिकारी' कहा है और अज्ञेय ने भूमिका में भी 'शेखर : एक जीवनी' के नायक को क्रांतिकारी कहा है।

यह अवश्य है कि क्रांतिकारी और कलाकार आमने-सामने नहीं है। क्रांतिकारी कलाकार हो सकता है, कलाकार क्रांतिकारी भी हो सकता है। शेखर की संवेदना एक कलाकार की भी संवेदना है। उसमें बचपन से रचना-शक्ति है, जो उसकी विद्रोहात्मक वृत्ति के कारण कभी 'विडंबना-काव्य'[35] में भी अभिव्यक्ति पाती है। लखनऊ में शेखर को गोमती के तट पर सांध्यवेला में एक अनुभव होता है, यह कलाकार की कला-संचेतना की प्राक् अनुभूति है–'एपिफनी' है।...'उसे लगता है कि उस प्रकाश में कुछ है, जो उसे बुलाता है, खींचता है, सुख देता है, पर वह उसे नाम नहीं दे पाता, 'सौंदर्य' शब्द उसके मनःक्षेत्र में अभी तक नहीं आया है।' फिर वह एक सुंदर घोड़े को तीव्र गति से दौड़ता हुआ देखता है। 'उसकी गति में कहीं चेष्टा नहीं है, कहीं रुकावट नहीं है, मानो कहीं भी इच्छा की प्रेरणा ही नहीं है, वह स्वतः संपूर्ण, सुंदर, अच्छे संगीत की तरह ताल-विशिष्ट एक गति है।

शेखर एकाएक खड़ा हो जाता है। यह एक नयी बात थी उसके जीवन में–और यह विद्युत की तरह उसके मन में तड़प गई...

Rhythm...लय...'[36]

ये कलाकार को होने वाले सहज स्फूर्त उन्मेष हैं, जिसको 'एपिफनी' कहते हैं। ज्याइस के स्टीफन को होता है, प्रूस्त के मार्सेल को भी। शेखर का यह सौंदर्यबोध उसकी कलाविधायिनी दृष्टि का परिचायक है। छः वर्ष की अवस्था में शेखर ने एक सचित्र पुस्तक लिखने का प्रयत्न भी किया था।[37]

शेखर जानता है कि 'साहित्य का निर्माण, मानों जीवित मृत्यु का आह्वान है।'[38] सर्जन की यंत्रणा उसने झेली है। सर्जक को कहीं विराम नहीं होता, उसे तो बस चलना ही है, कहीं रुकना नहीं है। बचपन में शेखर जिस दृष्टि से प्रकृति को देखता है, पंछियों को सुनता है, जानवरों की गति को देखता है, इन तमाम में एक 'कलाकार' की निगाह है। जंगल में एक बार हिरन को देखता है–उसके 'गठन का सौंदर्य, गति की लय'। वह अपने को प्रकृति की संतान कहता है। एक किताब पर अपना नाम इस तरह से लिखा था 'Shekhar, son of nature'[39] एक बार गंगा में नाव में जाते समय अंग्रेज़ी में कविता रचना करता है।[40] राष्ट्रीय भावना के प्रथम प्रभाव में 'अपूर्व नाटक' लिखा था।[41]

शेखर के लिए लिखना, फिर चाहे सर्जनात्मक या चिंतनात्मक, उसकी अस्मिता के लिए आवश्यक बन जाता है। मद्रास में समाज-सुधार के उत्साह में वह 'एंटिगोनम' क्लब की स्थापना करता है। अपने एक साथी राघवन की शादी की बात सुनकर, और उस शादी में राघवन की विवशता देखकर तुरंत शेखर लिखने के लिए बैठ जाता है–इस वर्ग के युवक संप्रदाय के बारे में।[42] उसमें आवेश है, आक्रोश है, आवेग है। यह उनकी पत्रिका का संपादकीय था।

लाहौर जाने के बाद लिखने की प्रक्रिया जारी रहती है। शेखर लाहौर में मणिका

आदि के समाज के दर्शन से उपराम होकर लिखने में प्रवृत्त रहता है। 'गद्य और पद्य का मोह छोड़ कर वही लिखना आरंभ किया, जो उसके मन में से बीत रहा था...और बढ़ते हुए विस्मय में उसने देखा कि वह गद्य और पद्य, कथा और निबंध सभी कुछ लिखा जा रहा है...'[43] और वह इतना लिखता है कि एक अलमारी भर डाली।

छुट्टियों में वह कश्मीर जाता है। वहाँ श्रीनगर में एक रात को चाँदनी का दर्शन कर उसका 'सौंदर्यबोध' जाग उठता है : शेखर को कँपकँपी आ गई। उसे जान पड़ा कि अपने मस्तिष्क पर कोई भारी बोझ है, जिसे उतार देना आवश्यक हो गया है; वह धीरे-धीरे खेमे की ओर लौट पड़ा।

भीतर आकर उसने मोमबत्तियाँ जलाईं; कागज़ कलम लिया, और क्षण भर अनिश्चय में कलम हिलाता रहा। फिर उसने लिखा, 'सौंदर्य और बुद्धि का सम्मिलन कभी भी बंध्य नहीं होता'। थोड़ी देर फिर रुक कर एकाएक निश्चय में उसने कागज़ घुटने पर रखा, और सिर झुका कर लिखने लगा—अपने जीवन की सबसे पहली और सबसे सुंदर कहानी।[44]

उसी यात्रा के दौरान शेखर को सौंदर्य की गहरी अनुभूति होती है। लेकिन यह लब्धि उसकी पकड़ से बहुत बड़ी थी।[45] उस पर उन्माद छा जाता है। उसकी सर्जक चेतना का ही यह प्रसार था।

शेखर की जेलयात्रा भी लेखक जीवन की एक तैयारी ही है। बाबा मदनसिंह, मोहसिन, रामजी आदि का साहचर्य उसे 'वेदना के नये ऋत' का दर्शन कराता है, तो शशि के पत्र स्नेह का नया प्रबोध। वहाँ भी वह एकांत कोठरी माँगता है। शशि की अवस्था जानने को आकुल शेखर की चेतना विकल हो उठती है। 'शेखर एक बार काँपा, और फिर लिखने बैठ गया।'[46]

शेखर कहानी लिखता है।[47] कहानी प्रतीकात्मक है और बाइबिल की आदम, इव और साँप के विषय को लेकर लिखी गई है। सर्जन शेखर के लिए एक आंतरिक विवशता भी है।

जेल में जब रामजी को फाँसी होनेवाली है, शेखर उदास है : शाम को रामजी ने शेखर को पुकारा, "बाबू साहब!"

शेखर जंगले पर आकर बोला, "क्या है?"

"आपने कभी फाँसी देखी है?"

"नहीं।"

"आप तो लिखने वाले हैं न, आपको सब कुछ देखना चाहिए।"

"....................."[48]

तो शेखर लिखने वाला है, यह मरणोन्मुख रामजी भी जानता है, और वह यह भी जानता है कि लिखनेवालों को इन सब प्रकार के 'दर्शन' करने होते हैं, केवल

'सुंदर' का ही दर्शन नहीं, मृत्यु का भी, अप्रकृत मृत्यु का भी।

'दस दीर्घ जीवन क्रांति महीने' हवालात में बिताकर शेखर बाहर आता है तब उसे कविता की पंक्तियाँ याद आती हैं। वह अब मुक्त था, लेकिन अब वह 'दीक्षित' था।

शेखर की साहित्यिक चेतना पाश्चात्य आधुनिक कवियों से प्रभावित है। जेल से मुक्त होने के बाद दोनों—पूर्व को और पश्चिम की संस्कृतियों के बारे में व्यक्ति और यहाँ के समूह के संदर्भ में सोचता हुआ शेखर सड़क पर चल रहा है : ' 'मैं' इलियट और एजरा पाउंड पसंद कर सकता हूँ, जब कि हमारी रुचि छायावाद की ओर है...व्यर्थ ही हिस्टीरिकल (उन्मादग्रस्त) हो रहा हूँ...।'[49]

(शेखर की इस उक्ति में कवि अज्ञेय की उक्ति सुन सकते हैं। जब अज्ञेय आधुनिक कविता का बोध लेकर हिंदी कविता की आधुनिकीकरण की प्रक्रिया में प्रवृत्त थे, तब छायावादी रुचि का कठोर विरोध सहन करना पड़ा था।)

हम देखते हैं कि शेखर की वैचारिक और आनुभूतिक प्रक्रिया का प्रारूप एक सर्जक का ही है। वह सर्जक की परिभाषाओं के माध्यम से अनुभूत करता है और सोचता है। उसी पृष्ठ पर कथा कहते-कहते शेखर अतीत के उन दिनों से—शशि के घर के सामने से एकदम सांप्रत के क्षणों में अपनी काल-कोठरी में आ जाता है—और बीचकथा कामेण्ट लिखता है :

'भोगने वाले प्राणी में और रचना करनेवाले कलाकार में सदा एक अलगाव बना रहता है। जितना ही बड़ा वह अलगाव है, उतना ही बड़ा कलाकार होगा।'

'लेकिन क्या मैं कलाकार हूँ? क्या मुझे कलाकार होने की परवाह है, जबकि मैं उस जीवन को जी सकता हूँ, जो कि तुम्हारे संसर्ग से बना है? अलगाव का मुझे क्यों मोह, तटस्थता से मुझे क्यों प्रेम; जब कि उसका एक-एक अणु तुमसे अनुप्राणित है। कलाकार मुझसे बड़े हैं, हुआ करें; मैं झुका हुआ हूँ, स्तब्ध हूँ, प्रतीक्षमान हूँ और जानता हूँ कि तुम्हारा वरदहस्त मेरे ऊपर है।...'[50]

शेखर ने कलाकार के लिए आवश्यक इलियट के 'निर्व्यक्तीकरण' के सिद्धांत का उल्लेख किया है। वह अंगत, अनुभूति, अनुभव और उसका कला में रूपांतर, रूपायन—उसकी प्रक्रिया जानता है। शेखर का इस प्रकार कहना एक (fictional device)—कथागत प्रयुक्ति है, जिसके द्वारा कथा—सच्ची कथा होने का आभास देती है। जब कोई कलाकार ऐसा कहता है, कि 'मैं कलाकार नहीं हूँ, मैं तो अपनी बीती सुना रहा हूँ।'—तो यह एक प्रयुक्ति मात्र है। वह कलाकृति ही पेश करता है। शेखर शशि के प्रेम की महत्ता स्थापित करना चाहता है; अतः इस प्रकार का उसका निवेदन है। शेखर तो अपनी कथा कह रहा है—वह कलाकृति नहीं रचता। ऐसा दिखाकर अज्ञेय इस कथा से पाठक का गहरा अनुबंध स्थापित करना चाहते हैं।

जेल से मुक्त होने के बाद शेखर सामाजिक क्रांति का उद्देश्य लेकर आगे

की अपनी कारकिर्दी बनाना चाहता है। बाबा मदनसिंह का सूत्र इसने अपनाया है 'तोड़ना ही धर्म है, बनता तो अपने आप है।' इसके लिए शेखर के पास एक ही शस्त्र है—लेखन। उसकी बात सुनकर शशि कहती है :

'तो तुम साहित्यकार बनोगे? अच्छा। और तुम्हारा लिखना एक उद्‌देश्य के लिए होगा—विनाश के लिए और पुनर्निर्माण के लिए...लेकिन शेखर, ऐसा लिखा हुआ सब अच्छा नहीं होता, सब साहित्य नहीं होता। वहाँ साहित्य का मोह करोगे कि उद्‌देश्य का?'

वह एकाएक गंभीर होकर कहने लगा, 'मोह तो मैं किसी का नहीं करूँगा। मोह ही तो वह दाँत है जो उखाड़ता है। पर इसके लिए तो कोई तरकीब निकालनी ही होगी—मैं जो कुछ लिखता हूँ, बहुत उबल कर लिखता हूँ, पर पीछे मुझे लगता है कि वह अच्छा नहीं है। बल्कि कभी यह भी लगता है कि उद्‌देश्य भी उसमें नहीं है, क्योंकि वह उबाल ही उबाल है, और उद्‌देश्य के लिए तो नक्शा बना कर संयम से चलना चाहिए।'[51]

शेखर सोद्‌देश्य साहित्य की रचना करना चाहता है, लेकिन शशि उसे आगाह कर देती है। शेखर अपने लेखन की स्वयं ही समीक्षा करता है और उसका आदर्श निश्चित करता है। रोमांटिक भाव-प्रवणता बनाम आधुनिक बौद्धिकता।

अपने किराये के कमरे में इस प्रकार के साहित्य का निर्माण करने का सोचता है, जो क्रांति की प्रेरणा दो सके। वह क्रांति एकपक्षीय न होकर सर्वतोमुखी क्रांति होगी। उसका 'क्रांतिचिंतन' एक दिशा ग्रहण करता है। इसी बीच उसने 'एक लंबी कविता और एक छोटी-सी कहानी लिख डाली', थी।[52] उससे 'स्निग्ध आनंद की एक अद्‌भुत दीप्ति' उस पर छा जाती है।

शेखर सर्जन के आनंद का अनुभव करता है। सर्जन के उस आनंद में अपनी पुरानी लिखावटें भी देखता है और एक निर्णय पर आता है कि वह 'हमारा समाज' नाम से पुस्तक लिखेगा। कुछ ही दिनों में उसका ढाँचा भी तैयार कर देता है।

कभी-कभी शेखर में लिखने के प्रति अनुत्साह भी आ जाता है। शशि उसे प्रोत्साहित करती है। वह अनुत्साहित शेखर से पूछती है—'मेरे लिए लिख सकते हो? और सुनो, तुम जितना अच्छा लिखोगे, उतना ही बाहर से क्लेश पाओगे। पर भीतर से तुम्हें शांति मिलेगी। मैं कहूँ तो यह बड़ी बात लगेगी, पर तुम्हारा प्रतीक उस शांति का नहीं, उस क्लेश का भी साक्षी हो सकता है।'[53]

शशि शेखर का साहित्यादर्श बनती है। शेखर का ग्रंथ पूरा होता है, लेकिन अब दूसरे मोर्चे पर संघर्ष शुरू होता है—वह मोर्चा है—प्रकाशन का। शेखर को हताशा ही प्राप्त होती है। उस विपन्नावस्था में वह सोचता है : 'बहिर्मुख शक्ति ही क्रांति कर सकती है, अंतर्मुखी नहीं। अंतर्मुख होकर वह एक विशेष प्रकार का कवि चाहे हो जाए।' एक विषाद की छाया शेखर को आवृत्त कर लेती है।

पिताजी से शेखर कहता है कि उसने अपने लिए 'साहित्य का क्षेत्र चुना है।'[54] पिताजी नाराज होते हैं; फिर हिंदी में नहीं, अंग्रेजी में लिखने की हिदायत देते हैं। किंतु शेखर हिंदी में ही लिखने का अपना निर्णय जताता है। 'हमारा समाज' पुस्तक की अवदशा शेखर को निर्भ्रांत करती है। वह 'आत्महत्या' की स्थिति तक पहुँच जाता है। शशि ही उसे उस गर्त से बाहर ले आती है। वह शशि से कह देता है—'जितने स्वप्न मैंने देखे हैं, सब तुममें आकर घुल जाते हैं।'[55] निराश लेखक शेखर अपने पर 'सप्तपर्णी' की छाँह का अनुभव करता है।

शशि के प्रेम का अनुभव शेखर को आश्वस्त करता है। 'शेखर लिखेगा। हो सकेगा तो कविता लिखेगा, किंतु कुछ भी लिखेगा अवश्य।'[56] लेकिन स्थिति फिर बदलती है। शशि अपने पति से प्रताड़ित और घर से निष्कासित होकर शेखर के कमरे में भग्नांग होकर आती है।

इसका स्मरण करते-करते एकाएक शेखर पुनः अपनी काल-कोठरी में आता है और बीच-कथा शशि को भव्य अंजलि देता है यह कह कर—'याद में मैं स्वयं शशि हो जाता हूँ।' यहाँ फिर इस कथा को सत्य-कथा का पाश देने की प्रयुक्ति आती है। शेखर कहता है :

'या कहीं यह बात तो नहीं है कि चरमशांति की प्रतीक्षा करते हुए अभियुक्त के स्वीकारी भाव को दबा कर स्मृति के घोड़े पर रचयिता की आकलन बुद्धि चढ़ बैठी है? क्या अंतिम दिनों में अपने जीवन का अर्थ, अभिप्राय, उसकी निष्पत्ति और सिद्धि खोजता हुआ मैं अपने उद्योग की सफलता के मोह में पड़ गया हूँ—केवल अंकन की निर्ममता से डिग कर सृजन की आसक्ति में पड़ गया हूँ? किंतु क्या सृजन ही सबसे बड़ी निर्ममता, सबसे बड़ी अनासक्ति नहीं है, जब कि वह अपनी ही प्रतिमूर्ति को अपने प्राणों का दान है?'[57]

बार-बार जैसे कहा जा रहा है कि यह 'सत्यकथा' है, सृजनात्मक कथा नहीं है। है यह सृजनात्मक कथा ही।

बीमार शशि की तीमारदारी में व्यस्त शेखर को शशि पुनः-पुनः लिखने में प्रवृत्त करना चाहती है। एक बार शेखर लिख रहा होता है, और शशि कंधे पर से झुक कर शेखर के अनजाने में वह जो कुछ लिख रहा है, वह पढ़ती है। शेखर लजा जाता है और पूछता है, 'तुम सब पढ़ती रही हो?'

'शेखर, एक दिन मैं नहीं रहूँगी; तब तुम बहुत बड़े आदमी होगे और कंपोजीटर तुम्हारी मेज के पास खड़े रहेंगे कि तुम्हारे हाथ से कागज़ छीन कर ले जाएँ। पर तब भी मैं यों ही पीछे खड़ी होकर पढ़ा करूँगी—और तुम भी जानोगे। लेकिन अगर अच्छा नहीं लिखोगे, तो मैं तुम्हारे कान में चिल्ला दूँगी...'[58]

और काल कोठरी में बैठा शेखर इसी क्षण सोच पड़ता है कि क्या जेल के इस लालटेन के फीके आलोक में शशि पढ़ती होगी कि मैं क्या लिख रहा हूँ? वह

कहता है कि कंधे के ऊपर शशि की साँस का स्वर वह सुनता है और वह चिल्लायी नहीं है अतः उसने जो लिखा है, वह सही है।

कशमकश की स्थिति में शेखर का परिचय क्रांतिकारी दल से होता है और शशि समेत परिस्थितिवश वह उस दल में सम्मिलित होता है। वहाँ से दिल्ली जाना होता है क्योंकि उसने एक 'गरम' उपन्यास लिखा था। दिल्ली में साइनबोर्ड पेंटर वह होता है। शशि उसे लिखने के लिए प्रोत्साहित करती है 'अब तुम नहीं लिखोगे, शेखर?'

'क्यों नहीं लिखूँगा? मैं भूला नहीं हूँ, शशि; मैं लिखूँगा–' लेकिन शेखर जब कहता है कि लिखने का नहीं सूझ रहा है, तब शशि अनुभव का सच लिखने के लिए कहती है। शशि उसे बाबा मदनसिंह, मोहसिन, रामसिंह आदि से प्राप्त अनुभव के बल पर लिखने को कहती है :

'तुम से भी बड़ा अनुभव हो सकता है जरूर–पर मैं कहती हूँ, जो सत्य तुमने देखा है, जिसका अपने रक्त में अनुभव किया है उसकी बात लिखो तो अवश्य लेखनीय होगी। बात बड़ी नहीं होनी चाहिए, बात का अनुभव बड़ा चाहिए। आदमी की पकड़ बड़ी चाहिए–बात को वश में करने की लगन और साहस।'

तब शेखर कहता है, 'तब तो तुम्हारी कहानी लिखूँ–निजी सत्य।'

'हाँ, जब मैं भी ऐसा सत्य हो जाऊँगी, निरा सत्य, जिसे तुम तटस्थ होकर देख सकते हो, तब मेरी कहानी लिखना–और कहानी ऐसी बुरी नहीं होगी, शेखर।'[59]

यह है सर्जन का शास्त्र, शशि प्रबोधित। शशि शेखर का निर्माण कर रही है–एक उदीयमान साहित्यकार को प्रेरणा ही नहीं दे रही, तिल तिल गढ़ रही है, साहित्यकार शेखर की मूर्ति। शेखर के इस निर्माण में उसका अपना साझा होगा–ऐसा वह मानती है, और वह कितना सच है!

जब तक शशि रही शेखर को लिखने के लिए प्रेरित करती रही, लेकिन शशि के विलयन के बाद वह जैसे दिशाहारा हो जाता है। अपनी कथा लिखते-लिखते जब वह शशि के विलयन की बात तक आता है, तब कहता है कि अब इसके 'आगे कहानी नहीं है'।[60] उसे लगता है कि उसके जीवन ने अर्थ खो दिया है। काल-कोठरी में बैठा अपना वृत्तांत लिखता शेखर मृत्यु का आह्वान करता है, फिर पुनः कथासूत्र को समेटता है।

शेखर के जीवन में अगले सूत्र कौन से होंगे इसका संकेत उपन्यास के अंत में है। अब उसे सक्रिय रूप में क्रांतिकारी दल में सहयोग देना है। उसके 'कलाकार' होने की कथा शायद यहीं पूरी हो जाती है, और क्रांतिकारी होने की कथा का आरंभ होता है।

लेकिन शेखर 'क्रांतिकारी' का रूप हमारे लिए सिर्फ कल्पना का विषय है। हमारे सामने मात्र उसका परिणाम है–'फाँसी'।

और मौत के सन्निकट आकर पुनः शेखर 'लेखक' बनता है। वह 'अपनी कहानी' लिखने बैठता है। अपनी कथा को आब्जेक्टिव दृष्टि देने के लिए 'मैं' के रूप में न कह कर 'वह' के रूप में कहता है, लेकिन 'वह' भी है तो 'मैं' ही।

शेखर जब अपनी जीवनी लिखने का आरंभ करता है, तब सामने उसके आज तक का जीवन है। हमारे सामने उसका क्रांतिकारी रूप नहीं आया। कोई एक रूप उभर कर यदि आया है, तो वह है एक बनते कलाकार (artist in making) का। वास्तव में शेखर के दो रूप हैं, एक है विद्रोही रूप, एक है कलाकार रूप। दोनों की आंतरिक प्रेरणा शशि है। कथा के आरंभ में वह कहता है :

'शशि के व्यक्तित्व की यह पुकार, यह 'अपील' थी मेरे मन के एक खंड के लिए, जो कि जीवन में क्रियाशीलता के उफान से छलका पड़ता है, जो विद्रोही है। किंतु मेरे मन का दूसरा खंड, जो कि सृष्टि के सौंदर्य को ही प्रतिबिंबित कर सकता है, जो वास्तव में मेरे मस्तिष्क का हृदय है, और इसलिए कवि है, वह जागता था शशि की हँसी से।'

शेखर जन्म का विद्रोही है वह तो हम जानते हैं, कलाकार मात्र एक-न-एक तरह से विद्रोही होता है। जेम्स ज्वाइस के कलाकार नायक स्टीफन को याद कीजिए। पिता, परिवार, समाज, शासन, धर्म और ईश्वर से शेखर का भी विद्रोह है, किंतु उसकी जितनी वैचारिक भूमिका उपन्यास में प्रस्तुत हुई है, उतनी क्रियाशील नहीं–(शायद तीसरे भाग का वह विषय होगा।) हमारे सामने तो शेखर के मन का दूसरा खंड ही अधिक उभरा है। वह रूप है कवि का–कलाकार का।

और चूँकि वह रूप वैचारिक भूमिका पर एक विद्रोह का भी रहा है, इसलिए एक नये सर्जक का है, जो आधुनिक है। शशि के प्रेम से शेखर आविष्ट है, लेकिन वह आविष्टता उसकी बौद्धिकता को ढँक नहीं देती। हाँ, एक 'शीतल बौद्धिक घृणा' का रूप तो अब आविष्कृत होगा– । लेकिन शेखर की प्रकृत चेतना जितनी सर्जनात्मक है, उतनी विद्रोहात्मक नहीं, क्योंकि उसका प्रकृत पक्ष उसके सर्जक की तरह अंतर्मुखी है, बहिर्मुखी नहीं।

शेखर ने अपने मन को दूसरे खंड के लिए 'मस्तिष्क का हृदय' कहा है, वह अनेक अर्थ में सार्थक है। यहाँ मस्तिष्क है, लेकिन मात्र बौद्धिकता नहीं है, यहाँ हृदय है, लेकिन मात्र आविष्टता नहीं है। शेखर में हमें एक बौद्धिक 'स-रस' संवेदना का अनुभव होता है। उसका विद्रोही रूप शैशव से परंपरागत मूल्यों का अस्वीकार करता है। उसने बदले हुए मानवीय संदर्भ को पहचाना है। 'तोड़ना एक मात्र धर्म है'–ऐसा मंत्र भी बाबा मदनसिंह से उसने पाया है, लेकिन अभी तक–शशि के विलयन की घटना तक–उसे क्रिया रूप में परिणत कर पाने में असफल रहा है। वह विद्रोह रहता है उसकी चेतना में, जो उसके लेखन में अभिव्यक्ति पाता है।

शेखर ने क्या-क्या लिखा है, वह तो हमारे सामने नहीं आया, लेकिन शेखर

का निर्माण एक कलाकार के रूप में ही होना था। वह क्रांतिकारी हुआ, शायद वह नियति का खेल था। (और यह भी 'नियति' है कि उसका वह रूप पाठकों के समक्ष नहीं आया) लेकिन अंत में अपनी जीवनी का आलेखन कर वह कलाकार हुआ। कथानायक शेखर की उपलब्धि है, कम-से-कम उसकी यह 'जीवनी' जो कला-स्वरूप की परिणति तक पहुँचती है।

शेखर एक आधुनिक भारतीय तरुण की कथा है, जो तोड़ने का मंत्र लेकर निकलता है, लेकिन उसमें एक संरचना की आस्था है। उस आस्था के पीछे कोई शशि का 'वरद हस्त' हो सकता है। आत्मान्वेषी होते हुए भी शेखर का अहं रूप प्रबल है। ऐसा कह सकते हैं कि इस उपन्यास में एक ही पात्र है[61] और वह है शेखर; और सब जितने पात्र हैं सब परिवेश हैं। उसके निर्माण के लिए, अवश्य शशि बहुत कुछ विशेष है—परिवेश से। आधुनिक उपन्यासों के नायकों की एक श्रेणी है, उन कलाकार नायकों की, जो वास्तव में उनके लेखकों के alter-ego होते हैं और जिनकी जीवनी लिखने की प्रक्रिया में उपन्यास लिखा जाता है। यह बात है ज्वाइस के स्टीफन की या प्रूस्त के मार्सेल की और टोमस मान के टोनियो क्रगर की, और अज्ञेय के शेखर की। यहाँ सर्जक के बनने की (artist in making) प्रक्रिया ही उपन्यास का विषय होता है। 'क्रांतिकारी कैसे बनते हैं'—उसकी खोज में अज्ञेय चले हैं, लेकिन कलाकार कैसे बनता है, उसकी बात 'शेखर : एक जीवनी' में अधिक कही गई है।

शेखर में अहंता का प्राबल्य है, किंतु अपनी जीवनी लिखते समय वह मिथ्या दंभ से कोसों दूर है। मिथ्या को तोड़ने की तो उसकी प्रवृत्ति है। अपनी माँ के प्रति घृणा के भाव को व्यक्त करने में उसे कोई हिचकिचाहट का अनुभव नहीं हुआ, न तो अपने पिता की कमजोरियों को उभारने में भी। वह बेझिझक अपनी बहिन के प्रति अपने आकर्षण की बात लिखता है, तो कुमार के प्रति अपने आकर्षण की बात भी नहीं छिपाता है। शशि के प्रेम की बात लिखने में कोई कुंठाबोध भी नहीं है। उसकी यह सच्चाई, ईमानदारी हमें आकृष्ट करती है।

शेखर की स्वतंत्रता की भावना भी प्रबल है। माँ-बाप, परिवार, समाज या शासन के विरोध में रहकर भी वह अपनी स्वायत्तता की रक्षा करता है। स्वतंत्रता उसके लिए मूल्य है, जिसके लिए सब कुछ छोड़ा जा सकता है, या जिसके लिए भारी से भारी संघर्ष किया जा सकता है।

शेखर स्वयं अपना चौकीदार है। वह आत्मान्वेषी है। प्रति पद पर वह अपनी मूर्ति उकेरता रहता है। शेखर में भी कमजोरियाँ हैं, लेकिन वह अपनी कमजोरियों को पहचानता है। वह, जैसा कि अज्ञेय ने कहा है, 'जागरूक' आत्मा है। वास्तव में शेखर के द्वारा आधुनिक अहं (modern ego) का प्रथम साक्ष्य हिंदी उपन्यास साहित्य में 'शेखर : एक जीवनी' में मिलता है।

5. शेखर : एक जीवनी–पाश्चात्य प्रभाव

'शेखर : एक जीवनी' के संदर्भ में जिन पाश्चात्य उपन्यासों के प्रभाव का विचार किया जा सकता है, उनमें मुख्य निम्नलिखित हैं :

1. इवान तुर्गनेव (1818-1883) का 'फादर्स एंड चिल्ड्रन'
2. रोमाँ रोलाँ (1866-1944) का 'ज्यों क्रिस्तोफ'
3. मार्सेल प्रूस्त (1871-1922) का 'रिमेम्ब्रन्स ऑव द थिंग्ज पास्ट'
4. जेम्स ज्वाइस (1882-1941) का 'पोर्ट्रेट ऑव द आर्टिस्ट एज ए यंगमैन'
5. डी.एच. लारेंस (1885-1935) का 'संस एंड लवर्स'

(अ) 'फादर्स एंड चिल्ड्रन' और 'शेखर : एक जीवनी'

शेखर के निर्माण के समय उस पर कोई विदेशी पात्र का प्रभाव था या नहीं, ऐसा प्रश्न बनारसीदास चतुर्वेदी ने स्वयं अज्ञेय से पूछकर अपनी ओर से तुर्गनेव के प्रस्तुत उपन्यास के नायक बाज़ारोव का जिक्र किया था। उस पर अज्ञेय ने कहा था :

'तुर्गनेव का मैं बड़ा प्रशंसक हूँ और मानता हूँ कि बाज़ारोव का चरित्र उपन्यास साहित्य की एक विभूति है। लेकिन शेखर पर बाज़ारोव का प्रभाव मैं समझता हूँ बिलकुल नहीं है। बाज़ारोव रूसी निहिलिज्म की देन है। तुर्गनेव निहिलिस्ट नहीं था लेकिन उसने युग की प्रवृत्तियों क्रो पहचाना और विश्लेषण करके इस प्रवृत्ति का चरम रूप सम्मुख रख दिया। मैं भी आतंकवादी दल से संबद्ध रहकर भी 'कनविंस्ड' आतंकवादी नहीं रहा, पर मुझे इसमें बड़ी दिलचस्पी रही कि आतंकवादी का मन कैसे बनता है। 'शेखर' की रचना इसी से आरंभ हुई। मुझे बाज़ारोव की जरूरत नहीं थी क्योंकि मुझे प्रत्यक्ष अनुभव प्राप्य था।...बाज़ारोव नियतिवादी है, शेखर नियतिवादी नहीं है... ।'[62]

तुर्गनेव का 'फादर्स और चिल्ड्रन' (अनुवाद कांस्टान्स गार्नेट–प्रथम अंग्रेजी आवृत्ति, 1895, प्रथम संस्करण, 1920) पढ़ने पर अज्ञेय का कथन सही लगता है। कई बार ऐसे प्रवाद चल पड़ते हैं कि अमुक पर अमुक का प्रभाव है, लेकिन प्रायः सतही साम्य के आधार पर ही ऐसे विधान किए जाते हैं। बनारसीदास ने भी जब शेखर और बाज़ारोव का संबंध स्थापित किया, तब एक बाह्य सादृश्य ही उनकी निगाहों में रहा होगा। वह यह कि शेखर आतंकवादी है, बाज़ारोव निहिलिस्ट है। निहिलिस्ट बाज़ारोव परंपरागत पीढ़ी के लिए एक अननुभूत बात थी। तुर्गनेव ने उसका प्रवेश बड़ी कलात्मकता से कराया है। जब मित्र आर्केडी के साथ बाज़ारोव आर्केडी के पिता को जागीर पर छुट्टियाँ बिताने जाता है, तब आर्केडी अपने चाचा पावेल पेत्रोविच को बाज़ारोव का परिचय देता है। उसके चाचा पूछते हैं :

'Well, and what is Mr. Bazarov himself ?'

'He is a nihilist.'

और फिर निहिलिस्ट की परिभाषा करते कहता है :

'A nihilist is a man who does not bow down before any authority, who does not take any principal on faith, whatever reverence that principle may enshrined in'.[63]

शेखर भी परंपरागत विश्वासों का विरोध करता है। शेखर का भी अपनी पिछली पीढ़ी से, मूल्यों और मान्यताओं से, संघर्ष है, लेकिन दोनों का व्यक्तित्व भिन्न है, जो दोनों को जीवन-संध्या के भिन्न परिणाम पर ले जाता है। बाज़ारोव महामारी का शिकार होकर मरता है, शेखर क्रांतिकारी होकर फाँसी की सजा पाता है। डॉ. भारतभूषण अग्रवाल ने ठीक ही कहा है कि दोनों में अधिक चित्रणभेद है।[64]

अज्ञेय के शेखर की तरह तुर्गनेव के बाज़ारोव ने भी उस युग में खलबली मचाई थी। तुर्गनेव ने 1860 के इर्द-गिर्द रूस में जो नयी राजकीय विचारधारा उदित हो रही थी, उसके प्रतिबिंब के रूप में निहिलिस्ट बाज़ारोव का चित्रण किया, जो कि एक दुर्दांत चरित्र है। इस रूप में आतंकवादी (लेकिन अंत में जो आतंकवादी नहीं रहता) शेखर से उसका साम्य हो सकता है। लेकिन शेखर के निर्माण में बाज़ारोव का प्रभाव ढूँढ़ना अनावश्यक है।

एक बात अवश्य कहनी चाहिए कि बाज़ारोव का चित्रण करके तुर्गनेव अपने समकालीनों में अनेक प्रकार की ग़लतफहमियों के शिकार हुए थे, शेखर के निर्माण के समय अज्ञेय के बारे में भी कम ग़लतफहमियाँ नहीं फैली थीं।

(आ) 'ज्यों क्रिस्तोफ' और 'शेखर : एक जीवनी'

रोमाँ रोलाँ प्रसिद्ध फ्रांसीसी उपन्यासकार, नाटककार, जीवनी-लेखक और संगीतज्ञ थे। लेकिन भारत के साथ उनका एक विशेष संबंध था। गांधीजी और रवींद्रनाथ के साथ उनका गहरा मैत्री संबंध था। उन्होंने गांधीजी की जीवनी के अतिरिक्त स्वामी विवेकानंद और रामकृष्ण परमहंस की जीवनियाँ भी लिखी हैं। भारतीय लेखकों में रोलाँ का विशिष्ट स्थान है।

ज्यों क्रिस्तोफ उनका अतिप्रसिद्ध उपन्यास है जो 1903 से 1912 के बीच 10 खंडों में प्रकाशित हुआ था। वैसे तो इस उपन्यास में एक जर्मन संगीतकार की कहानी है, जो फ्रांस को अपना दूसरा घर बनाता है। रोलाँ ने इस उपन्यास के माध्यम से संगीत के बारे में, सामाजिक और अंतर्राष्ट्रीय संबंधों के बारे में अपने विचार प्रस्तुत किए हैं।

'शेखर' की रचना के पूर्व अज्ञेय रोमाँ रोलाँ से परिचित हो चुके थे। 'शेखर' में एक स्थल पर उल्लेख आता है :

'जिस दिन शेखर ने कॉलेज जाने की तैयारी में पुस्तकें देखते हुए रोमाँ रोलाँ कां यह वाक्य पढ़ा कि 'सत्य उनके लिए है, जिनमें उसे सह लेने की शक्ति है,' उस दिन उसने सर उठाकर देखा कि वह समुद्र पार कर आया है, कि वह संपूर्ण है, मुक्त है और पुरुष है।'[65]

स्वयं अज्ञेय ने 'शेखर' के संदर्भ में उठाए गए प्रश्न के उत्तर में रोलाँ के प्रभाव को स्वीकार किया है। बनारसीदास चतुर्वेदी ने प्रश्न किया था :

'शेखर के निर्माण के समय क्या किसी विदेशी उपन्यास का कोई पात्र आपके सामने था?' 'सामने था, यह कहना गलत होगा। पर परोक्ष भी नहीं था यह दावा मैं कैसे कर सकता हूँ...'ज्यों क्रिस्तोफ' के अनवरत आत्मशोध और आत्म-साक्षात्कार का जो चित्र रोलाँ ने प्रस्तुत किया है, उससे मुझे अवश्य प्रेरणा मिली लेकिन न तो 'शेखर' उपन्यास 'ज्यों क्रिस्तोफ' जैसा उपन्यास है, न शेखर पात्र वैसा पात्र है। समानता इतनी ही है कि जैसे 'क्रिस्तोफ' में लेखक एक आत्मान्वेषी के पीछे उसका चित्र खींचता चला है : वैसे ही मैं एक दूसरे आत्मान्वेषी के पीछे चला हूँ। 'क्रिस्तोफ' में उपन्यासकार अन्य पुरुष में लिख रहा है। शेखर का रूप उत्तम पुरुष में लिखी गई आत्मकथा का है—लेकिन यह तो तंत्र यानी टेकनीक की बात है।'[66]

अज्ञेय के इस कथन के बावजूद दोनों उपन्यासों की तुलना करने पर 'शेखर' की रचना में प्रत्यक्ष नहीं तो परोक्ष रूप में ज्यों क्रिस्तोफ का एकाधिक रूप में प्रभाव लक्षित होता है।

(1) सबसे प्रथम हम उपन्यास के संघटन की तुलना करेंगे : ज्यों क्रिस्तोफ मूल फ्रांसीसी में दस खंडों में विभाजित है। अंग्रेजी अनुवाद चार भाग और दस खंडों में प्रकाशित है। रोलाँ ने इन दस खंडों के उपशीर्षक दिए हैं जो अंग्रेजी अनुवाद में इस प्रकार हैं :

Vol. 1 Dawn and Morning
- Part I The Dawn
- Part II The Morning

Vol. 2 Storm and Stress
- Part III Youth
- Part IV Revolt

Vol. 3 John Christopher in Paris
- Part V The Market place
- Part VI Antoinette
- Part VII The House

Vol. 4 Journey's End
- Part VIII Love and Friendship

Part IX	The Burning Bush
Part X	The New Dawn[67]

'शेखर : एक जीवनी' अभी तक हमारे सामने दो भाग में ही आया है, तीसरा अभी अप्रकट है (और शायद चौथे भाग की कल्पना भी लेखक ने की होगी ऐसी संभावना डॉ. नगेन्द्र के एक संकेत से प्राप्त होती है।[68]) फिर भी 'शेखर' के विभाजन में क्रिस्तोफ का पैटर्न दिखाई पड़ेगा :

भाग 1 : **उत्थान**

प्रवेश :

प्रथम खंड	–	उषा और ईश्वर
द्वितीय खंड	–	बीज और अंकुर
तृतीय खंड	–	प्रकृति और पुरुष
चतुर्थ खंड	–	पुरुष और परिस्थिति

भाग 2 : **संघर्ष**

प्रथम खंड	–	पुरुष और परिस्थिति
द्वितीय खंड	–	बंधन और जिज्ञासा
तृतीय खंड	–	शशि और शेखर
चतुर्थ खंड	–	धागे, रस्सियाँ, गुंझर

.तुलना करने से पता चलता है कि उपन्यास के संघटन का आयोजन करने में 'क्रिस्तोफ' से अवश्य प्रेरणा मिली होगी। लेकिन इसके साथ यह बात भी कहनी होगी कि रोलाँ में 'प्रवेश' खंड नहीं है, जो 'शेखर' के समग्र संघटन की नींव है। 'प्रवेश' के कारण 'शेखर' में समय की गति चक्राकार (सरक्युलर) हो जाती है, जब कि 'क्रिस्तोफ' में समय रेखानुसारी (लिनियर) है। कहने का तात्पर्य यह है 'क्रिस्तोफ' प्रत्यक्ष या परोक्ष रूप में होने पर भी 'शेखर' के रूपबंध में अज्ञेय की निजी सर्जनात्मकता का आविष्कार है।

(2) चरित्रनायक का आलेखन : 'ज्यों क्रिस्तोफ' और 'शेखर' दोनों उस श्रेणी के उपन्यास हैं, जिसे जर्मन में 'Bildungsroman' और अंग्रेजी में 'Initiative novel' कहते हैं, इसमें चरित्रनायक की आशैशव विकास-यात्रा होती है। क्रिस्तोफ और शेखर इन दोनों पात्रों की विकास-यात्रा इन उपन्यासों में है। स्वयं अज्ञेय ने कहा है कि दोनों 'आत्मान्वेषी' हैं, हाँ दोनों की खोज अलग-अलग अवश्य है। दोनों उपन्यासों में चरित्रनायक के शैशव का निर्माण है। (शेखर में वह स्मृति रूप में होने से उसका 'डाइमेंशन' अवश्य दूसरा ही है) किशोरावस्था और युवावस्था के चित्रण में भी कुछ साम्यता के अंश दिखाई पड़ेंगे। किशोर शेखर एक बार घर से भाग जाता है, क्रिस्तोफ भी एक बार घर से भाग कर रात भर बाहर रहता है। 'ज्यों क्रिस्तोफ' में क्रिस्तोफ का उसके मित्र ओटो के प्रति समलैंगिक आकर्षण दिखाया गया है, 'शेखर' में भी

कुमारप्पा के प्रति शेखर का समलैंगिक आकर्षण है। यहाँ तक कि दोनों में चरित्रनायक की उक्तियों तक में साम्य प्राप्त होता है।

ऐसी समानता 'ज्यों क्रिस्तोफ' में क्रिस्तोफ-सालीन प्रसंग में और 'शेखर' में शेखर-शांति प्रसंग में मिलती है। यौवन प्रकरण में क्रिस्तोफ सालीन से मिलता है। उसे देख कर लज्जा का अनुभव करता है, अंत में सालीन की मृत्यु होती है। 'शेखर' में शेखर शांति से मिलता है, एक आकर्षण का अनुभव करता है और अंत में शांति की मृत्यु का वर्णन है। ऐसे साम्य यद्यपि स्थूल हैं और उनमें प्रभाव देखकर लेखक की मौलिकता में संदेह की आवश्यकता नहीं है, लेकिन लेखक के समग्र रचनासंभार में उसके उचित महत्त्व को भी नहीं भुलाया जा सकता। इस प्रकार हम कह सकते हैं कि 'शेखर' के संघटन और चरित्र-चित्रण की पद्धति पर ज्यों क्रिस्तोफ का प्रत्यक्ष या परोक्ष प्रभाव रहा होगा।

(इ) 'रिमेम्ब्रंस ऑव द थिंग्ज़ पास्ट' और 'शेखर : एक जीवनी'

बीसवीं शती में उपन्यास कला को नया मोड़ देने वाले उपन्यासकारों में फ्रांसीसी उपन्यासकार मार्सेल प्रूस्त का (1871-1922) अनन्य स्थान है। फ्रेंच में उनके इस उपन्यास का प्रकाशन 1917 से 1927 तक होता रहा। उसके बारह भाग हैं। मूल फ्रांसीसी में शीर्षक है—'आला रीशर्च द्यु तां पर्दु' जिसका अर्थ होगा—'खोये समय की खोज़ में।' अर्थात् इस उपन्यास में 'स्मृति', समय और अभिज्ञान[69] केंद्र में हैं। स्वयं प्रूस्त ने अपनी कथन रीति को 'समय की ओर केंद्रित टेलीस्कोप' (a telescope pointed at time) कहा है।

प्रूस्त का उपन्यास 'रिमेम्ब्रंस' 'शेखर' की तरह प्रथम पुरुष की उक्ति में प्रस्तुत किया गया है। इसका नायक जो अपने को 'मार्सेल' कहता है, भी शेखर की तरह अपने जीवन में लिखने की आकांक्षा लिए हुए है, लेकिन उसमें असफल होकर वह अंत में अपनी जीवनी लिखने बैठता है। 'शेखर' में भी शेखर अपने जीवन का अंत आया समझकर अपनी 'जीवनी' लिख रहा है।

प्रूस्त के 'रिमेम्ब्रंस' का एक चक्राकार संघटन (circular structure) है अर्थात् उपन्यास के अंत में नाटकीय घटनाओं का वर्णन करने के बाद जैसे उपन्यास के आरंभ के पृष्ठ लिखे गए हों। अंत से उसका आरंभ होता है। 'शेखर' का आरंभ भी अंत से होता है। सब कुछ घटित हो चुका है। उपन्यास के आरंभ का शब्द है—'फाँसी'। यद्यपि 'शेखर' का तीसरा भाग अप्रकट है, लेकिन हम अनुमान कर सकते हैं कि तीसरे भाग के अंत में शेखर को फाँसी की सजा सुनाई गई होगी। उसे अब कालकोठरी में बंद रखा गया होगा और मृत्यु के इन आसन्न क्षणों में उपन्यास आरंभ होता है, अर्थात् शेखर का संघटन भी 'चक्राकार' है।

'रिमेम्ब्रंस' में दो परिप्रेक्ष्य लगातार साथ रहते हैं। कुछ घटनाएँ कथक ने उनको

जिस रूप में अनुभूत किया उस रूप में प्रस्तुत की गई हैं। कुछ घटनाएँ कथक आज उनको जिस रूप में देख रहा है, उस रूप में प्रस्तुत हैं।[70] ठीक यही बात हम 'शेखर' में भी पाते हैं। यहाँ भी दो परिप्रेक्ष्य हैं। 'शेखर' में कुछ घटनाएँ ऐसे वर्णित हैं, जैसे शेखर ने अनुभूत की थीं अर्थात् उस क्षण की संवेदना के अनुसार हैं। कुछ घटनाओं को, उस समय काल-कोठरी में बैठा हुआ शेखर, जैसे बहुत पीछे देखकर अपनी इस स्थिति के दृष्टिकोण से प्रस्तुत करता है अर्थात् इस क्षण की संवेदना का वर्णन है विगत घटना के संदर्भ में कुछ घटनाएँ घटना के रूप में सीधे निरूपित हैं, कुछ घटनाओं पर आज के शेखर की प्रतिक्रियाएँ हैं।

'रिमेम्ब्रंस' को भी श्रीमती आदेल किंग व्यक्ति गठन उपन्यास (Bildungsroman) की श्रेणी में रखती हैं।[71] इस प्रकार के उपन्यास में जैसा कि पहले कहा है एक तरुण की क्वचित आशैशव, संसार यात्रा का वर्णन होता है। अनेक स्वप्न, आकांक्षाएँ, आदर्श लेकर वह जीवन का आरंभ करता है, लेकिन संसार के कठोर अनुभवों से वह सीखता है कि उसकी आकांक्षाओं का और संसार में उसे प्राप्त होनेवाले अनुभवों का कोई मेल नहीं है। उसके अनेक भ्रमों का निरसन होता है। अपने अनुभवों से वह संसार को उसके सही रूप में परखने लगता है और अपनी एक प्रज्ञात्मक दृष्टि प्राप्त करता है। प्रज्ञा तक पहुँचने की सारी प्रक्रिया लंबी और वेदनामय होती है। प्रूस्त का नायक इस प्रज्ञा तक पहुँचते-पहुँचते अधेड़ हो गया है। 'शेखर' भी व्यक्तित्व गठन का उपन्यास है। आशैशव 'शेखर' की अनुभव सृष्टि का वर्णन है। शेखर अनुभवों से सीखता है, उसके जीवन की यह विकासयात्रा है। उपन्यास के आरंभ में अपनी इस जीवन यात्रा की बात वह कहता है :

'मैं अपने जीवन का पर्यवलोकन कर रहा हूँ, अपने अतीत जीवन को दुबारा जी रहा हूँ। मैं जो सदा आगे ही देखता रहा, अपनी जीवन यात्रा के अंतिम पड़ाव पर पहुँचकर पीछे देख रहा हूँ कि मैं कहाँ से चलकर किधर-किधर भूल-भटक कर, कैसे-कैसे विचित्र अनुभव प्राप्त करके यहाँ तक आया हूँ...'[72]

लेकिन दोनों नायकों की परिस्थिति में एक बहुत बड़ा फर्क है। अपनी जीवन यात्रा के मध्य पहुँचते-पहुँचते प्रूस्त के कथानायक के अनेक भ्रमों का निरसन होता है, विशेषकर समाज और प्रेम-विषयक; लेकिन एकमात्र कला के बारे में उसकी आस्था किसी दैवी प्रेरणा से बनी रहती है, जो उसे अपनी कथा लिखने में प्रवृत्त करती है।

शेखर भी अपने को अपूर्ण महसूस कर रहा है, लेकिन उसकी जीवन-यात्रा का अंतिम पड़ाव आ गया है। वह कहता है—'अपूर्ण हूँ, पर मेरी संपूर्णता के लिए कुछ भी जोड़ने को स्थान नहीं है।' वह अपनी बात आसन्न मृत्युक्षणों में लिख रहा है।[73]

'रिमेम्ब्रंस' के कथा नायक में समलैंगिक वृत्ति है, शेखर में कुछ समय के लिए इस प्रवृत्ति का उदय कुमार नामक एक सहपाठी के आकर्षण का निरूपण करके

दिखाया गया है। लेकिन प्रूस्त का मार्सेल जहाँ अपनी माँ में एकदम अनुरक्त है, वहीं शेखर एकदम विरक्त। समानता सिर्फ शिशु-माँ के संबंध को एक विषय के रूप में लेने में है।

यद्यपि प्रूस्त और अज्ञेय की सृष्टियाँ अलग-अलग हैं, लेकिन नायक की विकास यात्रा के संदर्भ में और कथन की शिल्पगत विशेषताओं के संदर्भ में हमें साम्य मिलता है। शेखर की शैशवकालीन स्मृतियों के सूक्ष्म वर्णन की प्रेरणा, अज्ञेय को प्रूस्त के उपन्यास के नायक की शैशव स्मृतियों के अंकन से मिली होगी, ऐसा अनुमान अवश्य किया जा सकता है। साथ ही अंत से आरंभ कर कथा नायक का बीते समय को पुनः जीने का उपक्रम भी प्रूस्त से प्रेरित लगता है।

अतीत की इस खोज का संकेत स्वयं अज्ञेय ने भी प्रूस्त के संदर्भ में किया है।[74] इतना ही नहीं उन्होंने यह भी कहा है कि 'एक साथ एकाधिक स्तर पर अभिव्यंजना और दो-तीन कालों के निर्वाह से हिंदी के एक उदाहरण के रूप में शेखर का नाम लिया जा सकता है।'[75]

(ई) 'पोर्ट्रेट ऑव द आर्टिस्ट एज ए यंगमैन' और 'शेखर : एक जीवनी'

जेम्स ज्वायस का उपन्यास 'युलिसिस' (1922) विश्व उपन्यास साहित्य में एक सीमाचिह्न है। 'चेतना प्रवाह' उपन्यास धारा की 'युलिसिस' चरम उपलब्धि है। बीसवीं शती के आरंभ में पश्चिम में उपन्यास-साहित्य एक नया मोड़ लेता है। इस नये मोड़ के अगुआ हैं—जेम्स ज्वाइस, मार्सेल प्रूस्त, वर्जीनिया वुल्फ आदि। फ्रायड के मनोविज्ञान ने साहित्य को भी प्रभावित किया था। विशेषकर अवचेतन के निरूपण में। इसके साथ बर्गसों की काल विषयक विचारणा ने भी समय की एक नयी विभावना दी थी। एक नगर-संस्कृति का अभ्युदय होता जा रहा था। मानव संबंधों की एक नयी भूमिका बन रही थी। इन सबका प्रतिफलन इन उपन्यासकारों की रचनाओं में देखने को मिलता है। उपन्यास के विषय और टेकनीक में आमूल परिवर्तन आता है। इन उपन्यासों की श्रेणी को 'मनोवैज्ञानिक उपन्यास' कहा गया है। इन उपन्यासों के नायकों की भी एक विशिष्ट श्रेणी है।

प्रायः इन उपन्यासों के नायक उनके सर्जक ही हैं। जेम्स ज्वाइस के 'पोर्ट्रेट ऑव द आर्टिस्ट'...का नायक स्टीफन स्वयं ज्वाइस है, प्रूस्त के उपन्यास 'आलारिशर्श' का नायक मार्सेल स्वयं प्रूस्त है। डी.एच. लारेंस का 'संस एंड लवर्स' भी उसका आत्मकथ्नात्मक उपन्यास है। उसका कथा नायक मोरेल स्वयं लारेंस है, मरियम उसके जीवन में आनेवाली जैसी चेम्बर्स वुड है और मारेल की माँ में लारेंस की माँ का चित्रण है। इसका कारण देते हुए आलोचक हेरी लेविन ने लिखा है :

'यथार्थवादी उपन्यास का इतिहास देखने से पता चलता है कि कथा-साहित्य आत्मकथा की ओर बढ़ता गया है। सामाजिक व मनोवैज्ञानिक सूक्ष्मताओं के आलेखन

की बढ़ती हुई अपेक्षाओं को उपन्यासकार अपने ही अनुभवों के आधार पर संतुष्ट कर सकते हैं। वह स्वयं अपने उपन्यास का नायक बनता है और अन्य चरित्रों को पश्चात्भू में रखता है। यह पश्चात्भू उसके चरित्र को प्रभावित करती है, अतः उसका भी महत्त्व बढ़ जाता है।'[76]

इसके साथ दो बातें और भी हैं :

(1) चूँकि इन उपन्यासों के नायक स्वयं उपन्यासकार होते हैं, अतः सहज रूप में ये नायक कवि कलाकार होते हैं, जैसे ज्वाइस के तो उपन्यास का नाम ही है–'युवा कलाकार की तस्वीर' इसका नायक स्टीफन कलाकार-कवि है। प्रूस्त के उपन्यास का नायक मार्सेल भी 'उपन्यासकार' है। इस संदर्भ में स्मरण आएगा कि रोमाँ रोलाँ के, 'ज्यों क्रिस्तोफ' का नायक क्रिस्तोफ भी कलाकार (संगीतकार) है। डी.एच. लारेंस के 'सस एंड लवर्स' का पॉल मॉरेल भी कलाकार है। इस प्रकार के उपन्यासों को जर्मन में एक संज्ञा दी गई है : 'क्युन्स्टलररोमान' (Kunstlerroman क्युन्स्टलर=कलाकार, रोमान=उपन्यास)।

(2) दूसरी बात यह है कि प्रायः इन सभी उपन्यासों में नायक की आशैशव प्रवृत्ति से आरंभ कर उसकी विकासयात्रा का आलेखन होता है। अर्थात्–'मेकिंग ऑव एन आर्टिस्ट'। ये नायक जीते हैं, गलतियाँ करते हैं, स्खलन के शिकार होते हैं, पतित होते हैं, विजयी होते हैं, और इस तरह जिंदगी से एक नयी जिंदगी का सृजन करते हैं। जीवन की पाठशाला के ये आजीवन छात्र रहते हैं। गेटे का विल्टेल्म माइस्टर जीवन की पाठशाला में बहुत कुछ सीखकर अंत में 'माईस्टर'–मास्टर होता है। वैसे ही है रोलाँ का क्रिस्तोफ, प्रूस्त का मार्सेल, ज्वायस का स्टीफन।

दोनों संज्ञाओं का उपयोग कर कह सकते हैं कि ये उपन्यास कलाकार उपन्यास (क्युन्स्टलर रोमान) और 'गठन उपन्यास' (बिल्डुंग्स रोमान) हैं। अर्थात् एक कलाकार का प्रादुर्भाव और गठन कैसे होता है, यह उपन्यासकार का मुख्य विषय होता है।

इस विवरण की पश्चात्भू में 'शेखर : एक जीवनी' का दर्शन किया जा सकता है। 'शेखर' 'क्युन्स्टलर रोमान' भी है, 'बिल्डुंग्स रोमान' भी है। वैसे शेखर को एक विद्रोही के रूप में चित्रित किया गया है, लेकिन कलाकार मात्र विद्रोही होता है। समाजसम्मत, परंपरा प्राप्त शृंखलाओं को तोड़ना इसकी प्रकृति होती है। ज्वायस का स्टीफन भी इसका उदाहरण है। समाज इसको बाँधना चाहता है–राष्ट्रीयता के जाल में, भाषा के जाल में और धर्म के जाल में। स्टीफन इन जालों को तोड़ता है। राष्ट्रीयता के जाल तोड़कर मौन (Silence) के आश्रय में जाता है, धर्म का जाल तोड़कर बुद्धि (Cunning) की शरण में जाता है।

शेखर भी इसी प्रकार का विद्रोही है। वह भी बाबा मदनसिंह के सूत्र के अनुसार 'तोड़ने' को अपना धर्म बनाता है। शेखर की शैशव से जो प्रवृत्ति है, वह रचनाकार की है। वह 'ग्रंथकार' होना चाहता है। यह जरूर है कि समाज-परिवर्तन की इसकी

महत्त्वाकांक्षा के आगे, शशि के प्रेम के आगे उसका लेखन कार्य गौण हो जाता है। लेकिन मूलतः उसकी प्रकृति सर्जक की है।

उसका कारण यह है कि जिस तरह से स्टीफन स्वयं ज्वायस है, उसी तरह से यहाँ शेखर स्वयं अज्ञेय हैं। अज्ञेय क्रांतिकारी रहे हैं, सर्जक के बावजूद; अतः इनका नायक भी क्रांतिकारी है, सर्जक भी है। स्टीफन में शैशव से ही भाषा के प्रति, वाणी के प्रति एक आकर्षण है। इतना ही नहीं सर्जक के जीवन में सर्जना के जो आध्यात्मिक पूर्वोन्मेष (epiphany) होते हैं, उसका अनुभव होता है। रवींद्रनाथ की भाषा में 'एपिफनी' को कहेंगे 'निर्झरिर स्वप्नभंग' अर्थात् कभी राह चलते-चलते, कभी कुछ देखते-देखते एक अतीन्द्रिय सृष्टि कलाकार के चित्र को जैसे उद्भासित कर दे। ये क्षण जैसे साक्षात्कार के क्षण हैं। 'पोर्ट्रेट ऑव द आर्टिस्ट' उपन्यास के अंत में स्टीफन अपने सौंदर्यसिद्धांत (aesthetic theory) का प्रतिपादन करता है। उपन्यास के अंत में स्टीफन देखता है एक कन्या, अकेली स्थिर, पानी के प्रवाह के मध्य में। जैसे किसी जादू ने उसको समुद्रपक्षी बना दिया हो ऐसी उसे लगी ...वह जैसे स्टीफन की काव्यदेवी बन गई। उसने उसे बोध कराया कि स्टीफन को कलाकार होना है।

ऐसी ही एपिफनी 'आलारिशर्श' में भी आती है, जब मार्सेल भी एक बार गुरमांते परिवार के रिसेप्शन (Guermante's reception) में जाता है तब गुरमांते के प्रांगण में ऊबड़-खाबड़ लगे किसी पत्थर से ठोकर लगती है और उसकी संवदेना तीव्रता से जाग उठती है और इसी स्थल पर उपन्यासकार बनने का निर्णय स्थिर होता है। यहाँ ठोकर का लगना ही एक नयी सृष्टि खोल देता है।

शेखर में भी ऐसी 'एपिफनी' है। शेखर जब लखनऊ में है उसे गोमती के तट पर सौंदर्य का अनिर्वचनीय अनुभव होता है—एक संध्या के अवसर पर, पर उस समय वह उसे 'सौंदर्य' नाम नहीं दे सकता। फिर—

'लखनऊ की बारादरी में शेखर बैठा है...। एक अत्यंत सुंदर घोड़ा तीव्र गति से दौड़ता हुआ उसके सामने से जाता है। उसकी गति में कहीं चेष्टा नहीं है, कहीं रुकावट नहीं है, मानो कहीं भी इच्छा की प्रेरणा नहीं है, वह स्वतः संपूर्ण, सुंदर, अच्छे संगीत की तरह ताल-विशिष्ट एक गति है।

शेखर एकाएक खड़ा हो जाता है। वह एक नयी बात थी उसके जीवन में और वह विद्युत की तरह उसके मन में तड़प गई...लय...।

वह फिर बैठ गया। आकाश की तरह शांत, पहाड़ी झील की तरह स्वच्छ।

शायद तभी से, यह जीवन सर्वत्र उस वस्तु को खोजने लगा।[77] शेखर को यहाँ 'लय' का जो कला मात्र के मूल में है, उसका एकाएक साक्षात्कार एपिफनी होती है। हम देखते हैं कि विद्रोही, क्रांतिकारी होते हुए भी शेखर बुनियादी तौर पर सर्जक है। शशि भी उसे बार-बार इस बात की याद दिलाती है और अंत में अपनी

जीवनी को ही उपन्यास का रूप वह देता है, मार्सेल की तरह। शेखर इस तरह स्टीफन मार्सेल क्रिस्तोफ का सगोत्र ही है। शेखर का निर्माण करते समय अज्ञेय के सामने इन कलाकार–नायकों का आदर्श अवश्य रहा होगा।

एक दूसरी भी बात यहाँ हमारे निरीक्षण में आती है–इन कलाकारों के निर्माण में उसकी माताओं का योग। यहाँ विस्तार से कहने का अवकाश नहीं है, निर्देश भर काफी है। जेम्स ज्वायस के स्टीफन के जीवन में उसकी माँ का महत्त्वपूर्ण स्थान है। यद्यपि वह माँ की धार्मिक आस्था में विश्वास नहीं करता और माँ की मृत्यु के अवसर पर प्रार्थना भी नहीं करता। इस बात का अपराध बोध स्टीफन के जीवन में (ज्वायस के दूसरे उपन्यास–युलिसिस, जहाँ भी स्टीफन कलाकार पात्र में है) दिखाया गया है। डी.एच. लारेंस के 'संस एंड लवर्स' में तो इडिपस ग्रंथि का निरूपण है। मोरेल का अपनी माँ के प्रति जो लगाव है, इसके कारण वह अपनी प्रेमिका को प्रेम नहीं दे सका, माँ के मरने के बाद भी, वह इस ग्रंथि से मुक्त नहीं हो सका। प्रूस्त में मार्सेल के जीवन में माँ इतनी प्रभावक नहीं है, जितनी मार्सेल की दादी है। शेखर के निर्माण में उसकी माँ का योग नगण्य नहीं है। यह योग 'नकारात्मक' है। शेखर में जो एक विद्रोह की भावना पनपती है, उसका कारण उसकी माँ का उसके प्रति संदेहास्पद व्यवहार है, माँ ने एक बार कहा था–"मैं तो उसका विश्वास नहीं करती–" यह बात कभी शेखर के मन से नहीं जाती। वह अपनी माँ से घृणा करने लगता है। वैसे शिशु के विकास में माँ के विधेयात्मक-नकारात्मक प्रभाव की यह बात मनोविज्ञान की देन है, और उसका आलेखन सचेत रूप से किया जाता है।

'शेखर' कलाकार के जीवन से संबंधित उपन्यास होने के अलावा व्यक्तित्वगठन का भी उपन्यास है। 'पोर्ट्रेट' स्टीफन की शैशव वय से तरुण होने तक की अवस्था की विकासयात्रा है। 'पोर्ट्रेट' में पाँच प्रकरण हैं, जो उसके विकास के सोपान हैं। प्रथम प्रकरण में स्टीफन का बचपन है, जो उसने क्लोन्गोवेस वुड में बिताया है, दूसरे प्रकरण में वह डब्लिन जाता है, यह वयःसंधि का काल है, वह वेश्या के यहाँ जाता है। तीसरे प्रकरण में वयःसंधि की अपराध भावना और कन्फेशन है। चौथे प्रकरण में वह 'प्रिस्टहुड' का अस्वीकार करता है। पानी में खड़ी लड़की को देखकर 'एपिफनी' होती है। पाँचवें प्रकरण में उस एपिफनी से प्राप्त दर्शन से वह सौंदर्य सिद्धांत के साथ एक जागतिक भूमिका को पाता है। स्टीफन की यात्रा है : क्लास, स्कूल, नगर, देश, खंड, जगत, विश्व।

शेखर में ठीक इसी प्रकार की विकासयात्रा नहीं है। लेकिन शैशव, वयःसंधि, तारुण्य, यौवन आदि अवस्थाओं का वर्णन है। इन सबसे गुजर कर शेखर बनता है। स्टीफन एक अवस्था तक आकर रुक गया है, लेकिन शेखर अपने यौवन के मध्य में ही अपने अंतकाल को पा गया है। इसके अतिरिक्त स्टीफन की कथा, शेखर के अनुपात में क्षीण है।

लेकिन 'पोर्ट्रेट' में ज्वायस ने एकदम सुयोजित प्रकरण योजना की है। अहं बनाम प्रभुत्व (ego Vs. authority) तीन odd नंबर के प्रकरणों का विषय है, डब्लिन बनाम स्वप्न (Dublin Vs. Dream) दो even नंबर के प्रकरणों का विषय है। 'शेखर' में इस प्रकार की डिजाइन संभव नहीं है, क्योंकि वह बृहदाकार है। लेकिन यदि विषयों का विश्लेषण करें तो पता चलता है कि शेखर में भी अहं बनाम प्रभुत्व एक केंद्रस्थ विषय है। शेखर का अहं, उस अहं का प्रभुत्व (चाहे परिवार स्कूल या समाज का) से संघर्ष शेखर का निर्माण करता है। शेखर एक स्वप्नद्रष्टा भी है, जो कठोर यथार्थ का परिचय पाकर उपराम की स्थिति को प्राप्त करता है।

(उ) 'संस एंड लवर्स' और 'शेखर : एक जीवनी'

'संस एंड लवर्स' का कर्ता डी.एच. लारेंस बीसवीं शती के पूर्वार्ध के अंग्रेजी भाषा के मूर्धन्य लेखकों में से एक है। उसके उपन्यासों ने जितना विवाद पैदा किया है, उतना शायद किसी अन्य लेखक के उपन्यासों ने नहीं पैदा किया। अंग्रेजी में लारेंस के व्यक्तित्व और कृतित्व को लेकर अनेक परस्पर विरोधी मत प्रकट किए गए हैं। किसी को वह देवदूत लगा है, किसी को असुर।[78] प्रेम विषयक उसके दर्शन ने क्रिश्चियानिटी की नींव को हिला दिया है। वह एक ही प्रेम को सही मानता है, और वह है—'इरोटिक' प्रेम। बीसवीं शती के मनोवैज्ञानिक उपन्यासकारों में लारेंस अग्रणी है।

यद्यपि लारेंस के उपन्यास 'लेडी चेटरलीज लवर' को लेकर बहुत चर्चा हुई है, पर उसका सफलतम उपन्यास वह नहीं है। यह स्थान मिला है उसके 'संस एंड लवर्स' उपन्यास को। 'संस एंड लवर्स' लारेंस का आत्मकथनात्मक उपन्यास है। जैसाकि डॉ. भारतभूषण अग्रवाल ने कहा है कि इस उपन्यास के साथ 'शेखर : एक जीवनी' का साम्य भी कम महत्त्वपूर्ण नहीं है। दोनों ही कृतियाँ आत्मकथनात्मक हैं और दोनों में चरित्रनायक के शैशव और यौवन के क्रमिक विकास का वर्णन है।[79] लेकिन जब दोनों उपन्यासों की बुनियादी परिकल्पना पर विचार करते हैं, तब लगता है कि दोनों में साम्य से अधिक पार्थक्य है। प्रेम का निरूपण दोनों में है लेकिन दोनों में प्रेम की मूल प्रेरणा अलग-अलग है।

'संस एंड लवर्स' में इडिपस ग्रंथि का चित्रण केंद्र में है। पाल के पिता और माता का दांपत्य-जीवन कलहपूर्ण है, अतः पाल की माता पाल को अधिकाधिक बाँधे रखती है और पाल भी माँ से अधिकाधिक बँधा रहता है। मरियम उसके जीवन में आती है, मरियम से वह स्नेह भी करता है, लेकिन माँ के साथ उसका जो लगाव है; वह मरियम के स्नेह में अंतराय बनकर आता है। इतना ही नहीं पाल एक परिणीता क्लारा के संपर्क में आता है, शारीरिक संबंध भी स्थापित करता है, लेकिन पुनः क्लारा को उसके पति के पास वापस भेज देता है। यहाँ भी पाल का माँ से लगाव

ही उत्तरदायी है। 'शेखर' में यह बात नहीं है। शेखर का लगाव पिता से है। वह माँ से घृणा करता है। इतना ही नहीं, उसका प्रेम किसी भी मनोवैज्ञानिक ग्रंथि से परे है।

'शेखर : एक जीवनी' और इन पाश्चात्य उपन्यासों की समानताओं का अध्ययन करने के बाद एक प्रश्न पूछा जा सकता है कि 'शेखर : एक जीवनी' क्या प्रभाव ही प्रभाव है? क्या शेखर तुर्गनेव का बाज़ारोज है? रोलाँ का क्रिस्तोफ है? प्रूस्त का मार्सेल है? ज्वायस का स्टीफन है? लारेंस का पाल है?

उत्तर है : नहीं। शेखर अज्ञेय का 'शेखर' है। प्रभाव मूलतः लेखक की चेतना पर होता है, और संवेदनों को रूपायित करने में वह नये कला-योग का रूप ले लेती है। शेखर के निर्माण में इन सबका योग इस रूप में अवश्य हो सकता है। इसके अतिरिक्त शेखर के निर्माण के लिए लेखक को इन चरित्रों की जरूरत नहीं थी, क्योंकि, जैसा कि स्वयं अज्ञेय ने कहा है, 'मुझे प्रत्यक्ष अनुभव था।'[80] शेखर अवश्य इन चरित्रों का सगोत्र है। ये सभी पाश्चात्य उपन्यास कलाकार–उपन्यास 'क्युन्स्टलर रोमान' और गठन-उपन्यास 'बिल्डुंग्स रोमान' हैं, और 'शेखर' भी इसी श्रेणी का हिंदी का सर्वप्रथम उपन्यास है। अतः उपन्यास के गठन पर, उपन्यास की टेकनीक पर इनका प्रभाव देख सकते हैं, लेकिन इस प्रभाव से कृतिकार की सर्जनात्मक मौलिकता अधिक उर्वर होकर, 'शेखर : एक जीवनी' को हिंदी का एक 'आधुनिक' व 'क्लासिक' उपन्यास बनाती है।

संदर्भ

1. 'शेखर : एक जीवनी-1', भूमिका पृ. 11; 2. 'शेखर : एक जीवनी-1', पृ. 191; 3. 'शेखर : एक जीवनी-2', पृ. 61; 4. 'शेखर : एक जीवनी-2', पृ. 107; 5. 'शेखर : एक जीवनी-2', पृ. 252; 6. नया प्रतीक, जुलाई, 1974, पृ. 62; 7. 'शेखर : एक जीवनी-1', पृ. 42; 8. 'शेखर : एक जीवनी-1', पृ. 42; 9. 'शेखर : एक जीवनी-1', पृ. 15; 10. 'शेखर : एक जीवनी-1', पृ. 52; 11. 'शेखर : एक जीवनी-1', पृ. 52; 12. 'शेखर : एक जीवनी-1', पृ. 64; 13. 'शेखर : एक जीवनी-1', भूमिका, पृ. 10; 14. 'शेखर : एक जीवनी-1', पृ. 108 15. रामस्वरूप चतुर्वेदी–'अज्ञेय और आधुनिक रचना की समस्या', पृ. 77 16. The Technique of Modern Fiction, p. 57; 17. 'शेखर : एक जीवनी-1', भूमिका; 18. 'शेखर : एक जीवनी-1', पृ. 38; 19. देखिए–'शेखर : एक जीवनी', भूमिका, पृ. 10 'मेरा आग्रह है कि उसमें मेरा समाज और मेरा युग बोलता है कि वह मेरे और शेखर के युग का प्रतीक है।'; 20. 'शेखर : एक जीवनी-1', पृ. 15; 21. देखिए–इस प्रबंध में इसी प्रकरण में 'शेखर : एक जीवनी और पाश्चात्य प्रभाव' उपशीर्षक; 22. 'The best form is that which makes the most of its subject—there is no other definition of the meaning of form in fiction'—Percy Lubbock 'The Craft

of Fction', p. 40; 23. 'In or about December 1910, human character changed'—Collected Essays, V. I, p.321; 24. 'शेखर : एक जीवनी-1', पृ. 49; 25. 'शेखर : एक जीवनी-1', पृ. 50; 26. 'शेखर : एक जीवनी-1', पृ. 52; 27. 'शेखर : एक जीवनी-1', पृ. 124; 28. 'शेखर : एक जीवनी-1', पृ. 159; 29. 'शेखर : एक जीवनी-1', पृ. 170; 30. 'शेखर : एक जीवनी-1', पृ. 178; 31. 'शेखर : एक जीवनी-2', पृ. 97; 32. 'शेखर : एक जीवनी-2', पृ. 193; 33. 'शेखर : एक जीवनी-2', पृ. 16; 34. 'शेखर : एक जीवनी-2', पृ. 57; 35. "My teacher's name is Mister Gas; If G is gone then he is an ass." 'शेखर : एक जीवनी', पृ. 76; 36. 'शेखर : एक जीवनी-1', पृ. 73; 37. 'शेखर : एक जीवनी-1', पृ. 73; 38. 'शेखर : एक जीवनी-1', पृ. 75; 39. 'शेखर : एक जीवनी-1', पृ. 96; 40. 'शेखर : एक जीवनी-1', पृ. 109 '—O mother Ganges, vast and slow...' 41. 'शेखर : एक जीवनी-1', पृ. 117; 42. 'शेखर : एक जीवनी-1', पृ. 224; 43. 'शेखर : एक जीवनी-2', पृ. 20; 44. 'शेखर : एक जीवनी-2', पृ. 26; 45. 'शेखर : एक जीवनी-2', पृ. 28; 46. 'शेखर : एक जीवनी-2', पृ. 85; 47. यह कहानी 'जिज्ञासा' नाम से अज्ञेय के 'परंपरा...' संग्रह में छपी है। अज्ञेय ने यह कहानी दिल्ली जेल में 1931 में लिखी थी। यहाँ शेखर का कर्तृत्व लेकर आती है। इस उपन्यास के आत्मकथनात्मक होने का यह एक अंतःसाक्ष्य है।; 48. 'शेखर : एक जीवनी-2', पृ. 92; 49. 'शेखर : एक जीवनी-2', पृ. 108; 50. 'शेखर : एक जीवनी-2', पृ. 109; 51. 'शेखर : एक जीवनी-2', पृ. 116, 117; 52. 'शेखर : एक जीवनी-2', पृ. 120; 53. 'शेखर : एक जीवनी-2', पृ. 127; 54. 'शेखर : एक जीवनी-2', पृ. 139; 55. 'शेखर : एक जीवनी-2', पृ. 167; 56. 'शेखर : एक जीवनी-2', पृ. 175; 57. 'शेखर : एक जीवनी-2', पृ. 185; 58. 'शेखर : एक जीवनी-2', पृ. 196; 59. 'शेखर : एक जीवनी-2', पृ. 217, 218; 60. 'शेखर : एक जीवनी-2', पृ. 252; 61. 'शेखर निस्संदेह एक व्यक्ति का अभिन्नतम निजी दस्तावेज है...।' 'शेखर एक जीवनी—भूमिका', पृ. 10; 62. 'आत्मनेपद', पृ. 64, 65; 63. 'Fathers & Children' (Tr. Garnett—1920), p. 35-36; 64. 'हिन्दी उपन्यास पर पाश्चात्य प्रभाव', पृ. 395; 65. 'शेखर : एक जीवनी-2', पृ. 197; 66. 'आत्मनेपद', पृ. 64; 67. 'John Christopher'—Vol. I to IV, Romain Rolland Tr. Gilbert Gannan Heinman—London.; 68. डॉ. नगेन्द्र—'विचार और अनुभूति', पृ. 147; 69. Shattuck, Roger-Proust's Binoculars—A Study of Memory Time and Recognition in 'A la recherche du temps perdu' (London, 1964); 70. King, Adele, 'Proust' (London, 1968), p. 8; 71. King, Adele, 'Proust' (London, 1968), p. 10; 72. 'शेखर : एक जीवनी-1', पृ. 15; 73. 'शेखर : एक जीवनी-1', पृ. 15; 74. 'हिंदी साहित्य एक आधुनिक परिदृश्य', पृ. 40; 75. 'हिंदी साहित्य एक आधुनिक परिदृश्य', पृ. 86, 87; 76. Lavin, Harry, 'James Joyce-A Critical Introduction'; (London, 1960), p. 4; 77. 'शेखर : एक जीवनी-2', पृ. 69; 78. Vivas, Eliseo—D.H. Lawrence—The Failure and the Triumph of Art (London, 1960) Preface.; 79. 'हिंदी उपन्यास पर पाश्चात्य प्रभाव', पृ. 58; 80. 'आत्मनेपद,' पृ. 64।

नदी के द्वीप

1. वस्तुविन्यास

'नदी के द्वीप' प्रथम उपन्यास 'शेखर : एक जीवनी' की तरह ही इसके लेखक की शिल्प सजगता का परिचायक है। यह भी वस्तु-प्रधान न होकर चरित्र-प्रधान उपन्यास है। इसमें लेखक ने सिर्फ चार पात्रों को केंद्र में रखा है—भुवन, चंद्रमाधव, रेखा और गौरा। इन चार पात्रों के द्वारा लेखक ने 'चार संवेदनाओं का अध्ययन'[1] प्रस्तुत करना चाहा है।

उपन्यास का वस्तु-विन्यास सुकल्पित है। इसमें कुल ग्यारह प्रकरण हैं। ग्यारह में से आठ प्रकरण पात्रों के नाम पर हैं, प्रत्येक पात्र के नाम पर दो प्रकरण। जैसे—

'भुवन' नाम से प्रकरण 1, 6
'चंद्रमाधव' नाम से प्रकरण 2, 7
'गौरा' नाम से प्रकरण 3, 10
'रेखा' नाम से प्रकरण 5, 8

दो प्रकरण 'अंतराल' और अंतिम एक 'उपसंहार' इन प्रकरणों के विभाजन से एक सार्थक डिज़ाइन बनती है :

भुवन, चंद्रमाधव, गौरा	अंतराल
रेखा, भुवन, चंद्रमाधव, रेखा	अंतराल
गौरा	उपसंहार

इस योजना के अंतर्गत जिस चरित्र के नाम पर प्रकरण का शीर्षक है, उस प्रकरण में उस चरित्र की संवेदना अधिकाधिक प्रकट होती है। जैसे प्रथम प्रकरण 'भुवन' में हम भुवन की चेतना से गुजरते हैं। यह तो अवश्य है कि भुवन की बात भी अन्य चरित्रों के संदर्भ में ही होगी।

'अंतराल' में लेखक ने पत्र-शैली का आधार लिया है। इससे चरित्रों के व्यवहार की पारस्परिक प्रतिक्रियाओं का अंकन आसानी से प्रस्तुत किया जा सका है। दो

अंतरालों को हम विभाजन मानें तो उपन्यास को तीन भागों में विभक्त कर सकते हैं। प्रथम भाग में 'रेखा' शीर्षक प्रकरण नहीं है लेकिन दूसरे भाग में 'रेखा' नाम से दो प्रकरण हैं। दूसरे अंतराल के बाद तीसरे भाग में 'गौरा' शीर्षक एक ही प्रकरण है। प्रकरणों का यह आयोजन समग्र कथा के संदर्भ में कितना सुगठित है, इसका अंदाज़ उपन्यास को पूरा पढ़ लेने के बाद लग पाता है।

'नदी के द्वीप' उपन्यास के आरंभ में भुवन एक स्वल्प-परिचिता महिला रेखा के स्पर्श से रोमांचित स्थिति में हमारे सामने आता है। वह रेखा के साथ ही गाड़ी से यात्रा कर रहा है; और बीच में प्रतापगढ़ स्टेशन पर जब रेखा उतरती है, तब उसे विदा करने के लिए वह भी अपने डिब्बे से उतरकर प्लेटफार्म पर खड़ा है। यकायक गाड़ी के चलने पर रेखा भुवन की कुहनी पकड़कर उसे ठेलते हुए कहती है कि आपकी गाड़ी जा रही है। भुवन चलती गाड़ी में सवार तो हो जाता है, लेकिन कुहनी पर रेखा के स्पर्श की चुनचुनाहट का अनुभव कर रहा है। गाड़ी में अपनी सीट पर जाकर बैठने के बाद उसकी स्मृति कुछ दिनों की दृश्यावली के पन्ने पलटती है।

भुवन एक वैज्ञानिक है और पिछले सप्ताह वह अपने मित्र और पत्रकार चंद्रमाधव के यहाँ लखनऊ आया था। चंद्रमाधव के घर पर उसने पहली बार रेखा को देखा था। उसने लक्ष्य किया था कि 'रेखा के पास रूप भी है और बुद्धि भी है, किंतु बुद्धि मानो तीव्र संवेदना के साथ गुँथी हुई है और रूप एक अदृश्य, एक अस्पृश्य कवच-सा पहने हुए है।'[2] चंद्रमाधव के घर पर, कॉफी-हाउस में इन तीनों में अनेक प्रकार की चर्चाएँ होती हैं। वैज्ञानिक भुवन की संवेदन-प्रवण दृष्टि से रेखा और रेखा की आलोक दीप्त बुद्धि से भुवन प्रभावित होते हैं। उसे चंद्रमाधव से रेखा के बारे में जानकारी मिलती है कि वह विवाहिता तो है लेकिन छः वर्ष से वह अपने पति से अलग है और नौकरी करके आत्मनिर्भर है। लखनऊ निवास के अंतिम दिन तीनों सिनेमा देखकर गोमती के किनारे जाते हैं जहाँ रेखा रवींद्र-संगीत सुनाती है। रेखा भी भुवन के बारे में पूछती है और उसे पता चलता है कि भुवन तो अभी 'अकेला' है। लखनऊ से रेखा और भुवन एक ही गाड़ी से, लेकिन अलग-अलग डिब्बों में यात्रा करते हैं पर बीच के हर स्टेशन पर उतरकर भुवन रेखा से वार्तालाप करता है। रेखा को प्रतापगढ़ उतरना था। भुवन को आगे इलाहाबाद जाना था। प्रतापगढ़ के प्लेटफार्म पर वे दोनों चर्चा करते हैं और चर्चा के दौरान कविता की पंक्तियों में खो जाते हैं और जब गाड़ी चल पड़ती है तब कुहनी पकड़कर रेखा भुवन को गाड़ी में बैठने के लिए कहती है। भुवन गाड़ी में सवार तो हो गया लेकिन उस स्पर्श से वह अपने को भीतर से विचलित पाता है।

रेखा और भुवन को विदा करने के बाद चंद्रमाधव अनमना-सा होकर सिनेमा जाता है। वहाँ वह अपने ही जीवन के असंतोषों में खो जाता है। अपनी निष्फल

गृहस्थी और रेखा को अपने वश में करने के प्रयत्न में निष्फलता के कारण वह दुःखी है। इसमें भी रेखा को भुवन की ओर आकृष्ट देखकर वह ईर्ष्याहत होता है, फिर भी भुवन को बीच में रखकर वह रेखा के अधिक निकट आने के लिए प्रयत्न करता है, जिसमें वह भुवन के साथ पहाड़ जाने का प्रस्ताव रेखा के सामने रखता है।

चंद्रमाधव की नारी-लिप्सा और भी स्पष्ट रूप में तब दीख पड़ती है जब वह भुवन की शिष्या गौरा से भी संबंध स्थापित करना चाहता है। भुवन के यहाँ गौरा का परिचय उससे हुआ था, लेकिन वहाँ से परदेश जाने के बाद वह गौरा से बराबर पत्र-विनिमय करता रहता है, जिसमें गौरा को दिलचस्पी नहीं। गौरा के सामने बी. ए. उत्तीर्ण करने के बाद विवाह का प्रश्न आता है, लेकिन विवाह से इनकार कर वह संगीत शिक्षा के लिए मद्रास चली जाती है।

उपन्यास के आरंभ के इन तीनों प्रकरणों से अवगत होने पर, चार पात्रों—भुवन, चंद्रमाधव, रेखा और गौरा—के बीच के संबंधों में एक विशिष्ट तनाव की स्थिति दीख पड़ती है। भुवन गौरा के बहुत निकट है, फिर भी गौरा के विवाह का प्रश्न आने पर वह विचलित नहीं होता, अपितु उसे अपना निर्णय स्वयं करने के लिए कहता है। रेखा से प्रभावित होने पर भी वह अभी जैसे असंपृक्त है। चंद्रमाधव का लोभ दोनों के प्रति है। रेखा के जीवन में चंद्रमाधव की मैत्री के बावजूद भुवन का यह प्रथम परिचय ही रेखा के शब्दों में एक 'रेवेलेशन' है, अपने जीवन के 'धुँधले वर्षों में एक प्रखर ज्योतिकिरण' सा है। भुवन और रेखा चंद्रमाधव और रेखा के बीच पत्र-विनिमय होता है। चंद्रमाधव एक साथ रेखा और गौरा दोनों को पत्र लिखकर 'डबल मेन' का रोल करता दिखता है। वह गौरा के पत्र में भुवन के रेखा से प्रभावित होने की बात लिखकर उनके संबंधों में एक दरार पैदा करने की कोशिश करता है। भुवन को रेखा का एक पत्र मिलता है, जिसमें चंद्रमाधव के प्रेम-निवेदन की बात उसने दुःख से लिखी थी।

भुवन और रेखा को अधिक निकट होने का अवसर उनकी दिल्ली मुलाकात के समय मिलता है। कास्मिक किरणों के अनुसंधान के संदर्भ में कश्मीर जाने से पूर्व कुछ दिन के लिए वह दिल्ली में रुकता है। इन दिनों दोनों हर रोज मिलते हैं और एक-दूसरे के आगे जैसे खुलते जाते हैं। जंतर-मंतर देखते समय यकायक रेखा वहाँ से चलने के लिए कहती है। उसके जीवन का एक कटु-प्रसंग जंतर-मंतर के साथ जुड़ा था, लेकिन इस प्रसंग के बाद वे अधिक निकटतर आते हैं। पहाड़ों में जानेवाली रेखा को भुवन छोड़ने जाता है, और वह स्वयं रेखा के साथ चल पड़ता है। नैनीताल के आगे नौकुछिया ताल के डाक-बंगले में वे ठहरते हैं। यहाँ एक रात रेखा सोये हुए भुवन के पास आकर कहती है, "मैं तुम्हारी हूँ, भुवन मुझे लो।"[3] रेखा के इस समर्पण को भुवन सौंदर्य के अपने विशिष्ट प्रबोध के कारण उस समय स्वीकार करने में अपने को असमर्थ पाता है। भुवन वहाँ से कश्मीर जाने के लिए

निकलता है, तो पहलगाँव के मोटर के अड्डे पर उसे रेखा मिलती है। भुवन की अनुमति से वह उसके साथ वैज्ञानिक प्रयोग के स्थल तुलियन झील पर जाती है। वहाँ भुवन और रेखा एक-दूसरे के प्रति समर्पित होते हैं। रेखा नारी-जीवन की परम सार्थकता का प्रथम बार अनुभव करती है, और यह सार्थकता प्रदान करने में भुवन अपनी सार्थकता देखता है। दोनों को जैसे सर्वत्र सभी का 'नया गहरा अर्थ'[4] प्राप्त होता है।

चंद्रमाधव रेखा की कश्मीर यात्रा के बारे में जानकर जल उठता है। अब वह प्रतिनायक का रोल अदा करता है। वह रेखा को भुवन और गौरा के संबंध को बढ़ा-चढ़ा कर कहता है। इतना ही नहीं वह गौरा और रेखा को एक मलिन उद्देश्य से मिलाता भी है। मुलाकात के आरंभ में गौरा और रेखा एक-दूसरे से उखड़ी-सी रहती हैं, लेकिन रेखा के व्यवहार से उन दोनों के बीच की दूरी यकायक मिट जाती है। यहाँ तक कि रेखा अपनी विवाह की अँगूठी गौरा को पहनाने का उपक्रम करती है, जिसे गौरा 'भविष्य में उचित अवसर पर स्वीकार करेगी' ऐसा कहकर वापस करती है।

तुलियन से लौटने के बाद रेखा कश्मीर में एक पादरी की विधवा एंजेला ग्रीव्ज़ की संगिनी के रूप में नौकरी करती है। वह भुवन को अपने गर्भवती होने की बात लिखती है। तुलियन से लौटकर प्रयोगशाला में डूबा हुआ भुवन रेखा की चिट्ठी मिलते ही तार देकर वहाँ जाने के लिए रवाना हो जाता है। ग्रीव्ज के बगीचे में वह पहुँचता है। उस रात भुवन रेखा से विवाह का प्रस्ताव रखता है, लेकिन रेखा कहती है कि मैंने तुमसे प्यार माँगा था; तुम्हारा भविष्य नहीं माँगा था, न मैं वह लूँगी।[5]

रेखा का पति हेमेंद्र भारत आया है, चंद्रमाधव से उसकी भेंट होती है। चंद्रमाधव हेमेंद्र की सहायता से रेखा को परेशान और परास्त करने की बात सोचता है। हेमेंद्र की चिट्ठी पाने के बाद रेखा, जो कि आनेवाले शिशु के लिए अपने को गौरवान्वित मानती थी, गर्भपात करा लेती है। भुवन सातवें दिन लौटकर जाता है तब रेखा एकदम मरणासन्न स्थिति में होती है। सारी बात वह समझ जाता है। रेखा को अस्पताल पहुँचाता है; वह स्वास्थ्य लाभ करती है, लेकिन जैसे भीतर से कहीं टूट जाती है। स्वास्थ्य लाभ के बाद वह कलकत्ता अपनी मौसी के पास जाती है। वहाँ से वह भुवन को पत्र के बाद पत्र लिखती है, लेकिन भुवन प्रत्युत्तर में कोई पत्र नहीं लिख पाता। रेखा के पत्रों में भुवन के प्रति वही भाव है। रेखा को तलाक मिलने के बाद चंद्रमाधव फिर एक बार एक पत्र लिखकर उसकी सहानुभूति पाने का प्रयत्न करता है, उसी समय इसी हेतु से वह गौरा को भी लिखता है।

रेखा मौसी के साथ यात्रा को निकलती है, तब उसे भुवन के पत्र मिलते हैं। उसी समय भुवन 'मन ही मन कोई क्लेश'[6] सहन कर रहा है, यह जान कर गौरा भुवन को (और रेखा को भी) पत्र लिखती है। गौरा भुवन से मिलने की बात भी लिखती है, लेकिन भुवन अभी अकेला रहना चाहता है। वह गौरा को अपने यहाँ

आने की अनुमति नहीं देता। इतना ही नहीं वह वैज्ञानिक रिसर्च के लिए जावा चला जाता है। वहाँ छः महीने में उसका मन उचट जाता है। क्योंकि भुवन का जावा जाना, एक तरह से पलायन ही था, अपने से, रेखा से, गौरा से। वह अपने को उद्भ्रांत पाता है। अपनी इस स्थिति का जिक्र वह गौरा को लिखे गए एक पत्र में करता भी है। गौरा की स्मृति अब भुवन के मन में बार-बार उभर आती है। वह जावा से लौटकर गौरा के पिता के यहाँ मसूरी जाने की बात सोचता है। इतने में रेखा के एक पत्र से भुवन को पता चलता है कि उसे फिर से हेमरेज हो गया था, लेकिन अब वह स्वस्थ है। अपनी स्वस्थता का श्रेय एक डॉ. रमेशचंद्र को है—ऐसा भी उस पत्र में लिखा था।

इतने में द्वितीय विश्वयुद्ध छिड़ जाता है। जापान युद्ध में कूद पड़ता है। भुवन भारत लौट आता है। गौरा के यहाँ मसूरी में ठहरता है। रात को भुवन को नींद नहीं आ रही। गौरा उसके कमरे में जाती है और देखती है भुवन व्यथित है। जैसे एक भारी बोझ है उसके ऊपर। वह गौरा से रेखा की और अपनी सारी बातें, यहाँ तक कि भ्रूणहत्या की और उस हत्या के लिए स्वयं उत्तरदायी होने की बात कहता है। भुवन की यह व्यथा गौरा को और भी उसके निकट लाती है जैसे अब गौरा के निकट उसकी 'खोज'[7] पूरी हो गई है।

भुवन रेडियो के नये प्रयोग के लिए बनने वाले केंद्र में अंडमान जाता है। लेकिन भारतीय भूमि पर जापानी बम पड़ने के बाद भुवन अपना कर्तव्य निश्चित कर सेना में भरती होता है। भुवन को एक पत्र में रेखा डॉ. रमेशचंद्र के साथ अपने विवाह की बात लिखती है और शुभ कामनाएँ माँगती है, जो भुवन तार से भेजता है। दो महीने के बाद भुवन बीमार पड़कर फौजी अस्पताल में भर्ती होता है। समाचार पाकर रेखा भुवन से मिलने के लिए आती है। वह भुवन को भटकता हुआ जीवन छोड़कर गौरा से विवाह कर लेने की बात संकेत से कहती है। भुवन चुप रहता है। वहाँ से भुवन को बंगलौर ले जाया जाता है, जहाँ रेखा से सूचना पाकर गौरा मिलने जाती है। आराम के बाद युद्ध में वापस जाने के पूर्व गौरा को होटल के उसके कमरे में वह मिलता है। फिर मद्रास से विदा लेते समय भुवन गौरा को लारेंस की कविता की एक पुस्तक देता है, जिसमें से कुछ पंक्तियाँ जवानी सुनाता है और 'ए मैनिफेस्टो' गौरा को पढ़ लेने को कहता है। गौरा को रेखा की ओर से एक पार्सल मिलता है, जिसमें पत्र के साथ, वह अँगूठी है। अँगूठी पहनकर वह अलमारी से भुवन की दी हुई किताब निकालकर 'ए मैनिफेस्टो' की पहली पंक्ति—'ए वुमन हैज गिवन मी स्ट्रेंथ एंड एफ्लुएंस-एडमिटेड' पढ़ती है। वह समझती है कि यह पंक्ति रेखा के लिए ही है—वह यह पुस्तक रेखा को भेजकर पत्र में लिखती है कि वह पंक्ति उसकी (रेखा की) ही है।

अक्तूबर 1942 में भुवन बर्मा-फ्रंट पर कहीं है, एकांत पाकर वह गौरा को

पत्र लिखने बैठता है। पत्र में वह प्रस्ताव रखता है कि यदि वह लौटकर आया तो गौरा उसके साथ विवाह करेगी या नहीं। फिर पत्र लेकर फाड़ डालता है। उपन्यास के अंत में संपर्क के क्षण के विचारों में मग्न भुवन को हम खिड़की के पास खड़ा देखते हैं।

उपन्यास में लेखक का हेतु कुछ चरित्रों के संवेदनों को प्रस्तुत करना रहा है। इसके लिए वे चरित्रों के भीतरी विश्व तक ले जाने का उपक्रम करते हैं। 'दृष्टिकोण' की विशिष्ट योजना इस उपक्रम को सफल बनाती है।

2. दृष्टिकोण

'नदी के द्वीप' में अज्ञेय ने, जिस दृष्टिकोण को अपनाया है, वह समग्र उपन्यास के संघटन को निर्धारित करता है। 'नदी के द्वीप' में जो शैल्पिक विशिष्टता है, उसका कारण भी यही दृष्टिकोण है।

अन्य पुरुष दृष्टिकोण होते हुए भा वास्तव में वह सर्वदर्शी दृष्टिकोण नहीं है। कला-सजग आधुनिक उपन्यासकार शायद ही सर्वदर्शी दृष्टिकोण से अपनी रचनाओं को प्रस्तुत करते हैं। इस प्रकार के दृष्टिकोण में लेखक चरित्र क्या करता है, क्या सोचता है यह तो वह लिखता ही है, लेकिन अपने चरित्र के व्यवहार पर टीकाटिप्पणी भी कर सकता है। अनेक उपन्यासकार टीका-टिप्पणी के इस अधिकार का बहुत कम उपयोग करते हैं क्योंकि इस प्रकार की टीका-टिप्पणी चरित्र के बहिर्गत है और वह चरित्र के अनुभव हमें 'दिखाना' चाहते हैं, 'कहना' नहीं।[8]

जैसा कि स्वयं लेखक ने कहा है 'नदी के द्वीप' चार संवेदनाओं का अध्ययन है; प्रश्न यह है कि लेखक हमें इन चार संवेदनाओं के निकट, निकट ही नहीं उनके भीतर कैसे ले जाता है, कैसे उनके सुख-दुःख, हर्ष-विषाद, आशा-निराशा की सृष्टि के साथ तद्रूपता का अनुसंधान स्थापित कराता है। इसके लिए जैसा कि हमने आगे देखा, लेखक ने उपन्यास की डिज़ाइन को अभिनव रूप से प्रस्तुत किया है।

हमने देखा कि 'नदी के द्वीप' अन्य पुरुष दृष्टिकोण से लिखा गया उपन्यास है, लेकिन एक तो, यह अन्य पुरुष सदा सर्वदर्शी नहीं है, एक तरह से सीमित ही है और दूसरा, साद्यंत एक ही अन्य पुरुष का दृष्टिकोण भी नहीं है, अर्थात् बदलता रहता (Shifting) दृष्टिकोण है। दो प्रकरण भुवन के दृष्टिकोण से हैं, दो चंद्रमाधव के, दो रेखा के और दो गौरा के। दो अंतरालों में सिर्फ पत्र-विनिमय है। पत्र भी एक तरह से पत्र लिखने वाले का एकदम निजी विश्व लेकर आते हैं और उस रूप में वह पत्र लिखने वाले का दृष्टिकोण हो जाता है। इस उपन्यास में पत्र-विनिमय इन चार पात्रों के बीच ही है। अतः हम कह सकते हैं कि एक तरह से यह भी बदलता हुआ दृष्टिकोण है।

उपन्यास का प्रथम प्रकरण भुवन के दृष्टिकोण से है। अन्य पुरुष में होते

हुए भी, वह सीमित है, सर्वदर्शी नहीं, क्योंकि भुवन के दृष्टिकोण के बीच कहीं सर्वदर्शी कथाकार की टीका-टिप्पणी नहीं है। कथाकार हमें भुवन के क्रियाकलाप 'दिखाता' है। उसका वर्णन नहीं करता है। इसमें अधिक सफलता तो इसलिए मिली है कि सारे प्रकरण की घटनावली भुवन की स्मृति से—उसकी चेतना से गुजरती है। भुवन ने लखनऊ में सप्ताह कैसे बिताया, उसमें भी रेखा को उसने कैसा पाया—वह दिखाया गया है। चंद्रमाधव ने भुवन को कैसे समझाया, रेखा को वह निजी रूप में कैसे समझता है; या रेखा चंद्रमाधव को कैसे देखती है, भुवन को कैसे देखती है—हम नहीं जान सकते। यदि जान सकते हैं, तो सिर्फ भुवन ने जैसे देखा है, उसी रूप में जान सकते हैं।

सर्वदर्शी लेखक तो एक ही स्थल और समय में एक साथ विभिन्न पात्रों की चेतनाओं को रूपायित करता रहता है, इतना ही नहीं अपनी ओर से भी कुछ जोड़कर पाठक का दिशा प्रदर्शन करता रहता है। जब कि यहाँ पर हम भुवन के विश्व में प्रविष्ट होते हैं। इस सीमित दृष्टिकोण के कारण भुवन की संवेदना से पाठक का प्रत्यक्ष परिचय होता है।

दूसरा प्रकरण 'चंद्रमाधव' शीर्षक से है। यहाँ दृष्टिकोण चंद्रमाधव का है। पहले में भुवन का था। पाठक अब चंद्रमाधव की संवेदना के विश्व में प्रवेश करता है। चंद्रमाधव भुवन को कैसे देखता है, रेखा को किस रूप में लेता है, अपनी गृहस्थी के प्रति उसका क्या रुख है, इसका पता प्रत्यक्ष रूप में मिल जाता है। यहाँ भी लेखक ने एक प्रयुक्ति का आश्रय लिया है। पहले प्रकरण में भुवन की स्मृति से सब कुछ गुजरता है, यहाँ चंद्रमाधव सिनेमा में घुसता है, वह सिनेमा नहीं देखता, सिनेमा की रील की तरह उसकी जिंदगी के दृश्य गुजरते हैं। विशेष करके रेखा के साथ अब तक का संपर्क उसकी प्रतिक्रिया चंद्रमाधव की दृष्टि से देखने को मिलती है। इस समय की उसकी 'मानसिक स्थिति' का भी हम परिचय पा लेते हैं।

परिवर्तित और सीमित दृष्टिकोण अपनाने से यहाँ एक ही पात्र रेखा को दो विभिन्न चेतनाएँ कैसे देखती हैं, किस संदर्भ में देखती हैं इसका कलात्मक निरूपण मिलता है। इतना ही नहीं, एक ही नारी के संदर्भ में सोचने वाली ये दो चेतनाएँ कैसे भिन्न हैं, उसका पाठक स्वयं अनुभव करने लगता है। रेखा को पत्र लिखने के बाद, गौरा को जब वह पत्र लिखता है तब उसके व्यक्तित्व का सही-सही रूप प्रकट होने लगता है।

तीसरे प्रकरण में एक पात्र का सीमित दृष्टिकोण नहीं निभा पाया है। 'गौरा' शीर्षक इस प्रकरण में गौरा केंद्र में अवश्य है और हम गौरा का परिचय पाते हैं। गौरा और भुवन तथा बाद में गौरा और चंद्रमाधव के अन्यान्य रुख को भी हम समझते हैं। लेकिन हम प्रथम दो प्रकरणों में जैसे दो विभिन्न चेतनाओं से गुजरते हैं, वैसे यहाँ गौरा की चेतना से नहीं गुजरते। यहाँ लेखक की सर्वदर्शिता यदा-कदा

झाँक जाती है। वह अपनी ओर से गौरा और भुवन के संपर्क का पूर्ववर्ती इतिहास देता है। इतना ही नहीं, वह पात्रों का और उनके क्रिया-कलाप का वर्णन भी करता है। तब तक भी ठीक था, लेकिन पढ़ते-पढ़ते यकायक हम देखते हैं कि लेखक सर्वदर्शी आलेखन के उस अधिकार का प्रयोग करता है और पात्रों के क्रिया-कलाप पर टिप्पणी प्रस्तुत करता है, इतना ही नहीं दार्शनिक घुट चढ़ाने की कमजोरी से भी नहीं बच पाता। चंद्रमाधव और गौरा के पत्राचार की बात लिखकर एकदम अपनी ओर से अभिप्राय जोड़ता है :

'दो-एक ऐसे पत्रों के बाद चंद्रमाधव विषय को छोड़ देता था और फिर बिलकुल व्यक्तिगत बातों पर आ जाता था, उसमें से फिर कोई साधारण सूत्र उठाकर गौरा दूर हट जाती थी।'[9]

इतना लिखने के बाद अप्रत्याशित रूप से लेखक की टिप्पणी आ जाती है :

'जो डूबने उतराने को मानता है, वह डूबता उतराता है, जो स्वाधीनता के लिए साधना करता है, वह—

यो यो यां यां तनुं भक्तः श्रद्धयार्च्तुमिच्छति।
तस्य तस्याचला श्रद्धां तामेव विदधान्यहम्।।'[10]

यहाँ निश्चय ही लेखक की टिप्पणी व्यवधान उत्पन्न करती है। यदि इस टिप्पणी में व्यक्त भाव को गौरा की प्रतिक्रिया के रूप में किसी तरह व्यक्त किया जाता तो वह अधिक तीव्र रूप से पाठक को प्रभावित करता। उसी पृष्ठ पर तुरंत गौरा और भुवन के संबंध को व्याख्यायित करने के हेतु से लेखक अपनी ओर से फिर एक लंबा दार्शनिक विधान करता है, जो सोलह पंक्तियों तक चलता है :

'मैत्री, सख्य, प्रेम—इनका विकास धीरे-धीरे होता है ऐसा हम मानते हैं; प्रथम दर्शन से ही प्रेम की संभावना स्वीकार लेने से भी इसमें कोई अंतर नहीं आता'[11] ...आदि।

अब, मैत्री, सख्य, और प्रेम के विकास का यह दृष्टिकोण उपन्यास के किसी पात्र का नहीं, लेखक का अपना है। अवश्य, लेखक एक विशेष 'सिचुएशन' में उसका अवतरण ले आते हैं, लेकिन जैसे वे पाठक को पात्रों के आपसी व्यवहार का स्वतंत्र निर्णय करने की स्थिति में न छोड़कर अपना 'जजमेंट' देते हैं। एक विचार के रूप में अच्छा लगता है, लेकिन वह 'आगंतुक' लगता है और जैसे समग्र उपन्यास के बाहर की सृष्टि का रहता है। यदि लेखक अपना कोई दर्शन या दृष्टि देना ही चाहता है, तो उसे किसी चरित्र की संवेदना के माध्यम से ही व्यक्त करना इष्ट होगा।

प्रकरण 4 और 9 अंतराल के हैं और अंतराल के इन दोनों प्रकरणों में पत्र-शैली का ही उपयोग किया गया है। यहाँ लेखक की निजी दृष्टि का या दर्शन या टीका-टिप्पणी के प्रक्षेपण का भय है ही नहीं। पत्र, पत्र लिखने वाले पात्रों की ही चेतना के उन्नायक हैं। उत्तर-प्रत्युत्तर के रूप में लिखे गए इन पत्रों के द्वारा पाठक को थोड़ी-थोड़ी देर

में बदलने वाले दृष्टिकोण का आस्वाद मिलता है। पत्र में एक अंतरंगता भी होती है, जो हमें चरित्र के निकट ही नहीं ले जाती उसकी संवेदना का सहभोक्ता भी बना लेती है।

'रेखा' शीर्षक तीसरे प्रकरण में लेखक अपने दृष्टिकोण को रेखा तक सीमित न रखकर, रेखा और भुवन दोनों के दृष्टिकोण से कथा प्रस्तुत करते हैं। इसकी वजह यह है कि लेखक यहाँ घटना-व्यापार को स्मृति या प्रत्यावलोकन के रूप में नहीं, सीधे ही प्रस्तुत करते हैं। लेखक कथा के सूत्र अपने हाथ में थामे हुए हैं। फिर भी बहुत हद तक वे पात्रों को स्वतंत्र रहने देते हैं। सर्वदर्शी लेखक का आधिपत्य यहाँ शायद ही है। विशेष बात तो यह है कि इस प्रकरण में 'चेतना-प्रवाह' 'स्ट्रीम ऑव कांस्यसनेस' की शैली का उपयोग करके लेखक ने रेखा के भीतर-ही-भीतर चलने वाले व्यापार को प्रस्तुत किया है। यहाँ लेखक तो क्या, सम्मुख बैठे हुए भुवन का भी हस्तक्षेप नहीं है।

जंतर मंतर के सांध्य तारा के प्रसंग को लेकर रेखा एकदम बदल क्यों गई, इस बात को भुवन नहीं समझ सका। रेखा ने हेमेंद्र और उसके मित्र की बात कही लेकिन भुवन सोचता है कि 'हेमेंद्र ने कब, कैसी स्थिति में उसे यह बात बताई होगी?'[12] रेखा चुप बैठी है, लेकिन वह मन-ही-मन उस प्रसंग को दुहराती है–उस प्रसंग का पूरा नाटक एक बार उसकी चेतना में मंचित हो रहा है, उस क्षण जब कि वह भुवन के सामने प्रत्यक्ष रूप में तो चुप ही है। भुवन तो सिर्फ चुप रेखा के यकायक खड़ी होने की स्थिति को ही देख सका।

लेकिन फिर भुवन वाले छठे प्रकरण का आरंभ–('दृश्यों का द्रुत परिवर्तन स्फूर्तिप्रद होता है[13]...') लेखक के एक छोटे-से अभिप्राय से शुरू होता है, यद्यपि उतना बहिरागंतुक नहीं लगता, क्योंकि भुवन की मनःस्थिति से एकदम मिल जाता है। पिछले प्रकरण की तरह यहाँ भी भुवन और रेखा दोनों के समानांतर दृष्टिकोण हैं। यहाँ भी 'चेतना-प्रवाह' का उपयोग निरूपण को एकदम आब्जेक्टिव बनाता है। भुवन और रेखा पहलगाँव से बस में बैठकर जब जा रहे हैं, तब भुवन की चेतना से रेखा की पढ़ी हुई डायरी के वाक्य, वाक्यांश, संवाद के अंश गुजरते हैं, जबकि वह रेखा के पास वाली सीट पर चुपचाप बैठा है। रेखा और भुवन, तुलियन में परस्पर समर्पित होने के दूसरे दिन जब फिर खुले आसमान के तले आलिंगन-बद्ध होते हैं तब–

'साक्षी हो सूर्य, और आकाश, और पवन...'[14]

उक्ति में हम रेखा या भुवन का भाव पढ़ सकते हैं, किंतु–

'लेकिन यह एक सत्य है, जो साक्षी नहीं माँगता...'

उक्ति में निश्चित रूप से लेखक की गूँज है, जो इन दोनों के इस एकांत विश्व में एकदम खलती है। वैसे ही पृष्ठ 158 पर 'वापसी का रास्ता सदैव बहुत छोटा होता है...' में हम फिर लेखक को पाते हैं।

सातवाँ, आठवाँ और दसवाँ प्रकरण क्रम से चंद्रमाधव, रेखा और गौरा के नाम से हैं। यहाँ भी लेखक का सर्वदर्शी दृष्टिकोण है। जिस पात्र के प्रकरण हैं, उसकी प्रमुखता अवश्य है। आठवें प्रकरण में एक स्थल पर फिर एक-दो बार लेखक का प्रवेश हो जाता है।[15] एक है :

'किसी बेहया ने ठीक कहा है—अंतिम समय में मानव को अनुताप होता है, तो अपने किए हुए पाप पर नहीं, पुण्य करने के अवसरों की चूक पर नहीं; अनुताप होता है किए हुए नीरस पुण्यों पर, रसीले पाप कर सकने के खोये हुए अवसरों पर...'

लेखक की यह टिप्पणी उसका निजी दृष्टिकोण अवश्य नहीं है। हेमेंद्र को रेखा जैसी स्त्री से 'विदग्ध विलास का अवसर' खो बैठने का जो अनुताप होता है, उसके संदर्भ में यह टिप्पणी वैसे एकदम उपयुक्त है।

दसवें प्रकरण में वैसे ही गौरा के संदर्भ में एक टिप्पणी 'प्राणी जब शरीर को बाँध रखता है...'[16] आती है तो संदर्भ में उपयुक्त होते हुए भी आगंतुक लगती है। अंत का 'उपसंहार' का प्रकरण एकदम भुवन के दृष्टिकोण से है, सीमित और फिर भुवन की चेतना के प्रत्यक्ष संपर्क में पाठक को रखता है। चिंतन भुवन का चिंतन बनता है, पाठक उसका सह-भोक्ता हो सकता है।

3. समय-स्थल

'नदी के द्वीप' की समय-योजना 'शेखर : एक जीवनी' से भिन्न प्रकार की है। 'शेखर' पूरा का पूरा प्रत्यावलोकन पर निर्भर है। उसमें जो समय है वह मनोवैज्ञानिक समय है, क्योंकि वहाँ समय-बोध नायक का समय-बोध है। 'नदी के द्वीप' में भी यह मनोवैज्ञानिक समय-बोध है, लेकिन इसके अतिरिक्त 'नेरेटिव समय' तथा 'लेखक का समय' भी है। उपन्यास के प्रथम दो प्रकरण का अधिकांश चरित्रों के प्रत्यावलोकन पर निर्भर है, उपन्यास में अन्यत्र भी 'इंटिरियर मोनोलोग' की शैली का आश्रय लिया गया है। यहाँ पर समय पात्र के समय-बोध और परिवर्तन बोध से नियंत्रित है। लेकिन चूँकि उपन्यास अन्य पुरुष में कहा गया है और स्वयं लेखक का भी यदा-कदा प्रक्षेपण होता रहा है इसलिए घटनाओं की आनुपूर्वी के अनुसार भी समय योजना है। समय की इस प्रकार की गति को 'लिनियर' (linear) कहते हैं। लिनियर उपन्यास में उपन्यास की गति आगे की दिशा में होती है। इस दृष्टि से देखने पर यहाँ यथाक्रम अर्थात् ऐतिहासिक समय-योजना और उसमें मनोवैज्ञानिक समय-योजना है।

जब हम 'नदी के द्वीप' में घटनाओं की आनुपूर्वी के संदर्भ में समय-योजना का विचार करते हैं, तब उपन्यास में घटित घटनाओं में व्यवहृत कालमान को लक्ष्य में रखते हैं। 'नदी के द्वीप' की घटनाओं का आरंभ ईस्टर की छुट्टियों से होता है। ईस्टर की छुट्टियों में[17] चंद्रमाधव ने भुवन और रेखा को लखनऊ में निमंत्रित

किया है। यहाँ पर पहली बार भुवन और रेखा मिलते हैं और उपन्यास की केंद्रीय कथा का आरंभ होता है।

वैसे लेखक ने इस संदर्भ में कोई सीधा उल्लेख नहीं किया कि यह कौन-सा वर्ष है। तीसरे प्रकरण में फ्रांस की लड़ाई के समापन के एक अवांतर उल्लेख में 26 जून 1940 तारीख आती है।[18] जिस ईस्टर की छुट्टियों में कथा का आरंभ है, वह ईस्टर 1940 का ईस्टर है। प्रायः ईस्टर का त्यौहार अप्रैल में आता है। निष्कर्षतः हम कह सकते हैं कि अप्रैल 1940 से उपन्यास का आरंभ है।

उपन्यास के अंत के समय का तो निश्चित प्रमाण मिलता है। भुवन बर्मा-फ्रंट पर है। उल्लेख आता है : लेकिन अक्तूबर 1942 में सहसा उसने (भुवन ने) पाया कि अपने बाँस के घर में वह बिलकुल अकेला है।[19] हम अब यह कहने की स्थिति में हैं कि अप्रैल 1940 से अक्तूबर 1942 का अंतराल इस उपन्यास का समय है, अर्थात् करीब ढाई साल।

द्वितीय विश्वयुद्ध का समय है यहँ। युद्ध के समय-बोध की प्रतिक्रिया हम उपन्यास के नायक में विशिष्ट रूप से पाते हैं, वैसे चंद्रमाधव भी युद्ध के बारे में प्रतिक्रिया व्यक्त करता है। चंद्रमाधव की प्रतिक्रिया मानसिक धरातल पर ही रहती है, जब कि भुवन क्रियारत होता है। मानव मूल्यों की भुवन को चिंता है। वह अपना कर्तव्य निश्चित करके युद्ध में भरती होता है। वैसे युद्ध में जाना भी, उसकी समग्र संवेदना का ही एक प्रतिफलन है। लेखक का आशय युद्ध को नहीं, प्रणय-संवेदना को केंद्र में रखना रहा है। अतः युद्ध भी आता है, तो प्रणय-संवेदना के कुछ स्तरों को आलोकित करने के लिए। समग्र उपन्यास में यत्र-तत्र युद्ध के उल्लेख आते हैं, लेकिन एक तरह से युद्ध कुछ हद तक सामयिक समाचार तक सीमित रहता है।

युद्ध को केंद्र में रखकर अनेक उपन्यास लिखे गए हैं। ऐसे उपन्यासों में युद्ध की विभीषिका का तत्कालीन मानवीय चेतना पर क्या प्रभाव होता है, मानवीय संबंधों में क्या परिवर्तन आते हैं, मानव-मूल्यों की क्या स्थिति होती है, इसका चित्रण केंद्र में होता है। यहाँ पर युद्ध का समय ढाई वर्ष होने पर भी लेखक का आशय युद्ध कथा देने का नहीं है। इसका कारण यह है कि द्वितीय विश्वयुद्ध प्रायः यूरोप के देशों को ही खा गया था। जापान के हमले के बाद ही भारत प्रभावित हुआ था, लेकिन अधिक नहीं। ऐसे संदर्भ में एक संवेदनशील व्यक्ति की जो प्रतिक्रिया और क्रिया हो सकती है, भुवन के द्वारा लेखक ने व्यक्त की है। यह प्रतिक्रिया भुवन की प्रणय-संवेदना से असंपृक्त नहीं है।

जैसा कि आगे कहा है, ढाई वर्षों का समयांतराल होते हुए भी इस उपन्यास में घटनाओं का पौर्वापर्य नहीं है। यहाँ लेखक सांप्रत के साथ या सांप्रत के समानांतर अतीत को भी गूँथता है, भविष्य का भी संकेत देता रहता है। वर्तमान के बिंदु पर वह अतीत का, कभी दूर के, कभी निकट के, दर्शन कराता रहता है।

उपन्यास का प्रथम प्रकरण इस प्रकार की मनोवैज्ञानिक समय-योजना की प्रयुक्ति का निदर्शन है। वर्तमान के जिस बिंदु के साथ अतीत गूँथता जाता है, वह बिंदु है भुवन का चलती गाड़ी पर सवार होना, और गाड़ी के डिब्बे में एक ओर सिमट कर बैठ जाना, रेखा के स्पर्श की चुन-चुनाहट लिए। गाड़ी प्रतापगढ़ से चल चुकी है। भुवन गाड़ी में है। यह वर्तमान का बिंदु है, लेकिन उसके साथ भूत की, आसन्नभूत की स्मृतियाँ उभरती हैं। वह वर्तमान के बिंदु से आसन्न भूत की कुछ घटनाओं में चला जाता है, फिर उस बिंदु पर वापस आता है, फिर कुछ घटनाओं में चला जाता है—और इस तरह अंत में वर्तमान के बिंदु पर लौट आता है। पहले उसकी स्मृति निकट भूत के 'कुछ घंटों की दृश्यावली के पन्ने' उलटती है। अर्थात् बीते हुए कल का स्मरण करती है। गाड़ी में भीड़ थी अतः उस दिन यात्रा स्थगित रखने की बात। फिर आज गाड़ी में बैठने की बात। फिर अभी-अभी प्रतापगढ़ से रेखा के विदा के क्षण के कथोपकथन की और फिर रेखा के स्पर्श की स्मृति जो अभी तो उस क्षण की ही है, भुवन वर्तमान बिंदु पर लौट आता है, और फिर उसने अपने हाथ और कुहनी की ओर देखा फिर उसे लगा कि वह चुन-चुनाहट अभी गई नहीं है, वह अपनी कुहनी पर अब भी रेखा के स्पर्श का दबाव अनुभव करता है...[20]

भुवन के प्रत्यावलोकन में पहले रेखा के प्रथम दर्शन की स्मृति उभरती है, फिर कॉफी-हाउस की उनकी बातें। यह सब प्रसंग अलग-अलग इकाई में आते हैं, यद्यपि परस्पर गुँथे हुए हैं। फिर कल की बात आती है—फिर अंतिम दिन की बात आती है, फिर रेलगाड़ी की यात्रा की बात आती है—रेखा के साथ हुई बातचीत, रेखा के ओर हो जाने की बात, फिर प्रतापगढ़ में रेलवे पेसेन्जर का वह चिड़चिड़ा स्वर और फिर एक बार सांप्रत में जब वह लौटता है तब उसकी गाड़ी फाफामऊ स्टेशन पहुँच चुकी होती है—वह वर्तमान का बिंदु है। इलाहाबाद जाकर वह पढ़ने की बात सोचता है—वहाँ वर्तमान भविष्य के साथ भी जुड़ता है, फिर रेखा की उक्ति की स्मृति—फिर सामने गंगा का पुल—फिर रेखा के शब्द की गंगा प्रवाह को देखकर स्मृति और फिर वर्तमान बिंदु में 'नहीं, नहीं, नहीं।'[21]

ऐतिहासिक समय की दृष्टि से एक सप्ताह की घटनाओं की बात है लेकिन उपन्यास में वह समय उतना ही है जितना गाड़ी को प्रतापगढ़ से इलाहाबाद पहुँचने में लगता है। सप्ताह की ये घटनाएँ लखनऊ के विभिन्न स्थलों पर घटी हैं, लेकिन यहाँ सिर्फ भुवन के चित्त में ही घटित होती हैं।

उपन्यास का दूसरा प्रकरण भी इसी तरह मनोवैज्ञानिक समय-योजना से आबद्ध है। मनोवैज्ञानिक समय, पात्र का समय है। पहले में वह भुवन का था, दूसरे प्रकरण में वह चंद्रमाधव का है। चंद्रमाधव भुवन और रेखा को विदा करने के बाद अपने को अकेला महसूस करता है और फिर जैसे रिक्तता भरने के लिए ही, वह सिनेमा जाता है। सिनेमा-घर में वह अतीत में खो जाता है। यहाँ वर्तमान का बिंदु है उसका

सिनेमा-घर में बैठना। लेकिन वह अपने बारे में, अपने अतीत के बारे में सोचता है। शादी की बात, फिर भुवन की बात और अंत में रेखा की बात। रेखा के साथ नजदीक के, दूर के अतीत में जो बातें हुई थीं, स्मृति में उभरती हैं। प्रकरण के अंत में, सिनेमा-घर से निकलने के बाद समय फिर 'लिनियर' हो जाता है।

'गौरा' नामक तीसरा पूरा प्रकरण बीती हुई घटनाओं का कथन है। प्रथम दो प्रकरण की घटनाओं के पूर्व की उसकी स्थिति है। इसका आरंभ भुवन और गौरा के चौदह-पंद्रह साल पुराने परिचय के उल्लेख से होता है। और उपन्यास के घटना-समय के निकट तक आ जाता है। वास्तव में दूसरे प्रकरण का अनुसंधान हम सीधे चौथे प्रकरण में पाते हैं। अंतराल का यह प्रकरण पत्रों से निर्मित है। यहाँ पत्रों के आधार पर चंद्रमाधव, भुवन और रेखा के लखनऊ प्रवास के बाद कितना समय बीच में गया इसका अंदाज लगाया जा सकता है। रेखा के पत्र से पता चलता है कि इसी बीच एक बार चंद्रमाधव के कहने पर रेखा लखनऊ आ गई थी। कुल मिलाकर प्रथम और द्वितीय प्रकरण के बाद चार-पाँच सप्ताह बीत गए हैं। पत्र शैली का विनियोग करने के कारण यहाँ एक साथ पात्रों के परिवर्तित दृष्टिकोण के साथ, समानांतर काल-प्रवाह का संयोजन हो सका है। पाँचवें प्रकरण 'रेखा' का समय ग्रीष्म की छुट्टियों का है। दिल्ली में रेखा और भुवन मिलते हैं। इस बार की घटनाओं का समयांतराल सात दिन का है। दिल्ली में तीन दिन वे हर रोज शाम को मिलते हैं, चौथे दिन की सुबह और रात प्लेटफार्म पर बिता कर पाँचवें दिन की सुबह की गाड़ी से निकलकर उसी दिन रात को नौकुछिया पहुँचते हैं। उस रात, दूसरे दिन और रात भुवन वहाँ रहता है और तीसरे दिन प्रातः को निकल पड़ता है।

लखनऊ में प्रथम मिलन में पूर्वराग का हलका-सा संकेत मिलता है। दिल्ली में तीन दिन की लगातार सांध्यकालीन मुलाकातों से वे एक-दूसरे के और निकट आते हैं। नौकुछिया के एकांत में अनुराग की झलक हमें मिलती है। भुवन और रेखा अब एक-दूसरे के प्रेम में हैं।

इन सात दिनों के समयांतराल में हम घटनाओं की आनुपूर्वी देख सकते हैं। समय यहाँ सीधी रेखा में गति करता है। लेकिन जंतरमंतर के सांध्यतारा के प्रसंग में फिर एक बार समय की चक्राकार गति, विशेषकर रेखा के संदर्भ में है। कॉफी-हाउस में भुवन के सामने बैठ कर भी वह अपने अतीत के एक कटु प्रसंग में खो जाती है। चेतना-प्रवाह शैली का उपयोग करके सांप्रत के साथ अतीत की समानांतर गति यहाँ रखी गई है।

पाँचवें और छठे प्रकरण के बीच शायद ही चार-पाँच दिन का व्यवधान रहा हो। नौकुछिया से दिल्ली लौटकर भुवन वैज्ञानिक अनुसंधान के लिए कश्मीर पहुँच गया है और वहाँ श्रीनगर में डेढ़ दिन तैयारी में बिता कर, पहलगाँव जाने के लिए जैसे ही बस अड्डे पर पहुँचता है, तो वहाँ बानेट के सहारे खड़ी रेखा को देखता है।

वह नौकुछिया से सीधे यहाँ चली आई थी। यहाँ से फिर तुलियन की उनकी सहयात्रा का आरंभ होता है। तुलियन वे सुबह पहुँचते हैं। उसी रात को भुवन और रेखा परस्पर संपूर्ण रूप से समर्पित होते हैं। दूसरे दिन और रात भुवन रेखा वहाँ रहते हैं। तीसरे दिन माल-सामान लाने के लिए रेखा के साथ वह नीचे उतरता है। वहाँ से रेखा श्रीनगर के लिए रवाना हो जाती है। इस बार वे करीब चार दिन साथ रहते हैं। उसके बाद चौथे-पाँचवें दिन भुवन पहलगाँव आता है, लेकिन रेखा पहले ही दिन चली गई थी।

यहाँ भी समय की रेखाकार और चक्राकार गति है। तुलियन जाते समय भुवन और रेखा एक-दूसरे से सट कर बैठे हैं, लेकिन यहाँ भुवन के चित्त में स्मृतियाँ उभरती हैं :

'ज्यों-ज्यों बस आगे जाती थी, त्यों-त्यों भुवन का मन अधिकाधिक तीखे झटकों के साथ पीछे जाता था...'[22]

सातवें प्रकरण में चंद्रमाधव रेखा और गौरा को मिलाता है। तुलियन के कुछ दिन बाद की यह घटना लगती है। आठवें प्रकरण में रेखा का पत्र है, जो तुलियन के दो-ढाई महीने के बाद लिखा गया है। भुवन श्रीनगर जाता है। तीन दिन रहकर लौटता है, फिर सातवें दिन पुनः पहुँच जाता है। रेखा कुछ दिन अस्पताल में रहती है। अस्पताल में स्वास्थ्य लाभ करने के बाद कलकत्ता जाती हुई रेखा का दिल्ली तक भुवन साथ देता है।

उपन्यास के आठवें प्रकरण तक की घटनाएँ बहुत समीप-समीप हैं। लेकिन दसवें अंतराल के प्रकरण में रेखा के एक पत्र से निर्देश मिलता है कि भुवन और रेखा की पहली भेंट के बाद दस महीने और तुलियन के बाद आठ महीने बीते हैं।[23] अर्थात् अभी तक के उपन्यास का समयांतराल आठ मास का है। फिर भुवन होली के कुछ दिन पूर्व जावा जाने की बात लिखता है अर्थात् मार्च में पहुँचने की बात है। फिर रेखा का पत्र आता है : 'आज एक वर्ष होता है जब हम पहले पहल लखनऊ में मिले थे।'[24] फिर तुलियन की एक वर्षगाँठ की बात लिखती है। फिर भुवन का चार महीनों से पत्र नहीं आया है इसका उल्लेख रेखा के अन्य पत्र से मिलता है। पृष्ठ 281 पर जापान के युद्ध में कूद पड़ने की बात है—दिन है, सात दिसंबर, 1941। उसी महीने की तेईस तारीख को भुवन गौरा के यहाँ मसूरी पहुँचता है।

'गौरा'-नामक 10वें प्रकरण में हम देखते हैं कि भुवन एक सप्ताह गौरा के साथ रहता है। जनवरी के अंत में भुवन-गौरा को एक-दूसरे के पत्र मिलते हैं। भुवन अंडमान जा रहा है। फिर से होली आती है। अप्रैल 1942 की छठी तारीख को भारत पर जापान के बम गिरने की बात है। भुवन फ्रंट पर जाता है। तीन महीने तक भुवन के समाचार नहीं मिलते। इन्हीं दिनों रेखा की शादी हो जाती है। बीमार भुवन की कलकत्ता में रेखा से और बंगलौर में गौरा से मुलाकात होती है। पृष्ठ 323 पर

भुवन गौरा से कहता है :

'आज से छः महीने पहले तुम्हारे साथ आग के पास बैठा था और आज! वह बड़ा दिन था, यों आज वास्तव में बड़ा दिन है—उत्तरायण के एक-आध दिन ही इधर-उधर।'

उत्तरायण का दिन अर्थात् 21 जून का दिन। भुवन शायद 20 या 22 की बात सोच रहा है। उपन्यास के अंतिम प्रकरण 'उपसंहार' में सीधा निर्देश है :

'लेकिन अक्तूबर 1942 में सहसा उसने पाया कि अपने बाँस के घर में वह बिल्कुल अकेला है...'[25]

समग्र उपन्यास में लेखक ने अत्यंत सजगता से काल-योजना की है। यह काल-योजना पात्रों के परिवर्तित दृष्टिकोण से भी प्रभावित है। उपन्यास में वैसे अधिक घटनाएँ नहीं हैं, लेकिन स्थल परिवर्तन होता रहता है। ध्यान से देखने पर पता चलता है कि जो भी प्रमुख घटनाएँ हैं, वे कभी एक ही स्थान पर फिर से घटित नहीं हुईं और जहाँ ये घटनाएँ घटित होती हैं वहाँ चार से सात दिन का सातत्य रहता है। जैसा, भुवन-रेखा की प्रथम भेंट होती है लखनऊ में, जिसमें सात दिन का समय है। वैसे मनोवैज्ञानिक समय तो कुछ घंटों का ही है।

दूसरी भेंट होती है दिल्ली में, जो नौकुछिया तक पहुँचती है। वह समयांतराल भी सात दिन का है। तीसरी भेंट तुलियन की है। वह भी चार दिन का समय है। कश्मीर-श्रीनगर में चौथी भेंट के दौरान तीन दिन और रेखा की बीमारी में कुछ अधिक दिन बीतते हैं। ऐसा ही लगातार सात दिन का सहवास बाद में मसूरी में भुवन और गौरा का होता है। भुवन की बीमारी में फिर एक बार बंगलौर में वे सात दिन लगातार मिलते हैं। उपन्यास में स्थल अधिक नहीं हैं, लेकिन बहुत दूर-दूर के अवश्य हैं, लखनऊ, दिल्ली, नौकुछिया, तुलियन, श्रीनगर, जावा, कलकत्ता, मसूरी, बंगलौर, मद्रास, बर्मा आदि। चरित्रों की आत्मीयता के अनेक अंतरंग क्षण यात्रा के दौरान आते हैं। यहाँ चरित्रों का एक स्थल से दूसरे स्थल पर आवागमन है। भुवन और रेखा अधिक अंतरंग होते हैं—लखनऊ से प्रतापगढ़-इलाहाबाद की यात्रा में, फिर दिल्ली से नैनीताल-नौकुछिया की यात्रा है, बाद में श्रीनगर पहलगाँव तुलियन की यात्रा है। फिर श्रीनगर से कलकत्ता जाते समय भुवन की रेखा के साथ दिल्ली तक यात्रा है। फिर रेखा कलकत्ता से दक्षिण में यात्रा को निकलती है, भुवन जावा जाता है, फिर कलकत्ता, बंगलौर, मद्रास, बनारस, मसूरी, बंगलौर आदि स्थानों पर गति रही है। चंद्रमाधव भी अनेक स्थलों पर घूमता रहता है, अंत में वह बंबई जाता है।

ऐसा लगता है कि, इस उपन्यास के चरित्र लगातार भ्रमण की अवस्था में हैं। उनका कोई घर नहीं है। रेखा ने एक बार कहा ही था—'सभ्य जीवन बड़ा भारी वेटिंग रूम है'[26] लेकिन वेटिंग किसके लिए—रिक्तता किसके और किसके बीच? कोई नहीं जानता। इधर-उधर फिर रिक्त है।

'नदी के द्वीप' में समय-स्थल की यह योजना लेखक की शिल्प सजगता का प्रमाण है।

4. आधुनिक संवेदनाओं का अध्ययन

> " 'नदी के द्वीप' व्यक्ति चरित्र का ही उपन्यास है... चरित्र के उद्घाटन का उपन्यास है। उसमें पात्र थोड़े हैं; बल्कि कुल चार ही पात्र हैं। चारों में फिर दो, और दो में फिर एक और भी विशिष्ट प्राधान्य पाता है। 'शेखर' से अंतर मुख्यतया इस बात में है कि 'शेखर' में व्यक्तित्व का क्रमशः विकास होता है; 'नदी के द्वीप' में व्यक्ति आरंभ से ही सुगठित चरित्र लेकर आते हैं। हम जो देखते हैं वह अमुक स्थिति में उसका निर्माण या विकास नहीं, उनका उद्घाटन भर है। और चार पात्रों में जो दो प्रधान हैं उन पर यह बात और भी लागू होती है; बाकी दो पात्रों में तो कुछ क्रमिक विकास भी होता है। आप चाहें तो यह भी कह सकते हैं कि 'नदी के द्वीप' चार संवेदनाओं का अध्ययन है। उसमें जो विकास है, वह चरित्र का नहीं, संवदेना का है।"
>
> 'आत्मनेपद' पृ. 64 —अज्ञेय

यह लंबा उद्धरण इसलिए दिया गया है कि जिससे 'नदी के द्वीप' की चरित्रसृष्टि के संदर्भ में स्वयं उसके सर्जक की दृष्टि का पता चल जाए। इस दृष्टि से यह उपन्यास घटना-प्रधान नहीं, किंतु चरित्र-प्रधान है। इतना ही नहीं, यहाँ चरित्र का 'क्रमशः विकास' भी नहीं हुआ है, चरित्र एक स्थिति पर पहले से हैं। हमारे सामने उनका 'उद्घाटन' भर होता है। यह बात उपन्यास के दो पात्र रेखा और भुवन के संदर्भ में अधिक सही है और उसमें भी रेखा के संदर्भ में। जैसा कि अन्यत्र भी लेखक ने कहा है, रेखा उपन्यास का प्रधान पात्र है इतना ही नहीं उपन्यास में सबसे अधिक 'परिपक्व' पात्र है।[27]

हम कह सकते हैं कि यह सिर्फ संवेदनाओं का नहीं बल्कि आधुनिक संवेदनाओं का अध्ययन है। ये चरित्र एक विशिष्ट आधुनिकताबोध लिए हुए हैं। उनकी संवेदना के बनने में आधुनिक परिबलों का प्रभाव है।

उपन्यास के आरंभ में रेखा का परिचय पाठक को भुवन की निगाहों से होता है। भुवन ने प्रथम जब रेखा को देखा था तो 'मानो एक शीतल आलोक से घिरी हुई, उसके आवेष्टन में संची हुई, दूर और अस्पृश्य खड़ी थी।' भुवन सिर्फ रेखा के सौंदर्य से प्रभावित होता है, मात्र ऐसा ही उसे नहीं लगता—'उनमें कुछ है जिसका उन्मेष जीवन का उन्मेष है और जिसे जान सकना ही एक महान् अनुभूति होगी— ।'[28]

चंद्रमाधव से भुवन को रेखा का जो परिचय मिलता है, उसके अनुसार तो—रेखा के पिता नामी डॉक्टर थे। माँ भक्त थीं। वैसे वे कश्मीरी थे, लेकिन अब बंगाली ही अधिक हैं। रेखा हिंदी और बंगला दोनों बोलती है। इस समय रेखा की आयु

यही सत्ताईस के लगभग होगी; वह विवाहिता है, विवाह आठ वर्ष पहले हुआ था, पर विवाह के दो वर्ष बाद ही पति-पत्नी अलग हो गए थे...रेखा नौकरी करती है।

चंद्रमाधव को रेखा अद्‌भुत लगी थी, असाधारण लगी थी। अर्थात् उसको ऐसा लगा था कि 'यह स्त्री कुछ भिन्न प्रकार की है।' अर्थात् रेखा सुंदर है, उसमें जीवन का उन्मेष है। रेखा असाधारण है। ऐसी रेखा विवाहिता होने पर भी वियुक्ता है। रेखा के पास रूप के साथ बुद्धि भी है और 'यह बुद्धि तीव्र संवेदना के साथ गुँथी हुई है।'[29]

उपन्यास में यह रूपवती, बुद्धिमती नारी इसी तीव्र संवेदनाप्रवण नारी के रूप में चित्रित की गई है। चंद्रमाधव के साथ उसका पुराना परिचय होने पर भी जैसे उसके सामने एक सीमा तक ही अपने को खोलती है, लेकिन भुवन के साथ प्रथम परिचय में ही जैसे वह अपने आप खुलने लगती है। भुवन और रेखा का व्यक्तित्व सम्मिलन फूल के लिखने की क्रिया की तरह सहज रूप से होता है, उसमें रेखा की व्यक्तित्व को पहचानने की गहरी अंतर्दृष्टि का परिचय मिलता है। भुवन जैसे अंतर्मुखी और तटस्थ व्यक्ति के मन में अपने प्रति औत्सुक्य जगा सकी, यह उसके व्यक्तित्व की विशेषता ही है।

रेखा एक आधुनिक नारी है। शरत् के नारी चरित्रों की तरह ('शेष प्रश्न' की कमल को छोड़कर)। वह सिर्फ भावनाप्रवण नहीं, वह तर्क करना भी जानती है। भुवन के संदर्भ में वह खास ढंग से सोचती है। भुवन जब जीवन की नदी पर सेतु बाँधने की कल्पना करता है तब वह कहती है :

'मैं तो समझती हूँ, हम अधिक-से-अधिक इस प्रवाह में छोटे-छोटे द्वीप हैं, उस प्रवाह से घिरे हुए भी; उससे कटे हुए भी; भूमि से बँधे और स्थिर भी, पर प्रवाह में सर्वदा असहाय भी—न जाने कब प्रवाह की एक स्वैरिणी लहर आकर मिटा दे, बहा ले जाय, फिर चाहे द्वीप का फूल पत्ते का आच्छादन कितना ही सुंदर क्यों न रहा हो!'[30]

रेखा के इन शब्दों में 'चित्रों को उभार कर सामने रख देने की शक्ति' भुवन देख सका। अन्यत्र वह कहती है :

'मेरे लिए काल का प्रवाह भी प्रवाह नहीं है, केवल क्षण और क्षण और क्षण का योग-फल है—मानवता की तरह ही कालप्रवाह भी मेरे निकट युक्ति-सत्य है, वास्तविकता क्षण की ही है। क्षण सनातन है।'[31]

रेखा की 'क्षण' की मान्यता अस्तित्ववाद से अनुप्राणित है। अस्तित्ववादी दर्शन अनुभूति-मूलक दर्शन है और इस दर्शन ने आधुनिकों को किसी सीमा तक प्रभावित किया है। रेखा की इस उक्ति में उसका बौद्धिक धरातल ही नहीं, संवेदना भी प्रकट होती है।

इस प्रकार लेखक ने आरंभ में ही कथोपकथन के कुछ वाक्यों या एकाध वाक्यांश

से, रेखा की किसी एक विशिष्ट मुद्रा के वर्णन से, यहाँ तक कि उसकी साड़ी के रंग के चुनाव से उसके चरित्र में निहित असाधारणता को उभारा है। जैसे कॉफी-हाउस जाने के समय बंडलों से लदी रेखा से भुवन के एकाध बंडल माँगने पर वह कहती है : 'मैं अपना बोझा ढोने की आदी हूँ'[32] या भुवन के देरी से आने पर वह कहती है : 'आप मेरी चिंता न कीजिए; मैं प्रतीक्षा करने की आदी हूँ...'[33] इन उद्‌गारों में सिर्फ सामयिक संदर्भ ही नहीं है, इसमें एक अभिजात व्यंजना भी झलकती है। इन शब्दों में प्रसंगोचित उत्तर तो है ही, कहीं गहरे में अपने जीवन का भी संकेत है।

भुवन जैसे स्त्रियों के प्रति उदासीन रहनेवाले पुरुष को भी रेखा सोचने के लिए बाध्य करती है। चंद्रमाधव, भुवन और रेखा के बीच चलते संवाद में पीटर चेनी के पात्रों की बात आती है तो भुवन मन-ही-मन सोचता है :

'पीटर चेनी के लायक तो कदापि नहीं', घर फिर किसके? हार्डी के? हाँ, ऐसी कठपुतली पाकर भाग्य भी अपना भाग्य सराहेगा। पर रेखा उतनी भोली नहीं है; उसमें एक बुनियादी दृढ़ता है जो...दोस्तोयेव्स्की? लेकिन क्या उसकी चेतना वैसी विभाजित है...प्राचीन ग्रीक ट्रेजेडीकार—एक बनाम समूचा देव वर्ग? लेकिन रेखा में उतना अहं क्या है कि देवता उसे चुने? कि वह चुनी जाकर कष्ट पावे?...तब सार्त्र क्षण की असीमता, यातना के क्षण की असीमता...निस्संदेह असीम सहिष्णुता उसमें है—व्यथा पाने का असीम अंतःसामर्थ्य, लेकिन वह इसलिए कि आनंद की असीम क्षमता उसमें है...आनंद की परासीमा, यातना की परासीमा—चुन सकते हैं उसे देवता, क्योंकि परा सीमाएँ उसमें सोती हैं; नभःकांक्षी मानव, मृत्कामी देवता—ट्रेजेडी के सहजयान—इकारस के पंख, प्रमथ्यु की आग...ग्रीक ट्रेजेडी केवल अहं की ट्रेजेडी तो नहीं है, वह मानव की संभावनाओं की ट्रेजेडी है...[34]

भुवन की इस प्रतिक्रिया में रेखा के चरित्र की संभावनाओं का संकेत है। इस प्रकार की नायिका हिंदी उपन्यास में शायद प्रथम है, जो आधुनिका तो है लेकिन उसकी चेतना विभाजित नहीं। हार्दिकता और बौद्धिकता का ऐसा योग विरल है। इसलिए रेखा जो कुछ बोलती है, करती है, पहनती है उस समग्र का उसकी पूरी अस्मिता के साथ संवाद है।

रेखा में अनुभूतियों का एक खरापन है। वह जो कुछ करती है, जो कुछ कहती है वह जैसे उसके व्यक्तित्व से, भावना से, संवेदन से संपृक्त है। भुवन अनुभव करता है कि रेखा जब लारेंस की पंक्तियाँ गुनगुनाती है तब भी उन पंक्तियों के आशय के साथ रेखा की एकात्मकता स्पष्ट रूप से दिखाई पड़ती है। एक जगह रेखा के पहनावे का वर्णन है :

रेखा ने बिना किनारे की सफेद रेशमी साड़ी पहन रखी थी और वैसा ही ब्लाउज। रेशम की सफेदी में एक स्निग्धता होती है जैसे हाथी-दाँत के रंग में और उस पर

रेखा का साँवला रंग बहुत भला लग रहा था। आभरण अलंकार कोई नहीं था, केवल उसके एक ओर मुड़ने पर भुवन ने लक्ष्य किया कि जूड़े में एक फूल है।[35]

इतना वर्णन भी रेखा के बारे में, उसकी रुचि के बारे में बहुत कुछ कह जाता है। रेखा पाती है, भुवन भी एक अन्य प्रकार का ही व्यक्ति है। जब उसको पता चलता है कि भुवन अविवाहित है, तब वह टिप्पणी भी करती है कि 'अकेले हैं, तभी लीक पकड़कर चलते हैं?'[36] वह भुवन से पूछ भी लेती है कि उसने शादी क्यों नहीं की।

वैसे भुवन के पहले रेखा चंद्रमाधव के संपर्क में थी, लेकिन वह एक दूरी बनाए रखती है। लेकिन भुवन का परिचय उसकी सुप्त भावनाओं को जगाता है। वह भुवन को लिखती भी है–'आपका परिचय मेरे इधर के धुँधले वर्षों में एक प्रखर ज्योति किरण-सा है।'[37] यह परिचय दिल्ली-मिलन के अवसर पर सख्य में परिणत होता है।

रेखा का क्षणवादी दर्शन सिर्फ बहस की बात नहीं रहती, जब वह जंतर-मंतर के प्रसंग के बाद दूसरे दिन 'कलवाले' रूप का पता भी नहीं लगने देती। वह कहती है–'मैं क्षण से क्षण तक जीती हूँ न, इसलिए कुछ भी अपनी छाप मुझ पर नहीं छोड़ जाता।'[38] भुवन के साथ रेखा जब नौकुछिया जाती है तब रेखा का एक प्रकृत रूप देखने को मिलता है। कहाँ छिपा कर बैठी थी वह बुद्धिमती रूपसी महिला अपना मधुर नारीत्व! उसकी आत्मा जैसे पंख फड़फड़ाने लगती है। उसके गाये गीतों में उन्मुक्त आत्मा के आनंद की झाँकी मिलती है। भुवन उसकी कबरी में फूल अटकाने जाता है और रेखा अपनी दोनों बाँहें उठाकर, भुवन का सिर बाहुपाश में लेकर, कंधे के ऊपर से उसे निकट खींच उसका मुँह चूम लेती है। रेखा का प्रणयिनी रूप प्रकृत रूप में यहाँ मुखरित होता है। उसकी सोई हुई, संयत नारी जाग पड़ती है।

जगी हुई यह नारी भुवन के प्रति समर्पित होती है, लेकिन भुवन के सौंदर्य का बोध उसके समर्पण के प्रति तटस्थ रहता है और फिर रुलाई में फूट पड़ता है तब वह उसके आँसुओं को अपनी अंजुली में ले लेती है और अपने केशों में और फिर अपनी छाती पर पोंछ देती है। रेखा के इस क्रियाकलाप ने बहुत कुछ कह दिया है। इतना ही नहीं काम विदग्ध प्रेयसी, दूसरे ही क्षण ममता और वात्सल्य आपूरित होकर उद्भ्रांत भुवन को थपकियों से सुला देती है। वह यहाँ भुवन को समझ सकी है। रेखा का यह समर्पण-वृत्त पूरा होता है तुलियन पर।

तुलियन से लौटते समय वह भुवन के चरणों की धूल ले लेती है, लेकिन उसमें भारतीय नारी का 'भक्ति' दर्शन नहीं। भुवन के संपर्क से उसने क्या नहीं पाया? रेखा पहली बार जीवन में महसूस करती है कि वह 'फुलफिल्ड' है। भुवन जब पूछता है कि पेड़ के तने से वह नदी पार कर सकेगी या नहीं, तब वह कहती है कि–'अब सब कुछ कर सकूँगी, भुवन!'[39] रेखा की नारी प्रेयसी के रूप में ही नहीं, माता के रूप में भी स्पंदित होती है, जब भुवन का सर्जन डॉक्टर होने का और उसका अपना

बीनकार होने का स्वप्न 'उसे'[40] वीणा सिखाकर और डॉक्टर बनाकर सिद्ध करने की बात करती है। रेखा में जो हुआ, और उसका जो परिणाम होगा, उसका स्वीकार है। अपराध भाव तो दूर रहा, एक परम सार्थकता, साफल्य का भाव ही उसमें जगता है।

लेखक ने रेखा के चरित्र को नीतिनिरपेक्ष (amoral) भूमिका में चित्रित कर, अपराध बोध से पीड़ित नायिकाओं के वर्ग से उसको अलग रखा है। रेखा का भुवन के प्रति जो समर्पण है, वह पूरा है, कुंठारहित है। अतः उसको उसमें अपने नारी जीवन की सार्थकता का अनुभव होता है।

रेखा की संवेदना का एक निखरा हुआ रूप रेखा और गौरा के पारस्परिक संबंधों की भूमिका में उभरता है। रेखा भुवन को चाहती है, भुवन के आगे समर्पित है, लेकिन वह भुवन को बाँध रखना नहीं चाहती। प्रेम एकाधिकार माँगता है। प्रेम ईर्ष्या का जनक होता है, लेकिन रेखा-गौरा के पारस्परिक संबंधों में ईर्ष्या का लेश भी नहीं है। उसमें रेखा का व्यवहार ही अधिक उत्तरदायी है। चंद्रमाधव गौरा की बात रेखा से और रेखा की बात गौरा से कहकर भुवन गौरा के बीच और भुवन रेखा के बीच दरार पैदा करना चाहता है। तुलियन के बाद रेखा एक दूसरी ही नारी है। गौरा से प्रथम मुलाकात के अवसर पर रेखा ही गौरा से आत्मीयता स्थापित करने की कोशिश करती है। गौरा खिंची-सी रहती है। रेखा का भुवन के प्रति जो प्रेम है, वह प्रेम गौरा के प्रति ईर्ष्या का नहीं औदार्य का व्यवहार कराता है। वह कह ही डालती है–'मेरे कारण डॉ. भुवन का अहित, जहाँ तक हो सकेगा, मैं नहीं होने दूँगी।'[41] इस बात पर गौरा चेहरे पर उदासीनता लाकर कहती है कि यह बात उससे क्यों कही जा रही है। लेकिन जैसे ही रेखा गौरा के पास आकर उसके कंधों पर हाथ रख कर 'गौरा' कहकर धीरे से उसे पुकारती है, तब दोनों की आँखें मिलती हैं। और मिली रहती हैं। गौरा रेखा की निकटतर हो जाती है। गाने के अवसर पर रवि ठाकुर का (अपनी भतीजी के विवाह के अवसर पर लिखा गया) गीत 'तोमाय साजाबो यतने कुसुमे रतने...' गाती है। प्रबुद्ध पाठक समझ लेता है कि गौरा को आभूषित करने की बात रेखा कहती है, वह भुवन के लिए गौरा को आभूषित करने की बात है। वह गौरा को अँगूठी भी देना चाहती है, पर गौरा अँगूठी लेने योग्य अवसर लेने का वादा करती है।

उसके उदर में भुवन का शिशु है, इस बात से रेखा अपने को धन्य मानती है। वह भुवन को लिखती है : 'वह भविष्य में मेरी आस्था है, और उसे तुमने मुझे दिया है।'[42] रेखा इस बात से लज्जित नहीं है। सचमुच में वह अनन्य स्त्री है ऐसा लगता है। जब भुवन रेखा से विवाह का प्रस्ताव करता है तब वह मना करती है। वह कहती है : 'मैंने–तुमसे प्यार माँगा था; तुम्हारा भविष्य नहीं माँगा था, न मैं वह लूँगी।' वह कहती है : 'तुम कुछ कहो, मैं नहीं भूल सकती हूँ–जो हुआ है वह

न हुआ होता तो—तुम न माँगते—न कहते; इसलिए तुम्हारा कहना—परिणाम है; और वह कहना परिणाम नहीं, कारण होना चाहिए, तभी मान्य—तभी उस पर विचार हो सकता है।'[43]

रेखा का यह तर्क उसको एक अनन्य भूमिका में उपस्थित करता है। अनेक पाठकों की समझ में यह बात नहीं आती कि वह इस तरह भुवन की बात को स्वीकार क्यों नहीं करती। गहराई में जाकर रेखा के तर्क पर विचार करते हैं तो लगता है कि उसका तर्क कोई आदर्शतम स्थिति का नहीं, अपने व्यक्तित्व से निष्पन्न है। रेखा इस रेखा पर ही सोच सकती है।

भुवन जब समाज की दृष्टि से देखने की बात कहता है तब वह कहती है कि व्यक्ति को दबा कर निर्णय करना गलत है। समाज उसके सामाजिक व्यवहार का नियमन कर सकता है उसके अंतरंग जीवन का नहीं। लेकिन हेमेंद्र की चिट्ठी आने पर वही रेखा भुवन को सामाजिक अपवाद से बचा लेने के लिए गर्भपात कराती है। भुवन की समयोचित शुश्रूषा से उसकी जान बच जाती है, लेकिन उसे अब लगता है कि उसका जीवन चिथड़े-चिथड़े हो गया है, टूट गया है। और जो रेखा अब तक पारिवारिक संबंधों से दूर रहती थी, वह कलकत्ता अपनी मौसी के पास जाना चाहती है। वह भुवन से कहती है, 'लगता है अब जीवन सिफ़र से शुरू करना होगा। माता-पिता तो लौट नहीं सकते—पर घर की भावना ही सही—।'[44] कलकत्ता जाकर वह भुवन को अनेक पत्र लिखती है, लेकिन प्रत्युत्तर न पाने पर भी वह भुवन से प्रेम करती रहती है, वह भुवन को लिखती है कि 'तुम मुक्त हो भुवन, मुझे भूल जाने के लिए उतने ही मुक्त, जितने मुझे प्यार करने के लिए थे...।'[45]

रेखा के लिए भुवन मान की, प्यार की 'आखरी अभिव्यक्ति' था 'था नहीं, है, रहेगा'[46] लेकिन जब वही रेखा डॉ. रमेशचंद्र के साथ विवाह करती है तब आश्चर्य होता है रेखा के इस व्यवहार पर। रेखा शायद जानती है कि जब तक वह किसी अन्य व्यक्ति से जुड़ नहीं जाती, तब तक भुवन उसके दुःख का विचार कर, गौरा को अपनाने में विलंब करेगा। वह जानती है कि भुवन मन ही मन दुःखी है, उसे किसी के प्यार की आवश्यकता है और वह भी गौरा के प्यार की। इतना होते हुए भी वह लिखती है—'मैं तुम्हारी हूँ, केवल तुम्हारी, तुम्हारी ही हुई हूँ, और किसी की कभी नहीं, न कभी हो सकूँगी...'[47]

गौरा को वह अँगूठी भेजती है, जो उसकी भुवन-प्रेम की ही द्योतक है और गौरा भुवन की दी हुई किताब रेखा को भेजती है, यह कहकर कि उसकी 'ए वुमन हैज गिवन मी स्ट्रेंग्थ एण्ड एफ्लुएंस-एडमिटेड'—यह पंक्ति रेखा के लिए ही है। भुवन के लिए रेखा क्या है, वह गौरा भी समझती है।

रेखा अज्ञेय की ही नहीं, हिंदी उपन्यास साहित्य की एक अद्भुत असाधारण नारी है।

उपन्यास का नायक भुवन भी एक विशिष्ट पात्र है। उपन्यास के आरंभ में ही पाठक को भुवन का परिचय मिल जाता है। एक तरह से पाठक भुवन की संवेदना के विश्व से गुज़रता है, क्योंकि वह जो अनुभव करता है वह सब भुवन का भोगा हुआ है और भुवन के दृष्टिकोण से प्रस्तुत है। प्रथम प्रकरण में ही भुवन की चारित्रिक विशेषताएँ पाठक लक्ष्य कर लेता है। भुवन एक वैज्ञानिक है। वैज्ञानिक अनुसंधान और देशाटन ने उसको एक तरह से 'अंतर्मुखी और तटस्थ'[48] बना दिया है। उपन्यास की घटनाओं का जब आरंभ होता है, उस समय वह एक कस्बे के कॉलेज में लेक्चरर है और ईस्टर की छुट्टियाँ बिताने के लिए अपने पत्रकार मित्र चंद्रमाधव के यहाँ लखनऊ आया है, जहाँ उसकी रेखा से भेंट होती है।

भुवन की विशेषता यह है कि वह वैज्ञानिक है, फिर भी अत्यंत परिष्कृत साहित्यिक रुचि का संवेदन-प्रवण जीव है। उसके तर्क साफ-सुथरे होते हैं और कविता की पंक्तियों से निदर्शित होते हैं। सत्य और तथ्य की व्याख्या करते समय, तार्किक पहलू के साथ लारेंस की पंक्ति उद्धृत करके एकदम अपनी साहित्यिक संपन्नता और रुचि का परिचय देता है।

वह जब रेखा को देखता है, तब भी जैसे वह 'सौंदर्य को नैवेद्य' चढ़ा रहा हो! भुवन के पास गहरी अंतर्दृष्टि है और इस दृष्टि से वह रेखा के बाह्य सौंदर्य के पार एक आंतरिक आलोक को प्रथम दर्शन में ही देख लेता है। फिर भी भुवन रेखा को 'उपेक्षा की एक पिटारी' में डाल देता है, वह तो रेखा है जो हठात् झकझोर कर बाहर निकल आती है। भुवन रेखा के व्यक्तित्व में पैठने की किसी अनधिकार चेष्टा से विरत रहता है। अनधिकार हस्तक्षेप की कोई भावना भी उसमें नहीं है। भुवन के व्यक्तित्व की यह शालीनता पाठक को आकृष्ट कर लेती है। लेकिन भुवन की रुचि का, सौंदर्यबोध का पता तब चलता है, जब वह रेखा को सफेद रेशमी साड़ी में देखता है, उसके जूड़े में एक फूल है—भुवन के लक्ष्य के बाहर यह नहीं रहता। इस वैज्ञानिक के पास परिष्कृत सौंदर्यबोध भी है। इतना ही नहीं भुवन के पास अपना एक जीवन-दर्शन भी है। वह बहस के दौरान कहता है :

'लेकिन मानवता न सही, जीवन की बात जब मैं कहता हूँ, तब अपने जीवन से बड़े एक संयुक्त, व्यापक, समष्टिगत जीवन की बात सोचता हूँ—उसी से एक होना चाहता हूँ—अगर वह बहुत बड़ा प्रवाह है, तो उसकी धारा को बाँहों से घेर लेना चाहता हूँ—या छोटे मुँह बड़ी बात लगे तो कहूँ कि उस पर एक पुल बाँधना चाहता हूँ चाहे क्षण-भर के लिए...'[49]

लखनऊ के कॉफी-हाउस के नागरिक परिवेश में भुवन का चरित्र उतना नहीं उभरता जितना रेलगाड़ी के सफर के दौरान। यहाँ भुवन और रेखा शायद इस बात का अनुभव करते हैं कि उनकी संवेदनाओं में एक प्रकार का मेल है, उन दोनों में कहीं परस्पर संवाद की संभावना है। अतः रेखा का स्पर्श एक गहरी चुनचुनाहट की

झंकृति छोड़ जाता है। वह अपने को भीतर से कहीं विचलित पाता है।

भुवन के अनुराग आकाश के क्षितिज पर रेखा शुक्रतारक की तरह उदित होने लगती है, लेकिन उस आकाश में एक दूसरा भी नक्षत्र टिमटिमा रहा है और वह है गौरा। यह जरूर है कि भुवन और गौरा का संबंध इस समय 'प्रणय' जैसी संज्ञा से अभिहित नहीं किया जा सकता। कम से कम भुवन ने गौरा को कभी इस प्रकार की लिप्सा से नहीं देखा। अनेक वर्षों के परिचय के बावजूद भुवन जिस तरह तटस्थ रहता है, वह उसके निष्काम व्यक्तित्व का द्योतक है। उसका सही परिचय तो तब मिलता है जब गौरा अपने 'भुवन दा' से अपने जीवन के आगे का मार्ग पूछती है। गौरा के विवाह की बात उठी है यह समझकर भी वह लिखता है :

'गौरा, कोई किसी के जीवन का निर्देशन करे, यह मैं सदा से गलत मानता आया हूँ। तुम जानती हो। दिशा-निर्देशन भीतर का आलोक ही कर सकता है...' 'तुम्हें जो राह दीखती है, उस पर चलो गौरा...'[50]

भुवन चाहता तो गौरा के निर्णय में योग देता, लेकिन व्यक्तिदृष्टि की स्वतंत्रता में उसका विश्वास है। रेखा की तरह भुवन के व्यक्तित्व में भी कहीं विभाजन नहीं है। वह बाहर-भीतर एक है, इसीलिए तो भुवन गौरा से रेखा का परिचय छिपाता नहीं है। लखनऊ मुलाकात की बात वह गौरा को पत्र में लिखता है। भुवन की चारित्रिक निर्मलता का यह उदाहरण है। रेखा के परिचय को घनिष्ठ बनाने के लिए भी वह अपनी ओर से कोई विशेष प्रयत्न नहीं करता। फिर भी वह रेखा का इतना विश्वासभाजन बना हुआ है कि रेखा चंद्रमाधव के प्रणय-प्रस्ताव की बात भुवन को लिखती है। रेखा के संबंध में भुवन का व्यक्तित्व अधिक उभरता है। दिल्ली में जब वे मिलते हैं तब रेखा को भुवन अधिक 'व्यस्त और अंतर्मुखी'[51] लगता है। रेखा और भुवन में अनेक विषयों को लेकर बहस होती है, लेकिन इन बहसों के द्वारा लेखक या तो रेखा या भुवन के चरित्र की विशेषताएँ प्रकट करना चाहते हैं। उनका खुलना एक दूसरे को अधिक निकट लाता है। भुवन वैज्ञानिक है, बौद्धिक आलोक से उसका मार्ग प्रशस्त है, फिर भी यमुना की कछार में बालू के घरौंदे बनानेवाले भुवन को देख कर रेखा को लगता है :

'वैज्ञानिक डॉ. भुवन के अंदर एक गंभीर संवेदनाशील और खरा मानव छिपा है, यह तो उसने जाना था, लेकिन उस निश्छल ऋजुता के नीचे इतना भोला, इतना कौतुक-प्रिय शिशु-हृदय भी है, यह उसकी सजग दृष्टि भी न देख पाई थी।'[52]

भुवन और रेखा नौकुछिया पहुँचते हैं, वहाँ हम भुवन की प्राकृतिक सुषमा के प्रति मुग्ध दृष्टि का परिचय पाते हैं। नौकुछिया के एकांत में भुवन का प्रणयी रूप देखने को मिलता है, लेकिन उसमें शरीर का लोभ नहीं। दूसरी रात को रेखा भुवन की शय्या के पास आती है और भुवन से जैसे कहती है–'मैं तुम्हारी हूँ, भुवन, मुझे लो।'[53] तब भुवन की स्तब्धता आश्चर्यजनक लगती है, लेकिन प्रणय का सौंदर्य-बोध

ही रेखा का सशरीर स्वीकार करने से उसे विरत रखता है। वह अस्फुट स्वर में कहता है :

'यह इनकार नहीं है, रेखा; प्रत्याख्यान नहीं है...यह सब बहुत सुंदर है, बहुत सुंदर...वह–वह सौंदर्य की चरम अनुभूति होती है–होनी चाहिए मैं मानता हूँ...इसीलिए डर लगता है, अगर वह–अगर वह वैसा न हुआ–जो सुंदर है उसे मिटाना नहीं चाहिए ...तुमने जो दिया है, उसके सौंदर्य को मैं मिटाना नहीं चाहता, रेखा, जोखम में नहीं डालना चाहता। वह बहुत सुंदर है, बहुत सुंदर... ।'[54]

और यकायक भुवन फफक-फफक कर रो पड़ता है। भुवन इस समय शायद शारीरिक मिलन के लिए तैयार नहीं था, उसका रेखा के प्रति जो प्रेम है, उसमें एक भावात्मकता है, वह अभी भावना के स्तर पर ही है। लेकिन तुलियन पर वही भुवन रेखा को अपनी शय्या में लिटाता है और वे दोनों परस्पर समर्पित होते हैं। रेखा तो अपने को 'फुल-फिल्ड' महसूस करती है, लेकिन भुवन भी रेखा को चरम अनुभूति दे सकने में अपना फुलफिलमेंट, जीवन की सार्थकता समझता है। वह ऐसे सन्धिस्थल पर मरण की भी कामना कर लेता है।[55] भुवन के लिए रेखा के साथ सोना एक दैहिक, जैविक व्यापार या अंधआवेग ही नहीं है, एक अनुभूत संवेदना का आविष्करण है। उसमें रोमांटिक भावावेग है, और यहाँ भावावेग सहज भी है। भुवन कहीं भी बह नहीं जाता। उसके और रेखा के प्रणयव्यापार में संयम की एक दीप्ति है, वे सिर्फ भोगातुर जीव नहीं। अतः उनके समग्र व्यवहार में एक परिष्कृति नजर आती है।

भुवन ने रेखा के साथ जो चरम अनुभूति जानी है, वह उसे अपने कार्य से विरत नहीं करती। रेखा के अस्तित्व का बोध उसकी चेतना को कहीं गहरे में आलोकित करता रहता है। यही है भुवन की संवेदना की अनन्यता। एक ओर तो भुवन अपने को प्रकारांतर से रेखा के साथ समझता है, दूसरी ओर गौरा के प्रति भी उसका एक भावात्मक लगाव है। तुलियन के बाद गौरा जब मिलती है, तब भुवन एक तनाव का अनुभव सहज रूप में करता है। दोनों के बीच बार-बार मौन आ जाता है। गौरा का आगमन उसके भीतर एक उद्वेलन ला देता है और फिर वह काम में डूब जाता है। रेखा के पत्र से यह जानकर कि वह माँ बननेवाली है, वह तुरंत रेखा के पास पहुँच जाता है और रेखा से विवाह का प्रस्ताव भी करता।[56] रेखा के मना करने पर भी वह अपना दायित्व समझता है। वह कहता है कि जो आएगा वह उसका वांछित है, उससे वह लजाएगा नहीं।

रेखा जब गर्भपात कराती है और अस्वस्थ, मरणासन्न हो जाती है, तब भुवन वहाँ फिर पहुँच जाता है। रेखा के पूछने पर वह कहता है कि अब भी वह प्यार–बल्कि अधिक प्यार करता है। वर्षा रात में मरणासन्न रेखा को अपने कंधों पर लेकर अस्पताल जाते भुवन का चित्र अविस्मरणीय है। यहाँ भुवन के व्यक्तित्व का एक नया पहलू

प्रकट हुआ है, रेखा की शुश्रूषा में रत भुवन का।

इस प्रसंग के बाद भुवन परिताप की स्थिति से गुजरता है। रेखा के अनेक पत्रों के उत्तर में वह चुप ही रहता है, क्योंकि जो पत्र वह लिखना चाहता है, वह लिख नहीं पाता। गौरा भी समझ जाती है कि भुवन मन-ही-मन कोई बड़ा क्लेश सह रहा है। भुवन की यह मानसिक स्थिति ही उसे शायद जावा जाने को प्रेरित करती है। वहाँ छः महीने में उसका जी उचट जाता है। गौरा को वह लिखता है :

'मैं जैसे किसी सुदूर पोतभंग का एक टूटा, बह कर आया हुआ विपन्न तख्ता हूँ।'[57] वह अपने को 'उद्भ्रांत' मानता है। उसकी यही उद्भ्रांति, विपन्नता उसे गौरा के अधिक निकट ले जाती है। वह अपनी स्थिति की बात उसे लिखता है। जहाँ एक ओर मानसिक स्थिति यंत्रणामय है वहाँ दूसरी ओर युद्ध की विभीषिका से भी वह सजग है। इस वैश्विक पहलू के प्रति वह बेखबर नहीं है। उपन्यास के आरंभ में ही रेखा से बातचीत के सिलसिले में समष्टिगत जीवन की बात उसने कही थी। भुवन का चरित्र व्यक्तित्वनिष्ठ है, फिर भी वह समष्टि से विरत नहीं है।

मसूरी में गौरा के यहाँ भुवन कुछ दिनों के लिए आया है। पहले दिन रात को गौरा पाती है कि भुवन किसी चिंता में है। भुवन स्वीकार करता है कि उसका जावा जाना एक पलायन ही था। वह गौरा के आगे रेखा के गर्भपात का, भ्रूणहत्या के उत्तरदायित्व को अपना बताता है। वह कहता है कि जब भी वह आग में देखता है, उसे उसमें मृत बच्चों के चेहरे ही दीखते हैं, इतना ही नहीं अपना भी चेहरा दीखता है, क्योंकि उसे लगता है कि वह भी उनके साथ मर गया है।[58] भुवन गौरा का 'स्नेहशिशु' बन जाता है, गौरा के आगे उसका यह रूप प्रकट हुआ।

भुवन का कर्तव्य बोध उसे सेना में भरती कराता है। वहाँ वह रेखा के विवाह का समाचार पाकर तुरंत आशीर्वाद और उपहार भेजता है। रेखा की ईर्ष्यारहितता भुवन की भी एक लाक्षणिकता है। जब बीमार होकर वह आता है, तब कलकत्ता में पहले रेखा और बंगलौर में गौरा उसे मिलती है। भुवन तब गौरा से कहता है कि अब वह भागेगा नहीं।[59] लेकिन भुवन रेखा के समर्पण को जरा भी कम महत्त्व नहीं देता। अब वह गौरा की ओर उन्मुख है, फिर भी उस बात का स्वीकार है (जिससे गौरा भी अवगत है) कि रेखा ने ही 'उसे शक्ति और ऋद्धि दी है।'

उपन्यास में भुवन का जो आखिरी चित्र उभरता है, वह बर्माफ्रंट पर। उसकी कर्तव्य-भावना उसे वहाँ लाई है। वहाँ से वह जब तब गौरा को पत्र लिखता रहा था। लेकिन एक दिन वह बाँस के घर में अपने को अकेला पाता है और तब गौरा को पत्र लिखता है, उसमें वह गौरा से विवाह का प्रस्ताव रखता है। हालाँकि वह पत्र भेजता नहीं, लेकिन भुवन की मानसिकता का उससे पता चलता है। दूर रहकर भी वह गौरा से संपृक्ति के क्षण का, उस मूल्यवान क्षण का अनुभव करता है। अभी तो दोनों ओर ये प्रतीक्षा ही रहेगी किंतु भुवन अनुभव करता है कि 'प्रतीक्षाएँ भी

अजस्र, अनाद्यंत काल की नदी में स्थिर, शिलित समय के द्वीप हैं।'[60]

भुवन की चेतना एक आधुनिक बौद्धिक की चेतना है, जो विपन्नता में भी आस्था बनाए रखती है। चंद्रमाधव भी एक आधुनिक बौद्धिक है, लेकिन उसके व्यक्तित्व की बुनावट ही दूसरे ढंग की है। उपन्यास में उसका अन्य तीन चरित्रों से अत्यंत भिन्न संवेदना का चरित्र है। वैसे वह भुवन का सहपाठी और मित्र है। वह पत्रकार है, यों भी बहुधंधी आदमी है। कॉलेज के बाद से वह निरंतर सनसनी की खोज में दौड़ा किया है।[61] चंद्रमाधव के चरित्र की भौंथी और सतही संवेदना का अंदाज भुवन और रेखा को छोड़ आने के बाद उसके इस व्यवहार से लगाया जा सकता है :

स्टेशन से चंद्रमाधव की घर जाने की इच्छा नहीं हुई। हज़रतगंज की सड़क पर टहला जा सकता था, और रात के दस बजे यहाँ चहलकदमी करते नजर आना बुरा नहीं है, उससे प्रतिष्ठा बढ़ती ही है—पर अकेले टहलना चंद्र की समझ में कभी नहीं आया—कोई बात है भला!...अकेले टहलते हैं पागल या कवि, जो असल में पागल ही होते हैं पर रेस्पेक्टेबल होने के लिए जीनियस का ढोंग रचते हैं। शब्दों पर अधिकार-रचना—हूँ ह; वह अधिकार तो पत्रकार का है, वही असल रचयिता है, स्रष्टा है। कुछ बात लेकर बात बनाना भी कोई बात है भला? कला वह जो न—कुछ को लेकर खड़ा कर दे, सनसनी फैला दे, दंगे-बलवे-इनक़लाब करा दे। कभी किसी कवि ने, कलाकार ने इनक़लाब नहीं कराया, जर्नलिस्ट हीं अपनी मुट्ठी में इनक़लाब लिये फिरता है। चंद्र ने मन ही मन ज़रा सुर से कहा, 'मैं मुट्ठी में इनक़लाब लिये फिरता हूँ, आँखों आँखों में ख्वाब लिये फिरता हूँ'—और फिर अवज्ञा से मुँह बिचका दिया...उसने जेब टटोला, हाँ सिगरेट थे अभी; एक सिगरेट सुलगाकर लंबा कश खींचा, मुँह गोल कर धुएँ की पिचकारी छोड़ी—यह धुआँ अगर वैसी ही जमा का जमा तीर-सा जाता, हवा को छेद देता, तो उसे कुछ संतोष होता; पर वह बिखर गया, कमबख्त उड़कर उसी की आँखों में आकर चुभने लगा। चंद्र ने रिक्शावाले से कहा, 'सिनेमा ले चलो।'[62]

इस उद्धरण से चंद्रमाधव की सारी चरित्रगत विशेषताएँ उजागर होती हैं। अकेले टहलने के संबंध में, कवि पत्रकार के संबंध में उसकी जो मान्यता है, वह उसके छिछले विचारों की परिचायक है, लघु अहं की द्योतक भी है। उसकी मुँह बिचकाने की क्रिया में भी एक अवज्ञा का भाव है। सिगरेट पीने का ढंग भी अगंभीर वृत्ति का सूचक है। जैसे चंद्रमाधव के लिए जीवन में कोई गांभीर्य ही न हो, जैसे मूल्यों का कोई महत्त्व ही न हो। धुएँ के लिए प्रयुक्त एक 'कमबख्त' विशेषण भी चंद्रमाधव के बारे में कितना कह जाता है। पूरे उपन्यास में फिर चंद्रमाधव जिस रूप में प्रकट होता रहा है, उसका प्रारूप जैसे यहाँ वर्तमान है। सिनेमा देखने में भी कोई दिलचस्पी नहीं। भुवन के प्रति-गुणों का वह प्रतिनिधित्व करता है।

भुवन के दृष्टिकोण से चंद्रमाधव को देखें तो चंद्रमाधव का सारा जीवन सनसनी की लंबी खोज है और निरी सनसनी की खोज से व्यक्ति की सूक्ष्मतर संवेदनाएँ भोंड़ी हो जाती हैं। चंद्रमाधव भी एक तरह का नशेबाज है और जीवन की महत्त्वपूर्ण चीजों को नहीं पहचान सकता।[63]

चंद्रमाधव की शादी पहले हो गई थी। दो बच्चे थे। साफ-सुथरा घर था। मध्यमवर्गीय मानदंडों से सब कुछ था, फिर भी दूसरे लड़के के बाद गिरस्ती से उसकी तबीयत उचट गई थी, और पत्नी और बच्चों को घर छोड़ आकर अकेला रहता था। गिरस्ती के बाद अकेले रहने का यह अनुभव उसे प्रीतिकर लग रहा था। उसके दिमाग में कष्ट भोगने की, दुःख भोगने की कोई बात ही नहीं आती, तो फिर भुवन की तरह दुःख को इष्ट मान ही कैसे सकता है?

चंद्रमाधव रेखा को पहचानता था। रेखा का पति जब मलाया चला गया तब वह रेखा को नौकरी आदि दिलवाने में सहायता करता है, लेकिन उसका आशय किसी भी तरह से रेखा को पाना है। वह नौकरी दिलवाता भी था, लेकिन कहीं किसी नौकरी छूटने में चंद्र का ही हाथ रहता था। चंद्रमाधव भोंड़ी संवेदना के कारण रेखा के संदर्भ में अरुचिकर बातें भी करता रहता है। चंद्रमाधव के चरित्र की सबसे बड़ी कमजोरी यह है कि उसमें किसी प्रकार की 'इण्टिग्रीटी'—निष्ठा का एकदम अभाव है। एक तरह से वह 'स्प्लिट' व्यक्तित्व का आदमी है। रेखा के सामने कुछ कहता है, पीछे कुछ कहता है और करता है; भुवन का मित्र बनता है, फिर भुवन से ईर्ष्या भी करता है। रेखा को पाना चाहता है, और गौरा पर भी उसकी नजर रहती है।

चंद्रमाधव किसी भी तरह से रेखा की सहानुभूति प्राप्त कर रेखा को अपनी ओर आकृष्ट करना चाहता है। वह मानता है कि रेखा लाख असाधारण हो, पर स्त्री तो है। पहले वह रेखा से कहता है—यू आर वेरी गुड कंपनी; फिर वह कहता है कि 'मैं तो ऐसा फेटलिस्ट हो गया हूँ कि सोचता हूँ, मेरा भविष्य कोई और बना दे तो बना दे', और फिर कहता है, 'जोकिंग एपार्ट, रेखाजी, आप सचमुच भविष्य बना सकती हैं।'[64] चंद्रमाधव मानता है कि एक्स्टैसी का जीवन ही जीवन है और 'एक्स्टैसी क्षणिक भी हो तो ग्राह्य—उस पर सौ सेक्योर जीवन निछावर हैं।'[65]

रेखा का अधिक साहचर्य पाने की प्रयुक्ति के रूप में ही वह भुवन को लखनऊ बुलाता है; लेकिन वह देखता है कि भुवन उससे बाजी ले गया था। परंतु 'वह जिंदगी का तमाशाई नहीं है, वह खिलाड़ी है, नायक है, वह जिंदगी को अंगूर के गुच्छे की तरह तोड़कर उसका रस निचोड़ लेगा, लता को झंझोड़ डालेगा, कुंज में आग लगा देगा, वह आराम से नहीं बैठेगा।'[66]

रेखा का अधिक साहचर्य पाने के लिए भुवन की आड़ में वह पहाड़ जाने की योजना बनाता है। वह रेखा को पत्र लिखता है, उसी समय गौरा को भी। गौरा से वह भुवन के यहाँ मिला था और उसे भी प्रभावित करने की यथासंभव प्रयुक्तियाँ

उसने की थीं। परदेश जाकर पत्र लिखे थे, निजी बातें लिखी थीं, लेकिन वह गौरा की ओर से उत्साहवर्धक प्रतिभाव नहीं पा सका था। चंद्रमाधव देखता है कि रेखा और गौरा दोनों का अनुराग भुवन को मिल रहा है, तब दोनों के मन में भुवन के प्रति विराग कैसे पैदा हो—उसकी कोशिश करता है। रेखा का भुवन के नाम जो पत्र है, उसमें वह जो 'कामेण्ट्स' लिखता है, वे पाठक के मन में भी अरुचि पैदा करते हैं।

वह रेखा के आगे प्रणयनिवेदन करता है, जबानी और पत्र लिखकर भी। लेकिन फिर उसे लगता है कि उसने अपनी मूर्खता और अपटुता से रेखा को खो दिया है। तुलियन की घटना के बाद वह रेखा और गौरा को मिलाकर एक बार फिर कोशिश करता है कि भुवन की ये दोनों अनुरागवतियाँ भुवन से किसी तरह उचट जाएँ। यहाँ भी वह अपनी कुटिल योजना में निष्फल रहता है, और एक बार अपनी पत्नी कौसल्या के निकट भी जाता है, लेकिन सिर्फ एक बार। चंद्रमाधव का यह व्यवहार उखड़े हुए व्यक्तित्व की आखिरी छटपटाहट है। उसकी कुटिलता अब खलत्व की सीमा तक पहुँच जाती है। रेखा के पति हेमेंद्र से मिलकर वह फिर रेखा को परेशान करने की बात सोचता है। भुवन के शिशु का स्वीकार करनेवाली रेखा इसी वजह से गर्भपात कराती है। एक तरह से चंद्रमाधव ही इस भ्रूणहत्या में निमित्त होता है।

हेमेंद्र और रेखा का डायवॉर्स होने के बाद वह भुवन और रेखा को बंबई जाने से पूर्व जो पत्र लिखता है, उसमें निहित गंदे संकेत चंद्रमाधव के चरित्र के प्रति पाठक के मन में तिरस्कार का बोध पैदा करते हैं। भुवन इसीलिए लिखने के लिए बाध्य होता है वे मित्र न होकर अब सिर्फ अजनबी की तरह रहें।

बंबई जाने के बाद चंद्रमाधव उपन्यास से भी जैसे विदा लेता है। सिर्फ एक सूचना मिलती है कि बिरादर चंद्रमाधव ने अभिनेत्री मिस चंद्रलेखा से विवाह कर लिया है। उपन्यास में चंद्रमाधव के चरित्र की रेखाएँ स्पष्ट उभर कर आई हैं, लेकिन ऐसा लगता है कि आरंभ से ही उपन्यासकार को इस चरित्र के प्रति सहानुभूति नहीं है। उसे खलनायक—विलेन के रूप में ही चित्रित किया है—और उसमें अतिरंजितता भी आ गई है।

गौरा की अनाघ्रात संवेदना 'नदी के द्वीप' की एक विशेषता है। वैसे एक बालिका से किशोरी और किशोरी से तरुणी के रूप में गौरा की संवेदना का विकास हम देखते हैं, लेकिन उपन्यास में गौरा के बालिका या किशोरी रूप का आलेखन विशेष रूप से भुवन के परिचय के संदर्भ में है। उपन्यास में गौरा का प्रवेश तब है, जब वह करीब इक्कीस वर्ष की तरुणी है।[67] लेकिन भुवन की निगाहों में गौरा के जो विभिन्न रूप हैं, उसकी विभिन्न वय के एकाध चित्र से झलकी दिखाई है। पाँच-छः वर्ष की बालिका के रूप में, दो चोटियाँ गूँथकर फ्राक पहने वह स्कूल जाया करती थी, और भुवन को चिढ़ाने के लिए तीखी किलकारी मारा करती थी। गौरा

को भुवन कभी 'जुगनू' कहता, कभी 'हिडिंबा'।

दूसरा चित्र तब का है जब गौरा मेट्रिक में थी। उसने अपने मास्टर के रूप में भुवन को चुना था। और 'पहले ही दिन तेरह वर्ष की इस लंबी, कृशतनु गंभीर गौरा को देखकर वह थोड़ी देर देखता रहा था।'[68] उस समय भुवन ने किलकारी मारने की बात याद दिलायी थी, और उसकी शब्द-हीन खिलखिलाहट में भुवन ने सात-आठ वर्ष पहले की बालिका को पहचान लिया था।

फिर गौरा का कॉलेज छात्रा के रूप में चित्र आता है। उस समय का चित्र, नाटक आदि घटनाओं से लेखक ने अधिक उभारा है। भुवन के प्रति पूर्वराग की कुछ दीप्ति दिखाई देती है, क्योंकि उनके असमान संबंध में क्रमशः परिवर्तन होता गया था–'मास्टरजी से वह क्रमशः 'भुवन मास्टर जी' होकर 'भुवन दा' हो गया था और एक नया, समान प्रीतिकर सख्य भाव उनमें आ गया था।'[69] गौरा अपने किसी भी काम में भुवन का सहयोग चाहती है। भुवन भी गौरा के व्यक्तित्व से प्रसन्न है। चंद्रमाधव से एक प्रश्न के उत्तर में भुवन कहता है :

'उसमें (गौरा में) जीवन है, जीवन की लालसा है...उसका व्यक्तित्व बहुत कोमल भी है, बहुत संपन्न भी...वह कोई रचनात्मक एक्सप्रेशन चाहता है...'[70]

भुवन के द्वारा चंद्रमाधव गौरा के परिचय में आता है लेकिन गौरा चंद्रमाधव से एक अंतर बनाए रखती है। चंद्रमाधव के पत्र जितने वैयक्तिक बनते हैं, गौरा उतनी ही निर्वैयक्तिक। चंद्रमाधव को लिखती भी है–'शायद हम अलग-अलग दुनिया में रहते हैं, अलग-अलग मुहावरे बोलते हैं।'[71] क्योंकि गौरा और भुवन का परिचय, इन वर्षों में बहुत गहरे में चला गया था। भुवन जब बंगलौर है, तब गौरा मार्गदर्शन के लिए पत्र लिखती है, जिसके उत्तर में भुवन उसे अपनी राह पर चलने के लिए लिखता है। हम समझ सकते हैं कि गौरा क्यों अपने विवाह से इनकार करती है। उसके मन के कोने में भुवन की ही मूर्ति प्रस्थापित है। वह अपना चुनाव कर लेती है और संगीत शिक्षा के लिए मद्रास चली जाती है और संगीत की साधना में डूब जाती है। गौरा एक ओर तो मुग्ध लगती है, लेकिन दूसरी ओर उसे हम एक विशिष्ट जीवनदृष्टि से परिचालित देखते हैं। चंद्रमाधव के पत्रों के उत्तर में उसका साफ दृष्टिकोण झलकता है। चंद्रमाधव के एक पत्र का उत्तर लिखकर फाड़ देने में भी उसके व्यक्तित्व की एक लकीर उभर आती है। वह भुवन के साथ चलना चाहती है। भुवन के पत्र आने पर उसे ऐसा लगता है कि वह भुवन के समानांतर चल रही है। चंद्रमाधव ने रेखा-भुवन की बात का अपने किसी पत्र में उल्लेख किया होगा, जिसके उत्तर में वह साफ लिखती है कि वह (भुवन) बड़े हैं और उसके श्रद्धेय हैं।

चंद्रमाधव जब रेखा और गौरा का एक दुष्ट आशय से मिलन कराता है, तब आरंभ में गौरा जैसे सिमटी हुई दूर थी। वह आभरणरहिता है। हाथों पर साधारण एक-एक चूड़ी और अँगूठी भी नहीं है। आभरणरहितता उसके उदास मनोभाव की

परिचायक है। रेखा ही शुरू करती है, भुवन की बात आते ही वह चाय लाने का उपक्रम करती है। गौरा रेखा की बात उपस्थिति में भी एक खिंचाव महसूस करती है। रसोईघर में रेखा फिर भुवन की बात निकालती है, तो फिर वह चाय ठंडी हो जाने की बात करती है। रेखा कहती है कि उसके कारण वह डॉ. भुवन का अहित नहीं होने देगी, तब गौरा कहती है, 'यह सब आप मुझे क्यों कहती हैं, रेखा जी?'[72] गौरा के शब्दों में उसकी नाराजगी की झलक है, लेकिन थोड़े ही क्षणों में वह रेखा की आत्मीय हो जाती है। स्त्रीसहज ईर्ष्या की दावाग्नि से उसका व्यक्तित्व थोड़ा सा भी नहीं झुलसा।

रेखा जब अपनी अँगूठी गौरा की उँगली में पहना देती है, तब वह बाद में कभी लेने का वादा करके वापस लौटाती है। तुलियन से लौटकर भुवन अपनी गहराई में रेखा का ध्यान लेकर जब प्रयोगशाला में प्रयोग में जुट जाता है, तब गौरा भुवन से मिलती है। इस समय वह बनारस में संगीत शिक्षिका की नौकरी कर रही है। इन दोनों के बीच जैसे एक नई रेखा सी किसी ने खींच दी है। दोनों की बातचीत के दौरान बार-बार मौन उभर आता है। फिर भुवन जब गौरा से विवाह की बात पूछता है, तब थर-थरा कर वह मौन टूट जाता है। गौरा का मुँह तमतमा उठता है, वह खड़ी हो जाती है और वह भुवन से ही प्रतिप्रश्न पूछती है। उसका यह प्रतिप्रश्न सहज और 'सुंदर' है। वह भुवन से कहती है कि इस समय के लिए उसने सोच लिया है नया वर्तमान खुलेगा तो उसके अनुसार आगे वह सोचेगी।

वह समझ जाती है कि उसके भुवन दा मन-ही-मन कोई बड़ा क्लेश सहन कर रहे हैं। वह भुवन के इस क्लेश को दूर करना चाहती है। वंह सदा यही चाहती है कि भुवन के किसी काम में आए। भुवन जब गौरा को बिना मिले चला जाता है तो–'इस अन्याय के लिए अपने को चुनने में भुवन का अतिरिक्त स्नेह ही देखती है।'[73] वह भुवन की इच्छा ही जयी हो, पूर्ण हो ऐसी प्रार्थना करती है।

और गौरा की यह ऐकान्तिक भक्तिभावना फलप्रसू होती है। अपने को एकाकी, विपन्न महसूस करता भुवन का मन दूर विदेश में गौरा की स्मृतियों से भर जाता है, जैसे वह उसको ही देखा करता है। युद्धजनित प्रतिक्रिया भी गौरा को लिखता है। और भुवन गौरा के पास लौट आता है। मसूरी में अनिद्रित भुवन के कमरे में जाकर वह भुवन के बोझ को हटाने का उपक्रम करती है। वह जैसे बड़ी हो जाती है भुवन दा–भुवन हो जाता है। भुवन रेखा की, रेखा के गर्भपात की–इसके कारण अपनी आत्मग्लानि की बात गौरा से करता है। भुवन को लगता है कि गौरा की ममतामयी बाँहों का सहारा पा कर उसकी 'खोज' पूरी हो गई है। गौरा अपनी बात कह नहीं पाती, लेकिन आखिर में गौरा भुवन से कहती है : 'मैं सोच रही थी–किसी तरह कुछ भी करके, अपने को उत्सर्ग करके आपके ये घाव भर सकती–तो अपने जीवन को सफल मानती।'[74] भुवन को वह 'शिशु' कहकर पुकारती है। और सच

ही वह उसका 'स्नेह-शिशु' हो जाता है।

भुवन जब अंडमान जाता है तब भुवन की प्रतीक्षा करती गौरा को 'कुमारसंभव' की तपस्यारत उमा के साथ अपना संबंध दिखाई पड़ता है। युद्ध से बीमार होकर लौटे भुवन को देखने गौरा जाती है तब भुवन कहता है कि अब वह उससे भागेगा नहीं। वह यहाँ तक कहता है कि वह अपनी आत्मा गौरा के पास छोड़कर मोर्चे पर जा रहा है। नारी के रूप में गौरा की तपस्या की यह उपलब्धि है। रेखा से वह एक पार्सल पाती है, जिसमें वह अँगूठी है। गौरा उसे स्वीकार करती है। लेकिन गौरा की संवेदना का एक आलोकदीप्त परिचय तब मिलता है जब वह रेखा का भुवन के जीवन में जो स्थान है, उसे जान लेती है, समझ लेती है और रेखा को उसका प्राप्य (due) वह किताब भेजकर और 'मैनिफेस्टो' कविता की उस पंक्ति की ओर इंगित करके अदा करती है।

'नदी के द्वीप' की यह पात्रसृष्टि है। हरेक पात्र में एक-न-एक तरह से आधुनिकता का बोध है, लेकिन हरेक का व्यक्तित्व उभरता है अलग ढंग से। रेखा, भुवन और गौरा की तुलना में चंद्रमाधव का व्यक्तित्व एकदम दूसरे ध्रुव पर जाता है। चंद्रमाधव पत्रकार है, उसकी संवेदना सतही है, उसकी रुचि कभी-कभी भोंड़ी है, शालीनता का उसमें अभाव है और वह ईमानदार भी नहीं। अज्ञेय ने यद्यपि कहा है कि 'मैंने तो सभी पात्रों को अपनी सहानुभूति दी है'[75]—फिर भी चंद्रमाधव के प्रति लेखक की सहानुभूति का अनुभव पाठक नहीं करता। आधुनिक परिवेश उसके व्यक्तित्व को शायद विकृति की ओर ले जाता है। वह सनसनी की खोज में दौड़ने वाले आधुनिक मनुष्य का प्रतिनिधित्व करता है। लेखक के शब्दों में वह भुवन का 'प्रति-भू' है। वह असंतुष्ट है, वह विभाजित व्यक्तित्व का आदमी है। लेकिन ऐसे 'दोहरे व्यक्तित्व' वाले चरित्र का आलेखन करने के लिए उसको दुष्टता की प्रतिमूर्ति बनाने की आवश्यकता नहीं थी। लेकिन फिर भी इतना अवश्य कहना चाहिए कि चरित्रचित्रण की दृष्टि से चंद्रमाधव का पात्र अधिक सजीव हो उठा है।

चंद्रमाधव के द्वारा यदि आधुनिकता का एक पहलू दिखाया गया है तो भुवन के द्वारा दूसरा। भुवन वैज्ञानिक है, लेकिन एक गहरी संवेदना लिए हुए है। उसमें शालीनता है। उसकी रुचि परिष्कृत है और वह बेहद ईमानदार है। अतः कई बार ऐसा लगता है कि ये सारे गुण भुवन में कहीं आरोपित तो नहीं हैं। यद्यपि लेखक ने इस बात की सावधानी रखी है कि भुवन के चित्रण में अतिरंजितता न आ जाए।

वैज्ञानिक होने से भुवन अधुनातन वैज्ञानिक आविष्कारों के और उन आविष्कारों के प्रतिफलनरूप परिणामों से अवगत है। उसकी बौद्धिकता से स-रसता का समन्वय हुआ है। उसके पास विशिष्ट सौंदर्यबोध है जो एक अभिजात शालीनता का परिचायक है। उपन्यास में द्वितीय विश्वयुद्ध की घटनाओं की पार्श्वभूमि है। चंद्रमाधव की

प्रतिक्रिया सिर्फ प्रतिक्रिया रहती है, भुवन की प्रतिक्रिया क्रिया में परिणत होती है। वह अपना कर्तव्य युद्ध के मोर्चे पर देखता है, और वहाँ पहुँच जाता है, संभव है कि यह निर्णय उसकी तत्कालीन मानसिकता के अनुकूल भी हो। भुवन के द्वारा एक संवेदनाप्रवण आधुनिक बौद्धिक का आलेखन अज्ञेय ने किया है, जो शायद उनके अपने व्यक्तित्व का आविष्कार हो।

यदि भुवन एक आधुनिकतावादी उपन्यास का आधुनिक नायक है, तो रेखा नायिका। रेखा का चरित्र ही इस उपन्यास की 'प्रधान सृष्टि' है।

लेकिन जब हम ऐसा कहते हैं तब हमें डॉ. देवराज की प्रतिक्रिया स्मरण आती है।[76] 'नदी के द्वीप' की सोत्साह भूरि-भूरि प्रशंसा करने के बाद वे कहते हैं कि यह उपन्यास एक 'अशक्त कृति' है। उनके मतानुसार उसके दो कारण हैं, एक तो इसमें कोई 'स्पष्ट प्रखर आदर्श अथवा जीवनदर्शन' को अभिव्यक्त नहीं किया गया और दूसरा यह कि 'उपन्यास का कोई भी पात्र सशक्त रूप में हमारे सामने खड़ा नहीं होता।' रेखा के बारे में वे कहते हैं : 'रेखा क्या चाहती है, कैसा साथी चाहती है, किस दिशा में अपने जीवन को ले जाना चाहती है, इसका सफल निर्देश कहीं नहीं मिलता।' डॉ. देवराज को 'रेखा और गौरा के व्यक्तित्वों में कोई मौलिक अंतर' भी नहीं दीखता।

डॉ. देवराज का यह ख्याल ही गलत है कि उपन्यासकार को एक खास जीवनदर्शन का निरूपण करना चाहिए। विशिष्ट परिस्थितियों का निर्माण कर उपन्यासकार चरित्रों की संवेदनाओं को यदि उभारना चाहे, तो भी उसके लिए अलम् है। और यदि उनको कोई जीवनदर्शन चाहिए ही, तब मुखपृष्ठ पर दी हुई कवि शैली की और अज्ञेय की पंक्तियों को देखना चाहिए। 'दर्द में भी जीवन की आस्था, जीवन का आश्वासन' है और दर्द से मँजकर व्यक्ति के व्यक्तित्व का स्वतंत्र विकास होता है और ऐसा व्यक्ति दूसरों को भी स्वतंत्र रखता है। इससे बड़ा स्पष्ट आदर्श डॉ. देवराज को क्या चाहिए? और यह आदर्श भुवन, रेखा और गौरा के चरित्रों से प्रतिफलित होता है। और रेखा क्या चाहती है यह तो उसके समग्र चरित्र से स्पष्ट ही है। अवश्य वह जो चाहती है उसे 'हड़प' लेने की प्रवृत्ति उसमें नहीं है। रेखा का दर्शन 'वेदना का दर्शन' है, जो लेखक का भी 'दर्शन' है, अस्तित्ववादी 'क्षण' और भारतीय 'आस्था' का बुद्धिपूत समन्वय रेखा में संवेदन के स्तर पर है। 'अधूरे साक्षात्कार' में नेमिचंद्र जैन ने उचित ही कहा है : 'वास्तव में 'नदी के द्वीप' में सबसे महत्त्वपूर्ण सृष्टि रेखा का अद्‌भुत व्यक्तित्व है। हिंदी कथा-साहित्य में ऐसी दूसरी नारी नहीं...रेखा परिपूर्णता की खोज में, बड़े आत्मविश्वास के साथ बढ़ी चली जाती है। इसमें कोई संदेह नहीं कि इतनी संवेदनशील, सजग, गौरवमयी और फिर भी आधुनिक, नारी का चित्र हिंदी उपन्यास में दूसरा नहीं।...आधुनिक नारी के इतने विविध पक्ष इतनी गहराई और सूक्ष्मता के साथ अपने आगे प्रत्यक्ष कर सकना और फिर उसे शब्दबद्ध कर सकना

अपने-आप में एक बड़ी साहित्यिक उपलब्धि है। अज्ञेय ने सचमुच उसे बड़ी ही सूक्ष्मता और तन्यमता के साथ अंकित किया है।'[77]

रेखा के चरित्र की तुलना-प्रतितुलना शरत्चंद्र के उपन्यास 'शेष प्रश्न' की नायिका कमल और रवींद्रनाथ के 'शेषेर कविता' की नायिका लावण्य के साथ करें तो रेखा के चरित्र की रेखाएँ और भी स्पष्ट उभर आएँगी। शरत्चंद्र का 'शेष प्रश्न' उपन्यास 1931 में प्रकाशित हुआ था। इस उपन्यास की नायिका कमल उसके प्रेमी शिवनाथ के छोड़ देने पर अजित से प्रेम करती है और वह बिना विवाह किए उसके साथ वैवाहिक जीवन जीने की बात करती है। शरत् के अन्य नारी पात्रों की तरह कमल न तो भावुक है, न तो करुणा की मूर्ति। प्राचीन संस्कारों में और परंपरागत स्त्री-पुरुष संबंध के नैतिक मूल्यों में उसका विश्वास नहीं, इसलिए उसका दूसरा नाम है 'नवीना' जिसका अर्थ है, 'आधुनिक नारी'। कमल की तुलना में रेखा में आस्था-प्रवणता ज्यादा है, लेकिन वह भी एक तरह से मान्य सामाजिकता से विद्रोह करती है। रवींद्रनाथ का 'शेषेर कविता' उपन्यास 1929 में प्रकाशित हुआ था। उसकी नायिका लावण्य विदुषी है, तर्कप्रवण है। अमित के संपर्क में आने के बाद उसका शुष्क नारीत्व पल्लवित होकर रसार्द्र होता है, वह प्रणयिनी बनती है, किंतु अमित की प्रकृति तथा उसका वाग्दान हुआ है, यह जानकर वह अमित से दूर चली जाती है और अन्य व्यक्ति के साथ विवाह से जुड़ती है, रेखा जिस तरह से डॉ. रमेशचंद्र से जुड़ती है। फर्क यह है, और वह भारी फर्क है—कि रेखा रमेशचंद्र से जुड़कर अपने को 'भुवन की' ही मानती है। लावण्य अमित के प्रेम का स्वीकार करती अवश्य है, लेकिन वह प्रेम की उस प्रतिबद्धता का स्वीकार नहीं करती।

कमल और लावण्य में तर्कप्रवणता है, बुद्धि का प्राबल्य है किंतु नारीसहज संवेदना की प्रचुरता भी कम नहीं। लेकिन ये दोनों उन भावुक नारियों की श्रेणी में नहीं आतीं, जो सिर्फ चुपचाप समर्पण करती हैं। ये परंपरागत जड़मूल्यों के प्रति विचार से ही नहीं अपने व्यवहार से भी विद्रोह करती हैं। भारतीय कथा-साहित्य में 'आधुनिक नारी' का इन चरित्रों में उन्मेष है : कमल और लावण्य जैसी आधुनिकाओं की श्रेणी में रेखा भी एक है।

गौरा में भावुकता अधिक है, उसमें शरत्चंद्र की समर्पणशीला श्रद्धावनत नारी का रूप साकार हुआ सा लगता है। फिर भी वह स्वतंत्रचेता है। अपनी इच्छा के अनुसार अपने व्यक्तित्व की खोज में और उसकी सम्पूर्ति में वह अग्रसर होती है। माता-पिता की अवज्ञा किए बिना भी वह उनके प्रस्तावों को अस्वीकार करती है और अपने निर्णय में दृढ़ रहती है। एक तरह से यह शांत विद्रोह ही है। इस अर्थ में गौरा का चरित्र भी आधुनिक संवेदनशीलता का परिचायक है।

इस तरह से भुवन, चंद्रमाधव, रेखा और गौरा के चरित्रों के द्वारा अज्ञेय ने आधुनिक संवेदनाओं का निरूपण किया है। एक चंद्रमाधव को छोड़ अन्य चरित्रों

का आधुनिकता बोध आस्था प्रवण है। दुःख और वेदना में उसका रूप अधिक निखर कर आता है और यही अज्ञेय की विशेषता है।

5. चरित्रों की सामाजिकता का प्रश्न

प्राचीन-मध्यकाल की राजारानी की कथा-कहानियों में सामाजिक यथार्थ का एक तरह से अभाव रहता था। अभिजात वर्ग की इन कथाओं में सामाजिक उच्चावचता, आर्थिक विषमता, व्यावसायिक संघर्ष आदि के लिए शायद ही स्थान था। एक तरह से उस समय के नाटक, कविता के संदर्भ में भी यह विधान किया जा सकता है। सामंतीय रुचिबोध ही अधिकतर वहाँ झलकता है।

लेकिन कथा, नाटक, कविता आदि की तुलना में उपन्यास आधुनिक युग का साहित्य स्वरूप है और मध्यमवर्ग की ओर उसका झुकाव है। एलिझाबेथ बोआ और जे.एच. रीड ने जर्मन उपन्यासों के अध्ययन के अपने ग्रंथ में ठीक ही लिखा है कि :

'The novel has tended to be a middle class product, written by, about and for middle class people, a product of the—generally liberal—middle class outlook.'[78]

अर्थात् उपन्यास मध्यमवर्ग के द्वारा, मध्यमवर्ग के लिए, मध्यमवर्ग के बारे में, मध्यमवर्गीय दृष्टिकोण से लिखा जाता है। पश्चिम में जहाँ उपन्यास का आरंभ हुआ, वहाँ स्पष्ट रूप से यह बात दिखाई पड़ेगी। हमारे यहाँ भी उपन्यास का आरंभ 19वीं शताब्दी में लिखे जाने लगे और वह भी सामाजिक संदर्भ लेकर।

प्रेमचंद के उपन्यास में सामाजिक यथार्थ का बोध तीव्र रूप से अनुभूत होता है। 'निर्मला' से लेकर 'गोदान' तक के उपन्यासों में व्यक्ति का चित्रण सामाजिक संदर्भ में ही हुआ है। यहाँ सामाजिक उच्चावचता है, आर्थिक वैषम्य है, पारिवारिक संघर्ष है। व्यक्ति कहीं भी सामाजिकता से अपने को अछूता नहीं रख पाता।

जैनेंद्र कुमार के उपन्यासों में सामाजिकता प्रचुर मात्रा में है। 'त्यागपत्र' की मृणाल उसका उदाहरण है। लेकिन सुनीता जैसे पात्रों में सामाजिकता से कहीं ऊपर जाने का एक उपक्रम दिखाई पड़ता है। सामाजिक नैतिकता का भी एक तरह से शैथिल्य जैनेंद्र कुमार के उपन्यासों में है।

अज्ञेय के उपन्यासों में प्रेमचंद जैसी सामाजिकता का अभाव है। सामाजिक यथार्थ बोध के स्थान पर अज्ञेय में हम मनोवैज्ञानिक यथार्थ की ओर झुकाव देखते हैं। उनके तीन उपन्यासों में सामाजिकता क्रमशः विरल होती गई है। 'शेखर : एक जीवनी' व्यक्तिचरित्र का उपन्यास होते हुए भी उसमें सामाजिकता का एकदम अभाव नहीं, क्योंकि शेखर कलाकार होते हुए भी, जिन चरित्रों के संपर्क में आता है, वे प्रायः सामाजिकता की प्रचुरता लेकर आते हैं। शशि भी अपवाद नहीं। शेखर का बंदी जीवन उसको वैयक्तिकता की सीमित परिधि के बाहर ले जाता है।[७९]

'नदी के द्वीप' में सामाजिक यथार्थ का करीब-करीब अभाव है। किसी एक सामाजिक परिवेश में व्यक्ति का निर्माण कैसे होता है, अज्ञेय का आशय यह दिखाना कतई नहीं है। अज्ञेय 'नदी के द्वीप' में 'चार संवेदनाओं का अध्ययन'[79] प्रस्तुत करना चाहते हैं क्योंकि उनकी रुचि व्यक्ति में अधिक रही है। अज्ञेय-आलोचना में उनके उपन्यास में 'समाज' की अनुपस्थिति की बात दोहरायी जाती है, लेकिन अज्ञेय कहते हैं, 'उपन्यास अनिवार्यतया पूरे समाज का चित्र हो, यह माँग बिलकुल ग़लत है। उपन्यास की परिभाषा के बारे में यह भ्रांति साहित्य के सामाजिक तथ्य को ग़लत समझने का परिणाम है।'[80]

'नदी के द्वीप' की सामाजिकता के संदर्भ में और चरित्रों की असाधारणता के बारे में अज्ञेय अन्यत्र कहते हैं :

' 'नदी के द्वीप' समाज के जीवन का चित्र नहीं है, एक अंग के जीवन का है; पात्र साधारण जन नही हैं, एक वर्ग के व्यक्ति हैं और वह वर्ग भी संख्या की दृष्टि से अप्रधान ही है; लेकिन कसौटी मेरी समझ में यह होनी चाहिए कि क्या वह जिस भी वर्ग का चित्रण है, उसका सच्चा चित्र है? क्या उस वर्ग में ऐसे लोग होते हैं, उनका जीवन ऐसा जीवन होता है, संवेदनाएँ ऐसी संवेदनाएँ होती हैं? अगर हाँ, तो उपन्यास सच्चा और प्रामाणिक है और उसके चरित्र भी वास्तविक और सच्चे हैं, न साधारण टाइप हैं, न असाधारण प्रतीक हैं। और मेरा विश्वास है कि 'नदी के द्वीप' उस समाज का उसके व्यक्तियों के जीवन का जिसका वह चित्र है, सच्चा चित्र है।'[81]

'नदी के द्वीप' में असाधारण पात्र हैं, लेकिन इस दृष्टि से यह आसाधारण दोष नहीं है। ईसा के पूर्व अरस्तू ने संभाव्यता (Probability) के निकष पर चरित्र की सच्चाई की कसौटी करने को कहा था। 'नदी के द्वीप' के पात्र असाधारण हैं सही; लेकिन संभाव्य हैं। समाज के जिस उच्च बौद्धिक स्तर से वे आते हैं, वहाँ आम सामाजिकता का इतना महत्त्व नहीं है। 'नदी के द्वीप' के पात्र इसीलिए समाज से कटे हुए लगते हैं। वे कॉफी-हाउस में मिलते हैं, या नौकुछिया या तुलियन के एकांत में मिलते हैं; स्वाभाविक है कि वहाँ सामाजिकता की इतनी प्रमुखता नहीं होगी।

मध्यमवर्गीय पैदाइश होने पर भी बीसवीं शताब्दी के उपन्यासों में हम सामाजिक यथार्थ के स्थान पर मनोवैज्ञानिक यथार्थ का प्राधान्य पाते हैं। प्रूस्त, वुल्फ या ज्वाइस के उपन्यासों ने उपन्यास-साहित्य की दिशा ही बदल दी। इन मनोवैज्ञानिक उपन्यासों की श्रेणी में ही अज्ञेय के उपन्यास आते हैं। दूसरी बात यह भी है कि हरेक समाज में कवियों, कलाकारों या मनोवैज्ञानिकों का ऐसा एक वर्ग होता है जो 'नॉन-कन्फोर्मिस्ट' (Non-conformist) होता है। वे समाज की रूढ़ियों के बाहर, समाज के बाहर रहना पसंद करते हैं। कवि, कलाकार, या संगीतकार को केंद्र में रखकर अनेक ऐसे उपन्यास पश्चिम में लिखे गए हैं। अज्ञेय का शेखर भी एक 'नॉन-कन्फोर्मिस्ट' है। 'नदी के द्वीप' के सभी पात्र एक तरह से इसी श्रेणी में आते हैं। विवाहित और दो बच्चों

का पिता चंद्रमाधव परिवार से अलग रहता है। रेखा पति से अलग–स्वतंत्र रहती है, इतना ही नहीं विवाहिता होने पर भी भुवन की प्रणयिनी होती है। तब तक भी ठीक है, लेकिन भुवन से विवाह किए बिना वह भुवन के शिशु की जननी बनने को भी तैयार है। भुवन जब आनेवाले शिशु की बात कहकर विवाह का प्रस्ताव करता है, तब रेखा कहती भी है :

'पर, भुवन, तुम समाज की दृष्टि से देखते हो : वह दृष्टि गलत नहीं है, अप्रासंगिक भी नहीं है : निर्णायक भी नहीं है। व्यक्ति को दबाकर इस मामले का जो भी निर्णय होगा–गलत होगा–घृण्य होगा, असह्य होगा।'[82]

भुवन भी सामाजिकता के बारे में अधिक नहीं सोचता। वैसे चंद्रमाधव और रेखा की तुलना में भुवन के अविवाहित होने से उसकी स्थिति अलग जरूर है। इसी संदर्भ में 'नदी के द्वीप' के चरित्रों की आदर्शपरकता का प्रश्न उठाया गया है।

'नदी के द्वीप' के चरित्र विकासशील चरित्र नहीं हैं। न उनको विकसित होते दिखाना उपन्यासकार का आशय है। 'नदी के द्वीप' के पात्र आरंभ से ही सुगठित चरित्र लेकर आते हैं। हम जो देखते हैं वह अमुक स्थिति में उनका निर्माण या विकास नहीं, उनका उद्घाटन भर है।...उसमें जो विकास है, वह चरित्र का नहीं, संवेदना का ही है।[83] लेखक ने जिन चरित्रों की सृष्टि यहाँ अवतरित की है, वह एक हद तक असाधारण है। आलोचकों की इस असाधारणता की तो शिकायत है ही, उनको ऐसा लगता है कि उनमें एक आदर्शपरकता है, जो स्वाभाविक नहीं है।

गौरा और रेखा के पारस्परिक व्यवहार में ईर्ष्याबोध का अभाव, उसमें मुख्य है। प्रणयत्रिकोण में 'जेलसी' ईर्ष्या का होना सहज है। लेकिन अज्ञेय वैल्स की तरह मानवीय व्यक्ति के चरित्र विकास के लिए ईर्ष्यामुक्ति को आवश्यक मानते हैं, वे कहते हैं :

''मैं मानता हूँ कि ईर्ष्या प्रेम का सबसे बड़ा शत्रु है और प्रेम की स्वस्थ वयस्कता के मार्ग में सबसे बड़ा रोड़ा। मैं नहीं मानता कि ईर्ष्यामुक्त प्रेम असंभव है या अस्वस्थ है या अस्वाभाविक है।

इस प्रकार 'नदी के द्वीप' में तथाकथित सामाजिकता का अभाव या परंपरागत मान्यताओं का विभंजन कोई दोषरूप नहीं है। सामाजिक प्रतिबद्धता की माँग सदैव साहित्यकार के साथ न्याय नहीं करती।

6. 'नदी के द्वीप' : पाश्चात्य प्रभाव

'नदी के द्वीप' के संदर्भ में जिन पाश्चात्य उपन्यासों और काव्यों के प्रभाव का विचार किया जा सकता है, उनमें मुख्य निम्नलिखित हैं :

(अ) चार्ल्स मोर्गन (1894-1958) का 'द फाउंटेन'

(आ) आंद्र जीद (1869-1951) का 'स्ट्रेट इज़ द गेट'

(इ) डी. एच. लारेंस (1885-1935) की कविता

(ई) डी. एच. लारेंस का 'लेडी चेटरलीज़ लवर'

(अ) 'फाउंटेन' और 'नदी के द्वीप'

'नदी के द्वीप' पर जिन पाश्चात्य उपन्यासों का प्रभाव है, उनमें अंग्रेजी उपन्यासकार चार्ल्स मोर्गन के 'द फाउंटेन' का प्रभाव अधिक लक्षित होता है। यह प्रभाव 'नदी के द्वीप' की रूपरेखा, चरित्र चित्रण, कथोपकथन और प्रणय विभावना में देखा जा सकता है। डॉ. भारतभूषण अग्रवाल ने तो यहाँ तक कहा है कि, ' 'नदी के द्वीप' की रूपरेखा का कुछ भाग उनके (चार्ल्स मोर्गन के) 'द फाउंटेन' से ही प्राप्त हुआ प्रतीत होता है।'[84]

वैसे तो प्रत्येक रचनाकार, विभिन्न प्रभावों के बावजूद, अपनी मौलिक सृजनशक्ति के सामर्थ्य पर ही खड़ा रह सकता है। जब वह प्रभाव ग्रहण भी करता है, तब भी अपनी मौलिक सृजनशीलता से ही उसका अभिनव रूपायन प्रस्तुत करता है। कई बार तो, जिससे वह प्रभावित लगता है, उसके साथ कुछ समांतरता से विशेष नहीं होता। लेकिन मोर्गन का उपन्यास पढ़ने पर लगता है कि अज्ञेय में जिस प्रकार की रुचिसंपन्न सृजनशीलता है, मोर्गन उसी श्रेणी में आते हैं; अतः अज्ञेय का मोर्गन की मानसिकता से प्रभावित होना आश्चर्यजनक नहीं लगता।

यह बात जरूर है कि मोर्गन एक जमाने में जितने लोकप्रिय थे, उतने आज नहीं। इन दिनों आलोचकों ने उनकी उपेक्षा-सी की है, फिर भी मोर्गन के उपन्यासों के पाठकों का एक विशिष्ट वर्ग है, जिसमें कवि, कलाकार अर्थात् सर्जक आते हैं।[85]

मोर्गन की सृजनप्रतिभा को गहराई से देखने पर अज्ञेय और मोर्गन में समानांतर रेखाएँ लक्षित होती हैं।

चार्ल्स मोर्गन (1894-1958) उपन्यासकार, नाटककार और आलोचक हैं। उनका 'फाउंटेन' 1932 में प्रकाशित हुआ था। लेकिन इस उपन्यास की चर्चा प्रायः उनके दो अन्य उपन्यास–'द पोर्ट्रेट इन द मिरर' (1920) और स्पार्कनब्रोक (1936)–के संदर्भ में की जाती है। इन तीनों उपन्यासों को 'स्पार्कनब्रोक ट्रिलोजी' कहते हैं। एक तरह से इन तीनों उपन्यासों का विषय है–कला, और प्रेम की महत्ता और इन दोनों का पारस्परिक संबंध। मोर्गन ने एक बार कहा था कि 'कला, प्रेम, और मृत्यु' ये तीनों एक ही impulse के तीन पहलू मात्र हैं। वह impulse है–"to recreate myself"। अतः इनके उपन्यास के प्रमुख पात्र एक विशेष प्रकार का सौंदर्यबोध या सिसृक्षा लेकर आते हैं, फिर वह 'द पोर्ट्रेट इन द मिरर' का निगेल फ्रु हो या 'स्पार्कनब्रोक' उपन्यास का पियर स्पार्कनब्रोक हो, या 'द फाउंटेन' के लेविस एलिसन और नार्विझ हो।

ये चरित्र सर्जक मोर्गन के ही आर्टिस्टिक बीइंग (being) का प्रतिनिधान करते

हैं। जब हम अज्ञेय और उनकी चरित्र-सृष्टि का इस संदर्भ में विचार करते हैं, तो लगता है कि मोर्गन और अज्ञेय एक-दूसरे के बहुत निकट हैं, दोनों में बहुत साम्य (एफिनिटी) है—और इस एफिनिटी के कारण ही अज्ञेय मोर्गन के रचना संसार के प्रति एक पाज़िटिव बोध-प्रखर प्रतिक्रिया करते हैं। मोर्गन के प्रधान पात्र ही जैसे अज्ञेय के प्रधान पात्र हैं। उनका संवेदनविश्व करीब-करीब एक-सा है। मोर्गन के चरित्रों में जो 'integrity of character' और 'singleness of mind' हैं, वह अज्ञेय के प्रधान चरित्रों में भी हमें देखने को मिलते हैं। अन्य उपन्यासों की अपेक्षा 'नदी के द्वीप' और 'द फाउंटेन' में अधिक समानांतरताएँ मिलती हैं, अतः उनके बारे में ज़रा विशेष विचार करेंगे।

'द फाउंटेन' लेविस एलिसन और जूली के प्रणय की कथा है। कथा सात परिच्छेदों में विभक्त है और प्रत्येक परिच्छेद प्रकरणों में विभक्त है। हरेक परिच्छेद के आरंभ में कोई-न-कोई उद्धरण दिया गया है। ('नदी के द्वीप' में सिर्फ इस प्रकार का उद्धरण उपन्यास के आरंभ में ही है।) 'द फाउंटेन' की कथा का समय प्रथम विश्वयुद्ध का है, लेकिन युद्ध का प्रत्यक्ष अंकन इसमें नहीं है। कथा का आरंभ उसकी भूमिका प्रस्तुत करता है :

On an afternoon of January, 1915 a small train dragged itself across the flat Dutch country side in the neighbourhood of Bodegraven, carrying a group of English Officers under guard....[86]

ये अंग्रेज अफसर युद्धकैदी हैं और उन्हें हालैंड में नजरबंद करके ले जाया जा रहा है। उनमें से लेविस एलिसन एक प्रकाशक और इतिहासज्ञ, इस सजा को वरदान के रूप में देख रहा है, क्योंकि नज़रबंदी के इन दिनों में वह 'ध्यान का इतिहास' नामक जो ग्रंथ लिखना चाह रहा है, वह लिख सकेगा। लेविस का एक मित्र है बैलेटर। वे सभी एक दुर्ग में बंद किए जाते हैं। लेविस अपनी पढ़ाई जारी रखता है, हालैंड में अपने घर से किताबें मँगवाता है। बैलेटर एक तरह से मस्तमौला है। वह इधर-उधर घूमता रहता है। दुर्ग में लीडन नामक सामंतीय परिवार से भेंट करता है, जहाँ वह जूली से मिलता है। बैलेटर और जूली में मित्रता-सी लगती है, जूली एक अंग्रेज़ कन्या है। उसकी माता विधवा होने के बाद पहले लीडन के सामंत के यहाँ गवर्नेस होती है, बाद में सामंत की पत्नी बनती है। जूली का विवाह एक जर्मन अमीर नार्वित्झ के साथ हुआ है, इस समय वह जर्मनी में युद्ध लड़ रहा है और अतः जूली अपने वि-पिता के यहाँ हालैंड में है। हालैंड में जूली एलिसन की शिष्या रह चुकी है, वह बैलेटर के साथ संदेशा भी भेजती है, लेकिन एलिसन अपनी पढ़ाई में व्यस्त है। जूली बैलेटर के साथ पत्र भेजती है। जूली और बैलेटर की आकस्मिक भेंट होती है।

वहाँ बेरोन के कहने से एलिसन केसल की लायब्रेरी में लीडन परिवार के एक पूर्वज की पांडुलिपि पर संशोधन—अनुवाद करता है और वहीं उसी इमारत में जूली

के साथ उसका प्रणयसंबंध स्थापित होता है। जूली लायब्रेरी वाली इमारत में ही रहती है और लायब्रेरी से जूली के कक्ष में जाने का एक मार्ग था, जो बंद रहता था, लेकिन उनके गुप्त मिलन का वह रास्ता बन जाता है, जिससे किसी के मन में, प्रगाढ़ होते इन संबंधों का पता तक नहीं चलता। जूली का जर्मन पति नार्वित्झ युद्ध में आहत होकर आता है और एलिसन जूली की प्रणय-यात्रा में एक रुकावट आती है। नार्वित्झ और एलिसन की भेंट होती है, जिसमें नार्वित्झ का दार्शनिक मानस और औदार्य प्रकट होते हैं।

नार्वित्झ जूली और एलिसन की एकात्मकता को अपनी सहज प्रज्ञा से समझ लेता है और अपनी मृत्यु के पूर्व जूली का हाथ एलिसन को सौंपता है। लेकिन जूली बेरोन परिवार की, अभिजात सामंतीय परिवार की एक सदस्या है, जब कि एलिसन एक अध्यापक या प्रकाशक है, इसलिए उनकी शादी सरलता से नहीं हो सकती, अतः वहाँ से वे दोनों भाग जाने का निर्णय करके इंग्लैंड को भाग निकलते हैं।

प्रबुद्ध पाठक यहाँ दोनों उपन्यास के चरित्रों में कुछ साम्य देख सकता है। एलिसन और भुवन में बहुत साम्य है। एक ईतिहासकार है, दूसरा वैज्ञानिक, लेकिन दोनों की अपने विषय के प्रति जिस प्रकार की रुचि और साहित्यिक अभिमुखता है, वह दोनों की मानसिकता में साम्य स्पष्ट करती है। जूली में हम एक साथ गौरा और रेखा का संयोजन पाते हैं। भुवन ने जिस गौरा को पढ़ाया था, उसी गौरा से बाद में स्नेह संबंध स्थापित होते हैं। यहाँ भी हम देखते हैं कि (एक आकस्मिकता से) जिस जूली को पहले पढ़ाया था, वही जूली एलिसन को मिलती है। दोनों उपन्यासों में जो चरित्र संबंधी समानता है, वह अध्यापक-अध्येता का संबंध। वही संबंध आगे एक स्वाभाविक प्रणय-संबंध में परिणत होता है।

लेकिन जूली में रेखा का चरित्र भी सम्मिलित है। परिणीता रेखा और परिणीता जूली। यद्यपि दोनों का परिणीत जीवन विभिन्न प्रकार का है, फिर भी एक तरह से दोनों अपने वैवाहिक जीवन से किसी-न-किसी कारण से असंतुष्ट हैं। परिणीता जूली के साथ बैलेटर की पहचान है, बाद में जूली एलिसन में अपने पूर्व अध्यापक ही नहीं, अपने मन के मित्र को भी पाती है। परिणीता रेखा के साथ चंद्रमाधव की पहचान है और बाद में उसी के जरिये ही वह भुवन में अपने सहचर को पहचानती है। निषिद्ध प्रणय-संबंध के इस निरूपण में जो साम्य है, वह लक्षित हुए बिना नहीं रहता।

लेकिन इस आंतरिक साम्य के बावजूद भी भुवन भुवन है, एलिसन एलिसन। एलिसन परिणीता जूली के प्रेम में है, लेकिन एलिसन के मन में कोई द्वंद्व नहीं, क्योंकि कोई 'गौरा' नहीं है उसके जीवन में। 'नदी के द्वीप' का सनातन प्रणय-त्रिकोण कथा को और उपन्यास के चरित्रों को एक नया परिमाण देता है। 'फाउंटेन' में यदि इस सनातन प्रणय-त्रिकोण को देखना है तो वह जूली-एलिसन-नार्वित्झ में देख सकते हैं।

एक नारी के दो प्रणयी हैं, जिनमें एक तो उसका पति है। 'नदी के द्वीप' में रेखा–गौरा–भुवन हैं। एक पुरुष है दो नारियाँ। चरित्रों के अतिरिक्त शिल्पविधान में भी अज्ञेय कुछ बातों में मोर्गन के ऋणी हैं। 'नदी के द्वीप' के शिल्पविधान में एक विशेषता है उसके संघटन (स्ट्रक्चर) का ग्यारह परिच्छेदों में विभाजन। इस उपन्यास में प्रत्येक चरित्र के नाम पर दो–परिच्छेद हैं अर्थात् आठ परिच्छेद। दो अंतराल के परिच्छेद हैं और एक उपसंहार का। अंतराल के परिच्छेद में नितांत पत्रशैली का अवलंबन है। मोर्गन के फाउंटेन में 7 परिच्छेद हैं, जिनमें तीसरा परिच्छेद 'द फ्लाइट' है। इस परिच्छेद का दूसरा पूरा प्रकरण पत्रशैली में है। संभव है, अंतराल की पत्रशैली की प्रेरणा अज्ञेय को मोर्गन से मिली हो।

डॉ. भारतभूषण अग्रवाल ने 'नदी के द्वीप' के पात्रों में चार्ल्स मोर्गन की दृष्टि का जो समावेश हुआ है, उसकी कुछ समान्तरताएँ सोद्धरण दिखाई हैं।[87] इस तरह से चार्ल्स मोर्गन की 'द फाउंटेन' और अज्ञेय की 'नदी के द्वीप' के बीच हम बाह्य एवं आंतरिक साम्य के सूत्र ढूँढ़ सकते हैं। डॉ. भारतभूषण ने यह भी बताया है कि किस तरह से उनको स्वयं अज्ञेय से उनकी 'द फाउंटेन' की प्रति उपलब्ध हुई है, जिसमें उनके रेखांकन भी हैं।[88] 'नदी के द्वीप' में और हिंदी साहित्य : एक आधुनिक परिदृश्य[89] (1967) नामक अपने ग्रंथ में 'आधुनिक उपन्यास और दृष्टिकोण' लेख में चार्ल्स मोर्गन का उल्लेख भी इस संदर्भ का सूचक है।

लेकिन इन प्रभावों से अज्ञेय की मौलिकता को कोई हानि नहीं पहुँचती। प्रभावों को ग्रहण करने के बावजूद भी 'नदी के द्वीप' की मौलिकता निर्विवाद है।

(आ) 'स्ट्रेट इज़ द गेट' और 'नदी के द्वीप'

भारतभूषण अग्रवाल ने 'नदी के द्वीप' पर पाश्चात्य प्रभावों के संदर्भ में लिखा है : ' 'नदी के द्वीप' पर 'द फाउंटेन' के अतिरिक्त किसी पाश्चात्य उपन्यास का प्रभाव उल्लेखनीय है तो वह प्रभाव है आंद्रे जीद के उपन्यास 'स्ट्रेट इज़ द गेट' का।'[90] आंद्रे जीद नोबल पुरस्कार विजेता प्रसिद्ध फ्रांसीसी उपन्यासकार हैं।

अग्रवाल जी के इस विधान की हम चर्चा करें उसके पूर्व प्रस्तुत उपन्यास की चर्चा करना सुविधाजनक होगा। आंद्रे जीद का यह उपन्यास मूल फ्रांसीसी में La Porte Etroite (1909) नाम से प्रसिद्ध हुआ था। उसका अनुवाद डोरोथी बुसी ने 1924 में 'स्ट्रेट इज़ द गेट' नाम से किया था। उसका दूसरा संस्करण 1948 में प्रकट हुआ था।

उपन्यास उसके नायक जेरोम के दृष्टिकोण से प्रस्तुत किया गया है। एलिसा जेरोम से प्रेम करती है, और जेरोम भी एलिसा से अत्यंत प्रेम करता है। एलिसा की बहन जुलिएट भी जेरोम के प्रति आकृष्ट होती है। (उसके प्रेम में कोई गांभीर्य नहीं है, क्योंकि आगे चलकर वह एक अधेड़ वय के व्यापारीनुमा व्यक्ति से शादी

कर लेती है और बाल-बच्चों के साथ तुष्ट रहती है।) जुलिएट के कारण एलिसा से कोई ऐसी अपेक्षा नहीं करता कि वह जेरोम के प्रेम से अपनी बहन के कारण पराङ्मुख हो। लेकिन वह वही करती है। पहले वह अपनी बहन के विवाह से आत्मविलोपन करती है लेकिन जुलिएट जब दूसरे व्यक्ति के साथ सुखी होती है, तब भी वह अपने इस स्वार्थत्याग की बात पर अड़ी रहती है; अर्थात् अब वह जैसे जेरोम के प्रेम में नहीं, अपने त्याग के प्रेम में है। अपने त्याग का त्याग करना वह नहीं चाहती। वह जेरोम को दूर भेज देती है और अपनी आत्मस्थता और एक निराशा की स्थिति में मर जाती है।

उस लगभग 'आत्मकथनात्मक'[91] उपन्यास का प्रभाव 'नदी के द्वीप' पर दो तरह का हो सकता है : एक शिल्प के संदर्भ में और दूसरा आंतरिकता के संदर्भ में। इस उपन्यास की दो शिल्पगत विशेषताएँ हैं। (1) एलिसा और जेरोम का पत्र व्यवहार (2) एलिसा की डायरी (Alissa's Journal)। स्वयं जीद भी उपन्यास की अन्य सामग्री को कमजोर दिखाकर इन दोनों तत्त्वों की उपलब्धियाँ दिखा देते हैं।[92]

यह जरूर कहा जा सकता है कि चार्ल्स मोर्गन के 'द फाउंटेन' की पत्रशैली से 'नदी के द्वीप' प्रभावित है; किंतु जिस प्रकार का पत्र-विनिमय यहाँ पर है, वह किसी भी उपन्यासकार के द्वारा एक प्रयुक्ति के रूप में देखने को मिल सकता है। इसके अतिरिक्त 'एलिसा की डायरी' जिस रूप में है, उस तरह की डायरी शैली का प्रयोग अज्ञेय में है ही नहीं। डायरी शैली भी उपन्यास की अनेक प्रयुक्तियों में से एक है, जिससे प्रबुद्ध उपन्यासकार अवगत होंगे ही। 'नदी के द्वीप' में एलिसा की डायरी जैसा कोई ऐसा विभाग नहीं, इतना ही नहीं, डायरी की जो बात है, (भुवन की डायरी की और रेखा की डायरी की भी) वह परस्पर स्मृति साहचर्य के रूप में या आंतरिक संविवाद के रूप में प्रयुक्त है। किसी शाब्दिक साम्य के आधार पर जीद का शिल्पगत प्रभाव ढूँढ़ना जरूरी नहीं है।

'नदी के द्वीप' और 'स्ट्रेट इज़ द गेट' दोनों उपन्यासों में एक तरह से प्रेम ही केन्द्रगत विषय है। लेकिन दोनों उपन्यासों को समग्रता से लेने पर ऐसा लगता है कि कुछ सूत्रों या संवादों में साम्य मिलने पर भी, दोनों उपन्यासों में पार्थक्य अधिक है। जीद की नायिका जेरोम को प्रेम करती है, लेकिन जाते-जाते वह एकदम धार्मिक वृत्ति की हो जाती है। अपनी इस धार्मिकता में भी वह अपनी मुक्ति (Salvation) के साथ, जेरोम की भी मुक्ति चाहती है, और उसमें जेरोम के प्रेम का प्रत्याख्यान करती है। अपने जर्नल में वह लिखती है :

Alas I understand only too well now; between God and him there is no other obstacle but myself........

लेकिन ईश्वर ही नहीं, दूसरी भी बात उसके मन में है। उसके भीतर कहीं यह बात भी है कि वह जेरोम से बड़ी है और जुलिएट ही उसके अनुरूप पत्नी हो

सकती है। लेकिन जुलिएट उसके इस त्याग को स्वीकार नहीं करती। इतना ही नहीं जब वह दूसरे से शादी करके सुखी होती है तब एलिसा को लगता है कि जुलिएट उसके त्याग को स्वीकार करके अर्थात् जेरोम से शादी करके सुखी होती तो कहीं उसके भीतर एक संतोष मिलता, लेकिन जुलिएट को सुखी होने के लिए एलिसा के त्याग की–स्वार्पण की आवश्यकता ही नहीं हुई।

अपने प्रेमी जेरोम को दूर रखने का एक दूसरा कारण भी आलोचक हेरोल्ड मार्च ने बताया है। उन्होंने लिखा है कि–her mother has given her an unreasoning horror of all sex.[93] इतना ही नहीं एलिसा और जेरोम ने साहित्य की जो-जो किताबें साथ में पढ़ी थीं और समसंवेदन अनुभव किया था, साहित्य की उन किताबों की अपनी बुकशेल्फ से हटाकर धार्मिक किताबें रखती है। उसे लगता है कि साहित्य के प्रति प्रेम वह उसका और जेरोम के प्रेम का ही रूप है। हेरोल्ड मार्च ने साथ पढ़ी हुई किताबें हटा देने की क्रिया के लिए 'moral surgery' शब्दों का प्रयोग किया है। ऐसा करके एलिसा अपने हृदय से जैसे जेरोम के प्रेम को दूर करना चाहती है। इतना ही नहीं जेरोम जब आनेवाला है, तब वह अपने कमरे से दुरस्ती के नाम पर पियानो को भी हटवा लेती है, जिससे वे 'साथ' में संगीत का आस्वाद न ले सकें। वह अस्तव्यस्त वेशभूषा में रहती है, बालों की सँवारती भी नहीं है, बातचीत में भी एलिसा शुष्क बनी रहती है।

एलिसा अंत में सब छोड़कर एक अनाम नर्सिंग होम में जाकर मरती है। मार्च का अर्थघटन है कि एलिसा में वेदना सहन करने की–आत्मपीड़न की वृत्ति है, इतना ही नहीं एलिसा जेरोम के या अन्य किसी के प्रति नहीं, अपने संवेगों के प्रति आसक्त है। इन संवेगों को वह लड़ाई और अनुशासन से तीव्रतर करने का प्रयत्न करती है।

यद्यपि जीद के दृष्टिकोण में एलिसा एक गलत मार्ग पर थी, लेकिन उसकी गलती एक उम्दा गलती 'noble error' थी।[94] वास्तव में एलिसा अपनी धार्मिक प्रशिक्षा का शिकार हुई है, और इससे वह पाठक का धिक्कार नहीं, किंतु सहानुभूति पाती है उसके प्रेम में एक यही अंतराय है कि वह मानती है कि ईश्वर ने उन दोनों के प्रेम से कुछ अधिक उत्तम कर गुजरने के लिए चुना है। एलिसा ऐन्द्रिकता से एकदम पराङ्मुख है। एक आवेग में जब जेरोम एक बार चुंबन करता है, तब वह कहती है :

"Have pity on us, my friend. Do not spoil our love." जब जीद के इस उपन्यास में निरूपित प्रणयभावना के साथ 'नदी के द्वीप' में अज्ञेय निरूपित प्रणयभावना की तुलना करते हैं, तब इस निर्णय पर पहुँचते हैं कि अज्ञेय की प्रणय संवेदना ऐन्द्रिकता का पुरस्कार ही नहीं करती, एक तरह से ऐन्द्रिकता को अनिवार्य भी मानती है। प्रणय का फुलफिलमेंट ही इसमें है। यहाँ शरीर के आनंद के प्रति उदासीनता नहीं है, न नायिका रेखा में, न भुवन में। दोनों उपन्यासों की केंद्रगत भावना एकदम भिन्न

है। अतः जीद के 'स्ट्रेट इज़ द गेट' का प्रभाव नहीं के बराबर ही है; है भी तो वह थोड़े शाब्दिक साम्य तक सीमित है, ऐसा कह सकते हैं।

(इ) डी. एच. लारेंस की कविता और 'नदी के द्वीप'

'नदी के द्वीप' पर अंग्रेजी उपन्यासकार और कवि डी. एच. लारेंस का प्रभाव स्पष्ट है। यह प्रभाव दो रूप में देखा जा सकता है :

(1) उपन्यास के चरित्र, विशेषकर भुवन और रेखा लारेंस की कविताओं में से बार-बार उद्धरण देते हैं। ये उद्धरण उनकी विशेष भावदशा के द्योतक हैं। एक तरह से अज्ञेय की रचनाओं में पात्रों के द्वारा अवतरित उद्धरण पात्रों की भावदशाओं को उद्घाटित करने की एक प्रयुक्ति है। अनेक प्रसिद्ध उपन्यासकार इस प्रकार की प्रयुक्ति का आश्रय लेते भी हैं।

(2) पात्रों द्वारा अवतरित उद्धरण लेखक की मान्यताओं के ही निदर्शन अवश्य हों, ऐसा नहीं है, फिर भी उसका झुकाव किस ओर है, उसके तो निर्देशक हैं ही। इन उद्धरणों के अलावा, कथाकार अज्ञेय जब अपने पात्रों को एक विशेष प्रणय-व्यापार में पेश करते हैं, तब इनके, अर्थात् नर-नारी के संबंधों के आलेखन में कुछ हद तक लारेंस के दृष्टिकोण का समर्थन करते नजर आते हैं। अर्थात् स्त्री-पुरुष संबंधों में देह का स्वीकार लारेंस की तरह अज्ञेय के 'नदी के द्वीप' में भी मिलता है।

उद्धरण का सबसे प्रथम प्रसंग आता है—चंद्रमाधव, भुवन और रेखा के बीच सत्य और तथ्य की चर्चा के दौरान।

भुवन और रेखा दोनों चंद्रमाधव के मित्र हैं। चंद्रमाधव के मित्र की हैसियत से लखनऊ में उनकी प्रथम मुलाकात है। अभी तो अपरिचय का आवरण हटा नहीं है। कभी-कभी चर्चा के निमित्त रेखा भुवन के आंतरिक व्यक्तित्व की पंखुरियाँ खोलती रहती है। एक बार तथ्य और सत्य की चर्चा हो रही है।[95] तर्क, प्रति-तर्क हो रहा है। उस समय भुवन एक साँस में लंबा तर्क प्रस्तुत करके अंग्रेजी कविता का एक उद्धरण देता है :

> 'The pain of loving you
> is almost more than I can bear.'

पाठक को भी आश्चर्य होता है कि भुवन जैसा अंतर्मुख विज्ञानी कविता की पंक्तियाँ, वह भी डी. एच. लारेंस की और वह भी प्रेम विषयक पंक्तियाँ उद्धृत करता है। ये पंक्तियाँ डी. एच. लारेंस की—'A Young Wife' कविता से हैं।[96] कविता का आरंभ और अंत इन दो पंक्तियों से होता है।

लारेंस की कविता से यह उद्धरण अनेक दृष्टि से महत्त्वपूर्ण है। इससे भुवन का कविता प्रेम ही व्यक्त नहीं होता, बल्कि वह किस प्रकार की कविता में रुचि रखता है, उसका संकेत मिलता है। एक दृष्टि से लारेंस यौन संबंधी विचारों के कारण

पश्चिम में भी आलोचित होते रहे हैं। उसका नाम अपने मुँह पर लाने में भी एक जमाने में साहस की आवश्यकता थी। भुवन अभी तो अल्प परिचिता रेखा के आगे उसे उद्धृत करता है। यह जरूर है कि वह लारेंस का नाम नहीं लेता। लेकिन रेखा जैसी बुद्धिमती भुवन के उदासीन और अंतर्मुख व्यक्तित्व के नीचे जो एक स-रस हृदय है, उसका अनुमान लगा सकी होगी। उसके तर्क में सहायक होते हुए भी ये पंक्तियाँ भुवन की संवेदना की भी उद्घाटक हैं। इन दो पंक्तियों का उपयोग रेखा उपन्यास के उत्तरार्ध में करती है, उस प्रथम मुलाकात के एक वर्ष के बाद, जब बहुत कुछ गुज़र चुका है। एक पत्र में वह लिखती है :

'मुझे याद आती है कॉफी-हाउस की हमारी पहली ही बहस में हम सत्य की वेदनामयता की बात करने लगे थे, और तुमने एक संदर्भ दिया था, द पेन ऑफ लविंग यू इज आलमोस्ट मोर देन आइ केन बेयर...उस दिन पहली पंक्ति में तुम 'डीयरेस्ट' शब्द छोड़ गए थे...आज मैं एक शब्द और छोड़ जाऊँ 'आलमोस्ट' क्योंकि यह दर्द मेरी सहन शक्ति से परे है, मैं उसे नहीं सँभाल सकती...'[97]

पहली बार जब भुवन ने उसे उद्धृत किया था, तब उसका अलग प्रयोजन था, उसमें सिर्फ एक तर्क का, प्रामाण्य था, लेकिन अब जब उसे रेखा उद्धृत करती है, तब रेखा को भुवन से प्रेम करने के बाद प्राप्त 'वेदना' का अर्थ सूचित है। इसलिए वह 'आलमोस्ट' शब्द को हटाना चाहती है। इसको ही कहते हैं 'आयरनी', जो लेखक की रचनाशक्ति की द्योतक है।

(प्रस्तुत ग्रंथ में छपी लारेंस की पंक्तियों में वैसे 'डीयरेस्ट' शब्द नहीं है। कई बार लारेंस अपनी कविता में पाठांतर किया करते थे। अज्ञेय ने जिस कविता से उद्धरण किया है, शायद वह पहला पाठ होगा)

'Sea, you shadow of all things,
now mock us to death with your shadowing'[98]

ये पंक्तियाँ लारेंस की 'The Sea'[99] कविता से हैं। ('नदी के द्वीप' में मूल 'mock' शब्द के स्थान पर 'make' है और 'make' का ही अर्थ लिया गया है।) रेखा के एबोर्शन प्रसंग के बाद भुवन अपने अनुसंधान के कार्य में लगा है, और वह स्वयं कलकत्ता मौसी के पास जाकर रही है। जीवन में एक अवसाद का अनुभव करती है। अपने एक पत्र में (जब भुवन से मिले चार महीने हो गए हैं) अपने विवाह के रद्द होने की बात के साथ, वह लिखती है कि वह अब कलकत्ता नहीं रहेगी, लेकिन मौसी को लेकर तीर्थयात्रा को निकलेगी। तीर्थयात्रा में पुरी से दक्षिण में जाने की बात थी।[100] उस पत्र को पाकर भुवन 'विमूढ़-सा' सोचता रहता है। फिर विवाह के रद्द होने की बात पर अपनी प्रतिक्रिया के बाद लिखता है :

'तुम यात्रा पर निकल रही हो, दक्षिण जा रही हो। अच्छा ही है।...क्षण भर के लिए मन में उठा था, सागर-तट पर तुम्हारे साथ मैं भी खड़ा हो सकता—पर

नहीं उससे व्यथा ही जागेगी शायद; रेखा, उस विशाल एकाकी को, जो न प्रेम करता है, प्रेम पाता है, तुम अकेली ही देखो... ।'[101]

फिर लारेंस की पंक्तियाँ हैं, जो 'The Sea' कविता की आखिरी पंक्तियाँ हैं। भुवन की 'उस विशाल'...पाता है—पंक्ति में लारेंस की कविता के आरंभ की इन दो पंक्तियाँ :

'You, you are all unloving, loveless
You Restless and lonely, shaken by your own moods.'

की छाया है। इन पंक्तियों में सागर का ही वर्णन है। फिर भी दूसरी पंक्ति में भुवन के अपने 'मूड' का भी संकेत है। इसके अलावा ये पंक्तियाँ इस बात की द्योतक हैं कि भुवन के चित्त में लारेंस किस प्रकार रम रहा है। सागर जाने की बात आते ही, सागर विषयक अन्य कोई कविता याद न आकर लारेंस की यह कविता ही याद आई। क्या भुवन इस सागर की तरह इस समय संगीहीन, एकाकी नहीं है? यह उद्धरण भुवन की संवेदन-प्रवणता के साथ, उसकी तात्क्षणिक मनःस्थिति का सूचक है।

'High and smaller grows the moon; she is small and very far from me,
Wistful and candid, watching me wishfully from her distance, and I see,
Trembling blue in her pallor a tear that surely I have seen before,
A tear which I have hoped that even hell held not again in store.'[102]

रेखा यात्रा में है, और भुवन डच इंडीज एक वैज्ञानिक एक्सपेडिशन में जा रहा है। इस बात की सूचना अपने पत्र में वह रेखा को लिखता है। उसके मन में अनेक अतीतकालीन स्मरण तैरते हैं, विशेषकर जब वह रेखा से दूर जा रहा है तब। पत्र लिखने के बाद 'पुनश्च' करके वह लिखता है :

'फागुन की अष्टमी का धूमिल चाँद देखकर न जाने क्यों लारेंस की कविताएँ निकाल लाया; उसमें से एक कविता यह भेज रहा हूँ।'[103]

भुवन ने चंद्र को देखा और वह लारेंस की चंद्र विषयक कविता भेजता है। भुवन ने कविता का शीर्षक नहीं लिखा। लारेंस के काव्यसंग्रह में देखने पर पता चलता है कि शीर्षक है—A Pang of Reminiscence 'स्मृति-व्यथा'। चंद्र को देखकर भुवन को रेखा की तीव्र याद आती है। इतना ही नहीं, जरा गहराई में जाकर सोचेंगे तब पता लगेगा कि सिर्फ अष्टमी के चंद्र की बात सोच कर यह कविता नहीं आई। एक दूसरा भी चंद्र है, जो भी ऊँचा और भुवन से दूर जा रहा है, जो उदास भाव

से उसे देख रहा है, उसके भी पीलेपन में एक नीला आँसू काँपता हुआ भुवन ने देखा है। और यह चंद्र है, रेखा स्वयं।

कितने सोफिस्टिकेशन से भुवन ने यह बात कही है। भुवन की प्रकृति-प्रियता के साथ, उसकी प्रणय-विह्वलता का संकेत इन पंक्तियों के बीच में अवश्य पढ़ा जा सकता है। आगे उद्धृत 'सागर' कविता भुवन की मनःस्थिति की द्योतक है, तो यहाँ पर उद्धृत 'चंद्र' कविता भुवन की निगाहों से देखी गई 'रेखा' को संकेतित करती हैं।

'Something in me remembers and will not forget;
The stream of my life in the darkness deathward set.
And something in me has forgotten, has ceased to care,
Desire comes up and contentment is debanayar
I, who am warm and careful, how much do I care ?
How is it I grieve then, and chuckle over despair ?
Grief, Grief, I suppose and sufficient grief makes us free
To be faithless and faithful to-gether as we all have to be.'[105]

लारेंस भुवन का प्रिय कवि है, रेखा ने भी प्रथम भेंट में लारेंस की पंक्तियाँ उद्धृत की थीं। यहाँ रेखा फिर से लारेंस को उद्धृत करती है। भुवन जब अपनी मनःस्थिति के अनुकूल कोई कविता लारेंस से चुनकर रेखा को भेजता है, तो रेखा भी अपनी मनःस्थिति के अनुकूल वैसी कविता लारेंस के संग्रह से चुनकर अपने पत्र में लिख भेजती है। A Pang of Reminiscence की कविता भुवन जावा यात्रा की सूचना देनेवाली अपने पत्र में उद्धृत करता है, उसमें रेखा से दूर जाने की बात उसके मन में है। रेखा इस सूचना पाने के बाद, 'तुलियन की वर्षगाँठ'[105] के निमित्त अपनी आज की स्थिति का, अतीत की स्मृति के संदर्भ में विवरण देती है। वह लिखती है, 'उस दिन दुनिया की छत पर थी, आज–इससे गहरा और कौन-सा पाताल होगा जिसमें आज मैं हूँ।'[106] और फिर उपर्युक्त कविता उद्धृत करती है। वास्तव में लारेंस की वह कविता रेखा की इन क्षणों की मनःस्थिति की द्योतक है, क्योंकि आज तुलियन के मिलन के एक वर्ष के बाद रेखा के भीतर कहीं कुछ स्मरण कर रहा है, उस दिन को, प्रसंग को, जिसने रेखा के तब तक के असफल नारी जीवन को चरितार्थ किया था। लेकिन आज रेखा को लगता है कि वह दिशाहीन है और यदि दिशा है तो अंधकार में मृत्यु की ओर है, ऐसा लगता है। लारेंस की तरह वह भी दुःख का स्वीकार करती है। शायद वह भी कहना चाहती है कि पर्याप्त दुःख ही हमें एक साथ वफादार और बेवफ़ा होने के लिए स्वतंत्र करता है।

'I am not at all, except a flame that mounts off you—
Where I touch you, I Flame into Being; but it is me, or you ?

How full and big like robust, a happy flame,
When I enfold you, and you creep into me,
And my life is fierce at its quick,
Where it comes off you.'[107]

अब तक लारेंस भुवन और रेखा के बीच एक सूत्र था, उनकी पारस्परिक संवेदनाओं की अभिव्यक्ति लारेंस की कविताओं के माध्यम से होती थी। भुवन अब लारेंस गौरा को 'इंट्रोड्युस' करता है। एक तरह से उसकी बदली हुई मनःस्थिति को कोई पढ़ सकता है, जैसे लारेंस भुवन का प्रणय निर्देशक हो। उसका अनुराग अब गौरा की दिशा में है। फ्रंट से बीमार होकर भुवन आया था, गौरा का अतिथि हुआ था। फिर से बंगलौर में। उसके पहले मसूरी में वे एक-दूसरे के बहुत निकट आ चुके थे। बंगलौर से गौरा, भुवन मद्रास जा रहे थे, क्योंकि वहाँ से फिर भुवन को जहाज पर चढ़कर फ्रंट पर जाना था। वह वर्दी की जेब से एक पुस्तक निकालकर देता है। 'यह लो गौरा, कुछ कविताएँ हैं, लारेंस की।'[108] फिर वह 'ए मैनिफेस्टो' कविता गौरा को पढ़ने के लिए कहकर, अन्य कविता की जवानी याद पंक्तियाँ उसे सुनाता है, एक पंक्ति के बाद, आँखों से उसकी आँखें पकड़े हुए'[109] बोलता है। भुवन के चित्त में परोक्ष रूप में रेखा है, जिसके लिए कविता है 'ए मैनिफेस्टो'। भुवन के सामने गौरा है, जिसके लिए ये काव्यपंक्तियाँ हैं। वैसे मूल कविता का शीर्षक 'Wedlock'–'विवाह' है। शीर्षक सांकेतिक है। छः खंडों में विभाजित इस कविता में 86 पंक्तियाँ हैं। आरंभ की कुछ पंक्तियों को छोड़कर भुवन कविता बोलता है। आरंभ है :

'Come, my little one, closer up against me,
Creep right up, with your round head pushed in my breast.
How I love all of you ! Do you feel me wrap you
Up with my self and my warmth, like a flame round the wick
And how.......................'[110]

भुवन शायद जानबूझकर इन पंक्तियों को छोड़ जाता है। इन पंक्तियों में स्पष्ट स्वीकारोक्ति है। भुवन गौरा के स्वीकार को संकेतित रखना चाहता है, स्पष्ट नहीं। भुवन के मन में कहीं संदिग्धता है। भीतर कहीं गहरे में रेखा की उपस्थिति है। आरंभ की इन पंक्तियों में जो मांसलता है, भुवन गौरा के संदर्भ में इस समय टालना चाहता है। वह सिर्फ 'flame' 'शिखा' संबंधित पंक्तियाँ बोलता है। कविता के प्रथम खंड की छठी पंक्ति और कविता के द्वितीय खंड की तेरहवीं से सोलहवीं पंक्ति की आवृत्ति करता है। कविता का शीर्षक भी वह नहीं कहता। सारी कविता को पढ़ने पर तो ऐसा लगेगा कि भुवन इस समय गौरा को अपनी बाँहों में लेकर अपने पूरे शरीर से उसे आवृत्त कर एकात्म हो जाना चाहता है। उपन्यास की परिणति के साथ गौरा

के प्रति भुवन की प्रणय परिणति की द्योतक इन पंक्तियों को अज्ञेय ने कैसे एक कलात्मक प्रयुक्ति के रूप में युक्त किया है! इस 'शिखा' के संदर्भ में जैसे भुवन यहाँ गौरा को वह कांति, गौरा–मेरी 'जुगनूँ' कहता है और कविता में एक जगह नायक कहता है–I am your issue उसके संदर्भ में जैसे गौरा कहती है, 'हाँ मेरे शिशु, हाँ शिशु!' संबोधन की पुरानी ऐकांतिक संज्ञाएँ इस कविता के संदर्भ में नया अर्थ पा उठती हैं।

> 'A woman has given me strength and affluence.
> Admitted.'[111]

अस्पताल में गौरा जब भुवन से मिलने गई, तब भुवन जो कविता पढ़ रहा था, उस कविता की–'मैनिफेस्टो' की ये आरंभिक पंक्तियाँ हैं। बाद में वह कविता गौरा को देते हुए भुवन ने कहा था–'एक कविता है, मैनिफेस्टो। वही पढ़ रहा था। अब बता देता हूँ। तुम पढ़ना–तुम्हें अचंभा होगा। पढ़ इसलिए रहा था कि उसके अंश मैं अपनी कापी में लिखना चाहता था, पर मेरे शब्द अधूरे थे, लारेंस कह गया था....वह तो तुम अपने आप पढ़ना।'[112]

फिर भुवन ने दूसरी एक कविता की कुछ पंक्तियाँ सुनाई थीं। कुछ दिन बाद रेखा का एक पार्सल गौरा को मिलता है, जिसमें एक पत्र है, और वह अँगूठी। अँगूठी भेजकर रेखा गौरा को भुवन से जुड़ने के लिए कह रही है। गौरा को अँगूठी वाला प्रसंग याद आता है, जब रेखा ने उसको अँगूठी पहनाई थी और उसने वापस दी थी। आज उसने अँगूठी पहन ली–और एक विचित्र भाव उसके मन में उभर आया। अलमारी तक जाकर उसने एक पुस्तक निकाली और वह कविता पढ़ने लगी–'ए मैनिफेस्टो' :

> 'A woman has given me strength and affluence.
> Admitted.'[113]

दो बार पंक्ति पढ़ने के बाद वह कविता की पहली पंक्ति पर आ जाती है। फिर वह रेखा को एक कागज लिखती है, जिसमें रेखा की भेंट के स्वीकार के बाद लिखती है, 'रेखा दीदी, भेंट के बदले में नहीं, अपने ट्रिब्यूट के रूप में एक चीज भेज रही हूँ। यह भुवन की पुस्तक है...इस पुस्तक में एक कविता है 'ए मैनिफेस्टो'–इसी कविता के लिए यह पुस्तक उन्होंने मुझे दी थी–इसकी पहली पंक्ति है : 'ए वुमन हैज गिवन मी स्ट्रेंग्थ एंड एफ्लुएंस–ऐडमिटेड!' मेरा विश्वास है कि इस पंक्ति को वह आपसे छिपाना न चाहेंगे, न मैं ही चाहूँगी; वह आप ही की है और इसीलिए यह पुस्तक भी'।[114] समग्र उपन्यास में यह अत्यंत महत्त्वपूर्ण उद्धरण है। भुवन ने रेखा से क्या पाया उसका तो इसमें संकेत है ही, गौरा भुवन और रेखा के संबंध का भी किस औदार्य से मूल्यांकन कर रही है उसका भी यह निदर्शन है। ये पंक्तियाँ

तीन चरित्रों को—भुवन को, रेखा को और गौरा को—उजागर करती हैं। वैसे पूरी कविता सात पृष्ठों पर फैली हुई है और आठ खंडों में विभाजित है। इसमें नारी-देह का स्तवगान है, उसमें नारी-क्षुधा की बात है। लिंग-पूजा का स्वीकार है। यौन-क्षुधा की संतृप्ति की बात है।

'Let them praise desire who will
but only fulfilment will do,
Real fulfilment, nothing short
it is our retification
Our heaven, as a matter of fact.'

समग्र कविता को लेने पर भुवन ने रेखा को जिस रूप में पाया है, उसका स्वीकार है। इतना ही नहीं, लारेंस की तरह यहाँ भी सिर्फ भावना, इच्छा से नहीं, शरीर से ही संतृप्त होनेवाली देह-क्षुधा का स्वीकार है। 'नदी के द्वीप' की प्रणय-विभावना में भी लारेंस की 'शारीरिक संतृप्ति' के दृष्टिकोण का स्वीकार है।

(ई) 'लेडी चैटरलीज़ लवर' और 'नदी के द्वीप'

समकालीन हिंदी साहित्य के बारे में लिखते समय एक बार स्वयं अज्ञेय ने अपना साम्य ब्राउनिंग और लारेंस से बताया था।[115] यह साम्य किन बातों पर आधारित है—वह जानना जरूरी है। 'नदी के द्वीप' में अनेक स्थल पर भुवन, रेखा और गौरा भी लारेंस की कविताओं से उद्धरण देकर अपनी मनःस्थिति का संकेत देते हैं, वह तो है ही, लेकिन क्या अज्ञेय भी लारेंस के सैक्स-दर्शन का समर्थन करते हैं।

एलिसियो विवास ने डी. एच. लारेंस संबंधी 'The Failure and the Triumph of Art' नामक अपने ग्रंथ में लिखा है कि लारेंस का जीवन संदेश था अपने पाठकों को सैक्स के संबंध में स्वस्थ और उचित दृष्टिकोण रखना-सिखाना।[116] क्या है वह दृष्टिकोण? लारेंस के सैक्स संबंधी दृष्टिकोण को एलिसियो विवास ने 'Lawrence's erotic message' कहा है। सैक्स का मानवीय अनुभव में जो बुनियादी योग है, लारेंस उसका स्वीकार करने के लिए कहता है। सैक्स के संदर्भ में हमारा जो दंभ है, शुचिवायुवृत्ति (Prudishness) है उसके लिए वह खेद प्रकट करता है। हम सैक्स की स्वयं-स्फूर्तता (स्पॉन्टेनिटी) खो बैठे हैं, ऐसा उसका विचार है। सैक्स को हमने दिमागी या इच्छा निर्भर (Cerebral or willful) बना दिया है, जब कि सैक्स तो है एक रक्त-संबंध (a blood relationship)[117] । लारेंस सैक्स की बात यहीं तक सीमित नहीं रखता, वह उसे पवित्र बनाना चाहता है, उसे धार्मिकता की कोटि तक पहुँचाना चाहता है। अपनी कविताओं में, उपन्यासों में और निबंधों में आजीवन वह वही बात करता रहा है। कुछ कविताओं में सीधे रूप में कहता है :

'Sex is n't sin, Oh no sex is n't sin
nor it is dirty, not until the dirty mind pokes in,
Sex is n't something you've got to play with sex is you.'[118]

लारेंस सैक्स के प्रति धार्मिक रवैया अपनाने के लिए कहता है। लारेंस हमसे यह भी मनवाना चाहता है कि नारी पुरुष को अपने में समाविष्ट करने की प्रवृत्ति रखती है, अपने में डुबा देने की प्रवृत्ति रखती है, जब कि वह यह कहता है कि चाहे पुरुष हो या स्त्री, प्रेम में एक होने पर भी, अपनी पूरी वैयक्तिकता के साथ अलग-अलग ही रहते हैं। यद्यपि एलिसियो विवास ने लारेंस के एक अन्य उपन्यास 'The Plumed Serpent' में निरूपित स्त्री-पुरुष संबंधों की चर्चा करते हुए लिखा है कि लारेंस के प्रेम का नीति-शास्त्र 'Love ethic' इतना स्पष्ट नहीं है।[119] कभी वह कहता है कि मैथुन क्रिया में स्त्री की संतृप्ति पुरुष को संतृप्ति देने में है, 'अपनी' संतृप्ति को उसे नहीं ढूँढ़ना चाहिए। प्रश्न यही होता है कि नारी मैथुन क्रिया में मैथुन की संतृप्ति न ढूँढ़े तो और किस प्रकार की संतृप्ति ढूँढ़े?[120] लारेंस ने इसकी सकारण चर्चा नहीं की। लारेंस अपने सैक्स संबंधी सिद्धांतों का एक पैगंबर के से आवेश से प्रचार करता है, इस मामले में जैसे वह एक 'क्रुसेडर' धर्मयोद्धा बन जाता है।

अज्ञेय के 'नदी के द्वीप' का संदर्भ लारेंस की 'लेडी चेटरलीज़ लवर' के साथ कई बार जोड़ा गया है। डॉ. रणवीर रांग्रा ने अपने ग्रंथ 'हिंदी उपन्यास में चरित्र चित्रण का विकास' में दोनों ग्रंथों में जो साम्य है, वह दिखाने की चेष्टा भी की है।[121]

लेकिन सम्यक् अध्ययन करने के पश्चात् लगा है कि अज्ञेय और लारेंस के दृष्टिकोण में बहुत अंतर है। हाँ, एक बात जरूर है कि अज्ञेय भी लारेंस की तरह सैक्स के प्रति एक स्वस्थ और सहज दृष्टिकोण रखते हैं। रांग्रा ने 'लेडी चेटरलीज़ लवर' और 'नदी के द्वीप' में साम्यता तो ढूँढ़ कर रख दी है, लेकिन भलीभाँति उनका संबंध स्थापित नहीं किया है। इतना ही नहीं, वे जिस रूप में साम्य दिखाते हैं, उससे तो ऐसा लगेगा कि अज्ञेय ने लारेंस के उक्त उपन्यास से कुछ खंड ज्यों के त्यों रूपांतरित करके रख दिए न हों!

'लेडी चेटरलीज़ लवर' में, आरंभ में मिलोर (Mellor) और कोनी (Connie) मिलोर की कुटिया में जब पहली बार संभोगक्रिया में प्रवृत्त होते हैं, तब इन दोनों के बीच में प्रेम का कोई संबंध नहीं होता। कोनी मिलोर से अभी प्रेम नहीं करती। हम इतना ही कह सकते हैं कि एक औरत का एक पुरुष से यहाँ जो संबंध है, वह एक गहरी यौन परितृप्ति पाने के उद्देश्य मात्र से है।

जब कि, 'नदी के द्वीप' में रेखा और भुवन की रति गहरी प्रणय-संवेदना से जनित है। प्रेम ही उनको दैहिक संबंधों से युक्त करता है और एक परितृप्ति का अनुभव कराता है।

मिलोर भी कोनी में जो 'नारी' (female) है उसके प्रति समर्पित है, कोनी के व्यक्ति (person) के प्रति नहीं। भुवन रेखा के सिर्फ 'नारी' के रूप में नहीं समग्र

व्यक्तित्व के प्रति समर्पित है। 'लेडी चेटरलीज़ लवर' में लारेंस ने चार स्थल पर मैथुन क्रिया का ब्यौरेवार वर्णन किया है। एक तरह से वह लिंग-पूजा का उन्नायक लगता है। उसने कोनी को एक जगह वाच्यार्थ में लिंग-पूजा में प्रवृत्त दिखाया भी है।

'नदी के द्वीप' में नौकुछिया ताल पर भुवन का समर्पित रेखा के प्रति जो व्यवहार है, वह तो कभी लारेंस के दर्शन की परिधि में नहीं आ सकता। जब एक नारी देह, पुरुष देह के करीब आती है, तब दिमाग से सोचना नहीं होता। देह की पुकार देह सुन लेती है। लेकिन अज्ञेय का भुवन अपनी 'सुंदरता' के चरम बोध के कारण अपने को प्रवृत्त नहीं कर पाता। यहाँ लारेंस क्या कहता? क्या सोचता?

दूसरी एक बात भी ध्यान देने योग्य है। वह यह कि; लारेंस समग्र रतिक्रिया का (Whole act) बेबाक वर्णन करता है। कोई छिपाव नहीं, दुराव नहीं, झिझक नहीं। रतिक्रिया सहज रूप में लेकर भी अज्ञेय उसका वर्णन नहीं करते। तुलियन झील पर एक तंबू में भुवन और रेखा अलग-अलग सोए हैं। भुवन के मन में आरंभ में वैसे कोई काम विकार नहीं है, लेकिन रेखा की स्थिति देख कर वह अपनी शैया पर उसको लिटाता है। तब रति की उत्तेजना का वे दोनों अनुभव करते हैं। उसका अज्ञेय वर्णन करते हैं।[122] लेकिन लारेंस की तरह समग्र रति-क्रिया का नहीं। अज्ञेय दोनों की रति-क्रिया के आरंभ के उन्मादपूर्ण क्षणों को भी 'सांग ऑफ सोलोमन' की शृंगारप्रवण पंक्तियों से आवृत्त कर देते हैं। वे क्रिया का वर्णन नहीं, क्रिया की अनुभूति का वर्णन सोलोमन के गीत की पंक्तियों के द्वारा करते हैं। लारेंस में तो रति-क्रिया के वर्णन में और अन्यत्र भी 'four letter words' नंगे शब्दों का प्रचुर उपयोग मिलता है।

इतना होते हुए भी लारेंस का सैक्स के प्रति जैसे कि आगे कहा है, एक धार्मिक रवैया ही है। एक पैगंबर का-सा आवेश है। अज्ञेय सैक्स को आवश्यक मानते हैं, लेकिन लारेंस की तरह उसका ध्वज लेकर वे नहीं निकले। स्त्री-पुरुष के प्रणय की चरितार्थता में सैक्स की जितनी और जैसी आवश्यकता है, उसका स्वीकार ही अज्ञेय का अभीष्ट है।

इस प्रकार हम देखते हैं कि 'नदी के द्वीप' के निर्माण में पाश्चात्य प्रभावों का सर्जनात्मक योग रहा है। भुवन-रेखा के युगल में एलिसन-जूली की समांतरताएँ मिल सकती हैं, स्त्री-पुरुष के प्रणय-व्यवहार में लारेंस के जीवन-दर्शन की झाँकी भी मिल सकती हैं, कहीं-कहीं ज़ीद की एलिसा की रेखाएँ भी उभरती हुई लग सकती हैं। किंतु समग्र रूप में 'नदी के द्वीप' का भावविश्व इन सबसे अलग है, क्योंकि उसका परिवेश भिन्न है, संवेदना भिन्न है और भिन्न है उसके लेखक का जीवन-दर्शन। जूली और एलिसा में हम आधुनिक नारी का दर्शन नहीं कर सकते, यूरोपीय मानों से तो कतई आधुनिक नहीं। सैक्स के संदर्भ में लारेंस में जो आधुनिक दृष्टि है, वह 'नदी के द्वीप' में है, लेकिन इस संदर्भ में भी हमने देखा कि अज्ञेय कुछ हद तक लारेंस से भिन्नमार्गी हैं।

'नदी के द्वीप' लेखक की शिल्पसजगता का परिचायक है। प्रत्यावलोकन, मुक्तआसंग, प्रत्यक्ष अंतर्विवाद जैसी चेतनाप्रवाहांकित उपन्यासों की शिल्प-प्रविधि का यहाँ प्रयोग किया गया है, जिसकी सफलता में योग दिया है कवि अज्ञेय की भाषा ने। बृहद् होते हुए भी 'नदी के द्वीप' अपनी सहज, स्वाभाविक किंतु बिंबात्मक भाषा के कारण प्रगीतात्मक उपन्यास (लिरिकल नावेल) की श्रेणी में आता है। जेम्स ज्वायस, वुल्फ या प्रूस्त के उपन्यास भी कवित्वमंडित हैं। आधुनिक उपन्यासों की, विशेषतः मनोवैज्ञानिक उपन्यासों की यह विशेषता है। गहरा रसोद्रेक करने में भी 'नदी के द्वीप' एक सफल उपन्यास है।

हिंदी उपन्यास साहित्य के प्रथम पर्याय की उपलब्धि यदि प्रेमचंद का गोदान है, तो गहरी अंतर्दृष्टि, आस्थासमन्वित आधुनिक संवेदना और सजग शिल्पविधि से हिंदी उपन्यास साहित्य के दूसरे पर्याय की उपलब्धि 'नदी के द्वीप' है।

संदर्भ

1. 'आत्मनेपद', पृ. 73; 2. 'नदी के द्वीप', पृ. 16; 3. 'नदी के द्वीप', पृ. 135; 4. 'नदी के द्वीप', पृ. 157; 5. 'नदी के द्वीप', पृ. 214; 6. 'नदी के द्वीप', पृ. 264; 7. 'नदी के द्वीप', पृ. 296; 8. 'Modern authors would usually rather SHOW us then TELL us'.—Stanton, Robert—An Introduction to Fiction, New York, 1966, p 29; 9. 'नदी के द्वीप', पृ. 70; 10. 'नदी के द्वीप', पृ. 71; 11. 'नदी के द्वीप', पृ. 71; 12. 'नदी के द्वीप', पृ. 113; 13. 'नदी के द्वीप', पृ. 144; 14. 'नदी के द्वीप', पृ. 156; 15. 'नदी के द्वीप', पृ. 221, 223; 16. 'नदी के द्वीप', पृ. 309; 17. 'नदी के द्वीप', पृ. 52; 18. 'नदी के द्वीप', पृ. 82; 19. 'नदी के द्वीप', पृ. 333; 20. 'नदी के द्वीप', पृ. 14; 21. 'नदी के द्वीप', पृ. 37; 22. 'नदी के द्वीप', पृ. 145; 23. 'नदी के द्वीप', पृ. 252; 24. 'नदी के द्वीप', पृ. 269; 25. 'नदी के द्वीप', पृ. 323; 26. 'नदी के द्वीप', पृ. 107; 27. 'रेखा की भूमिका' 'आत्मनेपद', पृ. 83; 28. 'नदी के द्वीप', पृ. 15; 29. 'नदी के द्वीप', पृ. 16; 30. 'नदी के द्वीप', पृ. 22; 31. 'नदी के द्वीप', पृ. 36; 32. 'नदी के द्वीप', पृ. 20; 33. 'नदी के द्वीप', पृ. 24; 34. 'नदी के द्वीप', पृ. 25; 35. 'नदी के द्वीप', पृ. 20; 36. 'नदी के द्वीप', पृ. 31; 37. 'नदी के द्वीप', पृ. 88; 38. 'नदी के द्वीप', पृ. 115; 39. 'नदी के द्वीप', पृ. 159; 40. 'नदी के द्वीप', पृ. 161; 41. 'नदी के द्वीप', पृ. 177; 42. 'नदी के द्वीप', पृ. 199; 43. 'नदी के द्वीप', पृ. 214; 44. 'नदी के द्वीप', पृ. 242; 45. 'नदी के द्वीप', पृ. 151; 46. 'नदी के द्वीप', पृ. 268; 47. 'नदी के द्वीप', पृ. 314; 48. 'नदी के द्वीप', पृ. 16; 49. 'नदी के द्वीप', पृ. 21; 50. 'नदी के द्वीप', पृ. 73, 74; 51. 'नदी के द्वीप', पृ. 101; 52. 'नदी के द्वीप', पृ. 119; 53. 'नदी के द्वीप', पृ. 135; 54. 'नदी के द्वीप', पृ. 136; 55. 'नदी के द्वीप', पृ. 160; 56. 'नदी के द्वीप', पृ. 213; 57. 'नदी के द्वीप', पृ. 274; 58. 'नदी के द्वीप', पृ. 296; 59. 'नदी के द्वीप', पृ. 327; 60. 'नदी के द्वीप', पृ. 15;

61. 'नदी के द्वीप', पृ. 336; 62. 'नदी के द्वीप', पृ. 15; 63. 'नदी के द्वीप', पृ. 43; 64. 'नदी के द्वीप', पृ. 50; 65. 'नदी के द्वीप', पृ. 50; 66. 'नदी के द्वीप', पृ. 53; 67. 'गौरा से भुवन का परिचय यों तो चौदह-पंद्रह वर्ष का गिना जा सकता है, जब वह पाँच-छः वर्ष की थी...('नदी के द्वीप' पृ. 61) अर्थात् गौरा की उम्र इस समय इक्कीस की है।; 68. 'नदी के द्वीप', पृ. 62; 69. 'नदी के द्वीप', पृ. 63; 70. 'नदी के द्वीप', पृ. 65; 71. 'नदी के द्वीप', पृ. 70; 72. 'नदी के द्वीप', पृ. 177; 73. 'नदी के द्वीप', पृ. 267; 74. 'नदी के द्वीप', पृ. 299; 75. 'आत्मनेपद', पृ. 34; 76. 'प्रतिक्रियाएँ', पृ. 112-118; 77. 'अंतर्मुखी और आत्मकेंद्रित' : 'नदी के द्वीप'–'अधूरे साक्षात्कार', पृ. 26; 78. Boa, Elizabeth and Reid. J. H.—Critical Strateies—London (1972); 79. 'आत्मनेपद', पृ. 73; 80. 'आत्मनेपद', पृ. 86; 81. 'आत्मनेपद', पृ. 73; 82. 'नदी के द्वीप', पृ. 215; 83. 'आत्मनेपद', पृ. 73; 84. 'हिंदी उपन्यास पर पाश्चात्य प्रभाव', पृ. 359; 85. गुजराती के प्रसिद्ध साहित्यकार श्री उमाशंकर जोशी ने एक बातचीत के सिलसिले में मोर्गन के प्रति अपने अनुराग की बात कही थी।; 86. The Fountain, p.3; 87. 'हिंदी उपन्यास पर पाश्चात्य प्रभाव', पृ. 404 से 410; 88. 'हिंदी उपन्यास पर पाश्चात्य प्रभाव', पृ. 381; 89. 'हिंदी साहित्य एक परिदृश्य', पृ. 86; 90. 'हिंदी उपन्यास पर पाश्चात्य प्रभाव', पृ. 416; 91. एलिसा में एक कु. शाकलेतां (Shackleton) के अतिरिक्त ज़ीद की पत्नी मादेलाइन (Madeline) का ही प्रतिरूप है। और कथानायक जेरोम जीद स्वयं है। देखिए : (1) March Harold, Gide and the Honud of Heaven (philadelphia, 1952), p. 150; (2) Starkie Enid-Andre Gide (Cambridge, 1953), p.31; 92. उपन्यास पूरा करने के बाद जीद ने कहा–It was like a piece of nought in which the almonds were good that is the letters and Alissa's Diary....उद्धृत/वही, पृ. 31; 93. March Harold, 'Gide and the Hound of Heaven', p. 154; 94. 'Gide and the Hound of Heaven', p. 157; 95. 'नदी के द्वीप', पृ.17, 18, 19; 96. 'The Complete Poems of D. H. Lawrence' Vol. I, p. 203; 97. 'नदी के द्वीप' पृ. 269; 98. 'नदी के द्वीप', पृ. 263; 99. The complete Poems, Vol. 1/183; 100. 'नदी के द्वीप', पृ. 203; 101. 'नदी के द्वीप', पृ. 267; 102. The Complete Poems I/43; 103. 'नदी के द्वीप', पृ. 266; 104. 'नदी के द्वीप', पृ. 270; 105. 'नदी के द्वीप', पृ. 269; 106. 'नदी के द्वीप', पृ. 270; 107. The Complete Poems I/236/237; 108. 'नदी के द्वीप', पृ. 328; 109. 'नदी के द्वीप', पृ. 329; 110. The Complete Poems/236; 111. The Complete Poems I/255-262; 112. 'नदी के द्वीप', पृ. 328; 113. 'नदी के द्वीप', पृ. 330; 114. 'नदी के द्वीप', पृ. 331; 115. Vatsayayan S. H., 'Contemporary Indian Literature', Sahitya Akademi—1957, p. 84; 116. Vivas, Eliseo D. H. Lawrence—The Failure & the Triumph of Art, London—1961, p. 120; 117. The Failure & the Triumph of Art, p. 126; 118. The Complete Poems—'Sex is n't sin, p. 194, 195; 119. The Failure & the Triumph of Art, p. 127; 120. इस संदर्भ में अधिक चर्चा उक्त ग्रंथकार ने की है। देखिए, प्रस्तुत ग्रंथ के पृ. 126, 139; 121. रांग्रा रणवीर, हिंदी उपन्यास में चरित्र का विकास, दिल्ली, 1961, पृ. 506, 510; 122. 'नदी के द्वीप', पृ. 151।

अपने अपने अजनबी

1. वस्तुविन्यास

'अपने अपने अजनबी' की वस्तु असाधारण है। एक बर्फीले प्रदेश में काठ के मकान में श्रीमती सेल्मा एकेलोफ के साथ तरुणी योके कुछ दिन के लिए रह रही है। योके वहाँ सैर करने और बर्फ पर दौड़ने आई थी और पहाड़ की उपत्यका में काठ-बंगले की स्थिति से आकृष्ट हो गई और घर की मालकिन सेल्मा से यहाँ रहने का प्रस्ताव किया। सेल्मा गड़रिये की माँ है—उसके तीनों लड़के नीचे मैदान में गए हुए हैं और जाड़े के बाद ही लौटकर आनेवाले हैं। सेल्मा इस साल नहीं गई। उपन्यास का आरंभ उस काठ-घर पर बर्फ के पहाड़ का टूटकर गिरने से होता है :

'एकाएक सन्नाटा छा गया। उस सन्नाटे में ही योके ठीक से समझ सकी कि उससे निमिष-भर पहले भी कितनी जोर का धमाका हुआ था—बल्कि धमाके को मानों अध-बीच में दबाकर ही एकाएक सन्नाटा छा गया था...'[1]

यह धमाका बर्फ के पहाड़ के टूट गिरने का था। अब दोनों इस काठ-घर में जाड़ों भर के लिए बंद हो जाती हैं। कम-से-कम ढाई से तीन महीने इस बर्फ से बंद घर में समय काटने की नौबत आ जाती है। सेल्मा तो इसके लिए शायद तैयार भी थी। वह पहले भी एक आध जाड़ा वहाँ काट चुकी है, लेकिन तरुणी योके के लिए अप्रत्याशित था। वैसे काठ घर में जाड़े भर के लिए पर्याप्त खाने-पीने का सामान भी है, और चर्बी के स्टोव के लिए काफी ईंधन भी। लेकिन जाड़े भर के लिए बंद होने की बात सुनकर योके कहती है :

'मेरी तो छुट्टियाँ भी इतनी नहीं हैं।...'

तब सेल्मा कहती है :

'छुट्टी तो शायद—मेरी भी इतनी नहीं हैं—पर?...'[2]

और पाठक मृत्यु की पदचाप सुन लेते हैं—मृत्यु से साक्षात्कार इस उपन्यास का विषय है। योके को लगता है कि शायद सेल्मा सोच रही है कि वे दोनों अब बचेंगी नहीं। उसे लगता है कि बर्फ से ढँका यह काठ का बंगला उनकी कब्र बन जाएगा—

'लेकिन कब्र बन क्या जाएगा, कब्र तो बनी-बनाई तैयार है और उन्हीं को मरना बाकी है।'[3]

अब जब दोनों जाड़ेभर साथ रहने के लिए बाध्य हैं तब सेल्मा कहती है कि–

'अभी तो हम तुम भी अजनबी से हैं, पहले हम लोग तो पूरी पहचान कर लें...'[4]

इसके बाद की बात योके की डायरी के माध्यम से हमारे सामने आती है। बंद हो जाने के दसवें दिन से योके डायरी लिखना शुरू करती है, जिसमें दैनिक घटनाएँ–और घटनाएँ भी क्या होंगी?–और सेल्मा के प्रति उसकी प्रतिक्रियाओं का वर्णन है।

सेल्मा उसके लिए अधिकाधिक अजनबी होती जाती है, इतना ही नहीं सेल्मा के शांत, संयत, आस्थायुक्त व्यवहार को देखकर वह सेल्मा के प्रति आक्रोश से भर उठती है। सेल्मा और योके–दोनों दृष्टि-भेद की वजह से ही एक दूसरे से अलगाव महसूस करती हैं, लेकिन यह भेद तरुणी योके में ही ज्यादा बना रहता है। क्रिसमस के दिन वे काठ-घर में बिताती हैं। योके के मन में अनेक बातों पर 'घोर विरोध' के भाव प्रबल होते जाते हैं, इतना ही नहीं वह महसूस करती है कि–

'वहाँ सेल्मा और योके के अलावा एक तीसरा भी है।'[5]

और वह 'तीसरा' है 'मृत्यु'। योके भय से भर जाती है। लेकिन सेल्मा आस्थावान है। उनके मन में मृत्यु के प्रति भी स्वीकार का भाव है, इतना ही नहीं योके के प्रति कोई विरोध का भाव भी मन में नहीं है। उसे (योके को) लगता है :

'वह (सेल्मा) जानती है और जानकर मरती हुई भी जिए जा रही है। और मैं हूँ कि जीती हुई भी मर रही हूँ और मरना चाह रही हूँ।'[6]

योके के मन में जिज्ञासा का भाव जाग उठता है। काठ-घर के जीवन की एकरसता उसे खलती है। सेल्मा को तकलीफ में देखकर उसे एक प्रकार का संतोष होता है। एक बार तो सेल्मा भी इस जीवन से ऊबकर जैसे बचपन के समय में सुनी हुई गालियाँ बड़बड़ाती हुई भंडारे की चीज़ों को पटकने लगती है–और वह सेल्मा को अपने निकट पाती है, लेकिन फिर सेल्मा योके के लिए अजनबी बन जाती है। यहाँ तक कि एक बार तो योके जिज्ञासा की आत्यंतिकता में अपने हाथ सेल्मा के गरदन की ओर बढ़ा देती है, लेकिन रुक जाती है। उसे अब आसन्न मृत्यु की गंध आने लगती है। उसे लगता है कि–

'मरना सेल्मा को है, मरेगी वह, लेकिन मर रही हूँ मैं, अकेली मैं...।'[7]

सेल्मा योके से कहती है कि यह सब वह पहले एक बार देख चुकी है–ऐसे अनुभव से गुजर चुकी है और फिर वह अपनी उस 'दूसरी-दुनिया' की बात सुनाती है जब वह स्वयं योके की तरह तरुणी थी।

अपनी उस तरुणवय में सेल्मा की एक दुकान थी। दुकान थी शहर के पास

से बहती हुई नदी के एक पुल पर। एक भारी बाढ़ में (और बाढ़ के साथ भूकंप में) पुल की नींव हिल गई और दोनों सिरे टूटकर बह गए, रह गया तीन खंभों पर टँगा हुआ पुल के बीच का हिस्सा और उसके ऊपर की तीन-चार दुकानें और उनमें बसे हुए तीन-चार लोग। उनमें एक थी सेल्मा डालवर्ग, एक यान एकेलोक और एक फोटोग्राफ़र। बाढ़ ऐसी थी कि वहाँ कोई भी सहायता नहीं पहुँच सकती थी। सेल्मा ऐसी स्थिति में अपनी दुकान में खाने-पीने की चीज़ों का दाम बढ़ा देती है, जिससे यान को आश्चर्य होता है। पानी माँगने के लिए आए फोटोग्राफ़र को वह पानी देने को भी राजी नहीं होती। यान, फोटोग्राफ़र और सेल्मा के बीच मृत्यु की आसन्न उपस्थिति की परिस्थिति में दीवार-सी खिंच जाती है। चौथे दिन यान फिर कुछ खरीदने आता है और सेल्मा अनुभव करती है कि उसके मन में यान के प्रति एक कठोरता का भाव उठ आया है।

बाढ़ उतरने के चिह्न दिखाई नहीं पड़ते थे। फिर वह देखती है कि फोटोग्राफ़र की दुकान जल रही है, इतना ही नहीं फोटोग्राफ़र अपनी दुकान से निकल कर जोर से चीखकर धारा में कूदकर आत्महत्या कर लेता है। अब रह जाते हैं सिर्फ दो प्राणी—यान और सेल्मा। एक बार यान गोश्त लेने के लिए फिर आता है, ऐसी स्थिति में भी सेल्मा पहले दाम माँगती है—इतना ही नहीं दाम कम लाने पर दिया गोश्त वापस लेकर आधा फिर काट लेती है। उसके मन में यान के प्रति प्रबल विरोध का भाव बना ही रहता है। रात में जब यान दरवाजा खटखटाता है तब वह लोहे की सलाख लेकर दरवाजा खोलती है। यान उसे कहता है कि तुम मुझे मारना चाहती हो, लेकिन मार नहीं सकती, मैं चाहूँ तो तुम्हारी जान ले सकता हूँ लेकिन चाहता नहीं हूँ। फिर वह कहती है मरने के बाद तुम अकेले मरोगी तो उसमें क्या सुख मिलेगा?

'बल्कि अकेली तो तुम अभी भी हो, जब कि मैं नहीं हूँ। और शायद मर ही चुकी हो—जब कि मैं अभी जिंदा हूँ।'[8]

वह अपने साथ पकाया हुआ गोश्त लेकर आया है। अपने आने का इरादा बताते हुए कहता है :

'इसलिए साझा करने आया हूँ। अपनी अंतिम पूँजी देकर यह अंतिम भोजन मैंने खरीदा है। इसे अकेला नहीं खा सकूँगा।'[9]

वह सेल्मा से आधा हिस्सा ले लेने के लिए कहता है। यान को दुतकारने के लिए बढ़ा हुआ अपना हाथ वह अचानक यान के कंधे पर रख देती है, और स्वयं स्तंभित रह जाती है। एक क्षण विरोध का भाव भी आता है लेकिन वह एकदम यान से विवाह का प्रस्ताव ही करती है। यान पहले तिरस्कार से इनकार करता है और चला जाता है; फिर सेल्मा जाती है—अपना गोश्त और दोनों प्लेटें साथ ले जाती है और साझा करने की बात करती है लेकिन वहाँ बैठकर खा नहीं सकती। अपने

कमरे में फिर वापस आती है। सेल्मा फिर यान से उसे स्वीकार करने के लिए कहती है और उन दोनों के जीवन का एक नया अध्याय आरंभ होता है।

सेल्मा की यह बात टुकड़ों-टुकड़ों में कही गई थी, लेकिन योके के मन में सेल्मा की इन बातों के प्रति विरोध का भाव ही जगता है। सेल्मा मर जाती है और योके मृत्युगंध से आच्छन्न हो जाने का अनुभव करती है। वह उस गंध को अनेक प्रयत्नों से दूर करना चाहती है लेकिन उसे लगता है कि वह गंध उसी की देह से आ रही है। फिर वह सेल्मा के कमरे के दरवाजे को खोलकर, सेल्मा की मृत देह से कंबल उठाती है और लाश को बर्फ पर लिटा देती है। बर्फ में खाई बनाकर लाश को उसमें लिटा कर जब बर्फ में ढँकने जाती है, तब उसे प्रार्थना का विचार आता है, लेकिन उसको तो ईश्वर के नाम पर सिर्फ थूकने का अभ्यास है, अतः सेल्मा से क्षमा माँगकर लाश को बर्फ से ढँक देती है। उसी समय उसका प्रेमी पाल चिल्लाता हुआ आता दिखाई पड़ता है, जो अब योके को अजनबी लग रहा है।

अब हम जिस योके को देखते हैं, वह पाल की प्रेमिका नहीं है। युद्ध के दिन चल रहे हैं, चारों ओर आतंक है और योके अर्द्धविक्षिप्त सी है। जर्मनों ने उसको वेश्या बना दिया है। जगन्नाथन् नाम का एक भारतीय रसद की दुकान से कुछ लेकर जा रहा था कि योके अनमने भाव से उसके पनीर में सिगरेट खोंस कर उसकी ओर देखती है और आगे चल पड़ती है। जगन्नाथन् उसके पीछे लपकता है और पूछता है कि यह तुमने क्या किया? क्या लाचारी थी? वह कहती है कि उसके लिए वह जरूरी था, फिर वह कहती है–

'जरूरी था। मुझे जाना है, मेरी पुकार हो गई है।'[10]

फिर वह कुछ खा लेती है। उसकी देह शिथिल हो जाती है। वह जगन्नाथन् से माफी माँगती है और कहती है :

'मैंने चुन लिया। मैंने स्वतंत्रता को चुन लिया...मैं चाहती थी कि मैं किसी अच्छे आदमी के पास मरूँ। क्योंकि मैं मरना नहीं चाहती थी, कभी नहीं चाहती थी।'[11]

मरते समय वह बोलती रहती है, अपने को ईसा की माँ मरियम बताती है और जगन्नाथन् से माफी माँगती है। फिर कहती है–'मैंने माफ कर दिया तब वह एक दुविधा में पड़ी लगती है–उसका नाम नहीं लेती, लेकिन जगन्नाथन् को लगता है कि योके ने कहा था 'ईश्वर को'।'

जगन्नाथन् की गोद में योके अंतिम साँस लेती है। जैसा आरंभ में ही कहा है कि इस उपन्यास की वस्तु असाधारण है। जो परिस्थिति है वह अतिनाटकीय लगती है। यह बात जरूर है कि ऐसी घटनाएँ घटित होती हैं और इस उपन्यास के लेखक ने ऐसी घटनाओं का ब्यौरा स्वयं सुना था। लेकिन जैसा कि रामस्वरूप चतुर्वेदी ने कहा है–'पर दोनों ही घटनाएँ संभाव्य उतनी नहीं जितनी की संभव हैं।'[12]

सदियों पहले अरस्तू ने ट्रेजेडी की मीमांसा करते समय इन दो संज्ञाओं—संभाव्य (Probable) और संभव (Possible) का उपयोग करके कहा था कि कलाकृति में जो घटनाएँ आती हों वे संभाव्य लगनी चाहिए। ऐसी अनेक घटनाएँ होती हैं, जो संभवित (Possible) हों, लेकिन उसमें संभाव्यता (Probability) न लगे। 'अपने अपने अजनबी' की वस्तु इस दोष से मुक्त नहीं है।

एक बात और भी है। उपन्यास का अंतिम अंश 'योके'—अत्यंत कमजोर और अप्रतीतिकर लगता है। कथानक के सहज विकासक्रम में न आकर जैसे ऊपर से थोपा गया है। इससे उपन्यास में एक वैधानिक (स्ट्रक्चरल) शिथिलता आ गई है। लेकिन असाधारण परिस्थिति के चुनाव का कारण हमें तब दीख पड़ता है, जब इस उपन्यास की रचनाप्रेरणा के स्रोत तक पहुँचते हैं।

2. अपने अपने अजनबी : रचना प्रेरणा

किसी उपन्यास की समीक्षा के लिए यह अपरिहार्यतः आवश्यक नहीं कि उसके प्रेरणास्रोतों की खोज की जाए। लेकिन कभी-कभी कृति को समग्रता में आकलित करने में प्रेरणास्रोतों का अध्ययन सहायक होता है।

'अपने अपने अजनबी' दार्शनिक भूमिकायुक्त उपन्यास है। उपन्यासकार यहाँ दार्शनिक (Novelist as philosopher) है। उपन्यास में भी कभी-कभी दार्शनिक का रूप अधिक मुखरित होता जान पड़ता है। ऐसा क्यों होता है—इस जिज्ञासा का उत्तर शायद इस उपन्यास के प्रेरणास्रोतों का अध्ययन करने पर प्राप्त हो सकता है।

'शेखर : एक जीवनी' और 'नदी के द्वीप' में रचनाकार की निजी अनुभवसृष्टि का बहुत बड़ा आधार है—'शेखर : एक जीवनी' तो कई बार रचनाकार की जीवनी की समांतरता भी पा गई है। लेकिन 'अपने अपने अजनबी' इस दृष्टि से 'परकायाप्रवेश' की सर्जनात्मक शक्ति का उदाहरण है। इसका संकेत हमें 'एक बूँद सहसा उछली' के यात्रावृत्त में स्वयं लेखक द्वारा मिलता है।

एक तरह से 'अपने अपने अजनबी' का मुख्य विषय 'मृत्यु' से साक्षात्कार है, यद्यपि इसके पहले लेखक ने इसी विषय को 'शेखर : एक जीवनी' में भी निरूपित किया है। यूरोप यात्रा के दौरान फिर लेखक के चिंतन के केंद्र में 'मृत्यु' आती है। स्वीडन के 'लोकोत्तर' प्रदेश की यात्रा के पश्चात् साधारण भूमि पर उतर आने के बाद भी लेखक के चित्त पर लोकोत्तरता की छाप गहरी ही बनी रहती है—और :

"प्रायः पच्चीस वर्ष पहले जेल-जीवन में जिस एक प्रश्न को लेकर बहुत सोचा करता था, और किसी कृति में निरूपित करने के अनेक प्रयत्न करता रहता था—कविता में, उपन्यास में, नाटक में भी!—वह एक नए रूप में उभर आया था स्टाकहोम में लिफ्ट से कूदकर आत्महत्या करनेवालों की चर्चा[13] जीवन और मरण के प्रश्न पर एक स्वीडी कवि से इच्छा-विरुद्ध और उत्तेजित बहस ने[14] मेरे चिंतन को फिर उसी

प्रश्न पर केंद्रित कर दिया था—एकांत में मृत्यु से साक्षात् होने पर कैसा लगता है? अत्यंत सूक्ष्म-काल में तो ऐसी स्थिति में केवल दुर्दांत जीवन-प्रेम (या कह लीजिए जीवनमोह) उभरेगा; अस्तित्ववादी इसी सूक्ष्म क्षण का विश्लेषण करते हैं, क्योंकि मृत्यु साक्षात् का क्षण चरम जीवनबोध का क्षण है। किंतु क्षण की बात न सोचकर उस अवस्था की बात सोचूँ तब! मृत्यु के साक्षात् के क्षण को नहीं कालव्यापी परिस्थिति को अन्य सब परिस्थितियों से अलग करके एकांत भाव से कैसे देखा और दिखाया जाए, यह मैं बारबार सोचता रहा था, और ऐसी परिस्थिति में उलझे हुए पात्रों को और सब प्रभावों से अलग करने के लिए मैंने निर्जन द्वीप से लेकर बंद हो गई सुरंग तक अनेक परिस्थितियों की कल्पना की थी। लापोनिया के हिमशिलित एकांतों ने इस प्रश्न को फिर उभारा, और अंत में एक स्वीडी लेखिका ने दुःख और यातना संबंधी एक प्रसंग पर बातचीत के सिलसिले में अपना अनुभव सुनाया तो सहसा मुझे लगा कि अपनी समस्या के हल के लिए एक फीकी-सी किरण मुझे दीखने लगी है। यह लेखिका कैंसर के एक रोगी के साथ लापोनिया के एक पहाड़ी झोंपड़े में जाड़ों भर के लिए बंदी हो गई थी—अनपेक्षित हिमपात के कारण उस झोंपड़े के आने जाने के सब मार्ग बंद हो गए थे। मृत्यु की प्रतीक्षा करता हुआ एक व्यक्ति, और उसे देखता हुआ दूसरा व्यक्ति जो उस मृत्यु का निवारण भी चाहता था और उसकी कामना भी करता था—मेरी समस्या का चरम रूप, जिसमें वह समस्या सब ओर से काटकर शून्य में रख दी गई थी, सामने था!''[15]

जेम्स ज्वाइस जिसे 'एपिफनी' कहता है—ऐसी एपिफनी के ये क्षण 'सर्जक अज्ञेय के हैं'—सर्जक किसी एक विषय को लेकर सोचता रहता है, सोचता रहता है और यकायक कोई सूत्र, प्राकृतिक दर्शन या बातचीत से सिलसिले में अप्रत्याशित रूप में आत्मदीप्त हो उठता है। जो बातें मन में पड़ी होती हैं—या जो विचार एक अस्पष्टता लिए हुए हैं, स्पष्ट अभिव्यक्ति के लिए सन्नद्ध हो जाते हैं—सर्जक के चित्त में उसका सम्यक् दर्शन हो जाता है। मृत्यु का चिंतन तो अचल ही था। निस्संग एकांत में मृत्यु के चरम बोध को देख पाने का उनके मन में आग्रह भी रहा कि स्वीडी लेखिका की वह बात समक्ष आ गई—और लेखक को 'आब्जेक्टिव कोरिलेटिव' (Objective Correlative) मिल गया।

इससे एक बात तो स्पष्ट हो जाती है कि रचना में मृत्यु विषयक चिंतन लेखक का अपना है, लेकिन एकांत में मृत्यु का साक्षात् करने वाले पात्रों का अनुभवबोध लेखक का अपना नहीं, काल्पनिक है। स्वयं रचनाकार ने कहा है :

''किंतु यह अनुभव भी लोकोत्तर है; और इस समस्या के कालगत परिणाम भले ही दूसरों के सम्मुख प्रस्तुत किए जा सकते हों, इस समस्या के साथ कृतिकार की यात्रा भी एक लोकोत्तर और वर्णनातीत यात्रा है। युधिष्ठिर की अंतिम हिमालय-यात्रा का वर्णन व्यास ने किया है; उसके लिए यह बताना संभव था कि

कैसे पत्नी और भाई एक-एक करके परिग्रह से झरते गए। लेकिन युधिष्ठिर इसका काव्य लिखने बैठते तो वह दूसरा होता! न केवल दूसरा होता, बल्कि वह यात्रांत का ही काव्य होता, यात्रा का नहीं!

और मैं अभी यात्रा पर हूँ...।''[16]

इस रचना में 'मस्तिष्क' अधिक है, या अंग्रेजी में जिस सर्जन को 'सेरेब्रल' (Cerebral) कहते हैं, उस प्रकार की रचना हो गई है। 'शेखर : एक जीवनी' या 'नदी के द्वीप' पढ़ते-पढ़ते जैसी तन्मयता का बोध होता है, ऐसा बोध इस रचना को पढ़ते समय नहीं होता, और इसका कारण यह भी नहीं है कि उपन्यास में परिवेश और पात्र पश्चिम के हैं या कि उपन्यास में आत्यंतिक परिस्थितियों (Extreme Situations) का चुनाव किया गया है। परंतु ऐसा लगता है कि लेखक मृत्यु विषयक अपने चिंतन से अधिक आक्रांत है, जैसा कि उन्होंने स्वयं लिखा है, और चूँकि वह चिंतन के विभिन्न दृष्टिकोणों को प्रस्तुत करने के लिए योके और सेल्मा के पात्रों का निर्माण करते हैं, इसलिए ये पात्र प्रतीक बनकर रह जाते हैं। हाड़चाम के साधारण चलते-फिरते पात्र होने का एहसास नहीं देते। मृत्यु विषयक अनेक उक्तियाँ पात्र और परिस्थिति के तनाव से नहीं अर्थात् सहज नहीं, ऊपर से आती हैं। इस उपन्यास की इस सर्जनात्मक कमजोरी का पता इस रचना के उत्स का परिचय पाने पर स्पष्ट रूप से लग जाता है।

3. अपने अपने अजनबी : दृष्टिकोण

इस उपन्यास में आरंभ से अंत तक लगातार एक दृष्टिकोण नहीं, अपितु विभिन्न और परिवर्तित दृष्टिकोण देखने में आते हैं। जहाँ-जहाँ लेखक सर्वदर्शी दृष्टिकोण को अपनाता है, वहाँ भी लेखक ने उस 'सर्वदर्शिता' के लाभ का उपयोग शायद ही किया है। लेखक ने अपने चरित्रों का एक बाहरी रूप प्रकट किया है जो एक कूटस्थ फिर भी संवेदनशील द्रष्टा की निगाह में आ सकता है। कहीं शायद ही हेतु और संवेदन (motive and feeling) की 'hiddenself' में हम प्रवेश पाते हैं। इसी कारण से यहाँ सर्वदर्शी कथोपकथन की उपस्थिति अप्रिय नहीं लगती।

लेखक परिवर्तित दृष्टिकोण (shifting point of view) को अपनाते हैं। यदि फार्स्टर की संज्ञा का प्रयोग करें तो कह सकते हैं कि दृष्टिकोण 'bouncing' है। इस सर्वदर्शिता और सीमित दृष्टिकोण का सायुज्य अत्यंत कुशलता से किया गया है। कई बार ऐसा लगता है कि लेखक सेल्मा और योके दोनों से detached है तो कई बार ऐसा लगता है कि सेल्मा या कभी योके में प्रविष्ट होता है; कभी सेल्मा के प्रति सहानुभूति प्रकट होती है, कभी योके के प्रति। अतः इस प्रकार के दृष्टिकोण में पाठक को ही अपने रवैए (attitude) का निर्णय करना होता है। लेखक ने उपन्यास का विभागीकरण भी ऐसे किया है। उपन्यास में तीन विभाग हैं :

1. योके और सेल्मा
2. सेल्मा
3. योके

फिर भी हम देखते हैं कि प्रथम विभाग–'योके और सेल्मा'–में सर्वदर्शी दृष्टिकोण के बावजूद योके के प्रति एक विशेष झुकाव स्पष्ट है, विशेषकर योके की डायरी की वजह से। डायरी का आयोजन करके लेखक ने अपनी विशिष्ट कलादृष्टि का उन्मेष दिखाया है। यहाँ स्पष्टतः योके का सीमित दृष्टिकोण ही प्रकट होता है।[17]

डायरी के माध्यम से योके का दृष्टिकोण उभरकर आता है, लेखक जिस दार्शनिक भूमिका को प्रस्तुत करना चाहते हैं, वह भी योके की चेतना से गुजरकर ही स्थापित होता है। योके के दृष्टिकोण से काठ-घर का बंदी जीवन निरूपित होता है, इतना ही नहीं सेल्मा की जीवनाभिव्यक्ति भी योके के दृष्टिकोण से प्रकट होती है।

इससे लेखक एक बहुत बड़े प्रश्न को हल कर सके हैं। वह जो बातें योके की डायरी के माध्यम से प्रकट करते हैं, यदि अन्यथा प्रकट की होतीं तो सर्वदर्शी कथानक का माध्यम स्वीकार करना पड़ता, जो अवश्य उबा देने वाला हो जाता। वैसे 'अपने अपने अजनबी' को 'आत्यंतिक दृष्टिकोण' का उपन्यास कहा गया है और इसी वजह से सर्वदर्शी आलेखन अधिक अविश्वसनीय भी हो सकता था। डायरी सेल्मा का एक तरह से Interior monologue ही है और यहाँ उपन्यास में उसकी अनिवार्यता स्वतः सिद्ध है। इस लघु उपन्यास में आधे के करीब अंश योके की डायरी के रूप में प्रस्तुत हुए हैं। डायरी के माध्यम से दैनंदिन घटनाओं के साथ योके की तीखी प्रतिक्रियाएँ भी प्रत्यक्ष रूप में प्रस्तुत होती हैं।

उपन्यास में सेल्मा की कहानी वाला अंश वैसे तो सर्वदर्शी अन्य पुरुष में अखंड रूप में प्रस्तुत किया गया है। वास्तव में जैसा कि कहानी समाप्त होने के बाद योके की प्रतिक्रिया से प्रकट है कि कहानी इस तरह से कही नहीं गई थी :

'लेकिन सेल्मा की कहानी के प्रति विरोध क्यों? क्या वह मानती है कि वह कहानी झूठ है? ऐसा तो वह नहीं कह सकती। शायद कहानी जिस ढंग से कही गई–टुकड़ों-टुकड़ों में और बीच-बीच के अंतरालों में मानों मृत्यु की ठोस काली छाया के विराम चिह्नों से युक्त–उसी से उसकी सच्चाई का बोध कुछ खंडित हो गया। कहानी में कुछ ऐसा संपूर्ण और अखंड और असाध्य रूप में एक दिशा में बढ़नेवाला है कि उसका रुकना या हिस्सों में बँटना असंभव है। या तो कहानी के विराम झूठ हैं या तो कहानी ही कैसे सच हो सकती है?'[18]

यहाँ सेल्मा की कहानी के प्रति योके का अविश्वास प्रकट करके, कहानी कैसे कही गई थी, इसका इंगित है। कहानी सेल्मा के अपने शब्दों में कही गई थी, अपने 'दृष्टिकोण' से कही गई थी, लेकिन उपन्यास में योके की समग्र चेतना ने जिस रूप में ग्रहण किया उस रूप में इंपर्सनल बनाकर कही गई है। सेल्मा की जो अवस्था

है, उसमें जिस रूप में आती है, आना असंभव है। कथन को 'आथेंटिक' बनाने के लिए लेखक की यह कलात्मक प्रयुक्ति है। लेखक ने यह भी नहीं बताया कि सेल्मा की कहानी कब शुरू होती है, कब पूरी हुई। लेकिन कहानी शुरू होने के पूर्व और कहानी समाप्त होने के बाद इसके संकेत अवश्य हैं।

लेखक की कुशलता इस बात में है कि सेल्मा का दृष्टिकोण योके की चेतना से गुजरता रहे। इससे प्रतिक्रियायित होता रहे, संघर्षित होता रहे और फिर भी योके के बावजूद प्रस्थापित होता रहे। सेल्मा की मृत्यु के पश्चात् उसे दफ़नाने की विधि पूरी करने के बाद अकेली योके को जब देर से उसके साथी पाल सोरेन की पुकार सुनाई पड़ती है तब योके की चेतना की प्रतिक्रिया क्या है? वही, जो सेल्मा मानती रही थी :

'कहीं वरण की स्वतंत्रता नहीं है। हम अपने बंधु का वरण नहीं कर सकते—और अपने अजनबी का भी नहीं—हम इतने भी स्वतंत्र नहीं हैं कि अपना अजनबी भी चुन सकें...।'[19]

हमें तुरंत सेल्मा की योके के प्रति कही गई उक्ति याद आती है :

'न तो हम अकेले हैं, न हम स्वतंत्र हैं। बल्कि अकेले नहीं हैं और हो नहीं सकते, इसलिए स्वतंत्र नहीं हैं, और इसीलिए चुनने या फैसला करने का अधिकार हमारा नहीं है।'[20]

उपन्यास के 'योके' वाले अंतिम अंश में सर्वदर्शी दृष्टिकोण है। जिसमें योके की जगन्नाथन् नामक भारतीय की गोद में मृत्यु दिखाई गई है। निरूपण में यह प्रसंग उखड़ा-सा लगता है और योके की अंतिम उक्तियों में भी एक प्रतीतिकरता के बोध का अभाव रह जाता है। सर्वदर्शी लेखक के रूप में अवश्य लेखक ने कोई टीका-टिप्पणी अपनी ओर से नहीं की है।

समग्र रूप में देखने पर विभिन्न और परिवर्तित दृष्टिकोण के कारण उपन्यास कथोपकथनों में एक वैविध्य आया है, इतना ही नहीं नाट्यात्मकता की रक्षा करके भी उपन्यास को 'विचारों का उपन्यास' 'Novel of Ideas' बनाया जा सका है। दृष्टिकोण का यह वैविध्य पूरे उपन्यास के संघटन (स्ट्रक्चर) को आकृत करता है।

4. अपने अपने अजनबी : समयस्थल

'वैसे मुझे लगता है कि जाड़ों भर के लिए हम बंद हैं।'[21]

—सेल्मा

जाड़ों के आरंभ का तूफान था, जिसमें घर बर्फ के नीचे दबा था। जितनी बर्फ के नीचे घर दबा है, मार्च से पहले उसके गलने की संभावना बहुत कम है। बर्फ के नीचे दबने के पश्चात् (15 दिसंबर से) योके की डायरी का प्रारंभ होता है—अर्थात् घटना 6 दिसंबर को हुई। 14 जनवरी की डायरी में—सेल्मा एक दूसरी

दुनिया की बात का जिक्र करती है, जिसके बाद सेल्मा की कहानी वाला अंश आता है। उसका एक स्वतंत्र खंड है। कहानी कहने में कुछ दिन लगे होंगे—उसका संकेत है—

'कहानी जिस ढंग से कही गई—टुकड़ों-टुकड़ों में, और बीच-बीच के अंतरालों में...'[22]

कहानी कहने के कुछ दिन बाद सेल्मा की मृत्यु होती है और उसकी मृत देह के दफ़न के बाद योके को पाल सोरेन आ मिलता है।

उसके बाद एक संक्षिप्त खंड है 'योके'। योके और पाल सोरेन के मिलन के बाद कितना समय व्यतीत हुआ होगा उसका संकेत नहीं है। यह सिर्फ हमारे अनुमान का विषय है। पाल उसे छोड़ गया है, इसलिए कि योके जर्मनों के अत्याचार का शिकार हुई है और उसे वेश्या होना पड़ा है। अर्थात् कुछ महीनों का समय बीता है।

योके का जगन्नाथन् की गोद में मरने का अंतिम प्रकरण तो कुछ मिनटों का है।

कुल मिलाकर 6 महीनों से अधिक समय उपन्यास की प्रथम और अंतिम घटना के बीच नहीं गुजरा है। यह समय है 'नेरेटिव टाइम'।

इस उपन्यास में 'नेरेटिव टाइम' और 'ऑथर्स टाइम' में अधिक व्यवधान नहीं है। उपन्यास में वर्णित घटनाओं के बनने में जितना समय लगता है, कई बार तो उतना ही समय लेखक उस 'नेरेटिव' समय को देता है। उपन्यास की आरंभिक घटना और उपन्यास की अंतिम घटना तथा सेल्मा की मृत्यु के उपरांत दफ़न करने की घटना की वर्णना—उतना ही समय लेती है, जितना समय उक्त घटनाओं को घटने में लगता है।

सेल्मा अपनी कहानी कहती है—वास्तव में वह इतनी अशक्त है कि पूरी कहानी टुकड़ों-टुकड़ों में ही कह पाती है। पुल पर जितने दिन बाढ़ के आने के बाद बीते होंगे, शायद उतने ही दिन उस कथा को कहने में लगे हों। लेकिन यहाँ पर जैसे कही गई कथा को लेखक समेट कर कहता है। इससे ऐसा लगता है कि एक ही बैठक में कुछ दिनों की बात कही गई है। घटनाएँ प्रत्यक्षवत् होते हुए भी वर्णित होने का आभास लेकर आती हैं। यह 'इल्युजन' तभी दूर होता है जब कहानी समाप्त होने पर 'टुकड़ों-टुकड़ों में' कहानी कहे जाने का संकेत मिलता है, लेकिन सेल्मा की यह कहानी समग्र उपन्यास की समय-यात्रा में दीर्घता का बोध कराती है। उपन्यास में वह एक अलग खंड के रूप में दी गई है। इससे यह बोध और भी तीव्र होता है। वैसे उक्त कहानी में घटना काल कुछ दिनों का ही है, सेल्मा के जीवन का वह युवा काल है। सेल्मा जब क्वाँरी थी, यह उस समय की कथा है। अब सेल्मा वृद्ध हो गई है—उसका अच्छा-खासा परिवार हो गया है। अर्थात् हमारे सामने एक ऐसा

पात्र है, जिसके जीवन के दो आयाम–युवा जीवन और मरणासन्न जीवन–हमारे सम्मुख हैं। इन दो धुरियों के बीच बीते हुए वर्षों का एक दीर्घ समयव्यापी बोध है। लेकिन कहानी, चूँकि सेल्मा के द्वारा कही गई है–इसी काठ-घर में अतः एक तरह से प्रत्यावलोकन का प्रत्यक्ष रूप है और काठ-घर में बीते समय के अंतर्गत ही वह समय आ जाता है। वह समय योके की 15 दिसंबर से 14 जनवरी तक की एक महीने की डायरी से एकदम निश्चित हो जाता है। एक महीने के इस समय में योके ने कुल 15 दिन की डायरी लिखी है, जिसमें 21 दिसंबर के दिन तो दो बार लिखी गई है।

डायरी में कहीं सिर्फ योके की मानसिक प्रतिक्रियाएँ हैं, कहीं पर दिन में गुजरी घटनाओं का प्रत्यक्षवत् निरूपण है, लेकिन घटनाएँ गुजर चुकी हैं और बाद में डायरी लिखी गई है। इसे लिखने में योके की अपनी चेतना प्रवृत्त होती है। यहाँ समय का जो बोध होता है, वह एक पात्र का है–'सायकॉलोजिकल टाइम' है। इसके अतिरिक्त एक बात और है। योके जिस स्थिति में काठ-घर में बंद है, वह स्थिति उसके लिए असह्य हो उठती है। ऐसी स्थिति में समय न बीतने का बोध अधिक लगता है। समय जैसे दीर्घ दीर्घतर होता जाता है।

इस उपन्यास में 'फिक्शनल टाइम' के अतिरिक्त 'समय' को एक सनातन विषय के रूप में भी लिया गया है। वास्तव में सेल्मा और योके का काठ-घर में बंद हो जाना उनके लिए दिनमान से विलग जाना है। पहले दिन सेल्मा पूछती है :

"अभी क्या बजा होगा?"

योके "कोई साढ़े ग्यारह।"[23]

समय का यह बोध है। सेल्मा कहती है कि हम जाड़ों भर के लिए बंद हैं, तो योके कहती है–"मेरी तो छुट्टी इतनी नहीं है।"–सेल्मा कहती है–"छुट्टी तो शायद मेरी भी इतनी नहीं है–पर"[24]

यहाँ 'छुट्टी' शब्द से सेल्मा का इंगित स्पष्ट है। इसके बाद योके की डायरी में 'समय' का बोध किसी-न-किसी रूप में आता रहता है–15 दिसंबर की डायरी में 'कब्रघर के दस दिन...' की बात आती है।

और दूसरे दिन की डायरी में दिन-रात के उजाले, अँधेरे के कारण होनेवाले समय के बोध का अभाव देखकर वह लिखती है–

" 'एक अंतहीन' परिवर्तनहीन धुँधली रोशनी, जो न दिन की है, न रात की है, न संध्या के किसी क्षण की ही है..."[25] "एक धुँधली रोशनी–एक ठिठका हुआ निःसंग जीवन। मानों एक छोटी-सी मशीन ने, जिसकी चाबी तक हमारे हाथ में है, ईश्वर की जगह ले ली है..."[26]

"घड़ी के रुक जाने से समय तो नहीं रुक जाएगा और रुक भी जाएगा तो

यहाँ पर क्या अंतर होनेवाला है, घड़ी के चलने पर भी यहाँ समय जड़ीभूत है। एक ही अंतहीन लंबे शिलित क्षणों में जी रही हूँ—जीती ही जा रही हूँ—और वह क्षण ज़रा भी नहीं बदलता, टस-से-मस नहीं होता है।''[27]

"मैं मानों एक काल निरपेक्ष क्षण में टँगी हुई हूँ--वह क्षण लड़ी में से टूटकर कहीं छिटक गया है और इस तरह अंतहीन हो गया है–"

कालनिरपेक्षता का यह बोध किसी के लिए भी एक लोकोत्तर अनुभव है, फिर चाहे, वह यंत्रणामय ही क्यों न हो। लेखक ने इस प्रकार के समय भ्रम का थोड़ा बहुत प्रत्यक्ष अनुभव अपने यात्रावृत्त 'एक बूँद सहसा उछली' में 'लोकोत्तर' शीर्षक प्रकरंण में वर्णित किया है लेकिन यहाँ परिस्थिति भिन्न है, वहाँ परिस्थिति भिन्न है।

एक तरह से, स्थल की दृष्टि से देखने पर 'शेखर : एक जीवनी' शेखर की कालकोठरी तक ही सीमित है। वहाँ सारा कथानक शेखर के प्रत्यावलोकन के रूप में है और शेखर कालकोठरी में बंद है। लेकिन प्रत्यावलोकन में आनेवाले स्थलों के बारे में सोचने लगता है, भारतवर्ष का दूर-सुदूर का भू-भाग वहाँ वर्णित है। कभी घटना कश्मीर में है, कभी मद्रास में, कभी लखनऊ में, कभी त्रावणकोर में, कभी नदी-तट पर, कभी सागर के किनारे, कभी नगर में...। 'नदी के द्वीप' में भी विभिन्न स्थल हैं। मुख्य चरित्र अधिकतर भ्रमणशील हैं। इन दो उपन्यासों के विपरीत 'अपने अपने अजनबी' में स्थल एक सीमित; एकदम असाधारण रूप में सीमित, बर्फ से दबा काठ-घर है—एक तरह से कालकोठरी ही समझिए। लेकिन यहाँ शेखर का-सा प्रत्यावलोकन नहीं है। शेखर की कालकोठरी सिर्फ शेखर के रहने के स्थान विशेष से कोई अधिक महत्त्व उपन्यास में नहीं रखती, क्योंकि एक तरह से वहाँ कुछ घटित नहीं होता।

'अपने अपने अजनबी' में प्रत्यावलोकन नहीं है। यहाँ सारी घटनाएँ (यदि उन्हें घटनाएँ कहें) प्रत्यक्ष हैं। सेल्मा और योके जो कुछ भी कहती हैं (यदि वे कुछ 'कहती' हैं) सोचती हैं, काल कोठरी में—इन्हीं सांप्रत क्षणों में।

स्थल की असाधारणता—उपन्यास में लेखक जिस दर्शन को प्रस्तुत करना चाहते हैं, उसके लिए अनिवार्य-सी है। 'एकांत में मृत्यु से साक्षात् होने पर कैसा लगता है ?—और वह भी मृत्यु साक्षात् के क्षण को ही नहीं, कालव्यापी परिस्थिति को अन्य सब परिस्थिति से अलग करके एकांत भाव से कैसे देखा और दिखाया जाए' यह विचार लेखक के मन में चलता रहता था। जैसे कहा कि इसके लिए उन्होंने निर्जन द्वीप आदि की कल्पना की थी, लेकिन स्वीडी लेखिका से ऐसे पहाड़ी झोंपड़ों में हिमपात के कारण बंद हो जाने की बात सुनकर, लेखक ने 'अपने अपने अजनबी' के लिए ऐसी परिस्थिति और स्थल की कल्पना की, जो उसकी आवश्यकता सिद्ध करती है। एक तरह से उसे आत्यंतिक (Extreme) परिस्थिति कह सकते हैं।

सेल्मा ने अपनी बात इसी काठ-घर में कही थी, लेकिन उस कहानी का घटना स्थल यदि देखें तो वह है, दोनों ओर से टूटा तीन खंभों पर खड़ा बाढ़ग्रस्त पुल। यह भी आत्यंतिक परिस्थिति का द्योतक है, लेकिन लेखक ने उसकी भी अनिवार्यता सिद्ध की है। बर्फ से दबा काठ-घर और दोनों छोर से टूटा बाढ़ग्रस्त पुल—ये दोनों स्थल उपन्यास के मुख्य घटना स्थल हैं। एक में बर्फ और दूसरे में पानी का प्राबल्य है।

तीसरा स्थल है युद्धकालीन जर्मन अधिकारप्राप्त, आतंक में डूबा हुआ एक नगर—उस नगर की एक गली, जहाँ जगन्नाथन् और योके का मिलन होता है।

एक स्थल में सेल्मा और योके, दूसरे स्थल में यान और सेल्मा और तीसरे स्थल में जगन्नाथन् और योके एक दूसरे के परिचय में आते हैं।

'अपने अपने अजनबी' का यह परिवेश यूरोपीय है। बर्फ से दबा काठ-घर, टूटा हुआ पुल और आतंकग्रस्त नगर ये तीनों स्थल यूरोप के हैं। एक भारतीय लेखक ने यूरोपीय परिवेश को अत्यंत स्वाभाविकता से उभारा है। रड्यार्ड किप्लिंग या इ. एम. फार्स्टर जैसे पाश्चात्य उपन्यासकारों ने भारतीय पात्र और परिवेश लेकर उपन्यासों का निर्माण किया है। निर्मल वर्मा ने 'वे दिन' उपन्यास यूरोपीय परिवेश में लिखा है, लेकिन उसका एक प्रधान पात्र भारतीय है, और उस भारतीय के दृष्टिकोण से उपन्यास कहा गया है, अतः उसमें भारतीय संवेदना उभरती है। अज्ञेय ने 'अपने अपने अजनबी' में यूरोपीय परिवेश और यूरोपीय पात्र लेकर यूरोपीय चित्ततंत्र का उद्‌घाटन किया है। स्थल परिवेश के निरूपण की दृष्टि से 'अपने अपने अजनबी' हिंदी का एक महत्त्वपूर्ण उपन्यास है।

समय और स्थल की योजना अज्ञेय के इस उपन्यास को यूरोप के ऐसे ही कुछ आधुनिक उपन्यासों का सगोत्रीय बनाती है।

5. 'अपने अपने अजनबी' : अस्तित्ववाद के प्रत्याख्यान का उपन्यास (सार्त्र के संदर्भ में)

इतना तो निश्चित है कि इस उपन्यास की आधारशिला वैचारिक है, और वह विचार है 'मृत्यु'। हमने आगे देख लिया है कि किस तरह अज्ञेय इस विषय पर सृजन के अपने आरंभिक काल से ही सोचते रहे हैं। 'शेखर : एक जीवनी' मृत्यु की उपस्थिति में प्रस्फुटित होता है। लेकिन उस उपन्यास में मृत्यु का चेहरा उतना विभीषण नहीं लगता, जितना इस उपन्यास में है। दोनों में मूल समस्या तो मृत्यु की है लेकिन जैसा कि स्वयं अज्ञेय ने कहा है—"अंतर केवल यह है कि शेखर के सामने प्रश्न यह था कि मेरी मृत्यु की सिद्धि क्या है, यानी मैं मर जाता हूँ तो कुल मिलाकर मेरे जीवन का क्या अर्थ हुआ? और यहाँ यह है कि जीवन मात्र के नक्शे में मृत्यु

मात्र का स्थान है और यहाँ मैंने दो दृष्टियाँ सामने लाने की कोशिश की है। एक को मोटे तौर पर पूर्व की कह सकते हैं। और दूसरी को पशिचम की।"[28] पशिचम की वह दृष्टि अस्तित्ववादी दृष्टि है।

अस्तित्ववाद एक आधुनिक विचारधारा है, जिसने बींसवी शताब्दी के समग्र विश्व के साहित्य को प्रभावित किया है। वैसे अस्तित्ववादी विचारधारा के मूल फ्रेंच गणितशास्त्री और वैज्ञानिक पास्कल (1623-1662) में सर्वप्रथम देखने को मिलते हैं। अवकाश में और काल में व्याप्त विश्व में मनुष्य के सीमित अस्तित्वबोध की बात कह कर उसने अस्तित्ववादी विचारधारा की नींव रखी थी। हालाँकि यूरोपीय विचारधारा के संदर्भ में डेन्मार्क के दार्शनिक किर्कगार्ड (1813-1855) को अस्तित्ववादी विचारधारा का स्थापक कह सकते हैं। किर्कगार्ड ने मानवीय अस्तित्व की व्यग्रता, स्वतंत्रता की चिंता, मूल्य संघर्ष की भीतरी सजगता आदि के बारे में अस्तित्वकेंद्री विधान किए हैं। उसके बाद जर्मन चिंतक और साहित्यकार नीत्शे (1844-1900) ने ईश्वररहित संसार में अस्तित्वलक्षी मूल्यांकन की जरूरत पर बल दिया। बीसवीं शताब्दी के अस्तित्ववादी दार्शनिकों में मार्सेल, यास्पर्स, हाइडेगर, बुबर, मार्लो पोन्ती और सार्त्र आदि प्रमुख हैं। इन सभी दार्शनिकों में से सार्त्र का नाम साहित्यिकों में विशेष प्रचलित है क्योंकि सार्त्र एक चिंतक ही नहीं, प्रबुद्ध साहित्यकार भी हैं। अतः अस्तित्ववाद का विषय (फिर चाहे प्रस्थापना के लिए हो, या विस्थापना के लिए) लेकर रचे गए साहित्य का मूल्यांकन करते समय सार्त्र की दार्शनिक तथा साहित्यिक भूमिका का संदर्भ स्पृहणीय माना गया है।[29]

अस्तित्ववाद के विभिन्न रूप हैं। ईश्वरवादी अस्तित्वदर्शन भी है, निरीश्वरवादी अस्तित्वदर्शन भी है। जर्मन दार्शनिक कार्ल यास्पर्स और फ्रांसीसी चिंतक मार्सेल आदि ईश्वरवादी अर्थात् ईसाई अस्तित्वदर्शन की परंपरा के हैं, जब कि जर्मन चिंतक हाइडेगर और सार्त्र आदि निरीश्वरवादी अस्तित्वदर्शन की परंपरा के हैं। फिर भी दोनों परंपराओं में अनेक विषयों में समानताएँ देखने को मिलती हैं। प्रो. राइनहार्ट[30] के मतानुसार वे निम्नलिखित हैं :

1. सत्य का व्यक्तिगत पहलू
2. विजनता (एलिएनेशन)
3. शून्यता
4. अस्तित्व की व्यग्रता
5. पर का अस्तित्व
6. परिस्थिति
7. कालबद्धता : ऐतिहासिकता
8. मृत्यु
9. ईश्वर आदि।

जहाँ तक सार्त्र का संबंध है, उनकी अस्तित्ववादी विचारधारा में निम्नलिखित बातें मुख्य हैं :

1. अस्तित्व की अधिकता
2. असंगता
3. वरण की स्वतंत्रता
4. ईश्वर की अनुपस्थिति
5. संघर्ष
6. चिंता
7. जुगुप्सा
8. मृत्यु आदि।

ईश्वरविहीन असंगत विश्व में दूसरों के साथ संघर्ष का जोखिम उठाकर व्यक्ति अकेला अपने स्वतंत्र वरण से मूल्यों को जन्म दे—ऐसा सार्त्र के दर्शन का आदेश है। सार्त्र दार्शनिक और साहित्यकार हैं। उन्होंने दर्शन के ग्रंथ लिखे हैं और उस दर्शन से संदर्भित रचनाएँ भी की हैं। सार्त्र का सर्जनात्मक साहित्य एक दार्शनिक का साहित्य है।

इस अर्थ में अज्ञेय दार्शनिक नहीं हैं। उनके पास अपनी एक विधायक दृष्टि अवश्य है, जो उनके साहित्य में प्रतिफलित होती है। मुख्यतया वे सर्जनात्मक साहित्यकार ही हैं। लेकिन, 'अपने अपने अजनबी' इसमें अपवाद है। उसमें लेखक आरंभ से ही एक 'थेसीस' लेकर चलते हैं और उस 'थेसीस' की स्थापना के लिए पात्र और परिस्थिति का निर्माण करते हैं। सार्त्र के उपन्यास, नाटक, कहानी में ठीक यही प्रक्रिया देखने को मिलती है।

अस्तित्वव्राद की भूमिका में लिखा जाने पर भी 'अपने अपने अजनबी' अस्तित्ववादी उपन्यास नहीं है, बल्कि यह कहना चाहिए कि अस्तित्ववाद की कुछ स्थापनाओं के उत्थापन की दृष्टि से यह उपन्यास लिखा गया है। इस उपन्यास के लेखक 'प्राची और प्रतीची'[31] की विभिन्न दृष्टियों से अवगत होकर 'प्राची' के समर्थक के रूप में आते हैं। यूरोप के भ्रमण ने उनकी प्राच्य श्रद्धा को और भी दृढ़ीभूत किया है। समग्र उपन्यास में 'प्राची और प्रतीची' इन दो दृष्टियों की टकराहट है या अज्ञेय के शब्दों में कहें तो 'दो विरोधी दृष्टियों' का 'कांट्रास्ट' है।[32]

लेकिन इन विरोधी दृष्टियों का कांट्रास्ट (वैपरीत्य) सिद्ध करने के लिए अज्ञेय ने अस्तित्ववादी परिस्थिति का निर्माण किया है—बर्फ-दबे काठ-घर में दो नारियों को बंद रहने की स्थिति रचकर। इतना ही नहीं अस्तित्ववादी प्रतिमानों का भी अधिक व्यवहार किया है। इस उपन्यास में मृत्यु का विचार तो है ही, उसके अतिरिक्त ईश्वर का विचार, वरण की स्वतंत्रता का विचार, पर के अस्तित्व का विचार, विजनता और अकेलेपन का विचार भी किया गया है। पूरे उपन्यास में अस्तित्वादी संज्ञाओं की

प्रचुरता हमारे मन में दहशत पैदा कर देती है कि अस्तित्ववाद का निषेध करते-करते कहीं लेखक अस्तित्ववाद की ही तो बात नहीं कर रहे। यद्यपि उपन्यास की उपपत्ति अवश्य अस्तित्ववाद के निषेध में ही है। इस उपपत्ति तक आने में एक रचनाकार की दृष्टि से अज्ञेय को एक समस्या का सामना करना पड़ता है। सार्त्र अपने उपन्यास नोंसिया (La Nausee-1938) में कथानायक रोकितां (Requentin) की अनुभूति के माध्यम से अस्तित्वबोध का आधिक्य (Over-fullness of reality) या जीवन की असंगति या उबकाई का बोध प्रकट करते हैं। यह अनुभूति उनकी निजी अनुभूति भी है।[33] ऐसा कह सकते हैं कि प्रकारांतर से रोकितां स्वयं सार्त्र है। अज्ञेय अपने दूसरे उपन्यासों के नायक शेखर या भुवन के बहुत कुछ समानांतर लगते हैं लेकिन यहाँ उनकी बात एक वैचारिक स्तर पर ही विशेष रहती है, यहाँ वे भोक्ता नहीं, एक कल्पना करने वाले द्रष्टा हैं। लेकिन समस्या यह नहीं है क्योंकि अनेक रचनाओं में स्रष्टा की भूमिका द्रष्टा की रहती है।

प्रश्न यह है कि दो विभिन्न दृष्टियों का वैपरीत्य कैसे व्यक्त किया जाए। उनको ऐसे दो पात्रों का निर्माण करना पड़ता है कि वे एक-एक दृष्टि का प्रतिनिधान करें।

सेल्मा और योके दोनों पात्र विदेशी हैं, वातावरण भी विदेशी है। रोकितां की तरह योके अस्तित्वबोध से व्यग्र और मृत्युबोध से ग्रस्त है। सेल्मा इससे मुक्त है क्योंकि वह मृत्यु का स्वीकार करती है, ईश्वर में आस्था रखती है। लेखक का आशय प्राची-प्रतीची की इन दोनों दृष्टियों को मिलाकर एक नए आयाम का उन्मेष करना है।[34]

काठ-घर में बर्फ़ के नीचे 'वे दब जाएँगे' ऐसा विचार आने के साथ ही योके को सहसा श्रीमती एकेलोक अर्थात् सेल्मा का ध्यान आता है और उसे लगता है कि वह अकेली नहीं है। चिंता करने हेतु दूसरी बात मिलने से तूफ़ान की ओर से अपना ध्यान भी वह हटा सकती है। दूसरे कमरे से जब सेल्मा को प्रार्थना करते देख दबे पाँव लौटना चाहती है तब सेल्मा प्रश्न करती है, 'तुम डर तो नहीं गई'?[35] और इस प्रश्न के साथ ही योके में अप्रिय प्रतिक्रिया शुरू हो जाती है। उसके उत्तर के स्वर में एक प्रकार का रूखापन आ जाता है। विरोध का एक हल्का-सा स्वर उभरने लगता है, जो आगे चलकर जिघांसा तक पहुँच जाता है।

जब उसे पता चलता है कि अब इस काठ-घर में जाड़ेभर के लिए बंद रहना पड़ेगा तो उसके मुँह से निकल जाता है, 'मेरी तो छुट्टियाँ भी इतनी नहीं हैं'।[36] तब सेल्मा कहती है कि 'छुट्टी तो शायद मेरी भी उतनी नहीं हैं'। जब फिर वह कहती है कि उसके लिए अब क्रिसमस दूर नहीं है, तब योके को बोध होता है कि शायद यह बर्फ़ से दबा काठ-बंगला उनकी कब्र बन जाएगा।

फिर उसे लगता है कि जो तीन महीने के करीब का समय उसे यहाँ काठ-घर

में बिताना पड़ेगा, उतने अरसे में पाल उसे ढूँढ़ ही निकालेगा। लेकिन तीन महीने का विचार आने पर लगता है—'पाल ढूँढ़ निकालेगा पर किसको? मुझको या मेरी...'[37] 'मेरी...' के बाद छूटे शब्दों का वह उच्चारण नहीं कर पाती। वह बेचैन हो जाती है। सामने उपस्थित डर का चेहरा ही नहीं, सेल्मा भी अजनबी लगती है।

'अजनबी' के साथ यहाँ एक दूसरे शब्द का भी प्रयोग है—'पहचान'। पाल योके से कहता था कि वह उसे लाखों-करोड़ों के बीच भी पहचान लेता। अर्थात् एक ओर अजनबी है, एक ओर परिचित। सेल्मा योके से कहती है, 'अभी तो हम तुम भी अजनबी-से हैं, पहले हम लोग तो पूरी पहचान कर लें।'[38]

उपन्यास का यह एक निरूप्यमाण विषय है कि मृत्यु की उपस्थिति में परिचित कब अजनबी हो जाते हैं और अजनबी कब परिचित।

सेल्मा ने परिस्थिति का जैसे स्वीकार कर लिया है, लेकिन योके में एक तीखी प्रतिक्रिया जन्म लेती है। उसे लगता है वे कब्र-घर में हैं और अब उनका मरना ही बाकी है। इस 'कब्र-घर' की एकरूपता से बचने के लिए शायद वह डायरी लिखती है जिसका पहला वाक्य है—

'कब्र-घर के दस दिन...।'[39]

इस 'कब्र-घर' में सेल्मा के चेहरे पर कभी-कभी लोकोत्तर भाव देखकर योके बेचैन हो उठती है, उतना ही नहीं कुछ तोड़-फोड़ करने का उसका मन हो उठता है। इस काठ-घर की 'अंतहीन' परिवर्तनहीन धुँधली रोशनी में उसे लगता है कि 'मैं मानों एक काल निरपेक्ष क्षण में टँगी हुई हूँ। वह क्षण काल की लड़ी में से टूटकर अंतहीन हो गया है—अंतहीन और अर्थहीन।'[40]

योके के माध्यम से लेखक अस्तित्ववादी जीवन-बोध का परिचय कराना चाहते हैं। योके सेल्मा की ओर देखती है, लेकिन जब सेल्मा योके की ओर देखती है तब योके सेल्मा की उस निगाह को सहन नहीं कर पाती। यहाँ सार्त्र के अस्तित्ववाद का—Being-for-others—परलक्षी अस्तित्व का संकेत है। पर के अस्तित्व का प्रश्न सार्त्र के चिंतन में महत्त्वपूर्ण है। और सार्त्र ने मौलिक रूप से इस प्रश्न को प्रस्तुत किया है।

हीगेल के मतानुसार 'स्व' और 'पर' अन्योन्याश्रित हैं। हर्सेल के मतानुसार 'पर' का 'अस्तित्व' 'स्व' के अस्तित्व को पार्श्वभूमि प्रदान करता है। सार्त्र 'पर' के अस्तित्व की समस्या को व्यक्तिगत संदर्भ में सोचता है—एक व्यक्ति के लिए दूसरे व्यक्ति के अस्तित्व का क्या अर्थ है? उसके मतानुसार दूसरा व्यक्ति मेरे लिए पात्र—object है, क्योंकि मैं उसे देखता हूँ, परंतु वह दूसरा व्यक्ति जब मुझे देखता है तब मैं उसके लिए पात्र object बन जाता हूँ और वह subject बन जाता है। ऐसा होने पर वह जैसे मेरी स्वतंत्रता की दुनिया छीन लेता है। 'पर की दृष्टि' (The look of the other) मेरी सर्वोपरिता को तोड़ती है। 'मैं' पर के मूल्यांकन का विषय

बन जाता है, उसके लिए 'मैं' पात्र हूँ अतः उसकी उपस्थिति मुझे बेचैन कर देती है। 'पर की दृष्टि' मुझे बेधकर आरपार निकल जाती है, मेरा 'निजत्व' अ-ज्ञेय नहीं रहता। पर के अस्तित्व से मेरा अस्तित्व भय में आ जाता है, मेरा स्वातंत्र्य छिन जाता है।

सार्त्र के उपन्यास 'Reprieve' में एक पात्र डेनियल कहता है–'I am seen : I am not alone' । लेकिन 'पर' के अस्तित्व के साथ होनेवाला संघर्ष का निरूपण सार्त्र ने अपने नाटक–No Exit फ्रेंच (Huis Clos) में सुंदर ढंग से निरूपित किया है।

उस नाटक में भी परिस्थिति थोड़ी बहुत 'अपने अपने अजनबी' जैसी है। पृथ्वीलोक से मृत्यु के बाद दो स्त्रियाँ और एक पुरुष नरक में आते हैं और उसको एक ही कमरे में बंद रखा जाता है, यहाँ से वे बाहर नहीं जा सकते। यहाँ नरक में यंत्रणा देने के लिए किसी यमदूत की जरूरत नहीं है, क्योंकि यंत्रणा को तो वे स्वयं परस्पर की उपस्थिति मात्र से भुगतते हैं–पुरुष–गारसीं कहता है :

"There's no need for red-hot pockers.
Hell is other people"[41]

अर्थात् 'पर' की उपस्थिति 'स्व' को नारकीय यंत्रणा देती है। सार्त्र के मतानुसार इस 'स्व' और 'पर' का द्वैत मिटाना संभव नहीं है। 'पर' के अस्तित्व से 'स्व' को लज्जा, गर्व, निष्क्रियता, पराजय आदि का बोध होता है; फलतः अपना स्वातंत्र्य पुनः प्राप्त करने के लिए दूसरे की मुक्ति को प्रेम के बंधन में बाँधता है, या दूसरे की देह को पाने की भावुक इच्छा से तृप्ति चाहता है, या उसे पीड़ा पहुँचाकर या उसके प्रति घृणा दिखाकर वह संतोष प्राप्त करने का प्रयत्न करता है। परिणामस्वरूप मानवीय संबंधों में संघर्ष बना रहता है। घृणा या तिरस्कार के द्वारा दूसरे के अस्तित्व के विलीनीकरण की या उसकी अवगणना करने की इच्छा प्रकट होती है। प्रेम की तरह घृणा के द्वारा भी अपना स्व-त्व बचाने की और फिर भी दूसरे के माध्यम से उसे समृद्ध करने की व्यक्ति में एक बुनियादी श्रद्धा अवस्थित है।[42]

सार्त्र 'No Exit' में अपनी इस विचारधारा को नाट्यरूप देता है। उस नाटक में तीनों पात्र एक-दूसरे की उपस्थिति के तीव्र बोध से दुःखी हैं।

'अपने अपने अजनबी' में दो स्त्रियाँ काठ-घर में बंद हैं। यहाँ फर्क यह है कि 'पर' की उपस्थिति का यंत्रणामय बोध योके में ही है, सेल्मा में नहीं। सेल्मा में स्वीकार-भाव है। योके की डायरी में बार-बार सेल्मा की उपस्थिति से होनेवाली बेचैनी का, अस्वस्थता का उल्लेख आता है। योके सेल्मा से अपनी आँखें मिलाना नहीं चाहती, क्योंकि उसे लगता है कि शायद उसकी अपनी आँखों में कोई छिपा हुआ 'विरोध-भाव'[43] वह देख लेगी। और जब सेल्मा उसकी ओर देखती है तब–

''एकाएक मैंने जाना कि बुढ़िया की आँखें खुली हैं और भरपूर मेरी आँखों

में झाँक रही थीं। मैंने सकपकाकर आँखें नीची कर लीं।"[44]

योके के लिए सेल्मा 'असह्य' बन जाती है, उसके शांत, संयत व्यवहार से वह अस्वस्थ हो जाती है, क्योंकि वह सेल्मा को भेदकर पार नहीं जा सकती। अपनी डायरी में एक स्थल पर वह लिखती है :

"बल्कि कभी-कभी उसको देखते-देखते मेरा अपरिचय का भाव इतना घना हो जाता है कि मेरा मन होता है, उसके कंधे पकड़कर उसे झकझोर दूँ और पूछूँ—'तुम कौन हो?' मेरी मुट्ठियाँ भिंच जाती हैं। और मैं सामने से हट जाती हूँ क्योंकि मुझे एकाएक अपने आपसे डर लगने लगता है। न जाने क्या कर बैठूँ।"[45]

योके का यह विरोध-भाव सेल्मा समझ लेती है। सेल्मा अपने काठ-घर में अकेली रहना चाहती थी, लेकिन जब योके आ ही गई है, तब इस बात को वह 'स्वीकार' कर लेती है। वह कहती है कि कुछ भी किसी के बस की बात नहीं है। अपनी इस बात से योके में उठने वाले घोर विरोधी भाव को ताड़कर योके से वह पूछती है :

"योके, तुम चाहती हो कि मैं मर जाऊँ?"[46]

—और अब तक जिसका आभास मिल गया था, जिसका चेहरा नहीं उभरा था, उसी मौत की उपस्थिति इन दोनों के साथ एक 'तीसरे' के रूप में इस काठ-घर में हो गई। उठते समय सेल्मा से कहना चाहिए था 'क्रिसमस मुबारक' लेकिन 'गुडनाइट' बोल जाती है, जिसमें उस तीसरे की उपस्थिति के बोध का भय व्यंजित है।

उपन्यास का केंद्रगत विषय भी मृत्यु से साक्षात्कार है। लेकिन इस विषय को केंद्र में रखकर आज के पश्चिम की अर्थात् अस्तित्ववादी दृष्टि और पौर्वात्य दृष्टि का लेखक जैसे आलेखन करते हैं। उसे देखते हुए हम ऐसा कह सकते हैं कि मृत्यु-बोध को लेकर लेखक ने पश्चिम और पूर्व की टकराहट प्रस्तुत की है।

अस्तित्ववादी चिंतन में 'मृत्यु' को अधिक महत्त्व दिया गया है। मृत्यु जब आसन्न हो तब व्यक्ति कैसे सोचता है? क्या अनुभव करता है? जीवन के अन्य व्यवहारों में भी कहाँ तक मृत्यु-बोध बना रहता है?

किर्कगार्ड और हाइडेगर ने इस बात पर आश्चर्य व्यक्त किया है कि मृत्यु-विषयक चिंतन को दर्शन में विशेष स्थान नहीं दिया गया था। सार्त्र जीवन और मृत्यु दोनों को असंगत (एब्सर्ड) बताते हैं। मृत्यु का आगमन आकस्मिक है। मृत्यु को हम किसी उच्चादर्श पर स्थापित नहीं कर सकते। मृत्यु मनुष्य की कोई महत्त्वपूर्ण संभावना नहीं है, बल्कि सभी संभावनाओं का अंत है। मृत्यु-क्षण से गुजरने पर व्यक्ति जैसा संसार से अपने को कटा हुआ महसूस करता है।

सार्त्र ने अपनी 'दीवार' (द वौल) कहानी में आसन्न-मृत्यु व्यक्तियों की शारीरिक, मानसिक संवेदनाओं का चित्रण किया है। सार्त्र ने दिखाया है कि मृत्यु की उपस्थिति

में प्रिय जन भी अजनबी बन जाते हैं। मौत की सजा प्राप्त व्यक्ति (कथा का नायक) अब अपनी प्रिया को अंतिम बार देखने की भी इच्छा नहीं रखता। शायद उसकी इच्छा ही मर जाती है। वह कहता है कि पहले जब प्रिया अपनी कोमल सुंदर आँखों से देखती थी, तो लगता था कि उसमें से कुछ निकलकर अपने में प्रविष्ट होता था किंतु अब–

"If she looked at me **now** the look would stay in her eyes, it wouldn't reach me, I am alone."[47]

'अपने अपने अजनबी' में मृत्यु की इस उपस्थिति का योके पर जो प्रभाव होता है, वह एक तरह से अस्तित्ववादी दृष्टि का परिचायक है। सेल्मा तो मृत्यु का स्वागत करने के लिए तैयार है। (यहाँ इन दोनों दृष्टियों की टकराहट है।) मृत्यु की उपस्थिति का बोध योके के लिए सारी परिस्थिति को 'बेठीक'[48] बनाने के लिए काफी है। सेल्मा उसे जब गाने के लिए कहती है, तब वह गाना चाहती भी है, लेकिन गा नहीं सकती; अपनी डायरी में उसने लिखा :

"मैं बैठ गई। लेकिन बहुत कोशिश करने पर भी मुँह से बोल नहीं निकला। सारी परिस्थिति में कहीं कुछ बहुत ही बेठीक लगा। अवतरण अगर हुआ है तो मृत्यु का और वह मृत्यु ऐसी नहीं है कि गाने से उसका स्वागत किया जाए। वह मेरे कंधों पर सवार होकर मेरा गला घोंट रही है। कैसा बेपनाह है वह पंजा, जो छोड़ेगा नहीं लेकिन जिसकी उँगलियों की छाप भी नहीं पड़ेगी।"[49]

फिर योके कल्पना करती है :

"मेरे हाथ बुढ़िया के गले पर हैं और उसे घोंट रहे हैं–बेपनाह हाथ–नहीं जानती कि उनकी पकड़ भी ऐसी है या नहीं कि कोई छाप न छोड़े, लेकिन बुढ़िया के गले की रक्तहीन पारदर्शी त्वचा तो पहले ही ऐसी है कि उस पर कोई छाप क्या पड़ेगी!"[50]

यहाँ जैसे संकेतित होता है कि मृत्यु का भय योके में भी एक जिघांसा का भाव जगाता है। वह अपनी मृत्यु के साथ सेल्मा की मौत की कल्पना करती है, और वह भी अपने हाथों। और जब एक ओर से वह सेल्मा की काल्पनिक मृत्यु में प्रवृत्त है तब योके से सेल्मा कहती है, "भगवान तुम्हारा कल्याण करे, क्रिसमस मुबारक।"[51]

सेल्मा को तो वैसे ही पता है कि वह इस काठ-घर में बर्फ गिरने की वजह से ऊबकर मरने की संभावना के पूर्व अपनी अवस्था और कैंसर से मरने वाली है। तो भी मृत्यु का ही नहीं, अभी शेष जो जीवन है उसका स्वीकार उसमें है। इस स्वीकार का कारण है उसकी आस्था। अँधेरे काठ-घर में बैठकर वह काठ-घर के बाहर खिली हुई धूप की कल्पना करती है, इतना ही नहीं वह धूप उसके भीतर भी खिल जाती है। (योके तो सोचती है कि ऐसी कल्पना से क्या फायदा है?) सेल्मा,

जो मरने जा रही है, वह धूप की आकांक्षा करती है (धूप 'जीवन' का भी प्रतीक है) तब योके इस 'अंधेरी'--'कब्रगाह' की आदी होना चाहती है। (नर्क से निस्तार का कोई उपाय न पाकर जैसे सार्त्र के 'No Exit' का पुरुष पात्र अंत में कहता है– "Well, Well let's go on with it.")

अब सेल्मा और योके के साथ जैसे लगातार मृत्यु की उपस्थिति है, एक में स्वीकार भाव है, दूसरे में अस्वीकार। अतः योके में अस्तित्ववादी बोध की संचेतना ही प्रकट होती रहती है। उसके मन में सेल्मा के प्रति, मृत्यु के प्रति विरोध का भाव है लेकिन जब वह सेल्मा में न तो मृत्यु के प्रति, न तो अपने (योके के) प्रति कोई विरोध का भाव देखती है, तब उसे लगता है कि "कहीं न कहीं जरूर बुढ़िया में कोई झूठ है।"[52]

इसके लिए योके ने 'आत्मप्रवंचना' शब्द का प्रयोग किया है। यह शब्द सार्त्र की 'Bad faith' संज्ञा का पर्याय है। सार्त्र मानता है कि उस 'प्रवंचना' का मूल मनुष्य-चेतना में है। मनुष्य 'जो है' वह 'नहीं है', अर्थात् वह अपनी वर्तमान अवस्थाओं को सदा पार कर जाता है। मनुष्य के अस्तित्व की पारगामिता का अनादर करना वही प्रवंचना का मूल है। जिस तरह से मनुष्य की पारमिता का इनकार करने में प्रवंचना है, उसी तरह भूतकाल के हकीकत रूप अस्तित्व की अवगणना करने में भी प्रवंचना है।[53] यहाँ योके को लगता है कि बुढ़िया 'जो है वह नहीं है और जो नहीं है, वह है'। अस्तित्ववादी बोध के कारण योके को इस प्रकार लगना स्वाभाविक है।

लेकिन सेल्मा को इस प्रकार का बोध नहीं है। वह आस्थावान है। निर्जीव चीजों के प्रति भी उसके मन में 'दुलार' या 'असीस' का भाव है। संशयी योके के मन में इस कारण से विरोध-भाव तीव्र होता है, जो जिघांसा तक पहुँच कर अंत में आत्महत्या के बोध तक पहुँचता है। विरोध-भाव का कारण सेल्मा से पराभव अनुभूत करने में है। एक बार सेल्मा के स्वर में चिड़चिड़ापन आने पर उसे लगता है कि बुढ़िया में भी कहीं पर टूटन है (वह सेल्मा के लिए 'बुढ़िया' शब्द का व्यवहार करती है, इसी में ही उसका सारा विरोध-भाव प्रकट हो जाता है।) वह कहीं न कहीं मृत्यु से डरेगी और यह सोचकर एक 'प्रबल' उल्लास और 'विजय का गर्व' उसके मन में आता है।

फिर दोनों में करने न करने के व्यक्ति के सामर्थ्य की चर्चा के दौरान योके कहती है :

"किसी के लिए क्या तय है, इसका निश्चय अपने आप करते चलना क्या भगवान् को अपने ऊपर ओढ़ लेना नहीं है?"[54]

और सेल्मा एकाएक खड़ी होकर कहती है :

"हाँ योके मैं भगवान् को ओढ़ लेना ही चाहती हूँ। पूरा ओढ़ लेना चाहती

हूँ कि कहीं कुछ भी उघड़ा न रह जाय।''[55]

फिर वह कहती है :

''देखो, योके, मेरी आँखों में देखो। क्या तुम्हें नहीं दिखता कि भगवान् के सिवा मेरे पास कुछ नहीं है ओढ़ने को।''[56]

और योके सेल्मा के इन शब्दों को सहन नहीं कर पाती, क्योंकि भगवान् का नाम उसे पंसद नहीं।

सार्त्र की चिंतनधारा में ईश्वर को स्थान नहीं है। 18वीं शती के अंत में जर्मन चिंतक नीत्शे ने कहा था कि 'ईश्वर की मृत्यु हो चुकी है।' सार्त्र ने भी अपने ग्रंथ 'Situations' (1947) में कहा है कि 'ईश्वर का अवसान हुआ है।'[57] फिर भी सार्त्र के निरीश्वरवाद की यह विशेषता है कि ईश्वर की अनुपस्थिति उसको भी अखरती है। ईश्वर नहीं है, यह दुःखदायक हकीकत है। ईश्वरविहीन विश्व में मनुष्य में मजबूरी और विजनता की करुणा पैदा होती है और मनुष्य की इस कारुण्यता का कोई इलाज नहीं है।[58]

जैसे 'मृत्यु' को लेकर सेल्मा और योके में दो दृष्टियों की टकराहट है, वैसे ही 'ईश्वर' को लेकर भी। योके निरीश्वरवादी है, सेल्मा ईश्वर में विश्वास करती है। लेखक ने अपने उपन्यास में जो घटनाकाल लिया है, वह 'क्रिसमस' का है। समय का यह चुनाव साभिप्राय है। सहज रूप से ईश्वर की चर्चा आ जाती है।

इसका प्रथम संकेत उपन्यास में तब मिलता है, जब काठ-घर में लाल प्रकाश देखकर योके को लगता है कि शैतान अभी चिमनी के भीतर से उतरकर इस कब्र में आ जाएगा। तब सेल्मा कहती है :

''चिमनी से उतरकर शैतान नहीं आता, संत निकोलस आता है—क्रिसमस को अब कितने दिन हैं?''[59]

और 31 दिसंबर को, जब कि आधीरात को नए साल का अभिनंदन करने का कायदा है—चर्चा के दौरान योके व्यंग्य में ईश्वर को ओढ़ने की वह बात करती है, जिसके उत्तर में सचमुच में वह ईश्वर को ओढ़ने की इच्छा प्रकट करती है। एपिफ़ानिया के त्योहार के अगले दिन सेल्मा योके से प्रश्न करती है—''तुम ईश्वर को मानती हो?'' तब योके को लगता है कि इस प्रकार का प्रश्न उससे पूछने का किसी में साहस नहीं हो सकता। वह इतना ही कहती है 'मैं नहीं जानती'। लेकिन सेल्मा कहती है :

''जब मैं अपने से अलग एक सजीव उपस्थिति के रूप में तुम्हारी बात सोचती हूँ तब मुझे एकाएक निश्चित रूप से लगता है कि ईश्वर है—कि सजीव उपस्थिति का नाम ही ईश्वर है—कोई भी उपस्थिति ईश्वर है। क्योंकि नहीं तो उपस्थिति हो ही कैसे सकती है?''[60]

ईश्वर की उपस्थिति मानने से सेल्मा मृत्यु के स्वागत के लिए भी तैयार है।

वह दूसरे दिन कहती भी है कि मन से ईश्वर को तब तक पहचान ही नहीं सकते जब तक कि मृत्यु में ही उसे न पहचान लो। फिर कहती है :

"मौत ही तो ईश्वर का एक मात्र पहचाना जा सकने वाला रूप है। पूरे नकार का ज्ञान ही सच्चा ईश्वर-ज्ञान है।"[61]

योके के लिए सेल्मा के ये तर्क असह्य हैं। उसे लगता है कि सेल्मा की इन बातों में उसके प्रति पैना व्यंग्य है। उसे लगता है कि यदि ईश्वर मृत्यु का ही दूसरा नाम है तो उसे नहीं मान सकती, क्योंकि वह मृत्यु को नहीं मानती।

योके 'वह है' से संलग्न बोध 'वह नहीं है' को स्वीकार करती है, लेकिन 'मैं हूँ' से संलगन का बोध 'मैं नहीं हूँ' के बोध को नहीं, क्योंकि 'मैं नहीं हूँ' यह बोध नहीं है, बल्कि बोध का न होना है।[62] योके समझ गई है कि सेल्मा 'मैं हूँ' और 'मैं नहीं हूँ' दोनों अवस्थाओं में जी सकती है लेकिन उसके लिए 'न होने का बोध' आतंक बनकर छा जाता है।

अस्तित्ववादी दर्शन के अनुसार जब मनुष्य के वास्तविक अस्तित्व का विचार करते हैं, तब मनुष्य जगत में शामिल है, ऐसा अनुभव अवश्य होता है। जर्मन अस्तित्ववादी हाइडेगर ने इसके लिए–in der Welt Zein (Being in the world) संज्ञा दी है।[63] अर्थात् मनुष्य का जगत में होना–इस रूप में उसके अस्तित्ववाद का वर्णन कर सकते हैं।

इस 'अस्तित्वबोध' में एक अंतर्विरोध होता है। मनुष्य को अपने होने (Being) का बोध जैसे है, वैसे 'न होने' (Non-being) का भी बोध होता है। इस बोध से एक डरावना शून्य प्रकट होता है। मनुष्य का 'यह न होना' ही मृत्यु है। योके सोचती है :

'न होना! न होना–होना–न होना। होना और न होना और एक साथ ही होना और न होना...'[64]

–और बोलते-बोलते आविष्ट-सी हो जाती है। और उसके हाथ जिघांसा भाव से सेल्मा के गले की ओर बढ़ जाते हैं। वास्तव में न होने का बोध ही उसके इस जिघांसा भाव का कारण है। वह भाव उसके मन में 'चिंता' (angst) पैदा करता है।

अस्तित्ववाद में इस 'Angst' की बात बार-बार आती है।

ऐसा ही एक मुख्य विषय है–वरण की स्वतंत्रता का। यह प्रश्न इस उपन्यास में पहली बार तब आता है जब एक बार बीमार सेल्मा ने योके के लिए नाश्ता लगाया। उसे लगा कि बीमार व्यक्ति से सेवा लेकर वह अपने को स्वतंत्र महसूस नहीं कर पाती। सेल्मा उसकी इस 'स्वतंत्रता' की बात का प्रतिवाद करते हुए कहती है :

"और स्वतंत्रता–कौन स्वतंत्र है? कौन चुन सकता है कि वह कैसे रहेगा। या नहीं रहेगा? मैं क्या स्वतंत्र हूँ कि बीमार न रहूँ या कि अब बीमार हूँ तो क्या

इतनी स्वतंत्र हूँ कि मर जाऊँ? मैंने चाहा था कि अंतिम दिनों में कोई मेरे पास न हो। लेकिन वह भी क्या मैं चुन सकी?"[65]

उसके बाद जब एक बार योके ने सेल्मा की गरदन की ओर हाथ बढ़ा दिए थे, दूसरे दिन अपने अपराध की उसने क्षमायाचना की उस समय फिर सेल्मा उसे वही बात सुनाती है :

"तुम जो अपने को स्वतंत्र मानती हो वही सब कठिनाइयों की जड़ है। न तो हम अकेले हैं, न हम स्वतंत्र हैं। बल्कि अकेले नहीं हैं और हो नहीं सकते, इसलिए स्वतंत्र नहीं हैं और इसलिए चुनने या फैसला करने का अधिकार हमारा नहीं है। मैंने तुम्हें बताया है कि मैं चाहती थी कि मैं अकेली मरूँ। लेकिन क्या वह निश्चय करना मेरे बस का था? क्या मैं अपनी मनपसंद स्थिति चुन सकी? और तुम क्या तुम स्वतंत्र हो कि मुझे मरती हुई न देखो? ऐसी सब स्वतंत्रताओं की कल्पनाएँ निरा अहंकार हैं और उसी से स्वतंत्रता को छोड़कर कोई दूसरी स्वतंत्रता नहीं है।"[66]

हम देखते हैं कि सेल्मा का सारा तर्क अस्तित्ववादी वरण की स्वतंत्रता (Freedom to choose) के खिलाफ है। 'स्वतंत्रता' का यह विचार भी सार्त्र के अस्तित्ववादी 'स्वतंत्रता' के विचार के विपरीत है।

सार्त्र मानता है कि स्वातंत्र्य का कोई सत्त्व नहीं है। उसमें कोई तार्किक अनिवार्यता नहीं है। उसमें अस्तित्व सत्त्व के पहले आता है। चेतन रूपी सत् के लिए 'होना' इसका अर्थ है वस्तु रूपी सत् का निषेध करना। चेतन रूपी सत् की ऐसी निषेधक क्रिया है। हम स्वतंत्र न होने के लिए स्वतंत्र नहीं हैं। वह कहता है कि चेतन होना, मनुष्य होना, मुक्त होना, वरण करना, शून्य का निर्देश करना—इन सभी शब्द प्रयोगों का अर्थ समान है। 'मनुष्य स्वतंत्र है'—ऐसा कहने में पुनरुक्ति दोष है। मनुष्य-स्वातंत्र्य में स्थान, भूतकाल, परिवेश, अन्य व्यक्ति का अस्तित्व और मृत्यु ये पाँच अवरोध हैं। सबसे बड़ी चुनौती मनुष्य-स्वातंत्र्य के लिए 'मृत्यु' है। मनुष्य का यह स्वातंत्र्य वरण करने का है, सफलता का नहीं। मनुष्य वरण करने को स्वतंत्र है। लेकिन वरण करने के लिए अभिशापित भी।[67]

सेल्मा के चरित्र के माध्यम से लेखक सार्त्र के इस सिद्धांत का निषेध करता है। सेल्मा के जीवन में ऐसी परिस्थितियाँ आती हैं, जब वह अपना वरण करने का स्वातंत्र्य नहीं पाती।

आगे भी वह कहती है—जब योके पूछती है—'धूप देखना चाहोगी?'—'हाँ, वह मैं चाह सकती थी, पर मेरे बस का नहीं है'।[68] फिर कहती है :

"धूप ने आज आना ही चुना है, पर मैं उसे देखना नहीं चुन सकती।"[69]

अस्तित्ववादी स्वातंत्र्य का स्वीकार जैसे एक अनास्था का स्वीकार हो इस तरह से अज्ञेय संकेतित करते हैं। सेल्मा की जीवन-दृष्टि का वह समर्थन करते हैं और चूँकि

सेल्मा अस्तित्ववादी वरण की स्वतंत्रता का निषेध करती है तो लेखक भी प्रकारांतर से उसका निषेध करता है।

सेल्मा और योके की जीवन-दृष्टि में यह अंतर क्यों है? यह तो स्पष्ट है कि सेल्मा एक तरह से पूर्व की आस्थाप्रवण जीवन-दृष्टि का प्रतिनिधित्व करती है, जब कि योके पश्चिम की अनास्थित जीवन-दृष्टि का। सेल्मा की यह आस्थाप्रवण जीवन-दृष्टि उसे प्राप्त हुई है अपने ही जीवन के अनुभवों से।

उपन्यासकार इसलिए 'सेल्मा' नामक परिच्छेद में इन घटनाओं का निरूपण करते हैं जो सेल्मा की इस 'परिणतप्रज्ञा' का कारण है। सेल्मा जब योके के सामने 'होने' और 'न होने' के भाव की बात करती है तब योके को आश्चर्य होता है कि क्या यह गड़रिये की माँ की भाषा है? सेल्मा का पूर्व इतिहास हमारे सामने आता है, जो एक 'दूसरी दुनिया' की बात है, सिर्फ़ योके के लिए ही नहीं, स्वयं सेल्मा के लिए भी। सेल्मा के जीवन की यह घटना भी आत्यंतिक परिस्थिति का ही आकलन है। पुल के दोनों सिरे टूटकर बह जाते हैं, बीच के सबसे ऊँचे खंड के खंभे भी दरक गए हैं, क्योंकि चारों ओर 'गहराता हुआ दुर्धर्ष अथाह' पानी है। तीन खंभों पर टँगे इस पुल के नीचे के हिस्से पर तीन-चार दुकानें और उनमें बसे तीन-चार लोग रह रहे हैं। नगर से संपर्क टूट गया है और कुछ दिनों के लिए संपर्क स्थापित होने की भी कोई संभावना नहीं दीखती :

"सेल्मा डालबर्ग ने एक बार दूकान में से निकलकर पुल की मुँडेर तक आकर पानी की ओर देखा, और फिर आकाश की ओर, और फिर दुकान के अलग हिस्से में बने हुए काँच-मढ़े बदामदे में जाकर ऊँचे मूढ़े पर बैठकर अनदेखती आँखों में मेजों और कुरसियों के सूनेपन को ताकने लगी। चायघर में अकेली वह, पास की फ़ोटो की दुकान में फ़ोटोग्राफर के चाय के प्यालों और पुल की प्रतिकृतियों की दुकान में यान एकेलोफ़ प्रलय की मटमैली धारा के ऊपर टँगी हुई पुलरूपी दुनिया में यही तीन प्राणी रह गए हों। हज़रत नूह की नाव मानों मस्तूल टूट जाने के बाद भटकती हुई कहीं अटक गई थी; और अटककर अर्थहीन हो गई थी; और अर्थहीनता से थर-थर काँपते हुए तीनों प्राणी उससे चिपके हुए साँस गिन रहे थे। नूह के बचाए हुए जानवरों से किसी बात में कम नहीं थे ये तीनों जानवर क्योंकि जानवर ही थे वे या कम-से-कम चाय-घर के बरामदे में बैठी हुई सेल्मा डालवर्ग की अनदेखती आँखों को ऐसा लग रहा था।"[70]

वैसे सेल्मा यह परिच्छेद अन्य पुरुष में कहा गया है, लेकिन उसमें सेल्मा का ही दृष्टिकोण एक तरह से अंतर्निहित है, क्योंकि सेल्मा ने जो पूर्ववृत्त योके को रह-रहकर सुनाया, उसी को ही, यहाँ एक साथ लगातार कही गई कथा के रूप में अन्य पुरुष में प्रस्तुत किया गया है। अतः उसमें हम सेल्मा का दृष्टिकोण भी पढ़ सकते हैं।

सेल्मा को लगता है कि वे बचे हुए तीनों व्यक्ति 'जानवर' से अधिक नहीं हैं। इस परिस्थिति में भी जब कि मौत मुँह बाए खड़ी है, सेल्मा इंसानियत नहीं दिखा पाती, बल्कि स्वार्थरत जानवर-सा ही व्यवहार करती नजर आती है। यान एकेलोफ जब उसकी दुकान से कुछ खाने को खरीदने के लिए आता है तो परिस्थिति का नाजायज फ़ायदा उठाकर उससे दुगुने दाम लेने को तैयार हो जाती है। सेल्मा को फ़ोटोग्राफ़र का भी ध्यान आता है, लेकिन वह अपने सौदा-सुलुफ के संदर्भ में ही उसका विचार करती है। फ़ोटोग्राफ़र जब पीने का पानी माँगने के लिए आता है तब भी सेल्मा मन-ही-मन परिस्थिति का मूल्य आँक कर पानी के स्थान पर चाय का प्याला पीने का आग्रह करती है, जिससे वह दाम ले सके।

सेल्मा के इस व्यवहार से उन दोनों और सेल्मा के बीच एक दीवार-सी खिंच जाती है। सेल्मा को लगता है :

"दुनिया का मतलब और कुछ नहीं है सिवा इसके कि एक वह है, और बाकी सब ऐसा है जो कि वह नहीं है, और जिसके साथ उसका केवल विरोध का संबंध है। यह विरोध ही एकमात्र ध्रुवता है जिसे उसे कसकर कपड़े रहना है, जिसे पकड़े रहने के अपने सामर्थ्य को उसे हर साधन से बढ़ाना है।"[71]

सेल्मा की इस जीवन-दृष्टि में अस्तित्ववादी बोध झाँकता है। सेल्मा को लगता है कि वे दोनों एक ऐसी दूसरी दुनिया में हैं, जहाँ वह पहुँच नहीं सकती। वह सब परदे खींचकर अपने को मानों अपनी ही ओर कर लेती है।

"उसमें और इस बाहर में एक मौलिक विरोध है जिसे पकड़े रहना है, वही ध्रुव है और उसे कपड़े रहने का सामर्थ्य ही जीवन...।"[72]

सेल्मा की दृष्टि स्वार्थांध है। वह इस कहावत को याद करती है कि कोई भी दुर्भाग्य ऐसा नहीं होता जिसमें किसी-न-किसी का लाभ न हो...?[73]

और यह स्पष्ट है कि इस दुर्भाग्य की परिस्थिति में भी सेल्मा अपने लाभ की ही बात सोचती है।

सेल्मा का जड़ित मोह सबसे पहले तब टूटता है जब वह फ़ोटोग्राफर की धू-धू जलती दुकान को और आत्महत्योन्मुख फ़ोटोग्राफ़र को देखती है। फ़ोटोग्राफ़र की मृत्यु के बाद वह अपने को पुनः कमरे में बंद कर लेती है, जिसमें न डूबता हुआ फ़ोटोग्राफ़र है, न घृणा करता हुआ यान। अभी डर उसके भीतर नहीं पहुँचा। दूसरे दिन जब वह उस दृश्य को याद करती है, तब एकाएक उसे उबकाई लगती है। (यह उबकाई (नासिया) अस्तित्ववादी जीवन-बोध की परिचायक है)

यान जब फिर गोश्त लेने के लिए आता है तब सेल्मा फिर दाम की बात करती है। सेल्मा के लिए 'विरोध' एक मात्र-ध्रुव जीवन का सहारा है। यान सिक्के सेल्मा के मुँह पर दे मारता है, फिर भी वह इस अपमान से हार मानने के लिए तैयार नहीं। सेल्मा अपने को न्याय्य ठहराने का प्रयत्न करती है।

यान जब फिर आता है, तब आत्मरक्षा के लिए वह लोहे की छड़ लेती है, लेकिन यान कहता है कि यदि मृत्यु हर हालत में है तो फिर–

"यदि मरने का है तो अकेले मरने में कोई बड़ा सुख है? बल्कि अकेली तो तुम अब भी हो, जब कि मैं नहीं हूँ। और शायद मर ही चुकी हो जब कि मैं अभी जिंदा हूँ।"[74]

अपना पकाया हुआ गोश्त सेल्मा को देने का उपक्रम करते हुए यान फिर कहता है :

"इसलिए साझा करने आया हूँ। अपनी अंतिम पूँजी देकर यह अंतिम भोजन मैंने खरीदा है। इसे अकेला नहीं खा सकता।"[75]

सेल्मा में अनेक भाव आते हैं, जाते हैं, विरोध का भाव भी आता है, लेकिन फिर एकाएक कहती है–"यान तुम मुझसे विवाह करोगे?"[76]

यान पहले तो अस्वीकार करता है। वह गोश्त वहीं छोड़कर चला जाता है और सेल्मा उस टीन को देखती रहती है :

"उसे देखने में उसने दो-तीन जीवन जिए और मरे। मानों दूसरा कोई होकर दो-तीन बार वह जिई और मरी और फिर अपने आप में लौट आई, पराई और अनपहचानी होकर।"[77]

सेल्मा बदलती है। वह यान के पास जाती है। वह यान के नाम अपनी सारी वसीयत लिखती है। कोई ध्रुवता नहीं बची थी क्योंकि कोई विरोध नहीं था...

उसका और यान का एक दूसरे से उद्धार होता है उसे लगता है कि अब विरोध नहीं है, लेकिन वह ध्रुवता है–'एक अटल स्वीकारी ध्रुवता जैसे अंतहीन आकार में बसा आलोक।' सेल्मा का सत्य क्या है? यही तो–

"जीवन सर्वस्व ही वह अंतिम कलेवा है जो जीवन देकर खरीदा गया है और जिसका साझा करना ही होगा क्योंकि वह अकेले गले से उतारा नहीं जा सकता, अकेले वह भोगे भुगता ही नहीं। जीवन छोड़ ही देना होता है कि वह बना रहे और भर-भर कर मिलता रहे; सब आश्वासन छोड़ देने होते हैं कि ध्रुवता और निश्चय मिले। और इतर सब जिया और मरा जा चुका है; सब की जड़ में अँधेरा और डर है; यही एक प्रत्यय है जो नये सिरे से जिया जाता है और जब जिया जाता है तब फिर मरा नहीं जाता, जो प्रकाश पर टिका है और जिसमें अकेलापन नहीं है... ।"[78]

सेल्मा में जो आस्था का, ईश्वर का, मृत्यु का स्वीकार देखते हैं, वह उसकी परिवर्तित जीवन-दृष्टि का परिचायक है। बुढ़िया सेल्मा जब तरुणी थी और पुल पर रहती थी, तब उसका भी जीवन-व्यवहार एक तरह से अस्तित्वबोध से आक्रांत था। टूटे पुल पर फ़ोटोग्राफ़र मरता है, तब भी वह अपने बारे में सोचती है, यान को खाने के लिए देना है, तब भी वह उसकी क़ीमत के बारे में सोचती है, वह अपने मन में यान के प्रति विरोध भाव बनाए रखती है। यान उसकी ओर आता है, तो

वह आत्मरक्षा के लिए लोहे की छड़ लेती है। लेकिन मृत्यु की आसन्न उपस्थिति के बोध ने उसकी दृष्टि में परिवर्तन ला दिया।

यान ने अकेली सेल्मा को 'साझेपन' का विचार दिया। पहले वह विवाह का प्रस्ताव करती है, एकदम आकस्मिक रूप से, फिर यान के इनकार से कुछ ही समय में जैसे दो-तीन जीवन जीती-मरती है और वह एकदम बदल जाती है—उसका 'कल्पांतर' होता है। उसका बाद में फफककर रो उठना इसका द्योतक है। बचाव के लिए जब नाव आती है, तब आरंभ में तो वह सोचती है कि 'उसका और यान का एक दूसरे से उद्धार हो जाएगा।' अर्थात् एक-दूसरे की उपस्थिति का बोध सहना नहीं पड़ेगा, लेकिन दूसरे ही क्षण आकस्मिकता से विनती कर उठती है यान से अपने को स्वीकारने के लिए । और अस्वीकार का, प्रत्याख्यान का, विरोध का भाव दूर हो जाता है, एक 'अटल स्वीकारी ध्रुवता' रहती है। काठ-घर में बंद सेल्मा, इसीलिए आस्थावान है, इसीलिए ईश्वर का, अतः मृत्यु का भी स्वीकार करती है।

योके के मन में सेल्मा की प्रति विरोध का भाव बना है बुढ़िया उसे जब 'बेठीक' लगती है तब सेल्मा की यह बात वह सुनती है जो अट्ठाइस साल पहले गुजर चुकी थी, जब योके का जन्म भी नहीं हुआ था, अर्थात् सचमुच में जैसे सेल्मा कहती है वह 'दूसरी दुनिया' की बात बनी रहती है।

लेखक यह दिखाना चाहता है कि सेल्मा की आस्थाप्रवण दृष्टि ऊपर से ओढ़ी हुई नहीं है, भीतर से उगी हुई है। पुल पर जो गुजरा, मृत्यु की उस आसन्न परिस्थिति में उसका परिणाम है। लेकिन क्या योके भी मृत्यु की इस आसन्न उपस्थिति में बदलेगी? या अपने अस्तित्ववादी बोध से ही जिएगी? सेल्मा की कहानी सुनकर उस कहानी के प्रति 'विरोध' पैदा होता है। 'उखड़ती साँसों के अनेक अंतरालों' में सेल्मा ने अपनी बात कही थी। कहानी सुनते-सुनते बीच में भी विरोध के भाव आते रहे थे। सेल्मा की बात उसे झूठ लगती है। उसकी सारी तर्क परंपरा अस्तित्ववादी तर्कजाल ही है। वह सोचती है कि 'मैं-पन का बोध' और 'जीवन-पन का बोध' ये दोनों का एक साथ अनुभव कैसे हो सकता है, जब कि सेल्मा अपनी कहानी 'जीते-होने का' और 'मैं-पन' का अनुभव लेकर कहती जान पड़ी। इस प्रश्न ने उसे बेचैन बना दिया :

"क्योंकि यहीं कहीं कुछ झूठ था। एक धोखा था क्योंकि इन दो अलग-अलग अनुभवों का मेल किसी तरह से भी इस एक अनुभूति के बराबर नहीं होता कि 'मैं जीवित हूँ'। 'मैं जीवित हूँ' की अखंड अनुभूति तभी हो सकती है जब व्यक्ति उसके प्रति चेतन न हो। क्योंकि कोई भी, किसी प्रकार की आत्मचेतना अपने को अपनी अनुभूति से अलग कर देती है, तटस्थ कर देती है, साक्षी बना देती है; और जो साक्षी है वह भोक्ता कैसे है? जीवन की अनुभूति तभी हो सकती है जब अनुभव कर रहे होने का बोध न हो।"[79]

इसलिए सेल्मा की बात योके को झूठ ही लगती है। योके के मरने के बाद

जिस आसन्न मृत्यु की गंध कई दिनों से उसने पहचान रखी थी, मृत्यु की सान पर चढ़कर उसका बोध अब तीखा हो आया। उसे लगा कि यह मृत्युगंध सर्वत्र भर रही है। मृत्युगंध को बंद करने के सारे प्रयत्न व्यर्थ गए क्योंकि वह–

"सब जगह फैली हुई, सब कुछ में बसी हुई है। सब कुछ मरा हुआ है, सड़ रहा है, घिनौना है, बेपनाह है...।"[80]

लेकिन तब उसे लगता है कि यह गंध उसकी देह से ही आ रही है, फिर बर्फ़ में भी मृत्युगंध का अनुभव करती है, उसे लगता है कि हम सर्वदा मृत्युगंध से गंधाते रहते हैं। वह एक उन्मत्त अतिमानवीय निर्णय से उठती है और सेल्मा को ईश्वर के मुँह पर दे मारने का विचार करती है, लेकिन ठिठक जाती है क्योंकि उसे लगता है कि सेल्मा की खुली आँखें उसे एकटक देख रही हैं। ईश्वर के विरुद्ध उसका आक्रोश फिर प्रबल हो जाता है :

"थुड़ी है ईश्वर पर जो इसे उतना अकेला करके भी अकेला नहीं छोड़ रहा है, जो एक लाश की आँखों में छेद करके उनके भीतर से मुझे झाँक रहा है, मुझ पर जासूसी करने आया है–थुड़ी है। मुझे इतना अकेला करके...अकेला होना–मृत्यु के साथ अकेला होना–मृत्यु के सम्मुख अकेला होना मृत्यु में अकेला होना। इस चरम अकेलेपन और मृत्यु में क्या अंतर है? क्या हुआ अगर ईश्वर चोरी से देख रहा है, उस अकेली मृत्यु को क्या ईश्वर मरा हुआ नहीं है?"[81]

वह सेल्मा को दफ़नाती है। बर्फ में खाई बनाकर उसकी लाश को उसमें लिटाकर ऊपर डालने के लिए बर्फ भर कर डोल उठाती है और फिर ठिठकती है। 'प्रार्थना' की बात सोचती है, लेकिन उसके मन में प्रार्थना का भाव नहीं है। योके ईश्वर को इतना ही जानती है कि अधिक-से-अधिक उसका नाम लेकर वह थूक सकती है।

फिर वह सिर्फ 'क्षमा करो सेल्मा' कहकर बर्फ़ डालने लगती है, लेकिन वह ईश्वर से क्षमा नहीं माँगती 'जो कि बीमार है और गंधाता है–मृत्यु-गंधी-ईश्वर'।

सार्त्र ने भी कहा था कि ईश्वर का अवसान हुआ है और यहाँ यही बात जैसे योके कह रही है। इतना ही नहीं वह अपने मन में सेल्मा के प्रति उमड़ने वाले करुणा के भाव को भी रोकती है क्योंकि घृणा की तरह दया भी नरक का द्वार है।

योके को मठवासी भिक्षुक की बात याद आती है। इस बात से भी लेखक यह दिखाना चाहते हैं कि योके की अस्तित्ववादी दृष्टि में जीवन के पुरुषार्थ की उपलब्धि है–"एक अकेली गुफा से बढ़कर दूसरी ऐसी गुफ़ा तक पहुँचना, जिसके अकेलेपन को एक ठठरी दोहरा रही है।"

यहाँ लेखक एक साथ मृत्यु-भय, ईश्वर, अकेलापन आदि अस्तित्वबोधी भावों की योके के द्वारा चरम स्थिति दिखाते हैं लेकिन फिर उसे सेल्मा की बात याद आती है कि उन्माद से बचने के लिए 'सृजन' अनिवार्य है। वह अनुभव कर रही है मृत्यु का। सेल्मा को इसका आभास मिला था कि 'वरण की स्वतंत्रता नहीं है, लेकिन

रचना फिर भी संभव है और उसमें ही मुक्ति है।'[82]

और वह एक डोल बर्फ़ भरकर सेल्मा की ओझल देह पर डालती है। यह अनावश्यक अतिरिक्त था लेकिन इसके द्वारा ही वह दफ़न को 'संपूर्णता' देती है—अंतिम रूप देती है।

वास्तव में योके का एक डोल बर्फ़ उठाकर डालना अत्यंत सूचक है। सेल्मा की रचना की बात याद करके वह इस क्रिया में प्रवृत्त होती है। बात महत्त्वपूर्ण है क्योंकि उसके इस व्यवहार में अस्तित्ववादी अनुभूति की तीव्रता के क्षण में एक नया इंगित झलकता है।

सेल्मा के दफ़न को 'संपूर्णता' देने में इसके विरोध के भाव का शमन है। शायद सेल्मा को वह 'पहचान' रही है। लेकिन इसी समय योके के साथी पोल सोरेन की पुकार सुनाई पड़ती है और वह अनुभव करती है कि पाल को नहीं पहचानती 'वह अजनबी' है। और मृत सेल्मा की बात वहाँ फिर उभरती है :

"कहीं वरण की स्वतंत्रता नहीं है। हम अपने बंधु का वरण नहीं कर सकते और अपने अजनबी का भी नहीं, हम इतने भी स्वतंत्र नहीं हैं कि अपना अजनबी भी चुन सकें..."[83]

यह लेखक की उक्ति के रूप में हो या योके के मन में आए विचार के रूप में हो किसी भी हालत में, वह अस्तित्ववाद के निषेध के संदर्भ में है और वह निषेध अब योके में भी आसन्न मृत्यु के अनुभव से गुजरने पर जम रहा है। वह एकदम हारने वाली नहीं।

उपन्यास के अंतिम खंड 'योके' में यह बात आती है। जर्मनों द्वारा कब्जा किए हुए आतंकित नगर की एक गली है, जिसमें एक दुकान से सौदा-सुलुफ़ खरीदने के लिए भीड़ लग गई है। ऐसी भीड़ जिसमें सब अकेले थे, अजनबी थे। इसमें जगन्नाथन् है, जो सामान खरीद कर जा रहा है और एक अर्ध विक्षिप्त-सी आगंतुका आकर अपने होठ से चिपका हुआ सिगरेट जगन्नाथन् के खरीदे हुए पनीर में रगड़कर बुझाती है। जगन्नाथन् पूछता है कि यह तुमने क्या किया? वह समझ जाता है कि आगंतुका वेश्या है। वह दौड़ती है तो उसके पीछे जगन्नाथन् दौड़ता है और फिर जाकर मृदु स्वर में पूछता है कि क्या लाचारी थी जिससे उसने ऐसा किया था। जगन्नाथन् उसे 'वेश्या' नहीं कह सकता। उसका व्यवहार खिलखिलाकर हँसनेवाली आगंतुका के चेहरे पर गंभीरता ला देता है और फिर वह कुछ खा लेती है और जगन्नाथन् के पूछने पर कहती है कि अब उसकी तबियत ठीक हो जाएगी। वह धीरे-धीरे शिथिल होकर जगन्नाथन् की गोद में गिर जाती है और माफी माँग कर कहती है कि वह मर रही है। वह कहती है :

"मैंने चुन लिया। मैंने स्वतंत्रता को चुन लिया...मैं चाहती थी कि किसी अच्छे आदमी के पास मरूँ। क्योंकि मैं मरना नहीं चाहती थी—कभी नहीं चाहती थी।"[84]

फिर वह अपने को ईसा की माँ मरियम बताती है, जिसे जर्मनों ने वेश्या बनाया था। अपना पहले का नाम योके था।

–तो यह योके थी। अब भी वह अपने वरण की स्वतंत्रता की बात करती है। वह कहती है कि वह अपनी इच्छा से चुनकर मर रही है। फिर भी मौत को वह 'हरामी' कहती है। वह कहती है कि उसने अच्छे आदमी को चुना है और 'उसमें' वह जीएगी। वह जगन्नाथन् से माफी चाहती है और जगन्नाथन् को भी माफ करती है और कहती है 'उसको भी'। जगन्नाथन् पूछता है कि क्या पाल को माफ किया, तो क्षणिक दुविधा का भाव योके के चेहरे पर आता है फिर उसने क्या कहा जगन्नाथन् नहीं समझ पाता लेकिन उसे ध्रुव निश्चय हो जाता है कि योके ने कहा था–

"ईश्वर को"।

उपन्यास का अंत, योके का भी अंत अप्रत्याशित लगता है। क्या योके ने मृत्यु का स्वीकार किया? क्या योके ने ईश्वर में आस्था प्रदर्शित की? और जगन्नाथन् का आगमन तो नाट्य परिभाषा में जिसे 'deu ex machina' (संकट के समय यंत्र से एकाएक उतरकर आनेवाला देवता) कहते हैं–ऐसा लगता है–उसका प्रयोजन क्या है?

अपने उपन्यास के इस अंत के संदर्भ में एक प्रश्नोत्तर के दौरान अज्ञेय ने कहा था :

"योके अंत तक अपने दोनों आग्रह बनाए रखती है–एक तो मृत्यु को न मानने का और दूसरे वरण की स्वतंत्रता का। लेकिन अंत में वह वरती है मृत्यु को ही। और दूसरे जब वह अच्छे आदमी को साक्षी बनाकर मरना चाहती है तो एक तरह से मृत्यु को भी स्वीकार कर लेती है, क्योंकि सच्चाई में आस्था और साक्षी के माध्यम से प्रकारांतर से अमरत्व, इन दोनों के सहारे वह मृत्यु से ऊपर उठ जाती है।"[85]

जगन्नाथन् के पात्र के संदर्भ में उन्होंने कहा था :

"जगन्नाथन् प्रतीक नाम है, चाहे जिस भाषा में अनुवाद कीजिए। प्रतीक वह भारतीयता का नहीं, आस्था का है–आस्था में ही पूर्व की और पश्चिम की दृष्टि मिल सकती है।...उपन्यास के अंत में जगन्नाथन् का आविर्भाव किसी अत्यंत मूर्त मानव चरित्र का प्रवेश नहीं है, केवल इस बात का संकेत है कि योके कहीं पहुँच गई है।"[86]

अर्थात् योके का दृष्टिकोण बदलता है। वह 'कहीं' पहुँच गई है। लेखक के इस उच्चारण में इसका अभिप्राय है। योके की यह परिवर्तित दृष्टि अस्तित्ववादी जीवन-दृष्टि के अस्वीकार का निर्देश लगती है, फिर भी समग्र उपन्यास में अस्तित्ववाद का बोध इतना तीखा प्रकट हुआ है कि अंत में योके का भाव परिवर्तन भी क्षीण

बना रहता है। इतना ही नहीं, यह परिवर्तन नाटकीय तथा 'ओढ़ा' हुआ लगता है। सेल्मा का परिवर्तन स्वाभाविक लगता है, लेकिन योके का नहीं।

उपन्यास को पढ़कर ऐसा महसूस हुए बिना नहीं रहता कि लेखक अस्तित्ववाद का निषेध करने चले हैं—निषेध करते भी हैं लेकिन अस्तित्ववाद की प्रतिष्ठा उभर आती जान पड़ती है।

मिल्टन ने 'पैरेडाइज़ लॉस्ट' लिखा था—to justify the ways of god to man, लेकिन ईश्वर के विरोधी शैतान का पात्र इतना प्रबल बन आया कि ऐसा कहा गया—and justified the ways of Satan...

कम-से-कम इस उपन्यास को पढ़कर इस प्रकार का बोध होता है। डॉ. रामस्वरूप चतुर्वेदी जैसे इस उपन्यास के प्रशंसक भी इसी बात का समर्थन करते जान पड़ते हैं, जब वे कहते हैं :

"फिर पूरे उपन्यास में अस्तित्ववादी शब्दावली, जैसे स्वतंत्रता, वरण, विसंगति, मृत्यु का डर आदि का आख्यान भ्रम को और बढ़ाता है और तब मन में संदेह उठता है कि रचना में कथानक तो पश्चिम का है जिसमें कुछ अवांछनीय नहीं है पर शायद लेखक की इच्छा के बावजूद दृष्टि भी पश्चिम की ही स्थापित हुई है और यह अनुभव हमारे लिए बहुत प्रीतिकर नहीं है।"[87]

6. अपने अपने अजनबी : मूल्यांकन के निकष

'अपने अपने अजबनी' का प्रकाशन 1961 में हुआ। तब से लेकर आज तक यह उपन्यास आलोचकों में तीव्र मतभेदों का विषय बना हुआ है। किसी भी सशक्त रचना का आगमन ऐसा प्रतिवाद जगानेवाला सिद्ध होता है। 'शेखर : एक जीवनी' ने भी ऐसा ही प्रतिवाद जगाया था।

वैसे आकार-प्रकार की दृष्टि से पिछले दो उपन्यासों की तुलना में 'अपने अपने अजनबी' एकदम भिन्न प्रकार का उपन्यास है। तीन भागों में परिकल्पित 'शेखर : एक जीवनी' या 'नदी के द्वीप' की तुलना में इसे लघु उपन्यास ही कहेंगे। अज्ञेय की उपन्यासकला में यह नया मोड़ है और जैसा कि रामस्वरूप चतुर्वेदी ने कहा है—वह एक साथ 'परिचित और अजनबी' लगता है।[88]

यहाँ हम विभिन्न समीक्षकों के इस उपन्यास संबंधी अभिप्रायों का परिचय और उनका परीक्षण करेंगे।

(1) बालकृष्ण राव : 'अज्ञेय की यह आधुनिक समझी जाने वाली उपन्यास रचना साहित्य की उस परिपाटी से साम्य रखती है, जिसमें केवल बौद्धिक विलास और पाण्डित्य-प्रदर्शन मिलता है। कथानक और भाषा, दोनों स्तरों पर यह उपन्यास कृत्रिम और असहज है।...अंतिम अंश को पढ़कर मालूम होता है कि उपन्यासकार ने परिसमाप्ति में जल्दबाजी की है। उपन्यास में संपूर्ण निहित वातावरण और यत्रतत्र

अंग्रेजी मुहावरों के तद्वत हिंदी अनुवाद देखकर लगता है कि हिंदी भाषा में लिखित यह एक ऐसा उपन्यास है जो यूरप के किसी भाषा में लिखा जाने से रह गया। पुस्तक पढ़ते-पढ़ते बार-बार लगता है कि अज्ञेय किसी अलिखित यूरोपीय उपन्यास का अनुवाद कर रहे हैं। ××××× पात्र न प्रतीकात्मक पात्र है, न ठोस और विश्वसनीय, न मांसल, न वायवी।'[89]

(2) **गंगाप्रसाद पाण्डेय** : 'उपन्यास की कल्पना पूर्णतः अभारतीय है। इस कारण सर्वथा, अफसल है।'[90]

(3) **सुरेन्द्रपाल सिंह** : 'एक गंभीर पाठक के लिए भी इसमें दिमागी कसरत से अधिक कुछ नहीं मिलता। लेकिन वह भी अरोचक है। ××× 'अपने अपने अज़नबी' की भाषा सहज लगती है, लेकिन उपन्यास पढ़ते समय कोई खास अर्थ नहीं निकलता।'[91]

(4) **डॉ. जगदीश गुप्त** : 'अज्ञेय का 'अस्तित्ववाद' ईसाई आस्था के समीप है। वैसे उसके मूल में भारतीय दृष्टि भी है, किंतु वह जगन्नाथन् के अच्छे आचरण के बावजूद उभरकर प्रस्तुत नहीं हो सकती। वास्तव में इस उपन्यास में अनुभव की शक्ति नहीं है। ऐसा लगता है कि अपरिपक्वता के कारण लेखक ने अपनी बौद्धिक अभिव्यक्ति के लिए एक रूपक कथा का सहारा लिया है।'[92]

(5) **विजयदेव नारायण साही** : 'अपने अपने अजनबी' तृतीय कोटि का उपन्यास है।'[93]

(6) **उपेन्द्रनाथ अश्क** : 'अज्ञेय ने इस उपन्यास में जो (मृत्यु की) प्रतिक्रिया दिखाई है, वह ऊपर से लादी हुई जान पड़ती है।'[94]

(7) **विश्वंभर मानव** : 'वस्तुतः यह आस्था का उपन्यास है।'[95]

(8) **लक्ष्मीकांत वर्मा** : 'उपन्यास को भारतीय अभारतीय सीमाओं में बाँध कर नहीं देखना चाहिए...अज्ञेय के इस उपन्यास में जीवन की व्यापकता की कमी है। अतः उपन्यास असफल है।'[96]

(9) **डॉ. रघुवंश** : 'यह कहना गलत होगा कि अज्ञेय का दृष्टिकोण दार्शनिक है। लेखक की पूरी-की-पूरी दृष्टि सर्जनात्मक है।'[97]

(10) **घनश्याम पंकज** : 'भाषा विकृत काव्य-भाषा है।'[98]

(11) **सत्यपाल चुघ** : 'मेरे विचार में यद्यपि इस उपन्यास में मृत्यु समस्या पर पर्याप्त विचार-विमर्श है और अज्ञेय का अपनी दृष्टि से किन्हीं अस्तित्ववादी प्रतिमानों का उपयोग भी, तथापि इसमें से कोई भी इस उपन्यास की केंद्रीय दृष्टि नहीं कही जा सकती। वस्तुतः उपर्युक्त दोनों दृष्टियाँ प्रधानतया साधन हैं। और साध्य है अपने अपने अजनबी या अकेले बने रहनेवालों की आत्मीयता शून्य मनोवृत्ति की विडंबना दिखाना और विरोध करना। ×××

'अपने अपने अजनबी' मृत्युभय की विशिष्ट परिस्थिति से उद्‌बुद्ध-जीवन-बोध

के आधार पर अजनबीपन या अकेलेपन की सभ्यता पर व्यंग्य करनेवाला चरित्र-प्रधान नया प्रयोग है।'[99]

(12) ओम प्रभाकर : 'अज्ञेय ने अपनी असाधारण प्रतिभा के बल से इन दो (योके और सेल्मा) चरित्रों के माध्यम से, विश्व की दोनों जीवन चिंताओं का (पूर्व और पश्चिम की) बड़ा ही सफल अंकन किया है। 'अपने अपने अजनबी' के ये दो प्रतीकात्मक चरित्र आधुनिक उपन्यास के गौरव एवं विश्व उपन्यास साहित्य की विशिष्ट कृतियाँ हैं।'[100]

(13) डॉ. गोपालराय : 'इस उपन्यास का केंद्रीय विषय धुँधला-सा है और उसकी पहचान थोड़ी कठिन प्रतीत होती है। × × ×

अस्तित्ववादियों की विचारधारा को 'अपने अपने अजनबी' में अस्वीकार किया गया है। पर साथ ही मैं यह अनुभव करता हूँ कि अज्ञेय की यह विचारधारा 'अपने अपने अजनबी' के माध्यम से खूब स्पष्ट, तर्कसंगत और विश्वसनीय नई बन पाई है। × × ×

'अपने अपने अजनबी' को मैं कला की दृष्टि से कोई महत्त्वपूर्ण कृति नहीं मान पाता। जिन विचारों को लेकर इस उपन्यास की रचना हुई है वे खुद में चाहे जितने बड़े युगसत्य हों, रचना में वे कथित होकर ही रह गए हैं। ये सारे विचार लेखक के मस्तिष्क की उपज हैं जिन्हें एक दुर्बल कथा के माध्यम से 'कह डालने' की कोशिश की गई है।'[101]

(14) डॉ. रामदरश मिश्र : ' 'अपने अपने अजनबी' अस्तित्ववादी जीवन दर्शन को बड़ी सफाई से उभार कर रखनेवाला उपन्यास है।...भाषा बड़ी ही समर्थ और रचनात्मक रूप में आई है। किंतु 'अपने अपने अजनबी' सशक्त उपन्यास नहीं कहा जा सकता इसमें जीवन की ऊष्मा नहीं है। जीवन एक परिधि में सिमटा है, उसमें गति नहीं है, समयबंध है,...परिस्थिति-स्तब्ध-सी बर्फ के नीचे ठहरी है। कुल मिलाकर जीवन का ताप अपनी विविधता से उभरने का अवकाश नहीं पा सका है। लेखक की समस्त सूक्ष्म मनोवैज्ञानिकता और जीवन सत्यों की सूत्रवत् अभिव्यक्ति के बावजूद यह उपन्यास न तो छू पाता है और न जीवन की ऊष्मा दे पाता है।'[102]

(15) रामस्वरूप चतुर्वेदी : 'लेखक के पिछले दो उपन्यासों की तुलना में 'अपने अपने अजनबी' कहीं अधिक उपन्यास है—इस माने में कि उसमें एक रचना दृष्टि विकसित हुई है; वह भी क्लैसिकल ढंग के विस्तार और वर्णन के बीच से नहीं आधुनिक उपन्यास के सूक्ष्म-विधान के माध्यम से। उपन्यास का विधान लेखक का अपना है और एकदम ढला हुआ। उसके माध्यम से जो कुछ उसे उभारकर कहना है, वह अनायास ही ऊपर उभरता है। × × × शिल्प के स्तर पर काफ़ी गठित होने पर भी विधान की (स्ट्रक्चर) की दृष्टि से 'अपने अपने अजनबी' कुछ कमजोर पड़ता है। × × × 'अपने अपने अजनबी' समकालीन भारतीय सर्जन के क्षेत्र में बेजोड़ कृति

है। ××× सृजनात्मक भाषा प्रयोग की दृष्टि से 'अपने अपने अजनबी' का अध्ययन अपने आप में एक महत्त्वपूर्ण विषय है। पूरे उपन्यास की भाषा एकदम सादी और निराग्रह है। मृत्यु का साक्षात्कार जैसा रंगहीन और निरावरण हो सकता है, वैसी ही लेखक के वर्णन की भाषा है। ख़ासतौर से अज्ञेय के पिछले उपन्यासों की तुलना में 'अपने अपने अजनबी' की भाषा बिलकुल बदलती हुई है—सतरंग मानों शुभ्र प्रकाश में समा जाएँ।'[103]

(16) **त्रिभुवन सिंह :** 'अज्ञेय ने 'अपने अपने अजनबी' में जिस अनुभूत सत्य को अभिव्यक्ति प्रदान की है, उसके लिए जिस परिवेश और पात्रों का निर्माण किया है, वह विषयानुकूल है। अज्ञेय की कलात्मकता इस उपन्यास में एक प्रौढ़ यथार्थवादी दृष्टिकोण अपनाकर काफी निखर आई है और उपन्यास लेखन की परंपरा को जो मोड़ इस उपन्यास में दिया है, वह सर्वथा मूल्यवान है।

'अपने अपने अजनबी' की सबसे बड़ी विशेषता और सफलता भी यह है कि इसमें अज्ञेय का भाषा-परिष्कार का मोह काफी पीछे रह गया है और वह जीवन के अधिकाधिक निकट आ गई है। ××× अज्ञेय के उपन्यास 'अपने अपने अजनबी' में अस्तित्ववादी दर्शक की व्याख्या प्रस्तुत की गई है। जिस प्रकार ईश्वरवादी और अनीश्वरवादी दो धाराओं का प्रवाह मिलता है उसी प्रकार इस उपन्यास में भी योके अनीश्वरवादी धारा का और सेल्मा ईश्वरवादी धारा का प्रतिनिधित्व करती है।'[104]

आलोचकों के इन विभिन्न मतों में पार्थक्य ही है, इतना ही नहीं कहीं-कहीं तो दो ध्रुवों का-सा विरोध है। जैसे उपन्यास के समग्र मूल्यांकन के संदर्भ में विधान देखिए :

(अ) ' 'अपने अपने अजनबी' एक बेजोड़ कृति है।'
' 'अपने अपने अजनबी' सर्वथा असफल उपन्यास है।'

(आ) 'कहीं अधिक उपन्यास है।'
'तृतीय कोटि का उपन्यास है।'

उपन्यास के विषय को लेकर किए गए विधान देखिए :

(इ) 'अस्तित्ववादी उपन्यास है।'
'अस्तित्ववाद-विरोधी उपन्यास है।'

उपन्यास की भाषा के संदर्भ में किए गए विधान देखिए :

(ई) 'भाषा विकृति काव्य-भाषा है, भाषा के स्तर पर उपन्यास कृत्रिम और असहज है।'
'भाषा में सहजता और सर्जनात्मकता है।'

उपन्यास के चरित्र की दृष्टि से किए गए विधान देखिए :

(उ) 'उपन्यास के चरित्र आधुनिक उपन्यास के गौरव हैं।'
'उपन्यास के चरित्र अविश्वसनीय, कृत्रिम हैं।'

यहाँ मत-वैभिन्न्य नहीं, मत-विरोध है। कहाँ तो इस उपन्यास को बेजोड़ कृति मानना और कहाँ उसे सर्वथा, असफल, तृतीय कोटि का उपन्यास मानना। कहाँ अस्तित्ववादी उपन्यास मानना और कहाँ अस्तित्ववाद-विरोधी उपन्यास मानना। कहाँ भाषा में विकृति और कृत्रिमता देखना और कहाँ भाषा में सादगी और सहजता तथा सर्जनात्मकता देखना।

इलियट ने आलोचना को 'The Common pursuit of true judgement' 'सच्चे निर्णय की दिशा में एक सहयोगी प्रयत्न' कहा है।[105] लेकिन यहाँ तो एक आलोचक का मत किसी अन्य आलोचक के मत के निकट आना तो दूर; उस अन्य के मत का खंडन ही करता है फिर true judgement 'सच्चा निर्णय' किसी कलाकृति के बारे में उनसे कैसे अपेक्षित हो सकता? इन अभिप्रायों में से कुछ अभिप्राय मात्र वैयक्तिक प्रभावात्मक प्रतिक्रिया ही है, जिसमें एक दृढ़ पूर्वग्रह अवस्थिति है। उपन्यास को सर्वथा असफल कहना, या तृतीय कोटि का कहना, भाषा को विकृत कहना ये सभी अभिप्राय न केवल शीघ्रता से दिए गए हैं—वरन् उत्तरदायित्वहीन भी लगते हैं। यह तो सत्य ही है कि उपन्यास की कमजोरियाँ हैं और ढूँढने पर तुरंत मिल सकती हैं, लेकिन उसकी विशेषताओं को तो ढूँढ़ने की भी आवश्यकता नहीं वे तो एकदम सामने आती हैं।

कुछ अभिप्राय आलोचक की अज्ञता के सूचक हैं। इस उपन्यास को अस्तित्ववादी कहना अज्ञता का ही द्योतक है। यह बात अलग है कि इसमें यास्पर्स की ईसाई अस्तित्ववादी दृष्टि का कहीं-कहीं समर्थन मिलता रहता है।

इसी तरह से इस उपन्यास में अनुभूति और विचार के तनाव की सूक्ष्मता को न पकड़ पाने पर उसमें बौद्धिक विलास या पांडित्य प्रदर्शन देखना या उसे दिमागी कसरत समझना, रचनाकार के प्रति अन्याय तो है ही, अपने विवेक की दरिद्रता को खुला करना भी है।

इस उपन्यास के संदर्भ में आलोचकों के इन विसंवादी स्वरों में से दो-तीन बातें उभरकर आती हैं—उन पर विचार करना आवश्यक है। एक बात है—उसकी बौद्धिकता या वैचारिकता को लेकर; दूसरी बात है—उसकी अभारतीयता या यूरोपीय परिवेश को लेकर, तीसरी बात है—उसकी भाषा को लेकर।

(1) 'अपने अपने अजनबी' : बौद्धिकता का संदर्भ

यह तो स्पष्ट ही है कि 'अपने अपने अजनबी' 'शेखर : एक जीवनी' या 'नदी के द्वीप' की कोटि का उपन्यास नहीं है। इस उपन्यास का प्रधान धरातल बौद्धिक है, वैसे 'शेखर' और 'नदी के द्वीप' में भी प्रधान धरातल कुछ कम बौद्धिक नहीं है। लेकिन इन दोनों उपन्यासों में रागात्मक संवेदना का प्राबल्य बौद्धिकता के प्रभाव को उभरने नहीं देता। 'अपने अपने अजनबी' में इस प्रकार की रागात्मकता

कम है, अतः बौद्धिकता उभर आती है। लेकिन इस बौद्धिकता के साथ अनुभूति की टकराहट से उत्पन्न तनाव उपन्यास का निरूप्यमाण विषय है। आधुनिकता का एक प्रधान लक्षण है उसकी बौद्धिकता, जो पाठक से भी एक प्रकार की विदग्धता की आशा करती है।

बीसवीं शती में अनेक उपन्यासकार ऐसी वैचारिक या दार्शनिक भूमिका लेकर आते हैं।[106] इस प्रकार के उपन्यासों को विचार-प्रधान उपन्यास (Novels of ideas) कहते हैं। ऐसे उपन्यास लेखक की किसी खास विचारधारा को अभिव्यक्त करते हैं। आल्डस हक्सले अपने उपन्यास 'पाइंट काउंटर पाइंट' में एक चरित्र फिलिप क्वैरल से अपनी नोटबुक में उसकी व्याख्या लिखवाता है :

Novel of ideas : The character of each personage must be implied, as far as possible, in the ideas of which he is mouthpiece...The chief defect of novel of ideas is that you must write about people who have ideas to express which excludes all about. 01 per cent of the human race.[107]

अर्थात् इस प्रकार के उपन्यासों में ऐसे पात्रों को स्थान देना पड़ेगा, जिनके पास विचार हैं, और ऐसे वैचारिक भूमिकावाले लोगों की संख्या बहुत सीमित है। इस प्रकार के साहित्य का एक गैरफायदा भी है।[108] कई बार ऐसे साहित्य में दर्शन से भी अधिक दार्शनिक होने की संभावना है, लेकिन यह दार्शनिकता कहिए या बौद्धिकता आधुनिकता की ही एक देन है।

इस बौद्धिकता के साथ जुड़ा हुआ प्रश्न 'रोचकता' का है। वैचारिकता या बौद्धिकता से अनुस्यूत उपन्यासों में प्रायः आम उपन्यासों की-सी रोचकता नहीं होगी। लेकिन इसका अर्थ यह नहीं है कि सिर्फ मस्तिष्क की ही उपज ऐसे उपन्यास हैं। उदाहरणस्वरूप, हम फ्रांसीसी साहित्यकार सार्त्र का 'नोसिया' या 'एज ऑव रिजन'; आल्बेर कामू का 'फाल' या 'आउटसाइडर', जर्मन साहित्यकार काफ़्का का 'केसल' या 'ट्रायल' आदि ले सकते हैं। इन उपन्यासकारों का अपना एक दर्शन है। सार्त्र और कामू का तो स्पष्टतः काफ़्का भी अपने एक विशिष्ट जीवनदर्शन को अपनी औपन्यासिक कृतियों के द्वारा प्रस्तुत करता है।[109]

इन उपन्यासकारों से पहले जेम्स ज्वाइस का नाम लेना चाहिए। यद्यपि सार्त्र कामू की तरह वह दर्शन से आक्रांत नहीं, लेकिन एक विशिष्ट दृष्टि और उसकी निरूपण रीति के कारण उसके उपन्यासों में रोचकता का अभाव लगेगा और 'फिनेगंस वेक' जैसे उपन्यास में जहाँ संप्रेषणीयता का प्रश्न है, वहाँ रोचकता अरोचकता का प्रश्न ही कहाँ?

'अपने अपने अजनबी' इस प्रकार के आधुनिकतावादी उपन्यासों की श्रेणी में आता है। इसकी वैचारिक भूमिका स्पष्ट है। मृत्यु जैसे विषय को लेकर लेखक पूर्व और पश्चिम की दृष्टि की टकराहट का निरूपण करते हैं। इस प्रकार के वैचारिक

उपन्यास में इस बात को सतत दृष्टिगत रखना पड़ता है कि दर्शन उपन्यास में घटना, पात्र और परिस्थिति के सामंजस्य से उभरे, सिर्फ कथन के रूप में नहीं। उपन्यासकार को कहना नहीं 'दिखाना' चाहिए। तभी वह विचार न रह कर अनुभूतिरूप बनेगा। सार्त्र का नायक रोकिताँ सचमुच में नोसिया का उबकाई का अनुभव करने में सफल होता है; कामू का म्याँरसाल्ट अजनबीपन का अनुभव कराने में सफल होता है। 'अपने अपने अजनबी' में सेल्मा या योके का अंत क्या सचमुच मृत्यु के ऐसे स्वीकारी भाव का अनुभव कराता है?

इस उपन्यास का 'सेल्मा' खंड इस दृष्टि से महत्त्वपूर्ण है। सेल्मा को यान के संसर्ग में परिवर्तित दृष्टि सहज और स्वीकार्य लगती है, लेकिन अंतिम खंड की योके की परिणति थोपी हुई लगती है। अतः स्वीकारीबोध या आस्थाबोध पानी पर तैल बिंदुओं की तरह ऊपर तैरता रहता है, यह एक कमजोरी अवश्य है। प्रथम खंड में 'डायरी शैली' की प्रयुक्ति वैचारिकता को महज वैचारिकता न रखकर योके की अनुभूति का अंश बनाती है। एक तरह से उसके ये प्रतिभाव ही हैं, अतः विचार होते हुए भी संवेदन-विवर्जित नहीं है।

इस उपन्यास में वैचारिकता की प्रमुखता लगने का दूसरा कारण यह भी है कि सारी रचना विभावना (कान्सेप्ट) के स्तर पर हुई है। सार्त्र का अस्तित्ववाद अनुभूति पर आधारित है। नोसिया का अनुभव उसका अपना 'genuine experience'[110] है, जबकि अज्ञेय 'व्यास' है, 'युधिष्ठिर' नहीं। व्यास युधिष्ठिर की यात्रा का वर्णन करते हैं, युधिष्ठिर यदि अपने महा प्रस्थान की बात करते तो? वह अलग ही होता। स्वयं अज्ञेय ने 'अपने अपने अजनबी' के अनुभव की भूमिका के संदर्भ में ऐसी बात कही है, उसका खयाल आता है।[111]

लेकिन यह कोरा बुद्धिविलास नहीं है। लेखक ने परिस्थिति की जो कल्पना की है, उसमें इस प्रकार की वैचारिकता सहज रूप से आने की संभावना है। और रोचकता? रोचकता ही तो उपन्यास की सफलता की एक मात्र कसौटी नहीं है।

लेखक द्वारा ऐसी परिस्थिति की कल्पना विशिष्ट हेतु से है—मृत्यु का निस्संग सामना तथा दो दृष्टियों की टकराहट। उस दृष्टि से लेखक सफल न हो तो विचारणीय है परंतु मात्र बौद्धिकता की आलोचना समुचित नहीं है। अनुभूतिजन्य बोध इस मनोभूमि में असंभव है।

'अपने अपने अजनबी' को बौद्धिक भूमिका का विचार-प्रधान उपन्यास लिखने की दिशा में एक महत्वाकांक्षी प्रयास के रूप में देखना चाहिए।

(2) 'अपने अपने अजनबी' : अभारतीयता का प्रश्न

यह विरोधाभास (पैरेडॉक्स) ही लगेगा कि भारतीय या पूर्व की दृष्टि की स्थापना करनेवाले इस उपन्यास में पात्र, परिवेश और परिस्थिति पश्चिम के हैं। अतः किसी

ने इसे 'अलिखित यूरोपीय उपन्यास का अनुवाद' कहा, किसी ने इसकी कल्पना को पूर्णतः 'अभारतीय' कहा।

सबसे पहले प्रश्न यह है कि क्या भारतीय लेखक भारतीय परिवेश और पात्र पर ही लिख सकता है? क्या विदेशी पात्रों और परिवेश का चित्रण करने में उसे सफलता प्राप्त नहीं हो सकती? और क्या पाश्चात्य संदर्भ होते हुए भी रचनाकार की भारतीय दृष्टि प्रकट नहीं हो सकती?

पश्चिम के अनेक उपन्यासकारों ने भारतीय पात्र और परिवेश पर उपन्यास लिखे हैं। हमें तत्काल इ. एम. फार्स्टर का 'ए पेसेज टु इंडिया' का स्मरण होगा और वह एक सफल उपन्यास है। प्रश्न यह नहीं है कि लेखक जिस देश का हो, उसी देश के बारे में ही वह लिख सकता है। प्रश्न यह है कि जिस देश का परिवेश और पात्र वह लेता है, उसको सहज, स्वाभाविक ढंग से विश्वसनीय रूप में प्रकट कर सका है? इसके साथ यह भी याद रखना चाहिए कि लेखक कौन-सी समस्या को छूना चाहता है।

उपन्यास के विदेशीपन के संदर्भ में अज्ञेय से प्रश्न करने पर स्वयं उन्होंने कहा था :

"पात्रों के नाम जरूर विदेशी हैं, औचित्यनिर्वाह के लिए परिस्थितियाँ भी वैसी ही हैं। लेकिन असल में जैसे मूल समस्या किसी देश से बँधी नहीं है वैसे पात्र भी बहुत अधिक एक देशीय नहीं है। विदेशीपन यानी इतर देशीयता, इन्हें वहाँ तक दी गई है, जहाँ तक इन्हें जीवंत चरित्र देने के लिए आवश्यक थी। जिस तरह समस्या को–मृत्यु साक्षात्कार को–और सब समस्याओं से अलग करके निस्संग यानी आत्यंतिक रूप देने का प्रयत्न किया गया है, इसी तरह मानव चरित्रों को भी यथासंभव मानव मात्र के रूप में देखने और दिखाने का प्रयत्न किया गया है–किसी देश का हुए बिना और किसी देश में बँधे बिना, जो देश कालातीत है, उसका विचार नहीं किया जा सकता। लेकिन उपन्यास में बल उसी पर दिया गया है जो कि देशकाल से परे है।"[112]

इस लंबे अवतरण में बहुत कुछ स्पस्टता आ ही जाती है। लेखक ने जो विदेशी परिवेश लिया है, उसको सहज स्वाभाविक और विश्वसनीय बनाया है। ईसाई आस्था भी सर्जनात्मक स्तर पर अवतरित हुई है। इसके साथ लेखक ने भारतीय आस्था का उघड़ा रूप भी यहाँ दिखाने का प्रयत्न किया है। यह जरूर है कि सारे प्रयत्नों के बावजूद पश्चिम की दृष्टि अधिक परिभाषित हुई है।

इसके अतिरिक्त अंततः प्रश्न विदेशी या अभारतीय का उतना नहीं, जितना स्वीकृत परिवेश और पात्रादि के स्वाभाविक और विश्वसनीय निरूपण का है। आस्था का स्वरूप पात्रानुकूल है। उसमें लेखक की निजी आस्था या देशीय या सांस्कृतिक आस्था का निरूपण भी हो क्या यह आवश्यक है? यहाँ अज्ञेय के प्रति अभारतीय होने का प्रश्न और उसका खंडन अधिक महत्त्वपूर्ण हो गया लगता है, बजाय लेखक

होने के उत्तरदायित्व के। लेखक का उत्तरदायित्व पात्रानुकूल परिवेश और अनुरूप वैचारिक अर्थतंत्र की रचना करना है। लेखक की अपनी धारणा उसमें गौण प्रश्न है—बाहरी भी। बाहरी परिवेश में रचे गए उपन्यास में लेखक की अपनी आस्था या परंपरा का क्या महत्त्व है?

(3) 'अपने अपने अजनबी' : भाषा

'शेखर : एक जीवनी' और 'नदी के द्वीप' एक कवि के उपन्यास हैं; इसका पता शीघ्र ही लग जाता है। उसमें भी 'नदी के द्वीप' की भाषा की जो काव्यात्मकता है, उसकी बहुत सराहना हुई है। दोनों उपन्यासों में भाषा का सरल रूप उभरता है, लेकिन 'अपने अपने अजनबी' में भाषा एकदम ठेठ भाषा बन गई है। इसे भाषा की सिद्धि न समझकर, आलोचकों ने कड़ी निंदा की। उपन्यास की भाषा को 'विकृत', 'कृत्रिम' आदि विशेषणों का उपहार मिला।

इसका एक प्रधान कारण तो यह है कि लेखक अस्तित्ववादी प्रतिमानों का अत्यधिक उपयोग करते हैं। ये सारे-के-सारे प्रतिमान एक तरह से विदेशी हैं। जब हम उनका हिंदी में पर्याय बनाते हैं, तब भी वे आयातित लगते हैं।

लेकिन मुख्य बात भी यह है कि उपन्यास का सारा परिवेश और पात्र विदेशी हैं। अतः हिंदी होते हुए भी उसका लहजा विदेशी लगता है। क्रिसमस का त्यौहार और पात्रों की ईसाई धर्म की भूमिका भी कारण रूप बनी है।

शीर्षक तक अजनबी लगता है। 'अपने अपने अजनबी' 'कांसेप्ट'—विभावना ही विदेशी लगती है और कामू के 'आउटसाइडर' का स्मरण कराती है। इसीलिए यह उपन्यास बालकृष्ण राव को 'अलिखित यूरोपीय उपन्यास का अनुवाद' लगता है।

लेकिन हम देखते हैं कि भाषा का यह स्तर एक सर्जनात्मकता लेकर आता है। डॉ. रामस्वरूप चतुर्वेदी ने ठीक ही कहा है कि मृत्यु का साक्षात्कार जैसा रंगहीन और निराभरण हो सकता है, वैसी ही लेखक के वर्णन की भाषा है। भाषा की इस सहजता में एक सर्जनात्मकता है।

यह अवश्य है कि इस उपन्यास का मुहावरा विदेशी लगता है; यह अवश्य है कि इसमें विचार और अनुभूति की टकराहट में विचार की प्रधानता बनी रहती है, और विचार पात्रों के व्यवहार वर्तन से इतने विश्वसनीय रूप में प्रकट नहीं हुए हैं; यह अवश्य है कि उसमें विशाल मानव जीवन के विविध आयाम उभरकर आने की गुंजाइश नहीं है; यह अवश्य है कि उसकी भाषा एकदम निरावरण है; यह अवश्य है कि उसमें अंत में शीघ्रता बरती गई है; यह अवश्य है कि उसमें रोचकता कम है—फिर भी इसमें मृत्यु से साक्षात्कार जैसे गहन विषय के आसपास पूर्वी और पश्चिमी जीवन दृष्टियों की टकराहट को तीव्रता से उभारा गया है। इसके लिए परिवेश का

सूक्ष्मातिसूक्ष्म अंकन किया गया है, विचार के साथ अनुभूति का आविष्कार किया गया है। आस्था में पर्यवसित आधुनिक भावबोध, आधुनिक उपन्यास की रचनारीति में 'अपने अपने अजनबी' में प्रकट हुआ है। अपनी कमजोरियों के बावजूद यह उपन्यास नया मोड़ लेकर आया है। वास्तव में 'अपने अपने अजनबी' का वर्ग उन रचनाओं का है, जो संवेदना और भाषिक सर्जनात्मकता की गहराई के कारण अनेक छायास्तरों पर अपना अर्थ विवृत करती हैं, देश और काल, दोनों के विस्तार में। अर्थ के संचरण के लिए उनमें एक स्वतःस्फूर्त शक्ति विकसित हो जाती है, जो किसी भी क्लासिक रचना का मूल गुण है।[113]

संदर्भ

1. 'अपने अपने अजनबी', पृ. 11; 2. 'अपने अपने अजनबी', पृ. 15; 3. 'अपने अपने अजनबी', पृ. 15; 4. 'अपने अपने अजनबी', पृ. 15; 5. 'अपने अपने अजनबी', पृ. 32; 6. 'अपने अपने अजनबी', पृ. 39; 7. 'अपने अपने अजनबी', पृ. 65; 8. 'अपने अपने अजनबी', पृ. 88; 9. 'अपने अपने अजनबी', पृ. 89; 10. 'अपने अपने अजनबी', पृ. 113; 11. 'अपने अपने अजनबी', पृ. 115; 12. 'अज्ञेय और आधुनिक रचना की समस्या', पृ. 15; 13. 'एक बूँद सहसा उछली', पृ. 215, 216 पर इसकी चर्चा है; 14. 'एक बूँद सहसा उछली', पृ. 237, 245 उस अनमने स्वीडी कवि का नाम है–एरिक लिंडमृने।; 15. 'एक बूँद सहसा उछली', पृ. 258, 259; 16. 'एक बूँद सहसा उछली', पृ. 259; 17. इस प्रकार की डायरी को एलिजाबेथ बोवा तथा जे. एच. रीड 'स्ट्रीम ऑव कान्स्यसनेस' टेकनीक के निकट मानते हैं। देखिए उनकी पुस्तक–'Critical Strategies'; 18. 'अपने अपने अजनबी', पृ. 76; 19. 'अपने अपने अजनबी', पृ. 105; 20. 'अपने अपने अजनबी', पृ. 58; 21. 'अपने अपने अजनबी', पृ. 13; 22. 'अपने अपने अजनबी', पृ. 96; 23. 'अपने अपने अजनबी', पृ. 13; 24. 'अपने अपने अजनबी', पृ. 13; 25. 'अपने अपने अजनबी', पृ. 19; 26. 'अपने अपने अजनबी', पृ. 20; 27. 'अपने अपने अजनबी', पृ. 21; 28. यहाँ इस बात को स्पष्ट करना आवश्यक है कि अज्ञेय सार्त्र के दर्शन से प्रत्यक्ष रूप में प्रभावित नहीं हैं। अस्तित्ववाद के किसी भी रूप में यदि उनकी रुचि रही है तो वह है 'ईसाई अस्तित्ववाद', जिसके समर्थक हैं गैब्रियल मार्सेल और कार्ल यास्पर्स। यूरोप यात्रा के दौरान कार्ल यास्पर्स से तो भेंट की थी। इस संबंध में स्वयं अज्ञेय ने अपने यात्रावृत्त 'एक बूँद सहसा उछली' में लिखा है : 'हिंदी के जो परिश्रम-विरोधी सहजवादी आलोचक मुझको भी अस्तित्ववादी और सार्त्र का अनुयायी कह देते हैं उनके सम्मुख तो यह निवेदन करना भी निष्प्रयोजन है कि सार्त्र का साहित्यिक अस्तित्ववाद मेरे लिए विशेष आकर्षक कभी नहीं रहा है, यद्यपि मैंने पढ़ना और समझना उसे भी चाहा जैसे कि अन्य साहित्यिक सिद्धांतों को समझना चाहता रहा हूँ। लेकिन उन दो प्रवृत्तियों में, जिन्हें 'ईसाई अस्तित्ववाद' और 'वैज्ञानिक अस्तित्ववाद' कहा जाता है, मेरी विशेष रुचि रही क्योंकि मैं समझता था और अब भी मानता हूँ कि यूरोप की वर्तमान मनःस्थिति और संकट को समझने के लिए इन प्रवृत्तियों का अध्ययन आवश्यक है। (पृ. 69-70); 29. 'अपने अपने अजनबी' : लेखक की दृष्टि में–डॉ.

रणवीर रांग्रा, 'ज्ञानोदय', जुलाई, 1963, पृ. 7; 30. Reinhardt : The Existentialist Revolt (1960), p. 228-253; 31. विशेष के लिए देखिए : 'एक बूँद सहसा उछली', पृ. 312-323; 32. 'ज्ञानोदय' : जुंलाई, 1963, पृ. 19; 33. 'A dull and inescapable feeling of sickness perpetually reveals my body to my consciousness—' सार्त्र-उद्धृत Jean Paul Satre-philip Thody, p. 8; 34. संभव है कि सेल्मा की जो दृष्टि है, उसमें किसी को यास्पर्स के ईसाई अस्तित्ववाद की झाँकी मिल जाए। इस दृष्टि से देखने पर पूरा उपन्यास ईश्वरवादी अस्तित्ववाद और अनीश्वरवादी अस्तित्ववाद की टकराहट का और ईश्वरवादी अस्तित्ववाद अर्थात् ईसाई आस्थाप्रवण अस्तित्ववाद के स्वीकार का उपन्यास सिद्ध हो सकता है। प्रस्तुत प्रबंध में इस दृष्टि से विचार नहीं किया गया है।; 35. 'अपने अपने अजनबी', पृ. 12; 36. 'अपने अपने अजनबी', पृ. 13; 37. 'अपने अपने अजनबी', पृ. 18; 38. 'अपने अपने अजनबी', पृ. 18; 39. 'अपने अपने अजनबी', पृ. 19; 40. 'अपने अपने अजनबी', पृ. 21; 41. No Exit and Three other plays (A Vintage Book Newyork, 1957) p. 47; 42. 'सार्त्रनुं तत्त्वज्ञान–(गुज) मधुसूदन बक्षी', पृ. 54; 43. 'अपने अपने अजनबी', पृ. 22; 44. 'अपने अपने अजनबी', पृ. 23; 45. 'अपने अपने अजनबी', पृ. 26; 46. 'अपने अपने अजनबी', पृ. 31; 47. Intimacy, p. 26-27; 48. 'अपने अपने अजनबी', पृ. 35; 49. 'अपने अपने अजनबी', पृ. 35; 50. 'अपने अपने अजनबी', पृ. 35; 51. 'अपने अपने अजनबी', पृ. 36; 52. 'अपने अपने अजनबी', पृ. 39; 53. 'सार्त्रनुं तत्त्वज्ञान', पृ. 130; 54. 'अपने अपने अजनबी', पृ. 42; 55. 'अपने अपने अजनबी', पृ. 43; 56. 'अपने अपने अजनबी', पृ. 43; 57. 'Situations', p. 153; 58. 'सार्त्रनुं तत्त्वज्ञान', पृ. 77; 59. 'अपने अपने अजनबी', पृ. 27; 60. 'अपने अपने अजनबी', पृ. 50; ईश्वर को लेकर सेल्मा और योके की यह प्रश्नोत्तरी का प्रारूप 'एक बूँद सहसा उछली' में एक अनमने स्वीडी कवि लिंडग्रेन और अज्ञेय की प्रश्नोत्तरी में मिलेगा। वहाँ भी लिंडग्रेन प्रश्न को टाल जाते हैं, अज्ञेय उत्तर देते हैं। देखिए, पृ. 239-245; 61. 'अपने अपने अजनबी', पृ. 53; 62. 'अपने अपने अजनबी', पृ. 54; 63. 'सार्त्रनुं तत्त्वज्ञान', पृ. 90-92; 64. 'अपने अपने अजनबी', पृ. 54; 65. 'अपने अपने अजनबी', पृ. 47; 66. 'अपने अपने अजनबी', पृ. 58-59; 67. 'सार्त्रनुं तत्त्वज्ञान', पृ. 119; 68. 'अपने अपने अजनबी', पृ. 63; 69. 'अपने अपने अजनबी', पृ. 64; 70. 'अपने अपने अजनबी', पृ. 74, 75; 71. अपने अपने अजनबी', पृ. 77; 72. 'अपने अपने अजनबी', पृ. 79; 73. 'अपने अपने अजनबी', पृ. 79; 74. 'अपने अपने अजनबी', पृ. 87-88; 75. 'अपने अपने अजनबी', पृ. 88; 76. 'अपने अपने अजनबी', पृ. 90; 77. 'अपने अपने अजनबी', पृ. 90; 78. 'अपने अपने अजनबी', पृ. 95; 79. 'अपने अपने अजनबी', पृ. 98; 80. 'अपने अपने अजनबी', पृ. 100; 81. 'अपने अपने अजनबी', पृ. 101; 82. यहाँ सार्त्र के 'नोशिया' उपन्यास के अंत का स्मरण होता है। उसके नायक रोकितों को कहीं मुक्ति नहीं दीखती, लेकिन अंत में बोविले गाँव छोड़ते समय जाज संगीत का रिकाई सुनकर यकायक उसका उबकाई का बोध चला जाता है, कला के द्वारा उसे मुक्ति की संभावना दीखती है।; 83. 'अपने अपने अजनबी', पृ. 105; 84. 'अपने अपने अजनबी', पृ. 117; 85. 'अपने अपने अजनबी–लेखक की दृष्टि में–रणवीर रांग्रा, ज्ञानोदय, जुलाई 1969, पृ. 19; 86. वही, पृ. 20; 87. 'अज्ञेय और आधुनिक रचना

की समस्या', पृ. 120; 88. 'अज्ञेय और आधुनिक रचना की समस्या', पृ. 115; 89. माध्यम, अक्टूबर 64, पृ. 91; 90. वही, पृ. 92; 91. माध्यम, अक्टूबर 64, पृ. 92; 92. वही; 93. माध्यम, अक्टूबर 64, पृ. 93; 94. माध्यम, अक्टूबर 64, पृ. 93; 95. माध्यम, अक्टूबर 64, पृ. 93; 96. माध्यम, अक्टूबर 64, पृ. 94; 97. माध्यम, अक्टूबर 64, पृ. 93; 98. माध्यम, अक्टूबर 64, पृ. 93; 99. 'अज्ञेय के उपन्यासों की शिल्पविधि', पृ. 165 और 167; 100. 'अज्ञेय का कथासाहित्य', पृ. 59; 101. 'अज्ञेय और उनके उपन्यास', पृ. 109, 113; 102. 'हिंदी उपन्यास : एक अंतर्यात्रा', पृ. 110; 103. 'अज्ञेय और आधुनिक रचना की समस्या', पृ. 119, 123, 125; 104. हिंदी उपन्यास : शिल्प और प्रयोग, पृ. 239, 215, 279; 105. The critic should endeavour to discipline his personl prejudices and cranks-tares to which we are all subject and compose his differences with as many of his fellows are possible in the common pursuit of the true judgement—Function of Criticism—Selected Essays; 106. देखिए : The Novelist as Philosopher—ed John Crukshank Literature considered as Philosophy; 107. Point Counter Point (Penguin 1963), p. 299; 108. One of the disadvantages of using literature to illustrate philosophy is that the highly personal note which literature inveriably contains draws attention to the highly personal origin of philosophy—Philip Thody—Jean Paul Sartre (London, 1960), p. 19; 109. 'More philosophical than the philosophical writings' –Novelist as Philosopher, p. 207; 110. Philip Thoday, Sartre, पृ. 8 सार्त्र कहता है–'A dull and inescapable feeling of sickness perpetually reveals my body to my consciousness.'; 111. 'एक बूँद सहसा उछली', पृ. 259; 112. 'अपने अपने अजनबी' : लेखक की दृष्टि में–रणवीर रांग्रा, ज्ञानोदय, जुलाई, 1963; 113. 'अज्ञेय और आधुनिक रचना की समस्या', पृ. 128।

कहानीकार अज्ञेय

कहानीकार अज्ञेय

1. अज्ञेय के कहानीसंग्रह :

अज्ञेय के निम्नलिखित कहानीसंग्रह प्रकाशित हुए हैं :

'विपथगा'	(1937)
'परंपरा'	(1944)
'कोठरी की बात'	(1945)
'शरणार्थी'	(1948)
'जयदोल'	(1951)
'अमरवल्लरी और अन्य कहानियाँ'	(1954)
'कड़ियाँ और अन्य कहानियाँ'	(1957)
'ये तेरे प्रतिरूप'	(1961)

इनमें से 'अमरवल्लरी' की सभी कहानियाँ, 'कड़ियाँ' की एक के सिवा सभी कहानियाँ तथा 'ये तेरे प्रतिरूप' की आधी कहानियाँ पिछले संग्रहों से संकलित हैं। अब तक की अज्ञेय की सभी कहानियाँ दो खण्डों में प्रकाशित हुई हैं, जिनके नाम इस प्रकार हैं :

अज्ञेय की संपूर्ण कहानियाँ–1 : (छोड़ा हुआ रास्ता) (1975)
अज्ञेय की संपूर्ण कहानियाँ–2 : (लौटती पगडण्डियाँ) (1975)

इन दो भागों के प्रकाशन से अब हमें अज्ञेय का संपूर्ण कहानी साहित्य एक साथ मिल जाता है। अतः अध्ययन की सुविधा के लिए कहानियों के क्रम आदि की व्यवस्था यहाँ पर इन्हीं दोनों खंडों के आधार पर रखी गई है।

2. अज्ञेय की कहानियों का रचनाकाल

अज्ञेय की सबसे पहली कहानी 'जिज्ञासा' है, जो मूलरूप में सन् 1929 में लिखी गई थी और जो सन् 1935 में प्रकाशित हुई थी। अज्ञेय की अब तक की अंतिम कहानी 'हजामत का साबुन' है, जो 1959 में प्रकाशित हुई। इन तीस वर्षों

(1929-1959) में अज्ञेय ने कुल मिलाकर सड़सठ कहानियाँ लिखी हैं। रचनाकाल की दृष्टि से इनका विभाजन इस प्रकार है–

ईस्वी सन्	कहानियों की संख्या	ईस्वी सन्	कहानियों की संख्या
1929	1	1947	7
1931	7	1948	–
1932	5	1949	2
1933	6	1950	5
1934	6	1951	1
1935	4	1952	1
1936	4	1953	–
1937	7	1954	3
1938	2	1955/56	–
1939	2	1957	1
1940	1	1959	1
1941	1		

ऐसा प्रतीत होता है कि लेखक जब उपन्यास लिखने में व्यस्त हो जाता है तब उसका कहानी लेखन रुक-सा गया है। 'शेखर : एक जीवनी' का प्रथम भाग सन् 1940-41 में और दूसरा भाग सन् 1944 में प्रकाशित हुआ। इस समय में कहानियाँ नहींवत् ही लिखी गई हैं, उसी प्रकार 'नदी के द्वीप' (1951) के प्रकाशन वर्ष में भी। तदनंतर कहानी-लेखन की धारा क्षीण होती चली जाती है और सन् 1959 के बाद तो उन्होंने कोई कहानी लिखी ही नहीं है।

3. अज्ञेय की कहानियाँ : वर्गीकरण की समस्या

अज्ञेय की कहानियों का (अध्ययन करते समय) विभिन्न आलोचकों ने विभिन्न ढंग से विभाजन किया है। डॉ. लक्ष्मीनारायण लाल अज्ञेय की कहानियों को निम्नलिखित चार भागों में विभक्त करते हैं।[1]

(1) सोद्देश्य सामाजिक आलोचना-संबंधी।

(2) राजनीतिक जीवन-संबंधी।

(3) चारित्रिक विश्लेषण-संबंधी।

(4) प्रतीकों के सहारे मानसिक संघर्षों के अध्ययन से संबंधित।

श्री ओम प्रभाकर ने भी अज्ञेय की कहानियों को 'कथानक की दृष्टि' से चार भागों में विभाजित किया है।[2]

(1) सामाजिक आधार पर रचित,

(2) क्रांतिकारी (राजनीतिक) जीवन पर आधारित,

(3) चारित्रिक विश्लेषणपूर्ण और

(4) मानसिक अंतर्द्वंद्व के प्रतीकात्मक अभिव्यक्तिकरण वाली कहानियाँ।

अज्ञेय की कहानियों का मनोवैज्ञानिक अध्ययन प्रस्तुत करते समय डॉ. देवराज उपाध्याय ने अज्ञेय की कहानियों को तीन श्रेणियों में विभक्त किया है[3]।

(1) क्रांतिकारी जीवन से संबंधित,

(2) प्रेम से संबंधित और

(3) मनोवैज्ञानिक।

श्री ओम प्रभाकर का विभाजन डॉ. लक्ष्मीनारायण लाल के वर्गीकरण का अनुकरण करता है, परंतु कुछ शाब्दिक परिवर्तन के साथ। डॉ. लाल का यह विभाजन तार्किक दृष्टि से सदोष है। अज्ञेय की सामाजिक जीवन पर आधारित या राजनीतिक बन्दी जीवन पर आधारित कहानियों में चारित्रिक विश्लेषण है और कई कहानियों में मानसिक अंतर्द्वंद्व का भी प्रतीकात्मक आलेखन है। विभाजन का दोष यह है कि कहानियों के प्रथम दो वर्ग तो विषय पर आधारित हैं, जबकि शेष दो वर्ग अभिव्यक्ति के ढंग पर। इसके अतिरिक्त तीसरा और चौथा वर्ग अन्यान्य से एकदम पृथक् भी नहीं है। इससे एक वर्ग की कहानी दूसरे वर्ग के अंतर्गत भी आ सकती है। जैसे 'रोज' ('गैंग्रीन') कहानी को प्रथम वर्ग के अंतर्गत रखा गया है, लेकिन कोई उसे इस विभाजन के अनुसार तीसरे या चौथे वर्ग के अंतर्गत भी रख सकता है। इसका कारण यह है कि इसमें मालती का चारित्रिक विश्लेषण मनोवैज्ञानिक दृष्टिकोण से प्रस्तुत किया गया है।

विभाजन का ऐसा दोष डॉक्टर उपाध्याय के वर्गीकरण में भी है; क्योंकि क्रांतिकारी जीवन से संबंधित कहानियाँ प्रेम से संबंधित भी हो सकती हैं और मनोवैज्ञानिक भी। वर्गीकरण की कठिनाई को देखकर डॉ. परमानंद श्रीवास्तव ने तो कह दिया कि ऐसा कोई वर्गीकरण उपयुक्त नहीं जान पड़ता है।[4]

अज्ञेय की कहानियों का तर्कसंगत वर्गीकरण करने का प्रयत्न डॉ. रामस्वरूप चतुर्वेदी ने किया है। अज्ञेय की अधिकतर कहानियों को 'विषयपरक' बताकर वे विषय की दृष्टि से उनका विभाजन इस प्रकार करते हैं[5] :

—वे, जो क्रांति के चित्र प्रस्तुत करती हैं,

—कुछ वे, जो युद्ध-जीवन से संबंधित हैं और

—कुछ वे, जो देश के विभाजनोपरांत शरणार्थी-समस्या को लेकर लिखी गई हैं।

डॉ. चतुर्वेदी 'परंपरा' नामक कहानीसंग्रह को कुछ 'खुले ढंग' का संकलन मानते हैं। अर्थात् उपर्युक्त तीनों विषयों से पृथक् कुछ इस प्रकार की कहानियाँ भी इसमें संकलित हैं, जिनमें (उनके मतानुसार) 'जीवन की कुरूपता को लेकर छटपटाहट का भाव' है। डॉ. चतुर्वेदी का विभाजन अधिक संगत है क्योंकि यह एक तरह से अज्ञेय

के द्वारा किए गए कहानियों के विभाजन के अनुरूप है।

अज्ञेय ने अपनी कहानियों का विभाजन चार 'खेपों' में किया है।[6] उनके मतानुसार प्रथम खेप की कहानियाँ 'एक क्रांतिकारी द्वारा लिखी गई क्रांति-समर्थक' कहानियाँ हैं और उन कहानियों में एक स्पष्ट 'आदर्शोन्मुखी स्वर' है। दूसरे खेप की कहानियों में 'पुराने गुप्तकर्मी आतंकवादी का खुले समाज में एक जाने हुए' व्यक्ति के रूप में जीने का, समाज से मिलने वाले सम्मान के बीच 'उस समाज के और सम्मान के खोखलेपन के अनुभव' की कहानियाँ हैं, जिनकी संख्या भी अधिक है, जिनका स्वर 'बहुधा काफी तीखा है' और 'आक्रोश' व्यंग्यमिश्रित। तीसरे खेप की कहानियाँ सैनिक-जीवन से और जहाँ यह सैनिक जीवन बिताया गया है, उन प्रदेशों के जीवन, समाज तथा इतिहास से संबंधित हैं। चौथे खेप की कहानियाँ 'भारत-विभाजन के विभ्राट और उससे जुड़ी हुई मनःस्थितियों' की कहानियाँ हैं। इसके साथ, लेखक के मतानुसार उनका कहानियाँ लिखना कम होता जाता है।

डॉ. रामस्वरूप चतुर्वेदी ने एक प्रकार से लेखक द्वारा निर्दिष्ट तीन खेपों का उल्लेख किया ही है और जिनको अज्ञेय ने दूसरी खेप की कहानियों के अंतर्गत रखा है, डॉक्टर चतुर्वेदीजी ने उन्हें ही 'खुले ढंग' की कहानियाँ कहा है।

इस तरह अज्ञेय की कहानियों का अध्ययन करने के लिए डॉ. चतुर्वेदीजी का और स्वयं अज्ञेय का वर्गीकरण अधिक तर्कसंगत कहा जा सकता है।

4. अज्ञेय की कहानियाँ : आलोचनात्मक विश्लेषण

(अ) प्रथम खेप की कहानियाँ

प्रथम खेप की कहानियाँ क्रांतिकारी जीवन से संबंधित हैं। जिस समय ये कहानियाँ लिखी गईं उस समय लेखक स्वयं एक क्रांतिकारी जीवन जी रहे थे और एक तरह से इन कहानियों में क्रांति का समर्थन है। क्रांति के प्रति एक रोमांटिक आकर्षण है, जो आदर्श-प्रेरित है। क्रांति की ये कहानियाँ रूस, चीन, भारत और दक्षिण अमेरिका की क्रांतियों की पृष्ठभूमि में लिखी गई हैं।

'विपथगा' में रूसी क्रांति की भूमिका है। प्रथम पुरुष में कही गई इस कहानी का कथक है (नैरेटर है) इतिहास का एक अध्यापक, जो अब पेरिस में है, पहले मॉस्को में था। जब वह क्रांति के विषय में एक लेख लिख रहा था, तब वहाँ एक स्त्री आती है मेरिया इवानोवना, जो क्रांतिकारिणी है। अध्यापक उसकी सहायता करने के लिए तैयार नहीं होता और उसे 'हत्यारिन' कहता है। मेरिया ने 'सौभाग्य बेचकर अपने विश्वास की रक्षा की है, स्वत्व बचाने के लिए पिता की हत्या की है—और अपना स्त्री रूप बेचकर देश के लिए भिक्षा माँगी है।' (124)[7] वह मानती है, 'प्रधान, हमारा कार्य—देश, राष्ट्र, इसके विरुद्ध क्या? एक स्त्री का सतीत्व।' (131) वह अपने

एक साथी को बचाने के लिए अपना 'स्त्रीत्व' देने का वादा करके आई है और 'अशांति के बीज' बोकर चली जाती है। दूसरे दिन उस अधिकारी की भी हत्या करती है और अपनी भी। और तब अध्यापक पहली बार विशुद्ध हृदय से क्रांति का समर्थन करता है।

कहानी का आरंभ तो कथक के स्वगत प्रश्न से होता है—'वह मानवी थी या दानवी, यह मैं इतने दिन सोचकर भी नहीं समझ पाया हूँ।' (118) किंतु कहानी के अंत में एक और अभिधान जुड़ता है—'या स्वर्गभ्रष्ट विपथगा देवी?' (137) कहानी में जैसे मेरिया के समग्र व्यवहार को—सौभाग्य बेचना, पिता की हत्या करना; स्त्रीत्व बेचना—क्रांति के परिप्रेक्ष्य में उज्ज्वल रूप दिया गया है, जो 'देवी' शब्द से सूचित है।

'मिलन' कहानी में भी रूसी क्रांति का परिवेश है। यहाँ एक मास्टर निकोलाई कथा को प्रस्तुत करता है, जो उसका साक्षी है। वैसे तो 'मिलन' कहानी दो मित्रों के विच्छेद और पुनर्मिलन की कथा है। सन् 1905 में दो मित्र, सर्जियस और दिमीत्री पढ़ाई समाप्त करके पंद्रह साल बाद स्कूल के बड़े खंभे के नीचे मिलने का वादा करके अलग होते हैं। उसके बाद तो 1917 की बड़ी क्रांति आती है, प्रतिक्रांति के दिन आते हैं। लेकिन निश्चित दिन दोनों मित्र मिलते हैं, आनंद-विभोर होते हैं, लेकिन दिमीत्री सर्जियस के ओवरकोट के अंदर गले में रूमाल देखकर उसे पुलिस के हवाले कर देता है क्योंकि वह साम्राज्यवादी गुप्त समिति का सदस्य है और दिमीत्री फौजी जासूस था, अतः यह उसका कर्तव्य था। 'मित्रघात बुरा है या देशद्रोह' यह मैं नहीं जानता (158) ऐसा वह कहता भी है। यहाँ भी क्रांति के आदर्श पर मित्रता की बलि है, कर्तव्य और प्रेम में कर्तव्य की विजय है।

ऐसी ही कर्तव्य और प्रेम में कर्तव्य की विजय की कहानी है 'अकलंक' जो चीन की क्रांति के परिवेश से संबद्ध है। एक मार्टिन है, जिसने अपनी सेवा की वृत्ति से 'अकलंक' नाम पाया है। उसकी प्रियतमा है क्रिष्टाबेल-क्रिषा। मार्टिन का व्यवहार क्रिष्टाबेल के मन में उसके प्रति अविश्वास पैदा करता है और वह स्वयं मार्टिन के अविश्वास की सूचना सेनापति को देती है, जिसके कारण मार्टिन को प्राण-दंड मिलता है, परंतु मार्टिन के जिस व्यवहार के कारण अविश्वास उत्पन्न हुआ था, वह तो शत्रु को परास्त करने की ही गुप्त चाल थी, इसका पता लगने पर क्रिष्टाबेल उसको बचाने के लिए दौड़-धूप करती है, लेकिन व्यर्थ। उसका अंतिम उद्गार 'अकलंक' ही मार्टिन की विश्वसनीयता की अंजलि बनकर रह जाता है।

'द्रोही' में विषय तो है क्रांति का, लेकिन इसमें राजद्रोह का एक अभियुक्त जेल में जाकर अपने साथियों के विरुद्ध बयान देता है और उसे स्वयं देशद्रोही होने का एहसास होता है। कमला का प्रेम उसकी कमजोरी है। उसके मुखश्री के लोभ ने ही उसे देशद्रोही बनाया था और शरीर की लालसा ने ही देशद्रोही बनाया है। उसके हृदय में गहन द्वंद्व उमड़ता है। एक बार तो कमला का प्रेम उसे अपना बयान

वापस लेने के लिए प्रेरित करता है, किंतु फिर कमला की उपेक्षा तथा तिरस्कार ही उसे मिलते हैं। ईर्ष्या-दग्ध होकर वह धर्मद्रोह भी करता है और अंत में प्रायश्चित्त न करके आत्मद्रोही भी बनता है। इस कहानी में कमला और अन्य राजद्रोहियों के चित्र (उज्ज्वल चित्र) कहानी के नायक के चरित्र की कमजोरी को और अधिक उजागर करते हैं।

'हारिति' चीन की क्रांति की भूमिका में लिखी गई है। हारिति एक कन्या है, जिसके जीवन में आनंद, स्नेह, प्रेम, सुख—कुछ भी नहीं था। प्रजातंत्र की चाह लेकर चलनेवाली स्वयंसेवी कैण्टन की सेना की सेवा में हारिति है। उससे क्वानयिन नामक एक स्वयंसेवक प्रेम करता भी है, लेकिन हारिति को लगता है कि वह गुलाम है, अतः उसे प्रेम करने का अधिकार नहीं। एक दिन, जब घनघोर वर्षा हो रही है, कर्नल हारिति को एक अत्यंत महत्त्वपूर्ण पत्र देकर डाईना पेईकू के घर भेजता है। रास्ते में शत्रु की सेना है। हारिति के साथ क्वानयिन भी जाता है, परंतु कर्तव्य-बोध में प्रेम को स्थान नहीं। क्वानयिन शत्रु को रोकता है, मरता है और हारिति नदी में कूद और घायल होकर कैण्टन में डायना के घर पहुँचती है। लेकिन वह तो कर्नल का डायना के नाम लिखा 'प्रेमपत्र' था। उसके लिए क्या इतना सहा? अपने प्रेमी की भी आहुति दे दी? एक ओर तो क्रांति को समर्पित हारिति और दूसरी ओर क्रांति की सेवा में रहकर भी घोर वंचना का स्वार्थ-कार्य—इस कहानी को तीव्रतम व्यथा की कहानी बनाते हैं।

'छाया' नामक कहानी भारतीय क्रांतिकारियों के जीवन से संबंधित है। उसे कहा गया है एक जेल वार्डन के शब्दों में। अरुण 'राजनीतिक' (पोलिटिकल) कैदी है। उसी जेल में सुषमा भी आती है, जिसके गाने की आवाज़ सुनकर अरुण सोचता है कि शायद वह शारदा है, जो एक बार डूब गई थी। वह वार्डन के द्वारा चिट्ठी भेजकर सांकेतिक रूप से पूछता है, तब पता चलता है कि वह शारदा ही सुषमा है। सुषमा को फाँसी होती है। वह चाहती है कि शारदा को तो लोगों ने मरा हुआ मान लिया है और सुषमा तो उसकी छाया है। अतः सुषमा के मरने का किसी को रंज नहीं होना चाहिए। अरुण सुषमा की फाँसी देखता है और उसके शव के निकट जाकर कहता है, "शारदा, तुम्हारी जीत हुई।" इस घटना के साथ वह जेल में काम करने से इनकार कर कड़ी सजाएँ स्वीकार करता रहता है। कहानी में जेल-वार्डन की संवेदना का एक अभिनव रूप निखरा है। वह कहता है कि शारदा की छाया को तो पब्लिक ने फूँक दिया, पर यह सुषमा की छाया, जो हरवक्त मेरे पास रहती है, इससे छुटकारा कहाँ है? क्रांतिकारियों के जीवन की सरफरोशी का कैसा उज्ज्वल रूप है? लेकिन यहाँ अरुण को 'पब्लिक' के नाम पर व्यंग्य करते देखकर लगता है कि वह एक 'निर्भ्रांति' की स्थिति में पहुँच रहा था, विशेषकर शारदा—सुषमा की मृत्यु के साथ।

'विवेक से बढ़कर' शीर्षक कहानी इस वर्ग की कहानियों में एक विशिष्ट ढंग की कहानी है। इसका विषय तो क्रांति से संबंधित है, किंतु क्रांतिकारी के जीवन में आनेवाली वरण की समस्या एक तरह से कहानी का विषय बन जाती है। कहानीकार वैसे तो कहानी के आरंभ में ही फ्रांसीसी कथाकार विक्टर ह्यूगो की एक उक्ति देते हैं, जिसका मतलब है कि बलिदान के शिखर से ही प्रेम-घोषणा उच्चरित होती है। यही कहानी का प्रतिपाद्य है भी। किंतु इसमें भी क्रांतिकारी के आदर्श की ही बात है। (लेकिन यों कहानी उस स्थिति की है, जिसको हम सार्त्र की वरण-समस्या के समांतर रख सकते हैं।) कहानी का स्थल साइबेरियन सीमा का एक पुलिस थाना है, जहाँ तीन क्रांतिकारी अलग-अलग कोठरी में बंद हैं और जिन पर गवर्नर की हत्या का आरोप है। पुलिस की रिपोर्ट में केवल दो ही व्यक्तियों के नाम हैं। अतः उनके प्रति सहानुभूति रखने वाला थानेदार तीन में से एक को छोड़ देने की स्थिति में है। वह इन तीनों में एण्टन नामक व्यक्ति से अलग पूछता है, मैक्सिम से भी अलग से पूछता है—किसे मुक्त किया जाय? एण्टन के समक्ष भारी द्वंद्व उपस्थित हो जाता है। मैक्सिम से उसका प्रेम है, लेकिन वह समझता है कि क्रांति के लिए लियोन की अधिक आवश्यकता है। अतः वह अपने प्रेम का मोह रौंदकर लियोन को मुक्त करने के लिए कहता है। मैक्सिम के मन में द्वंद्व नहीं है, वह भी लियोन को मुक्त करने के लिए कहता है। लेकिन जब मैक्सिम को पता लगता है कि एण्टन ने लियोन का नाम मुक्ति के लिए दिया है, तब उसे आघात लगता है। एण्टन ने उसका एक चित्र बनाया था, वह उसे भी नहीं देखता। अंतिम क्षणों में भी जैसे वह एण्टन को माफ कर सका है और एण्टन को लगता है कि उसकी बात को कोई (मैक्सिम भी) नहीं समझ सका। वे क्रांति की चिरंतनता की जय बोलते मरते हैं, लेकिन ऐसा लगता है कि दोनों एक-दूसरे के प्रति एक टीस लेकर मरते हैं। कहानी एक 'आत्यंतिक', परिस्थिति की है। क्रांति का विषय अब कालग्रस्त लगता है, लेकिन इसमें निहित मानवीय संवेदना की अपील ज्यों-की-त्यों है।

'एक घंटे' में क्रांतिकारी-दल में सम्मिलित होने वाले प्रोफेसर पति और उसकी पत्नी रजनी, जो उसके इन आदर्शों से सहमत नहीं है, की कथा है। रजनी धीरे-धीरे स्वयं को अनुकूल बनाती जाती है और जिस रिवॉल्वर (हिंसा) से घृणा करती है, एक बार स्वयं उसी रिवॉल्वर को निकालकर तैयार होती है। कहानी में जो झलकता है, वह है तो दांपत्य प्रेम ही।

'क्षमा' कहानी में एक बंदी क्रांतिकारी अपने साथी क्रांतिकारी के सभी अपराधों को क्षमा कर सकता है, लेकिन 'विश्वासघात' को क्षमा नहीं कर सकता, जो विश्वासघात उसने आसन्नमरणा माँ के रूप में पार्टी के लिए रुपए खर्च करके किया है। एक ओर क्रांति का कार्य है और दूसरी ओर मरण-शैया पर अभावों में मरती माँ और बेसहारा बहिन है। कुछ समय वह वहाँ रहकर माँ की दवाई के लिए खर्च करता

है, माँ के मर जाने पर बेहोश बहिन की तीमारदारी करता है और अंत में बहिन भी इसलिए आत्महत्या करती है कि वह भाई के कार्य में विघ्न न बने। कहानी के अंत में, उसकी बात सुनकर क्रांतिकारी नेता उसे चूम तो लेता है, लेकिन उसके विश्वासघात को क्षमा नहीं करता। मानव सहज संवेदना और कर्तव्य की कठोरता का द्वंद्व ही इस कहानी में निरूपित हुआ है।

इस प्रकार के द्वंद्व की ही कहानी है 'अंगोरा के पथ पर'। स्मर्नानगर में लगी आग की भूमिका कहानी की एक विशेषता है। इस जलते नगर में एण्टनी, उसकी प्रेमिका अरोरा तथा उसके मित्र कार्ल की कहानी है। यहाँ एण्टनी न केवल अपने जीवन को, बल्कि अपनी प्रेमिका को भी कार्ल को समर्पित करता है क्योंकि क्रांति के लिए कार्ल की अधिक आवश्यकता है। (क्रांति और जीवन के बीच क्रांति के आदर्शों के पुरस्कार की कहानी है।)

'पगोड़ा वृक्ष' नामक कहानी में विधवा सुखदा का एक क्रांतिकारी को एक रात को आश्रय देने का आलेखन है, लेकिन वह कहानी जितनी सुखदा की है, उतनी क्रांतिकारी दिनेश की नहीं। तो भी 'पुलिस की सीटी' नाम की कहानी में एक क्रांतिकारी चूड़ामणि के जीवन में प्रणय का जो एक सुकुमार, सूक्ष्म बोध है, उसका तो आलेखन है ही, उससे अधिक आलेखन है उसकी बहिन गरिमा का, जो क्रांतिकारी पति का काम जारी रखने के लिए अपनी माँग में सिंदूर भरती है जब कि वह विधवा हो चुकी है। कहानी की कलात्मकता तो कथक, जो स्वयं एक क्रांतिकारी है, उसके मनोवैज्ञानिक क्षणों के आलेखन में है, जो पुलिस की सीटी के स्मृति-साहचर्य से उद्‌भासित होती है।

'अभिशापित' नाम की रचना चीन की क्रांति विषयक घटनाओं से परिपूर्ण कहानी है, जिसमें लियोंग नामक एक क्रांतिकारी किसी कारण से अविश्वस्त, संदिग्ध और अयोग्य मान लिया गया है। कहानी अविश्वास के इस अभिशाप से छूटने की है, जिसमें बहिन भी प्रयत्नशील है। कहानी घटनाओं की स्थूलता के बोझ से दबी हुई लगती है। जब कि 'कैसाण्ड्रा का अभिशाप' क्रांति की भूमिका में एक अचरितार्थ प्रणय की करुणकथा के रूप में एक गहरा प्रभाव छोड़ती है। क्यूबा–हवाना की क्रांति की पृष्ठभूमि में है वैसे तो दो बहिनों की–एक विधवा (मेरिया) और एक अपरिणीता (कार्मन) की कहानी। दोनों बहिनें क्रांतिकारी मिगेल में अनुरक्त हैं, इसीलिए उसकी मुक्ति के लिए अपने गहने आदि भी दे देती हैं। विधवा मेरिया कैसाण्ड्रा की भूमिका में है, जिसने विप्लव का और अपना भी भविष्य देख लिया है। वह अपनी बहिन को गोली से और मिगेल को भीड़ के नीचे दबकर मरते हुए देखती है।

(आ) दूसरे खेप की कहानियाँ

स्वयं अज्ञेय के शब्दों में, "पुराने गुप्तकर्मी आतंकवादी का खुले समाज में

एक 'जाने हुए' व्यक्ति के रूप में जीने का, समाज में मिलने वाले सम्मान के बीच उस समाज के और उस सम्मान के खोखलेपन का अनुभव करने का यह युग कहानियों की दूसरी खेप का युग है।"[8] एक तरह से दूसरी खेप की कहानियाँ 'मोह-भंग' की कहानियाँ हैं। प्रथम खेप की कहानियों में एक 'रोमानी भोलापन' झलकता है, दूसरी खेप में जैसे उस भावुकता से दूर जाने की प्रक्रिया है, गैर-रोमांटिक होने की प्रक्रिया है, जो आधुनिक भाव-बोध के प्रस्फुटन में परिलक्षित होती है। यहाँ नगर जीवन की कुरूपता है (जो प्रथम आधुनिक कवि शार्ल बॉदलेर की 'पैरिस दृश्यावली' नामक कविता संग्रह के अंतर्गत फ्रांस में सन् 1857 में हुई थी), वह कुरूपता जनित विषाद है और यहाँ जीवन की रोजमर्रा घटनाओं की यांत्रिकता से छटपटाती जिंदगी है, जो एक विरति में परिणमित होती है। यह विषाद, यह विरति कई बार संयत उदासीनता के स्वर में, लेकिन प्रायः तीखे, आक्रोश तथा व्यंग्य मिश्रित स्वर में प्रकट होती है।

'कड़ियाँ' वैसे एक देशसेवा के व्रती युवक सत्य की कहानी है, लेकिन उसमें एक निर्भ्रांति का आलेखन है। यह निर्भ्रांति अपने बारे में है और अपने समाज के बारे में है फिर भी यहाँ आदर्श की विजय दिखाई गई है। कहानीकार जैसे संक्रांति स्थल पर खड़ा है। यहाँ घटनाओं की भरमार नहीं है। घटनाएँ अपने आप में अपना महत्त्व नहीं रखतीं, वे आती हैं सत्य के अपने दोहरे व्यक्तित्व को उद्भासित करने। यहाँ पर चरित्र-आलेखन तथा उस आलेखन की रीति में मनोविज्ञान का सुंदर प्रयोग होता है। साथ-ही-साथ व्यंग्य का प्रश्रय भी कहानी में सहोपस्थिति की परिस्थिति रचकर उसे तीव्र बनाता है। सत्य देशसेवक है, 'भारत माता का पुत्र सुपुत्र', जो तीन वर्ष की जेल काटने के उपरांत रिहाई पर जा रहा है। रास्ते में लारी से एक आदमी को एक देहाती युवती का पीछा करते हुए देखता है और तब उसके मन में अनेक विचार आते हैं। सोचते-सोचते दौड़ती और झाड़ी में कूदती हुई उस भयग्रस्त युवती की 'प्रकंपित चोली और लहंगा' ही उसके सामने रह जाते हैं, युवती का चेहरा नहीं। केवल उसकी 'नंगी टाँगें' दिखती हैं। सत्य की कामुकता का यह चित्र स्वाभाविक है, मनोवैज्ञानिक है और यह चित्र सहोपस्थिति रचता है उसकी आदर्शवादिता के साथ। फिर लेखक ने मुक्त साहचर्य बोध की टेकनीक का आधार लेकर, सत्य के काश्मीर जाते समय एक नग्नप्रायः युवती को, चट्टान से पानी में कूदने के दृश्य को उभारा है। सत्य आत्मग्लानि से भर जाता है। वह उस स्थान पर आकर उतर जाता है, जहाँ वह युवती कूद पड़ी थी और तब उसे पता चलता है कि गाँव के लोग देख ही रहे थे एवं एक चौधरी ने उस युवती का पीछा किया था, उसको पीटा था। वैसे कहानी यहाँ समाप्त हो जाती है, परंतु जैसे जोड़ दिया जाता है कि दो वर्ष बाद एक किसान-विद्रोह में सत्य की हत्या हो गई थी पुलिस की गोली से। 'कड़ियाँ' शीर्षक से ही सूचित होता है कि लेखक ने सत्य के जीवन से संबंधित दो-तीन घटनाओं को निरूपित करके एक जीवन-शृंखला गूँथने का प्रयत्न किया है। कहानी एक विषाद

और कचोट छोड़ जाती है।

'एकाकी तारा' एक पहाड़ी युवती के प्रत्यावलोकन के रूप में कही गई कहानी है। कहानी का परिवेश प्राकृतिक है। सांध्य गगन में अनेक तारों के बीच जैसे सांध्यतारा आलोकित रहता है, वैसे ही कहानी की नायिका लूनी की स्मृति में अपने 'भाई' की स्मृति, जीवन की अनेक स्मृतियों के मध्य चमक रही है। वह भाई, जो विद्रोही हो गया था और जिसको आज फाँसी होने वाली है। वह भाई, जिसके सान्निध्य में भाई को 'पुरुषत्व' का और उसको 'स्त्रीत्व' का बोध हुआ था—और फिर भी वह दूसरे की ही भूख मिटाती रही। लेखक ने लूनी के मन में उस समय चलनेवाले विचारों को अंकित किया है, ठीक जिस समय उसके 'भाई' को फाँसी लग रही होगी। उसे लगता है कि 'वह अकेली हो गई है, क्वाँरी ही विधवा हो गई है...।' उसे आकाशगंगा भी विश्व प्रणय के गले की फाँसी लगती है।

'पहाड़ी जीवन' में एक भावुक तरुण की कहानी है, जो लाहौर जैसे शहर से अपनी साहित्यिक प्रतिभा को पनपने का अवसर देने के लिए पहाड़ों की यात्रा करता है क्योंकि वह पहाड़ी जीवन निकट से देखना चाहता है। वह पहाड़ी औरतों की हीन दशा के विषय में सोचता है, और साथ-ही अपनी बाल्य सखी करुणा के बारे में भी। एक जगह पर स्त्री अपना शरीर बेचती है, अर्थाभाव के कारण, अन्यत्र स्त्री दुखी है सामाजिक व्यवस्था के कारण। यद्यपि कहानी का केंद्र-स्थल है पहाड़ी जीवन ही। कहानी केवल वर्णन और विवरणों में फैलकर रह जाती है और अंत का उपसंहार तो उसे एकदम खत्म ही कर देता है। प्राकृतिक सौंदर्य का वर्णन और व्यक्तियों के कुछ रेखाचित्र रचना के आकर्षक अंग हैं, लेकिन कहानी कोई 'अद्वितीय' प्रभाव नहीं छोड़ जाती। लगता है कि जैसे वह बिखर-सी गई है।

'अलिखित कहानी' में व्यंग्य मिश्रित करुणा है। कथा का नायक एक दरिद्र लेखक है, जो एक प्रेम कहानी लिख रहा है, लेकिन फिर पत्नी से लड़कर स्वयं पर कुढ़ता हुआ सो जाता है और स्वप्न देखता है, जिसमें वह एक कहानी पढ़ता है—एक ही नगर में 'तुलसी' नामक दो युवकों की। धनिक कहलाता है 'तुलसीदास' और गरीब कहलाता है 'तुलसी'। दोनों के जीवन में संत तुलसीदास जैसी घटनाएँ घटती हैं, लेकिन एक संत बनता है दूसरा दरिद्रता में मरता है। स्वप्न से जागने पर वह कहानी लिखने के लिए बैठता है, लेकिन पत्नी आकर रोटी खाने के लिए कहती है। "मैंने देखा, उस स्वर में क्रोध नहीं तो प्रेम भी नहीं, वह बिलकुल नीरस है। गृहलक्ष्मी ने लड़ाई को भुला दिया है, किंतु सुलह करने का आनंद भी खो चुकी है। और मैंने देखा मेरी कहानी भी नष्ट हो गई है।" (321) कहानी में लेखक जैसे आर्थिक अभाव को करुणा के रूप में दिखाना चाहते हैं कि कैसी भी गुणान्वितता अर्थ के अभाव में दोष बन जाती है।

'हरसिंगार' यथार्थ के नए धरातल की कहानी है। अनाथालय में भीख

माँग-माँगकर अपना जीवन बिता देने वाले एक व्यक्ति के जीवन में एक स्मृति बस गई है और वह किस प्रकार उसकी चेतना को सँजोती है, उसका सूक्ष्म अंकन है। गोविन्द की बही में से एक दबी हुई माला निकलती है। बही में लिखा हुआ है गुप्तदान-3; पृष्ठ निकलता है और उसकी स्मृति जोड़ती है–'नहीं, नाम की क्या आवश्यकता है?' बीस वर्ष पूर्व की एक स्मृति जागती है, जिसमें वह अपने साथियों के साथ एक परिवार में एक रुग्ण कन्या के समक्ष गया था। जाते समय चंदे के साथ, उतरने लगने पर घर की एक युवती 'यह भी लेते जाओ' कहकर एक माला देती है और गोविन्द उसकी ओर देखता है, उस रुग्णा की ओर देखता है और उतर जाता है। इतनी-सी बात गोविन्द के मन में जैसे उसके सारे अस्तित्व को बदलने लगती है। आज जब वह बाहर निकलता है तब उसके मन में एक विश्वास जागता है कि एक ही बार उसके जीवन में स्त्री ने पैर रखा है, उसी के पदचिह्न की तरह पड़ी है फूलों की माला–और उसे लगता है कि आगे के जीवन के इस विराट अंधकार में एक किरण, अनाथ जीवन की इस रिक्तता को भरने के लिए एक स्मृति, एक हरसिंगार का फूल नहीं होगा क्या?

'शांति हँसी थी' नामक कहानी की घटना के मूल में अर्थाभाव है, लेकिन उसे आर्थिक विषमता और वर्ग-संघर्ष की कहानी न बनाकर अज्ञेय ने उसे एक मनोवैज्ञानिक मोड़ प्रदान करके व्यक्ति-चेतना की कहानी बनाया है। कहानी में जो समय है, वह भी 'क्रॉनोलोजिकल' न होकर, 'साइकोलोजिकल' है। मुजरिम जानकी दास को सजा सुनाने से पूर्व मजिस्ट्रेट ने अपना बचाव करने के लिए पाँच मिनट की मोहलत दी है और जानकीदास के मन में 'पाँच मिनट' शब्द गूँजते रहते हैं और उसके उपरांत याद आते हैं शांति के शब्द 'इस वक्त तो खा लेते हैं, इस बार मेरी एकादशी है।' 'क्यों?' 'क्यों क्या?' 'तुम्हें खिला दूँगी।' इन शब्दों के साथ ही वह हँसी थी। 'पाँच मिनट' की मोहलत में उसे यह बात याद आती है और पैसे न होने पर भी वह टिकट लेता है और पकड़ लिया जाता है, यह घटना भी उसे याद आ जाती है। तब सजा मिलती है–'एक साल'। जानकीदास शांति की हँसी का अर्थ लगाता है–'उस बेर के लिए रोटी नहीं है'। सारी कहानी पाँच मिनट के भीतर जानकीदास के चित्त में से गुजरते विचारों का और घटनाओं का असंतुष्ट चक्र है।

'सूक्ति और भाष्य' भी अर्थाभावजनित जीवन की कहानी है। सुंदर प्राकृतिक परिवेश में दरिद्रता और शोषण का चित्र अधिक विषम लगता है। सत्य एक पहाड़ी लड़की की तस्वीर लेना चाहता है, परंतु वह ऐसा करने से मना करती है। जब सत्य उसे बतलाता है कि तस्वीर खिंचवाने के उसे बीस रुपए मिलेंगे तब उस रकम को सुनकर वह विस्मित होती है और तस्वीर खिंचवाती है। फिर एक पठान पैसे देकर अपनी तस्वीर खिंचवाता है। ये दोनों घटनाएँ तब जुड़ती हैं जब सत्य को पता लगता है कि उस पठान ने दस रुपए के कारण उस युवती के घर, खेत आदि सबको कुर्क

कर लिया है और तब उस लड़की जसुमति के विस्मय का अर्थ उसकी समझ में आ जाता है। कहानी रचना बनकर ही रहती है, कोई गहरी संवेदना नहीं जगा पाती।

'शत्रु' अज्ञेय की बहुचर्चित कहानी है। यह कहानी 'पैरेबल' के ढंग की है और उपदेशात्मक भी। भगवान का प्रतिनिधि मानकर ज्ञान मानव जाति के सबसे बड़े शत्रु धर्म के साथ युद्ध करता है फिर उसे लगता है कि समाज उससे बड़ा शत्रु है तो उससे भी युद्ध करता है। इसके बाद उसे लगता है कि रोटी शत्रु है। अतः पेटभर रोटी का प्रबंध करने में अपने को असमर्थ पाकर जब वह मरना चाहता है तब उसका प्रतिबिंब कहता है, "अपने आप से लड़ चुके?" और 'उसने जान लिया कि जीवन की सबसे बड़ी कठिनाई यही है कि हम निरंतर आसानी की ओर आकृष्ट होते हैं'। (349)

'प्रतिध्वनियाँ' में संगीत की प्रतिध्वनियाँ तो हैं ही, परंतु अन्य भी एक प्रतिध्वनि है। कलईगर संगीतज्ञ बन जाता है और उसको संगीत की ओर ले जाने वाली अरुणा संगीत से विरक्त हो जाती है। स्थिति-विपर्यय के प्रचलित ढर्रे की यह कहानी है।

'नई कहानी का प्लाट' के अंतर्गत एक तरह से मियाँ लतीफ का एक रेखाचित्र है। संपादक ने उसको कहानी लिखने के लिए कहा है। अनेक विकल्प सोचकर वह जो कहानी लिखता है, संपादक उसे फाड़कर फेंक देता है। अर्थभाव से युक्त उसका ही जीवन एक 'कहानी का प्लाट' के रूप में संकेतित होता है।

'सभ्यता का एक दिन' विभावनात्मक 'कांसेप्चुअल' कहानी है। लेकिन व्यंग्य (आइरनी) का तत्त्व उस कहानी को टिका पाता है। नई सभ्यता की देन नरेन्द्र को धक्का दे जाती है, किंतु जिस विदेशी नगर सभ्यता से अपने घरवालों को वह मुक्त रखना चाहता है, उसके लिए उसे उसी सभ्यता का आधार ग्रहण करना पड़ता है। ऐसी ही विभावनात्मक कहानी 'ताज की छाया में' है। इसमें कला के अंतर्गत अपने को खो देने की बात, कला के समक्ष स्वयं को समर्पित कर देने की बात है। अचल अनुभव करता है कि उसका और ज्योति का प्यार इसी में अमर है कि उन दोनों ने ताज के इस विराट सौंदर्य को 'एक साथ देखा है' (379)। किंतु ज्योति आत्म विस्मृत नहीं हो सकी। वह तो और-और बातें सोचती है और अमर को लगता है कि उसके जीवन का एक महत्त्वपूर्ण—एक मात्र क्षण बीत गया है। कहानीकार अज्ञेय की यह विभावना—कला के सामने समर्पित होने की, आत्मविस्मृत होने की—उनकी कई कविताओं में भी प्रतिबिंबित है।

'गृहत्याग' वैसे तो क्रांतिकारी जीवन से संबंधित है, लेकिन वह तो एक क्रांतिकारी की निर्भ्रांति की कहानी ही है। अतः उसे दूसरी खेप की ही माना जा सकता है। एक बूढ़े क्रांतिकारी गंगाधर और एक छोटी बालिका कनकवल्ली के स्नेह संबंध के पार्श्व में कहानी उभरती है। अपने जीवन में स्नेह से उपेक्षित गंगाधर गृह-त्याग के एक दिन पूर्व एक बालिका के चंचल प्रेम को भी क्षण-भंगुर मानता

है और चल देता है। वह जानता है कि अब आगे अँधेरा है। कहानी कहने के लिए जो पात्र चुना गया है, उसके वह अनुपयुक्त होने से कहानी बे-जान-सी हो जाती है।

'दुःख और तितलियाँ' दुःख के व्यतिक्रमण की कहानी है। शेखर की माँ की मृत्यु हुई है, लेकिन शेखर को लगता है कि जैसे वह माँ की मृत्यु की वेदना से परे है। इस स्थिति में भी वह तटस्थ होकर जैसे सोच सकता है। पिता की अवस्था और माँ की अंतिम स्थिति आदि सभी कुछ उसे रुला नहीं पाते। 'शेखर निर्वेद है'। (407) लेकिन माँ की चिता में एक तितली का जोड़ा गिरकर जल जाता है और शेखर यह देखता है, तब अनेक विचार उसके मन से गुजरते हैं। उन तितलियों को निरर्थक जल जाते देखकर, जो दुःख कहीं उसके भीतर पड़ा था, उभर आता है। ''वह रो पड़ा—'माँ' '' (408) दुःख का अव्यवहित कारण तो लगता है तितलियों का अकारण जल जाना, लेकिन दुःख का उत्स तो माँ की मृत्यु ही है। दुःख के व्यतिक्रमण की यह कलात्मक मनोवैज्ञानिक कहानी एक प्रभावात्मक मानवीय संदर्भ रच जाती है।

'पगोड़ा वृक्ष' एक प्रतीकात्मक कहानी है। कहानी का प्रथम वाक्य 'उस वृक्ष में पत्ते नहीं थे' (409)—विधवा सुखदा का प्रतीक है, जो उस वृक्ष की तरह ही एक बार अपनी पुरानी केंचुल उतारकर फेंक देती है और एक आगंतुक को अपने एकांत घर में आश्रय देती है।

'सिगनेलर' पत्रात्मक शैली में लिखी गई अचरितार्थ प्रेम की सुकुमार कहानी है। कहानी का परिवेश जंगल का है। सारी कहानी एक तरह से 'एक्सोटिक' लगती है। बलराज ने, जो अनेक विधाओं में पारंगत है, सन्ध्या को उसकी नौ वर्ष की अवस्था में देखा था। उसने कभी समवयस्क लड़की नहीं देखी थी। फिर इन दोनों का एक-दो बार जंगल में मिलना हुआ था। आज आठ साल से उसी कच्चे सूत्र को अवलम्ब बनाकर वह व्यक्ति दूर पहाड़ी पर के अपने घर से मोर्स प्रणाली पर सिग्नल भेजता है—'आइ लव यू'—जो संध्या नहीं समझ पाती। सिग्नल के बंद होने पर जब बलराज के यहाँ जाते हैं तब पता चलता है कि वह मृत है और सिग्नल की टार्च भी बुझ गई है। अतः संध्या के लिए भी अब जीवन की टार्च बुझ गई है। अब शून्य-ही-शून्य शेष है।

क्रांतिकारी के जीवन से संबंधित होने पर भी 'मनसो' प्रणय की एक तीखी टीस जगा जाती है। क्रांतिकारी महेश एक पहाड़ी पर झोंपड़े में छिपकर जीवन बिता रहा है। वहाँ पहाड़ी बाला मनसो को देखता है, वन्य-सौंदर्य से मुग्ध होता है और तब उसके मन में संदेह होता है कि सभ्य संस्कृति के परिशीलन से उपलब्ध सौंदर्यानुभूति से अलिप्त एक वनकन्या क्या 'प्रेम' को समझती होगी? लेकिन जब वह पूछ बैठती है, ''परदेशी, तुमने कभी प्यार किया है?'' (51) तब उसकी भ्रांति का निरसन होता है। महेश आज कारागार में बैठा हुआ उन सबको कल्पना में खींचकर लाता है।

एक 'मधुरस्मृति' के आसपास कथा की बुनावट है। कहानी रोमांटिक भावोच्छ्वास से आविष्ट है।

मनसो यदि पहाड़ी बाला की निसर्गसहज निर्दोषिता की छवि है तो 'अछूते फूल' की मीराँ नगर सभ्यता में पली, शिक्षित स्वतंत्र नारी की, जो पुरुषों से—प्रणय से एकदम अछूती है, और इसका अभिमान भी उसे है। उसकी भीतरी कोई ग्रंथि तब खुलती है, जब वह एक साइकिल सवार को गिरा देती है। तब अभिमान की बात जीवन के बड़े अभाव की बार्त बन जाती है, जो उसकी मुट्ठी में दबे मुरझाए फूल से प्रतीकित है।

'इंदु की बेटी' जैसी अन्य कहानी अज्ञेय ने नहीं लिखी। अज्ञेय की लेखनी से इस प्रकार की कहानी सहज नहीं लगती। रेल की यात्रा के दौरान दुर्घटना में पत्नी के मर जाने से अपराध-बोध से ग्रसित रामलाल, बीस साल बाद दुर्घटना-स्थल से एक त्यक्त बालिका पाकर उसे पालता है और समझता रहता है कि उसकी क्षमाशीला पत्नी इंदु ने स्वयं प्रकट होकर अपने स्नेहपूर्ण अनुकंपा के चिह्न स्वरूप अपना अंश और प्रतिरूप स्वरूप यह बेटी उसे भेंट की है। (दूसरा भाग, पृ. 176)

'चिड़ियाघर', 'कविता और जीवन : एक कहानी', 'परंपरा : एक कहानी' तथा 'दारोगा अमीचंद' आदि चारों कहानियों में व्यंग्य कटाक्ष का एक हल्का-सा पुट है। प्रोफेसर पति, पत्नी के अति आग्रह पर चिड़ियाघर जाने से पूर्व स्वप्न में ही चिड़ियाघर पहुँच जाता है, जहाँ एक गाइड एक-एक जानवर की और अंत में चिड़ियाघर के साहब की बात ऐसे करता है कि लगे, समग्र संसार ही चिड़ियाघर है। 'कविता और जीवन' में शिव सुंदर नामक एक महत्वाकांक्षी साहित्यकार कलकत्ते से हरिद्वार इसलिए आया है कि वहाँ इंसान-ही-इंसान हैं और इंसान तथा कविता कैसे संभावित है? इसीलिए प्रकृति के परिवेश में आया है, लेकिन यहाँ आकर उसकी समझ में आता है कि सर्जन के लिए केवल सौंदर्य ही नहीं, जीवन भी चाहिए। शिव सुंदर की विकलता हिंदी लेखक की विकलता है, ऐसा व्यंग्य से सूचित होता है। 'परंपरा' में वैसे कहानी के आलोचकों पर प्रहार है। लेखक ने आरंभ में 'आकस्मिक संयोगवादिता से' घटनाओं की परंपरा दिखलाई है। कहानी की आलोचना में व्यवहृत 'प्रगतिशील', 'अहं की पुष्टि', 'ऐपिक क्वालिटी, विश्वास की ट्रेजिडी की कहानी' तथा 'कला के लिए' आदि संज्ञाओं की धज्जियाँ उड़ाई गई हैं। 'दारोगा अमीचंद' वैसे तो जेल-जीवन की कहानी है, लेकिन ऐसा हास्य और व्यंग्य का पुट शायद ही अज्ञेय की किसी कहानी में मिले। इस कहानी की भाषा भी कहानी के व्यंग्य की धार को पैना बनाने में सहायक हुई है। हाजरा जेल में अकाली कैदी 'एक नंबर जालिम मशहूर' दारोगा अमीचंद की मूँछें समाधान की एक शर्त के रूप में नीची करवाते हैं और उस छोटी-सी एक बात से दारोगा अमीचंद का रौब कैसे चला जाता है, इसका निरूपण करने वाली है यह कहानी—अज्ञेय की कहानी श्रेणी में विलक्षण।

ऐसी ही एक विशिष्ट कहानी है 'जिजीविषा'। इसका पुराना नाम था 'जीवन शक्ति'। यह कहानी हमें भिखमंगों की दुनिया में ले जाती है और फिर भी उसमें कोई सामाजिक विषमता का कोई सस्ता भावबोध जगाने की कहानीकार की वृत्ति प्रतीति नहीं होती, बल्कि कहानी को नायिका बातरा के द्वारा व्यक्ति की जिजीविषा को उभारने की है। कहानी कलकत्ता की पृष्ठभूमि में है और लेखक ने उस महानगर को पृष्ठभूमि में ही रखा है। अनाथ बातरा चाहती है कि उसका अपना एक घर हो, घर के पालने में दो छोटे-छोटे बच्चे हों और कोई उस पालने के पास खड़ा हो। बातरा की यह जीवनेच्छा उसे दामू के साथ संसार रचने की दिशा में ले जाती है। उनका एक कुनबा बसता है, फिर टूटता है, शिशु जन्म लेता है, फिर मरता है और 'जहाँ उसमें दुर्बल, असहाय लेकिन नया जीवन छटपटा रहा है'। (दूसरा भाग, पृ. 188) कहानी पढ़कर ऐसा लगता है कि लेखक के समक्ष पहले से कोई अवधारणा है और उसी के अनुसार वह कहानी गढ़ता जा रहा है।

'सेब और देव' में जैसे कहानीकार किसी तुक को मिलाने के लिए ही घटनाओं का संयोजन करते हैं। एक भावनाशील पुरातत्व के अध्यापक गजानन पंडित पहाड़ पर एक सेब चुरानेवाले लड़के को मार बैठते हैं, लेकिन स्वयं एक पुराने मंदिर की एक देवी मूर्ति की चोरी करते हैं और वापस लौटते समय जब फिर उसी लड़के को चौर्य-व्यापार में रत देखते हैं तब अपनी ही छाती पर हाथ जाता है, जिसके नीचे चुराई हुई मूर्ति है। वे मूर्ति को वापस रख आते हैं। कहानी साधारण है, लेकिन प्रोफेसर साहब के मन के द्वंद्व की रेखाएँ सूक्ष्मता से प्रस्फुटित हुई हैं। अपराध-बोध और उससे मुक्त होने की इस कहानी में प्राकृतिक परिवेश सुंदरता से उभारा गया है।

'बंदों का खुदा, खुदा के बंदे' में नगर की सभ्यता से ऊबकर आनंद पहाड़ पर आया है क्योंकि मनुष्य ने नगर में भीड़ जमाकर ईश्वर को वहाँ से बहिष्कृत कर दिया है। लेकिन इस सौंदर्यस्थल में आकर आनंद अनुभव करता है कि मनुष्य ने यहाँ भी कालुष्य बिखेर दिया है। कहानी कथानायक आनंद के चेतना-बोध के विपर्यय में है।

'पुरुष का भाग्य' की नायिका प्रतिमा 'बाल पद चिह्नों' को बचाकर चलती है एक बार वैसे ही गीले पैरों की छाप पर पैर पड़ने से वह आकुलता से बची थी और उसकी स्मृति में उसका कारागार का जीवन उभर आता है। षड्यंत्र के मुकदमे में उसका पति फाँसी पर लटक गया है और ऐसे ही अपराध में पकड़कर उसको भी जेल में डाल दिया गया था, जहाँ वह बच्चे को जन्म देती है। 'वरे हुए पुरुष का खोना और जने हुए पुरुष का पाना इतना पास-पास हुआ है कि वह एकदम उद्भ्रांत-सी हो जाती है।' (दूसरा भाग, पृ. 230) लेकिन वह शिशु भी उससे छीन लिया जाता है। वह पुरुष है और उसके साथ नहीं रह सकता। 'भाग्य शिशु का नहीं पुरुष का है।' (वही, 230) उस बात को अनेक दिन बीत गए हैं और प्रतिमा

आज जाते-जाते फिर उन गीले पैरों की छापों को बचा लेती है। अपने खोए शिशु की स्मृति ही प्रतिमा के इस विक्षिप्त व्यापार की पृष्ठभूमि में है।

(इ) तीसरे खेप की कहानियाँ

अज्ञेय की कहानियों के रचनाकाल को देखने से पता चलता है कि दूसरी खेप की कहानियों के बाद करीब छः-सात साल का अंतराल आता है। वैसे दूसरी खेप के अंतिम वर्षों में अर्थात् 1938-41 में केवल छः कहानियों की रचना हुई है। 1937 में सात कहानियों की रचना के उपरांत 1947 में जाकर कहीं उतनी ही संख्या में कहानियों का लेखन होता है। कहानी-रचना के अंतर्गत अज्ञेय के जीवन में यह बीच का भाटे का समय 'शेखर : एक जीवनी' (1940-44) की रचना के ज्वार का समय है। अतः जब हम तीसरी खेप की कहानियों के विश्व में प्रवेश करते हैं तो सैनिक-जीवन से संबंधित कहानियों के एक अभिनव विश्व में विचरण करने का हमें एहसास होता है। यह सौभाग्य का विषय था कि हिंदी कहानी के उदयकाल में ही, प्रथम विश्व युद्ध की भूमिका में चंद्रधर शर्मा 'गुलेरी' की 'उसने कहा था' (1915) जैसी एक प्रशिष्ट कहानी मिलती है। दूसरे विश्वयुद्ध की पृष्ठभूमि में अज्ञेय की 'मेजर चौधरी की वापसी' जैसी एक दूसरी प्रशिष्ट कहानी अवतरित होती है। 'गुलेरीजी' की कहानी में एक रोमांटिक संवेग है, जो आता तो है संयत रूप में ही, जब कि अज्ञेय की कहानी में एक गैर-रोमांटिक बोध की गति है।

मेजर चौधरी को चार सप्ताह की 'वार लीव' के साथ छः सप्ताह की 'कम्पैशनेट लीव' भी मिली है और इसके बाद शायद सैनिक नौकरी से छुटकारा मिलने की भी संभावना थी। इस बात से अन्य लोगों के मन में ईर्ष्या का भाव जाग्रत होता है, लेकिन जब कथा-कथक, जो स्वयं एक फौजी अफसर है, प्रश्न करता है कि 'मेजर साहब, घर लौटते हुए कैसा लगता है?' (दूसरा भाग, पृ. 334) तो उसके उत्तर में मेजर साहब कहते हैं कि 'घर तो घर ही है, पर जो एक बार घर से जाता है वह लौटकर भी घर लौटता है, इसका क्या ठिकाना?' (वही, 334) और फिर जो बात उभरती है, उससे हम सन्न रह जाते हैं। मेजर चौधरी को जो चोट लगी थी, उससे वे अब दांपत्य जीवन के काबिल नहीं रहे हैं। भरती होने से एक साल पूर्व ही उनकी शादी हुई थी। पति-पत्नी लगभग साथ नहीं रहे और उनके कोई संतान भी नहीं हुई। यह वापसी उनके जीवन की तीव्र विडंबना नहीं, तो और क्या है? मेजर चौधरी की मानसिक यंत्रणा तो तब तीव्रता से उभरती है जब वे एक और गोरे सैनिक के बहु-नारीगमन की घटना सुनाते हैं और कथा-कथक कैप्टेन प्रधान भी ऐसी ही एक घटना सुनाते हैं। एक ओर नारी के लिए 'जन्तु' बन जाने वाले सैनिक और दूसरी ओर 'मनुष्य' के रूप में अब घर लौटने वाले मेजर चौधरी में किसका भाग्य सराहनीय है—यही प्रश्न हमें झकझोर देता है। युद्धजनित विवशता और संत्रास की ऐसी कोई

दूसरी कहानी शायद ही हिंदी में लिखी गई हो।

लेकिन 'नगा पर्वत की घटना' एकदम युद्ध विषयक होते हुए भी रिपोर्ट ही रह जाती है, कहानी नहीं बन पाती। एक्स सोल्जर्स क्लब में तीन भूतपूर्व कप्तानों के समक्ष एक मेजर वर्धन जापानियों के आत्म-समर्पण का आइडिआ देने और उस आइडिआ के ठप्प हो जाने की बात का रहस्य खोलकर युद्ध-जीवन की विश्वासघातकता की बात प्रस्तुत करते हैं।

तीसरी खेप की कहानियों में सैनिक जीवन ही नहीं, जिन प्रदेशों में यह सैनिक जीवन बिताया गया है—उन प्रदेशों के जीवन, समाज अथवा इतिहास से भी उनका संबंध है। ऐसी कहानियों में 'हीलीबोन की बत्तखें', 'जयदोल', 'नीली हँसी', और शायद 'पठार का धीरज' नामक कहानियों को भी ले सकते हैं।

'हीलीबोन की बत्तखें' आसाम की खासिया जाति की पृष्ठभूमि में लिखी गई एक निःसंतान कुंठित नारी की कहानी है। नाङ्क्षेम के पर्वतीय सौंदर्य के सान्निध्य में रहने वाली नाङ्क्षेम की यह रानी अपने जीवन में ही नहीं, अपने सारे गाँव में भी अकेली है। 'लोग कहते थे कि हीली सुंदर है, पर स्त्री नहीं है। वह बाँबी क्या जिसमें साँप नहीं बसता'। (दूसरा भाग, पृ. 327) एक बार प्यार पाने के बाद अब उसके अभाव में हीली बत्तखें पालती है। उन बत्तखों को जब एक लोमड़ी आकर मार डालती है तब एक नवागंतुक फौजी अफसर कैप्टेन दयाल हीली की मदद करने के ख्याल से लोमड़ी का शिकार करता है। जब आहत लोमड़ी को खोजने के लिए हीली भी कैप्टेन दयाल के साथ झाड़ियों में जाती है तब वह देखती है कि एक खोह की देहरी पर नर लोमड़ी की निष्प्राण देह पड़ी है और शिथिल गात लोमड़ी शव पर झुकी खड़ी है और लोमड़ी के पाँवों से उलझते हुए तीन छोटे-छोटे बच्चे कुनमुना रहे हैं। यह करुण घरेलू दृश्य देखकर हीली को न जाने क्या होता है कि वह एकाएक लौट पड़ती है और शून्य दृष्टि से बत्तखों को ताकती रहती है और फिर डाओ से एक-एक बत्तख का गला पकड़कर ग्यारहों को समाप्त कर देती है। कैप्टेन जब सहानुभूति दिखलाते हुए पूछता है तब उसे ही वह हत्यारा कह देती है। हीली की आँखों में पुनः एक सूनापन घना हो जाता है।

कहानी का पर्वतीय परिवेश 'कवि' अज्ञेय के स्पर्श से अनुरंजित है, तो कहानी में हीली का अननुमेय विचित्र व्यवहार मानवीय संवेदना के गहरे द्रष्टा मनस्तत्वविद् अज्ञेय की गहरी दीठ से आलोकित, दीपित। निःसंतान कुंठित नारी का यह अप्रत्याशित व्यवहार, उस लोमड़ी परिवार के घरेलू दृश्य से उद्भावित है। कैप्टेन दयाल लोमड़ी को मारकर भी बच्चों को पालने का सोचते हैं। हीली लोमड़ी परिवार की वेदना को जैसे अपने ही में अनुभूत करती है। हीली ने अपने जीवन में जो नहीं पाया था—प्रेम और परिवार—वह वहाँ था, जो अब लुट चुका था और उसके मूल में शायद वह स्वयं को ही मानती है। परिणामस्वरूप जिन बत्तखों पर उसका अपत्य वात्सल्य था,

उनका वध करके फिर वह एक सूनेपन में जा बसती है।

'जयदोल' के अंतर्गत आसाम के इतिहास की एक घटना को कहानी का आधार बनाया गया है। अद्‌भुत रस की सृष्टि में ले जाने वाली यह कहानी प्रस्तुति के ढंग में रवींद्रनाथ ठाकुर की 'क्षुधित पाषाण' कहानी का स्मरण कराती है। युद्ध के दौरान लेफ्टिनेंट सागर तीन दिन की मूसलाधार बरसात के बाद शिवसागर के मंदिर को देखने का चाव लेकर शिवसागर की ओर निकल पड़ते हैं। कच्ची सड़क के कीचड़ में गाड़ी फँस जाने पर बंदोबस्त के लिए वे पैदल आगे बढ़ते हैं और असम के अहोम राजाओं के एक पुरातन क्रीड़ाभवन की सीढ़ियाँ चढ़ते हैं और एकाएक जैसे उस विश्व में प्रविष्ट हो जाती है। लेफ्टिनेंट सागर के आगे जैसे रानी जयमती आती है, जिसको चूलिक की ओर से सभी के सामने यंत्रणा इसलिए दी जा रही है कि वह पलातक अक्षतशरीर कुमार का पता बतला दे। कुमार का वह अक्षतत्त्व मिटाना चाहता है, जिससे वह पुनः राजा न बन सके। जयमती यंत्रणाएँ झेल रही है कि इतने में ही एक नगा आता है, वही कुमार है। चूलिक और कुमार में द्वंद्व-युद्ध होता है। लेफ्टीनेंट सागर कुमार को बचाने के लिए रिवॉल्वर चलाते हैं। जब वह जगता है और हक्का-बक्का होकर देखता है तो केवल रंगमहल (यह जयदोल) ट्रक की बत्तियाँ तथा सर्चलाइट के प्रकाश में चमकता है। अद्‌भुत रस की सृष्टि के साथ कहानी ऐतिहासिकता के बोध को सामयिकता से संपृक्त करने में सफल हुई है।

'नीली हँसी' लिखी तो गई है बहुत बाद में परंतु उसमें असम के ब्रह्मपुत्र नदी का परिवेश है। देवकांत का नीलिमा के प्रति जो प्रेम है वही 'नीली हँसी' में परिणत होता है। 'नीली हँसी' में 'नीली' तो विशेषण है, जो बाद में विशेष नाम बन जाता है—नीली नीलिमा। ब्रह्मपुत्र की बाढ़ के प्रवाह की तरह सारी कहानी जैसे बहती है। घटनाएँ प्रवाह में तिरती, डूबती-उतराती रहती हैं। नीलिमा के दिए हिरन को बचाने में प्रवाह में बहते और बेहोशी की अवस्था को प्राप्त देवकांत की सारी अवशिष्ट चेतना हिरन के माध्यम से अपने को नीलिमा से संपृक्त रखती है--इसका ही कलात्मक चित्रण है। बेहोशी में भी नीलिमा के दिए हिरन मोहन को बचाने की बात है, और उसे बचाने में देवकांत स्वयं भी बच जाता है। नीलिमा की हँसी—नीली हँसी स्वयं नीली 'उसकी नीलिमा' (दूसरा भाग, पृ. 312) बन जाती है।

'पठार का धीरज' अज्ञेय की बहुचर्चित कहानी है। कहानी प्रत्यक्ष रूप से सैनिक जीवन से संबद्ध न होने पर भी, कहानीकार की उस समय की मनःस्थिति से एकदम असंपृक्त नहीं है। कहानी का आरंभ दो चित्रों से होता है। उनकी यथार्थता की बात करके कहानीकार सूक्ष्म वास्तविकता की बात छेड़ता है। 'व्यक्ति-जीवन' के क्षण का स्पंदन इतना तीव्र हो कि सब कुछ उसी में गूँज रहा हो, दूसरी कोई ध्वनि न सुनी जा सके। (वही, 313) प्रमिला और किशोर तीतर और मोर की पुकार में अपनी एक-दूसरे की पुकार सुनते हैं। और फिर एक आवाज आती है; जो राजकुमार और

राजकुमारी की कहानी प्रस्तुत करता है। आवाज राजकुमारी की है, जो अंत में कहती है, 'मैं कोई नहीं हूँ। मैं पठार का धीरज हूँ। वह दृष्टि देता है।' (दूसरा भाग, पृ. 321) फिर आवाज लुप्त हो जाती है और सन्नाटा छा जाता है, जिसमें तीतर जोर से पुकार उठते हैं और 'किशोर और प्रमिला की आँखें मिलीं, स्थिर होकर मिलीं और मिली रह गईं।' (दूसरा भाग, 321) अब तीतर की आवाज तीतर की है, एक वास्तविकता है और प्रमिला तथा किशोर की भी अपनी एक वास्तविकता है। दोनों समानांतर हैं। लेखक कहते हैं, 'जो बोध हो, स्वयं ही हो; चेतना स्वतः उभरकर फैलकर जिस स्तर को छू आवे; चेतना स्वच्छंद रहे, क्योंकि धीरज उनमें है, उनमें रहेगा।' (वही, 321)

कहानी विभावनात्मक है और विभावना इतनी मुखर है कि वह कहानी में घुल जाने की अपेक्षा तैरती रहती है। कहानी का केंद्रबिंदु भी स्थिर नहीं हो पाता। विभावना और कथा निरूपण का सामंजस्य नहीं हो पाया। अतः कहानी निष्फल बनकर रह जाती है। कहानी का काव्यिकपरिवेश भी उसे बचा नहीं पाता। लेखक की उपस्थिति इतनी है कि कहानी में वह अंतराय बन जाती है।

'वे दूसरे' तीसरी खेप के समय की कहानी है, लेकिन उसका स्वर एकदम पृथक् है। आधुनिक जीवन के अंतर्गत पति-पत्नी के जीवन में आनेवाले तनावों के परिणामस्वरूप उनके दांपत्य-जीवन में दरारें पड़ती हैं, जो तलाक की स्थिति तक ले जाती हैं। आज के साहित्य में ऐसी अनेक कहानियाँ हमें मिलती हैं। 'वे दूसरे' के हेमंत और सुधा तलाक प्राप्ति के उपरांत सदा के लिए अलग होने के लिए हेमंत के आग्रह पर सागर-तट पर मिलते हैं क्योंकि वह 'पराजय को भी एक सुघररूप देना चाहता है।' (वही, 292) वह विदा के क्षणों को सुंदर बनाना चाहता है। कहानी के आरंभ में ही हेमंत सागर के तट की गीली बालू पर पड़े अपने पैरों के चिह्नों को 'जिज्ञासा की तीखी तात्कालिकता' से देखता है कि कोई बड़ी लहर आकर उस छाप को लील जाएगी। वास्तव में वह छाप हेमंत और सुधा के सहजीवन का प्रतीक है, जो अब मिटती जाएगी। दोनों की बातचीत के दौरान दुराव का भाव—विशेषकर सुधा के व्यवहार से और भी घना होता जाता है और उसके साथ ही पैर की छाप भी मिटती जाती है। हेमंत के मन में विगत जीवन के कुछ दृश्य उभरते हैं, जिनमें आज की स्थिति के बीजांकुर पड़े थे। विवाह के पूर्व दोनों के जो अलग-अलग लगाव थे वे, विशेषतः सुधा के, मिटे नहीं थे। विवाह के सप्ताह बाद भी सुधा स्वयं को उचित रूप से दे नहीं पाती, शराब के नशे में ही संभोग के समय वह अपने को दे सकी थी। वह जो कोई 'दूसरा' उसके साथ रहा, उसके साथ अपरशरीरत्व का भाव मिटा नहीं था। अब सुधा विदा के इस क्षण को भी हेमंत की निगाहों में सुंदर बनाए बिना ही चली जाती है और हेमंत देखता है कि जरा दूर से ही उसके साथ कोई हो लेता है। हेमंत देखता है कि 'पैरों की छाप बिलकुल मिट गई है।' (दूसरा

भाग, पृ. 302) विवाहोपरांत मधुरजनी में भी किसी दूसरे की उपस्थिति सुधा के साथ रही और इस विदा के क्षण में भी।

'कविप्रिया' और 'वसंत' तो एकांकी ही हैं, इसलिए यहाँ उनकी चर्चा आवश्यक नहीं है।

(ई) चौथे खेप की कहानियाँ

चौथे खेप की कहानियों में 'भारत विभाजन के विभ्राट और उससे जुड़ी हुई मनःस्थितियों की कहानियाँ हैं।'[9] रचनाकाल की दृष्टि से ये कहानियाँ सैनिक जीवन से संबद्ध कहानियों के समय की ही हैं, लेकिन जैसा कि स्वयं अज्ञेय कहते हैं, 'एक बार फिर ये कहानियाँ आहत मानवीय संवेदना की और मानव मूल्यों के आग्रह की कहानियाँ हैं।'[10] इस समूह की सारी कहानियाँ 1947 में ही लिखी गई हैं, जबकि घाव एकदम ताजा था। कहानियों का विषय विभाजन या विभाजनजनित मुखर समस्याएँ न होकर विभाजन की विभीषिका में ग्रस्त मानवीय संवेदन की उत्कटता और उन्नयन को प्रकट करना है। यहाँ मूल्यों के प्रति आग्रह है, लेकिन कोरी भावुकता नहीं है।

'लेटरबाक्स' में एक किशोर रोशन की कहानी है, जो शेखपुरे का शरणार्थी है, जिसकी माँ मारी गई है, पिताजी बिछुड़ गए हैं और वह शरणार्थी कैंप में है। कथा-कथक लेटरबाक्स में चिट्ठी डालने गया है और वहाँ रोशन अपने बाबूजी के नाम लिखी चिट्ठी भेजने के लिए कहता है, जिस चिट्ठी पर पता नहीं है। लेकिन रोशन कहता है कि पता तो उसके बाबूजी ही बतलाएँगे। उसे वह कैसे मालूम हो सकता है। कहानीकार की विशेषता इसमें है कि उसने रोशन की माँ की हत्या को कहानी का विषय नहीं बनाया, जैसा कि अक्सर विभाजन की कहानियों में मिलता है। कहानी के केंद्र में है किशोर रोशन की भोली मान्यता कि वह बिना पते के भी अपने बाप तक चिट्ठी पहुँचा सकता है, यदि कोई उसे यह बतला दे कि चिट्ठी किस पते से उनके पास पहुँचेगी। कहानी पढ़ने के बाद लेटरबाक्स के पास बैठे रोशन की करुणार्द्र छवि अविस्मरणीय रह जाती है।

'मुस्लिम-मुस्लिम भाई-भाई' में जाटों के छापा मारने की अफवाह से एक गाँव के मुसलमान उस गाँव को छोड़कर एक भीड़ से भरी हुई गाड़ी में भी जाने की कोशिश करते हैं, जिनमें दो-तीन स्त्रियाँ गाड़ी नहीं पकड़ सकतीं। मुसलमान अफसरों की एक स्पेशल ट्रेन में जब वे चढ़ने की कोशिश करती हैं तो उनको निकालकर ऊपर से जलील भी किया जाता है। संकटकालीन स्थिति में इंसानियत की जो विरूपता प्रकट होती है, यह व्यंग्य-प्रधान कहानी उसी की है। जमीला की गाड़ी चलने पर की गई 'थू' में उसका सारा आक्रोश एवं खेद प्रकट होता है और वहाँ 'कहानी' बन जाती है।

क्या मुसलमान और क्या हिंदू, विभाजन जैसे विभ्राट में मानवीयता कैसे दुष्कर हो जाती है, 'रमन्ते तत्र देवताः' में उसका तीखा आलेखन है। विभाजन के पूर्व कलकत्ता नगर के कौमी दंगों में फँसी एक हिंदू औरत को बचाकर दूसरे दिन जब उसके पति के घर पहुँचाया जाता है, तब पति ने यह कहकर कि, 'तुम रात को क्या जाने कहाँ रही हो, सवेरे यहाँ आते शरम न आई'—घर का दरवाजा बंद कर लिया। फिर दबाव में आकर वे उसे घर में तो रख लेते हैं, लेकिन कथा-कथक, जो उस महिला को बचाने वाले सरदार विशनसिंह हैं, कहते हैं कि अब उस औरत का क्या होगा? यदि वह मुसलमान हो जाए, तो ऐसे मुसलमान जनेगी, जो सौ-सौ हिंदुओं को मारने की कसम खाएगा। कहानी में बोध की बात अधिक मुखर है।

'बदला' एक आदर्श की कहानी है। शेखपुरे का एक शरणार्थी सिख भारत में आकर आपदग्रस्त मुसलमानों की सहायता करता है। वह कहता है, "शेखपुरे में हमारे साथ जो हुआ सो हुआ, मगर मैं जानता हूँ कि उसका मैं बदला कभी नहीं ले सकता—क्योंकि उसका बदला हो ही नहीं सकता। मैं बदला दे सकता हूँ और वह यही कि मेरे साथ जो हुआ है, वह और किसी के साथ न हो।" (दूसरा भाग, पृ. 276) शरणार्थी समूह की कहानियों में 'शरणदाता' एक आदर्शमयता के अतिरिक्त विभाजन के परिवेश में सूक्ष्म मानव संवेदनाओं की व्यंजकता के कारण एक विशिष्ट रचना बन पड़ी है। विभाजन के दिनों में, जब हिंदू-मुसलमान एक-दूसरे के खून के प्यासे बने हुए थे, मैत्री, प्रेम जैसे मूल्यों का एक ओर ह्रास, तो कहीं अंतःस्रोता नदी की तरह बहने वाली एक करुणा की धारा के भी दर्शन होते हैं। जब वकील रफीकुद्दीन ने अपने मित्र देविन्दरलाल को भारत जाने से रोककर उनकी हिफाज़त की जिम्मेदारी अपने ऊपर ली थी, तब वे प्रामाणिक ढंग से ही कह रहे थे, लेकिन हुल्लड़ के बढ़ने पर रफी की आँखों में पराजय का भाव दिखाई देने लगता है क्योंकि उनकी भी लाचारी है। हुल्लड़ से शहर वीरान होता जाता है और मुसलमानों की धाक में आने के कारण शरणदाता रफी शेख अताउल्लाह के गैराज में देविन्दरलाल के रहने का प्रबंध करते हैं, जहाँ से देविन्दरलाल आजाद देश के आकाश में जलते हुए घरों का धुआँ देखते हैं। वहाँ एक मात्र परिचय बिलार से होता है और दूसरा परिचय शेखजी के घर से आने वाली विभिन्न आवाजों से, जिनमें एक आवाज को, ज़ैबुन्निसा की, अलगाते हैं। इस आवाज से लगाव होता है। एक बार जब भोजन आता है, तो उसमें तीन एक पुड़ियों की तह में कागज की एक पुड़िया भी है। उसमें लिखा था कि, 'खाना कुत्ते को खिलाकर खाइएगा।' देविन्दरलाल का मस्तिष्क सन्न रह जाता है। 'केवल एक नाम उसके भीतर खोया-सा चक्कर काटता रहा, जैबू...जैबू...जैबू।' (दूसरा भाग, पृ. 253) खाना खाने से बिल्ला मर जाता है और तब देविन्दरलाल भाग निकलते हैं। कहानी एक नए ढंग से मोड़ लेती है। रेडियो पर अपने घर का पता लगाने के लिए दिल्ली रेडियो से अपील कराने के बाद लाहौर की मुहरवाली

चिट्ठी मिलती है, जिसमें अपने देश में ऐसी घटना होने पर उस चिट्ठी से सूचना देने वाली बात का स्मरण रखने की विनती है। 'इसलिए नहीं कि वह मुसलमान है, इसलिए कि आप इनसान हैं।' (वही, 256) कहानी में वैसे दी केंद्र हैं। एक तो है रफ़ी और शेख के रूप में शरणदाता का परिवर्तित होने वाले मनोभाव का अंकन और दूसरा है ज़ैबुन्निसा के औदार्य का। ज़ैबुन्निसा का व्यवहार शरणदाताओं के विश्वासभंग के बावजूद कहानी को एक आदर्श का पुट देता है।

अज्ञेय के कहानी-लेखन में शरणार्थीसमूह की चौथी खेप की कहानियों के बाद एक उतार आता है, मात्रा में भी और गुणवत्ता में भी। उन्होंने लिखा है, "इसके बाद मेरा कहानियाँ लिखना बहुत कम हो गया। क्या इसलिए कि दूसरी विधाओं की ओर अधिक ध्यान देने लगा? या इसलिए कि अब तक का घुमंतू जीवन एक स्थिर रूप लेने लगा था?—मेरे उत्तर काम के न होंगे। इतना कह सकता हूँ कि देश विभाजनवाले समूह को छोड़कर, अब तक की कहानियों में न्यूनाधिक मात्रा में आत्मकथा वस्तु भी रही थी...इससे बाद की (इनीगिनी) कहानियों में मैं इससे दूर हट गया।"[11] अज्ञेय ने 1951 से 1959 तक के इन नौ वर्षों में केवल सात कहानियाँ लिखी हैं, जिनमें से एक 'नीली हँसी' असम की पृष्ठभूमि में है। 'देवीसिंह' एक रेखाचित्र ही बनकर रह जाता है। देवीसिंह की जीवन में जो रुचि है, उसके दो-एक उदाहरण भी घटनाओं में कोई चित्रात्मकता नहीं ला पाते। अंत की उपदेशात्मकता तो कहानी के लिए बोझ ही बन जाती है। 'नारंगियाँ' में भी हरसू और परसू दो भाइयों के रेखाचित्र हैं।

मार्कंडेय के शब्दों में, "पात्रों के कथोपकथन और चरित्रों के बारीक, भिन्न पहलुओं को थोड़े-से शब्दों में उभारने की कला को देखना हो तो 'नारंगियाँ' देखें—दो भिन्न मानव चरित्र अपनी सारी सहजता के साथ कहानी के शिल्प को पूर्णता तक ले जाते हैं। आसानी से पाठक यह सोच भी नहीं सकते कि अज्ञेय निचली सतह के जीवन से इस सीमा तक परिचित हैं।"[12]

'शिक्षा' कहानी ज़ेन कथाओं की शैली में लिखी गई कहानी है, जिसमें व्यक्ति के भीतर से ही उन्मेष पैदा होने की बात प्रभावात्मक ढंग से की गई है।

5. अज्ञेय की कहानियाँ : मूल्यांकन के निकष

अज्ञेय की कहानियों का प्रकाशन हिंदी कहानी साहित्य में घटनारूप इसलिए है कि उन कहानियों के प्रकाशन के साथ एक नए मोड़ का आरंभ सूचित होता है। विषय-चयन की दृष्टि से देखें तो ये कहानियाँ हिंदी कथाक्षेत्र के तब तक के अछूते धरातलों को छूती हैं। शिल्पविधान की दृष्टि से देखें तो 'कहानी' जैसे सूक्ष्म और दुरूह साहित्य स्वरूप के प्रति कलाकार अज्ञेय की सजगता अभिव्यक्ति के नए आयाम का दर्शन कराती है। इन कहानियों की बौद्धिकता एवं मनोवैज्ञानिकता हिंदी

में प्रथम बार आधुनिक भावबोध का संस्पर्श कराती है। न केवल शिल्प वरन् सर्जनात्मक भाषा के भी नए आयाम अज्ञेय की कहानियों को एक विशेषता प्रदान करते हैं, जो उस समय के कहानीकारों में कम मात्रा में है। इस प्रकार हिंदी कहानी के इतिहास में अज्ञेय की कहानियाँ एक सीमास्तंभ हैं।

अज्ञेय की कहानियों का मूल्यांकन अनेक दृष्टि से हुआ है। मूल्यांकन में कभी तार स्वर में प्रशंसा है, तो कभी तार स्वर में निंदा भी। प्रशंसा कभी-कभी उन कारणों से की गई है, जो अज्ञेय की कहानियों में नहीं हैं और वैसे ही निंदा भी। सबसे बड़ा दुर्भाग्य यह रहा कि अज्ञेय की कहानियों को 'लेबल' दिए गए और फिर उन 'लेबलों' की जितनी चर्चा होती रही है, उतनी उनकी कहानियों की नहीं।

(अ) अज्ञेय की कहानियाँ और मनोविज्ञान

अज्ञेय की कहानियों की अधिकतर समीक्षा मनोविज्ञान के संदर्भ में होती रही है। उनकी कहानियों का विभाजन करते समय भी 'मनोवैज्ञानिक' कहानियों का एक पृथक् वर्ग बनाया जाता रहा है।[13] और उनको 'विशुद्ध मनोवैज्ञानिक प्रवृत्ति के प्रतिनिधि कहानीकार'[14] कहा गया है। किसी-किसी ने तो यह विधान भी किया है कि 'मनोविज्ञान के प्रयोग की दृष्टि से देखें तो संभवतः एक भी कहानी इससे रहित न होगी'[15] आदि-आदि।

डॉ. देवराज उपाध्याय ने अज्ञेय की कहानियों को 'मनोवैज्ञानिकता की निष्कंप लौ'[16] कहकर अभिहित किया। इतना ही नहीं, उनको 'हिंदी के सर्वश्रेष्ठ मनोवैज्ञानिक कथाकार' भी कहा।[17] उन्होंने अज्ञेय की 'अलिखित कहानी' के विश्लेषण में फ्रायड की 'इच्छापूर्ति' और 'उदात्तीकरण', 'पहाड़ी जीवन' में 'चेतन मन' एवं 'स्वल्प चेतन मन' तथा 'इडिपस परिस्थिति' आदि संज्ञाओं को लागू किया है।[18] 'पुरुष के भाग्य' कहानी को 'मनोवैज्ञानिक विषय निर्वाचन' की दृष्टि से महत्त्वपूर्ण मानकर[19] उसका विश्लेषण करते हैं। (लेकिन वहाँ अन्ना के पुत्र का जेल की सीढ़ियों से गिरकर प्राणत्याग करने की बात करते हैं, जो गलत है। कहानी में ऐसा कहीं भी नहीं आता।) डॉ. उपाध्याय ने और भी मनोवैज्ञानिक संज्ञाओं का जैसे—साहचर्य नियम, क्लोज़अप, स्लोअप, स्टिमुलस आदि का अज्ञेय की कहानियों की विवेचना के संदर्भ में उपयोग किया है।

डॉ. उपाध्याय का विश्लेषण एक सतह पर ही रह जाता है। जिस मनोवैज्ञानिकता की वे बात करते हैं, वह तो किसी भी साहित्यकार में पाई जा सकती है। 'पहाड़ी जीवन' कहानी के सिससिले में 'इडिपस ग्रन्थि' का उल्लेख क्यों किया जाता है; वह समझ से परे है। वास्तव में इनका विश्लेषण अज्ञेय की कहानियों की विशेषता को उद्घाटित नहीं कर सका। वे यह नहीं दिखा पाए कि मनोवैज्ञानिक की भूमिका से अज्ञेय ने कैसे अपनी कहानियों को एक नया संस्पर्श दिया।

डॉ. लक्ष्मीनारायण लाल अज्ञेय की कहानियों में चरित्र अवतारणा को 'विशुद्ध मनोवैज्ञानिक धरातल'[20] पर स्थापित करते हैं और चरित्र-निर्माण में जो तीन प्रकार की—(क) अहंरूप, (ख) विद्रोहात्मक रूप और (ग) विश्लेषणात्मक रूप—प्रेरणाएँ काम करती हैं, उनकी चर्चा करते हैं और कहते हैं कि 'अज्ञेय के चरित्र निर्माण और विधान में इस अहं रूप की सबसे बड़ी प्रेरणा है।'[21] डॉ. लाल का यह विश्लेषण भी अज्ञेय की कहानी कला के उनके विभाजन की तरह तार्किक असंगति लिए हुए है। अज्ञेय की विवेचना में बार-बार प्रयुक्त 'अहं' संज्ञा भी भ्रांतिजनक है। इस संज्ञा के प्रयोग में व्यक्ति अज्ञेय एवं कलाकार अज्ञेय के मध्य सीमारेखा न रखने की असावधानी है। वास्तविक साहित्यिक आलोचना की यह दिशा नहीं है।

इसी भ्रांत दिशा का निदर्शन है श्री ओम प्रभाकर की आलोचना। कुछ कहानियों के नाम का निर्देश करने के उपरांत वे कहते हैं कि 'प्रायः इन समस्त कहानियों में लेखक का अहं 'मैं' ही उपस्थित है, जो अपना मानसिक विश्लेषण प्रस्तुत करता है।'[22] ओम प्रभाकर ने यदि कथासाहित्य में प्रचलित 'आत्मकथात्मक दृष्टिकोण' का विचार किया होता तो इस प्रकार के निष्कर्ष से बच सके होते। उन्होंने अज्ञेय के कथासाहित्य की मनोवैज्ञानिकता की चर्चा करते हुए कहा कि 'अज्ञेय का मनोवैज्ञानिक दृष्टिकोण एकांतिक रूप से फ्रायड से ही प्रभावित है। उनकी कहानियों में फ्रायड के अनेक मनोवैज्ञानिक सिद्धांत प्रतिपादित हुए हैं।'[23] इतना कहने के उपरांत वे भी 'स्वप्न सिद्धांत', 'स्वल्प चेतना', 'इच्छापूर्ति', 'उदात्तीकरण', 'इड', 'ईगो', 'सुपर ईगो', 'लिबिडो' आदि संज्ञाओं की सूची दे देते हैं और कौन-कौन-सी कहानी में क्या-क्या सिद्धांत हैं, इसका भी निर्देश कर देते हैं।

डॉ. शिवदानसिंह चौहान भी ऐसा ही विधान करते हैं। वे लिखते हैं, 'अज्ञेय में मन की मनोगत दशाओं का चित्रण कम, फ्रायड की प्रणाली से किया गया मनोविकारों का विश्लेषण अधिक है।'[24]

अज्ञेय की कहानियों और मनोविज्ञान के संबंध में जब हम सोचते हैं तो पाश्चात्य कथासाहित्य में मनोविज्ञान के प्रवेश का विचार हमें स्वतः आ ही जाएगा। यूरोप के कथासाहित्य में बीसवीं शताब्दी के प्रारंभिक दो दशकों में मनोवैज्ञानिक कथा शैली का प्रवेश परिलक्षित होता है। परंपरागत कथाओं में मनोविज्ञान का संस्पर्श नहीं था, ऐसा तो नहीं है, लेकिन एक शास्त्र के रूप में मनोविज्ञान के नए आविष्कारों ने बीसवीं शती के साहित्यकारों को विशेष रूप से प्रभावित किया है। इस दिशा में जाने के भी अनेक कारण हैं।

मनुष्य की 'मनुष्य' के रूप में धारणा का विकास पुनर्जागृति के बाद हुआ और मनुष्य केंद्र में आया। सामाजिक यथार्थ की अपेक्षा आभ्यंतर यथार्थ का महत्त्व बढ़ा क्योंकि वही सभी क्रियाओं का जन्मदाता है। व्यक्ति महत्त्व की यह धारणा साहित्य में अनूदित होने लगी। अज्ञेय बहुश्रुत पाठक भी हैं। पश्चिमी साहित्य की

धाराओं से परिचित भी हैं, लेकिन इसका यह अर्थ नहीं है कि उनकी सृजनात्मक चेतना ज्यों-की-त्यों उधार ली गई है। परंतु यह स्मरण रखने योग्य है कि आत्मसात् किए हुए सत्य नए क्षितिज का निर्माण करते हैं।

अज्ञेय की कहानियों में मनोवैज्ञानिक तत्त्व उस 'अवेयरनेस' का परिणाम है, जो उस युग की भी है और सजग अध्ययनशील व्यक्ति में उत्तरोत्तर आत्मसात् होते जाते उन सक्रिय स्रोतों की भी। आंतरिक समृद्धि और महत्त्व से निर्मित सृजनात्मक चेतना अज्ञेय की कहानियों में मनोवैज्ञानिक तत्त्व की प्रधानता का कारण है। यहाँ 'आंतरिक' शब्द रेखांकित करना होगा।

मनोविज्ञान में 'ईगो' एवं 'इड' की धारणा सैद्धांतिक है। वह व्यक्ति के अहं का न तो अनुवाद है और न निर्देश ही। समय के प्रवाह में अलग और गहराई से देखा हुआ क्षण–जो कहानी का कथ्य बनता है–किस माध्यम और तेवर द्वारा अभिव्यक्ति माँगता है, इसकी पहचान कलाकार का कहानी के प्रति तेवर निश्चित करता है। अज्ञेय की कहानियों में यह तेवर मनोवैज्ञानिक है क्योंकि चुने हुए विषय का कथ्य 'आंतरिक' और 'अंतर्भूत' है।

उनकी कहानियों में मनोवैज्ञानिकता दृष्टि विशेष का परिणाम है। वह ओढ़ी हुई नहीं, चुनी हुई है। उनकी धारणा ही अपने आप में मनोवैज्ञानिक है, बल्कि कहानियों में इस मनोन्मुख आंतरिकता को बुनते-बुनते अज्ञेय प्रायः दुरूह, दार्शनिक और गहन भी हो गए हैं। कहानी के चुस्त, द्रुत प्रभाव पैने कलेवर को देखते हुए यह दुर्गुण भी कहा जा सकता है, परंतु इससे कथ्य की आंतरिकता (इसीलिए मनोवैज्ञानिकता) के प्रति अज्ञेय की स्वाभाविक गति लक्षित होती है। अज्ञेय पहले परंपरागत ढंग से कहानियाँ लिखते हैं, विषय की नवीनता अवश्य है। परंतु उनकी रचनाएँ अक्सर आदर्शपरक तथा घटना-प्रधान थीं। वहाँ से यथार्थ की ओर उनकी गति होती है। वह यथार्थ भी 'बाह्य' न होकर 'आभ्यंतर' मनोवैज्ञानिक यथार्थ है।[25] यह अलग बात है कि वे मनोवैज्ञानिक यथार्थ की खोज में कहानी का 'व्यास'[26] अपर्याप्त पाकर उपन्यास की ओर जाने की बात करते हैं।

कुल मिलाकर यह मनोवैज्ञानिक दृष्टि उनके कथासाहित्य को बाह्य यथार्थ से आंतर यथार्थ की ओर प्रेरित करती है। अर्थात् अनुभव की आंतरिकता बनाए रखती है और उसे अंकित करती है। परिणामस्वरूप अनेक कहानियाँ 'आत्मकथनात्मक' शैली में लिखी गई हैं। अज्ञेय की अनेक कहानियों में प्रथम पुरुष के आने का कारण भी ठीक यही है। लेखक हमें चरित्र की आभ्यंतरिकता की ओर ले जाना चाहते हैं। इसके लिए इस प्रकार की शैली की अनिवार्यता थी। एक आलोचक ने कहा है, "द न्यू मैथड ऑव डिस्क्राइविंग स्टेट्स ऑव माइंड बिकम्स अ न्यू टेकनीक ऑव स्टोरी टैलिंग।"[27]

अज्ञेय का यह अहं रूप नहीं है जिसके कारण कि उन्होंने आत्मकथनात्मक

कहानियाँ लिखीं। हिंदी आलोचना में यह एक गलत धारणा हो गई है कि कहानी के चरित्र को कहानीकार के साथ जोड़ दिया जाता है। अहं का संबंध व्यक्तित्व से है। उसका निरूपण तो कथ्य में ही हो सकता है। आत्मकथनात्मकता तो लिखने की एक शैली मात्र है।

इसके अतिरिक्त हम अज्ञेय की काव्यधर्मिता के प्रश्न को इस मनोविज्ञान के प्रकाश में भी देख सकते हैं। लियन इडेल ने इन मनोवैज्ञानिक कथाओं की विशेषताओं का उल्लेख करते हुए लिखा है कि उन सभी कथाओं में 'काव्य भाषा का अनुप्रवेश'[28] है। अज्ञेय जब भीतरी चेतना के आलेखन में प्रवृत्त होते हैं तो उनकी भाषा काव्यात्मकता का संस्पर्श लेकर आती है।

अज्ञेय की इन आत्मकथनात्मक कहानियों में 'विपथगा,' 'गैंग्रीन', 'लेटर बाक्स', 'साँप,' 'मेजर चौधरी की वापसी' आदि प्रसिद्ध कहानियाँ हैं। इसके अतिरिक्त जब वे अन्य पुरुष के अंतर्गत कथात्मक शैली से भी कहानी लिखते हैं, तब किसी एक पात्र की चेतना में प्रविष्ट कराने का उनका प्रयत्न रहता है। इस दृष्टि से 'कैसेण्ड्रा का अभिशाप' तथा 'हीलीबोन की बत्तखें' आदि कहानियाँ हमारे ध्यान में आती हैं।

अज्ञेय द्वारा अनेक कहानियों में मनोवैज्ञानिक टेकनीक का प्रश्रय लेने के कारण हम समय का एक नया बोध पाते हैं। 'शांति हँसी थी' इस दृष्टि से एक सफल प्रयोग है।

अज्ञेय मनोवैज्ञानिक गुत्थियों को अपनी कहानी का विषय बनाकर चरित्र का आलेखन करते हैं। यहाँ उनका प्रमुख आशय तो कहानी सिद्ध करना है, न कि किसी मनोवैज्ञानिक गुत्थी को सुलझाने का। ऐसी कहानियों में—'कड़ियाँ', 'पुरुष का भाग्य,' 'हीलीबोन की बत्तखें', 'पुलिस की सीटी,' 'अछूते फूल', 'मेजर चौधरी की वापसी,' 'दुःख और तितलियाँ' आदि कहानियों को लिया जा सकता है। 'कड़ियाँ' में समाज सेवक सत्य के समक्ष 'नंगी टाँगों' का चित्र उभारकर दमित वासना का संकेत करता है। इसका अंकन अत्यंत सूक्ष्मता से किया गया है। इस कहानी में स्मृति साहचर्य का भी सफल विनियोग है। 'पुरुष का भाग्य' में बालपदचिह्नों को बचाकर चलने वाली नारी का उसके जीवन के अंतर्गत अपने बालक के संदर्भ में घटी घटना की भूमिका में निरूपण है। 'हीलीबोन की बत्तखें' के अंतर्गत प्रौढ़ अपरिणीता की कुंठा को उसकी अपनी बत्तखों को मारने की क्रिया में प्रकट किया गया है। 'अछूते फूल' में भी ऐसी ही एक अपरिणीता 'अस्पृष्ट' नारी के बाहर से सफल, लेकिन भीतर से एकाकी और शून्य जीवन का प्रतीकात्मक अंकन है। वह भी कुचल जाना चाहती है। 'मेजर चौधरी की वापसी' में जीवन की चरितार्थता के लिए स्त्री-पुरुष-देह-संबंधों की आवश्यकता का और उसके अभाव में जीवन की निरर्थकता का तो मेजर चौधरी के संदर्भ में आलेखन है ही, इसके अतिरिक्त यौन-आकर्षण की 'वन्यता' का भी बेबाक चित्रण है। 'दुःख और तितलियाँ' के अंतर्गत मनोवैज्ञानिक ढंग से दुःख का

व्यतिक्रमण दिखलाया गया है। माँ के मरने पर भी शेखर जैसे वेदना का अनुभव नहीं करता। लेकिन तितलियों को निरर्थक जलते देखकर माँ की मृत्यु का दुःख एकाएक उभर आता है। 'पगोड़ा के वृक्ष' में सुखदा का अंतिम रूपांतर उस कहानी को प्रणय की एक सूक्ष्म मनोवैज्ञानिक कहानी बनाता है।

अज्ञेय की कहानियों का एक विशिष्ट विषय रहा है—दूर के रिश्ते के भाई-बहिन के संबंधों का अलेखन। 'शेखर : एक जीवनी' में तो वह एक मुख्य विषय बनकर आता है, लेकिन कहानियों में भी वह विषय आता है। भाई-बहिन के पवित्र स्नेह की कहानियाँ बहुत लिखी गई हैं, यहाँ तक कि कर्मवती द्वारा हुमायूँ को राखी भेजने की बात भी है। तात्पर्य यह है कि दूर के रिश्ते में ही नहीं केवल भाई या बहिन के रूप में देखने पर भी पावित्र्य के बोध का विचार किया जाता है। उनके संबंधों को शंका से परे देखा जाता हैं। उनमें परस्पर यौन-आकर्षण के बारे में सोचना भी संस्कार की दृष्टि से पाप है। इन संस्कारों के पार स्त्री-पुरुष के अंतर्निहित आकर्षण की जो प्रबल मूलवृत्ति (इन्स्टिक्ट) है, अज्ञेय उसकी ओर संकेत करते हैं।

'छाया' नामक कहानी में अरुण बाबू और सुषमा, 'पुलिस की सीटी' में गरिमा और चूड़ामणि, 'एकाकी तारा' में लूनी और उसका 'भाई' जिस रूप में आते हैं, उसमें भाई-बहिन के रिश्ते के अतिरिक्त स्त्री-पुरुष के आकर्षण का संकेत है, जो एक तरह से मनोवैज्ञानिक है। यहाँ संस्कार और वृत्ति का संघर्ष भी नहीं है। सिर्फ कहीं गहरे में एक स्वीकार है। निर्बाध अनायास महसूस किए जानेवाले राग-बंधों की 'अवेयरनेस' यहाँ मुख्य है। यह 'अवेयरनेस' मूल रूप से आंतरिक होने के कारण मनोवैज्ञानिक है।

अज्ञेय ने कहीं-कहीं मनोवैज्ञानिक प्रतीकों का निर्भीक प्रयोग किया है। ऐसा ही एक प्रतीक है 'साँप'। 'जिज्ञासा' में साँप है, 'आदम की डायरी' में साँप है। ये दोनों आदिम साँप हैं। लेकिन 'साँप' नामक कहानी में 'साँप' लैंगिक अर्थबोध लिए हुए हैं। (उस कहानी पर लारेंस की 'स्नेक'[29] कविता का प्रभाव है।) स्वयं अज्ञेय कहते हैं, "प्रिय को आदर्शीकृत करके देखनेवाले पहले प्यार में और उसके समानांतर सिर उठाना चाहने वाली वासना में जो संघर्ष होता है, उसका संप्रेषण इससे अच्छा और कैसे हो सकता है?"[30]

सुंदर होने पर भी अपरिणीता हीली के सौंदर्य की अचरितार्थता दिखाने के लिए कहा गया है, "वह बाँबी क्या, जिसमें साँप नहीं रहता।" (दूसरा भाग, पृ. 327) यहाँ साँप यदि लैंगिक अर्थछाया लेकर आता है तो वर्णन अवश्य 'वल्गर' लगेगा, लेकिन वह होगा एकदम सार्थक।

इस प्रकार हम देखते हैं कि यद्यपि अज्ञेय के पूर्व भी हिंदी कहानियों में मनोविज्ञान का प्रवेश था, परंतु अज्ञेय ही सबसे पहले सजग कलाकार हैं, जो मनोवैज्ञानिक विषयों का ही प्रश्रय नहीं लेते अपितु उसके अनुरूप मनोवैज्ञानिक शैली और प्रतीकों का

भी आधार लेते हैं। अज्ञेय के पूर्ववर्ती प्रेमचंद जैसे कहानीकार अथवा अज्ञेय के समकालीन यशपाल जैसे कहानीकार सामाजिक यथार्थ की भूमिका में कहानियाँ लिखते हैं। उनका यथार्थ बाह्य यथार्थ है। जब कि अज्ञेय (और जैनेंद्र कुमार) आभ्यंतर यथार्थ की ओर जाते हैं और मनोवैज्ञानिक यथार्थ की कुछ सुंदर कहानियाँ देते हैं। अज्ञेय 'फ्रायडियन' हैं, ऐसा कहना उनकी कहानीकला के प्रति अन्याय है। अज्ञेय ने फ्रायड का मनोविज्ञान अवश्य पढ़ा होगा और उन्होंने पश्चिम का मनोवैज्ञानिक कथासाहित्य भी अवश्य पढ़ा होगा। वे दोनों से प्रभावित हैं। लेकिन जैसे कथाकार इतिहास से सामग्री लेता है, समाज से सामग्री लेता है, विज्ञान से सामग्री लेता है, धर्म से सामग्री लेता है वैसे ही वह मनोविज्ञान से भी सामग्री ग्रहण करता है। अज्ञेय के कलाकार में उस सामग्री का कलात्मक रूपायन करने की एक विवेकपूर्ण सक्षम दृष्टि है, जिसका परिचय हमें उनके उपन्यासों के साथ उनकी कहानियों में भी मिलता है।

(आ) अज्ञेय की कहानियाँ और शिल्पविधान : 'दृष्टिकोण' का प्रश्न

प्रसिद्ध कहानीकार और कहानी-आलोचक फ्रांक ओकोनर ने कहानी को उपन्यास की तुलना में अधिक 'शुद्ध कलास्वरूप' कहा है। उन्होंने लिखा है कि कहानीकार 'अधिक लेखक' होना चाहिए, 'अधिक कलाकार' होना चाहिए। इसके साथ उन्होंने एक सीमा का भी संकेत किया है कि कहानीकार के लिए थोड़ा अधिक कलाकार बन जाना भी आसान है।[31] उपन्यास की अपेक्षा कहानी में कसाव की अधिक आवश्यकता है। एक कहानी विशेषांक में संपादक एलन रोस[32] ने इस संदर्भ में कहा है कि कहानी में उपन्यास की-सी गलती के लिए कोई गुंजाइश ही नहीं।[33]

उपन्यास और कहानी दोनों ही वैज्ञानिक युग की पैदाइश हैं। अतः इन दोनों में शिल्पविधान संबंधी जो विभिन्न प्रयोग हुए हैं, वे उस वैज्ञानिक युग से भी प्रभावित हैं। अज्ञेय के कथासाहित्य में शिल्प की प्रयोगशीलता उनको अन्य कथाकारों से अलग कर देती है।

आधुनिक युग के कथासाहित्य के आलोचकों में मार्क शोरर ने शिल्प की महत्ता पर अधिक बल दिया है। उन्होंने कहा है कि जब हम 'शिल्प' (टेकनीक) कहते हैं तब हम प्रायः सब कुछ कह देते हैं।[34] उन्होंने 'शिल्प' को समझाते हुए लिखा है कि सामग्री अर्थात् अनुभव और आकृत सामग्री अर्थात् कला में जो अंतर है, वही शिल्प है।[35]

वस्तुतः कथाकार का कथ्य ही शिल्प का निर्णायक होता है। अज्ञेय की कहानियों की शिल्पविधि उसका एक उत्तम निदर्शन है। यहाँ यह बात विचारणीय है कि अज्ञेय की हर कहानी का 'कण्टैण्ट' ठोस है। उसमें सूक्ष्म, अमूर्तन या वायवीयता नहीं है। उनकी हर कहानी में 'कहानीपन' काफी है। अनुभव को चेतना के तारों से ऊपर नीचे बुनकर कहानी (आधुनिक कहानी की तरह) बना देने का आग्रह कम। उसी

विषय को उन्होंने उठाया है, जो कहानी के कलेवर को झेल जाए और इसी कारण आज से करीब तीस-चालीस साल पहले भी लिखी गई कहानियाँ उसी रुचि के साथ पढ़ी जा सकती हैं, जैसे उस समय पढ़ी गई होंगी।

अज्ञेय की कहानियों की शिल्पविधि का अध्ययन करते समय डॉ. लक्ष्मीनारायण लाल ने उनकी कहानी-निर्माण की शैलियों को छः भागों में विभक्त करते हुए लिखा है :

"कहानी-निर्माण में शैली की विविधता और इसमें विभिन्न प्रयोग तथा प्रकार, अज्ञेय की शिल्पविधि की सबसे बड़ी विशेषता है। इनमें शैलीगत इतनी विविधता क्यों आई, इसका एकमात्र कारण यह है कि अलग-अलग चरित्रों, व्यक्तियों के अध्ययन के लिए उन्हें उनके अनुरूप कहानी-निर्माण की शैलियाँ ढूँढ़नी पड़ीं।"[36]

डॉ. लाल ने अज्ञेय की कहानी-निर्माण की शैलियों को–(1) ऐतिहासिक, (2) आत्मकथनात्मक, (3) नाटकीय, (4) पत्रात्मक, (5) प्रतीक़ात्मक्क एवं (6) मिश्रित– इस प्रकार विभाजित किया है।[37]

डॉ. लाल के उक्त वर्गीकरण में डॉक्टर ओम प्रभाकर अपनी ओर से दो विभाग और जोड़कर आठ शैलियों का उल्लेख करते हैं वे कहते हैं :

"अज्ञेय की कहानियों में प्रमुखतः ऐतिहासिक शैली, आत्मकथनात्मक शैली, नाटकीय शैली, पत्रात्मक शैली, यात्रा शैली, प्रतीक शैली, डायरी शैली तथा मिश्रित शैली आदि आठ शैलियों का विधान पाया जाता है।"[38]

ऐसी ही बात डॉ. परमानंद श्रीवास्तव अपने ग्रंथ 'हिंदी कहानी की रचना प्रक्रिया' में कहते हैं :

"अज्ञेय की रचना प्रक्रिया के अध्ययन से यह जाना जाता है कि उनकी कहानियों में अनेक शैलियों का व्यवहार है। ऐतिहासिक, आत्मकथनात्मक, नाटकीय, पत्रात्मक आदि-आदि..."[39]

तीनों समीक्षकों द्वारा किए वर्गीकरण को देखने से पता चल जाता है कि श्री ओम प्रभाकर तथा डॉ. श्रीवास्तव ने डॉ. लाल का ही अनुसरण किया है। श्री प्रभाकरजी ने डायरी शैली और यात्रा शैली की वृद्धि की है। लेकिन यात्रा शैली जैसा विभाजन आवश्यक नहीं है। शैलियों के इस विभाजन से अज्ञेय की प्रयोग दृष्टि का परिचय तो मिलता है, लेकिन अज्ञेय की प्रयोजन दृष्टि का नहीं। इसके अतिरिक्त इस दृष्टि से देखने पर, हमें शैली का तो बोध होता है, लेकिन उस शैली से कहानी सिद्ध हुई या नहीं इसकी प्रतीति नहीं होती।

कहानीकार जब जीवन के अनुभवों को सर्जनात्मक स्तर पर प्रस्तुत करना चाहता है, तब जिस साहित्य-स्वरूप में वह लिखता है, उससे बाधित (कंडीशनल) होता है। एक ही अनुभव से जब वह कविता लिखेगा, तो वह अलग बात होगी, और जब उसी अनुभव से वह कहानी लिखेगा, तब अलग और जब वह एकांकी लिखेगा तो

वह अलग बात होगी।

हमने देखा कि कहानीकार जीवन से सामग्री लेता है, परंतु उस सामग्री को ऐसे चुनता है, ऐसे प्रस्तुत करता है कि वह कला बनती है। यही तो 'टेकनीक' है। मार्क शोरर ने कहानीकला की मीमांसा करते हुए लिखा है :

"We can think of technique as an externalisation of an author's idea, and of his writing style as the register of the sensibility and form as the total result of his moral urgency."[40]

कहानीकार द्वारा कथ्य का चुनाव और प्रस्तुत करने का ढंग ही कहानी का 'शिल्प' निर्धारित करता है। कहानी की कलात्मक सिद्धि ही कथ्य के अनुरूप शिल्प गढ़ लेने की है। इस रूप में शिल्प कहानी का अंतःमूर्त अंग है और कहानी के 'एसेन्स' से ही वह स्वतः विकसित होने की सामर्थ्य पाता है। शिल्प विशेष को पहले स्थिर करके कथ्य का समायोजन करने की बात अकल्पनीय है। कहानी में टेकनीक का महत्त्व कथ्य और शिल्प की इस अपरिहार्यता के कारण ही है। शिल्प एक तरह से कथा के विचारों का बाह्य स्वरूप है।

इन तथ्यों को देखने से शैलीगत विभाजन की अपूर्णता हमें लक्षित होती है। वास्तव में शैलियों के इस विभाजन में भी एक अशास्त्रीयता है। जैसे जो 'आत्मकथनात्मक' है उसमें एक तरह से 'डायरी शैली' या पत्रात्मक शैली को भी समाविष्ट कर सकते हैं। इसी प्रकार 'प्रतीकात्मक' शैली को भी अलग करने की जरूरत नहीं क्योंकि वह शैली न होकर एक पृथक् चीज है। प्रतीकात्मक कहानियाँ भी उपर्युक्त किसी-न-किसी शैली का—ऐतिहासिक आदि का ही उपयोग करती हैं।

कहानी की रचनाशैलियों का यदि सम्यक् आलोचनात्मक मूल्यांकन करना है तो उसके लिए विभाजन के वैज्ञानिक अभिगम का आश्रय लेना चाहिए और वह है—दृष्टिकोण का (प्वाइंट ऑव व्यु का) अभिगम। उपन्यासकार हेनरी जेम्स ने और उसके बाद पर्सी लबोक ने अपने ग्रन्थ 'द क्राफ्ट ऑव फिक्शन' (1922) में इस अभिगम का आग्रह रखा है। लबोक ने तो कहा कि कथा-साहित्य की टेकनीक का प्रश्न दृष्टिकोण के प्रश्न से नियंत्रित है। दृष्टिकोण की इस महत्ता का कारण इसमें है कि प्रत्येक घटना विभिन्न दृष्टिकोणों से देखने पर पृथक्-पृथक् दिखाई पड़ेगी। अर्थात् जैसे आलोचक जोनाथन कहता है :

''किसी एक घटना के उतने ही अर्थघटन हो सकते हैं जितने पात्र उस घटना से संबंधित हैं क्योंकि प्रत्येक घटना, जिसमें उस पात्र का जो योग है (रोल है), उससे प्रभावित (कलर्ड) और व्याख्यायित (डिफाइंड) होगी। प्रत्येक दृष्टिकोण की अपनी समस्याएँ होती हैं और प्रत्येक दृष्टिकोण कृति के समग्र अर्थ को उद्भासित करता है।[41] इन सभी दृष्टिकोणों में हैं—(1) सर्वदर्शी दृष्टिकोण, (2) प्रथमपुरुष दृष्टिकोण, (3) अन्य पुरुष दृष्टिकोण और (4) परिवर्तित दृष्टिकोण।

अज्ञेय के पूर्व हिंदी कहानी-साहित्य में हमें अनामीकथक (ऐनानिम्स नेरेटर) का वही सर्वदर्शी दृष्टिकोण मिलता है (एक तरह से ऐतिहासिक शैली)। लेखक यहाँ ईश्वर की भाँति ही अधिष्ठित होता है। वह बीच-बीच में अपनी इच्छानुसार आलोचना भी करता है। वास्तव में यह दृष्टिकोण सबसे कम नाट्यात्मक है। सर्वदर्शी दृष्टिकोण में भी लेखक कई बार किसी एक पात्र का सीमित दृष्टिकोण अपनाता है। वह पात्र नायक या नायिका हो सकता है। सीमित दृष्टिकोण में कथक सर्वदर्शी की भाँति टीका-टिप्पणी नहीं करेगा, अन्य पात्रों के प्रतिभावों का आलेखन भी नहीं होगा। अज्ञेय की कहानियों में सर्वदर्शी दृष्टिकोण की भी कहानियाँ हैं, तो कुछ सीमित दृष्टिकोण की भी।

सर्वदर्शी दृष्टिकोण की कहानियों में 'हारिति', 'अकलंक', 'एक घंटे में', 'विवेक से कटकर', 'नंबर दस', 'अंगोरा के पथ पर', 'दारोगा अमीचंद', 'कड़ियाँ', 'एकाकी तारा', 'पहाड़ी जीवन', 'हरसिंगार', 'शांति हँसी थी', 'सूक्ति और भाष्य', 'शत्रु', 'प्रतिध्वनियाँ', 'नई कहानी का प्लाट', 'सभ्यता का एक दिन', 'ताज की छाया में', 'गृह त्याग', 'दुःख और तितलियाँ', 'पगोड़ा वृक्ष', 'पुलिस की सीटी', 'अछूते फूल', 'अभिशापित', 'सेब और देव', 'कैसाण्ड्रा का अभिशाप', 'इंदु की बेटी', 'जिजीविषा', 'कविता और जीवन', 'परंपरा एक कहानी', 'पुरुष का भाग्य', 'बंदों का खुदा, खुदा के बंदे', 'शरणदाता', 'मुस्लिम-मुस्लिम भाई-भाई', 'बदला', 'जयदोल', 'वे दूसरे', 'नीली हँसी', 'पठार का धीरज', 'हीलीबोन् की बत्तखें' और 'नारंगियाँ' आदि कहानियाँ हैं।

परंतु इन कहानियों में अज्ञेय ने कई बार सीमित दृष्टिकोण भी अपनाया है। 'नंबर दस' में रतन का ऐसा ही सीमित दृष्टिकोण है। 'कड़ियाँ' में भी सत्य के सीमित दृष्टिकोण से कहानी कही जाती है। 'एकाकी तारा' में लूनी की स्मृति-परंपरा है। 'हरसिंगार' में गोविंद, 'शांति हँसी थी' में जानकी दास, 'दुःख और तितलियाँ' में शेखर, 'पगोड़ा वृक्ष' में सुखदा, 'अछूते फूल' में मीरा, 'सेब और देव' में प्रोफसर गजानन, 'शरणदाता' में देविन्दरलाल, और 'नीली हँसी' में देवकांत आदि का सीमित दृष्टिकोण है। इससे अन्य पुरुष में कही जाने पर भी कहानी में अन्य पात्रों के प्रतिभाव का वर्णन नहीं है। कहानी एक पात्र की चेतना से गुजरती है, परिणामस्वरूप कहानी में एक कसाव आता है।

प्रथम पुरुष दृष्टिकोण आत्मकथनात्मक होता है। आज के कथा-साहित्य में इस दृष्टिकोण की प्रधानता है क्योंकि आज के कथा-साहित्य में व्यक्ति संवेदना और बाहर के जगत का संघर्ष मुख्य विषय है। जब ऐसा विषय होता है तब एक प्रकार का दृष्टिकोण वरणीय है और वह है प्रायः संवेदनशील एवं सहन करने वाले नायक का।[42]

अज्ञेय की कहानियों में हम इस दृष्टिकोण की प्रधानता पाते हैं। कई आलोचकों

ने 'दृष्टिकोण' की इस 'टेकनीक' को न समझने के कारण आत्मकथनात्मक अर्थात् प्रथम पुरुष में कही गई कहानियों के लेखक में 'अहं' की प्रधानता को समझा है।

इस प्रथम पुरुष कहानियों में अर्थात् आत्मदर्शी दृष्टिकोण में भी कई बार कथा किसी गौण पात्र के माध्यम से प्रस्तुत होती है। तब कथक कहानी के घटना विश्व की सीमा पर खड़ा होता है। उसका मुख्य कार्य देखना होता है। प्रसंग उसकी चेतना से गुजरता है, फिर भी वह स्वयं पर्याप्त मात्रा में अलिप्त रहता है।

'विपथगा' में मेरिया नायिका है, लेकिन कहानी कही गई है एक इतिहास शिक्षक के द्वारा। उसके प्रतिभाव के रूप में कहानी है। वह एक तरह कहानी की घटनाओं से अलिप्त है और फिर भी उसकी चेतना से गुजरी यह कहानी है। 'मिलन' कहानी में तो कथक 'आल्जर्वर्द' ही है। मास्टर निकोलाई अपने तीन छात्रों के संदर्भ में कहानी कहते हैं। वे सिर्फ 'देखते' हैं।

'छाया' इसका एक उत्तम नमूना है। यहाँ पर कहानी तो अरुण सुषमा की है, लेकिन कही गई है एक जेलवार्डन के द्वारा। क्रांतिकारी कैदियों के संवेदना-जीवन को एक जेलवार्डन की संवेदना प्रतिध्वनित करती है। कहानी में यह तिर्यक दृष्टिकोण उसे कलात्मक बना देता है।

इस प्रकार की कहानियाँ हैं–'खितीनबाबू', 'लेटरबाक्स', 'हजामत का साबुन' एवं 'मेजर चौधरी की वापसी' आदि। 'लेटरबाक्स' में कथक किशोर रोशन की संवेदना प्रतिबिंबित करता है–अपनी चेतना के दर्पण के द्वारा। 'हजामत का साबुन' में भी कथक एक 'द्रष्टा' ही है। 'मेजर चौधरी की वापसी' में कथक कैप्टेन प्रधान प्रमुख घटना की सीमा पर ही खड़ा है। इन कहानियों में कथक स्वयं सहन करने वाला नायक नहीं है।

'गैंग्रीन' जैसी प्रशिष्ट कहानी में भी यही बात है। बात मालती की है। मालती का जीवन कैसे यंत्रवत् हो गया है, इस युवावस्था में ही कैसे उसमें घुन लग गया है, इसकी बात कही गई है। कथक मालती का बाल्यसखा (बालसखा) रहा है। मालती के पूर्व जीवन से वह परिचित है। वह मालती के सांप्रत जीवन से अनभिज्ञ है। वह मालती के घर आता (जाता) है तब उसके मन में पूर्व की अपनी बालसखी, चंचल सहाध्यायिनी बालसखी मालती है। परंतु मालती के मिलने पर वह उसे जिस रूप में पाता है, वह दूसरी ही मालती है। सारी कहानी कथक की चेतना से गुजरती है, लेकिन यहाँ कथक केवल 'ऑब्जर्वर' ही नहीं है, वह 'इन्वाल्वड' भी है। वह मालती को यहाँ एक 'द्रष्टा' के रूप में ही नहीं देखता। उसके भीतर भी कुछ टूटता जाता है, लेकिन उसका कथक इतना संयत है कि पता नहीं चलता। परंतु कहानी समाप्त होने पर केवल मालती की ही नहीं, कथक की व्यथा भी हमें छू जाती है। कथक की यह 'एपरण्ट' 'निर्वेदना' कहानी की सिद्धि है। कथक मालती के एक रोज के व्यवहार को ही देखता है, परंतु उसकी चेतना उसे दो स्तरों पर ग्रहण करती है।

एक तो सांप्रत (वर्तमान) के स्तर पर और दूसरे अतीत के स्तर पर। इससे कहानी में एक तनाव आ जाता है।

'साँप', 'अलिखित कहानी', 'चिड़ियाघर' आदि कहानियाँ भी प्रथम पुरुष दृष्टिकोण से आती हैं।

'क्षमा' प्रथम पुरुष दृष्टिकोण के अंतर्गत एक विशिष्ट प्रकार की कहानी है। यहाँ कथक स्वतः केंद्र में है। वह स्वयं सहन करनेवाला है। यहाँ उसकी अपनी ही संवेदना कहो कि वेदना, उसके ही शब्दों में प्रस्तुत होती है। प्रथम पुरुष दृष्टिकोण की कहानियों में कहानी कही जाती है—सबके लिए। कथक केवल कहता है, सुननेवाला कोई भी होता है। पर यहाँ कथक किसी एक अन्य पात्र से ही अपनी कहानी कह रहा है। उस पात्र की उपस्थिति काल्पनिक ही है क्योंकि उसे संबोधित करके ही वह कहानी लिख रहा है। (इस शैली का समांतर रूप मिलता है हमें अंग्रेजी कवि राबर्ट ब्राउनिंग के 'ड्रामाटिक मोनोलॉग' में। यह मोनोलॉग एकोक्ति है, लेकिन किसी एक काल्पनिक श्रोता की उपस्थिति में। यहाँ कथानायक अपने पार्टी लीडर को संबोधित करके लिख रहा है।) कहानी का यह ढंग प्रथम पुरुष कथन होकर भी निराला ही है। 'प्रथम पुरुष दृष्टिकोण की विश्वसनीयता' की बात को यहाँ एक नया परिमाण मिलता है। यहाँ कथन में एक अंतरंगता है, पाठक जिसके बाहर रहता है और फिर भी कहीं गहराई में एक अनुसंधान पाता है।

'द्रोही' में दृष्टिकोण एक बार आरंभ में ही बदलता है। आरंभ में सर्वदर्शी लेखक है। परंतु दो परिच्छेदों के उपरांत प्रथम पुरुष दृष्टिकोण प्रविष्ट होता है, जो कथानायक का है।

ऐसा ही परिवर्तित दृष्टिकोण हम 'मनसो' नामक कहानी में पाते हैं। इस कहानी के प्रारंभ में प्रथम पुरुष दृष्टिकोण है और अंत में भी प्रथम पुरुष दृष्टिकोण है, परंतु कहानी का मुख्यांश अन्य पुरुष में है। वस्तुतः जो प्रथम पुरुष है वही स्वयं को अन्य पुरुष में देखता है। 'शेखर : एक जीवनी' का 'मैं' (शेखर) कई बार 'वह' में परिवर्तित हो जाता है फिर भी वह 'मैं' की ही चेतना है। उसी प्रकार यहाँ जो कथानायक महेश की चेतना है, वह 'मैं' की ही चेतना है। किंतु कहानी के आरंभ और अंत में जो प्रथम पुरुष दृष्टिकोण है, उसकी सार्थकता इस बात में है कि कथाकथक के वे आज के क्षण हैं। कहानी की मुख्य घटना, जो अब अतीत है, स्मृति के रूप में ही है, उसे ही अन्य पुरुष में कहा गया है। कहानी में इससे एक कलात्मक कसाव आ गया है। ऐसा प्रतीत होता है कि आरंभ का 'मैं' महेश में परिवर्तित होकर परस्मैपदी (ऑब्जेक्टिव) दृष्टि से अपने ही जीवन की एक घटना को देख रहा है।

कुछ ऐसा ही ढंग हम 'कलाकार की मुक्ति' में पाते हैं। आरंभ में 'प्रथम पुरुष' उक्ति है, लेकिन जैसे वह लेखक की उक्ति है। "मैं कहानी नहीं कहता।" (भाग-2 पृ. 407) फिर पौराणिक गाथाओं के नायकों को नए वेश में देखने की बात कहकर

पिंगमाल्य नामक एक शिल्पी की एक प्राचीन कहानी कहते हैं। कहानी 'सर्वदर्शी' दृष्टिकोण से आती है। वह कहानी समाप्त होने पर पुनः प्रथम पुरुष दृष्टिकोण—"कहानी मैं नहीं कहता, लेकिन मुझे कुतूहल है कि आखिर कहानियाँ बनती कैसे हैं।" (वही, पृ. 412) आरंभ और अंत के इस प्रथम पुरुष दृष्टिकोण के कारण अपने आप इस प्राचीन कहानी से नया अर्थबोध स्फुट हो उठता है और यही है परिवर्तित दृष्टिकोण की सार्थकता।

'सिगनेलर' जैसी पत्रात्मक शैली की कहानी को भी प्रथम पुरुष दृष्टिकोण के अंतर्गत ही रख सकते हैं। इस कहानी में पत्रलेखक अपने मित्र विमल को पत्र लिखता है, जिसमें संध्या और ब्रजराज की बात है, जो पत्रलेखक की चेतना से गुजरकर आती है।

इस प्रकार हम देखते हैं कि अज्ञेय ने अपनी कहानियों में अनेक प्रकार के नए प्रयोग किए हैं, जो अभिव्यक्ति की क्षमता के नए क्षितिजों का उद्घाटन करते हैं। अज्ञेय की कहानियों में पाए जाने वाले इन विभिन्न 'दृष्टिकोणों' को केवल विभिन्न रचना शैलियों का अभिधान प्रदान करने से सही मूल्यांकन नहीं हो सकता। आज का कहानीकार रचना करता है और उसके लिए अपनी क्षमता विभिन्न रूपों में प्रकट करता है। अज्ञेय की इन सड़सठ कहानियों को शैलियों में विभाजित करने से, उन शैलियों के स्वीकार की अनिवार्यता हम नहीं दिखा सकते। जब भी कोई साहित्यकार नई 'टेकनीक' का आश्रय लेता है तो उसकी सबसे पहली कसौटी है, उसकी 'अनिवार्यता'।

यहाँ हम देखते हैं कि किस प्रकार से कहानी में प्रयुक्त दृष्टिकोण कहानी के आकार (फार्म) का निर्णायक होता है। इतना ही नहीं सर्वदर्शी दृष्टिकोण की अपर्याप्तता के कारण कहानीकार कैसे धीरे-धीरे उससे हटकर प्रथम पुरुष दृष्टिकोण या सीमित दृष्टिकोण या परिवर्तित दृष्टिकोण अपनाकर अपनी रचनाओं में एक कलात्मक कसाव उत्पन्न करता है। प्रथम पुरुष दृष्टिकोण या सीमित दृष्टिकोण में कलाकार स्वयं ही अपने पर एक बंधन लादता है, लेकिन यही बंधन उसे स्वैरविहार से हटाकर एक कलात्मक संसिद्धि की ओर ले जाता है। अज्ञेय की अनेक कहानियों के अंतर्गत हम इस विधान के प्रमाण पाते हैं।

(इ) अज्ञेय की कहानियाँ और काव्यधर्मिता

अज्ञेय उपन्यासकार, कहानीकार, निबंधकार तथा आलोचक होने के साथ-साथ कवि भी हैं। संभवतः इसीलिए उनकी कहानियों की चर्चा करते समय प्रायः उनके कवि रूप को भी स्मरण किया जाता है। कहानीकार अज्ञेय का कवि होना जैसे उनकी कहानियों के लिए आपत्तिजनक है। क्या कवि कहानियाँ नहीं लिख सकता? वह कहानियाँ तो लिख सकता है लेकिन कोरा कहानीकार यथार्थ को जिस प्रकार पकड़ता

है, कवि उसी तरह से नहीं—ऐसी एक मान्यता है। यह भ्रामक है। आंतरिक यथार्थ के विशेष आग्रह के कारण आज की कहानी और कविता तो एकदम एक-दूसरे के निकट आ गए हैं। तो भी कहानी में काव्यधर्मिता को एक दोष के रूप में देखा जाता रहा है। विशेषकर इसलिए भी कि अज्ञेय की 'काव्य-विधा और कहानीविधा में काव्य-प्रतिभा ही क्रियाशील है।'*—ऐसा माना गया है। अज्ञेय की 'रोज़' नामक कहानी की चर्चा करने के बाद डॉ. मदान कहते हैं, "अज्ञेय का कवि कहानीकार को अपना अस्तित्व भूलने नहीं देता।"[43] वे ऐसा मानते हैं कि 'पठार का धीरज' कहानी बनने से रह गई है। वह तो 'कहानी-विधि पर कविता-विधि के आरोपित होने का परिणाम है, कहानी की रचना प्रक्रिया पर कविता की राह को लादने की परिणति है।'[44]

'पठार का धीरज' असफल कहानी है, लेकिन यह असफलता कहानी पर 'कविता-विधि के आरोपित' होने या 'कविता की राह को लादने' का परिणाम नहीं है। वास्तव में डॉ. मदान कहानी और कविता को एक-दूसरे के पास फटकने देना भी नहीं चाहते। यह उनका एक दृष्टिकोण है। यदि इस दृष्टिकोण से कवीन्द्र रवींद्रनाथ ठाकुर की कहानियों की समीक्षा करें तो उन जैसे विश्वप्रतिष्ठित कहानीकार की कहानियों को भी असफल घोषित किया जा सकता है क्योंकि उनकी कहानियों में भी काव्य-धर्मिता कम नहीं है। यहाँ रवींद्र और अज्ञेय की कहानियों की तुलना की बात तो केवल इतनी है कि कवि का कहानी के क्षेत्र में प्रविष्ट होना क्या असफलता का ही द्योतक होता है?

प्राचीनकाल में कविता और कथा का एक ही रचना में समावेश होता था, परंतु आज ये दोनों इस कदर अलग हैं कि काव्य के धर्म को हम कहानी के धर्म से अलग करके ही देखते हैं। किंतु यह विच्छेद एकदम संपूर्ण नहीं है। यह कहा जा सकता है कि सब प्रकार की कहानियाँ विशेष भाव से काव्यरूप की प्रत्याशा में होती हैं।

रवींद्रनाथ द्वारा प्रणीत 'गल्पगुच्छ' की कहानियों की चर्चा करते हुए प्रसिद्ध बांग्ला साहित्यकार बुद्धदेव बसु ने कहा है, "गल्प ओ काव्य मूलत परस्पर विरोधी संज्ञार्थनय; एमन गल्पओ आछे जा स्वभावतई काव्यधर्मी"।[45] फिर वे रवींद्रनाथ की कुछ कहानियों की इस दृष्टि से चर्चा करते हुए कहते हैं, "काव्य ओ काहिनीर विवाह उपयुक्त पौरोहित्ये नाना भावेइ घटते पारे।"[46] अर्थात् योग्य पौरोहित्य होने पर (समर्थ सर्जक होने पर) कविता और कहानी का विवाह हो सकता है। कहानी में काव्यधर्मिता का विरोध करनेवालों से वे कहते हैं कि "कहानी काव्यधर्मी क्यों नहीं हो सकती? ऐसा विषय हो सकता है, ऐसी घटना का समावेश हो सकता है, रूप और रस का ऐसा परिणाम वैचित्र्य हो सकता है, जहाँ काव्यधर्मी न होने पर कहानी ही नहीं होगी।"[47] बुद्धदेव यदि उसके निदर्शन रूप 'क्षुधित पाषाण' का उल्लेख करते हैं, तो हम अज्ञेय

की इसके समानांतर कहानी 'जयदोल' का उल्लेख कर सकते हैं जिसके पास कवि-दृष्टि नहीं, भाषा-प्रयोग में काव्यरीति संगत शिल्प कर्म जिसके पास नहीं, ऐसा कोई कहानीकार इस प्रकार की कहानी नहीं लिख सकता। 'अमरवल्लरी' की रचना केवल कहानीकार की दृष्टि से ही संभव न थी। 'कड़ियाँ', 'एकाकी तारा', 'दुःख और तितलियाँ', 'पगोड़ा वृक्ष', 'मनसो', 'वे दूसरे', एवं 'नीली हँसी' जैसी कहानियाँ तो नितांत रूप से कहानी के साथ कवित्व की विजय है।

कविता और कहानी के संबंध की चर्चा में स्वंय अज्ञेय ने जो कहा है, वह उनके दृष्टिकोण को ही नहीं अपितु उनके कहानी-कर्म को भी समझने में सहायक होगा। वे लिखते हैं, "मेरे लिए यह मानना असंभव हो जाता है कि 'कविदृष्टि' कहानी-लेखन में बाधक होती है। या कि कवि होने के नाते ही घटिया कहानी-लेखक होता है। बल्कि यही मानना अधिक संगत दीखता है कि कहानीकार के अन्य गुणों से संपन्न व्यक्ति में कविदृष्टि होने पर वह अधिक महत्त्वपूर्ण कहानी-लेखक हो सकता है। अधिक महत्त्वपूर्ण : भले ही तात्कालिक दृष्टि से अधिक सफल या प्रभावी न हो। और अधिक टिकाऊ—कालजयित्व की दीर्घतर अर्हता लिए हुए।"[48] उनका कहना है कि कवीतर कहानी-लेखकों की कहानी मार्मिक और अधिक सफल हो सकती है, लेकिन एक बार पढ़ने पर सहज प्रवृत्ति से दुबारा पढ़ने की वृत्ति कम होती है जब कि कवि कहानीकार की कहानी दोबारा आमंत्रित करती है। उस कहानी का बहिरंग 'डेटेड' होने पर भी, मानवीय संवेदन में बद्धमूल उसका अंतरंग उद्वेलित करता रहता है। इतना ही नहीं वे आगे और कहते हैं : "कवि दृष्टि से देखा गया यथार्थ अधिक गहरे अर्थ में 'प्रत्यक्ष' होता है।"[49]

6. अज्ञेय की कहानियाँ : आधुनिकता के संदर्भ में

हिंदी की पहली कहानी किसने लिखी, इस प्रश्न का शायद एकमत उत्तर प्राप्त करना कठिन है। परंतु हिंदी कहानी की नींव रखने वाले कहानीकार प्रेमचंद और जयशंकर प्रसाद हैं, इसमें दो मत नहीं। प्रेमचंद ने अपने सामाजिक यथार्थ के भीतर से बहुसंख्यक कहानियाँ लिखकर हिंदी कहानी को प्रतिष्ठित भी किया। जयशंकर प्रसाद छायावादी मानस के कलाकार हैं। अर्थात् उनकी प्रकृति सहजतः रोमांटिक रही है। उनकी कहानियाँ रोमांटिक भावोच्छ्वास से उच्छल हैं। इस सामाजिक यथार्थ और रोमांटिक भाव-प्रवणता के बीच कहीं आधुनिक भाव-बोध अंकुरित होता है। यद्यपि प्रसाद की जो साहित्यिक प्रकृति है, वहाँ इस प्रकार की आधुनिकता की जाँच करना उनके साहित्यकार को न समझने की दिशा में जाना है। परंतु प्रेमचंद ने जिस आदर्शोन्मुख यथार्थ का 'आदर्श' रखा था, उसकी 'आदर्शोन्मुखता' कलाकार के तटस्थ दर्शन के समक्ष जब क्षीण होती गई, तब उनकी उत्तरकालीन रचनाओं में हमें एक ओर 'गोदान' (1936) मिलता है और दूसरी ओर 'पूस की रात' (1934), एवं 'कफ़न'

(1936) जैसी कहानियाँ।

'गोदान' में जिस प्रकार प्रेमचंद का उपन्यासकार आदर्शवाद के कवच को भेदकर तत्कालीन समयबोध का जो एहसास कराता है, उससे लगता है कि वह आधुनिकता की दहलीज पर आकर खड़ा है। लेकिन 'पूस की रात' और 'कफ़न' के अंतर्गत हिंदी कहानी 'आधुनिकता' की परिधि में प्रविष्ट होती दिखाई पड़ती है। डॉ. इंद्रनाथ मदान भी 'आधुनिकता और कहानी' नामक अपने लेख में हिंदी कहानी में आधुनिकता का आरंभ प्रेमचंद की इन्हीं दो कहानियों से मानते हैं। वे लिखते हैं :

"इन दोनों कहानियों में लेखक ने अपनी कहानी-परंपरा को तोड़ा है और आधुनिकता की चुनौती को स्वीकारा है।"[50]

वे आगे और कहते हैं :

" 'कफ़न' और 'पूस की रात' में जिस संसार की रचना है या जिस वास्तव को पकड़ा गया है और जिस तटस्थ दृष्टि से पकड़ा गया है, इनमें आधुनिकता की प्रक्रिया को आँकना असंगत न होगा।"[51]

प्रेमचंद की कहानी-यात्रा बहुत लंबी रही। अपनी प्रथम कहानी 'सौत' से आरंभ करके लगभग दो सौ पच्चीस कहानियाँ लिखने के उपरांत प्रेमचंद 'पूस की रात' और 'कफ़न' तक पहुँचते हैं। ठीक उसी समय अज्ञेय (और जैनेन्द्र कुमार भी) अपनी कहानियाँ लेकर आते हैं।

प्रथम खेप की अज्ञेय की कहानियों में, जैसा कि स्वयं अज्ञेय ने कहा है, एक स्पष्ट आदर्शोन्मुख स्वर है। ये कहानियाँ क्रांति से, क्रांतिकारी जीवन से संबंधित हैं। इतना ही नहीं, उनमें क्रांति का समर्थन भी हुआ है। इन कहानियों में जो क्रांतिकारी चरित्र हैं, वे आदर्शवादी भी हैं। उन्होंने लिखा है :

"अगर उस काल के आदर्शवाद में एक रोमानी भोलापन भी झलकता है, तो वह वास्तविक स्थिति का ही प्रतिबिंब है : आतंकवादी आंदोलन में एक रोमानी भोलापन था, उसके आदर्शवादी क्रांतिकारियों में भी भोलापन था और उनमें से कोई भी तब रोमानियत या भोलापन के आरोप पर लज्जित न होता।"[52]

क्रांति के संदर्भ में जो रोमानियत या भोलापन क्रांतिकारी अज्ञेय में था, उसका प्रतिफलन हम उनकी क्रांति विषयक कहानियों के नायक-नायिकाओं में पाते हैं। लेकिन यहाँ जो विरोधाभास (पैरेडॉक्स) है वह यह है कि रोमानियत अथवा भोलापन एक वास्तविक स्थिति थी। एक तरह से उस समय के यथार्थ का ही आलेखन है। यदि क्रांतिकारी आदर्शवादी थे तो उस आदर्श का चित्रण करने में यथार्थ का ही तो आलेखन हुआ है। किंतु यहाँ लेखक अज्ञेय और क्रांतिकारी अज्ञेय के बीच एक कलात्मक दूरी (एस्थैटिक डिस्टन्स) का अभाव है। कहानीकार को तो तटस्थ होना चाहिए। यहाँ कहानीकार स्वयं प्रवहमान है। अतः प्रथम खेप की सारी कहानियाँ भावुकता से आविष्ट हैं।

इस संदर्भ में दूसरी बात जो महत्त्वपूर्ण है, वह है अज्ञेय का प्रसादजी के मार्ग पर चलना। प्रेमचंद और प्रसाद–इन दोनों में से प्रसाद का अनुसरण ही हम अज्ञेय के आरंभिक साहित्य में पाते हैं। यह स्वाभाविक भी था क्योंकि अज्ञेय भी कवि थे। अज्ञेय की कहानियों में विषय की दृष्टि से एकदम पार्थक्य होने पर भी दृष्टि भंगिमा और भावभंगी प्रसाद की ही परिलक्षित होती है। जहाँ तक काव्यात्मकता का प्रश्न है, प्रसाद के अतिरिक्त कवि रवींद्रनाथ का भी, अज्ञेय पर प्रभाव है। 'अमरवल्लरी' जैसी कहानी रवींद्रनाथ की किसी भी कहानी का स्मरण कराती है।

लेकिन अज्ञेय ने हिंदी कहानी के साहित्य में नये विषयों के क्षितिज उघाड़े। कहाँ प्रेमचंद के उत्तरी भारत के गाँव, गाँव के किसान और मजदूर; कहाँ प्रसाद का स्वर्णकालीन भारत और कहाँ अज्ञेय के चीन, रूस, तुर्की तथा क्यूबा और वहाँ के क्रांतिकारी। इतिहास और भूगोल का नया आयाम खुलता है। इतना ही नहीं, अज्ञेय तो घटनाओं के स्थूलत्व का परिवर्जन करते हैं। उनकी रुचि तो क्रांति के परिवेश में भी मानवीय संवेदन को उभारने की रही है, जो उन्हें व्यक्ति चित्रण की दिशा में ले जाती है और मनोविज्ञान की भूमिका पर स्थापित करती है।

कई बार तो एक भीगी करुणार्द्र नजर हमें परिप्लावित करती है। 'कैसेण्ड्रा का अभिशाप' में, जो कि 1933 में लिखी गई है, मेरिया और कार्मेन नामक दोनों बहिनों का जो चित्रण हुआ है, वह महान् रूसी नाट्यकार तथा कथाकार चेखव के 'तीन बहिनें' नाटक की तीन बहिनों के लगभग समकक्ष ही है।

इस कहानी में परिवेश तो क्रांति का है, लेकिन अज्ञेय की सारी सर्जकता मेरिया और कार्मेन के जीवन के निस्संग एकाकीपन को उभारने में दत्तचित्त है। एक अकाल विधवा और एक कुमारी–इन दोनों नारियों के जीवन में कैसे एक त्रासदी चुपचाप तानाबाना गूँथती जाती है, इसका मर्मस्पर्शी आलेखन है। आधुनिकता का एक अभिशाप व्यक्ति की निस्संगता का बोध है, जो इस कहानी में आलेखित है। यद्यपि इस कहानी में कहानीकार का 'मेडियेशन' अखरता है, तथापि जहाँ तक व्यक्ति संवेदना का प्रश्न हैं, हिंदी कहानी में शायद ही उसके पूर्व इस सूक्ष्मता और गहनता से निरूपित हुआ है। यहाँ पीड़ा का जो बोध है आगे चलकर 'नदी के द्वीप' में उसका अधिक विशाल फलक पर निरूपण होता है। मेरिया हिंदी कहानी में आधुनिक मानवीय संवेदना की अग्रदूत है।

'विवेक से बढ़कर' नामक कहानी की 'सिच्युएशन' में आधुनिक अस्तित्ववादी साहित्य में पाए जाने वाले 'सिच्युएशन' का समानांतर रूप संकेतित है। संकेतित मात्र इसलिए कि यहाँ अस्तित्व बोध की तीव्रता उभारने के स्थान पर 'वरण' के क्षण को उभारने का प्रयत्न है और यह वरण भी अस्तित्व बोध के संकट के आधार पर नहीं, आदर्श के आधार पर होता है। लेकिन साइबेरिया के एक पुलिस थाने में अलग-अलग कोठरियों में बंदी तीन क्रांतिकारी साथियों–एंटिन, मैक्सिम और लियोन

को—एक आत्यंतिक परिस्थिति में (एक्स्ट्रीम सिच्युएशन में) दिखाया है। तीनों बंदी हैं। सजा मृत्युदंड की ही अपेक्षित है। लेकिन किसी एक को मुक्त किया जा सकता है। इन तीनों में से दो से—एंटिन और मैक्सिम से पूछा जाता है कि किसको मुक्त किया जाए। अस्तित्ववादी लेखक वरण के इस्र क्षण की अनिवार्यता को उभारता है, क्योंकि खुद अपनी जिंदगी और मौत के संदर्भ में यह निर्णय उसे करना था। यहाँ इस कहानी में आदर्शवादी मूल्य दृष्टि उभर आती है।

आधुनिकता का आलोक केवल दृष्टिभंगी से ही विकीर्ण नहीं होता, कथनभंगी में भी वह दिखाई पड़ता है। इस दृष्टि से देखने पर अज्ञेय की इस समय की कहानियों में भी आधुनिक कथा-साहित्य में प्रवृत्त काल-चेतना का निरूपण अज्ञेय को मनोवैज्ञानिक शिल्प-विधि का प्रश्रय लेने को बाध्य करता है। ऐतिहासिक समय (क्रॉनॉलोजिकल टाइम) का बोध तो हमें था ही, मनोवैज्ञानिक समय (सायकोलोजिकल टाइम) का बोध अज्ञेय की 'शांति हँसी थी' जैसी कहानी में उसके शिल्प का निर्णायक बनता है। जानकीदास को सजा देने से पूर्व मजिस्ट्रेट सोचने के लिए पाँच मिनट का समय देता है और ये 'पाँच मिनट' शब्द जानकीदास के मस्तिष्क में गूँजते हैं तब उसके साथ जुड़ जाती है शांति की हँसी। इस पाँच मिनट के अंतराल में वर्षों का समय गुजर जाता है।

बीसवीं शताब्दी के विश्व के कथा-साहित्य को मनोविज्ञान ने एक नया मोड़ दिया। व्यक्ति के मन की गुत्थियों का आलेखन और उस आलेखन की प्रविधियाँ बदल गईं। 'कड़ियाँ' के अंतर्गत आदर्श-प्रिय समाज-सेवी सत्य का आलेखन सच्चाई के साथ किया गया है। एक ओर तो प्रताड़ित नारी के प्रति संवेदना है तो दूसरी ओर उसे दिखाई पड़ती है प्रकंपित चोली, लहंगा और नंगी टाँगें। नंगी टाँगें यहाँ दमित वासना का प्रतिफलन है। इस कहानी में भी स्मृति साहचर्य की मनोवैज्ञानिक प्रविधि से अतीत को पुनरावर्तित कर सांप्रत से जोड़ा गया है।

सत्य की 'निर्भ्रांति' के आलेखन में भी वह आधुनिक जीवन दृष्टि है, जो आदर्श के पार देखती है। फिर भी कहानी कुल मिलाकर आदर्शवादिता की ही छाप छोड़ जाती है।

आधुनिकता पूर्ण रूप से उभरती है अज्ञेय की 'गैंग्रीन' या 'रोज़' (1934) कहानी में। वैसे कहानी की 'सिच्युएशन' एकदम रोमांटिकता की संभावना लिए हुए है। पूर्व जीवन का एक साथी वर्षों के व्यवधान के उपरांत अपनी निकट की परिचिता से मिलने गया है। अनेक दिनों के पश्चात का मिलन है। लेखक ने ऐसा कोई संकेत नहीं दिया है कि आगंतुक का नायिका से पहले कोई प्रेम-संबंध था—यह तो केवल अनुमेय है। लेकिन कहानी का आरंभ ही ऐसी कोई गुंजाइश नहीं छोड़ता :

"दोपहर में उस सूने आँगन में पैर रखते ही मुझे ऐसा जान पड़ा, मानो उस पर किसी शाप की छाया मँडरा रही हो, उसके वातावरण में कुछ ऐसा अकथ्य, अस्पृश्य,

किंतु फिर भी बोझिल और प्रकंपमय और घना-सा फैल रहा था..."[53]

आरंभ का परिवेश ही गैर-रोमांटिक भाव-स्थिति प्रस्तुत करता है। अपनी पूर्व परिचिता का यह आँगन है, लेकिन उस आँगन में भी पैर रखते ही विषाद का ही स्वर मुखरित होता है। कथा कथक को देखने पर मालती की मुरझाई मुख-मुद्रा पर एक बार विस्मय की लहर दौड़ती है। परंतु वह फिर पूर्ववत् हो जाती है। 'पूर्ववत्' यानी फिर मुरझाई हुई। मालती के जीवन का यह स्थायी भाव हो गया है। आरंभिक बातचीत में कहीं भी आवेश का लेश नहीं। यदि कुछ है तो वह है एक ठंडा एहसास, जो पाठक पर भी बोझ-सा बन जाता है। आगंतुक को मालती पंखा झले इससे पहले ही शिशु के रोने की आवाज सुनकर :

"उसने चुपचाप पंखा मुझे दे दिया और घुटनों पर हाथ टेककर एक थकी हुई 'हुँह' करके उठी और भीतर चली गई।"[54]

इस उद्धरण में 'थकी हुई हुँह' अत्यंत द्योतक प्रयोग है। मालती के जीवन में उल्लास है ही नहीं, लेकिन आगंतुक का आगमन भी उसके इन क्षणों को थोड़े-से समय के लिए भी चंचल नहीं बना देता। तब आगंतुक सोचने के लिए बाध्य होता है, बल्कि जिस बात का आँगन में पैर रखते ही एहसास हुआ था, उसका समर्थन पाता है :

"यह क्या है?...यह कैसी छाया-सी इधर-उधर पर छाई हुई है?..."[55]

यह 'छाया' शब्द कहानी में बार-बार आवर्तित होकर एक अर्थवत्ता धारण करता है। अपने शिशु के विषय में भी आगंतुक के समक्ष बात करने में कोई उत्साह नहीं। शिशु का रुदन मालती की इस निरुत्साहितता को और भी उत्कट (गहन) बनाता है। शायद पाठक का भी दम घुटने लगता है। आगंतुक फिर भी प्रश्न करता है कि उसके आने से मालती प्रसन्न नहीं है, तब भी वह 'हुँ?' करके रह जाती है। आगंतुक को लगता है कि मालती कहीं भीतर बीती बात को याद करने की चेष्टा करती है, लेकिन सफल नहीं होती ऐसे ही—

"जैसे बहुत देर से प्रयोग में न लाए हुए अंग को व्यक्ति एकाएक उठाने लगे और पाए कि वह उठता ही नहीं है, चिर विस्मृति में मानो मर गया है, उतने क्षीण बल से (यद्यपि यह सारा प्राप्य बल है) उठ नहीं सकता। मुझे ऐसा जान पड़ा, मानो किसी जीवित प्राणी के गले में किसी मृत जंतु का तौक डाल दिया गया हो, वह उसे उतारकर फेंकना चाहे, पर उतार न पाए।"[56]

इस एक परिच्छेद में जिन बिंबों का प्रयोग किया गया है; वे जरा भी मुखर (लाउड) हुए बिना एक ठंडी चुभन का अनुभव कराते हैं। मालती के पति डॉक्टर हैं। वे आते हैं, तब भी परिवेश जैसे छाया-भारावनत बना रहता है। डॉक्टर को जल्दी ही जाना है क्योंकि गैंग्रीन का आपरेशन करना है। 'गैंग्रीन' का उल्लेख पुनः दो-तीन बार आता है। काँटे की चुभन से होनेवाले इस रोग का एकमात्र इलाज है—रुग्ण

हुआ है।[64] रवींद्रनाथ की रचनाओं में आधुनिकता के होते हुए भी इस 'अमंगल' बोध को प्रश्रय नहीं मिला है। अज्ञेय की आधुनिकता अपने मूल्य-बोध के आग्रह के कारण 'अमंगल' को उपास्य नहीं मानती, ऐसा उनकी कहानियों को पढ़कर लगता है।

7. अत्रलुप्ता...अज्ञेय के कहानीलेखन की समाप्ति : रचनाकार की एक समस्या

> ''यों तो मैंने स्वीकार कर लिया है कि कहानी लिखना मैंने छोड़ दिया है—या कि कहानी मुझसे छूट गई है। पिछले पंद्रह-बीस वर्षों में मैंने कोई कहानी लिखी नहीं है।''[65]
>
> **—अज्ञेय**

अपनी 'संपूर्ण कहानियाँ-1' की भूमिका में अपने इस कथन के सूत्र को 'संपूर्ण कहानियाँ-2' की भूमिका में पकड़कर अज्ञेय इसका कारण देते हैं। उन्होंने कहा है कि उनकी जिज्ञासा और दिलचस्पी आदर्शपरक रचना से बढ़कर यथार्थोन्मुख होती गई। उनका यथार्थ मनोवैज्ञानिक यथार्थ था। मनोवैज्ञानिक यथार्थ की ओर उन्मुख होने पर उनको कहानी विधा यथेष्ट नहीं जान पड़ी क्योंकि कहानी में मनोजगत की ''मनोवैज्ञानिक यथार्थ की कोई एक गाँठ, एक संधि, एक दरार तो एकाएक तीखे प्रकाश से आलोकित कर दी जा सकती थी परंतु मनोदशा का कोई नक्शा नहीं प्रस्तुत किया जा सकता था।''[66] अतः वे कहते हैं :

> ''इस बात का मैंने तीव्र और स्पष्ट अनुभव किया कि कहानी का व्यास काफ़ी नहीं है।''[67]

बिलकुल अज्ञेय जैसा ही अभिप्राय अंग्रेजी के एक नये महान् कहानी-लेखक ब्रिआन ग्वान विल्ले के हैं। अपने रचनाकाल के प्रथम पाँच वर्ष प्रचुर मात्रा में कहानियाँ लिखने के बाद उनका भी कहानी-लेखन कम हो जाता है। इस उतार का कारण देते हुए वे कहते हैं कि :

> ''आई हैव डाउट्स अबाउट द वैल्यू आव द फोर्म।''[68]

कहानी की विधा के प्रति ही वे शंकित हैं (हालाँकि वह उपन्यास के स्वरूप के प्रति भी शंकित हैं ही) लेकिन उनकी एक बात कहानी के संदर्भ में उल्लेखनीय है कि वह पहले कहानी को गौण विधा ही समझता था, जो अब नहीं समझता। लेकिन इतना तो फलित होता है कि कहानी का स्वरूप ही ऐसा है, जिससे कई बार लेखक के मन में संदेह उठता है कि उसने गलत विधा के द्वार पर तो दस्तक नहीं दी।

कहानी लिखते-लिखते अन्य विधाओं का प्रश्रय लेनेवाले जिन कथाकारों का उल्लेख ओकोनर करते हैं, उनमें ज्वायस और लारेंस भी हैं, जिनके साथ अज्ञेय का

एक प्रकार का लगाव भी है। ओकोनर कहानी को 'लोनली वाइस' कहते हैं और उसकी जटिलता की ओर संकेत करते हैं। ओकोनर का यह विधान कि कहानी कला एकाकी कला (लोनली आर्ट) है और कहानीकार भी एकाकी है, अतः वे सदा साहचर्य की खोज में रहते हैं, उस चरित्र-सृष्टि से भागकर, जिनका हमारे लिए सृजन किया था, चिंत्य है।

अब हमारे समक्ष दो विधान हैं :

(1) 'कहानी का व्यास काफी नहीं है' अतः कहानीकार उपन्यास जैसी बृहत् विधा का आश्रय लेने के लिए बाध्य होता है और कहानी लिखना छोड़ देता है।

(2) कहानी कला एकाकी कला (लोनली आर्ट) है और कहानीकार भी एकाकी, अतः वह कहानी की निमज्जित पात्र-सृष्टि से भागकर एक साहचर्य की तलाश में दूसरी विधा का आश्रय लेने के लिए लालायित होता है।

अज्ञेय ने एक तीसरी बात भी कही है, जो इतनी महत्त्व की नहीं है फिर भी उल्लेखनीय है। हिंदी में 'कहानीकारों और कहानी-पत्रिकाओं की बहुतायत ने प्रतियोगिता और अहमहमिका का जो वातावरण प्रस्तुत किया'[69] उसने भी उनको कहानी-लेखन के प्रति उदासीन बनाया।

अज्ञेय के अपने कहानी-लेखन की समाप्ति के विषय में किए गए विधान की उनके समग्र रचना-कर्म में ही जाँच (परीक्षा) कर सकते हैं। ऐसा करने से पहले मैं एक दूसरे दृष्टिकोण को प्रस्तुत करना चाहता हूँ। प्रायः ऐसा देखा गया है कि संसार के अच्छे-अच्छे कहानी लेखक अपनी उत्तर वय में कहानी-लेखन से दूर हटते गए हैं। (एक तरह से अज्ञेय भी क्या इन लेखकों की श्रेणी में नहीं आते?) प्रसिद्ध कहानीकार और कहानी-आलोचक फ्रांक ओकोनर ने अपनी कहानी विषयक पुस्तक में ऐसे कहानीकारों के उदाहरणों को लक्ष्य करके कहा है :

"The saddest thing about the short story is the eagerness with which those who write it best try to escape from it. It is a lonely art, and they too are lonely. They seem forever to be looking for company, trying to get away from submerged population that they have brought to life for us. Joyce simply stopped writing short stories. D.H. Lawrence rode off in one direction; A.E. Coppard, that other master of the English short story, in another, but they were all trying to escape."[70]

इन तीनों कारणों में से अंतिम तीसरे कारण की उतनी उपादेयता अज्ञेय के सर्जक-कर्म को समझने में नहीं है। प्रत्येक भाषा के साहित्य में प्रतियोगिता और अहमहमिका का वातावरण कमोबेश होगा ही। लेकिन इससे कोई साहित्यकार अपने सर्जन-कर्म से विरत नहीं होगा। यदि ऐसा होता तो अज्ञेय कविता-लेखन से भी उदासीन

रहते क्योंकि हिंदी कविता के क्षेत्र में भी कम प्रतियोगिता या अहमहमिका नहीं है।

ओकोनर का दूसरा विधान ओकोनर की कुछ कहानीकारों की कथा-प्रवृत्ति के बाद निष्कर्ष रूप में उपलब्ध स्थापना है। कहानी 'एकाकी कला' है, ओकोनर की अपनी यह मान्यता इतने स्पष्ट रूप से प्रतिपादित नहीं है। तो भी ओकोनर का इतना विधान सही है कि अनेक कहानीकार कहानी के क्षेत्र को छोड़कर अन्य विधाओं के क्षेत्र में, विशेषतः उपन्यास के क्षेत्र में गए हैं। (ओकोनर कहते हैं कि कहानीकार 'निमज्जित जनता वर्ग'—अ सबमर्जूड पॉपुलेशन ग्रुप[71]—का कहानी में निरूपण करता है। यह निमज्जता भौतिक ही नहीं आध्यात्मिक भी हो सकती है।)

अज्ञेय का विधान भी, जैसा कि वे स्वयं कहते हैं, एक 'हेत्वाभास'[72] हो सकता है। 'कहानी का व्यास काफी नहीं है'—ऐसा कहने में वे उपन्यास की महत्ता स्थापित करते जान पड़ते हैं या कम-से-कम उपन्यास के विस्तृत व्यास के कारण उसकी गुंजाइश का माहात्म्य सिद्ध करते हैं।

यहाँ कहानी और उपन्यास के स्वरूप व सिद्धि की चर्चा आवश्यक है। हम जानते हैं कि कहानी और उपन्यास का आज जो स्वरूप है, वह कविता और नाटक की तुलना में आधुनिक है। दोनों अर्वाचीन कला स्वरूप हैं, जो वैज्ञानिक युग की पैदाइश हैं। परंतु उपन्यास में जो विस्तार की क्षमता है, वह कहानी में नहीं है। उपन्यास समूह की कला है जबकि कहानी जैसा कि ओकोनर कहते हैं, एकाकी कला है। ओकोनर यह भी कहते हैं कि उपन्यास पढ़ते समय हम किसी-न-किसी पात्र के साथ तद्रूपता (आइडेंटिटी) का अनुभव करते हैं, लेकिन कहानी में तद्रूपता सिद्ध हो सके, ऐसे पात्र का अभाव होता है। परंतु सबसे बड़ी बात तो यह है कि कहानी जितना शुद्ध कला स्वरूप है, उपन्यास उतना नहीं। उपन्यास को अशुद्ध कला स्वरूप (इम्प्योर आर्ट फॉर्म) कहते भी हैं। ओकोनर कहते हैं कि कहानीकार का कलाकार होना आवश्यक है जब कि उपन्यासकार कम प्रतिभावाला व्यक्ति भी हो सकता है। उपन्यास की अकलात्मकता लिखने वाले को एक विशेष प्रकार की शिथिल स्वतंत्रता दे सकती है। इससे यह सिद्ध नहीं होता कि उपन्यास हल्के कोटि का स्वरूप है।

अब बात यह है किं कोई कहानीकार कहानी लिखना छोड़ देता है और उपन्यास लेखन की ओर जाता है, तो क्या वह कोई विशेष बात सिद्ध करता है? वास्तव में देखा जाए तो कुछ बातें ऐसी होती हैं, जो कहानी स्वरूप में ही सिद्ध हो सकती हैं। रूसी कहानीकार गोगोल के 'ओवर कोट' की चर्चा के संदर्भ में कहा गया है कि इसमें कुछ ऐसा है, जो उपन्यास से सिद्ध नहीं हो सकता।[73] वास्तव में कहानी अपने प्रारंभ से ही अपना पृथक् प्रयोजन लेकर चली है। जब कोई लेखक कहानी के स्वरूप को अपनाता है तो कहानी के इस प्रयोजन को भी जानता है। वहाँ उसके व्यास के छोटे-बड़े होने का प्रश्न नहीं। कहानी का चुस्त कला स्वरूप लेखक मात्र के लिए चुनौती है। 'एक दौड़ती लहर का गति-चित्र'[74] अंकित करना आसान नहीं।

अतः स्वाभाविक है कि वह प्रमाण में शिथिल कला स्वरूप वाले उपन्यास की ओर आकृष्ट हो।

वैसे कहानी-लेखक अज्ञेय के समस्त साहित्य के संदर्भ में 'कहानियाँ उनके कृतित्व का एक गौण पक्ष ही हैं।'[75] जो कुछ भी हो, अज्ञेय ने अपनी कुछ कहानियों से हिंदी कहानी साहित्य को एक दिशा में अवश्य प्रवृत्त किया है। अतः जब वे कहानी लिखना छोड़ देते हैं तो उसका एकमात्र कारण उनके रचनाकार की माँग, न लिखने की भी, हो सकती है।

अज्ञेय की कुल मिलाकर इन 67 कहानियों को पढ़ने के बाद जीवन के विविध दृश्यों और आयामों को कथाकार द्वारा छुए जाने का बोध होता है और विविध स्तरों पर सक्रिय कथाकार की संवेदना की पहचान भी।

एक समय था, जब कहानी अज्ञेय की सर्जनात्मक अभिव्यक्ति का प्रमुख माध्यम थी, किंतु क्रमशः उनका कहानी लिखना कम होता गया है। ऐसा लगता है कि अज्ञेय ने कहानी-लेखन को अपनी कृतित्व का गौण पक्ष ही माना है। फिर भी हिंदी कहानी की विकास-यात्रा में अज्ञेय की कहानियों का सिर्फ ऐतिहासिक महत्त्व नहीं है, कुछ कहानियाँ तो अवश्य कालजयी होंगी। अज्ञेय की कहानियों में उच्चावचता का स्तर देखने को मिलता है। 'रोज' जैसी कहानी फिर वे नहीं लिख सके।

अज्ञेय हिंदी कहानी को नया मोड़ देते हैं—घटना-बाहुल्य या घटना स्थूलता का परिहार कर, बाह्य यथार्थ से आंतरिक यथार्थ की ओर गति कर। आंतरिक समृद्धि और महत्त्व से निर्मित सृजनात्मक चेतना अज्ञेय की कहानियों में मनोवैज्ञानिक तत्त्व की प्रधानता का कारण है। पाश्चात्य कहानियों का इतना प्रत्यक्ष असर नहीं है जितना इनकी कहानी रचना पर मनोवैज्ञानिक शिल्प-विधि या मनोवैज्ञानिक प्रतीकों के व्यवहार का है, जो प्रकारांतर से पाश्चात्य प्रभाव ही है। लेकिन अज्ञेय की कहानियों में मनोवैज्ञानिकता दृष्टि-विशेष का परिणाम है, वह ओढ़ी हुई नहीं, बुनी हुई है।

अज्ञेय एक सजग कलाकार हैं। उन्होंने कहानी के शिल्प-विधान में नये-नये प्रयोग किए हैं। प्रयोग बाहुल्य आधुनिकता का ही एक लक्षण है। लेकिन प्रयोग के लिए प्रयोग नहीं है। कहानी का कथ्य ही अपना विशिष्ट शिल्प-विधान लेकर आता है। अवश्य, कुछ कहानियाँ एकदम साधारण स्तर पर रह जाती हैं और संगृहीत होने की बहुत कम सार्थकता रखती हैं।

अज्ञेय की कहानियों की आंतरिकता उन्हें कविता के निकट ले जाती है। काव्यधर्मिता अज्ञेय की कहानियों की एक और विशेषता है, जिसका अनुबंध रवींद्रनाथ की कहानियों से होता है। इस दृष्टि से वे प्रेमचंद की परंपरा के नहीं, प्रसाद की परंपरा के कहानीकार सिद्ध होते हैं, हालाँकि अज्ञेय की कहानियों के विषय प्रसाद से एकदम भिन्न हैं।

यह भिन्नता आधुनिक दृष्टि-विशेष को लेकर भी है। अज्ञेय की अनेक कहानियों

हुआ है।[64] रवींद्रनाथ की रचनाओं में आधुनिकता के होते हुए भी इस 'अमंगल' बोध को प्रश्रय नहीं मिला है। अज्ञेय की आधुनिकता अपने मूल्य-बोध के आग्रह के कारण 'अमंगल' को उपास्य नहीं मानती, ऐसा उनकी कहानियों को पढ़कर लगता है।

7. अत्रलुप्ता...अज्ञेय के कहानीलेखन की समाप्ति : रचनाकार की एक समस्या

> "यों तो मैंने स्वीकार कर लिया है कि कहानी लिखना मैंने छोड़ दिया है—या कि कहानी मुझसे छूट गई है। पिछले पंद्रह-बीस वर्षों में मैंने कोई कहानी लिखी नहीं है।"[65]
>
> **—अज्ञेय**

अपनी 'संपूर्ण कहानियाँ-1' की भूमिका में अपने इस कथन के सूत्र को 'संपूर्ण कहानियाँ-2' की भूमिका में पकड़कर अज्ञेय इसका कारण देते हैं। उन्होंने कहा है कि उनकी जिज्ञासा और दिलचस्पी आदर्शपरक रचना से बढ़कर यथार्थोन्मुख होती गई। उनका यथार्थ मनोवैज्ञानिक यथार्थ था। मनोवैज्ञानिक यथार्थ की ओर उन्मुख होने पर उनको कहानी विधा यथेष्ट नहीं जान पड़ी क्योंकि कहानी में मनोजगत की "मनोवैज्ञानिक यथार्थ की कोई एक गाँठ, एक संधि, एक दरार तो एकाएक तीखे प्रकाश से आलोकित कर दी जा सकती थी परंतु मनोदशा का कोई नक्शा नहीं प्रस्तुत किया जा सकता था।"[66] अतः वे कहते हैं :

"इस बात का मैंने तीव्र और स्पष्ट अनुभव किया कि कहानी का व्यास काफ़ी नहीं है।"[67]

बिलकुल अज्ञेय जैसा ही अभिप्राय अंग्रेजी के एक नये महान् कहानी-लेखक ब्रिआन ग्वान विल्ले के हैं। अपने रचनाकाल के प्रथम पाँच वर्ष प्रचुर मात्रा में कहानियाँ लिखने के बाद उनका भी कहानी-लेखन कम हो जाता है। इस उतार का कारण देते हुए वे कहते हैं कि :

"आई हैव डाउट्स अबाउट द वैल्यू आव द फोर्म।"[68]

कहानी की विधा के प्रति ही वे शंकित हैं (हालाँकि वह उपन्यास के स्वरूप के प्रति भी शंकित हैं ही) लेकिन उनकी एक बात कहानी कें संदर्भ में उल्लेखनीय है कि वह पहले कहानी को गौण विधा ही समझता था, जो अब नहीं समझता। लेकिन इतना तो फलित होता है कि कहानी का स्वरूप ही ऐसा है, जिससे कई बार लेखक के मन में संदेह उठता है कि उसने गलत विधा के द्वार पर तो दस्तक नहीं दी।

कहानी लिखते-लिखते अन्य विधाओं का प्रश्रय लेनेवाले जिन कथाकारों का उल्लेख ओकोनर करते हैं, उनमें ज्वायस और लारेंस भी हैं, जिनके साथ अज्ञेय का

एक प्रकार का लगाव भी है। ओकोनर कहानी को 'लोनली वाइस' कहते हैं और उसकी जटिलता की ओर संकेत करते हैं। ओकोनर का यह विधान कि कहानी कला एकाकी कला (लोनली आर्ट) है और कहानीकार भी एकाकी है, अतः वे सदा साहचर्य की खोज में रहते हैं, उस चरित्र-सृष्टि से भागकर, जिनका हमारे लिए सृजन किया था, चिंत्य है।

अब हमारे समक्ष दो विधान हैं :

(1) 'कहानी का व्यास काफी नहीं है' अतः कहानीकार उपन्यास जैसी बृहत् विधा का आश्रय लेने के लिए बाध्य होता है और कहानी लिखना छोड़ देता है।

(2) कहानी कला एकाकी कला (लोनली आर्ट) है और कहानीकार भी एकाकी, अतः वह कहानी की निमज्जित पात्र-सृष्टि से भागकर एक साहचर्य की तलाश में दूसरी विधा का आश्रय लेने के लिए लालायित होता है।

अज्ञेय ने एक तीसरी बात भी कही है, जो इतनी महत्त्व की नहीं है फिर भी उल्लेखनीय है। हिंदी में 'कहानीकारों और कहानी-पत्रिकाओं की बहुतायत ने प्रतियोगिता और अहमहमिका का जो वातावरण प्रस्तुत किया'[69] उसने भी उनको कहानी-लेखन के प्रति उदासीन बनाया।

अज्ञेय के अपने कहानी-लेखन की समाप्ति के विषय में किए गए विधान की उनके समग्र रचना-कर्म में ही जाँच (परीक्षा) कर सकते हैं। ऐसा करने से पहले मैं एक दूसरे दृष्टिकोण को प्रस्तुत करना चाहता हूँ। प्रायः ऐसा देखा गया है कि संसार के अच्छे-अच्छे कहानी लेखक अपनी उत्तर वय में कहानी-लेखन से दूर हटते गए हैं। (एक तरह से अज्ञेय भी क्या इन लेखकों की श्रेणी में नहीं आते?) प्रसिद्ध कहानीकार और कहानी-आलोचक फ्रांक ओकोनर ने अपनी कहानी विषयक पुस्तक में ऐसे कहानीकारों के उदाहरणों को लक्ष्य करके कहा है :

"The saddest thing about the short story is the eagerness with which those who write it best try to escape from it. It is a lonely art, and they too are lonely. They seem forever to be looking for company, trying to get away from submerged population that they have brought to life for us. Joyce simply stopped writing short stories. D.H. Lawrence rode off in one direction; A.E. Coppard, that other master of the English short story, in another, but they were all trying to escape."[70]

इन तीनों कारणों में से अंतिम तीसरे कारण की उतनी उपादेयता अज्ञेय के सर्जक-कर्म को समझने में नहीं है। प्रत्येक भाषा के साहित्य में प्रतियोगिता और अहमहमिका का वातावरण कमोबेश होगा ही। लेकिन इससे कोई साहित्यकार अपने सर्जन-कर्म से विरत नहीं होगा। यदि ऐसा होता तो अज्ञेय कविता-लेखन से भी उदासीन

रहते क्योंकि हिंदी कविता के क्षेत्र में भी कम प्रतियोगिता या अहमहमिका नहीं है।

ओकोनर का दूसरा विधान ओकोनर की कुछ कहानीकारों की कथा-प्रवृत्ति के बाद निष्कर्ष रूप में उपलब्ध स्थापना है। कहानी 'एकाकी कला' है, ओकोनर की अपनी यह मान्यता इतने स्पष्ट रूप से प्रतिपादित नहीं है। तो भी ओकोनर का इतना विधान सही है कि अनेक कहानीकार कहानी के क्षेत्र को छोड़कर अन्य विधाओं के क्षेत्र में, विशेषतः उपन्यास के क्षेत्र में गए हैं। (ओकोनर कहते हैं कि कहानीकार 'निमज्जित जनता वर्ग'—अ सबमर्जूड पॉपुलेशन ग्रुप[71]—का कहानी में निरूपण करता है। यह निमज्जता भौतिक ही नहीं आध्यात्मिक भी हो सकती है।)

अज्ञेय का विधान भी, जैसा कि वे स्वयं कहते हैं, एक 'हेत्वाभास'[72] हो सकता है। 'कहानी का व्यास काफी नहीं है'—ऐसा कहने में वे उपन्यास की महत्ता स्थापित करते जान पड़ते हैं या कम-से-कम उपन्यास के विस्तृत व्यास के कारण उसकी गुंजाइश का माहात्म्य सिद्ध करते हैं।

यहाँ कहानी और उपन्यास के स्वरूप व सिद्धि की चर्चा आवश्यक है। हम जानते हैं कि कहानी और उपन्यास का आज जो स्वरूप है, वह कविता और नाटक की तुलना में आधुनिक है। दोनों अर्वाचीन कला स्वरूप हैं, जो वैज्ञानिक युग की पैदाइश हैं। परंतु उपन्यास में जो विस्तार की क्षमता है, वह कहानी में नहीं है। उपन्यास समूह की कला है जबकि कहानी जैसा कि ओकोनर कहते हैं, एकाकी कला है। ओकोनर यह भी कहते हैं कि उपन्यास पढ़ते समय हम किसी-न-किसी पात्र के साथ तद्रूपता (आइडेंटिटी) का अनुभव करते हैं, लेकिन कहानी में तद्रूपता सिद्ध हो सके, ऐसे पात्र का अभाव होता है। परंतु सबसे बड़ी बात तो यह है कि कहानी जितना शुद्ध कला स्वरूप है, उपन्यास उतना नहीं। उपन्यास को अशुद्ध कला स्वरूप (इम्प्योर आर्ट फॉर्म) कहते भी हैं। ओकोनर कहते हैं कि कहानीकार का कलाकार होना आवश्यक है जब कि उपन्यासकार कम प्रतिभावाला व्यक्ति भी हो सकता है। उपन्यास की अकलात्मकता लिखने वाले को एक विशेष प्रकार की शिथिल स्वतंत्रता दे सकती है। इससे यह सिद्ध नहीं होता कि उपन्यास हल्के कोटि का स्वरूप है।

अब बात यह है कि कोई कहानीकार कहानी लिखना छोड़ देता है और उपन्यास लेखन की ओर जाता है, तो क्या वह कोई विशेष बात सिद्ध करता है? वास्तव में देखा जाए तो कुछ बातें ऐसी होती हैं, जो कहानी स्वरूप में ही सिद्ध हो सकती हैं। रूसी कहानीकार गोगोल के 'ओवर कोट' की चर्चा के संदर्भ में कहा गया है कि इसमें कुछ ऐसा है, जो उपन्यास से सिद्ध नहीं हो सकता।[73] वास्तव में कहानी अपने प्रारंभ से ही अपना पृथक् प्रयोजन लेकर चली है। जब कोई लेखक कहानी के स्वरूप को अपनाता है तो कहानी के इस प्रयोजन को भी जानता है। वहाँ उसके व्यास के छोटे-बड़े होने का प्रश्न नहीं। कहानी का चुस्त कला स्वरूप लेखक मात्र के लिए चुनौती है। 'एक दौड़ती लहर का गति-चित्र'[74] अंकित करना आसान नहीं।

अतः स्वाभाविक है कि वह प्रमाण में शिथिल कला स्वरूप वाले उपन्यास की ओर आकृष्ट हो।

वैसे कहानी-लेखक अज्ञेय के समस्त साहित्य के संदर्भ में 'कहानियाँ उनके कृतित्व का एक गौण पक्ष ही हैं।'[75] जो कुछ भी हो, अज्ञेय ने अपनी कुछ कहानियों से हिंदी कहानी साहित्य को एक दिशा में अवश्य प्रवृत्त किया है। अतः जब वे कहानी लिखना छोड़ देते हैं तो उसका एकमात्र कारण उनके रचनाकार की माँग, न लिखने की भी, हो सकती है।

अज्ञेय की कुल मिलाकर इन 67 कहानियों को पढ़ने के बाद जीवन के विविध दृश्यों और आयामों को कथाकार द्वारा छुए जाने का बोध होता है और विविध स्तरों पर सक्रिय कथाकार की संवेदना की पहचान भी।

एक समय था, जब कहानी अज्ञेय की सर्जनात्मक अभिव्यक्ति का प्रमुख माध्यम थी, किंतु क्रमशः उनका कहानी लिखना कम होता गया है। ऐसा लगता है कि अज्ञेय ने कहानी-लेखन को अपनी कृतित्व का गौण पक्ष ही माना है। फिर भी हिंदी कहानी की विकास-यात्रा में अज्ञेय की कहानियों का सिर्फ ऐतिहासिक महत्त्व नहीं है, कुछ कहानियाँ तो अवश्य कालजयी होंगी। अज्ञेय की कहानियों में उच्चावचता का स्तर देखने को मिलता है। 'रोज' जैसी कहानी फिर वे नहीं लिख सके।

अज्ञेय हिंदी कहानी को नया मोड़ देते हैं—घटना-बाहुल्य या घटना स्थूलता का परिहार कर, बाह्य यथार्थ से आंतरिक यथार्थ की ओर गति कर। आंतरिक समृद्धि और महत्त्व से निर्मित सृजनात्मक चेतना अज्ञेय की कहानियों में मनोवैज्ञानिक तत्त्व की प्रधानता का कारण है। पाश्चात्य कहानियों का इतना प्रत्यक्ष असर नहीं है जितना इनकी कहानी रचना पर मनोवैज्ञानिक शिल्प-विधि या मनोवैज्ञानिक प्रतीकों के व्यवहार का है, जो प्रकारांतर से पाश्चात्य प्रभाव ही है। लेकिन अज्ञेय की कहानियों में मनोवैज्ञानिकता दृष्टि-विशेष का परिणाम है, वह ओढ़ी हुई नहीं, बुनी हुई है।

अज्ञेय एक सजग कलाकार हैं। उन्होंने कहानी के शिल्प-विधान में नये-नये प्रयोग किए हैं। प्रयोग बाहुल्य आधुनिकता का ही एक लक्षण है। लेकिन प्रयोग के लिए प्रयोग नहीं है। कहानी का कथ्य ही अपना विशिष्ट शिल्प-विधान लेकर आता है। अवश्य, कुछ कहानियाँ एकदम साधारण स्तर पर रह जाती हैं और संगृहीत होने की बहुत कम सार्थकता रखती हैं।

अज्ञेय की कहानियों की आंतरिकता उन्हें कविता के निकट ले जाती है। काव्यधर्मिता अज्ञेय की कहानियों की एक और विशेषता है, जिसका अनुबंध रवींद्रनाथ की कहानियों से होता है। इस दृष्टि से वे प्रेमचंद की परंपरा के नहीं, प्रसाद की परंपरा के कहानीकार सिद्ध होते हैं, हालाँकि अज्ञेय की कहानियों के विषय प्रसाद से एकदम भिन्न हैं।

यह भिन्नता आधुनिक दृष्टि-विशेष को लेकर भी है। अज्ञेय की अनेक कहानियों

में रोमांटिक संस्पर्श के बावजूद आधुनिक-बोध का संस्पर्श है। ये कहानियाँ व्यक्ति के अकेलेपन का, उसकी निर्भ्रांति का, नयी काल-चेतना का ठंडा एहसास कराती हैं। यह आधुनिकता कहानियों की मनोवैज्ञानिक चेतना में भी निहित है।

फिर भी, अज्ञेय की कहानियाँ अपनी समग्रता में गंभीर जीवन-दृष्टि और मूल्य-बोध का तीव्र आग्रह जगाती हैं। आदर्शवाद के प्रति मोहभंग की स्थिति है अवश्य, परंतु मूल स्वर आस्था का ही है, जो समग्र अज्ञेय साहित्य में पाया जाता है।

संदर्भ

1. 'हिंदी कहानियों की शिल्पविधि का विकास', (1953), पृ. 259 और 'आधुनिक हिंदी कहानी', (1962), पृ. 28; 2. 'अज्ञेय का कथासाहित्य', (1966) पृ. 140; 3. 'आधुनिक हिंदी कथासाहित्य और मनोविज्ञान', (1956) पृ. 192; 4. 'हिंदी कहानी की रचना प्रक्रिया', (1965) पृ. 164; 5. 'अज्ञेय और आधुनिक रचना की समस्या', (1968) पृ. 131; 6. 'अज्ञेय की संपूर्ण कहानियाँ—भाग 2' की भूमिका, (1975) पृ. 7; 7. कहानियों से उद्धृत अवतरण के पृष्ठांक साथ ही कोष्ठकों में दिए गए हैं।; 8. 'अज्ञेय की संपूर्ण कहानियाँ—भाग 2 की भूमिका', पृ. 8; 9. 'अज्ञेय की कहानियाँ-2', पृ. 10; 10. 'अज्ञेय की कहानियाँ-2', पृ. 10; 11. 'अज्ञेय की कहानियाँ-2', पृ. 11; 12. डॉ. देवीशंकर अवस्थी द्वारा संपादित 'नई कहानी : संदर्भ और प्रकृति' में संकलित मार्कंडेय का एक लेख 'शेखूपुरे के शरणार्थी' से उद्धृत, पृ. 42; 13. 'आधुनिक हिंदी कथासाहित्य और मनोविज्ञान', पृ. 192; 14. 'आधुनिक हिंदी कहानी', पृ. 28; 15. 'अज्ञेय का कथासाहित्य', पृ. 133; 16. 'आधुनिक हिंदी कथासाहित्य और मनोविज्ञान', पृ. 203; 17. वही, पृ. 210; 18. वही, पृ. 206-7; 19. वही, पृ. 211; 20. 'आधुनिक हिंदी कहानी', पृ. 23; 21. 'आधुनिक हिंदी कहानी', पृ. 35; 22. 'अज्ञेय का कथासाहित्य', पृ. 134; 23. 'अज्ञेय का कथासाहित्य', पृ. 134; 24. 'हिंदी साहित्य के अस्सी वर्ष', पृ. 188; 25. 'संपूर्ण कहानियाँ-2', पृ. 5; 26. 'संपूर्ण कहानियाँ-2', पृ. 6; 27. 'लण्डन मैग्जीन' : (स्पेशल शार्ट स्टोरी इस्यू), मार्च, 1970; 28. 'द साइकोलॉजिकल नॉवेल', पृ. 12; 29. डी. एच. लारेंस, 'बर्ड्स, बीस्ट्स एण्ड फ्लावर्स' (1943); 30. 'संपूर्ण कहानियाँ-2' भूमिका, पृ. 14; 31. "Accordingly, the storyteller differs from the novelist in this : he must be much more of a writer, much more of an artist." 'The Lonely Voice', p. 22; 32. 'London Magazine' : Short Story Issue, March, 1970; 33. "It is only too easy for a short story writer to become a little too much of an artist." : The Lonely Voice, 'p. 23; 34. "When we speak of technique, then we speak of nearly everything." : 'The Technique As Discovery', Forms of Modern Fiction : p. 9; 35. "The difference between content or experience, and achieved content or art is technique." 'Technique As Discovery', Forms of Modern Fiction, p. 9; 36. 'हिंदी कहानियों की शिल्पविधि का विकास', पृ. 268; 37. 'हिंदी कहानियों की शिल्पविधि का विकास', पृ. 268; 38. 'अज्ञेय का कथासाहित्य', पृ. 149; 39. 'हिंदी कहानी की रचना प्रक्रिया', पृ. 165; 40. Schorer Mark 'The Story';

41. 'द टेकनीक ऑव माडर्न फिक्शन', पृ. 33; 42. 'टेकनीक ऑव माडर्न फिक्शन', पृ. 35; *'हिंदी कहानी : अपनी ज़बानी', पृ. 103; 43. वही, पृ. 104; 44. वही, पृ. 105; 45. 'रवींद्रनाथ : कथासाहित्य' (1959), पृ. 37; 46. वही, पृ. 38; 47. वही, पृ. 38; 48. 'अज्ञेय की संपूर्ण कहानियाँ-1' की भूमिका, पृ. 17; 49. 'अज्ञेय की संपूर्ण कहानियाँ-1', पृ. 20; 50. 'हिंदी कहानी : पहचान और परख', पृ. 229; 51. 'हिंदी कहानी : पहचान और परख', पृ. 230; 52. 'अज्ञेय की संपूर्ण कहानियाँ-1' की भूमिका, पृ. 7; 53. 'अज्ञेय की संपूर्ण कहानियाँ-1', पृ. 278; 54. 'अज्ञेय की संपूर्ण कहानियाँ-1', पृ. 278; 55. 'अज्ञेय की संपूर्ण कहानियाँ-1', पृ. 279; 56. 'अज्ञेय की संपूर्ण कहानियाँ-1', पृ. 280; 57. 'अज्ञेय की संपूर्ण कहानियाँ-1', पृ. 282; 58. 'अज्ञेय की संपूर्ण कहानियाँ-1', पृ. 284; 59. 'अज्ञेय की संपूर्ण कहानियाँ-1', पृ. 289; 60. 'अज्ञेय की संपूर्ण कहानियाँ-1', पृ. 288; 61. 'आधुनिकता और हिंदी साहित्य', पृ. 76; 62. 'अज्ञेय की संपूर्ण कहानियाँ-2', पृ. 5; 63. 'अज्ञेय और आधुनिक रचना की समस्या', पृ. 131; 64. 'आधुनिकता और रवींद्रनाथ' (1968), अध्याय-2; 65. 'अज्ञेय की संपूर्ण कहानियाँ-1', भूमिका, पृ. 5; 66. 'अज्ञेय की संपूर्ण कहानियाँ-2', पृ. 6; 67. 'अज्ञेय की संपूर्ण कहानियाँ-1', पृ. 6; 68. 'लंडन मैग़ज़ीन' 'स्पेशल शॉर्ट स्टोरी इश्यू', मार्च 1972, पृ. 7; 69. 'अज्ञेय की संपूर्ण कहानियाँ-2' की भूमिका, पृ. 11; 70. 'The Lonely Voice', p. 170; 71. 'The Lonely Voice', p. 41; 72. 'अज्ञेय की संपूर्ण कहानियाँ-2', पृ. 7; 73. 'The Lonely Voice', p. 16; 74. 'जयदोल' : भूमिका; 75. 'अज्ञेय और आधुनिक रचना की समस्या', पृ. 129।

उपसंहार

परिशिष्ट

अज्ञेय की कविता, उपन्यास और कहानियों के इस अध्ययन के बाद अब हम इस निष्कर्ष पर पहुँचते हैं कि अज्ञेय हिंदी के एक ऐसे प्रमुख साहित्यकार हैं, जिन्होंने पाश्चात्य प्रभावों के बावजूद भारतीय पीठिका में आधुनिकताबोध का हिंदी साहित्य को प्रथम संस्पर्श दिया है। एक ओर प्रयोगवाद और नई कविता के वे पुरोधा बने, दूसरी ओर मनोवैज्ञानिक कथा-साहित्य के वैतालिक।

हिंदी साहित्य में भारतेंदु हरिश्चंद्र से आधुनिक-काल का आरंभ होता है, उसका दूसरा पर्याय अज्ञेय से शुरू होता है, क्योंकि आधुनिकता का बोध सर्वप्रथम अज्ञेय साहित्य में प्रतिफलित होता है। दोनों के साहित्य निर्माण में पाश्चात्य प्रभाव क्रियमाण रहे हैं, लेकिन दोनों की चेतना भारतीय ही है। दूसरी ओर अज्ञेय का सर्जकव्यक्तित्व प्रसाद की तरह बहुमुखी और निराला की तरह विद्रोही है। भारतेंदु, प्रसाद और निराला के आगे की कड़ी में कवि अज्ञेय का क्रम आता है।

अज्ञेय की साहित्य के विभिन्न स्वरूपों में सफल गति रही है, फिर भी मुख्यतया उनका कविरूप ही उजागर होता रहा है। उनका कहानी-लेखन तो समाप्तप्राय है और उपन्यास भी एक डेढ़ दशक के बाद एक-एक कर के प्रकाशित होते रहे हैं। जब कि 1927 से कवि अज्ञेय की काव्ययात्रा अविराम गति से चल रही है। अज्ञेय की इस काव्ययात्रा के चार सोपान हैं। उनकी आरंभ की रचनाएँ परंपरा से अनुप्राणित थीं, किंतु 1940 के आसपास से और विशेषतया 'तारसप्तक' के प्रकाशन काल से अज्ञेय ने हिंदी कविता को नया मोड़ देने की प्रक्रिया का आरंभ किया। इन प्रयोगवादी रचनाओं ने प्रचलित काव्यरुचि को आघात पहुँचाया; क्योंकि नया भावबोध और नई अभिव्यक्तिरीति परंपरा से इतनी भिन्न थी कि उसका स्वागत करना मुश्किल लगता था। विरोध करने वालों में नंददुलारे वाजपेयी जैसे छायावाद के पुरस्कर्ता आचार्य भी थे।

ये नयी रचनाएँ आधुनिकताबोध का संस्पर्श लेकर आयी थीं और पाश्चात्य आधुनिक कविता से प्रभावित थीं। उनका मुहावरा अनेक लोगों को परदेशी लगता था और यह स्वाभाविक भी था। इस प्रकार की आलोचना भी हुई कि अज्ञेय की कविता हिंदी में लिखी गयी अंग्रेजी कविता है।

इन कटु आलोचनाओं और कट्टर प्रतिवाद के बावजूद अज्ञेय प्रयोगवाद और नई कविता की संस्थापना में लगे रहे। 'तारसप्तक' के बाद 'दूसरा सप्तक' और

'तीसरा सप्तक' प्रकाशित कर उन्होंने नई काव्य-धारा को प्रतिस्थापित किया। अज्ञेय कवि तो थे ही, एक कुशल समायोजक भी सिद्ध हुए। उन्होंने एजरा पाउंड की तरह नई कविता के आंदोलन की आगवानी की पत्रिकाएँ निकालीं और नई कविता के साथ नई कविता के लिए रुचि भी तैयार की और अब स्थिति यह है कि उनके द्वारा परिष्कृत काव्य-रुचि-बोध से ही उनकी कविता के आस्वाद करने की क्षमता हिंदी के पाठकों में आ गई है।

अंग्रेजी के टी.एस. इलियट और एजरा पाउंड आदि ने भी नई कविता के साथ, नई कविता के लिए रुचि परिष्कार करके, जिस तरह से ऐतिहासिक कार्य किया और अंग्रेजी कविता को नया मोड़ दिया, ऐसा ही ऐतिहासिक कार्य हिंदी कविता में अज्ञेय का है। नई कविता का पौरोहित्य अज्ञेय के हाथों संपन्न हुआ है।

अज्ञेय की कविता-यात्रा के प्रथम सोपान में 'भग्नदूत', 'चिंता' और 'इत्यलम्' की उन रचनाओं का समावेश है, जो छायावादी और रवींद्रानुसारी भावबोध में लिखी गई हैं। इत्यलम् में 'तारसप्तक' की रचनाएँ भी हैं, जहाँ से आधुनिकताबोध का प्रस्फुटन होता है। द्वितीय सोपान में बिंबवाद तथा प्रतीकवाद के काव्यादर्श के अनुसरण पर रचित कविताएँ है। उनमें आधुनिक भावबोध और उसके अनुरूप रीतियों का प्रयोग किया गया है। इस सोपान की कविताओं के द्वारा अज्ञेय हिंदी के एक परिपक्व और प्रौढ़ कवि के रूप में स्थापित होते हैं। 'हरी घास पर क्षण भर', 'बावरा अहेरी' और 'इंद्रधनु रौंदे हुए ये' इन तीन संग्रहों की कुछ रचनाएँ तो नई कविता के इतिहास में प्रशिष्ट (classical) कोटि की सिद्ध हुई हैं, और उनका उल्लेख किए बिना हिंदी नई कविता की कोई भी बात अधूरी रह जाएगी। इन रचनाओं ने नई कविता का मार्ग प्रशस्त किया है और एक नई किंतु स्वस्थ परंपरा का निर्माण किया है।

तृतीय सोपान के अंतर्गत वे रचनाएँ आती हैं, जिनमें एक आध्यात्मिक संस्पर्श है। कोई भी आत्मान्वेषी कवि अपनी काव्य-यात्रा के पथ द्वारा ही, अपनी कविता के माध्यम से ही परम सत्ता के बोध का अनुभव करता है और इस अद्वितीय सत्ता के प्रति प्रणत होता है। इसमें कोई सीमित सांप्रदायिकता नहीं होती और न तो यह आध्यात्मिक रुझान जीवन की किसी आकस्मिक घटना का परिणाम है। अनेक कवियों की ऐसी गति रही है। मुग्ध और मांसल प्रणय के गीत लिखनेवाले 'मानसी' के कवि रवींद्रनाथ ईश्वर के प्रति प्रणत भाव लेकर 'नैवेद्य', 'गीतांजलि' और 'गीतिमाल्य' की रचनाएँ लिखते हैं। इलियट 'वेस्टलैंड' लिखने के बाद आस्थाप्रवण, धर्मप्रवण स्वर को उभारनेवाली 'फोर क्वार्टेट्स' की कविता सृष्टि ले आते हैं। अज्ञेय की काव्ययात्रा की भी वही गति है। जापान के ज़ेन मत का प्रभाव, यदि वह प्रभाव है, एक तरह से उनकी आंतरिक माँग का ही उन्मेष है, उनकी भारतीयता का ही उन्मेष है। ज़ेन की साहजिकता और स्वयंस्फूर्तता एक जीवनरीति ही है। ज़ेन मत के साथ ही जापानी काव्यरीति उसकी बिंबात्मकता और प्रतीकात्मकता का, एक तरह से कहें तो भारतीय

दर्शन का जापानी संस्कार से छनकर आया हुआ दर्शन है, जो भारतीय होते हुए भी पूर्वेशिया की सभ्यता के संस्पर्श से युक्त होकर अद्वितीय बनता है। यह नव्यरहस्यवाद परंपरागत रहस्यवाद से कितना भिन्न है, यह कोई भी काव्य-मर्मज्ञ जान सकता है। 'अरी ओ करुणा प्रभामय' और 'आँगन के पार द्वार' की रचनाओं में हिंदी कविता का एक नया कलेवर सामने आता है। अज्ञेय के काव्य-प्रेमियों को इन रचनाओं से कुछ निराशा भी हुई थी, वे अज्ञेय में अब भी उसी प्रकार के पाश्चात्यबोध की अपेक्षा करते थे।

अज्ञेय ने 'तारसप्तक' के कवियों को 'राहों के अन्वेषी' कहा था। उन सब कवियों के लिए अब इस विशेषण का प्रयोग हम कर सकते हैं कि नहीं, इस बात में संदेह हो सकता है, लेकिन अज्ञेय की सृजन-यात्रा को देखकर यह बात और भी दृढ़ हो जाती है कि अज्ञेय 'राहों के अन्वेषी' ही रहे हैं। कोई भी सार्थकनाम कवि यात्रिक ही होता है और कभी यह दावा नहीं करता कि उसने 'चरम' की उपलब्धि कर ली है, यह 'चरम' की उपलब्धि अर्थात् 'कवि की मृत्यु'। कवि तो आगे बढ़ता रहता है। हर नई कविता के बाद उसका नवजन्म होता है और फिर नई कविता लिखने की प्रतीक्षा बनी रहती है।

अज्ञेय की चौथे सोपान की अर्थात् उत्तरकालीन कविता 'सीमित आध्यात्मिक' न होकर, एक सामाजिकता का उन्मेष लेकर भी आती है। कवि की सामाजिकता के बावजूद यहाँ विद्रोह और विक्षोभ नहीं, किंतु शांत-समाहिति का स्वस्थ स्वर है। 'कितनी नावों में कितनी बार', 'क्योंकि मैं उसे जानता हूँ', 'सागरमुद्रा', 'पहले मैं सन्नाटा बुनता हूँ' और अभी-अभी प्रकाशित 'महावृक्ष के नीचे'—इन संग्रहों की रचनाओं में आध्यात्मिक उदीषा का बोध जितना प्रकट है, उतना ही सामाजिकता का बोध भी। अर्थात् कवि अज्ञेय की काव्य-चेतना वैयक्तिक उदीषा की अभिव्यक्ति का प्रसारण मात्र नहीं है। कवि की सामाजिक संपृक्ति अब भी बनी रही है। देश की स्वतंत्रता के लिए बंदी होकर 'भग्नदूत' या 'बंदी स्वप्न' की कविता लिखनेवाला कवि अंतिम संग्रह में परदेशी प्राकृतिक परिदृश्य के साथ आपातकालीन भारत की दुर्दशा का भी चित्रण करता है। यह उनकी समग्र कविचेतना की संपूर्णता (totality) की द्योतक है। इस अर्थ में अज्ञेय की पूर्व कविता (early poetry) और उत्तर कविता (later poetry) में पार्थक्य होते हुए भी, कवि अपने भूतकाल से अलग हट गए हैं ऐसा लगने पर भी, उसमें एक ही मौलिक सर्जनचेतना स्पंदित होती रही है।

अज्ञेय की कविता, समय के साथ नहीं उसके कवि के साथ चली है। आज की हिंदी कविता एक दूसरे प्रकार के मुहावरे में लिखी जा रही है। उसका तेवर भी बदला है और वह अज्ञेय की सांप्रतकालीन रचनाओं से संपृक्त भी नहीं है, किंतु हिंदी कविता की आज की स्थिति, अज्ञेय की कविता के बिना संभवित नहीं थी। इस अर्थ में अज्ञेय एक प्रौढ़ कवि हैं।

प्रौढ़ कवि (major poet) उसे कहते हैं जिसके सृजन का स्रोत अति समृद्ध हो। सर्जन की इयत्ता भी कवि की सृजनशीलता की द्योतक है। प्रौढ़ कवि अनेक काव्यरूपों का प्रयोग करता है और चाहे कितनी भी वैयक्तिकता उसकी कविता में क्यों न हो, उसकी कविता में मानवीय अनुभूति के महत्त्वपूर्ण पहलुओं की प्रासंगिक अभिव्यक्ति भी होगी। लेकिन एक प्रौढ़ कवि की सबसे विशेष शक्ति उसके विशिष्ट भाषाप्रयोग में है। भाषिक सर्जनात्मकता उसे भाषा के एक नये मुहावरे, एक नई लय की ओर ले जाती है। ऐसा कवि अपने समय की कविता, काव्य-भाषा और वाक्लय को नई संजीवनी प्रदान करता है और अपने समकालीनों को और अनुयायियों को काव्य अभिव्यक्ति की नई संभावनाओं का और नए भाषा सामर्थ्य का संकेत देता है।

अज्ञेय इस अर्थ में हिंदी कविता को नई दिशा देने वाले प्रौढ़ कवि हैं। काव्यसृजन की अर्धशती तक लगातार लिखकर उन्होंने 13 काव्यसंग्रह और एक गीतिनाट्य दिया है। गद्यकविता, छंदोबद्ध कविता, मुक्त कविता, गीति कविता आदि विभिन्न काव्यरूपों का प्रयोग किया है। इतना ही नहीं विदेशी काव्यरूपों का, उन काव्यरूपों की असली भंगिमा की रक्षा करते हुए, सफल प्रयोग किया है। 'अरी ओ करुणा प्रभामय' के 'रूप केकी' खंड में जापानी काव्य-स्वरूप हाइकू के साथ जापानी अभिव्यक्ति की भंगिमा देखने को मिलती है। उसी तरह का एक विशिष्ट काव्यगुच्छ 'सागरमुद्रा' में 'देलोस से एक नाव' नाम से है। भूमिका में कवि ने उसे अनुवाद कहा है, लेकिन वास्तव में प्राचीन ग्रीक कविता की भंगी में लिखी गईं अज्ञेय की ये मौलिक रचनाएँ हैं। जैसे 'रूप केकी' में जापानी माहौल की रक्षा की गई है, वैसे ही यहाँ ग्रीक माहौल की। कवि की यह सिद्धि आसान नहीं है। उनकी कविता में वैयक्तिक अनुभूति की प्रधानता है (और प्रगीत कविता में तो यह अनिवार्य तत्त्व है), फिर भी उसकी सार्वजनिकता निर्विवाद है।

अज्ञेय का सबसे बड़ा प्रदान हिंदी कविता को है—आधुनिक भावबोध और उसके अनुरूप अभिव्यक्तिरीति तथा भाषा का नया मुहावरा। छायावाद की भाषा मृतप्राय हो गई थी, स्वयं अज्ञेय की आरंभिक रचनाएँ इस निष्प्राणत्व का अनुभव कराती हैं। लेकिन बाद में अज्ञेय ने भाषा को संजीवनी दी, गद्यगंधी भाषा का व्यवहार किया, वाक्लय का प्रयोग किया रोजबरोज की चलती भाषा का काव्यभाषा संस्पर्श दिया। अज्ञेय की कविता में भाषा कर्म एक सबल पहलू है और उनकी काव्य-यात्रा के विभिन्न सोपानों से गुजरने वाला पाठक इस बात का अनुभव करेगा कि अज्ञेय ने हिंदी भाषा को कितना भारी संस्कार दिया है, उसको पुनः-पुनः गढ़ा है और अपने समकालीनों और अनुगामियों के लिए भाषिक सर्जनात्मकता की संभावना के नए द्वार खोले हैं। इस अर्थ में अज्ञेय 'कवियों के कवि' (Poets' Poet) हैं। वैसे कविता के इतिहास में ऐसे भी कवि आते हैं जो अपनी नई-नई रीतियों से और घोषणाओं

से कुछ समय के लिए साहित्यिक परिदृश्य को आक्रांत कर लेते हैं, लेकिन एक नए फैशन की तरह कुछ समय के लिए यह आंदोलन चलता है, और चलता है तब काफी धूमधाम चलती है, लेकिन कुछ ही समय में वह बिला जाता है, क्योंकि वह फैशन है, और दूसरा नया फैशन उसे तुरंत फाट देगा। अज्ञेय ने अपनी नई चेतना से फैशन का नहीं, एक 'नए युग' का निर्माण किया है। अतः वह प्रभाव बहुत गहरा और चिरस्थायी सिद्ध होगा। अज्ञेय हिंदी कविता पर पड़े अपने इस प्रभाव को अपनी रचनाओं के नैरंतर्य द्वारा और भी दृढ़ करते जा रहे हैं। अहमदाबाद के अपने एक वक्तव्य में कवि अज्ञेय ने कहा था कि वे रोज उठकर हिंदी भाषा नए सिरे से सीखते हैं। इसी बात को लेकर इलियट ने कहा था कि कवि का काम ही है–'trying to learn to use words'। अज्ञेय आज भी ऐसे ही विकासमान कवि हैं।

'गोदान' यदि हिंदी उपन्यास साहित्य के प्रथम पर्याय की चरम उपलब्धि है, तो शेखर दूसरे पर्याय की प्रबल प्रस्तुति, और इस दूसरे पर्याय की उपलब्धि है 'नदी के द्वीप'। 'अपने अपने अजनबी' अपनी मर्यादाओं के बावजूद हिंदी में वैचारिक उपन्यास की नींव रखता है। अज्ञेय का प्रत्येक उपन्यास एक नई सृष्टि लेकर आता है। 'छाया मेखला' नामक चौथे उपन्यास के सिर्फ तीन अंश प्रकट हुए हैं, लेकिन इससे भी पता चलता है कि यह उपन्यास भी एक नई आबोहवा पैदा करने की संभावना लिए हुए होगा।

अज्ञेय के उपन्यासों में सबसे प्रथम उजागर होने वाला तत्त्व है उनकी शिल्पसजगता। वैसे यदि उनके समस्त सर्जन कर्म के लिए एक रूपकात्मक क्रिया का प्रयोग करना हो तो वह क्रिया होगी 'तराशना'। अपनी एक-एक रचना–छोटी कविता से लेकर बृहत् उपन्यास तक को–तराश कर रखते न हो! 'शेखर : एक जीवनी' और 'नदी के द्वीप' जैसे बृहत् उपन्यासों की आकृति (फोर्म) भी सुकल्पित है।

तीन भागों में परिकल्पित 'शेखर' के दो भाग ही प्रकट हुए हैं, तीसरा भाग लिखा जाकर भी अप्रकट है। अज्ञेय ने इसके बारे में अन्यत्र लिखा भी है और अभी-अभी अपनी मुलाकात के दौरान 'शेखर' की चर्चा के संदर्भ में यही बात कही कि उस समय प्रकट हो गया होता तो हो गया होता, अब उसी रूप में तो प्रकट नहीं होगा। इस बात से इतना तो प्रकट होता है कि कवि की अपने सृजनकर्म के प्रति कितनी ईमानदारी है। अपूर्ण होते हुए भी शेखर का आकृतिविधान उस भव्य महालय की तरह है, जिसके सुकल्पित 'प्लान' का एक तिहाई बाकी रहते हुए भी भव्यताबोध बना रहता है।

'नदी के द्वीप' के ग्यारह प्रकरणों के विभाजन से उसकी संघटना का पता चल जाता है। 'शेखर : एक जीवनी' प्रथम पुरुष का दृष्टिकोण है, जबकि नदी के

द्वीप में विभिन्न पात्रों का और परिवर्तित दृष्टिकोण है। इस दृष्टि से 'शेखर : एक जीवनी' अधिक चुस्त है। कथा के आरंभ में ही कथा के अंत का निर्देश है–एक वृत्ताकार संघटना इस उपन्यास की है, उसी तरह काल की भी एक वृत्ताकार परिकल्पना उसमें है। कथाकार ने अधिक आश्रय मनोवैज्ञानिक समय का लिया है। वर्तमान के एक बिंदु पर खड़ा रहकर शेखर भूतकाल में आवागमन करता है। छोटे से कालखंड में बृहत् कालचेतना का यहाँ सम्प्रसारण है, ऐसे ही छोटी-सी कोठरी के स्थल का यहाँ कोई व्यवधान नहीं, यहाँ चैतसिक भूगोल है।

इन दो उपन्यासों की तुलना में 'अपने अपने अजनबी' का वस्तुविन्यास अलग प्रकार का है। वैसे यह 'अंतिमों' का उपन्यास है।

हिंदी में फ्रायड के मनोविज्ञान का अध्ययन कर, अपने उपन्यासों में चरित्रों को मनोविज्ञान की भूमिका पर अवतरित करने वाले प्रथम उपन्यासकार अज्ञेय हैं। इस अर्थ में वे प्रूस्त, ज्वायस और वूल्फ जैसे आधुनिक मनोवैज्ञानिक उपन्यासकारों के सगोत्र हैं। उनके तीसरे उपन्यास में मनोविज्ञान नहीं, अस्तित्ववाद प्रेरकबल है। लेकिन कथाकार ने अस्तित्ववाद की स्थापना के लिए नहीं उसके खंडन के लिए यह उपन्यास लिखा है। 'अपने अपने अजनबी' अस्तित्ववाद के प्रत्याख्यान का उपन्यास है। उसमें इस आधुनिक पाश्चात्य दर्शन की विफलता और भारतीय जीवन दृष्टि की सार्थकता दिखाने का कथाकार का आशय रहा है। अतः इस उपन्यास में चरित्र 'प्रतीक' बन जाते हैं, जब कि 'शेखर' और 'नदी के द्वीप' में चरित्रों का अध्ययन ही उपन्यासकार का प्रधान लक्ष्य रहा है। इस दृष्टि से, जैसा कि हमने देखा, 'शेखर' चरित्रगठन का उपन्यास तो है ही, वह कलाकार के चरित्र का उपन्यास भी है। 'शेखर' के आरंभ में ही 'क्रांतिकारी' संज्ञा के प्रयोग से शेखर को एक क्रांतिकारी के रूप में ही हिंदी आलोचना ने देखा है, वास्तव में शेखर एक विद्रोही स्वभाव का कलाकार है। और उसका वही रूप अधितकतर प्रकट हुआ है। मैं शेखर को एक कलाकार की जीवनी का उपन्यास (kunstler roman) कहना चाहूँगा।

हिंदी कथा-साहित्य में शेखर ऐसा चरित्र है, जिसमें आधुनिकता का साक्ष्य मिलता है। रोमांटिकता और आधुनिकता का साथ में होना असंभव नहीं है। शेखर के निर्माण में रोमांटिक भावोद्रेक है, किंतु शेखर आधुनिक दृष्टि का निर्माण है। कथाकार ने मनोविज्ञान का आश्रय लेकर उसका चरित्र निर्मित किया है। उसके विद्रोही रूप में उसकी आधुनिकता है। परिवार, समाज या शासन–किसी प्रकार की सत्ता के प्रति उसका विरोध है। स्वयं अज्ञेय 'कम-से-कम शासन' के सूत्र में विश्वास करने वाले व्यक्ति हैं। शेखर उसी विश्वास की मूर्त निर्मिति है।

'नदी के द्वीप' के चरित्रों की आधुनिक संवेदना स्पष्ट ही है। भुवन, रेखा और गौरा में आधुनिक भावबोध की आस्थाप्रवण मुद्रा है, चंद्रमाधव इनसे अलग है। वास्तव में आधुनिक यंत्रविज्ञान ने जिस नैराश्यबोध, विफलताबोध को पैदा किया है, चंद्रमाधव

में उसका प्रतिफलन हम देखते हैं। यहाँ भी रोमांटिक उद्रेक का अभाव नहीं है, किंतु मनोवैज्ञानिक उपन्यासों के शिल्पविधान से आधुनिकता ही अधिक उजागर होती है। आधुनिकता का आस्था से कोई विरोध हो ही, यह आवश्यक भी नहीं है।

अज्ञेय के उपन्यासों की चर्चा के दौरान सामाजिकता का प्रश्न कई बार उठाया जाता है। अवश्य यहाँ प्रेमचंद का सा सामाजिक यथार्थ नहीं है, लेकिन हमने देखा कि यहाँ कवि का निरूप्यमाण मनोवैज्ञानिक यथार्थ है। फिर भी 'शेखर : एक जीवनी' में समाज की उपस्थिति ज्यादा है, समाज के संदर्भ में शेखर का चरित्र उभरता है, लेकिन क्रमशः अन्य दो उपन्यासों में यह सामाजिकता कम होती गई है। परंतु 'समाज का अभाव' आधुनिक उपन्यास में दोष नहीं है, क्योंकि आधुनिकतावादी उपन्यास की वह अनिवार्य गति है। व्यक्तिचेतना आधुनिक उपन्यासों के केंद्र में रहती है। 'अपने अपने अजनबी' में तो सामाजिकता का कोई प्रश्न ही नहीं है। अज्ञेय के उपन्यास व्यक्तिचेतना के, व्यक्ति-व्यक्ति के संबंधों के उपन्यास हैं।

हिंदी में कहानी को स्थिर भूमि प्रदान करने वाले कहानीकार थे प्रेमचंद और प्रसाद। प्रेमचंद में यथार्थ का पुट था, प्रसाद में रोमांटिक उद्रेक। प्रसाद की कहानियाँ कवि द्वारा रचित कहानियाँ हैं। अज्ञेय, प्रसाद की परंपरा को आगे बढ़ाते हैं, लेकिन विषयों का वैपुल्य और वैविध्य, रचनारीति का नावीन्य और आधुनिकता के संस्पर्श से अज्ञेय कहानियों के एक दूसरे धरातल को सिद्ध करते हैं। अज्ञेय की कहानियों में घटनाएँ नहीं हैं, ऐसा नहीं, किंतु उनकी स्थूलता नहीं है। घटना-स्थूलता का परिहार कर अज्ञेय बाह्य यथार्थ से आंतरिक यथार्थ की तरफ गए हैं। आंतरिक समृद्धि से निर्मित उनकी सृजनात्मक चेतना उनकी कहानियों में अंतर्निहित मनोवैज्ञानिक तत्त्व की प्रधानता का कारण है। यह मनोवैज्ञानिकता दृष्टिविशेष का परिणाम होने से कहानी के साथ एकरूप है।

कहानियों का आंतरिक धर्म अज्ञेय की कहानियों को कविता के निकट ले जाता है। काव्यधर्मिता अज्ञेय की कहानियों की विशेषता है। अज्ञेय ने अपने कहानी-लेखन की समाप्ति का कारण देते हुए कहा था कि जो कवि है, उपन्यासकार है और कहानीकार भी है, वह यदि छोड़ेगा तो पहले कहानी लिखना छोड़ेगा। कहानी में जो 'लिरिक' तत्त्व है, वह कविता में चला जाता है और जो कथा है वह उपन्यास में। और यदि वह कहानी लिखेगा भी तो वह कवि की लिखी कहानी होगी। कुछ भी हो, अज्ञेय का कहानी-साहित्य प्रेमचंद, प्रसाद और जैनेंद्र कुमार के बाद की हिंदी कहानी-साहित्य की महत्त्वपूर्ण कड़ी है।

हमने देखा कि किस तरह पिछले डेढ़ सौ वर्ष के इतिहास में भारतीय साहित्य के निर्माण में पाश्चात्य साहित्य का योग रहा है। काव्य-नाटक-कथा-कहानी आदि की

हमारी परंपरा होते हुए भी हमने पश्चिम से बहुत कुछ ग्रहण किया है और जैसे-जैसे हमारी ग्राहिका शक्ति बढ़ती गयी है, वैसे-वैसे हम तो कुछ ग्रहण करते गए, उसे 'अपना' बनाकर विशिष्ट मुद्रा से अंकित करते गए हैं।

एक तरह से आधुनिकता में ही पाश्चात्य प्रभाव अनुस्यूत है। आधुनिकता एक अंतरराष्ट्रीय घटना है, जिसका उत्स यूरोप है। अतः आधुनिकतावादी साहित्य के निर्माण में यूरोपीय साहित्य के सृजनात्मक प्रभाव रहेंगे ही। आधुनिकता एक जीवन दृष्टि है, एक नया प्रबोध है, जो हमारे इसी यंत्रवैज्ञानिक युग से संपृक्त है। अपनी-अपनी विशिष्ट सांस्कृतिक साहित्यिक परंपरा में आधुनिकता अपना आकार लेती है।

कई बार आधुनिकीकरण को पश्चिमीकरण मान लिया जाता है, अतः कई लोग ऐसा भी मानते हैं कि जो कुछ आधुनिक है, वह पश्चिम का है, वह अ-भारतीय है। अज्ञेय के साहित्य पर इस प्रकार के अनेक आरोप लगाए जाते हैं। यहाँ तक कि उनकी कविता को हिंदी में लिखी गयी अंग्रेजी कविता तक कहा गया है।

वास्तव में जैसा कि अज्ञेय ने कहा है, आधुनिकता और भारतीयता में कोई बुनियादी विरोध नहीं है। समूचा अज्ञेय-साहित्य उसका साक्ष्य है। पाश्चात्य संपर्क ने उनको अधिक भारतीय बनाया है। अतः कवि की यह भारतीयता सीमित संकुचित नहीं है। हम अज्ञेय के सृजन में विश्व-चेतना का स्पर्श पाते हैं। अज्ञेय मानते हैं कि हम संसार में कहीं से कुछ ग्रहण करते हैं, उसमें पाप नहीं है, पर ग्रहण कर के उससे बनाया क्या—यही प्रश्न होता है। बाहर के प्रभाव को अपनी साहित्यिक-सांस्कृतिक परंपरा के अनुकूल बना लेते हैं, तब वह प्रभाव न रहकर रचनात्मक ऊर्जा का काम देता है। सब प्रकार के प्रभावों के बावजूद बल्कि फलस्वरूप अज्ञेय अधिक भारतीय हैं। अज्ञेय ने कहा था कि कोई भी लेखक अपने देश का लेखक नहीं हो सकता, जो पाठक के सामने सच्चा नहीं हो सकता, तब तक वह अंतरराष्ट्रीय नहीं हो सकता।

अज्ञेय वैश्विक धरातल पर से हिंदी में लिखने वाले एक आधुनिक भारतीय सर्जक हैं। उनकी सर्जक-चेतना आज भी क्रियाशील है। कविता, उपन्यास, कहानी आदि साहित्य का इतना निर्माण करने के बाद भी उनकी सिसृक्षा अब भी प्रबल है। अपने अंतिम काव्यसंग्रह—'महावृक्ष के नीचे' में कवि कहते हैं :

> अब भी यही सच है
> कि अभी एक गीत मुझे और लिखना है।

—और कवि के इस गीत की हमें प्रतीक्षा रहेगी।

परिशिष्ट-1

'असाध्य वीणा' : प्रभावग्रहण का पृथक्करण

'आँगन के पार द्वार' नामक अज्ञेय का आठवाँ काव्यसंग्रह 1961 में प्रकाशित हुआ। अज्ञेय की आज तक की सबसे लंबी कविता 'असाध्य वीणा' इसी संग्रह के अंतर्गत है। इस कविता को उचित रूप से ही 'अज्ञेय की एक विशेष दिशा की ओर उन्मुख सर्जनात्मकता की निष्पत्ति' माना गया है।[1] वास्तव में इस समय का अज्ञेय-साहित्य[2] आस्था और आस्तिकता की नव्यभूमि पर स्थित लगता है और 'मौन' में अपनी अंतिम अभिव्यक्ति पाता है। 'असाध्य वीणा' की भी अंतिम पंक्तियाँ इस प्रकार हैं :

> प्रिय पाठक! यों मेरी वाणी भी
> मौन हुई

यह एक 'पेरेडोक्स' है कि मौन की स्थापना भी कवि को तो वाणी, के माध्यम से ही करती है। कवि अज्ञेय का वाणी वैभव अर्थात् काव्य-वैभव इस कविता में अत्यंत समृद्ध हो आया है। बिंबात्मक भाषा का ऐसा सर्जनात्मक आविष्कार शायद ही इसके पहले हिंदी कविता में देखा गया हो।

'असाध्य वीणा' में वैसे तो एक कथा है। एक राजा के यहाँ एक वीणा है। इस वीणा का निर्माण वज्रकीर्ति ने एक प्राचीन किरीट तरु से किया था। इस वीणा को कोई बजा नहीं सकता था। एक दिन केश कम्बली प्रियंवद राजा के दरबार में आते हैं। वीणा उनके सामने रखी जाती है। उनको वीणा का इतिहास बताया जाता है और कहा जाता है कि सच्चा स्वरसिद्ध ही उसे बजा सकता है। प्रियंवद अपने को शिष्य, साधक बताकर वीणा की साधना करते हैं और वीणा बजाने में सफल होते हैं। सभा में स्थित हरेक को वीणा वादन में अपना अर्थ अनुभूत होता है। सब प्रसन्न होते हैं, लेकिन प्रियंवद, इसमें अपना कोई श्रेय नहीं–'वह तो सब कुछ की तथता थी', ऐसा कहकर 'महाशून्य', 'महामौन' ऐसे 'उस' को श्रेय देकर अपनी गेह-गुफा में चले जाते हैं।

कथा तो सरल है, लेकिन वह कोई इतिवृत्तात्मक कविता नहीं है। इस कथा के माध्यम से कवि अज्ञेय एक ओर 'महामौन' की प्रस्थापना करते हैं, जो उनके दर्शन की नई भावभूमि है : तो दूसरी ओर सर्जनात्मक भाषा का उपयोग कर ऐसे बिंबों की योजना करते हैं जो 'असाध्य वीणा' को एक उत्तम कविता के रूप में प्रस्तुत करते हैं। इस कविता में एक गतिशील नाट्यात्मकता का साद्यंत निर्वाह होता है। यकायक एक परदा खुलता है और प्रेक्षक देखते-देखते इतना आत्मविस्मृत हो जाता है कि यकाएक जब परदा गिरता है तब उसे पता चलता है कि वह किसी 'अन्य लोक' में पहुँच गया था। कथा की सतही बात होती तो कविता के इस अंत के साथ कथा पूरी हो जाती, लेकिन कवि ने इस गहराई से कविता का सृजन किया है कि कविता की समाप्ति के साथ भावक के चित्त में नई प्रक्रिया का आरंभ हो जाता है। वैसे भावक जब कविता पढ़ना आरंभ करता है तब से लगातार एक-एक शब्द, वाक्य, बिंब का आस्वाद तो वह पाता ही है, कुल मिलाकर जो वह पाता है, वह बहुत 'विशेष' है।

'असाध्य वीणा' : कविता का उत्स

'आँगन के पार द्वार' संग्रह के पहले 'अरी ओ करुणा प्रभामय' (1959) नामक अज्ञेय का संग्रह प्रकाशित हुआ था। इसमें तथा परवर्ती संग्रह में अज्ञेय की जापान यात्रा का प्रभाव लक्षित होता है। वह प्रभाव हाइकु जैसे काव्यरूप से लेकर ज़ेन बौद्धमत तक विस्तरित होता है। जहाँ तक 'असाध्य वीणा' कविता का प्रश्न है, इसका भी उत्स 'ध बुक ऑव टी'[3] नामक जापान की संस्कृति विषयक किताब में दी गई एक कथा में होने की पूरी संभावना है। इस कथा का नाम 'टेमिंग ऑव ध हार्प' है।

यहाँ मैं यह दिखाना चाहता हूँ कि अज्ञेय की कविता 'असाध्य वीणा' 'टेमिंग ऑव ध हार्प' कथा से कितनी प्रभावित है और कहाँ तक उसके समानांतर चलती है। कथा इस प्रकार है :

Once in the hoary ages in the Ravine of Lungmen stood a Kiri tree, a veritable king of the forest. It reared its head to talk to the stars; its roots struck deep into the earth, mingling their bronzed coils with those of the silver dragon that slept beneath. And it came to pass that a mighty wizard made of this tree a wondrous harp, whose stubborn spirit should be tamed but by the greatest of musicians. For long the instrument was treasured by the Emperor of China, but all in vain were the efforts of those who in turn tried to draw melody from its strings. In response to their utmost strivings there came from the harp but harsh notes of disdain, ill-according with the songs they fain would sing. The harp refused to recognise a master.

At last came Peiwoh, the prince of harpists. With tender hand he caressed the harp as one might seek to soothe an unruly horse, and softly touched the chords. He sangs of nature and the seasons, of high mountains and flowing waters, and all the memories of the tree awoke. Once more the sweet breath of spring played amidst its branches. The young cataracts, as they danced down the ravine, laughed to the budding flowers. Anon were heard the dreamy voice of summer with its myriad insects, the gentle pattering of rain, the wail of the cuckoo. Hark! a tiger roars, the valley answers again. It is autumn, in the desert night, sharp like a sword gleams the moon upon the frosted grass. Now winter reigns, and throgh the snowfilled air swirl flocks of swangs and rattling hailstones beat upon the boughs with fierce delight.

Then Peiwoh changed the key and sang of love. The forest swayed like an ardent swain deep lost in thought. On high, like a haughty maiden, swept a cloud bright and fair but passing, trailed long shadows on the ground, black like despair. Again the mode was changed; Peiwoh sang of war, of clashing steel and trampling steeds. And in the harp arose the tempest of Lungmen, the dragon rode the lighting, the thundering avalanche crashed through the hills. In ecstacy the Celestial monarch asked Peiwoh where in lay the secret of his victory, 'Sire', he replied, "others have failed because they sang but of themselves. I left the harp to choose its theme, and knew not truly whether the harp had been Peiwoh or Peiwoh were the harp."

This story well illustrated the mystery of art appreciation. The masterpiece is a symphony played upon our finest feelings. True art is Peiwoh, and we the harp of Lungmen. At the magic touch of the beautiful the secret chords of our being are awakened, we vibrate and thrill in response to its call. Mind speaks to mid. We listen to the unspoken, we gaze upon the unseen. The master calls forth notes we know not of. Memories long forgotten all come back to us with a new significance. Hopes stifled by fear, yearnings that we dare not recognise, stand forth in new glory. Our mind is the canvas on which the artists lay their colour; their pigments are our emotions; their chairoscuro the light of joy, the shadow of sadness. The masterpiece is of ourselves, as we are of the masterpiece.

'असाध्य वीणा' और 'टेमिंग ऑव ध हार्प' में एक विषयगत साम्य तुरंत ही दृष्टिगोचर होता है। इस साम्य के होते हुए भी प्रतिपाद्य दोनों का अलग-अलग है। 'असाध्य वीणा' अपने आप में एक स्वायत्त रचना है; फिर भी कथाविन्यास और बिंबयोजना में हमें कुछ साम्य दिखाई पड़ेंगे। एकदम शाब्दिक साम्य न होने पर भी

असाध्य वीणा के कुछ बिंबों को पढ़कर ऐसा लगता है कि वे 'टेमिंग ऑव ध हार्प', से ही अनुप्राणित होंगे।

प्रथम हम 'असाध्य वीणा' के कथाविन्यास को लेते हैं। 316 पंक्ति के इस काव्य का कथाविन्यास की दृष्टि से इस तरह विभाजन कर सकते हैं :

1. प्रियंवद केशकंबली का आगमन, राजा का स्वागत, आशयकथन, असाध्य वीणा को लाकर प्रियंवद के समक्ष रखना	पंक्ति 1 से 11
2. वीणा का इतिहास : किरीटी तरु से वज्रकीर्ति द्वारा निर्माण, किरीटी तरु का वर्णन	12 से 30
3. वीणा की असाध्यता की बात, सच्चे स्वरसिद्ध की अपेक्षा	31 से 44
4. केशकंबली की वीणासाधना की प्रक्रिया	45 से 227
5. वीणावादन और उसका प्रभाव	228 से 288
6. प्रियंवद का अभिवादन	289 से 292
7. प्रियंवद का उत्तर और पुनर्गमन	293 से 314
8. कवि का समापन	315 से 316

'टेमिंग ऑव ध हार्प' में कथाविन्यास का विभाजन इस तरह कर सकते हैं :

1. किरि वृक्ष का वर्णन
2. वीणानिर्माण की कथा
3. वीणा की असाध्यता
4. पाईवोह का आगमन
5. पाईवोह का वीणावादन
6. वीणावादन के विषय। वृक्ष की स्मृतियों का जगना
7. प्रेम/युद्ध आदि विषय
8. राजा का प्रश्न
9. पाईवोह का उत्तर
10. कथा का रहस्य

इस विवरण से 'असाध्य वीणा' और 'टेमिंग ऑव ध हार्प' का कथा और कथाविन्यास की दृष्टि से साम्य सूचित होगा। दोनों में प्राचीन वृक्ष से वीणा के निर्माण की कथा है, दोनों में वीणा की असाध्यता की बात है। दोनों में वीणा साधना की बात आती है। दोनों में वीणावादन के प्रभाव का वर्णन है। दोनों में वीणासाधना के रहस्य का उत्तर है।

फिर भी दोनों के प्रस्तुतीकरण में विभिन्नता है। 'असाध्य वीणा' में जो नाट्यात्मक आरंभ है, जो नाट्यात्मक अंत है, इसका 'टेमिंग ऑव ध हार्प' में अभाव

है। 'टेमिंग ऑव ध हार्प' सिर्फ एक बोधकथा बनकर रह जाती है।

कवि अज्ञेय ने मूल कथा को भारतीय परिवेश दिया है। परिवेशांतर की इस प्रक्रिया में कथा का मूल रूप अप्रकट नहीं रहता–जैसे–

Taming of the Harp	असाध्य वीणा
Ravine of lungman	उत्तराखंड का गिरिप्रांतर
Kiri tree	किरीटी तरु
Silver dragon	वासुकि नाग
Mighty wizard	वज्रकीर्ति
Peiwoh	प्रियंवद
Emperor of China	राजा
Greatest of musicians	सच्चा स्वरसिद्ध

इत्यादि पदयोजना में।

असाध्य वीणा की एक विशेषता उसकी इंद्रियगाह्य बिंबयोजना है। इन बिंबों में से कुछ बिंबों की रचना पर 'टेमिंग ऑव ध हार्प' का प्रभाव लक्षित होगा, यद्यपि यह शब्दशः प्रभावग्रहण अवश्य नहीं है। कुछ उदाहरण इस प्रकार हैं :

(1) 'टेमिंग ऑव ध हार्प' कथा में किरि वृक्ष की ऊँचाई का वर्णन है :

It reared its head to talk to the stars.

'असाध्य वीणा' में किरीटी तरु की ऊँचाई का वर्णन है–

उसके कानों में हिमशिखर रहस्य कहा करते थे अपने,
कंधों पर बादल सोते थे।

बिंब अलग हैं, लेकिन ऊँचाई को बिंबात्मक रूप में दिखाने की दृष्टि एक-सी है।

(2) वृक्ष की गहरी जड़ों का वर्णन 'टेमिंग ऑव ध हार्प' में इस प्रकार है :

Its root struck deep into the earth, mingling their bronzed coils with those of the silver dragon that slept beneath.

'असाध्य वीणा' में है :

जड़ उसकी जा पहुँची थी पाताल लोक,
उसकी गंधप्रवण शीतलता से फण टिका नाग वासुकि सोता था।

संदेह नहीं कि अज्ञेय की कविता का यह बिंब किसी-न-किसी रूप में 'टेमिंग ऑव ध हार्प' से प्रभावित है।

(3) दोनों में वाद्य की साधना के संदर्भ में एक ही प्रकार से कहा गया है :

Whose stubborn spirit should be tamed but by the greatest of musicians :

'असाध्य वीणा' में है :

'वीणा बोलेगी अवश्य, पर तभी
इसे जब सच्चा स्वरसिद्ध गोद में लेगा।'

(4) पाईवोह और केशकंबली प्रियंवद का आगमन और वाद्य को सिद्ध करने की पूर्वभूमिका के वर्णन में साम्य है–कहानी के दूसरे परिच्छेद में कलाकार का आगमन–

At last came Peiwoh, the prince of harpists.

'असाध्य वीणा' में आरंभ में ही है :

आ गए प्रियंवद! केशकंबली! गुफागेह!

वाक्यरचना देखिए प्रथम वाक्य के अल्पबिराम के बाद दोनों में विशेषण आता है।

पाईवोह हार्प की साधना इस प्रकार करता है :

With tender hand he caressed the harp as one might seek to soothe the unruly horse, and softly touched the chords.

जब कि प्रियंवद :

केशकंबली गुफागेह ने खोला कंबल।
धरती पर चुपचाप बिछाया।
वीणा उस पर रख, पलक मूँद कर, प्राण खींच,
करके प्रणाम
अस्पर्श छुअन से छुए तार

(5) 'टेमिंग ऑव ध हार्प' में इसके बाद पाईवोह के हार्पवादन के प्रभाव का वर्णन है। यह प्रभाव जिस किरीटी वृक्ष से हार्प बनी है, उस वृक्ष पर दिखाया गया है। वृक्ष की स्मृतियाँ जाग उठती हैं :

He sang of nature and seasons, of high mountains and flowing waters, and all the memories of the tree awoke.

इन स्मृतियों में वृक्ष का पूरा–परिवेश उभरता है।

कवि अज्ञेय की कविता में यहाँ नए ढंग से प्रस्थान है। केशकंबली प्रियंवद वीणा बजाने के पूर्ण वीणा को अपनी गोद में रखकर जिस वृक्ष से वीणा बनी है प्रथम उसी वृक्ष को संबोधन करके उस वृक्ष के पूरे परिवेश को उभारते हैं। प्रथम रचना में वीणा बजने से वृक्ष का परिवेश उभरता है दूसरे में वीणा बज सके इसलिए वृक्ष का परिवेश उभारा जाता है। किरि तरु और किरीटी तरु के उभरते परिवेश में एक सूक्ष्म साम्य दिखाई पड़ेगा। जो बात कथा में 10 पंक्तियों में कही गई है, वही बात कविता में 115 पंक्तियों में (83 से 198) कही गई है। वृक्ष की स्मृति के रूप में–वसंत का आगमन, जलप्रपात का गिरना, ग्रीष्म का आना, वर्षा की बूँदों का बरसना, कोयल की आवाज, बाघ की गर्जना, शरद का आगमन–स्तब्ध रात्रियों

में ओस भीगी घास पर चंद्र का चमकना, शीत का साम्राज्य, हंसबलाका ओलों का गिरना—आदि हैं।

'असाध्य वीणा' में वीणा की साधना करने के पूर्व प्रियंवद किरीटी तरु से नीरव एकालाप करते हुए उसके समग्र परिवेश को जगाते हुए करीब-करीब इन्हीं बातों को विस्तार से प्रस्तुत करते हैं :

'ओ विशाल तरु!
शत सहस्र पल्लवन पतझरों ने जिसका नित रूप सँवारा,
कितनी बरसातों खद्योतों कितने ने आरती उतारी...'

इस परिच्छेद के बाद—

'मुझे स्मरण है—' से शुरू होने वाले परिच्छेदों में जो सुंदर, मनोरम वर्णन है, वह कवि अज्ञेय की सर्जनात्मक भाषाशक्ति और कवि-कल्पना की सिद्धि का इंगित है; फिर भी उसकी प्रेरणा 'टेमिंग ऑव ध हार्प' कथा में पड़ी है—यह दोनों की तुलना से स्पष्ट होता है।

(6) प्रियंवद किरीटी तरु के परिवेश की सृष्टि का स्मरण करते-करते अपने 'अहं' के विलयन का अनुभव करता है, जो वीणासाधना की पूर्व-शर्त है :

मुझे स्मरण है—
पर मुझ को मैं भूल गया हूँ :
सुनता हूँ मैं—
पर मैं मुझ से परे, शब्द में लीयमान।

अपने अहं के विगलन की स्थिति में आने पर प्रियंवद तरु से कहता है :

'तू उतर बीन के तारों में
अपने से गा
अपने को गा × × ×
तू गा, तू गा—
तू सन्निधि पा—तू खो
तू आ-तू हो-तू गा! तू गा!'

और वीणा झनझना उठती है।

'टेमिंग ऑव ध हार्प' में पाईवोह भी वीणा बजाने की अपनी सफलता का राज बताते हुए राजा से कहता है :

Sire, others have failed because they sang but of themselves. I left the harp to choose its theme, and knew not truly whether the harp had been Peiwoh or Peiwoh were the harp.

पाईवोह की उक्ति में उसके अंह के विगलन की—आत्मविस्मृति की बात तो है, साथ ही प्रियवंद ने जिस तरह से वीणा से कहा था 'तू गा' इसी तरह यहाँ भी

हार्प को ही अपनी बात कहने का अवसर दिए जाने की बात है।

'असाध्य वीणा' और 'टेमिंग ऑव ध हार्प' में कथा के उपरांत जो निष्कर्ष है और उस निष्कर्ष के फलस्वरूप जो दर्शन प्रस्तुत किया गया है, वह दोनों में अलग-अलग है, लेकिन यह एक अलग चर्चा का विषय है।

कवि अज्ञेय की सफलता अवश्य उनके अपने कविकर्म में निहित है, किंतु इस बात से इनकार नहीं किया जा सकता कि 'असाध्य वीणा' की रचना करते समय कवि के चित्त में ज्ञात या अज्ञात रूप से 'टेमिंग ऑव ध हार्प' कथा किसी-न-किसी रूप में उपस्थित है।

संदर्भ

1. 'अज्ञेय और आधुनिक रचना की समस्या', पृ. 25; 2. इस समय के प्रकाशन हैं : (1) 'एक बूँद सहसा उछली' (यात्रासंस्मरण), 1960; (2) 'अपने अपने अजनबी' (उपन्यास) 1961; 3. Kakuzo, Okakura : The Book of Tea (Tokyo 1906, Second edition : 1907, p. 75-78।

परिशिष्ट-2

अज्ञेय कृत 'साँप' कहानी : प्रभावग्रहण का पृथक्करण

'जयदोल' (1950) नामक कहानीसंग्रह में संगृहीत अज्ञेय की 'साँप' कहानी अत्यंत प्रसिद्ध है। (वैसे 'साँप' नाम से अज्ञेय की एक कविता भी है)। अज्ञेय की इस कहानी पर डी.एच.लारेंस के 'Birds, Beasts and Flowers' (1923) संग्रह की 'Snake' कविता का प्रभाव होने की संभावना पर यहाँ विचार किया गया है।

अज्ञेय की 'साँप' और लारेंस की 'Sanke'—इन दोनों रचनाओं में विभिन्न रूप से मनोवैज्ञानिक, प्रतीकात्मक या मिथकीय अर्थ के स्तर विद्यमान हैं, लेकिन यहाँ पर मैंने इन दोनों रचनाओं के वर्णनात्मक और नाट्यात्मक (descriptive and narrative) इतिवृत्त के विश्लेषण तक ही अपने को सीमित रखा है।

'साँप' कहानी में कथानायक सवेरे सवेरे अपनी सखी से मिलने जाता है। वह एक सपने से चौंक कर उठा है, स्वप्न उसके मन पर छाया हुआ है, उसके फलस्वरूप आकाश में उड़ते बगुलों की पंक्ति को देखकर कविता भी रच लेता है और फिर स्वप्नभरी आँखें लिए सखी के पास जाकर जंगल में लंबी सैर करने का प्रस्ताव रखता है। दोनों जंगल में पहुँचते हैं। वहाँ बीहड़ में एक थोड़ी-सी खुली जगह में एक पुराना देवी-मंदिर है। कथानायक सखी के अपने साथ होने के बोध से और स्वप्न से आबद्ध है।

तभी सामने नीचे कुछ तीखी सुरसुराहट हुई। हम ठिठक गए। "सहसा वह बोली, 'वह देखो सामने, साँप!' "

मैंने भी देख लिया। घास के किनारे पर मंदिर के आसपास की बजरी पर रेंगता हुआ, ललौहें–भूरे रंग का साँप था।

वह गोलगोल आँखें करके बोली, "कितना सुंदर है साँप!"[1]

फिर नायक कहता है :

मैंने भी देखा। सचमुच साँप सुंदर होता है। निर्माता की एक बड़ी सफलता है, बड़े कलाकार की प्रतिभा का एक करिश्मा–कहीं कोने नहीं, कहीं अनावश्यक

रेखा नहीं, बाधा नहीं, भार नहीं, लहरीली, निरायास, लययुक्त गति, बिजली-सी त्वरायुक्त लेकिन बिजली की कौंध में भी कहीं नोकें होती हैं और साँप की गति निरा प्रवाह है...सुंदर, लचीला, ललौहाँ-भूरा रंग, झिलमिल चमकीली केंचुल, चित्तियाँ जो न मालूम केंचुल के ऊपर हैं कि भीतर, ऐसी काँच के भीतर से झाँकती-सी जान पड़ती है... ।[2]

स्वप्नाविष्ट नायक साँप को देखकर, साँप को देख रही नायिका को देखता है। नायिका की आँखें साँप पर टिक कर मुग्ध हैं, जब कि नायक की आँखों में भोर में देखे हुए सपने की खुमारी है...

कहानी में यह एक 'सिचुएशन' है। जंगल—देवी मंदिर—नायक-नायिका और सुंदर साँप।

डी.एच.लारेंस की Snake कविता में वैसे तो नायक-नायिका जैसे दो पात्र नहीं हैं, न तो नायक के अनकहे स्वप्न की कुतूहलप्रेरक भूमिका है। यहाँ सिर्फ कवि हैं, जो 'प्रोटेगोनिस्ट' हैं। लेकिन जैसे keith Sagar कहते हैं :

"It is virtually a dialogue between the poet's two selves the 'young man' and 'demon' the voice of education and the voice of spontaneous self."[3] अर्थात् यहाँ भी दो 'निगाहें' तो हैं ही।

कहानी में 'साँप' का दर्शन करीब-करीब कथा के मध्य में आता है, कविता में पहले उसी का दर्शन है :

> A snake came to my water-trough
> On a hot, hot day...[4]

सिसिली का जुलाई महीना है। बेहद गरमी है। कवि घड़ा लेकर जलकुंडी से पानी भरने निकले हैं, केरब वृक्ष के नीचे आकर देखते हैं—एक साँप।

साँप के रूपरंग और गतिविधि का वर्णन कवि करते हैं :

> He reached down from a fissure in the earth-wall in the gloom...[5]

साँप पानी पीता है जलकुंडी से, कवि प्रतीक्षित हैं :

> He lifted his head from his drinking, as cattle do,
> And looked at me vaguely, as drinking cattle do,
> And flickered his two-forked tongue from his lips,
> and mused a moment
> Being earth-brown, earth-golden from the burning
> bowels of the earth,
> On the day of Sicilian July, with Etna smoking.[6]

अज्ञेय की कहानी में साँप को देखकर नायक-नायिका की प्रतिक्रिया का वर्णन है जब कि लारेंस की कविता में एक ही कवि के दो विभिन्न Selves की प्रतिक्रिया

का वर्णन है।

अज्ञेय की कहानी में साँप जब आगे बढ़ता है, तब सिचुएशन थोड़ा बदलता है। मंदिर की दीवार से साँप सट जाता है, इतना ही नहीं चिपके-चिपके ही, वह आगे सरकता है। नायक-नायिका जहाँ खड़े हैं वहाँ सामने की दीवार के कोने तक चढ़कर दूसरी दीवार के साथ मुड़ जाता है। अब साँप आधा इस सामने की दीवार के साथ है और आधा ओट में है, उसकी कमर दोनों दीवारों की जोड़ पर टिक गयी है। उस समय–

"मैंने सहसा कहा, 'इस वक्त यह कैसा वेध्य है। अगर मैं मारना चाहूँ, तो निरीह मर जाए...'

'हाँ लेकिन क्यों मारना चाहो? इतना सुंदर–'

मैंने अपनी ही झोंक में कहा, 'अभी ढेला मारूँ, तो बस काटने को मुड़ भी न सके–'

'क्या जहरीला है?'

'हो भी तो क्या? इस समय असहाय है, मौके की बात है कुछ कर भी न सके, सारा रूप लिए ज्यों-का-त्यों पड़ा रह जाए बिटुर-बिटुर तकता!' "[7] नायक की साँप को मारने की इच्छा या विचार मात्र से नायिका परेशान है। नायक देखता है कि उसकी बात को सुनकर नायिका की गोल मुग्ध आँखें करुणा से बड़ी-बड़ी हो जाती हैं।

The voice of my education said to me
He must be killed
For in Sicily the black, black snakes are innocent,
the gold are venomous
And voices in me said, of you were a man
You would take a stick and break him now,
and finish him off.

इस विचार के साथ कवि की दूसरी self कहने लगती है :

But must I confess how I liked him,
How glad I was he has come like a guest in quiet,
to drink at my water-trough
And depart peaceful, pacified, and then thankless,
Into the burning bowels of this earth.[8]

यहाँ पर कवि की Second self अज्ञेय की नायिका की प्रतिमूर्ति है। फिर कवि में उत्तरप्रत्युत्तर चलता है। एक self कहती है कि तुम डर गए हो, दूसरी कहती है कि तुम सम्मानित हुए हो। बार-बार ये ही आवाजें फिर आयीं कि

If you were not afraid, you would kill him![9]

और अब साँप पानी पीने के बाद आगे बढ़ता है और दीवार के बिल में अपना सर प्रविष्ट करता है।

Deliberately going into the blackness, and slowly drawing
himself after,
Overcame me now his back was turned.[10]

अज्ञेय की 'साँप' कहानी में साँप के शरीर का आधा अगला हिस्सा दूसरी दीवार की ओट में हो जाता है, वही स्थिति यहाँ है। यहाँ साँप आधा बिल में प्रविष्ट हो चुका है।

(साँप के बिल में प्रविष्ट होने की इस क्रिया में यौन रूपक (Sexual metaphor) है, बिल (fissure) को अपनी 'Figs' नामक एक कविता में स्वयं लारेंस ने 'नारी का गुह्य अंग' ('The female part') कहा है और साँप तो लैंगिक प्रतीक (phallic symbol) है ही।)[11]

साँप की इस स्थिति में वह वेध्य बन जाता है। अज्ञेय की कहानी में जब साँप इस स्थिति में है, और नायक प्रहार करने का सोचता भी है तब नायिका की—'बेचारा कितना असहाय'—इस कातरोक्ति को सुनकर वह नायिका की ओर देखता है, उसकी नायिका का स्वर साँप से भी अधिक निरीह लगता है—और यकायक उसके स्वप्न की उलझन सुलझ जाती है। (यहाँ भी साँप के संदर्भ में नायिका की उक्ति के पीछे एक यौन अर्थघटन है, जो कहानीकार ने मात्र नायक के सपने की सुलझन से संकेतित किया है।) और साँप को वहीं मंदिर की दीवार से सटा छोड़कर नायक-नायिका आगे बढ़ जाते हैं।

लारेंस में एक नाटकीय परिवर्तन है। शायद लारेंस में काव्यार्थ के अनेक स्तर हैं। साँप को जैसे ही वेध्य स्थिति में देखा कि लारेंस के कवि ने—

I looked round, I put down my pitcher
I picked up a clusmy log
And threw it at the water-trough with a clatter.[12]

साँप को वह लगा तो नहीं, लेकिन पहले जिस गौरव से उसकी गति हो रही थी, उस गति का गौरवभंग हो गया। आधा हिस्सा तो बाहर था :

lonvulsed in undignified haste,
Writhed like lightning, and was gone
Into the black hole, the earth-lipped fissure in the wall front.

कवि देखते ही रह गए और—

And immediately I regretted it.[13]

अब कवि को अपनी क्षुल्लकता का भान होता है, साँप एक नृपति जैसा लगता